HISTOIRE PHILOSOPHIQUE ET POLITIQUE

DES ÉTABLISSEMENS ET DU COMMERCE DES EUROPÉENS DANS LES DEUX INDES.

Par GUILLAUME-THOMAS RAYNAL.

TOME PREMIER.

GUILLAUME THOMAS RAYNAL.
Au Défenseur de l'Humanité, de la Vérité, de la Liberté.
ELIZA DRAPER.

HISTOIRE
PHILOSOPHIQUE
ET POLITIQUE

DES ÉTABLISSEMENS ET DU COMMERCE DES EUROPÉENS DANS LES DEUX INDES.

Par GUILLAUME-THOMAS RAYNAL.

TOME PREMIER.

A GENEVE,

Chez JEAN-LEONARD PELLET, Imprimeur de la Ville & de l'Académie.

M. DCC. LXXX.

AVERTISSEMENT.

L'IMPERFECTION de l'Hiſtoire Philoſophique & Politique des Etabliſſemens & du Commerce des Européens dans les deux Indes frappoit tous les bons eſprits. Ils auroient deſiré plus de richeſſe dans le fonds, plus de dignité dans la forme.

J'ai fait tout ce qui étoit en moi pour m'élever à la hauteur de mon ſujet. Mais combien les gens d'un goût délicat me trouveront encore éloigné du ton réſervé aux Ecrivains de génie !

Il doit m'être permis de dire que, ſous un autre point de vue, on pourra n'être pas mécontent de mon travail. Les nouvelles recherches que j'ai faites, les ſecours que j'ai reçus de toutes parts m'ont mis heureuſement en état de donner à mon Ouvrage toute l'étendue, toute l'exactitude dont il étoit ſuſceptible. La plupart des détails qu'il renferme ont été tirés de Pièces originales. Ceux qui n'ont pas une baſe auſſi ſolide ont pour appui le témoignage des hommes les plus éclairés de toutes les Nations. Pluſieurs des Tableaux, qui terminent chaque volume, m'ont été envoyés avec la preuve de leur fidélité. J'ai fait dreſſer les autres ſur des matériaux d'une autorité également inconteſtable.

Le Lecteur pourra s'étonner de la différence qu'il remarquera entre les Etats préſentés au Parlement d'Angleterre touchant les Indes Orientales ou Occidentales, & ceux que j'ai cru devoir y joindre. La ſurpriſe ceſſera ſi l'on fait attention que les réſultats offerts au Sénat de la Nation ne portent que ſur les productions & les marchandiſes qui n'ont pu échapper aux recherches du fiſc; qu'ils ne donnent à ces productions, à ces marchandiſes que leur valeur originaire; qu'ils ſe terminent à l'année 1773. Moi, au contraire, je fais entrer dans mon calcul tous les objets; je les porte au prix qu'ils ont après l'acquittement des droits; je parle de l'époque actuelle où ils ont acquis une grande extenſion.

Depuis l'impreſſion de mon Ouvrage, j'ai reçu ſur Saint-Vincent des détails qu'il ne m'avoit pas été poſſible d'obtenir auparavant. Cette iſle, l'une des Caraïbes, compte mille quatre cens ſoixante-onze perſonnes libres & douze mille cent dix-neuf eſclaves. Le Gouvernement

Britannique y a concédé vingt - trois mille ſix cens cinq acres, ou, ſuivant une meſure plus uſitée dans cette partie du Nouveau-Monde, ſept mille quatre cens cinquante-trois quarreaux de terre. De ces quarreaux, dix - neuf cens ſoixante-neuf ſont occupés par ſoixante & une ſucreries; quatre cens quarante-deux par le café; cent trente-un par le cacao; trois cens ſoixante-neuf par le coton; trente-neuf par l'indigo; quatre cens cinquante-un par le tabac; ſept cens quatre-vingt-cinq par le manioc; ſix cens ſoixante par les ſavanes; & deux mille ſix cens par des bois.

Le globe eſt actuellement enſanglanté par une guerre qui a donné, qui a ôté des établiſſemens utiles aux Puiſſances belligérantes. Lorſque les Traités auront confirmé ces conquêtes ou ces pertes, il ſera tems d'annoncer ces révolutions.

La lecture de mon livre exigeoit un Atlas commode qui lui fût adapté: celui que j'ai fait dreſſer pour cette nouvelle édition, ne laiſſera rien à deſirer. Je renvoie au ſurplus le Lecteur à l'analyſe imprimée à la tête de cet Atlas.

Comme la connoiſſance des monnoies étrangères n'eſt pas commune, on a cru devoir les réduire en livres tournois.

Le peu qui me reste de forces sera consacré à l'*Histoire de la révocation de l'Édit de Nantes.* Ce ne sera pas un détail des atrocités qui accompagnèrent cet événement malheureusement célèbre. Je suivrai sur le globe entier les Réfugiés François ; & je retracerai, le mieux qu'il me sera possible, le bien qu'ils firent aux régions diverses où ils portèrent leur activité, leurs larmes & leur industrie.

ÉVALUATION DES MONNOIES.

	l.	s.	d.
Bourse de Turquie.	1500 l.	s.	d.
Cruzade	2	10	
Ecu Danois . .	4		
Florin de Hollande.	2	4	
Livre des Colonies Françoises . .		13	4
Livre sterling . .	22 l.	10 s.	d.
Piastre forte . .	5	8	
Piastre courante .	4		
Roupie	2	8	
Taël	7	10	

TABLE

TABLE DES INDICATIONS.

LIVRE PREMIER.

Découvertes, guerres & conquêtes des Portugais dans les Indes Orientales.

LIVRE SECOND.

Etablissemens, guerres, politique & commerce des Hollandois dans les Indes Orientales.

LIVRE TROISIEME.

Etablissemens, commerce & conquêtes des Anglois dans les Indes Orientales.

LIVRE QUATRIEME.

Voyages, établissemens, guerres & commerce des François dans les Indes Orientales.

LIVRE CINQUIEME.

Commerce du Danemarck, d'Oſtende, de la Suède, de la Pruſſe, de l'Eſpagne, de la Ruſſie, aux Indes Orientales. Queſtions importantes ſur les liaiſons de l'Europe avec les Indes.

Fin de la Table du tome premier.

J. M. Moreau le Jeune Del. 1780. N. De Launay Sculp.

Voila la Monnoie des Tributs que paye le Roi de Portugal

HISTOIRE PHILOSOPHIQUE ET POLITIQUE

DES ETABLISSEMENS ET DU COMMERCE DES EUROPÉENS DANS LES DEUX INDES.

LIVRE PREMIER.

Découvertes, guerres & conquêtes des Portugais dans les Indes Orientales.

INTRODUCTION.

IL n'y a point eu d'événement aussi intéressant pour l'espèce humaine en général, & pour les peuples de l'Europe en particulier, que la découverte du Nouveau-monde & le passage aux Indes par le cap de Bonne-Espérance. Alors a commencé une révolution dans le commerce, dans la puissance des nations, dans les mœurs, l'industrie & le gouvernement de tous les peuples. C'eſt à ce moment que les hommes des contrées les plus éloignées ſe ſont rapprochés par de nouveaux rapports & de nouveaux beſoins. Les productions des climats placés ſous l'équateur, ſe conſomment dans les climats voiſins du pole; l'induſtrie du Nord eſt tranſportée au Sud; les étoffes de l'Orient ſont devenues le luxe des Occidentaux; & par-tout les hommes ont fait un échange mutuel de leurs opinions, de leurs loix, de leurs uſages, de leurs maladies, de leurs remèdes, de leurs vertus & de leurs vices.

Tout eſt changé, & doit changer encore. Mais les révolutions paſſées & celles qui doivent ſuivre, ont-elles été, ſeront-elles utiles à la nature humaine? L'homme leur devra-t-il un jour plus de tranquillité, de bonheur & de plaiſir? Son état ſera-t-il meilleur, ou ne fera-t-il que changer?

L'Europe a fondé par-tout des colonies; mais connoît-elle les principes ſur leſquels on doit les fonder? Elle a un commerce d'échange, d'économie, d'induſtrie. Ce commerce paſſe d'un peuple à l'autre. Ne peut-on découvrir par quels moyens & dans quelles circonſtances? Depuis qu'on connoît l'Amérique & la route du cap, des nations qui n'étoient rien ſont devenues puiſſantes; d'autres qui faiſoient trembler l'Europe, ſe ſont affoiblies. Comment ces découvertes ont-elles influé ſur l'état de ces peuples? Pourquoi enfin les nations les plus floriſſantes & les plus riches ne ſont-elles pas toujours celles à qui la nature a le plus donné? Il faut, pour s'éclairer ſur ces queſtions importantes, jetter un coup-d'œil ſur l'état où étoit l'Europe avant les découvertes dont nous avons parlé; ſuivre en détail les événemens dont elles ont été la cauſe, & finir par conſidérer l'état de l'Europe telle qu'elle eſt aujourd'hui.

Telle eſt la tâche effrayante que je me ſuis propoſé de remplir. J'y ai conſacré ma vie. J'ai appellé à mon ſecours les hommes inſtruits de toutes les nations. J'ai interrogé les vivans & les morts: les vivans, dont la voix ſe fait entendre à mes côtés; les morts, qui nous ont tranſmis leurs opinions & leurs connoiſſances, en quelque langue qu'ils aient écrit. J'ai peſé leur autorité ; j'ai opposé leurs témoignages ; j'ai éclairci les faits. Si l'on m'eût nommé sous la ligne ou sous le pole un homme en état de m'éclairer sur quelque point important, j'aurois été sous le pole ou sous la ligne, le sommer de s'ouvrir à moi. L'image auguste de la vérité m'a toujours été présente. O vérité sainte ! c'est toi seule que j'ai respectée! Si mon ouvrage trouve encore quelques lecteurs dans les siècles à venir, je veux qu'en voyant combien j'ai été dégagé de passions & de préjugés, ils ignorent la contrée où je pris naissance ; sous quel gouvernement je vivois; quelles fonctions j'exerçois dans mon pays ; quel culte je professai : je veux qu'ils me croient tous leur concitoyen & leur ami. Le premier soin, le premier devoir, quand on traite des matières importantes au bonheur des hommes, ce doit être de purger son ame de toute crainte, de toute espérance. Elevé au-dessus de toutes les considérations humaines, c'est alors qu'on plane au-dessus de l'atmosphère, & qu'on voit le globe au-dessous de soi. C'est de-là qu'on laisse tomber des larmes sur le génie persécuté, sur le talent oublié, sur la vertu malheureuse. C'est de-là qu'on verse l'imprécation & l'ignominie sur ceux qui trompent les hommes, & sur ceux qui les oppriment. C'est de-là qu'on voit la tête orgueilleuse du tyran s'abaisser & se couvrir de fange, tandis que le front modeste du juste touche la voûte des cieux. C'est-là que j'ai pu véritablement m'écrier : je suis libre, & me sentir au niveau de mon sujet. C'est-là enfin que, voyant à mes pieds ces belles contrées où fleurissent les sciences & les arts, & que les ténèbres de la barbarie avoient si long-tems occupées, je me suis demandé : qui est-ce qui a creusé ces canaux ? qui est-ce qui a desséché ces plaines ? qui est-ce qui a fondé ces villes ? qui est-ce qui a rassemblé, vêtu, civilisé ces peuples ? & qu'alors toutes les voix des hommes éclairés qui sont parmi elles m'ont répondu : c'est le commerce, c'est le commerce.

En effet, les peuples qui ont poli tous les autres, ont été commerçans. Les Phéniciens n'étoient qu'une nation très-bornée dans son territoire & dans sa puissance ; & c'est la première dans l'histoire des nations. Il n'en est aucune qui ne parle de ce peuple. Il fut connu par-tout; il vit encore par sa renommée: c'est qu'il étoit navigateur.

La nature, qui l'avoit jetté sur une côte aride, entre la Méditerranée & la chaîne du Liban, sembloit l'avoir séparé, en quelque sorte de la terre, pour lui apprendre à régner sur les eaux. La pêche lui enseigna l'art de la navigation. Le *murex*, fruit de la pêche, lui donna la pourpre. Le sable de ses rivages lui fit trouver le secret du verre. Heureux ce peuple, de n'avoir presque rien reçu de la nature; puisqu'il tira de cette indigence même le génie & le travail, d'où naquirent les arts & les richesses!

Il faut avouer qu'il étoit heureusement situé pour faire le commerce de l'Univers. Placés auprès des limites qui séparent & joignent, pour ainsi dire, l'Afrique, l'Asie & l'Europe; les Phéniciens pouvoient, sinon lier entre eux les habitans de la terre, du-moins être les médiateurs de leurs échanges, & communiquer à chaque nation les jouissances de tous les climats. Mais l'antiquité, que nous avons souvent surpassée, quoiqu'elle nous ait beaucoup appris, n'avoit pas d'assez grands moyens pour un commerce universel. La Phénicie borna sa marine à des galères, son commerce au cabotage, & sa navigation à la Méditerranée. Modèle des peuples maritimes, on sait moins ce qu'il a fait, que ce qu'il a pu faire: on conjecture sa population par ses colonies. On veut qu'il ait couvert de ses essains les bords de la Méditerranée, & sur-tout les côtes d'Afrique.

Tyr, ou Sydon, reine de la mer, enfanta Carthage. L'opulence de Tyr lui avoit forgé des fers & donné des tyrans. La fille de Tyr, Carthage, plus heureuse que sa mère, fut libre malgré ses richesses. Elle dominoit sur les côtes d'Afrique, & possédoit la plus riche contrée de l'Europe, l'Espagne, célèbre dès-lors par ses mines d'or & d'argent, & qui devoit un jour, au prix de tant sang, conquérir celles du Nouveau-monde.

Carthage n'auroit peut-être été que commerçante, s'il n'y avoit pas eu des Romains. Mais l'ambition d'un peuple souleva tous les autres. Il fallut faire la guerre au lieu du commerce, & périr ou vaincre. Carthage ſuccomba, parce que les richeſſes produiſent l'effet contraire de l'indigence, celui d'éteindre le courage & de dégoûter de la guerre : mais elle eut au-moins la gloire de diſputer long-tems l'empire du monde. Ce fut un malheur peut-être pour l'Europe & pour toutes les nations, que la deſtruction d'une république qui mettoit ſa gloire dans ſon induſtrie, & ſa puiſſance dans des travaux utiles au genre-humain.

La Grèce, entrecoupée de tous côtés par des mers, devoit fleurir par le commerce. S'élevant dans un archipel, & ſéparée des grands continens ; il ſembloit qu'elle ne dût ni conquérir, ni être conquiſe. Placée entre l'Aſie & l'Europe pour policer l'une & l'autre, elle devoit jouir dans une juſte proſpérité du fruit de ſes travaux & de ſes bienfaits. Les Grecs, preſque tous venus de l'Egypte, ou de la Phénicie, en apportèrent la ſageſſe & l'induſtrie. Le peuple le plus brillant & le plus heureux de toutes ces colonies Aſiatiques, fut commerçant.

Athènes ſe ſervit de ſes premiers vaiſſeaux pour trafiquer en Aſie, ou pour y répandre autant de colonies que la Grèce en avoit pu recevoir dans ſa naiſſance. Mais ces tranſmigrations furent une ſource de guerres. Les Perſes, ſoumis au deſpotiſme, ne vouloient ſouffrir, même ſur les bords de la mer, aucune eſpèce de peuple libre ; & les Satrapes du grand roi lui perſuadoient que tout devoit être eſclave. De-là toutes les guerres de l'Aſie-Mineure, où les Athéniens s'étoient fait autant d'alliés ou de ſujets, qu'il y avoit des peuples inſulaires ou maritimes. Athènes agrandit ſon commerce par ſes victoires, & ſa puiſſance par ſon commerce. Tous les arts, à-la-fois, naquirent dans la Grèce, avec le luxe de l'Aſie.

C'eſt par les Grecs & les Carthaginois, que le commerce, l'agriculture & les moyens de la population, s'étoient introduits en Sicile. Rome le vit, en fut jalouſe, s'aſſujettit une iſle qui devoit la nourrir ; & après avoir chaſſé les deux nations rivales qui vouloient y régner, elle les attaqua l'une après l'autre. Du moment où Carthage fut détruite, la Grèce dut trembler. Mais Alexandre fraya la route aux Romains ; & il ſembloit que les Grecs ne puſſent être ſubjugués par une nation étrangère, qu'après avoir été vaincus par eux-mêmes. Dès que le commerce, qui trouve à la fin ſa ruine dans les richeſſes qu'il entaſſe, comme toute puiſſance la trouve dans ſes conquêtes; dès que le commerce des Grecs eut ceſſé dans la Méditerranée, il n'y en eut plus dans le monde connu.

Les Grecs, en ajoutant à toutes les connoiſſances, à tous les arts qu'ils avoient reçus des Egyptiens & des Tyriens, élevèrent la raiſon humaine à un degré de perfection, d'où les révolutions des empires l'ont fait deſcendre peut-être pour jamais. Leurs admirables inſtitutions étoient ſupérieures à toutes celles que nous connoiſſons. L'eſprit dans lequel ils avoient fondé leurs colonies, fait honneur à leur humanité. Tout naquit dans leurs mains, tout s'y perfectionna, tout y périt. On voit, par quelques ouvrages de Xénophon, qu'ils entendoient mieux les principes du commerce, que la plupart des nations modernes.

Si l'on fait attention que l'Europe jouit de toutes les connoiſſances des Grecs, que ſon commerce eſt infiniment plus étendu, que notre imagination ſe porte ſur des objets plus grands & plus variés depuis les progrès de la navigation; on ſera étonné que nous n'ayons pas ſur eux la ſupériorité la plus décidée. Mais il faut obſerver que, lorſque ce peuple connut les arts & le commerce, il ſortoit, pour ainſi dire, des mains de la nature, & avoit toute l'énergie néceſſaire pour cultiver les dons qu'il en recevoit; au lieu que les nations de l'Europe étoient aſſervies à des loix & à des inſtitutions extravagantes. Dans la Grèce, le commerce trouva des hommes; en Europe, il trouva des eſclaves. A meſure que nous avons ouvert les yeux ſur les abſurdités de nos inſtitutions, nous nous ſommes occupés à les corriger; mais ſans oſer jamais renverſer entiérement l'édifice. Nous avons remédié à des abus par des abus nouveaux; & à force d'étayer, de réformer, de pallier, nous avons mis dans nos mœurs plus de contradictions, qu'il n'y en a chez les peuples les plus barbares.

Les Romains, inſtitués pour conquérir, n'ont pas avancé, comme les Grecs, la raiſon & l'induſtrie. Ils ont donné au monde un grand ſpectacle ; mais ils n'ont rien ajouté aux connoiſſances & aux arts des Grecs. C'eſt en attachant les nations au même joug, & non en les uniſſant par le commerce, qu'ils ont augmenté la communication des hommes. Ils ravagèrent le monde ; & lorſqu'ils l'eurent ſoumis, le repos qu'ils lui donnèrent fut une léthargie. Leur deſpotiſme, leur gouvernement militaire opprimèrent les peuples, éteignirent le génie, & dégradèrent l'eſpèce humaine.

Tout fut dans un plus grand déſordre encore après deux loix de Conſtantin, que Monteſquieu n'a pas oſé mettre parmi les cauſes de la décadence de l'empire. La première, dictée par l'imprudence & le fanatiſme, quoiqu'elle parût l'être par l'humanité, peut ſervir à nous faire voir qu'une grande innovation, eſt ſouvent un grand danger ; & que les droits primitifs de l'eſpèce humaine, ne peuvent pas être toujours les fondemens de l'adminiſtration. Cette loi déclaroit libres tous les eſclaves qui ſe feroient chrétiens. Elle rétabliſſoit dans leurs droits, des hommes qui n'avoient eu juſqu'alors qu'une exiſtence forcée ; mais elle ébranla l'état, en ôtant aux grands propriétaires les bras qui faiſoient valoir leurs domaines, & qui, par-là, ſe trouvèrent réduits pour quelque tems à la plus cruelle indigence. Les nouveaux proſélites eux-mêmes, ne pouvoient réparer, en faveur de l'état, les torts que le gouvernement avoit fait à leurs maîtres. Ils n'avoient ni propriété, ni ſubſiſtance aſſurée. Comment auroient-ils pu être dévoués à l'état qui ne les nourriſſoit point, & à une religion qu'ils n'avoient embraſſée que par ce penchant irréſiſtible, qui entraîne vers la liberté ? Un autre édit défendit le paganiſme dans toute l'étendue de l'empire ; & ces vaſtes contrées ſe trouvèrent couvertes d'hommes qui n'étoient plus liés entre eux, ni à l'état, par les nœuds ſacrés de la religion & du ſerment. Sans prêtres, ſans temples, ſans morale publique ; quel zèle pouvoient-ils avoir pour repouſſer des ennemis qui venoient attaquer une domination à laquelle ils ne tenoient plus ?

Auſſi, les habitans du Nord qui fondirent ſur l'empire, trouvèrent-ils les diſpoſitions les plus favorables à leur invaſion,

Pressés en Pologne & en Allemagne par des nations sorties de la Grande-Tartarie, ils venoient occuper un moment des provinces déja ruinées, pour en être chassés par des vainqueurs plus féroces qui les suivoient. C'étoient des flots qui se pressoient, qui se chassoient les uns les autres. En se fixant dans les pays qu'ils venoient de dévaster, ces barbares divisèrent des contrées que Rome avoit autrefois unies. Dès-lors il n'y eut plus de communication entre des états formés par le hasard, le besoin, ou le caprice. Les pirates, qui couvroient les mers, les mœurs atroces qui régnoient sur les frontières, repoussoient toutes les liaisons qu'une utilité réciproque auroit exigées. Pour peu même qu'un royaume fût étendu, ses sujets étoient séparés par des barrières insurmontables; parce que les brigands qui infestoient les chemins, changoient un voyage un peu long en une expédition toujours périlleuse. Les peuples de l'Europe rejettés, par l'esclavage & la consternation, dans cet état de stupidité & d'inertie, qui a dû long-tems être le premier état de l'homme, profitoient peu de la fertilité de leur sol, & n'avoient qu'une industrie tout-à-fait sauvage. Les pays un peu éloignés, n'existoient point pour eux; & ils ne connoissoient leurs voisins que pour les craindre ou pour les combattre.

Ce que quelques écrivains racontent des richesses & de la magnificence du septième siècle, est fabuleux, comme tout ce qu'on lit de merveilleux dans l'histoire de leur tems. On s'habilloit de peaux & d'une laine grossière. On ignoroit les commodités de la vie. On construisoit, il est vrai, des édifices hardis & solides, qui nous montrent jusqu'à quel point de perfection un art peut être porté, lorsqu'il est le produit des efforts successifs & continus de la nation qui l'inventa: mais une architecture née dans les forêts des Druides, de l'imitation des arbres, qui, s'élançant dans les airs, forment des ceintres très-aigus, & dont les branches, en se recourbant, en s'entrelassant, conduisent à l'invention des pendentifs, ne prouve pas qu'il y eût alors plus de richesses que de goût. Il ne faut ni beaucoup d'argent, ni beaucoup de connoissances des arts, pour élever des

des masses de pierre avec les bras de ses esclaves. Ce qui démontre, sans réplique, la pauvreté des peuples, c'est que les impôts se levoient en nature; & même les contributions que le clergé subalterne payoit à ses supérieurs, consistoient en denrées comestibles.

La superstition dominante épaississoit les ténèbres. Avec des sophismes & de la subtilité, elle fondoit cette fausse science, qu'on appelle théologie, dont elle occupoit les hommes aux dépens des vraies connoissances.

Dès le huitième siècle, & au commencement du neuvième, Rome, qui n'étoit plus la ville des maîtres du monde, prétendit, comme autrefois, ôter & donner des couronnes. Sans citoyens, sans soldats, avec des opinions, avec des dogmes, on la vit aspirer à la monarchie universelle. Elle arma les princes les uns contre les autres, les peuples contre les rois, les rois contre les peuples. On ne connoissoit d'autre mérite, que de marcher à la guerre, ni d'autre vertu que d'obéir à l'Eglise. La dignité des souverains étoit avilie par les prétentions de Rome, qui apprenoit à mépriser les princes, sans inspirer l'amour de la liberté. Quelques romans absurdes, & quelques fables mélancoliques, nées de l'oisiveté des cloîtres, étoient alors la seule littérature. Ces ouvrages contribuoient à entretenir cette tristesse & cet amour du merveilleux, qui servent si bien la superstition.

Deux nations changèrent encore la face de la terre. Un peuple sorti de la Scandivanie & de la Chersonèse Cimbrique, se répandit au Nord de l'Europe, que les Arabes pressoient du côté du Midi. Ceux-là étoient disciples d'Odin, & ceux-ci de Mahomet: deux hommes qui avoient répandu le fanatisme des conquêtes, avec celui de la religion. Charlemagne sut vaincre les uns, & résister aux autres. Ces hommes du Nord, appellés Saxons ou Normands, étoient un peuple pauvre, mal armé, sans discipline, de mœurs atroces, poussé aux combats & à la mort par la misère & la superstition. Charlemagne voulut leur faire quitter cette religion qui les rendoit si terribles, pour une religion qui les disposeroit à obéir. Il lui fallut verser des torrens de sang, & il planta la croix ſur des monceaux de morts. Il fut moins heureux contre les Arabes conquérans de l'Aſie, de l'Afrique & de l'Eſpagne : il ne put s'établir au-delà des Pyrenées.

Le beſoin de repouſſer les Arabes, & ſur-tout les Normands, fit renaître la marine de l'Europe. Charlemagne en France, Alfred-le-Grand en Angleterre, quelques villes en Italie, eurent des vaiſſeaux ; & ce commencement de navigation reſſuſcita, pour un peu de tems, le commerce maritime. Charlemagne établit de grandes foires, dont la principale étoit à Aix-la-Chapelle. C'eſt la manière de faire le commerce chez les peuples où il eſt encore au berceau.

Cependant, les Arabes fondoient le plus grand commerce qu'on eût vu depuis Athènes & Carthage. Il eſt vrai qu'ils le devoient moins aux lumières d'une raiſon cultivée & aux progrès d'une bonne adminiſtration, qu'à l'étendue de leur puiſſance, & à la nature des pays qu'ils poſſédoient. Maîtres de l'Eſpagne, de l'Afrique, de l'Aſie-Mineure, de la Perſe, & d'une partie de l'Inde ; ils commencèrent par échanger entre eux, d'une contrée à l'autre, les denrées des différentes parties de leur vaſte empire. Ils s'étendirent par degrés juſqu'aux Moluques & à la Chine, tantôt en négocians, tantôt en miſſionnaires, ſouvent en conquérans.

Bientôt les Vénitiens, les Génois & les Arabes de Barcelone, allèrent prendre dans Alexandrie les marchandiſes de l'Afrique & de l'Inde, & les verſèrent en Europe. Les Arabes, enrichis par le commerce & raſſaſiés de conquêtes, n'étoient plus le même peuple qui avoit brûlé la bibliothèque des Ptolomées. Ils cultivoient les arts & les lettres ; & ils ont été la ſeule nation conquérante qui ait avancé la raiſon & l'induſtrie des hommes. On leur doit l'algèbre, la chymie, des lumières en aſtronomie, des machines nouvelles, des remèdes inconnus à l'antiquité ; mais la poéſie eſt le ſeul des beaux-arts qu'ils aient cultivé avec ſuccès.

Dans le même tems, les Grecs avoient imité les manufactures de l'Aſie ; & ils s'étoient approprié les richeſſes de l'Inde par différentes voies. Mais ces deux ſources de proſpérité tombèrent bientôt avec leur empire, qui n'oppoſoit au fanatiſme guerrier &

intrépide des Arabes, que le fanatiſme imbécille & lâche des querelles ſcholaſtiques & des controverſes monacales. Les moines y régnoient, & l'empereur demandoit pardon à Dieu du tems qu'il donnoit aux ſoins de l'état. Il n'y avoit plus ni bons peintres, ni bons ſculpteurs; & l'on y diſputoit ſans ceſſe pour ſavoir s'il falloit honorer les images. Situés au milieu des mers, poſſeſſeurs d'un grand nombre d'iſles, les Grecs n'avoient pas de marine. Ils ſe défendirent contre celle d'Egypte & des Sarraſins par le feu Grégeois: arme vaine & précaire d'un peuple ſans vertu. Conſtantinople ne pouvoit protéger au loin ſon commerce maritime; il fut abandonné aux Génois, qui s'emparèrent de Caffa, dont ils firent une ville floriſſante.

La nobleſſe de l'Europe, dans les folles expéditions des Croiſades, emprunta quelque choſe des mœurs des Grecs & des Arabes. Elle connut leurs arts & leur luxe; il lui devint difficile de s'en paſſer. Les Vénitiens eurent un plus grand débit des marchandiſes qu'ils tiroient de l'Orient. Les Arabes, eux-mêmes, en portèrent en France, en Angleterre, & juſqu'en Allemagne.

Ces états étoient alors ſans vaiſſeaux & ſans manufactures. On y gênoit le commerce, & l'on y mépriſoit le commerçant. Cette claſſe d'hommes utiles n'avoit jamais été honorée chez les Romains. Ils avoient traité les négocians à-peu-près avec le même mépris qu'ils avoient pour les hiſtrions, les courtiſanes, les bâtards, les eſclaves & les gladiateurs. Le ſyſtême politique établi dans toute l'Europe par la force & l'ignorance des nations du Nord, devoit néceſſairement perpétuer ce préjugé d'un orgueil barbare. Nos pères inſenſés prirent pour baſe de leurs gouvernemens, un principe deſtructeur de toute ſociété, le mépris pour les travaux utiles. Il n'y avoit de conſidérés que les poſſeſſeurs des fiefs, & ceux qui s'étoient diſtingués dans les combats. Les nobles étoient, comme on ſait, de petits ſouverains qui abuſoient de leur autorité, & réſiſtoient à celle du prince. Les barons avoient du faſte & de l'avarice, des fantaiſies, & fort peu d'argent. Tantôt ils appelloient les marchands dans leurs petits états, & tantôt ils les rançonnoient. C'eſt dans ces tems barbares que ſe ſont établis les droits de péage, d'entrée, de ſortie, de paſſage, de logemens, d'aubaines, d'autres oppreſſions ſans fin. Tous les ponts, tous les chemins s'ouvroient ou ſe fermoient, ſous le bon plaiſir du prince ou de ſes vaſſaux. On ignoroit ſi parfaitement les plus ſimples élémens du commerce, qu'on avoit l'uſage de fixer le prix des denrées. Les négocians étoient ſouvent volés, & toujours mal payés par les chevaliers & par les barons. On faiſoit le commerce par caravanes, & l'on alloit en troupes armées juſqu'aux lieux où l'on avoit fixé les foires. Là, les marchands ne négligeoient aucun moyen de ſe concilier le peuple. Ils étoient ordinairement accompagnés de bateleurs, de muſiciens & de farceurs. Comme il n'y avoit alors aucune grande ville, & qu'on ne connoiſſoit ni les ſpectacles, ni les aſſemblées, ni les plaiſirs ſédentaires de la ſociété privée, le tems des foires étoit celui des amuſemens; & ces amuſemens dégénéroient en diſſolutions, qui autoriſoient les déclamations & les violences du clergé. Les commerçans furent ſouvent excommuniés. Le peuple avoit en horreur des étrangers qui apportoient des ſuperfluités à ſes tyrans, & qui s'aſſocioient à des hommes dont les mœurs bleſſoient ſes préjugés & ſon auſtérité groſſière.

Les Juifs, qui ne tardèrent pas à s'emparer des détails du commerce, ne lui donnèrent pas beaucoup de conſidération. Ils furent alors dans toute l'Europe, ce qu'ils ſont encore aujourd'hui dans la Pologne & dans la Turquie. Les richeſſes qu'ils avoient, celles qu'ils acquéroient tous les jours, les mirent en état de prêter de l'argent au marchand & aux autres citoyens; mais en exigeant un bénéfice proportionné au riſque que couroient ces fonds, en ſortant de leurs mains. Les ſcholaſtiques s'élevèrent avec fureur contre une pratique néceſſaire, que proſcrivoient leurs barbares préjugés. Cette déciſion théologique ſur un objet civil & politique, eut d'étranges ſuites. Le magiſtrat entraîné par une autorité qu'on n'oſoit pas juger, même lorſqu'elle étoit injuſte, prononça des confiſcations & des peines infamantes contre l'uſure, que dans ces tems d'aveuglement les loix confondoient avec l'intérêt le plus modéré. Ce fut à cette époque que les Juifs, pour se dédommager des dangers & des humiliations qu'ils avoient continuellement à craindre dans un trafic regardé comme odieux & criminel, se livrèrent à une avidité qui n'eut plus de bornes. Il leur fallut ajouter au prix de l'argent qui peut s'estimer par le besoin de celui qui prête, par le crédit de celui qui emprunte, par une infinité d'autres circonstances, le prix de l'infamie qui est de peu de chose, ou que rien au monde ne peut compenser. Toutes les nations les détestèrent. On les persécuta, on les pilla, on les proscrivit. Ils inventèrent les lettres-de-change, qui mirent en sûreté les débris de leur fortune. Le clergé déclara le change usuraire; mais il étoit trop utile pour être aboli. Un de ses effets fut de rendre les négocians plus indépendans des princes, qui alors les traitèrent mieux, dans la crainte qu'ils ne portâssent ailleurs leurs richesses.

Ce furent les Italiens, plus connus sous le nom de Lombards, qui profitèrent les premiers de ce commencement de révolution dans les idées. Ils obtinrent, pour les petites sociétés qu'ils formoient, la protection de quelques gouvernemens, qui dérogèrent pour eux aux loix portées, dans des tems barbares, contre tous les étrangers. Cette faveur les rendit les agens de tout le Midi de l'Europe.

Le Nord parut se réveiller aussi; mais un peu plus tard, & plus difficilement encore. Hambourg & Lubec ayant entrepris d'ouvrir un commerce dans la mer Baltique, se virent obligés de s'unir pour se défendre contre les brigands qui infestoient ces parages. Le succès de cette petite ligue détermina d'autres villes à entrer dans la confédération. Bientôt elle fut composée de quatre-vingts cités, qui formoient une chaîne depuis la Baltique jusqu'au Rhin, & qui avoient obtenu ou acheté le privilège de se gouverner par leurs propres loix. Cette association, la première qui ait eu dans les tems modernes un systême régulier de commerce, échangoit avec les Lombards les munitions navales & les autres marchandises du Nord, contre les productions de l'Asie, de l'Italie & des autres états du Midi.

La Flandre servoit de théâtre à tant d'heureuses opérations. Sa position n'étoit pas la seule cause de cette préférence si utile. Elle la devoit aussi à ses belles & nombreuses manufactures de draps; elle la devoit encore à ses fabriques de tapisseries, qui prouvent à quel point le dessin & la perspective étoient alors ignorés. Tous ces moyens de prospérités firent des Pays-Bas, la région la plus riche, la plus peuplée, la plus cultivée de l'Europe.

L'état florissant des peuples de la Flandre, de ceux de la Grande Anse, de ceux de quelques républiques qui prospéroient à l'aide de la liberté, fit impression sur la plupart des rois. Dans leurs états, il n'y avoit de citoyens que la noblesse & les ecclésiastiques. Le reste étoit esclave. Ils affranchirent les villes, & leur prodiguèrent les privilèges. Aussi-tôt se formèrent des corps de marchands, des corps de métiers; & ces associations acquirent du crédit en acquérant des richesses. Les souverains les opposèrent aux barons. On vit diminuer peu-à-peu l'anarchie & la tyrannie féodales. Les bourgeois devinrent citoyens; & le tiers-état fut rétabli dans le droit d'être admis aux assemblées nationales.

Le président de Montesquieu fait honneur à la religion chrétienne, de l'abolition de l'esclavage. Nous oserons n'être pas de son avis. C'est quand il y eut de l'industrie & des richesses dans le peuple, que les princes le comptèrent pour quelque chose. C'est quand les richesses du peuple purent être utiles aux rois contre les barons, que les loix rendirent meilleure la condition du peuple. Ce fut une saine politique que le commerce amène toujours, & non l'esprit de la religion chrétienne, qui engagea les rois à déclarer libres les esclaves de leurs vassaux; parce que ces esclaves, en cessant de l'être, devenoient des sujets. Il est vrai que le pape Alexandre III déclara que des chrétiens devoient être exempts de servitude : mais il ne fit cette déclaration que pour plaire aux rois de France & d'Angleterre, qui vouloient abaisser leurs vassaux. S'il eût été inspiré par l'amour de la justice & de l'humanité, il n'eût pas dit que le chrétien, mais il eût dit que l'homme n'étoit pas né pour la ſervitude; que l'eſclave volontaire, eſt un lâche; qu'aucun lien n'enchaîne licitement l'eſclave involontaire ; que celui qui ne peut le briſer par la force eſt innocent, s'il s'en délivre par la fuite ; & que ſon prétendu maître eſt un aſſaſſin, s'il punit de mort une action autoriſée par la nature. Mais la religion chrétienne défend ſi peu la ſervitude, que dans l'Allemagne-Catholique, en Bohême, en Pologne, pays très-catholiques, le peuple eſt encore eſclave ; & que les poſſeſſions eccléſiaſtiques y ont elles-mêmes des ſerfs, comme elles en avoient autrefois parmi nous, ſans que l'égliſe le trouve mauvais.

Les beaux jours de l'Italie étoient à leur aurore. On voyoit dans Piſe, dans Gênes, dans Florence, des républiques fondées ſur des loix ſages. Les factions des Guelphes & des Gibelins, qui déſoloient ces délicieuſes contrées depuis tant de ſiècles, s'y étoient enfin calmées. Le commerce y fleuriſſoit & devoit bientôt y amener les lettres. Veniſe étoit au comble de ſa gloire. Sa marine, en effaçant celle de ſes voiſins, réprimoit celle des Mammelus & des Turcs. Son commerce étoit ſupérieur à celui de l'Europe entière. Elle avoit une population nombreuſe & des tréſors immenſes. Ses finances étoient bien adminiſtrées, & le peuple content. La république empruntoit aux riches particuliers, mais par politique, & non par beſoin. Les Vénitiens ont été les premiers qui aient imaginé d'attacher au gouvernement les ſujets riches, en les engageant à placer une partie de leur fortune dans les fonds publics. Veniſe avoit des manufactures de ſoie, d'or & d'argent. Les étrangers achetoient chez elle des vaiſſeaux. Son orfévrerie étoit la meilleure, & preſque la ſeule de ce tems-là. On reprochoit aux habitans de ſe ſervir d'uſtenſiles & de vaiſſelle d'or & d'argent. Ils avoient cependant des loix ſomptuaires ; mais ces loix permettoient une ſorte de luxe qui conſervoit des fonds dans l'état. Le noble étoit à la fois économe & ſomptueux. L'opulence de Veniſe avoit reſſuſcité l'architecture d'Athènes. Enfin, il y avoit de la grandeur & déja du goût dans le luxe. Le peuple étoit ignorant, mais la nobleſſe étoit éclairée. Le gouvernement réſiſtoit avec une fermeté ſage aux entrepriſes des pontifes. *Siamo Veneziani, poi Chriſtiani*, diſoit un de leurs ſénateurs. C'étoit l'eſprit du ſénat entier. Dès ce tems, il aviliſſoit les prêtres, qu'il vaudroit mieux rendre utiles aux mœurs. Elles étoient plus fortes & plus pures chez les Vénitiens que chez les autres peuples d'Italie. Leurs troupes étoient fort différentes de ces miſérables *Condottieri*, dont les noms étoient ſi terribles, & dont les armes l'étoient ſi peu. Il régnoit de la politeſſe à Veniſe; & la ſociété s'y trouvoit moins gênée par les inquiſiteurs d'état, qu'elle ne l'a été depuis que la république s'eſt méfiée de la puiſſance de ſes voiſins & de ſa foibleſſe.

Au quinzième ſiècle, l'Italie laiſſoit bien loin derrière elle tout le reſte de l'Europe. La ſuperſtition la plus cruelle, la plus inſenſée, qui tenoit lieu de tout mérite, & qui produiſoit tant de pratiques minutieuſes & tant de fureurs atroces, avoit cependant peu-à-peu tiré l'Eſpagne du joug des Arabes. Ses différentes provinces venoient de ſe réunir par le mariage de Ferdinand & d'Iſabelle, & par la conquête de Grenade. L'Eſpagne étoit devenue une puiſſance qui s'égaloit à la France même. Les belles laines de Caſtille & de Léon étoient travaillées à Ségovie. On en fabriquoit des draps qui ſe vendoient dans toute l'Europe, & même en Aſie. Les efforts continuels que les Eſpagnols avoient été obligés de faire pour défendre leur liberté, leur avoient donné de la vigueur & de la confiance. Leurs ſuccès leur avoient élevé l'ame. Peu éclairés, ils avoient tout l'enthouſiaſme de la chevalerie & de la religion. Bornés à leur péninſule, & ne commerçant guère par eux-mêmes avec les autres nations, ils les mépriſoient : ils avoient ce dédain faſtueux, qui, chez un peuple comme dans un particulier, marque ordinairement peu de lumières. C'étoit la ſeule puiſſance qui eût une infanterie toujours ſubſiſtante; & cette infanterie étoit admirable. Comme, depuis pluſieurs ſiècles, les Eſpagnols faiſoient la guerre, ils étoient réellement plus aguerris que les autres peuples de l'Europe.

Les Portugais avoient à-peu-près le même caractère : mais leur monarchie

monarchie étoit mieux réglée que la Castille, & plus facile à conduire, depuis que, par la conquête des Algarves, elle avoit été délivrée des Maures.

En France, Louis XI venoit d'abaisser les grands vassaux, de relever la magistrature, & de soumettre la noblesse aux loix. Le peuple François, moins dépendant de ses seigneurs, devoit dans peu devenir plus industrieux, plus actif & plus estimable; mais l'industrie & le commerce ne pouvoient fleurir subitement. Les progrès de la raison devoient être lents au milieu des troubles que les grands excitoient encore, & sous le règne d'un prince livré à la plus vile superstition. Les barons n'avoient qu'un faste barbare. Leurs revenus suffisoient à peine pour entretenir à leur suite une foule de gentils-hommes désœuvrés, qui les défendoient contre les souverains & contre les loix. La dépense de leur table étoit excessive; & ce luxe sauvage, dont il reste encore trop de vestiges, n'encourageoit aucun des arts utiles. Il n'y avoit, ni dans les mœurs, ni dans le langage, cette sorte de décence qui distingue les premières classes des citoyens, & qui apprend aux autres à les respecter. Malgré la courtoisie prescrite aux chevaliers, il régnoit, parmi les grands, de la grossiéreté & de la rudesse. La nation avoit alors ce caractère d'inconséquence, qu'elle a eu depuis, & qu'aura toujours un peuple dont les mœurs & les manières ne seront pas d'accord avec ses loix. Les conseils du prince y donnoient des édits sans nombre, & souvent contradictoires; mais le prince dispensoit aisément d'obéir. Ce caractère de facilité dans les souverains, a été souvent le remède à la légéreté avec laquelle les ministres de France ont donné & multiplié les loix.

L'Angleterre, moins riche & moins industrieuse que la France, avoit des barons insolens, des évêques despotes, & un peuple qui se lassoit de leur joug. La nation avoit déja cet esprit d'inquiétude, qui devoit, tôt ou tard, la conduire à la liberté. Elle devoit ce caractère à la tyrannie absurde de Guillaume le conquérant, & au génie atroce de plusieurs de ses successeurs. L'abus excessif de l'autorité, avoit donné aux Anglois une extrême défiance de leurs ſouverains. On ne prononçoit chez eux le nom de roi qu'avec crainte ; & ces ſentimens, tranſmis de race en race, ont ſervi depuis à leur faire établir le gouvernement ſous lequel ils ont le bonheur de vivre. Les longues guerres, entre les maiſons de Lancaſtre & d'Yorck, avoient nourri le courage guerrier & l'impatience de la ſervitude ; mais elles avoient entretenu le déſordre & la pauvreté. C'étoit les Flamands qui mettoient alors en œuvre les laines de l'Angleterre. Ses laines, ſon plomb, ſon étain, étoient tranſportés ſur les vaiſſeaux des villes Anſéatiques. Elle n'avoit ni marine, ni police intérieure, ni juriſprudence, ni luxe, ni beaux-arts. Elle étoit d'ailleurs ſurchargée d'une multitude de riches couvens & d'hôpitaux. Les nobles, ſans aiſance, alloient de couvent en couvent, & le peuple d'hôpitaux en hôpitaux. Ces établiſſemens ſuperſtitieux maintenoient la pareſſe & la barbarie.

L'Allemagne, long-tems agitée par les querelles des empereurs & des papes, & par des guerres inteſtines, venoit de prendre une aſſiette plus tranquille. L'ordre avoit ſuccédé à l'anarchie ; & les peuples de cette vaſte contrée, ſans richeſſes, ſans commerce, mais guerriers & cultivateurs, n'avoient rien à craindre de leurs voiſins, & ne pouvoient leur être redoutables. Le gouvernement féodal y étoit moins funeſte à la nature humaine, qu'il ne l'avoit été dans d'autres pays. En général, les différens princes de cette grande portion de l'Europe, gouvernoient aſſez ſagement leurs états. Ils abuſoient peu de leur autorité ; & ſi la poſſeſſion paiſible de ſon héritage peut dédommager l'homme de la liberté, le peuple d'Allemagne étoit heureux. C'étoit dans les ſeules villes libres & alliées de la Grande Anſe, qu'il y avoit du commerce & de l'induſtrie. Les mines d'Hanovre & de Saxe n'étoient pas connues. L'argent étoit rare. Le cultivateur vendoit à l'étranger quelques chevaux. Les princes ne vendoient pas encore des hommes. La table & de nombreux équipages étoient le ſeul luxe. Les grands & le clergé s'enivroient ſans troubler l'état. On avoit de la peine à dégoûter les gentilshommes de voler ſur les grands chemins. Les mœurs étoient féroces ; & juſques dans les deux ſiècles ſuivans, les troupes

Allemandes furent plus célèbres par leurs cruautés, que par leur discipline & leur courage.

Le Nord étoit encore moins avancé que l'Allemagne. Il étoit opprimé par les nobles & par les prêtres. Aucun des peuples qui l'habitoient, n'avoit conservé cet enthousiasme de gloire, que leur avoit autrefois inspiré la religion d'Odin; & ils n'avoient encore reçu aucune des loix sages, que de meilleurs gouvernemens ont données depuis à quelques-uns d'entre eux. Leur puissance n'étoit rien; & une seule ville de la Grande Anse faisoit trembler les trois couronnes du Nord. Elles redevinrent des nations après la réforme de la religion, & sous les loix de Frédéric & de Gustave Vaza.

Les Turcs n'avoient ni la science du gouvernement, ni la connoissance des arts, ni le goût du commerce; mais les Janissaires étoient la première milice du monde; & il n'a manqué qu'un seul verset de l'Alcoran, pour que des peuples, sur lesquels la religion a conservé jusqu'ici la plus grande influence, ne devinssent les maîtres de la terre. Si Mahomet, après avoir dit: *Tu rendras à l'ennemi le mois de la calamité pour le mois de la calamité*, avoit ajouté: *& tu mépriseras les vaines connoissances de l'étranger; l'art de la guerre est le seul que tu en apprendras*; c'étoit fait de la liberté de l'Europe. Celui qui perfectionnera le Turc dans l'art militaire, sera l'ennemi commun de toutes les nations. Les Janissaires, ces compagnons d'un despote, qu'ils font respecter & trembler, qu'ils couronnent & qu'ils étranglent, avoient alors de grands hommes à leur tête. Ils renversèrent l'empire des Grecs, infatués de théologie, hébêtés par la superstition. Quelques habitans de ce doux climat, qui cultivoient chez eux les lettres & les arts, abandonnèrent leur patrie subjuguée, & se réfugièrent en Italie: ils y furent suivis par des artisans & des négocians. L'aisance, la paix, la prospérité, cet amour de toutes les gloires, ce besoin de nouveaux plaisirs qu'inspirent de bons gouvernemens, favorisoient dans le pays des anciens Romains la renaissance des lettres; & les Grecs apportèrent aux Italiens plus de connoissance des bons modèles, & le goût de l'antiquité.

L'imprimerie étoit inventée ; & si elle avoit été long-tems une invention inutile, tandis que les peuples étoient pauvres & sans industrie, depuis les progrès du commerce & des arts, elle avoit rendu les livres communs. Par-tout on étudioit, on admiroit les anciens; mais ce n'étoit qu'en Italie qu'ils avoient des rivaux.

Rome, qui, presque toujours, a eu dans chaque siècle l'esprit qui lui convenoit le mieux pour le moment ; Rome sembloit ne plus chercher à perpétuer l'ignorance qui l'avoit si long-tems & si bien servie. Elle protégea les belles-lettres & les arts, qui doivent plus à l'imagination qu'au raisonnement. Les prêtres les moins éclairés, savent que l'image d'un Dieu terrible, les macérations, les privations, l'austérité, la tristesse & la crainte, sont les moyens qui établissent leur autorité sur les esprits, en les occupant profondément de la religion. Mais il y a des tems où ces moyens n'ont plus que de foibles succès. Les hommes enrichis dans des sociétés tranquilles, veulent jouir ; ils craignent l'ennui, & ils cherchent les plaisirs avec passion. Quand les foires s'établirent, & lorsqu'à ces foires il y eut des jeux, des danses, des amusemens, le clergé, qui sentit que ces dispositions à la joie rendroient les peuples moins religieux, proscrivit ces jeux, excommunia les histrions. Mais lorsqu'il vit que ses censures n'étoient pas assez respectées, il changea de conduite ; il voulut lui-même donner des spectacles. On vit naître les comédies saintes. Les moines de Saint-Denis, qui jouoient la mort de Sainte Catherine, balancèrent le succès des histrions. La musique fut introduite dans les églises ; on y plaça même des farces. Le peuple s'amusoit à la fête des fous, à celle de l'âne, à celle des innocens, qui se célébroient dans les temples, autant qu'aux farces qui se jouoient dans les places publiques. Souvent, par un simple attrait de plaisir, on quitta les danses des Égyptiennes pour la procession de la Saint Jean. Lorsque l'Italie acquit de la politesse, & qu'elle en mit dans ses plaisirs, les spectacles publics, les fêtes profanes eurent encore plus de décence ; les prêtres eurent une raison de moins de les censurer, & ils les tolérèrent. Ils avoient été long-tems les ſeuls hommes qui ſuſſent lire ; mais ce mérite, devenu plus commun, ne leur donnoit plus de conſidération. Ils voulurent partager la gloire de réuſſir dans les lettres, quand ils virent que les lettres donnoient de la gloire. Les papes, riches & paiſibles ſouverains dans la voluptueuſe Italie, perdirent de leur auſtérité. Leur cour devint aimable. Ils regardèrent la culture des lettres, comme un moyen nouveau de régner ſur les eſprits. Ils protégèrent les talens ; ils honorèrent les grands artiſtes. Raphael alloit être cardinal, lorſqu'il mourut. Pétrarque eut les honneurs du triomphe. Ce bon goût, ces plaiſirs nouveaux, pouvoient n'être pas conformes à l'eſprit de l'évangile ; mais ils paroiſſoient l'être aux intérêts des pontifes. Les arts & les lettres décorent l'édifice de la religion ; c'eſt la philoſophie qui le détruit. Auſſi l'égliſe Romaine, favorable aux belles-lettres & aux beaux-arts, fut-elle oppoſée aux ſciences exactes. On couronna les poëtes ; on perſécuta les philoſophes. Galilée eût vu de ſa priſon le Taſſe monter au Capitole, ſi ces deux grands génies euſſent été contemporains.

Il étoit tems que la philoſophie & les lettres arrivâſſent au ſecours de la morale & de la raiſon. L'égliſe Romaine avoit détruit, autant qu'il eſt poſſible, les principes de juſtice que la nature a mis dans tous les hommes. Ce ſeul dogme, qu'au pape appartient la ſouveraineté de tous les empires, renverſoit les fondemens de toute ſociété, de toute vertu politique. Cependant cette maxime avoit régné long-tems avec le dogme affreux qui permettoit, qui ordonnoit même, de haïr, de perſécuter tous les hommes, dont les opinions ſur la religion ne ſont pas conformes à celles de l'égliſe Romaine. Les indulgences, eſpèce d'expiations vendues pour tous les crimes, & ſi vous voulez quelque choſe de plus monſtrueux, des expiations pour les crimes à venir ; la diſpenſe de tenir ſa parole aux ennemis du pontife, fuſſent-ils de ſa religion ; cet article de croyance, où l'on enſeigne que le mérite du juſte peut être appliqué au méchant ; les exemples de tous les vices dans la perſonne des pontifes, & dans les hommes ſacrés, deſtinés à servir de modèle au peuple ; enfin, le plus grand des outrages faits à l'humanité, l'inquisition : toutes ces horreurs devoient faire de l'Europe un repaire de tigres ou de serpens, plutôt qu'une vaste contrée, habitée ou cultivée par des hommes.

Telle étoit la situation de l'Europe, lorsque les monarques Portugais, à la tête d'un peuple actif, généreux, intelligent, entouré de voisins qui se déchiroient encore, formèrent le projet d'étendre leur navigation & leur empire.

I. Premières navigations des Portugais, dans les mers où l'on présume qu'étoit anciennement l'Atlantide.

C'ÉTOIT une opinion généralement établie, que la mer Atlantique étoit impraticable ; que les côtes occidentales de l'Afrique, brûlées par la Zone Torride, ne pouvoient pas être habitées. Ce préjugé auroit pu être dissipé par quelques ouvrages de l'antiquité, qui avoient échappé aux injures du tems & de l'ignorance : mais on n'étoit pas assez familier avec ces savans écrits, pour y découvrir des vérités qui n'y étoient que confusément énoncées. Il falloit que les Maures & les Arabes, de qui l'Europe avoit déja reçu tant de lumières, nous éclairâssent sur ces grands objets. A travers un océan qui passoit pour indomptable, ces peuples tiroient des richesses immenses d'un pays qu'on croyoit embrasé. Dans des expéditions, dont la Barbarie fut le théâtre, l'on fut instruit des sources de leur fortune, & l'on résolut d'y aller puiser. Des avanturiers de toutes les nations formèrent ce projet. Henri, fils de Jean I, roi de Portugal, fut le seul qui prit des mesures sages.

Ce Prince mit à profit le peu d'astronomie que les Arabes avoient conservé. Un observatoire, où furent instruits les jeunes gentils-hommes qui composoient sa cour, s'éleva par ses ordres à Sagres, ville des Algarves. Il eut beaucoup de part à l'invention de l'astrolabe, & sentit le premier l'utilité qu'on pouvoit tirer de la boussole, qui étoit déja connue en Europe, mais dont on n'avoit pas encore appliqué l'usage à la navigation.

Les pilotes qui se formèrent sous ses yeux, découvrirent en 1419 Madère, que quelques savans ont voulu regarder comme un foible débris de l'Atlantide. Mais y eut-il jamais une isle

Atlantide ? Si elle exista, quelle étoit sa situation, quelle étoit son étendue ? Ce sont deux questions sur lesquelles on se décidera, selon le degré de confiance qu'on accordera à Diodore de Sicile & à Platon, selon la manière dont on les interprétera.

« Après avoir parcouru les isles voisines des colonnes d'Hercule, nous allons parler, dit le premier, de celles qui sont plus avancées dans l'Océan, en tirant vers le couchant. Dans la mer qui borde la Lybie, il en est une très-célèbre éloignée du Continent de plusieurs jours de navigation ».

Diodore s'étend ensuite sur la population, les mœurs, les loix, les monumens, la fécondité de cette isle. Puis il ajoute :

« Les Phéniciens, dans les tems les plus reculés, en firent la découverte. Ils franchirent les colonnes d'Hercule, & naviguèrent dans l'Océan. Proche les colonnes d'Hercule, ils fondèrent Gadeïra ou Cadix. Ils avoient parcouru les mers au-delà des Colonnes, & rangé celles de la Lybie, lorsqu'ils furent surpris d'une violente tempête qui les jetta dans la haute mer, en plein Océan. Après un mauvais tems qui dura plusieurs jours, ils touchèrent à l'isle dont il est question. Ils publièrent la relation de ce voyage. Ils projettèrent un établissement dans cette contrée nouvelle : mais les Carthaginois s'y opposèrent, dans la crainte que le pays ne se dépeuplât ».

Qu'est-ce que cette isle qu'on ne retrouve plus ? qu'est-elle devenue ? Platon nous l'apprendra peut-être.

Voici ce que Critias dit à Socrate dans le Dialogue intitulé Timée. « Solon étoit l'ami intime de Dropidas notre ayeul. Dropidas regrettoit beaucoup que les affaires publiques eussent détourné Solon du penchant qu'il avoit pour la poésie, & l'eussent empêché de finir son poëme sur les Atlantides. Il en avoit apporté le sujet de son voyage d'Egypte. Solon disoit que les habitans de Saïs, ville située à la tête du Delta, à l'endroit où le Nil se divise en deux branches, se croyoient issus des Athéniens dont ils avoient conservé la lance, l'épée, le bouclier, & les autres armes. Il attribue à cette opinion les honneurs qu'il reçut des Saïtiques. Ce fut-là que ce législateur,

» poëte & philosophe, conférant avec les prêtres, & les entretenant de Prométhée, le premier des hommes, de Niobé, du déluge de Deucalion, & d'autres traditions pareilles, un prêtre s'écria : ô Solon, Solon ! vous autres Grecs, vous êtes encore des enfans. Il n'y a pas un seul vieillard parmi vous. Vous prenez des fables emblématiques pour des faits. Vous n'avez connoissance que d'un seul déluge que beaucoup d'autres ont précédé. Il y a long-tems qu'Athènes subsiste. Il y a long-tems qu'elle est civilisée. Il y a long-tems que son nom est fameux en Egypte, par des exploits que vous ignorez, & dont l'histoire est consignée dans nos archives. C'est-là que vous pourrez vous instruire des antiquités de votre ville ».

Après une explication très-sensée & très-belle, des causes de l'ignorance des Grecs, le prêtre ajoute :

« C'est-là que vous apprendrez de quelle manière glorieuse les Athéniens, dans les tems anciens, réprimèrent une puissance redoutable qui s'étoit répandue dans l'Europe & l'Asie, par une irruption soudaine de guerriers sortis du sein de la mer Atlantique. Cette mer environnoit un grand espace de terre, situé vis-à-vis de l'embouchure du détroit appellé les Colonnes d'Hercule. C'étoit une contrée plus vaste que l'Asie & la Lybie ensemble. De cette contrée au détroit, il y avoit nombre d'autres isles plus petites ».

« Ce pays, dont je viens de vous parler, ou l'isle Atlantique, étoit gouverné par des Souverains réunis. Dans une expédition, ils s'emparèrent d'un côté de la Lybie jusqu'à l'Egypte, & de l'autre côté de toutes les contrées jusqu'à la Tirrhénie. Nous fûmes tous esclaves, & ce furent vos ayeux qui nous remirent en liberté : ils conduisirent leurs flottes contre les Atlantistes, & les défirent. Mais un plus grand malheur les attendoit. Peu de tems après leur isle fut submergée ; & cette contrée, plus grande que l'Europe & l'Asie ensemble, disparut en un clin d'œil ».

Quel sujet de méditation ! L'homme s'endort ou s'agite sur un amas de sables mouvans : il s'élance, par ses projets, dans l'éternité ;

l'éternité ; & un concours de causes fatales peut se développer dans un instant, & l'anéantir lui & ses superbes demeures.

Ce qui achève de fortifier les deux témoignages qui précèdent, c'est que la mer, qui porte aujourd'hui le nom d'Atlantique, est restée basse, & qu'on retrouve, à de grandes distances de ses rives, le varec & les autres substances marines qui annoncent un ancien continent.

II. Découverte de Madère. Etat actuel de cette isle.

Quoi qu'il en soit de cette contrée, réelle ou imaginaire, c'est une tradition fort accréditée, qu'à l'arrivée des Portugais, Madère étoit couverte de forêts ; qu'on y mit le feu ; que l'incendie dura sept ans entiers, & qu'ensuite la terre se trouva d'une fertilité extraordinaire. Sur ce sol, qui a vingt-cinq milles de long & dix de large, les Portugais ont, selon le dénombrement de 1768, formé une population de soixante-trois mille neuf cent treize personnes, de tout âge & de tout sexe, distribuées dans quarante-trois paroisses, sept bourgades, & la ville de Funchal, bâtie, sans beaucoup de goût, sur la côte méridionale, dans un vallon fertile, au pied de quelques montagnes dont la pente douce est couverte de jardins & de maisons de campagne très-agréables. Sept ou huit ruisseaux, plus ou moins considérables, la traversent. Sa rade, la seule où il soit permis de charger ou décharger les bâtimens, & la seule par conséquent où l'on ait établi des douanes, est très-sûre durant presque toute l'année. Quand, ce qui est infiniment rare, les vents viennent d'entre le Sud-Est & l'Ouest-Nord-Ouest, en passant par le Sud, il faut appareiller ; mais heureusement on peut prévoir le mauvais tems vingt-quatre heures avant que de l'éprouver.

Les crevasses des montagnes, la couleur noirâtre des pierres, la lave mêlée avec la terre : tout porte l'empreinte des anciens volcans. Aussi ne récolte-t-on que très-peu de grain ; & les habitans sont réduits à tirer de l'étranger les trois quarts de celui qu'ils consomment.

Les vignes sont toute leur ressource. Elles occupent la croupe de plusieurs montagnes, dont le sommet est couronné par des châtaigniers. Des haies de grenadiers, d'orangers, de citronniers, de myrthes, de rosiers sauvages, les séparent. Le raisin croît généralement sous des berceaux, & mûrit à l'ombre. Les seps qui le produisent sont baignés par de nombreux ruisseaux qui, sortis des hauteurs, ne se perdent dans la plaine, qu'après avoir fait cent & cent détours dans les plantations. Quelques propriétaires ont acquis ou usurpé le droit de tourner habituellement ces eaux à leur avantage; d'autres n'en ont la jouissance qu'une, deux, trois fois la semaine. Ceux mêmes qui veulent former un nouveau vignoble, sous un climat ardent, dans un terrein sec, où l'arrosement est indispensable, n'en peuvent partager le privilège qu'en l'achetant fort cher.

Le produit des vignes se partage toujours en dix parts. Il y en a une pour le roi, une pour le clergé, quatre pour le propriétaire, & autant pour le cultivateur.

L'isle produit plusieurs espèces de vin. Le meilleur & le plus rare sort d'un plant tiré originairement de Candie. Il a une douceur délicieuse, est connu sous le nom de Malvoisie de Madère, & se vend cent pistoles la pipe. Celui qui est sec ne coûte que six ou sept cens francs, & trouve son principal débouché en Angleterre. Les qualités inférieures & qui ne passent pas quatre ou cinq cens livres, sont destinées pour les Indes orientales, pour quelques isles & le continent septentrional de l'Amérique.

Les récoltes s'élèvent communément à trente mille pipes. Treize ou quatorze des meilleures vont abreuver une grande partie du globe : le reste est bu dans le pays même, ou converti en vinaigre & en eau-de-vie pour la consommation du Brésil.

Le revenu public est formé par les dîmes généralement perçues sur toutes les productions; par un impôt de dix pour cent sur ce qui entre dans l'isle, & de douze pour cent sur ce qui en sort. Ces objets réunis rendent 2,700,000 liv. Tels sont cependant les vices de l'administration, que, d'une somme si considérable, il ne revient presque rien à la Métropole.

La Colonie est gouvernée par un chef qui domine aussi sur Porto-Santo, qui n'a que sept cens habitans & quelques vignes; sur les Salvages, encore moins utiles; sur quelques autres petites isles entiérement désertes, hors le tems des pêches. On ne lui donne, pour la défense d'un si bel établissement, que cent hommes de troupes régulières : mais il dispose de trois mille hommes de milice, qu'on assemble & qu'on exerce un mois chaque année. Officiers & soldats, tout, dans ce corps, sert sans solde, sans que les places en soient moins recherchées. Elles procurent quelques distinctions, dont on est plus avide dans cette isle que dans aucun lieu du monde.

III. Voyages des Portugais au continent de l'Afrique.

Après la découverte de Madère, les Portugais tournèrent leur pavillon vers les régions occidentales de l'Afrique. On croit assez généralement que ce furent les premiers Européens qui abordèrent à ces côtes barbares. Cependant il paroît prouvé que les Normands les avoient précédés d'un siècle ; & que ces navigateurs, trop peu connus, avoient formé quelques petits établissemens qui subsistèrent jusqu'en 1410. A cette époque, les calamités qui désoloient la France, ne permirent plus de s'occuper d'intérêts si éloignés.

Les premières expéditions des Portugais, dans la Guinée, ne furent que des pirateries. Ces hardis & féroces navigateurs, couverts de fer, armés de la foudre, arrachoient à des peuples étonnés, divisés & lâches, ce que la nature ou le hasard leur avoient donné. Les brigandages, poussés à ce monstrueux excès, eurent un terme ; & ce fut lorsqu'on put s'entendre. Alors le commerce prit la place de la violence ; & il se fit quelques échanges, mais rarement fondés sur une liberté entière & sur une justice exacte. Enfin, la Cour de Lisbonne crut qu'il convenoit à ses intérêts ou à sa gloire d'assujettir à sa domination les parties de cette vaste contrée qu'on croyoit les plus fertiles, ou dont la position étoit la plus heureuse ; & l'exécution de ce projet, plus brillant peut-être que sage, n'éprouva que peu de contradictions. Pour donner de la stabilité à ces conquêtes, on crut devoir multiplier les forteresses, répandre la religion de l'Europe, & perpétuer les naturels du pays dans leur ignorance.

Sous le règne de Jean II, Prince éclairé, qui, le premier, rendit Lisbonne un port franc, & fit faire une application nouvelle de l'astronomie à la navigation, les Portugais doublèrent le cap qui est à l'extrémité de l'Afrique. On l'appella alors le cap des Tempêtes; mais le prince, qui prévoyoit le passage aux Indes, le nomma le cap de Bonne-Espérance.

IV. Arrivée des Portugais aux Indes.

Emmanuel suivit les projets de ses prédécesseurs. Il fit partir le 18 juillet 1497 une flotte de quatre vaisseaux, sous les ordres de *Vasco de Gama*. Cet amiral, après avoir essuyé des tempêtes, après avoir parcouru la côte orientale de l'Afrique, après avoir erré sur des mers inconnues, aborda enfin dans l'Indostan. Sa navigation avoit été de treize mois.

V. Description géographique de l'Asie.

L'Asie, dont l'Indostan forme une des plus riches parties, est un vaste continent qui, selon les observations des Russes, sur lesquelles on a élevé des doutes raisonnables, s'étend entre le quarante-troisième & le deux cent-septième degré de longitude. Dans la direction d'un pole à l'autre, elle s'étend depuis le soixante-dix-septième degré de latitude septentrionale, jusqu'au dixième de latitude méridionale. La partie de ce grand continent, comprise dans la Zone Tempérée, entre le trente-cinquième & le cinquantième degré de latitude, paroît plus élevée que tout le reste. Elle est soutenue, tant au Nord qu'au Midi, par deux grandes chaînes de montagnes qui courent presque depuis l'extrémité occidentale de l'Asie mineure, & des bords de la mer Noire, jusqu'à la mer qui baigne les côtes de la Chine & de la Tartarie à l'Orient. Ces deux chaînes sont liées entre elles par d'autres chaînes intermédiaires, qui sont dirigées du Sud au Nord. Elles se prolongent, tant vers la mer du Nord, que vers celles des Indes & de l'Orient, par des ramifications élevées comme des digues entre les lits des grands fleuves qui arrosent ces vastes régions.

Telle est la grande charpente qui soutient la plus forte masse de l'Asie. Dans l'intérieur de ce pays immense, la terre n'est qu'un sable mobile qui est le jouet des vents. On n'y trouve aucun vestige de pierre calcaire ni de marbre. Il n'y a ni coquilles pétrifiées, ni autres fossiles. Les mines métalliques y sont à la surface de la terre. Les observations du baromètre se joignent à tous ces phénomènes, pour démontrer la grande élévation de ce centre de l'Aſie, auquel on a donné, dans les derniers tems, le nom de petite Bucharie.

C'eſt de l'eſpèce de ceinture qui environne cette vaſte & ingrate région, que partent des ſources abondantes & fort multipliées, qui coulent en différens ſens. Ces fleuves, qui charient ſans ceſſe à toutes les extrémités de l'Aſie, des débris d'un terrein ſtérile, forment autant de barrières contre les mers qui pourroient gagner les côtes, & aſſurent à ce continent une conſiſtance, une durée que les autres ne ſauroient avoir. Peut-être eſt-il deſtiné à les voir diſparoître pluſieurs fois ſous les eaux, avant de ſouffrir lui-même aucune atteinte.

Parmi les mers, dont cette vaſte terre s'eſt dégagée avec le cours des ſiècles, une ſeule a reſté dans ſon ſein. C'eſt la mer Caſpienne, qui eſt viſiblement le baſſin des grands fleuves qu'elle reçoit. Quelques phyſiciens ont ſoupçonné que cette mer communiquoit avec l'Océan & la mer Noire par des voies ſouterraines, mais ſans aucune preuve. On peut oppoſer à ces prétentions, l'évaporation qui ſuffit pour vuider l'eau, à meſure que les fleuves l'y voiturent, & la facilité avec laquelle les conduits ſouterrains auroient été obſtrués par les vaſes & les ſables que l'eau y auroit entraînés. C'eſt auſſi pour cette raiſon que la mer Caſpienne eſt ſalée, comme tous les lacs qui reçoivent les eaux des fleuves, ſans les verſer au-dehors. Il paroît certain, par les obſervations du baromètre faites à Aſtracan, que ſa ſurface eſt au-deſſous du niveau des deux mers voiſines; par conſéquent, elle n'eſt pas plus dans le cas de leur fournir de l'eau par des conduits ſouterrains, que de communiquer avec elles par des débordemens ſuperficiels.

La mer Glaciale, qui baigne les côtes ſeptentrionales de la Sibérie, les rend inacceſſibles, ſi l'on en croit les Ruſſes. On ne doit pas eſpérer, diſent-ils, de trouver par cette mer une nouvelle route d'Europe en Amérique. Les glaces empêcheront toujours de doubler le cap de Schalaginskoi, qui ſépare l'ancien monde du nouveau, quoiqu'on ait franchi ce paſſage une fois.

Mais peut-être les Russes ne sont-ils pas assez sincères, ou pas encore assez éclairés, pour mériter une créance entière. Peut-être ne savent-ils pas tout ce qu'ils ont dit, ou n'ont-ils pas dit tout ce qu'ils savent.

La mer des Indes, qui pèse & penche sur le Midi de l'Asie, est séparée de la grande mer du Sud, par une chaîne de montagnes marines qui commencent à l'isle de Madagascar, & continuant jusqu'à celle de Sumatra, comme le démontrent les bas-fonds & les rochers dont cette étendue est parsemée, va rejoindre la terre de Diemen & de la Nouvelle-Guinée. M. Buache, géographe, qui a considéré la terre en physicien, traçant la carte du monde sur cette hypothèse, veut que la mer comprise entre cette longue chaîne d'isles & les côtes méridionales de l'Asie, soit divisée en trois grands bassins, dont la nature semble avoir circonscrit ou dessiné les limites.

Le premier, situé à l'Occident, entre l'Arabie & la Perse, est terminé au Midi par cette chaîne d'isles, qui, depuis le cap Comorin & les Maldives, s'étend jusqu'à Madagascar. C'est ce bassin qui, en s'enfonçant dans les terres, creuse sans cesse le golfe Persique & la mer Rouge. Le second bassin forme le golfe de Bengale. Le troisième est le grand Archipel, qui contient les isles de la Sonde, les Moluques & les Philippines. C'est comme un massif, qui joint l'Asie au continent austral, lequel soutient le poids de la mer Pacifique. Entre cette mer & le grand Archipel, est comme un nouveau bassin, qui forme à l'Orient une chaîne de montagnes marines, qui se prolongent depuis les isles Marianes, jusqu'à celles du Japon. Après ces isles fameuses, vient la chaîne des isles Kouriles, qui va joindre la pointe méridionale de la presqu'isle de Kamschatka; & cette chaîne renferme un cinquième bassin, où se jette le fleuve Amur, dont l'embouchure, rendue impraticable par les bambous qui y croissent, peut faire croire que cette mer n'a guère de profondeur.

Ces détails géographiques, loin de paroître un hors-d'œuvre, étoient comme nécessaires pour diriger & fixer l'attention sur le plus riche & le plus beau continent de l'Univers. Entrons-y par l'Indostan.

VI. Description physique de l'Indostan.

Quoique par le nom générique d'Indes orientales, on entende communément ces vastes régions qui sont au-delà de la mer d'Arabie & du royaume de Perse, l'Indostan n'est que le pays renfermé entre l'Indus & le Gange, deux fleuves célèbres qui vont se jetter dans les mers des Indes, à quatre cens lieues l'un de l'autre. Ce long espace est traversé du Nord au Midi, par une chaîne de hautes montagnes, qui, le coupant par le milieu, va se terminer au cap Comorin, en séparant la côte de Malabar de celle de Coromandel.

Par une singularité frappante, & peut-être unique, cette chaîne est une barrière que la nature semble avoir élevée entre les saisons opposées. La seule épaisseur de ces montagnes y sépare l'été de l'hiver; c'est-à-dire, la saison des beaux jours de celle des pluies: car on sait qu'il n'y a point d'hiver entre les Tropiques. Mais par ce mot, on entend aux Indes le tems de l'année où les nuages, que le soleil pompe au sein de la mer, sont poussés violemment par les vents contre les montagnes, s'y brisent & se résolvent en pluies, accompagnées de fréquens orages. De-là se forment des torrens qui se précipitent, grossissent les rivières, inondent les plaines. Tout nage alors dans des ténèbres humides, épaisses & profondes. Le jour même est obscurci des plus noires vapeurs. Mais semblable à l'abîme qui couvoit les germes du monde avant la création, cette saison nébuleuse est celle de la fécondité. C'est alors que les plantes & les fleurs ont le plus de sève & de fraîcheur; c'est alors que la plupart des fruits parviennent à leur maturité.

L'été, sans doute, conserve mieux son caractère que l'hiver dans cette région du soleil. Le ciel, sans aucun nuage qui intercepte ses rayons, y présente l'aspect d'un airain embrâsé. Cependant les vents de mer, qui s'élèvent pendant le jour, & les vents de terre qui soufflent pendant la nuit, y tempèrent l'ardeur de l'atmosphère par une alternative périodique. Mais les calmes qui règnent par intervalles, étouffent ces douces haleines, & laissent souvent les habitans en proie à une sécheresse dévorante.

L'influence des deux saisons est encore plus marquée sur les deux mers de l'Inde, où on les distingue sous le nom de moussons sèche & pluvieuse. Tandis que le soleil, revenant sur ses pas, amène au printems la saison des tempêtes & des naufrages pour la mer qui baigne la côte de Malabar, celle de Coromandel voit les plus légers vaisseaux voguer sans aucun risque sur une mer tranquille, où les pilotes n'ont besoin ni de science, ni de précaution. Mais l'automne, à son tour, changeant la face des élémens, fait passer le calme sur la côte occidentale, & les orages sur la mer orientale des Indes; transporte la paix où étoit la guerre, & la guerre où étoit la paix. L'insulaire de Ceylan, les yeux tournés vers la région de l'Équateur, aux deux saisons de l'Équinoxe, voit alternativement les flots tourmentés à sa droite & paisibles à sa gauche; comme si l'auteur de la nature tournoit tout-à-coup, en ces deux momens d'équilibre, la balance des fléaux & des bienfaits qu'il tient perpétuellement en ses mains. Peut-être même est-ce dans l'Inde, où les deux empires du bien & du mal semblent n'être séparés que par un rempart de montagnes, qu'est né le dogme des deux principes, dogme dont l'homme ne s'affranchira peut-être jamais entiérement, tant qu'on ignorera les vues profondes de l'être tout-puissant qui créa l'Univers.

Pourquoi une éternité s'étant écoulée, sans que sa gloire eût besoin de se manifester par ce grand ouvrage, & sans que sa félicité en exigeât l'existence, se détermina-t-il à le produire dans le tems? Pourquoi sa sagesse y laissa-t-elle tant d'imperfections apparentes? Pourquoi sa bonté le peupla-t-elle d'êtres sensibles, qui devoient souffrir, sans l'avoir mérité? Pourquoi le méchant qu'il haït, y prospère-t-il sous ses yeux, & le bon qu'il chérit, y est-il accablé d'afflictions? Pourquoi les innombrables fléaux de la nature y frappent-ils indistinctement l'innocent & le coupable? Jusqu'à ce que ces obscurités soient éclaircies, l'homme deviendra, selon que l'ordre des choses lui sera favorable ou nuisible, adorateur d'Oromaze ou d'Arima: car la douleur & le plaisir sont la source de tous les cultes, comme l'origine de toutes les idées.

Telle est la liaison entre les loix physiques & morales, que le climat

climat a jetté par-tout les premiers fondemens des systêmes de l'esprit humain, sur les objets importans au bonheur. Ainsi les Indiens, sur l'imagination desquels la nature fait les plus profondes impressions, par les plus fortes influences du bien & du mal, par le spectacle continuel du combat des élémens ; les Indiens ont été placés dans la position la plus féconde en révolutions, en événemens, en faits de toute espèce.

VII. Antiquité de l'Indostan.

Aussi la philosophie & l'histoire se sont long-tems occupées des célèbres contrées de l'Inde, & leurs conjectures ont prodigieusement reculé l'époque de l'existence de ses premiers habitans. En effet, soit que l'on consulte les monumens historiques, soit que l'on considère la position de l'Indostan sur le globe, tenant par une chaîne de hautes montagnes au plateau le plus élevé du continent & le plus éloigné des invasions de la mer, on conviendra que c'est le séjour le plus assuré pour ses habitans, & le pays le plus anciennement peuplé. L'origine de la plupart de nos sciences va se perdre dans son histoire. Les Grecs alloient s'instruire dans l'Inde, même avant Pythagore. Les plus anciens peuples commerçans y trafiquoient pour en rapporter des toiles, qui prouvent combien l'industrie y avoit fait de progrès.

En général, ne peut-on pas dire que le climat le plus favorable à l'espèce humaine, est le plus anciennement peuplé ? Un climat doux, un air pur, un sol fertile, & qui produit presque sans culture, ont dû rassembler les premiers hommes. Si le genre-humain a pu se multiplier & s'étendre dans des régions affreuses, où il a fallu lutter sans cesse contre la nature ; si des sables brûlans & arides, des marais impraticables, des glaces éternelles, ont reçu des habitans ; si nous avons peuplé des déserts & des forêts, où il falloit se défendre contre les élémens & les bêtes féroces : avec quelle facilité n'a-t-on pas dû se réunir dans ces contrées délicieuses, où l'homme, exempt de besoins, n'avoit que des plaisirs à desirer ; où jouissant, sans travail & sans inquiétude, des meilleures productions & du plus beau spectacle de l'univers, il pouvoit s'appeller, à juste titre, l'être par excellence & le roi de la nature ? Telles étoient les rives du Gange

& les belles contrées de l'Indostan. Les fruits les plus délicieux y parfument l'air, & fournissent une nourriture saine & rafraîchissante; des arbres y présentent des ombrages impénétrables à la chaleur du jour. Tandis que les espèces vivantes qui couvrent le globe ne peuvent subsister ailleurs qu'à force de se détruire; dans l'Inde, elles partagent avec leur maître l'abondance & la sûreté. Aujourd'hui même, que la terre devroit y être épuisée par les productions de tant de siècles, & par leur consommation dans des régions éloignées, l'Indostan, si l'on en excepte un petit nombre de lieux ingrats & sablonneux, est encore le pays le plus fertile du monde.

VIII. Religion, gouvernement, jurisprudence, mœurs, usages de l'Indostan.

Le moral n'y est pas moins extraordinaire que le physique. Lorsqu'on arrête ses regards sur cette vaste contrée, on ne peut voir sans douleur que la nature y a tout fait pour le bonheur de l'homme, & que l'homme y a tout fait contre elle. La fureur des conquêtes, & un autre fléau qui n'est guère moins destructeur, l'avidité des commerçans, ont ravagé tour-à-tour & opprimé le plus beau pays de l'univers.

Au milieu des brigands féroces, & de ce ramas d'étrangers que la guerre & l'avidité ont attirés dans l'Inde, on en démêle aisément les anciens habitans. La couleur de leur teint & leur forme extérieure, les distinguent encore moins que les traits particuliers de leur caractère. Ce peuple, écrasé sous le joug du despotisme, ou plutôt de l'anarchie la plus extravagante, n'a pris ni les mœurs, ni les loix, ni la religion de ses tyrans. Le spectacle continuel de toutes les fureurs de la guerre, de tous les excès & de tous les vices dont la nature humaine est capable, n'a pu corrompre son caractère. Doux, humain, timide, rien n'a pu familiariser un Indien avec la vue du sang, ni lui inspirer le courage & le sentiment de la révolte. Il n'a que les vices de la foiblesse.

Le voyageur éclairé qui, en parcourant les plaines de l'Égypte, voit épars dans la campagne des tronçons de colonnes, des statues mutilées, des entablemens brisés, des pyramides immenses échappées aux ravages des guerres & des tems, contemple avec admiration ces restes d'une nation qui n'existe plus. Il ne retrouve plus la place de cette Thèbes aux cent portes, ſi célèbre dans l'antiquité : mais les débris de ſes temples & de ſes tombeaux, lui donnent une plus haute idée de ſa magnificence que les récits d'Hérodote & de Diodore.

En examinant avec attention les récits des voyageurs ſur les mœurs des naturels de l'Inde, on croit marcher ſur des monceaux de ruines. Ce ſont les débris d'un édifice immenſe. L'enſemble en eſt détruit : mais ces débris épars atteſtent la grandeur & la régularité du plan. Au travers de ſuperſtitions abſurdes, de pratiques puériles & extravagantes, d'uſages & de préjugés biſarres, on apperçoit les traces d'une morale ſublime, d'une philoſophie profonde, d'une police très-rafinée ; & lorſqu'on veut remonter à la ſource de ces inſtitutions religieuſes & ſociales, on voit qu'elle ſe perd dans l'obſcurité des tems. Les traditions les plus anciennes, préſentent les Indiens comme le peuple le plus anciennement éclairé & civiliſé.

L'empereur Mahmoud Akebar eut la fantaiſie de s'inſtruire des principes de toutes les religions répandues dans ſes vaſtes provinces. Dégagé des ſuperſtitions dont l'éducation mahométane l'avoit préoccupé, il voulut juger par lui-même. Rien ne lui fut plus facile que de connoître tous les cultes, qui ne demandent qu'à faire des proſélytes : mais il échoua dans ſes deſſeins quand il fallut traiter avec les Indiens, qui ne veulent admettre perſonne dans la communion de leurs myſtères.

Toute la puiſſance & les promeſſes d'Akebar ne purent déterminer les bramines à lui découvrir les dogmes de leur religion. Ce prince recourut donc à l'artifice. L'expédient qu'il imagina, fut de faire remettre à ces prêtres un jeune enfant nommé Feizi, comme un pauvre orphelin de la race ſacerdotale, la ſeule qui puiſſe être admiſe au ſaints myſtères de la théologie. Feizi, bien inſtruit du rôle qu'il devoit jouer, fut ſecrétement envoyé à Benarès, le ſiège des ſciences de l'Indoſtan. Il fut reçu par un ſavant bramine, qui l'éleva avec autant de tendreſſe que s'il eût été ſon fils. Après dix ans d'études, Akebar voulut faire revenir le jeune homme : mais celui-ci étoit épris des charmes de la fille du bramine, ſon inſtituteur.

Les femmes de la race facerdotale paffent pour les plus belles femmes de l'Indoftan. Le vieux bramine ne s'oppofa pas aux progrès de la paffion des deux amans. Il aimoit Feizi, qui avoit gagné fon cœur par fes manières & fa docilité, & lui offrit fon amante en mariage. Alors le jeune homme, partagé entre l'amour & la reconnoiffance, ne voulut pas continuer plus long-tems la fupercherie. Tombant aux pieds du bramine, il lui découvre la fraude, & le fupplie de lui pardonner fon crime.

Le prêtre, fans lui faire aucun reproche, faifit un poignard qu'il portoit à fa ceinture, & alloit s'en frapper, fi Feizi n'eût arrêté fon bras. Ce jeune homme mit tout en ufage pour le calmer, proteftant qu'il étoit prêt à tout faire, pour expier fon infidélité. Le bramine fondant en larmes, promit de lui pardonner, s'il vouloit jurer de ne jamais traduire les Bedas ou livres faints, & de ne jamais révéler à perfonne le fymbole de la croyance des bramines. Feizi promit fans héfiter, & vraifemblablement il tint parole.

De tems immémorial, les brames, feuls dépofitaires des livres, des connoiffances & des réglemens, tant civils que religieux, en avoient fait un fecret que la préfence de la mort, au milieu des fupplices, ne leur avoit point arraché. Il n'y avoit aucune forte de terreurs & de féductions auxquelles ils n'euffent réfifté; lorfque tout récemment M. Haftings, gouverneur général des établiffemens Anglois dans le Bengale, & le plus éclairé des Européens qui foient paffés aux Indes, devint poffeffeur du code des Indiens. Il corrompit quelques brames; il fit fentir à d'autres le ridicule & les inconvéniens de leur myftérieufe réferve. Les vieillards, que leur expérience & leurs études avoient élevés au-deffus des préjugés de leur cafte, fe prêtèrent à fes vues, dans l'efpérance d'obtenir un plus libre exercice de leur religion & de leurs loix. Ils étoient au nombre de onze, dont le plus âgé paffoit quatre-vingts ans, & le plus jeune n'en avoit pas moins de trente-cinq. Ils compulfèrent dix-huit auteurs originaux Samskrets; & le recueil des fentences qu'ils en tirèrent, traduit en Perfan, fous les yeux des brames, le fut du Perfan en Anglois par M.

Halhed. Les compilateurs du code rejettèrent unanimement deux propoſitions ; l'une de ſupprimer quelques paragraphes ſcandaleux ; l'autre d'inſtruire M. Halhed dans le dialecte ſacré. Tant il eſt vrai que l'eſprit ſacerdotal eſt par-tout le même, & qu'en tout tems le prêtre, par intérêt & par orgueil, s'occupe à retenir les peuples dans l'ignorance. Pour donner à l'ouvrage l'exactitude & la ſanction qu'on pouvoit deſirer, on appella des différentes contrées du Bengale, les plus habiles d'entre les pundits ou brames juriſconſultes. Voici l'hiſtoire abrégée de la création du monde, & de la première formation des caſtes, telle que ces religieux compilateurs l'ont expoſée à la tête du code civil.

Brama aime, dans chaque pays, la forme du culte qu'on y obſerve. Il écoute dans la moſquée le dévot qui récite des prières, en comptant des grains. Il eſt préſent aux temples, à l'adoration des idoles. Il eſt l'intime du Muſulman & l'ami de l'Indien ; le compagnon du Chrétien & le confident du Juif. Les hommes qu'il a doués d'une ame élevée, ne voient dans les contrariétés des ſectes & la diverſité des cultes religieux, qu'un des effets de la richeſſe qu'il a deployée dans l'œuvre de la création.

Le principe de la vérité, ou l'être ſuprême, avoit formé la terre & les cieux, l'eau, l'air & le feu, lorſqu'il engendra Brama. Brama eſt l'eſprit de Dieu Il eſt abſorbé dans la contemplation de lui-même. Il eſt préſent à chaque partie de l'eſpace. Il eſt un. Sa ſcience eſt infinie. Elle lui vient par inſpiration. Son intelligence comprend tout ce qui eſt poſſible. Il eſt immuable. Il n'y a pour lui, ni paſſé, ni préſent, ni futur. Il eſt indépendant. Il eſt ſéparé de l'Univers. Il anime les opérations de Dieu. Il anime les vingt-quatre puiſſances de la nature. L'œil reçoit ſon action du ſoleil, le vaſe du feu, le fer de l'aimant, le feu des matières combuſtibles, l'ombre du corps, la pouſſière du vent, le trait du reſſort de l'arc, & l'ombrage de l'arbre. Ainſi, par cet eſprit, l'Univers eſt doué des puiſſances de la volonté & des puiſſances de l'action. Si cet eſprit vient du cœur, par le canal de l'oreille, il produit la perception des ſons ; par le canal de la peau, la perception du toucher ; par le canal de l'œil, la perception des objets visibles ; par le canal de la langue, la perception du goût ; par le canal du nez, la perception de l'odorat. Cet esprit anime les cinq membres d'action, les cinq membres de perception, les cinq élémens, les cinq sens, les trois dispositions de l'ame ; cause la création ou l'anéantissement des choses, contemplant le tout en spectateur indifférent. Telle est la doctrine du Reig-Beda.

Brama engendra de sa bouche la sagesse, ou le brame, dont la fonction est de prier, de lire & d'instruire ; de son bras, la force, ou le guerrier & le souverain qui tirera de l'arc, gouvernera & combattra ; de son ventre, de ses cuisses, la nourriture, ou l'agriculture & le commerçant ; de ses pieds, la servitude, ou l'artisan & l'esclave, qui passera sa vie à obéir, à travailler & à voyager.

La distinction des quatre premières castes est donc aussi vieille que le monde, & d'institution divine.

Brama produisit ensuite le reste de l'espèce humaine, qui devoit remplir ces quatre castes ; les animaux, les végétaux, les choses inanimées, les vices & les vertus. Il prescrivit à chaque caste ses devoirs ; & ces devoirs sont à jamais consignés dans les livres sacrés.

Le premier magistrat ou souverain du choix de Brama, eut un méchant successeur, qui pervertit l'ordre social, en autorisant le mêlange des hommes & des femmes des quatre castes qu'il avoit instituées ; confusion sacrilège, de laquelle sortit une cinquième caste, & de celle-ci une multitude d'autres. Les brames irrités le mirent à mort. En frottant la main droite de son cadavre, il en naquit deux fils, l'un militaire ou magistrat, l'autre brame. En frottant la main gauche, il en naquit une fille, que les brames marièrent à son frère le guerrier, à qui ils accordèrent la magistrature. Celui-ci avoit médité le massacre de la cinquième caste, & de toutes ses branches. Les brames l'en dissuadèrent. Leur avis fut de rassembler les individus qui la composoient, & de leur assigner différentes fonctions dans les sciences, les arts &

les métiers, qu'ils exercèrent, eux & leurs descendans, à perpétuité.

D'où l'on voit que le brame fut tellement enorgueilli de son origine, qu'il auroit cru se dégrader en ambitionnant la magistrature ou la souveraineté, & qu'on parvient à rendre aux peuples leurs chaînes respectables, en les en chargeant au nom de la divinité. Jamais un Indien ne fut tenté de sortir de sa caste. La distribution des Indiens en castes, qui s'élèvent les unes au-dessus des autres, caractérise la plus profonde corruption, & le plus ancien esclavage. Elle décèle une injuste & révoltante prééminence des prêtres sur les autres conditions de la société, & une stupide indifférence du premier législateur pour le bonheur général de la nation.

Cet historique de la naissance du monde n'offre rien de plus raisonnable, ou de plus insensé, que ce qu'on lit dans les autres mythologies. Par-tout l'homme a voulu descendre du ciel. Les Bedas, ou les livres canoniques, ne sont ni moins révérés, ni moins crus dans l'Inde, que la bible par le Juif ou par le Chrétien; & la foi dans les révélations de Brama, de Raom & de Kishen, est aussi robuste que la nôtre. La religion fut par-tout une invention d'hommes adroits & politiques, qui ne trouvant pas en eux-mêmes les moyens de gouverner leurs semblables à leur gré, cherchèrent dans le ciel la force qui leur manquoit, & en firent descendre la terreur. Leurs rêveries furent généralement admises dans toute leur absurdité. Ce ne fut que par le progrès de la civilisation & des lumières, qu'on s'enhardit à les examiner, & qu'on commença à rougir de sa croyance. D'entre les raisonneurs, les uns s'en moquèrent & formèrent la classe abhorrée des esprits forts; les autres par intérêt ou pusillanimité, cherchant à concilier la folie avec la raison, recoururent à des allégories dont les instituteurs du dogme n'avoient pas eu la moindre idée, & que le peuple ne comprit pas ou rejetta pour s'en tenir purement & simplement à la foi de ses pères.

Les annales sacrées des Indiens datent des siècles les plus

reculés, & se sont conservées jusqu'aux derniers tems sans aucune interruption. Elles ne font aucune mention de l'événement le plus mémorable & le plus terrible, le déluge. Les brames prétendent que leurs livres sacrés sont antérieurs à cette époque, & que ce fléau ne s'étendit pas sur l'Indostan. Ils distinguent quatre âges. L'âge de la pureté dont la durée fut de trois millions deux cent mille ans : alors l'homme vivoit cent mille ans, & sa stature étoit de vingt & une coudées : l'âge de réprobation, sous lequel un tiers du genre-humain étoit corrompu : sa durée fut de deux millions quatre cent mille ans, & la vie de l'homme de dix mille ans. L'âge de la corruption de la moitié de l'espèce, dont la durée fut d'un million six cent mille ans, & la vie de l'homme de mille ans. L'âge de la corruption générale ou l'ère présente, dont la durée sera de quatre cent mille ans ; il y en a près de cinquante mille d'écoulés : au commencement, de ce période, la vie de l'homme fut bornée à cent ans. Par-tout l'âge présent est le plus corrompu. Par-tout son siècle est la lie des siècles : comme si le vice & la vertu n'étoient pas aussi vieux que l'homme & le monde.

Quelque fabuleuses que ces annales nous paroissent, par qui pourroient-elles être contestées ? Seroit-ce par le philosophe, qui croit à l'éternité des choses ? seroit-ce par le Juif, dont la chronologie, les mœurs, les loix ont tant de conformité avec le dernier âge de l'Indien ? Il n'y a point d'objections contre les époques des Indiens qu'on ne puisse rétorquer contre les nôtres ; & nous n'employons aucune preuve à constater celles-ci, qu'on ne retrouve dans la bouche & les écrits du brame.

Les pundits ou brames jurisconsultes parlent aujourd'hui la langue originale des loix, langue ignorée du peuple. Les brames parlent & écrivent le samskret. Le samskret est abondant & concis. La grammaire en est très-compliquée & très-régulière. L'alphabet a cinquante caractères. Les déclinaisons, au nombre de dix-sept, ont chacune un singulier, un duel & un plurier. Il y a des syllabes brèves, plus brèves & très-brèves ; des syllabes longues, plus longues & très-longues ; aiguës, plus aiguës & très-aiguës ; graves, plus graves & très-graves. C'est un idiome

noté

noté & musical. La dernière syllabe du mot *bédéreo* est une espèce de point d'orgue qui dure près d'une minute. La poésie a toutes sortes de vers ; & la versification toutes les sortes de pieds & de difficultés des autres langues, sans en excepter la rime. Les auteurs composent par stances, dont le sujet est communément moral. *Un père dissipateur est l'ennemi de son fils. --- Une mère débauchée est l'ennemie de ses enfans. --- Une belle femme est l'ennemie de son mari. --- Un enfant mal élevé est l'ennemi de ses parens.....* Voici un exemple de leurs pièces. --- *Par la soif de l'or, j'ai fouillé la terre & je me suis livré à la transmutation des métaux. --- J'ai traversé les mers, & j'ai rampé sous les grands. --- J'ai fui le monde ; je me suis occupé de l'art des enchantemens ; & j'ai veillé parmi les tombeaux. --- Il ne m'en est pas revenu un cowri. Avarice, retire-toi ; j'ai renoncé à tes chimériques promesses.*

Quel laps de tems ne suppose pas une langue aussi difficile & aussi perfectionnée ? Que les folies modernes sont vieilles ! Il est parlé dans le Samskret des jugemens de Dieu par l'eau & par le feu : combien les mêmes erreurs & les mêmes vérités ont fait de fois le tour du globe ! Au tems où le Samskret étoit écrit & parlé, les sept jours de la semaine portoient déja, & dans le même ordre, les noms des sept planètes ; la culture de la canne à sucre étoit exercée ; la chymie étoit connue ; le feu Grégeois étoit inventé ; il y avoit des armes à feu ; un javelot qui, lancé, se divisoit en flèches ou pointes ardentes qui ne s'éteignoient point ; une machine qui lançoit un grand nombre de ces javelots & qui pouvoit tuer jusqu'à cent hommes en un instant. Mais c'est sur-tout dans le code civil des Indiens où nous allons entrer, qu'on trouve les attestations les plus fortes de l'incroyable antiquité de la nation.

Enfin, nous les possédons ces loix d'un peuple qui semble avoir instruit tous les autres, & qui, depuis sa réunion, n'a subi dans ses mœurs & ses préjugés d'autres altérations que celles qui sont inséparables du caractère de l'homme & de l'influence des tems.

Le code civil des Indiens s'ouvre par les devoirs du souverain ou magiſtrat. On lit dans un paragraphe ſéparé, « qu'il » ſoit aimé, reſpecté, inſtruit, ferme & redouté. Qu'il traite » ſes ſujets comme ſes enfans. Qu'il protège le mérite & récom» penſe la vertu. Qu'il ſe montre à ſes peuples. Qu'il s'abſtienne » du vin. Qu'il règne d'abord ſur lui-même. Qu'il ne ſoit jamais » ni joueur ni chaſſeur. Que dans toute occaſion il épargne le » brame & l'excuſe. Qu'il encourage ſur-tout la culture des » terres. Il n'envahira point la propriété du dernier de ſes ſujets. » S'il eſt vainqueur dans la guerre, il en rendra graces aux » Dieux du pays, & comblera le brame des dépouilles de l'en» nemi. Il aura à ſon ſervice un nombre de bouffons, ou para» ſites, de farceurs, de danſeurs & de lutteurs. S'il ne peut » ſaiſir le malfaiteur, le méfait ſera réparé à ſes dépens. Si » percevant le tribut, il ne protège pas, il ira aux enfers. S'il » uſurpe une portion des legs ou donations pieuſes, il ſera châtié » pendant mille ans aux enfers. Qu'il ſache que par-tout où » les hommes d'un certain rang fréquentent les proſtituées & ſe » livrent à la débauche de la table, l'état marche à ſa ruine. » Son autorité durera peu, s'il confie ſes projets à d'autres qu'à » ſes conſeillers. Malheur à lui s'il conſulte le vieillard imbécille » ou la femme légère. Qu'il tienne ſon conſeil au haut de la » maiſon, ſur la montagne, au fond du déſert, loin des perro» quets & des oiſeaux babillards ».

Il n'y auroit dans le code entier que la ligne ſur les donations pieuſes, qu'on y reconnoîtroit le doigt du prêtre. Mais quelle eſt l'utilité des bouffons, des danſeurs, des farceurs à la cour du magiſtrat ? Seroit-ce de le délaſſer de ſes fonctions pénibles, de le récréer de ſes devoirs ſérieux ?

Combien la formation d'un code civil, ſur-tout pour une grande nation, ne ſuppoſe-t-elle pas de qualités réunies ? Quelle connoiſſance de l'homme, du climat, de la religion, des mœurs, des uſages, des préjugés, de la juſtice naturelle, des droits, des rapports, des conditions, des choſes, des devoirs dans tous les états, de la proportion des châtimens aux délits ! Quel jugement ! quelle impartialité ! quelle expérience ! Le code des Indiens a-t-il été l'ouvrage du génie ou le résultat de la sagesse des siècles ? C'est une question que nous laisserons à décider à celui qui se donnera la peine de la méditer profondément.

On y traite d'abord du prêt, le premier lien des hommes entre eux; de la propriété, le premier pas de l'association; de la justice, sans laquelle aucune société ne peut subsister; des formes de la justice, sans lesquelles l'exercice en devient arbitraire; des dépôts, des partages, des donations, des gages, des esclaves, des citoyens, des pères, des mères, des enfans, des époux, des femmes, des danseuses, des chanteuses. A la suite de ces objets, qui marquent une population nombreuse, des liaisons infinies, une expérience consommée de la méchanceté des hommes, on passe aux loyers & aux baux, aux partages des terres & aux récoltes, aux villes & aux bourgs, aux amendes, à toutes sortes d'injures & de rixes, aux charlatans, aux filous, & aux vols entre lesquels on compte le vol de la personne, à l'incontinence & à l'adultère; & chacune de ces matières est traitée dans un détail qui s'étend depuis les espèces les plus communes jusqu'à des délits qui semblent chimériques. Presque tout a été prévu avec jugement, distingué avec finesse, & prescrit, défendu ou châtié avec justice. De cette multitude de loix, nous n'exposerons que celles qui caractérisent les premiers tems de la nation, & qui doivent nous frapper ou par leur sagesse ou par leur singularité.

Il est défendu de prêter à la femme, à l'enfant & à son serviteur. L'intérêt du prêt s'accroît à mesure que la caste de l'emprunteur descend: police inhumaine où l'on a plus consulté la sécurité du riche que le besoin du pauvre. Quelle que soit la durée du prêt, l'intérêt ne s'élèvera jamais au double du capital. Celui qui hypothéquera le même effet à deux créanciers sera puni de mort: cela est juste, c'est une espèce de vol. Le créancier saisira son débiteur insolvable dans les castes subalternes, l'enfermera chez lui, & le fera travailler à son profit. Cela est moins cruel que de l'étendre sur de la paille dans une prison.

La femme de mauvaises mœurs n'héritera point, ni la veuve sans enfans, ni la femme stérile, ni l'homme sans principes, ni l'eunuque, ni l'imbécille, ni le banni de sa caste, ni l'expulsé de sa famille, ni l'aveugle ou sourd de naissance, ni le muet, ni l'impuissant, ni le maléficié, ni le lépreux, ni celui qui aura frappé son père. Que ceux qui les remplacent les revêtent & les nourrissent.

Les Indiens ne testent point. Les degrés d'affinité fixent les prétentions & les droits.

La portion de l'enfant qui aura profité de son éducation sera double de celle de l'enfant ignorant.

Presque toutes les loix du code, sur les propriétés, les successions & les partages, sont conformes aux loix romaines; parce que la raison & l'équité sont de tous les tems & dictent les mêmes réglemens, à moins qu'ils ne soient contrariés par des usages bizarres ou des préjugés extravagans, dont l'origine se perd dans la nuit des tems; que leur antiquité soutient contre le sens commun, & qui font le désespoir du législateur.

S'il se commet une injustice au tribunal de la loi, le dommage se répartira sur tous ceux qui y auront participé, sans en excepter le juge. Il seroit à souhaiter que par-tout le juge pût être pris à partie. S'il a mal jugé par incapacité, il est coupable; par iniquité, il l'est bien davantage.

Après avoir condamné le faux témoin à la peine du talion, on permet le faux témoignage contre une déposition vraie qui conduiroit le coupable à la mort. Quelle étrange association de sagesse & de folie!

Dans la détresse, le mari pourra livrer sa femme, si elle y consent; le père vendre son fils, s'il en a plusieurs. De ces deux loix, l'une est infâme, l'autre inhumaine. La première réduit la mère de famille à la condition de prostituée; la seconde l'enfant de la maison à l'état d'esclave.

Les différentes classes d'esclaves sont énormément multipliées parmi les Indiens. La loi en permet l'affranchissement qui a son cérémonial. L'esclave remplit une cruche d'eau; y met du riz qu'il a mondé avec quelques feuilles d'un légume; il se tient debout devant son maître, la cruche sur son épaule; le maître l'élève sur sa tête, la casse, & dit trois fois, tandis que le contenu de la cruche se répand sur l'esclave: *Je te rends libre*, & l'esclave est affranchi.

Celui qui tuera un animal, un cheval, un bœuf, une chèvre, un chameau, aura la main ou le pied coupé; & voilà l'homme mis sur la ligne de la brute. S'il tue un tigre, un ours, un serpent, la peine sera pécuniaire. Ces délits sont des conséquences superstitieuses de la métempsycose, qui, faisant regarder le corps d'un animal comme le domicile d'une ame humaine, montre la mort violente d'un reptile comme une espèce d'assassinat. Le brame, avant que de s'asseoir à terre, balayoit la place avec un pan de sa robe, & disoit à Dieu: *Si j'ai fait descendre ma bienveillance jusqu'à la fourmi, j'espère que tu feras descendre la tienne jusqu'à moi.*

La population est un devoir primitif, un ordre de la nature si sacré, que la loi permet de tromper, de mentir, de se parjurer pour favoriser un mariage. C'est une action malhonnête qui se fait par-tout, mais qui ne fut licite que chez les Indiens. Ne seroit-il pas de la sagesse du législateur, dans plusieurs autres cas, d'autoriser ce qu'il ne peut, ni empêcher, ni punir?

La polygamie est permise par toutes les religions de l'Asie, & la pluralité des maris tolérée par quelques-unes. Dans les royaumes de Boutan & du Thibet, une seule femme sert souvent à toute une famille, sans jalousie & sans trouble domestique.

La virginité est une condition essentielle à la validité de l'union conjugale. La femme est sous le despotisme de son mari. Le code des Indiens dit que *la femme maîtresse d'elle-même se conduira toujours mal, & qu'il ne faut jamais compter sur sa vertu.* Si elle n'engendre que des filles, son époux sera dispensé d'habiter avec elle. Elle ne sortira point de la maison sans sa permission. Elle aura toujours le sein couvert. A la mort de son mari, il *convient* qu'elle se brûle sur le même bûcher; à moins qu'elle ne soit enceinte, que son mari ne soit absent, qu'elle ne puisse se procurer son turban, ou sa ceinture, ou qu'elle ne se voue à la chasteté & au célibat. Si elle partage le bûcher avec le cadavre de son mari, le ciel le plus élevé sera sa demeure; & elle y sera placée à côté de l'homme qui n'aura jamais menti.

La législation des Indiens, qu'on trouvera trop indulgente sur certains crimes, tels que l'assassinat d'un esclave, la pédérastie, la bestialité, dont on obtenoit l'absolution avec de l'argent, paroîtra sans doute atroce sur le commerce illicite des deux sexes. C'est vraisemblablement une suite de la lubricité des femmes & de la foiblesse des hommes sous un climat brûlant; de la jalousie effrénée de ceux-ci; de la crainte du mêlange des castes; des idées folles de continence, accréditées, dans toutes les contrées, parmi des prêtres incontinens, & une preuve de l'ancienneté du code. A mesure que les sociétés s'accroissent & durent, la corruption s'étend; les délits, sur-tout ceux qui naissent de la nature du climat dont l'influence ne cesse point, se multiplient, & les châtimens tombent en désuétude; à moins que le code ne soit sous la sanction des dieux. Nos loix ont prononcé une peine sévère contre l'adultère. Qui est-ce qui s'en doute ?

Ce que nous appellons commerce galant, le code l'appelle adultère. Il y a l'adultère de la coquetterie de l'homme ou de la femme, dont le châtiment est pécuniaire; l'adultère des présens, qui est châtié dans l'homme par la mutilation; l'adultère consommé, qui est puni de mort. La fille d'un brame qui se prostitue est condamnée au feu. L'attouchement déshonnête, dont la loi spécifie les différences, parce qu'elle est sans pudeur, mais que la décence supprime dans un historien, a sa peine effrayante. L'homme d'une caste supérieure, convaincu d'avoir habité avec une femme du peuple, sera marqué sur le front de la figure d'un homme sans tête. Le brame adultère sera marqué sur le front des parties sexuelles de la femme : on les déchirera à sa complice, & elle sera mise à mort.

Les chanteuses, danseuses & femmes publiques forment des communautés protégées par la police. Elles sont employées dans les solemnités : on les envoie à la rencontre des hommes publics. Cet état étoit moins méprisé dans les anciens tems. Avant les loix, la condition de l'homme différoit peu de la condition animale; & aucun préjugé n'attachoit de la turpitude à une action naturelle.

La courtisane qui aura manqué à sa parole, rendra le double de la ſomme qu'elle aura reçue. Celui qui l'avilira par une jouiſſance abuſive, lui paiera huit fois la même ſomme, & autant au magiſtrat. Le châtiment ſera le même, s'il l'a proſtituée a un autre.

On ne jouera point ſans le conſentement du magiſtrat. La dette du jeu clandeſtin ne ſera point exigible.

Celui qui frappera un brame de la main ou du pied, aura la main ou le pied coupé.

On verſera de l'huile bouillante dans la bouche du ſooder, ou de l'homme de la quatrième caſte, convaincu d'avoir lu les livres ſacrés. S'il a entendu la lecture des Bedas, ſes oreilles ſeront remplies d'huile chaude, & bouchées avec de la cire.

Le ſooder qui s'aſſeoira ſur le tapis du brame, aura la feſſe percée d'un fer chaud, & ſera banni. Quelque crime que le brame ait commis, il ne ſera point mis à mort. Tuer un brame eſt le plus grand crime qu'on puiſſe commettre.

La propriété d'un brame eſt ſacrée : elle ne paſſera point en des mains étrangères, pas même dans celles du ſouverain. Et voilà, dans les premiers tems, des hommes de main-morte parmi les Indiens.

La réprimande ſuppléera au ſilence de la loi. Le châtiment d'une faute s'accroîtra par les récidives. L'inſtrument de l'art ou du métier, même celui de la femme publique, ne ſera point confiſqué. Que diroit l'Indien, s'il voyoit nos huiſſiers démeubler la chaumière du payſan, & ſes bœufs, ſes autres inſtrumens de labour mis à l'encan ?

Et pour terminer cette courte analyſe d'un code trop peu connu, par quelques grands traits, on lit au paragraphe du ſouverain : « S'il n'y a dans l'état, ni voleurs, ni adultères, ni » aſſaſſins, ni hommes de mauvais principes, le ciel eſt aſſuré au » magiſtrat. Son empire fleurira ; ſa gloire s'étendra pendant ſa » vie ; & ſa récompenſe ſera la même après la mort, ſi les cou» pables ont été ſévérement punis » : car, dit le code, avec autant d'énergie que de ſimplicité : « Le châtiment eſt le magiſtrat ; le » châtiment inſpire la terreur à tous ; le châtiment eſt le défen» ſeur du peuple ; le châtiment eſt ſon protecteur dans la calamité ; » le châtiment eſt le gardien de celui qui dort ; le châtiment, au » viſage noir & à l'œil rouge, eſt l'effroi du coupable ».

Malgré les vices de ce code, dont les plus frappans sont trop de faveur pour les prêtres, & trop de rigueur contre les femmes, il n'en justifie pas moins la haute réputation de la sagesse des brames, dans les siècles les plus reculés. Dans le grand nombre des loix sensées qu'on y remarque, s'il en est qui paroissent trop indulgentes ou trop sévères; d'autres qui prescrivent des actions basses ou malhonnêtes; quelques-unes qui infligent des peines atroces pour des délits légers, ou des châtimens légers pour des crimes atroces, l'homme sage, avant que de blâmer, pesera les circonstances, qui ne permettent souvent au législateur de donner à un peuple que les meilleures loix qu'il peut recevoir. Il conclura, sans hésiter, de la régularité compliquée de la grammaire samskrète, de l'antiquité de cette langue commune autrefois, & depuis si long-tems ignorée, & de la confection d'un code aussi étendu que celui des Indiens, que dans l'Inde, il s'est écoulé un grand nombre de siècles entre l'état de barbarie & l'état policé; & que les prêtres se sont rendus coupables envers leurs compatriotes & les étrangers, par un secret mystérieux, qui retardoit de toutes parts les progrès de la civilisation.

Le sceau qui fermoit la bouche au brame est rompu; & il est à présumer qu'un avenir qui n'est pas éloigné, nous révélera ce qui reste à savoir de la religion & de la jurisprudence anciennes des Indiens. En attendant, voyons quel est leur état actuel, & suppléons à quelques traits qui manquent au tableau de leur police & de leurs dogmes.

Les bramines, qui seuls entendent la langue du livre sacré, font de son texte l'usage qu'on a fait en tout tems des livres religieux. Ils y trouvent toutes les maximes que l'imagination, l'intérêt, les passions & le faux zèle leur suggèrent. Ces fonctions exclusives d'interprètes de la religion, leur ont donné sur les peuples un pouvoir sans bornes, tel que doivent l'avoir des imposteurs & des fanatiques, sur des hommes qui n'ont pas la force d'écouter leur raison & leur cœur.

Depuis l'Indus jusqu'au Gange, tous les peuples reconnoissent le *Vedam*, pour le livre qui contient les principes de leur religion; mais

mais la plupart d'entre eux diffèrent ſur pluſieurs points de dogme & de pratique. L'eſprit de diſpute & d'abſtraction, qui gâta pendant tant de ſiècles la philoſophie de nos écoles, a bien fait plus de progrès dans celles des bramines, & mis beaucoup plus d'abſurdités dans leurs dogmes, qu'il n'en a introduit dans les nôtres, par le mêlange du platoniſme, qui fût peut-être lui-même une branche de la doctrine des brames.

Dans tout l'Indoſtan, les loix politiques, les uſages, les manières font une partie de la religion; parce que tout vient de Brama.

On pourroit croire que ce Brama étoit ſouverain; parce qu'on trouve dans ſes inſtitutions religieuſes, l'intention d'inſpirer aux peuples un profond reſpect, un grand amour pour leur pays; & qu'on y voit le deſſein d'oppoſer des loix ſévères au vice du climat. Peu de religions ſemblent avoir été auſſi propres aux régions pour leſquelles elles ont été inſtituées.

C'eſt de lui que les Indiens tiennent cette vénération religieuſe, qu'ils ont encore pour les trois grands fleuves de l'Indoſtan; l'Indus, le Kriſna & le Gange.

C'eſt lui qui a rendu ſacré l'animal le plus néceſſaire à la culture des terres, & la vache, dont le lait eſt une nourriture ſi ſaine dans les pays chauds.

C'eſt lui qui a diviſé le peuple en tribus ou caſtes, ſéparées les unes des autres par des principes de politique & de religion. Cette inſtitution eſt antérieure à toutes les traditions, à tous les monumens connus, & peut être regardée comme la preuve la plus frappante de la prodigieuſe antiquité des Indiens. Rien ne paroît plus contraire aux progrès naturels de la ſociété, que cette diſtinction de claſſes, parmi les membres d'un même état. Une ſemblable idée n'a pu être fondée que ſur un ſyſtême réfléchi de légiſlation, qui ſuppoſe déja un état de civiliſation & de lumières très-avancé. Mais ce qu'il y a de plus extraordinaire encore, c'eſt que cet uſage ſe ſoit conſervé tant de ſiècles, après que le principe & le lien en ont été détruits. C'eſt un exemple frappant de la force des préjugés nationaux, ſanctifiés par des idées religieuſes.

La différence des castes se remarque au premier coup d'œil. Les membres de chacune des tribus ont entre eux une ressemblance qu'on ne peut méconnoître. Ce sont les mêmes habitudes, la même taille, le même son de voix, les mêmes agrémens, ou les mêmes difformités. Tous les voyageurs un peu observateurs, ont été frappés de cet air de famille.

Il y a plusieurs classes de bramines. Les uns répandus dans la société, sont ordinairement fort corrompus. Persuadés que les eaux du Gange les purifient de tous leurs crimes, & n'étant pas soumis à la jurisdiction civile, ils n'ont ni frein, ni vertu. Seulement on leur trouve encore de cette compassion, de cette charité si ordinaires dans le doux climat de l'Inde.

Les autres vivent séparés du monde ; & ce sont des imbécilles ou des enthousiastes, livrés à loisiveté, à la superstition, au délire de la métaphysique. On retrouve dans leurs disputes les mêmes idées que dans nos plus fameux métaphysiciens, la substance, l'accident, la priorité, la postériorité l'immutabilité, l'indivisibilité, l'ame vitale & sensitive : avec cette différence, que ces belles découvertes sont très-anciennes dans l'Inde ; & qu'il n'y a que fort peu de tems que Pierre Lombard, Saint Thomas, Leibnitz, Mallebranche, étonnoient l'Europe par leur facilité à trouver toutes ces rêveries. Comme cette méthode de raisonner par abstraction nous est venue des philosophes Grecs, sur lesquels nous avons bien renchéri ; on peut croire que les Grecs eux-mêmes devoient ces connoissances ridicules aux Indiens : à moins qu'on n'aime mieux soupçonner que les principes de la métaphysique étant à la portée de toutes les nations, l'oisiveté des bramines & de nos moines a produit les mêmes effets en Europe & aux Indes, sans qu'il y ait eu d'ailleurs aucune communication de doctrine entre les habitans de ces deux contrées.

Tels sont les descendans des anciens brachmanes, dont l'antiquité ne parle qu'avec admiration ; parce que l'affectation de l'austérité & du mystère, & le privilège de parler au nom du ciel, en imposent au vulgaire dans tous les siècles. C'est à eux que les Grecs attribuoient le dogme de l'immortalité de l'ame, les idées sur la nature du grand être, sur les peines & les récompenses futures.

A ces connoissances, qui flattent d'autant plus la curiosité de l'homme, qu'elles sont plus au-dessus de sa foiblesse, les brachmanes joignoient une infinité de pratiques religieuses, que Pythagore adopta dans son école : le jeûne, la prière, le silence, la contemplation : vertus de l'imagination, qui frappent plus la multitude que les vertus utiles & bienfaisantes. On regardoit les brachmanes comme les amis des Dieux, parce qu'ils paroissoient s'en occuper beaucoup ; & comme les protecteurs des hommes, parce qu'ils ne s'en occupoient point du tout. Aussi le respect & la reconnoissance leur étoient-ils prodigués sans mesure. Les princes même, dans les circonstances difficiles, alloient consulter ces solitaires, à qui l'on supposoit apparemment le secours de l'inspiration ; puisqu'on ne pouvoit pas leur supposer les lumières de l'expérience. Il est cependant difficile de croire, qu'il n'y eût pas parmi eux des hommes véritablement vertueux. Ce devoient être ceux qui trouvoient dans l'étude & la science, les alimens d'un esprit doux & d'une ame pure ; & qui en s'élevant, par la pensée, vers le grand être, qu'ils cherchoient, ne voyoient dans cette contemplation sublime, qu'une raison de plus pour se rendre dignes de lui, & non pas un titre pour tromper & tyranniser les humains.

La classe des hommes de guerre est répandue par-tout, sous différentes dénominations. On les appelle Naïrs au Malabar. Ces Naïrs sont bien faits & braves ; mais fiers, efféminés, superstitieux. Quelques-uns des plus heureux se sont formés sur cette côte, comme ailleurs, de petits états. D'autres ont quelques propriétés très-bornées. Le plus grand nombre commande ou obéit dans les camps. Leur pente au brigandage, aux violences est généralement connue ; & c'est sur les grands chemins qu'ils manifestent sur-tout ces passions. Aussi n'y a-t-il point de voyageur prudent qui ne se fasse accompagner par quelqu'un d'entre eux. Ceux qu'on paie pour ce service, se laisseroient plutôt massacrer que de survivre à l'étranger qui se seroit mis sous leur protection. S'ils trahissoient cette confiance, leurs plus proches parens les mettroient en pièces. Ces mœurs ſont particulières au Malabar, & les autres ſoldats de l'Indoſtan n'ont pas des inclinations ſi perverſes.

Indépendamment de la caſte des guerriers, il eſt des peuples, tels que les Canarins & les Marattes, qui ſe permettent généralement la profeſſion militaire : ſoit qu'ils deſcendent de quelques tribus vouées originairement aux armes ; ſoit que le tems & les circonſtances aient altéré parmi eux les inſtitutions primitives.

La troiſième claſſe eſt celle de tous les hommes qui cultivent la terre. Il y a peu de pays où ils méritent plus la reconnoiſſance de leurs concitoyens. Ils ſont laborieux, induſtrieux; ils entendent parfaitement la manière de diſtribuer les eaux, & de donner à la terre brûlante qu'ils habitent, toute la fertilité dont elle eſt ſuſceptible. Ils ſont dans l'Inde, ce qu'ils ſeroient par-tout, les plus honnêtes & les plus vertueux des hommes; lorſqu'ils ne ſont, ni corrompus, ni opprimés par le gouvernement. Cette claſſe, autrefois très-reſpectée, étoit à l'abri de la tyrannie & des fureurs de la guerre. Jamais les laboureurs n'étoient obligés de prendre les armes. Leurs terres & leurs travaux étoient également ſacrés. Ils traçoient tranquillement des ſillons, à côté de deux armées féroces, qui ne troubloient point la paiſible agriculture. Jamais on ne mettoit le feu au bled; jamais on n'abattoit les arbres; & la religion toute-puiſſante, pour le bien comme pour le mal, venoit ainſi au ſecours de la raiſon, qui enſeigne, à la vérité, qu'il faut protéger les travaux utiles ; mais qui, ſeule, n'a pas aſſez de force pour faire exécuter tout ce qu'elle enſeigne.

La tribu des artiſans ſe ſubdiviſe en autant de claſſes qu'il y a de métiers. On ne peut jamais quitter le métier de ſes parens. Voilà pourquoi l'induſtrie & l'eſclavage s'y ſont perpétués enſemble & de concert, & y ont conduit les arts au degré où ils peuvent atteindre, lorſqu'ils n'ont pas le ſecours du goût & de l'imagination, qui ne naiſſent guère que de l'émulation & de la liberté.

A cette caſte, infiniment étendue, appartiennent deux profeſſions remarquables par quelques uſages très-particuliers : l'une eſt celle des ſeuls ouvriers auxquels il ſoit permis de creuſer des puits & des étangs. Ce ſont les hommes les plus robuſtes &

les plus laborieux de ces contrées. Leurs femmes partagent leurs travaux ; elles mangent même avec eux, par une prérogative que, dans tout l'Indoſtan, elles ne partagent qu'avec les compagnes des voituriers.

Ces derniers, auxquels tous les tranſports appartiennent, n'ont point de demeure fixe. Ils parcourent la peninſule entière. Ce ſont des bœufs qui portent ſur le dos, & leurs familles, & leurs marchandiſes. Soit uſurpation, ſoit droit originaire, ils font paître ces animaux ſur toutes les routes, ſans rien payer. Une de leurs plus importantes fonctions eſt de nourrir les armées. On leur laiſſe librement traverſer un camp, pour pourvoir aux beſoins d'un autre. Leurs perſonnes, leurs bêtes de ſomme, les proviſions même qui leur appartiennent : tout eſt reſpecté. S'il étoit prouvé que les vivres qu'ils conduiſent appartinſſent à l'ennemi, on les retiendroit ; mais le reſte continueroit paiſiblement ſa marche.

Outre ces tribus, il y en a une cinquième qui eſt le rebut de toutes les autres. Ceux qui la compoſent exercent les emplois les plus vils de la ſociété. Ils enterrent les morts, ils tranſportent les immondices, ils ſe nourriſſent de la viande des animaux morts naturellement. L'entrée des temples & des marchés publics leur eſt interdite. On ne leur permet pas l'uſage des puits communs. Leurs habitations ſont à l'extrémité des villes, ou forment des hameaux iſolés dans les campagnes ; & il leur eſt même défendu de traverſer les rues occupées par des bramines. Comme tous les Indiens, ils peuvent vaquer aux travaux de l'agriculture, mais ſeulement pour les autres caſtes ; & ils n'ont jamais des terres en propriété, ni même à ferme. L'horreur qu'ils inſpirent eſt telle que ſi, par haſard, ils touchoient quelqu'un qui ne fût pas de leur tribu, on les priveroit impunément d'une vie réputée trop vile pour mériter la protection des loix.

Telle eſt, même dans les contrées où une domination étrangère a un peu changé les idées, le ſort de ces malheureux, connus à la côte de Coromandel ſous le nom de Parias. Leur dégradation eſt bien plus entière encore au Malabar, qui n'a pas été aſſervi par le Mogol, & où on les appelle Pouliats.

La plupart ſont occupés à la culture du riz. Près des champs qu'ils exploitent eſt une eſpèce de hutte. Ils s'y réfugient lorſque des cris, toujours pouſſés de loin, leur annoncent un ordre de celui dont ils dépendent ; & ils répondent ſans ſortir de leur aſyle. Ils prennent la même précaution, ſi un bruit confus les avertit de l'approche de quelque homme que ce puiſſe être. Le tems leur manque-t-il pour ſe cacher, ils ſe proſternent la face contre terre, avec toute l'humilité que doit leur donner le ſentiment de leur opprobre. Si les récoltes ne répondent pas à l'avidité d'un maître oppreſſeur, le cruel met quelquefois le feu aux cabanes des malheureux laboureurs ; & il tire impitoyablement ſur eux, lorſque, ce qui arrive rarement, ils tentent d'échapper aux flammes.

Tout eſt horrible dans la condition de ces malheureux, juſqu'à la manière dont on les force de pourvoir à leurs plus preſſans beſoins. A l'entrée de la nuit, ils ſortent en troupes plus ou moins nombreuſes, de leur retraite ; ils dirigent leurs pas vers le marché, & pouſſent des rugiſſemens à quelque diſtance. Les marchands approchent : les Pouliats demandent ce qu'il leur faut. On le leur fournit, & on le dépoſe dans le lieu même où étoit compté d'avance l'argent deſtiné au paiement. Lorſque les acheteurs peuvent être aſſurés que perſonne ne les verra, ils ſortent de derrière la haie qui les déroboit à tous les regards, & enlevent précipitamment ce qu'ils ont acquis d'une manière ſi bizarre.

Cependant ces Pouliats, objet éternel du mépris des autres caſtes, ont chaſſé, dit-on, de leur ſein les Poulichis, plus avilis encore. L'uſage du feu leur eſt interdit. On ne leur permet pas la conſtruction des cabanes, & ils ſont réduits à occuper des eſpèces de nids dans les forêts & ſur les arbres. Lorſqu'ils ont faim, ils hurlent comme des bêtes, pour exciter la commiſération des paſſans. Alors les plus charitables des Indiens vont dépoſer du riz ou quelque autre aliment, & ſe retirent au plus vîte, pour que le malheureux affamé vienne le prendre, ſans rencontrer ſon bienfaiteur, qui ſe croiroit ſouillé par ſon approche.

Cet excès d'aviliſſement où l'on voit plongée une partie conſidérable d'une nation nombreuſe, a toujours paru une énigme inexplicable. Les esprits les plus clairvoyans n'ont jamais démêlé comment des peuples humains & sensibles avoient pu réduire leurs propres frères à une condition si abjecte. Oserons-nous hasarder une conjecture ? Des tourmens horribles ou une mort honteuse sont, dans nos gouvernemens à demi-barbares, le partage des scélérats qui ont, plus ou moins, troublé l'ordre de la société. Ne se pourroit-il pas que dans le doux climat de l'Inde, des loix modérées se fussent bornées à exclure de leurs castes tous les malfaiteurs ? Ce châtiment devoit paroître suffisant pour arrêter les crimes ; & il étoit certainement le plus convenable dans un pays où l'effusion du sang fut toujours proscrite par les principes religieux & par les mœurs. C'eût été sans doute un grand bien que les enfans n'eussent pas hérité de l'infamie de leurs peres : mais des préjugés indestructibles s'opposoient à cette réhabilitation. Il est sans exemple qu'une famille chassée de sa tribu y soit jamais rentrée.

Les Européens, pour avoir vécu avec ces malheureux, comme on doit vivre avec des hommes, ont fini par inspirer aux Indiens une horreur presque égale. Cette horreur subsiste même encore aujourd'hui dans l'intérieur des terres, où le défaut de communication nourrit des préjugés profonds, qui se dissipent peu-à-peu sur les côtes, où le commerce & les besoins rapprochent tous les hommes, & donnent nécessairement des idées plus justes de la nature humaine.

Toutes ces classes sont séparées à jamais par des barrières insurmontables : elles ne peuvent ni se marier, ni habiter, ni manger ensemble. Quiconque viole cette règle, est chassé de sa tribu qu'il a dégradée.

On s'attendroit à voir tomber ces barrières dans les temples. C'est-là qu'on devroit se souvenir au-moins que les distinctions de la naissance sont de convention, & que tous les hommes, sans exception, sont frères, enfans du même Dieu. Il n'en est pas ainsi. Quelques tribus, il est vrai, se rapprochent & se confondent au pied des autels : mais les dernières éprouvent les humiliations de leur état jusques dans les pagodes.

La religion qui consacre cette inégalité parmi les Indiens, n'a pas cependant suffi pour les faire renoncer entiérement à la considération dont jouissent les classes supérieures. L'ambition naturelle s'est fait quelquefois entendre, & a inspiré à quelques esprits inquiets des moyens bien singuliers pour partager avec les bramines les respects de la multitude. C'est-là l'origne des moines connus dans l'Inde sous le nom de Jogueys.

Les hommes de toutes les castes honnêtes sont admis à ce genre de vie. Il suffit de se livrer, comme les bramines, à la contemplation & à l'oisiveté ; mais il faut les surpasser en mortifications. Aussi les austérités que s'imposent nos plus enthousiastes cénobites n'approchent-elles pas des tourmens horribles auxquels se condamne un moine Indien. Courbés sous le poids de leurs chaînes ; étendus sur leur fumier ; exténués de coups, de macérations, de veilles & de jeûnes, les Jogueys deviennent un spectacle intéressant pour les peuples.

La plupart parcourent les campagnes où ils jouissent des hommages de la multitude, des grands même, qui, par politique ou par conviction, descendent souvent de leur éléphant, pour se prosterner aux pieds de ces hommes dégoûtans. De toutes parts on leur offre des fruits, des fleurs & des parfums. Ils demandent avec hauteur ce qu'ils desirent, & reçoivent comme un tribut ce qu'on leur présente, sans que cette arrogance diminue jamais la vénération qu'on leur a vouée. L'objet de leur ambition est de ramasser de quoi planter des arbres, de quoi creuser des étangs, de quoi réparer ou construire des pagodes.

Ceux d'entre eux qui préfèrent le séjour des bois, voient accourir dans leur solitude les personnes du sexe qui ne sont pas d'un rang assez distingué pour vivre enfermées, & principalement celles qui n'ont point d'enfans. Souvent elles trouvent dans leur pélerinage la fin d'une stérilité plus honteuse aux Indes que par-tout ailleurs.

Les villes attirent & fixent les hommes de cet ordre dont la renommée a le plus vanté les merveilles : mais ils y vivent toujours sous des tentes ou à l'air libre. C'est-là qu'ils reçoivent les respects qui leur sont prodigués, qu'ils accordent des conseils dont

dont on eſt avide. Rarement daignent-ils ſe tranſporter même dans les palais où l'on ſe tiendroit le plus honoré de leur préſence. Si quelquefois ils cèdent aux ſupplications de quelque femme très-conſidérable, leurs ſandales qu'ils laiſſent à ſa porte avertiſſent le mari qu'il ne lui eſt pas permis d'entrer.

Le merveilleux de la mythologie Indienne eſt moins agréable & moins ſéduiſant que celui des Grecs. Ils ont un cheval émiſſaire, le pendant du bouc émiſſaire des Juifs. Ils admettent comme nous de bons & de mauvais anges. L'Eternel, dit le *Shaſter*, forma la réſolution de créer des êtres qui puſſent participer à ſa gloire. Il dit, & les anges furent. Ils chantoient de concert les louanges du créateur, & l'harmonie régnoit dans le Ciel; lorſque deux de ces eſprits s'étant révoltés, en entraînèrent une légion à leur ſuite. Dieu les précipita dans un ſéjour de tourmens, & ne les en retira qu'à la prière des anges fidèles, & à des conditions qui les remplirent de joie & de terreur. Les rebelles furent condamnés à ſubir, ſous différentes formes, dans la plus baſſe des quinze planètes, des châtimens proportionnés à l'énormité de leur premier crime. Ainſi chaque ange ſubit d'abord ſur la terre quatre-vingt-ſept tranſmigrations, avant d'animer le corps de la vache, qui tient le premier rang parmi les animaux. Ces différentes tranſmigrations ſont un état d'expiation, d'où l'on paſſe à un état d'épreuve, c'eſt-à-dire, que l'ange tranſmigre du corps de la vache dans un corps humain. C'eſt-là que le créateur étend ſes facultés intellectuelles & ſa liberté, dont le bon & le mauvais uſage avance ou recule l'époque de ſon pardon. Le juſte va ſe rejoindre, en mourant, à l'être ſuprême. Le méchant recommence ſon tems d'expiation.

Ainſi, ſuivant cette tradition, la métempſycoſe eſt un vrai châtiment, & les ames qui animent la plupart des animaux, ne ſont que des êtres coupables. Cette explication n'eſt pas, ſans doute, univerſellement adoptée dans l'Inde. Elle aura été imaginée par quelque dévot mélancolique & d'un caractère dur: car le dogme de la tranſmigration des ames ſemble annoncer, dans ſon origine, plus d'eſpérances que de craintes.

En effet, il eſt naturel de penſer que ce ne fut d'abord qu'une idée flatteuſe & conſolante pour l'humanité, qui s'accrédita facilement dans un pays, où les hommes jouiſſant d'un ciel délicieux & d'un gouvernement modéré, commencèrent à s'appercevoir de la briéveté de la vie. Un ſyſtême qui la prolongeoit au-delà de ſes bornes naturelles, ne pouvoit manquer de réuſſir. Il eſt ſi doux à un vieillard qui ſent échapper tout ce qu'il a de plus cher, d'imaginer qu'il pourra jouir encore, & que ſa deſtruction n'eſt qu'un paſſage à une autre exiſtence ! Il eſt ſi conſolant pour ceux qui le voient mourir, de penſer qu'en quittant le monde, il ne perd pas l'eſpoir d'y renaître ! Une religion myſtique voudroit en vain ſubſtituer à cette eſpérance, celle des plaiſirs ſpirituels & d'une béatitude céleſte : les hommes préfèrent à ces idées vagues & abſtraites, la jouiſſance des ſenſations qui ont déja fait leur bonheur ; & la ſimplicité des Indiens dut trouver plus de douceur à vivre ſur une terre qu'ils connoiſſoient, que dans un monde métaphyſique, qui fatigue l'imagination ſans la ſatisfaire. C'eſt ainſi que le dogme de la métempſycoſe a dû s'établir & s'étendre. En vain la raiſon peu ſatisfaite de cette vaine illuſion, diſoit que, ſans mémoire, il n'y a ni continuité, ni unité d'exiſtence, & que l'homme qui ne ſe ſouvient pas d'avoir exiſté, n'eſt pas différent de celui qui exiſte pour la première fois ; le ſentiment adopta ce que rejettoit le raiſonnement. Heureux encore les peuples dont la religion offre au moins des menſonges agréables !

Le Shaſter a rendu le dogme de la métempſycoſe plus triſte, ſans doute pour le faire ſervir d'inſtrument & de ſoutien à la morale qu'il falloit établir. C'eſt en effet d'après cette tranſmigration, enviſagée comme punition, qu'il expoſe les devoirs que les anges avoient à remplir. Les principaux ſont, la charité, l'abſtinence de la chair des animaux, l'exactitude à ſuivre la profeſſion de ſes pères. Ce dernier préjugé, ſur lequel il paroît que tous les peuples ſont d'accord, malgré la différence des opinions ſur ſon origine, n'a d'exemple que chez les anciens Égyptiens, dont les inſtitutions ont ſans doute, avec celles des Indes, des rapports hiſtoriques que nous ne connoiſſons plus. Mais les loix d'Égypte, en diſtinguant les conditions, n'en aviliſſoient aucune; au lieu que les loix de Brama, peut-être par l'abus qu'on en a fait, ſemblent avoir condamné une partie de la nation à la douleur & à l'infamie.

Il eſt évident, par le code civil, que les Indes étoient preſque auſſi civiliſées qu'elles le ſont aujourd'hui, lorſque Brama y donna des loix. Auſſi-tôt qu'une ſociété commence à prendre une forme, elle ſe trouve naturellement diviſée en pluſieurs claſſes, ſuivant la variété & l'étendue de ſes arts & de ſes beſoins.

Brama voulut, ſans doute, donner à ces différentes profeſſions une conſiſtance politique, en les conſacrant par la religion, & en les perpétuant dans les familles qui les exerçoient alors; ſans prévoir qu'il empêchoit par-là le progrès des découvertes qui pourroient, dans la ſuite, donner lieu à de nouveaux métiers. Auſſi, à en juger par l'exactitude religieuſe que les Indiens ont même aujourd'hui à obſerver les loix de Brama, on peut aſſurer que depuis ce légiſlateur, l'induſtrie n'a fait aucun progrès chez ces peuples, & qu'ils étoient à-peu-près auſſi civiliſés qu'ils le ſont aujourd'hui, lorſqu'ils reçurent ces inſtitutions. Cette obſervation ſuffira pour donner une idée de l'antiquité de ce peuple, qui n'a rien ajouté à ſes connoiſſances depuis une époque qui paroît la plus ancienne du monde.

Brama ordonna différentes nourritures pour les différentes tribus. Les gens de guerre, & quelques autres caſtes, peuvent manger de la venaiſon & du mouton. Le poiſſon eſt permis à quelques laboureurs & à quelques artiſans. D'autres ne ſe nourriſſent que de lait & de végétaux. Les brames ne mangent rien de ce qui a vie. En général ces peuples ſont d'une ſobriété extrême; mais plus ou moins rigoureuſe, ſelon que leur profeſſion exige un travail plus ou moins pénible. On les marie dès leur enfance.

L'uſage inſenſé d'enſevelir des vivans avec des morts, s'eſt trouvé établi dans l'ancien & le nouvel hémiſphère; chez des nations barbares & des nations policées; dans des déſerts & dans les contrées les plus peuplées. Des régions qui n'avoient jamais eu de communication, ont également offert ce cruel ſpectacle. L'orgueil, l'amour exclusif de soi, d'autres passions ou d'autres vices, peuvent avoir entraîné l'homme dans la même erreur en divers climats.

Cependant on doit présumer qu'une pratique si visiblement opposée à la raison, a principalement tiré sa source du dogme de la résurrection des corps, & d'une vie à venir. L'espoir d'être servi dans un autre monde par les mêmes personnes à qui on avoit commandé dans celui-ci, aura fait immoler l'esclave sur le tombeau de son maître, la femme sur le cadavre de son mari. Aussi tous les monumens attestent-ils que c'est sur les tristes restes des souverains que ces homicides se sont le plus souvent renouvellés.

D'après ce principe, l'idée d'une pareille extravagance n'auroit jamais dû égarer les Indiens. On connoît leur entêtement pour la métempsycose. Ils ont toujours cru, vraisemblablement ils penseront toujours, que les ames, à la dissolution d'un corps, en vont animer un autre, & que ces transmigrations successives & continuelles n'auront pas de fin. Comment, avec ce systême, a-t-il pu s'établir qu'une épouse mêleroit ses cendres aux cendres d'un époux dont elle resteroit éternellement séparée? C'est une des innombrables contradictions qui avilissent par-tout l'espèce humaine.

On a ignoré sur quelle base pouvoit être fondée cette institution, jusqu'à ce que le code civil de l'Indostan, traduit du samskret, soit venu fixer sur ce point nos opinions.

Les veuves indiennes, quelque penchant que tout être sensible ait pour sa conservation, se déterminent assez fiérement au sacrifice de leur vie. Si elles s'y refusoient, elles seroient dégradées, couvertes de haillons, destinées aux plus vils emplois, méprisées par les derniers des esclaves. Ces motifs peuvent bien entrer pour quelque chose dans leur résolution : mais elles y sont principalement poussées par la crainte de laisser une mémoire odieuse, & de couvrir d'opprobre leurs enfans, qu'elles chérissent avec une tendresse que nos cœurs glacés n'ont jamais éprouvée.

Heureusement ces horribles scènes deviennent tous les jours plus rares. Jamais les Européens ne les souffrent sur le territoire où ils dominent. Quelques princes Maures les ont également proscrites dans leurs provinces. Ceux d'entre eux à qui la soif de l'or les fait tolérer encore, en mettent la permission à un si haut prix, qu'on y peut rarement atteindre. Mais cette difficulté-là même rend quelquefois les desirs plus vifs. On a vu des femmes se vouer long-tems aux travaux les plus humilians & les plus rudes, afin de gagner les sommes exigées pour cet extravagant suicide.

La veuve d'un bramine, jeune, belle & intéressante, vouloit renouveller ces tragédies à Surate. On se refusoit à ses sollicitations. Cette femme indignée prit des charbons ardens dans ses mains, & paroissant supérieure à la douleur, elle dit d'un ton ferme au Nabab : *Ne considère pas seulement les foiblesses de mon âge & de mon sexe. Vois avec quelle insensibilité je tiens ce feu dans mes mains. Sache que c'est avec la même constance que je me précipiterai au milieu des flammes.*

La vérité, le mensonge, la honte, toutes les sortes de préjugés civils ou religieux peuvent donc élever l'homme jusqu'au mépris de la vie le plus grand des biens, de la mort la plus grande des terreurs, & de la douleur le plus grand des maux. Législateurs imbécilles, pourquoi n'avez-vous pas su démêler ce terrible ressort ? ou si vous l'avez connu, pourquoi n'en avez-vous pas su tirer parti, pour nous attacher à tous nos devoirs? Quels pères, quels enfans, quels amis, quels citoyens n'eussiez-vous pas fait de nous, par la seule dispensation de l'honneur & de la honte ? Si la crainte du mépris précipite au Malabar une jeune femme dans un brasier ardent, en quel endroit du monde ne résoudroit-elle pas une mère à allaiter son enfant, une épouse à garder la fidélité à son époux ?

Hors ce genre de courage, qui tient plus aux préjugés qu'au caractère, les Indiens sont foibles, doux & humains. Ils connoissent à peine plusieurs des passions qui nous agitent. Quelle ambition pourroient avoir des hommes destinés à rester toujours dans le même état ? Les pratiques répétées de la religion sont le seul plaisir de la plupart d'entre eux. Ce sont les travaux paisibles & l'oisiveté qu'ils aiment. On leur entend souvent citer ce passage d'un de leurs auteurs favoris : *Il vaut mieux être assis que marcher : il vaut mieux dormir que veiller : mais la mort est au-dessus de tout.*

Leur tempérament & la chaleur excessive du climat ne répriment pas en eux la fougue des sens pour les plaisirs de l'amour, comme on ne cesse de le répéter. La multitude des courtisanes & l'attention des pères pour marier leurs enfans, avant que les deux sexes puissent se rapprocher, attestent la vivacité de ce penchant. Ils ont de plus l'avarice, passion des corps foibles & des petites ames.

Leurs arts sont très-peu de chose. A l'exception des toiles de coton, il ne sort rien des Indes qui ait du goût & de l'élégance. Les sciences y sont encore plus négligées. L'instruction des plus habiles bramines se réduit à calculer une éclipse. Avant que les Tartares eussent pénétré dans cette région, nul pont n'y rendoit le passage des rivières praticable. Rien n'est plus misérable que les lieux de prière nouvellement construits. Les anciennes pagodes étonnent, il est vrai, par leur solidité & leur étendue; mais la structure & les ornemens en sont du plus mauvais genre. Toutes sont absolument sans fenêtre, & la plupart ont une forme pyramidale. Des animaux & des miracles, grossiérement sculptés dans la brique, couvrent les murs extérieurs, les murs intérieurs. Au milieu du temple, sur un autel richement orné, est une divinité colossale, noircie par la fumée des flambeaux qu'on fait continuellement brûler autour d'elle, & toujours tournée vers la porte principale, afin que ceux de ses adorateurs, auxquels l'entrée du sanctuaire est interdite, puissent jouir de l'objet de leur culte. On arrive aux exercices religieux au son des instrumens & avec des éventails destinés à écarter les insectes. C'est par des chants, des danses, des offrandes que l'idole est honorée. Si sa réputation est étendue, on voit accourir, des contrées les plus éloignées, en grandes caravanes, des milliers de pélerins qui trouvent sur leur route tous les secours de la plus généreuse hospitalité. Jamais ces pieux fanatiques ne sont détournés de leurs pénibles courses par l'obligation de payer au gouvernement mogol un tribut proportionné à leur qualité.

La caſte des gens de guerre habite plus volontiers les provinces du Septentrion, & la preſqu'iſle n'eſt guère occupée que par les tribus inférieures. De-là vient que tous ceux qui ont attaqué l'Inde du côté de la mer, ont trouvé ſi peu de réſiſtance. On doit faire obſerver à quelques philoſophes qui prétendent que l'homme eſt un animal frugivore, que ces militaires qui mangent de la viande ſont plus robuſtes, plus courageux, plus animés, & vivent plus long-tems que les hommes des autres claſſes qui ſe nourriſſent de végétaux. Cependant c'eſt une différence trop conſtante entre les habitans du Nord & ceux du Midi, pour l'attribuer uniquement aux alimens. Le froid d'une part, l'élaſticité de l'air, moins de fertilité, plus de travail & d'exercice, une vie plus variée, donne plus de faim & de force, de réſiſtance & d'activité, de reſſort & de durée aux organes. La chaleur du Midi, l'abondance des fruits, la facilité de vivre ſans agir, une tranſpiration continuelle, une plus grande prodigalité des germes de la population, plus de plaiſir & de molleſſe, un genre de vie ſédentaire & toujours le même : tout cela fait qu'on vit & meurt plutôt. Du reſte on voit que l'homme, ſans être conformé par la nature pour dévorer les animaux, a reçu le don de vivre dans tous les climats, d'une manière analogue à la diverſité des beſoins qu'ils font naître : chaſſeur, ictiophage, frugivore, paſteur, laboureur, ſelon l'abondance ou la ſtérilité de la terre.

La religion de Brama, aſſez ſimple à ſon origine, eſt diviſée en quatre-vingt-trois ſectes, qui conviennent entre elles ſur quelques points principaux, & ne diſputent pas ſur les autres. Elles vivent en paix, même avec les hommes de toutes les religions; parce que la leur ne leur preſcrit pas de faire des converſions. Les Indiens admettent rarement des étrangers à leur culte; & c'eſt toujours avec une extrême répugnance. C'étoit aſſez l'eſprit des anciennes ſuperſtitions. On le voit chez les Égyptiens, les Juifs, les Grecs & les Romains. Cet eſprit a fait moins de ravages que celui des converſions; mais il s'oppoſe cependant à la communication des hommes: c'eſt une barrière de plus entre les peuples.

En confidérant que la nature a tout fait pour le bonheur de ces fertiles contrées ; qu'à la facilité de satisfaire tous leurs befoins, les Indiens joignent un caractère compatiffant, une morale qui les éloigne également de la perfécution & de l'efprit de conquête : on ne peut s'empêcher de remonter, en gémiffant, jufqu'à la fource de cette inégalité barbare, qui a réuni dans une partie de la nation les privilèges & l'autorité, & raffemblé fur le refte des habitans les calamités & l'infamie. Quelle eft la caufe de cet étrange délire ? N'en doutons point ; c'eft la même qui perpétue fur ce globe déplorable le malheur de tous les peuples.

Il fuffit qu'une nation puiffante & peu éclairée adopte une première erreur, que l'ignorance accrédite : bientôt cette erreur, devenue générale, va fervir de bafe à tout le fyftême moral & politique : bientôt les penchans les plus honnêtes vont fe trouver en contradiction avec les devoirs. Pour fuivre le nouvel ordre moral, il faudra fans ceffe faire violence à l'ordre phyfique. Ce combat perpétuel fera naître dans les mœurs les contradictions les plus étonnantes ; & la nation ne fera plus qu'un affemblage de malheureux, qui pafferont leur vie à fe tourmenter tour-à-tour, en fe plaignant de la nature. Voilà le tableau de tous les peuples de la terre, fi vous en exceptez peut-être quelques républiques de fauvages. Des préjugés abfurdes ont dénaturé par-tout la raifon humaine, & étouffé jufqu'à cet inftinct qui révolte tous les animaux contre l'oppreffion & la tyrannie. Des peuples immenfes fe regardent de bonne foi comme appartenans en propriété à un petit nombre d'hommes qui les oppriment.

Tels font les funeftes progrès de la première erreur que l'impofture a jettée ou nourrie dans l'efprit humain. Puiffent les vraies lumières faire rentrer dans leurs droits, des êtres qui n'ont befoin que de les fentir pour les reprendre ! Sages de la terre, philofophes de toutes les nations, c'eft à vous feuls à faire des loix, en les indiquant à vos concitoyens. Ayez le courage d'éclairer vos frères ; & foyez perfuadés que fi la vérité eft plus lente à fe répandre & à s'affermir que l'erreur, elle eft auffi plus folide

&

& plus durable. Les erreurs passent & la vérité reste. Les hommes intéressés par l'espoir du bonheur, dont vous pouvez leur montrer la route, vous écouteront avec empressement. Faites rougir ces milliers d'esclaves soudoyés, qui sont prêts à exterminer leurs concitoyens, aux ordres de leurs maîtres. Soulevez dans leurs ames la nature & l'humanité contre ce renversement des loix sociales. Apprenez-leur que la liberté vient de Dieu, l'autorité des hommes. Révélez tous les mystères qui tiennent l'univers à la chaîne & dans les ténèbres ; & que s'appercevant combien on se joue de leur crédulité, les pleuples éclairés tous à-la-fois, vengent enfin la gloire de l'espèce humaine.

Outre les indigènes, les Portugais trouvèrent encore dans l'Inde des mahométans. Quelques-uns y étoient venus des bords de l'Afrique. La plupart étoient les descendans d'Arabes, qui avoient fait dans ces régions des établissemens ou des incursions. La force des armes les avoit rendus les maîtres de tous les pays situés jusqu'à l'Indus. Les plus entreprenans avoient ensuite passé ce fleuve, & de proche en proche, étoient arrivés jusqu'aux extrémités de l'Orient. Sur ce continent immense, ils étoient les facteurs de l'Arabie & de l'Égypte, & traités avec des égards marqués par tous les souverains, qui vouloient avoir des liaisons avec ces contrées. Ils s'y étoient fort multipliés, parce que leur religion permettant la polygamie, ils se marioient dans tous les lieux où ils faisoient quelque résidence.

Leurs succès avoient été encore plus rapides & plus permanens dans les isles répandues sur cet Océan. Le besoin du commerce les y avoit fait mieux accueillir par les princes & par les peuples. On ne tarda pas à les voir monter aux premières dignités de ces petits états, & à s'y rendre les arbitres du gouvernement. Ils profitèrent de l'ascendant que leur donnoient leurs lumières, & l'appui qu'ils tiroient de leur patrie, pour tout asservir. Dans la vue de leur plaire, des despotes & des esclaves se détachèrent d'une religion à laquelle ils tenoient fort peu, pour des dogmes nouveaux qui devoient leur procurer quelques avantages. Le sacrifice étoit d'autant plus facile, que les prédicateurs de l'Alcoran souffroient sans difficulté qu'on alliât les anciennes superstitions avec celles qu'ils vouloient établir.

Ces mahométans Arabes, apôtres & négocians tout-à-la-fois, avoient encore étendu leur religion en achetant beaucoup d'esclaves, auxquels ils donnoient la liberté, après les avoir circoncis & leur avoir enseigné leurs dogmes. Mais comme un certain orgueil les empêchoit de mêler leur sang à celui de ces affranchis, ceux-ci formèrent, avec le tems, un peuple particulier sur la côte de la presqu'isle des Indes, depuis Goa jusqu'à Madras. Ils ne savent ni le Persan, ni l'Arabe, ni le Maure; & leur idiome est celui des contrées où ils vivent. Leur religion est un Mahométisme extrêmement corrompu par les superstitions Indiennes. Ils sont courtiers, écrivains, marchands, navigateurs à la côte de Coromandel, où ils sont connus sous le nom de Chaliats. Au Malabar, où on les appelle Mapoulès, ils exercent les mêmes professions, mais avec moins d'honneur. On s'y défie généralement de leur caractère avare, perfide & sanguinaire.

IX. Conduite des Portugais au Malabar.

L'Indostan, que la force a depuis réuni presqu'entiérement sous un joug étranger, étoit partagé, à l'arrivée des Portugais, entre les rois de Cambaie, de Delhy, de Bisnagar, de Narzingue & de Calicut, qui tous comptoient plusieurs souverains, plus ou moins puissans, parmi leurs tributaires. Le dernier de ces monarques plus connu sous le nom de Zamorin, qui répond à celui d'empereur, que par celui de sa ville capitale, avoit les états les plus maritimes, & étendoit sa domination sur tout le Malabar.

C'est une ancienne tradition, que lorsque les Arabes commencèrent à s'établir aux Indes dans le huitième siècle, le souverain du Malabar prit un goût si vif pour leur religion, que peu content de l'embrasser, il résolut d'aller finir ses jours à la Mecque. Calicut, où il s'embarqua, parut un lieu si cher, si vénérable aux Maures, qu'insensiblement ils contractèrent l'habitude d'y conduire leurs vaisseaux. Ce port, tout incommode, tout dangereux qu'il étoit, devint, par la seule force de cette superstition, le plus riche entrepôt de ces contrées.

Les pierres précieuſes, les perles, l'ambre, l'ivoire, la porcelaine, l'or, l'argent, les étoffes de ſoie & de coton, l'indigo, le ſucre, les épiceries, les bois précieux, les aromates, les beaux vernis, tout ce qui peut ajouter aux délices de la vie, y étoit apporté des diverſes contrées de l'Orient. Une partie de ces richeſſes y arrivoit par mer; mais comme la navigation n'étoit pas auſſi ſûre, auſſi animée qu'elle l'a été depuis, il en venoit auſſi beaucoup par terre ſur des bœufs ou des éléphans.

Gama, inſtruit de ces particularités à Mélinde, où il avoit touché, y prit un pilote habile, & ſe fit conduire dans le port où le commerce étoit le plus floriſſant. Il y trouva heureuſement un Maure de Tunis, qui entendoit la langue des Portugais, & qui, frappé des grandes choſes qu'il avoit vu faire à cette nation ſur les côtes de Barbarie, avoit pris pour elle une inclination plus forte que ſes préjugés. Ce penchant décida Mouzaide, à ſervir de tout ſon pouvoir des étrangers qui s'abandonnoient à lui ſans réſerve. Il procura une audience du Zamorin à Gama, qui propoſa une alliance, un traité de commerce avec le roi ſon maître. On alloit conclure, lorſque les Muſulmans réuſſirent à rendre ſuſpect un concurrent dont ils redoutoient le courage, l'activité & les lumières. Ce qu'ils dirent de ſon ambition, de ſon inquiétude, fit une telle impreſſion ſur l'eſprit du prince, qu'il prit la réſolution de faire périr les navigateurs qu'il venoit d'accueillir ſi favorablement.

Gama, averti de ce changement par ſon fidèle guide, renvoya ſon frère ſur ſes vaiſſeaux. *Quand vous apprendriez*, lui dit-il, *qu'on m'a chargé de fers, ou qu'on m'a fait périr, je vous défends, comme votre général, de me ſecourir, ou de me venger. Mettez ſur le champ à la voile, & allez inſtruire le roi des détails de notre voyage.*

Heureuſement on ne fut pas réduit à ces extrémités. Le Zamorin n'oſa pas ce qu'il pouvoit, ce qu'il vouloit même; & l'amiral eut la liberté de joindre les ſiens. Quelques repréſailles, exercées à propos, lui firent rendre les marchandiſes, les ôtages qu'il avoit laiſſées dans Calicut; & il reprit la route de l'Europe.

On ne peut exprimer quelle joie ſon retour répandit dans

Lisbonne. On s'y voyoit au moment de faire le plus riche commerce du monde. Ce peuple, aussi dévot qu'avide, se flattoit en même tems, d'étendre sa religion, par la persuasion, & même par les armes. Les papes, qui ne laissent pas échapper une occasion d'établir qu'ils sont maîtres de la terre, donnèrent au Portugal toutes les côtes qu'il découvriroit dans l'Orient, & remplirent cette petite nation de la folie des conquêtes.

On se présentoit en foule pour monter sur les nouvelles flottes destinées au voyage des Indes. Treize vaisseaux sortis du Tage arrivèrent devant Calicut, sous les ordres d'Alvarès Cabral, & ramenèrent au Zamorin quelques-uns de ses sujets qu'avoit enlevés Gama. Ces Indiens se louèrent des traitemens qu'ils avoient reçus; mais ils ne concilièrent pas pour long-tems, aux Portugais, l'esprit du Zamorin. Les Maures prévalurent. Le peuple de Calicut, séduit par leurs intrigues, massacra une cinquantaine de ces navigateurs. Cabral, pour les venger, brûla tous les vaisseaux Arabes qui étoient dans le port, foudroya la ville, & de-là se rendit à Cochin, & ensuite à Cananor.

Les rois de ces deux villes lui donnèrent des épiceries, lui offrirent de l'or & de l'argent, & lui proposèrent de s'allier avec lui contre le Zamorin, dont ils étoient tributaires. Les rois d'Onor, de Culan, quelques autres princes, firent, dans la suite, les mêmes ouvertures. Tous se flattoient d'être déchargés du tribut qu'ils payoient au Zamorin, de reculer les frontières de leurs états, de voir leurs ports enrichis des dépouilles de l'Asie. Cet aveuglement général procura aux Portugais, dans tout le Malabar, une si grande supériorité, qu'ils n'avoient qu'à se montrer pour donner la loi. Nul souverain n'obtenoit leur alliance, qu'en se reconnoissant vassal de la cour de Lisbonne, qu'en souffrant qu'on bâtît une citadelle dans sa capitale, qu'en livrant ses marchandises au prix fixé par l'acquéreur. Le marchand étranger ne pouvoit former sa cargaison qu'après les Portugais; & personne ne naviguoit dans ces mers, qu'avec leurs passeports. Les combats, qu'il falloit livrer, n'interrompoient guère leur commerce. Un petit nombre d'entre eux dissipoit des armées nombreuses.

Leurs ennemis les trouvoient par-tout, & par-tout ils fuyoient devant eux. Bientôt les vaisseaux des Maures, ceux du Zamorin & de ses vassaux, n'osèrent plus paroître.

Les Portugais vainqueurs dans l'Orient, envoyoient, à tout moment, de riches cargaisons dans leur patrie, où tout retentissoit du bruit de leurs exploits. Peu-à-peu les navigateurs de tous les pays de l'Europe, apprirent la route du port de Lisbonne. Ils y achetoient les marchandises de l'Inde; parce que les Portugais qui les alloient chercher directement, les donnoient à plus bas prix que les négocians des autres nations.

Pour assurer ces avantages, pour les étendre encore, il falloit que la réflexion corrigeât, ou affermît, ce qui n'avoit été, jusqu'alors, que l'ouvrage du hasard, d'une intrépidité brillante, du bonheur des circonstances. Il falloit un systême de domination & de commerce assez étendu, pour embrasser tous les objets; mais si bien lié, que toutes les parties du grand édifice qu'on se proposoit d'établir, se fortifiâssent réciproquement. Quoique la cour de Lisbonne eût puisé des lumières dans les relations qui lui venoient des Indes, & dans le rapport de ceux qu'elle y avoit chargés, jusqu'alors, de ses intérêts; elle eut la sagesse de donner toute sa confiance à Alphonse Albuquerque, le plus éclairé des Portugais qui fussent passés en Asie.

Le nouveau vice-roi se montra plus grand encore qu'on ne l'avoit espéré. Il sentit qu'il falloit au Portugal un établissement facile à défendre, qui eût un bon port, dont l'air fût sain, & où les Portugais, fatigués du trajet de l'Europe à l'Inde, pussent recouvrer leurs forces. Il sentit que Lisbonne avoit besoin de Goa.

X.
Conquête de Goa par les Portugais.

Goa, qui s'élève en amphithéâtre, est situé vers le milieu de la côte de Malabar, dans une isle détachée du continent par les deux bras d'une rivière qui, tombée de Gates, se jette dans la mer, à trois lieues de la ville, après avoir formé devant ses murs un des plus beaux ports de l'Univers. De nombreux canaux formés par la nature seule, des bois touffus & bien percés, des prairies émaillées de mille fleurs, des maisons de campagne placées sur des sites avantageux: tout rend délicieuse cette isle, qui peut avoir dix lieues de circonférence, & dont le terrein eſt agréablement inégal. Avant d'entrer dans la rade, on découvre les deux péninſules de Salſet & de Bardes, qui lui ſervent en même-tems, & de rempart & d'abri. Elles ſont défendues par des forts bordés d'artillerie, devant leſquels doivent s'arrêter tous les vaiſſeaux qui veulent mouiller au port.

Quoique Goa fût moins conſidérable qu'il ne le devint depuis, on le regardoit comme le poſte le plus avantageux de l'Inde. Il relevoit du roi de Decan ; mais Idalcan, auquel il l'avoit confié, s'étoit rendu indépendant, & cherchoit à s'agrandir dans le Malabar. Tandis que l'uſurpateur étoit occupé dans le continent, Albuquerque ſe préſenta aux portes de Goa, les força, & n'acheta pas chérement un ſi grand avantage.

Idalcan averti du malheur qui venoit de lui arriver, ne balança pas ſur le parti qu'il lui convenoit de prendre. D'accord avec les Indiens même, ſes ennemis, qui n'y avoient guère moins d'intérêt que lui, il marcha vers ſa capitale avec une célérité inconnue juſqu'alors dans ſon pays. Les Portugais, mal affermis dans leur conquête, ſe virent hors d'état de s'y maintenir : ils ſe retirèrent ſur leur flotte qui ne quitta point le port, & ils envoyèrent chercher des ſecours à Cochin. Pendant qu'ils les attendoient, les vivres leur manquèrent. Idalcan leur en offrit, & leur fit dire, *que c'étoit par les armes, & non par la faim, qu'il vouloit vaincre.* Il étoit alors d'uſage, dans les guerres de l'Inde, que les armées laiſſâſſent paſſer des ſubſiſtances à leurs ennemis. Albuquerque rejetta les offres qu'on lui faiſoit, & répondit : *qu'il ne recevroit des préſens d'Idalcan, que lorſqu'ils ſeroient amis.* Il attendoit toujours des ſecours, qui ne venoient point.

Cet abandon le détermina à ſe retirer, & à renvoyer l'exécution de ſon projet chéri, à un tems plus favorable, que les circonſtances amenèrent dans peu de mois. Idalcan ayant été forcé de ſe remettre en campagne, pour préſerver ſes états d'une deſtruction totale, Albuquerque fondit à l'improviſte ſur Goa, qu'il emporta d'emblée, & où il ſe fortifia. Calicut, dont le port ne valoit rien, vit ſon commerce & ſes richeſſes paſſer dans une ville qui devint la métropole de tous les établissemens Portugais dans l'Inde.

Les naturels du pays étoient trop foibles, trop lâches, trop divisés, pour mettre des bornes aux prospérités de cette nation brillante. Elle n'avoit à prendre des précautions que contre les Égyptiens; & elle n'en oublia, n'en différa aucune.

XI. Manière dont l'Europe commerçoit avec l'Inde, avant que les Portugais eussent doublé le cap de Bonne-Espérance.

L'Égypte, que nous regardons comme la mère de toutes les antiquités historiques, la première source de la police, le berceau des sciences & des arts; l'Égypte, après avoir resté durant des siècles isolée du reste de la terre, que sa sagesse dédaignoit, connut & pratiqua la navigation. Ses habitans négligèrent longtems la Méditerranée, où, sans doute, ils n'appercevoient pas de grands avantages, pour tourner leurs voiles vers la mer des Indes, qui étoit le vrai canal des richesses.

A l'aspect d'une région située entre deux mers, dont l'une est la porte de l'Orient, & l'autre est la porte de l'Occident, Alexandre forma le projet de placer le siège de son empire en Égypte, & d'en faire le centre du commerce de l'univers. Ce prince, le plus éclairé des conquérans, comprit que s'il y avoit un moyen de cimenter l'union des conquêtes qu'il avoit faites, & de celles qu'il se proposoit, c'étoit dans un pays que la nature semble avoir attaché, pour ainsi dire, à la jonction de l'Afrique & de l'Asie, pour les lier avec l'Europe. La mort prématurée du plus grand capitaine que l'histoire & la fable aient transmis à l'admiration des hommes, auroit à jamais enseveli ces grandes vues, si elles n'eussent été suivies en partie par Ptolomée, celui de ses lieutenans qui, dans le partage de la plus magnifique dépouille que l'on connoisse, s'appropria l'Égypte.

Sous le règne de ce nouveau souverain & de ses premiers successeurs, le commerce prit des accroissemens immenses. Alexandrie servoit au débouché des marchandises qui venoient de l'Inde. On mit, sur la mer Rouge, le port de Bérénice en état de les recevoir. Pour faciliter la communication des deux villes, on creusa un canal qui partoit d'un des bras du Nil, & qui alloit se décharger dans le golfe Arabique. Par le moyen des eaux réunies avec intelligence & d'un grand nombre d'éclufes ingénieufement conftruites, on parvint à donner à ce canal cinquante lieues de longueur, vingt-cinq toifes de large, & la profondeur dont pouvoient avoir befoin les bâtimens deftinés à le parcourir. Ce fuperbe ouvrage, par des raifons phyfiques qu'il feroit trop long de développer, ne produifit pas les avantages qu'on en attendoit; & on le vit fe ruiner infenfiblement.

On y fuppléa, autant qu'il étoit poffible. Le gouvernement fit conftruire; dans les déferts arides & fans eau qu'il falloit traverfer, des hôtelleries & des citernes où les voyageurs & les caravanes fe repofoient avec leurs chameaux.

Un écrivain, qui s'eft profondément occupé de cet objet, & qui nous fert de guide, dit, que quelques-uns des nombreux vaiffeaux que ces liaifons avoient fait conftruire, fe bornoient à traiter dans le golfe avec les Arabes & les Abyffins. Parmi ceux qui tentoient la grande mer, les uns defcendoient à droite vers le Midi, le long des côtes orientales de l'Afrique, jufqu'à l'ifle de Madagafcar; les autres montoient à gauche vers le fein Perfique, entroient même dans l'Euphrate, pour négocier avec les habitans de fes bords, & fur-tout avec les Grecs, qu'Alexandre y avoit entraînés dans fes expéditions. D'autres, plus enhardis encore par la cupidité, reconnoiffoient les bouches de l'Indus, parcouroient la côte de Malabar, & s'arrêtoient à l'ifle de Ceylan, connue des anciens fous le nom de Taprobane. Enfin, un très-petit nombre franchiffoient le Coromandel, pour remonter le Gange, jufqu'à Palybotra, la plus célèbre ville de l'Inde par fes richeffes. Ainfi l'induftrie alla pas à pas, de fleuve en fleuve, & d'une côte à l'autre, s'approprier les tréfors de la terre la plus fertile en fruits, en fleurs, en aromates, en pierreries, en alimens de luxe & de volupté.

On n'employoit, à cette navigation, que des bateaux longs & plats, tels à-peu-près qu'on les voyoit flotter fur le Nil. Avant que la bouffole eût agrandi les vaiffeaux, & les eût pouffés en haute mer à plufieurs voiles; ils étoient réduits à rafer les côtes à la rame, à fuivre terre à terre toutes les finuofités du rivage,

à

à ne prêter que peu de bord & de flanc aux vents, peu de profondeur aux vagues, de peur d'échouer contre les écueils, ou ſur les ſables & les bas-fonds. Auſſi les voyages, dont la traverſée n'égaloit pas le tiers de ceux que nous faiſons en moins de ſix mois, duroient-ils quelquefois cinq ans & plus. On ſuppléoit alors à la petiteſſe des navires, par le nombre, & à la lenteur de leur marche, par la multiplication des eſcadres.

Les Égyptiens portoient aux Indes ce qu'on y a toujours porté depuis, des étoffes de laine, du fer, du plomb, du cuivre, quelques petits ouvrages de verrerie, & de l'argent. En échange, ils recevoient de l'ivoire, de l'ébène, de l'écaille, des toiles blanches & peintes, des ſoieries, des perles, des pierres précieuſes, de la canelle, des aromates, & ſur-tout de l'encens. C'étoit le parfum le plus recherché. Il ſervoit au culte des dieux, aux délices des rois. Son prix étoit ſi cher, que les négocians le falſifioient, ſous prétexte de le perfectionner. Les ouvriers employés à le préparer étoient nuds; tant l'avarice craint les larcins de la pauvreté. On leur laiſſoit ſeulement autour des reins une ceinture, dont le maître de l'attelier ſcelloit l'ouverture avec ſon cachet.

Toutes les nations maritimes & commerçantes de la Méditerranée, alloient dans les ports de l'Égypte, acheter les productions de l'Inde. Lorſque Carthage & Corinthe eurent ſuccombé ſous les vices de leur opulence; les Égyptiens ſe virent obligés d'exporter eux-mêmes les richeſſes dont ces villes chargeoient autrefois leurs propres vaiſſeaux. Dans les progrès de leur marine, ils pouſſèrent leurs voyages juſqu'à Cadix. A peine pouvoient-ils ſuffire aux conſommations des peuples. Eux-mêmes ſe livroient à des profuſions, dont les détails nous paroiſſent romaneſques. Cléopatre, avec qui finit leur empire & leur hiſtoire, étoit auſſi prodigue que voluptueuſe. Mais malgré ces dépenſes incroyables, tel étoit le bénéfice qu'ils retiroient du commerce des Indes, que lorſqu'ils eurent été ſubjugués & dépouillés, les terres, les denrées, les marchandiſes; tout doubla de prix à Rome. Le vainqueur remplaçant le vaincu dans cette ſource d'opulence, qui devoit l'enfler ſans l'agrandir, gagna cent pour un, si l'on s'en rapporte à Pline. A travers l'exagération, qu'il est facile de voir dans ce calcul, on doit présumer quels avoient pu être les profits dans des tems reculés, où les Indiens étoient moins éclairés sur leurs intérêts.

Tant que les Romains eurent assez de vertu pour conserver la puissance que leurs ancêtres avoient acquise, l'Égypte contribua beaucoup à soutenir la majesté de l'empire, par les richesses des Indes qu'elle y faisoit couler. Mais, l'embonpoint du luxe est une maladie qui annonce la décadence des forces. Ce grand empire tomba par sa propre pesanteur; semblable aux leviers de bois ou de métal, dont l'extrême longueur fait la foiblesse. Il se rompit, & il en résulta deux grands débris.

L'Égypte fut annexée à l'empire d'Orient, qui se soutint plus long-tems que celui d'Occident, parce qu'il fut attaqué plus tard ou moins fortement. Sa position & ses ressources l'eussent rendu même inébranlable, si les richesses pouvoient tenir lieu de courage. Mais on ne sut opposer que des ruses à un ennemi, qui joignoit l'enthousiasme d'une nouvelle religion, à toute la force de ses mœurs encore barbares. Une si foible barrière ne pouvoit pas arrêter un torrent qui devoit s'accroître de ses ravages. Dès le septième siècle, il engloutit plusieurs provinces, entre autres l'Égypte, qui, après avoir été l'un des premiers empires de l'antiquité, le modèle de toutes les monarchies modernes, étoit destinée à languir dans le néant jusqu'à nos jours.

Les Grecs se consolèrent de ce malheur, quand ils virent que les guerres des Sarrasins avoient fait passer la plus grande partie du commerce des Indes, d'Alexandrie à Constantinople, par deux canaux déja très-connus.

L'un étoit le Pont-Euxin ou la mer Noire. C'est-là qu'on s'embarquoit pour remonter le Phase, d'abord sur de grands bâtimens, ensuite sur de plus petits jusqu'à Serapana. De-là partoient des voitures qui conduisoient par terre, en quatre ou cinq jours, les marchands avec leurs marchandises au fleuve Cyrus, qui se jette dans la mer Caspienne. A travers cette mer orageuse, on gagnoit l'embouchure de l'Oxus, qu'on remontoit jusqu'auprès des ſources de l'Indus, d'où l'on revenoit par le même chemin, chargé des tréſors de l'Aſie. Telle étoit une des routes de communication entre ce grand continent, toujours riche de ſa nature, & celui de l'Europe, alors pauvre & ravagé par ſes propres habitans.

L'autre voie étoit moins compliquée. Des bâtimens Indiens, partis de différentes côtes, traverſoient le golfe Perſique, & dépoſoient leur cargaiſon ſur les bords de l'Euphrate, d'où elle étoit portée en un ou deux jours à Palmyre, qui faiſoit paſſer ces marchandiſes aux côtes de Syrie. L'idée d'un pareil entrepôt avoit, ſans doute, donné naiſſance à cette ville, placée dans un de ces très-peu nombreux cantons d'Arabie, où l'on trouve des arbres, de l'eau & des terres ſuſceptibles de culture. Quoique ſituée entre deux grands empires, celui des Romains & celui des Parthes, il lui fut long-tems permis d'être neutre. A la fin, Trajan la ſoumit, mais ſans lui rien faire perdre de ſon opulence. Ce fut même pendant les cent-cinquante ans qu'elle fut colonie Romaine, que s'élevèrent dans ſes murs, ſur le modèle de l'architecture grecque, ces temples, ces portiques, ces palais, dont les ruines, fidelement décrites, nous ont récemment cauſé tant de ſurpriſe & d'admiration. Ces proſpérités lui devinrent fatales, ſi elles déterminèrent ſa ſouveraine à vouloir ſortir d'une dépendance qui n'avoit rien de bien onéreux. Aurelien ruina de fond en comble cette cité célèbre. Ce prince, il eſt vrai, permit depuis de la rétablir & de l'habiter au petit nombre de citoyens qui avoient échappé aux calamités de leur patrie: mais il eſt plus aiſé de détruire que de réparer. Le ſiège du commerce, des arts, de la grandeur de Zénobie, devint ſucceſſivement un lieu obſcur, une fortereſſe peu importante, & enfin un miſérable village compoſé de trente ou quarante cabanes, conſtruites dans l'enceinte ſpacieuſe d'un édifice public autrefois très-magnifique.

Palmyre détruite, les caravanes, après quelques variations, ſe fixèrent à la route d'Alep, qui, par le port d'Alexandrette, pouſſa le cours & la pente des richeſſes juſqu'à Conſtantinople, devenu enfin le marché général des productions de l'Inde.

Cet avantage ſeul auroit pu ſoutenir l'empire dans le penchant de sa décadence, & peut-être lui rendre son ancienne gloire : mais il l'avoit due à ses armes, à des vertus, à des mœurs frugales ; & tout ce qui conserve la prospérité, lui manquoit. Corrompus par les richesses prodigieuses qu'un commerce exclusif leur assuroit presque sans efforts & sans vigilance, les Grecs s'abandonnèrent à cette vie oisive & molle qu'amène le luxe ; aux frivoles jouissances des arts brillans & voluptueux, aux vaines discussions d'un jargon sophistique sur les matières de goût, de sentiment, & même de religion & de politique. Ils ne savoient que se laisser opprimer, & non se faire gouverner ; caresser tour-à-tour la tyrannie par une lâche adulation, ou l'irriter par une molle résistance. Quand les empereurs eurent acheté ce peuple, ils le vendirent à tous les monopoleurs qui voulurent s'enrichir des ruines de l'état. Le gouvernement, toujours plutôt corrompu que les citoyens, laissa tomber sa marine, & ne compta plus, pour sa défense, que sur les traités qu'il faisoit avec les étrangers, dont les vaisseaux remplissoient ses ports. Les Italiens s'étoient insensiblement emparés de la navigation de transport, que les Grecs avoient long-tems retenue dans leurs mains. Cette branche d'industrie, plus active encore que lucrative, étoit doublement utile à une nation commerçante, dont la principale richesse est celle qui entretient la vigueur par le travail. L'inaction précipita la perte de Constantinople, pressée, investie de tous côtés par les conquêtes des Turcs. Les Génois furent engloutis dans le précipice que leur perfidie & leur avidité leur avoient creusé. Mahomet II les chassa de Caffa, où, dans les derniers tems, ils avoient attiré la plus grande partie du commerce de l'Asie.

Les Vénitiens n'avoient pas attendu cette catastrophe pour chercher les moyens de se rouvrir la route d'Égypte. Ils avoient trouvé plus de facilité qu'ils n'en espéroient d'un gouvernement formé depuis les dernières croisades, & à-peu-près semblable à celui d'Alger. Les Mammelus, qui, à l'époque de ces guerres, s'étoient emparés d'un trône dont ils avoient été jusqu'alors l'appui, étoient des esclaves tirés la plupart de la Circassie dès leur enfance, & formés de bonne heure aux combats. Un chef, & un conſeil compoſé de vingt-quatre des principaux d'entre eux, exerçoient l'autorité. Ce corps militaire, que la molleſſe auroit néceſſairement énervé, étoit renouvellé tous les ans par une foule de braves aventuriers que l'eſpérance de la fortune attiroit de toutes parts. Ces hommes avides conſentirent, pour l'argent qu'on leur donna, pour les promeſſes qu'on leur fit, que leur pays devînt l'entrepôt des marchandiſes des Indes. Ils ſouffrirent par corruption, ce que l'intérêt politique de leur état auroit toujours exigé. Les Piſans, les Florentins, les Catalans, les Génois tirèrent quelque utilité de cette révolution; mais elle tourna ſingulièrement à l'avantage des Vénitiens qui l'avoient conduite. Telle étoit la ſituation des choſes, lorſque les Portugais parurent aux Indes.

Ce grand événement, & les ſuites rapides qu'il eut, causèrent de vives inquiétudes à Veniſe. La ſageſſe de cette république venoit d'être déconcertée par une ligue à laquelle elle ne put réſiſter, & qu'aſſurément elle n'avoit pas dû prévoir. Pluſieurs princes diviſés d'intérêt, rivaux de puiſſance, & qui avoient des prétentions oppoſées, venoient de s'unir contre toutes les règles de la juſtice & de la politique, pour détruire un état qui ne faiſoit ombrage à aucun d'eux; & Louis XII lui-même, qui de tous ces princes, avoit le plus d'intérêt à la conſervation de Veniſe, Louis XII, par la victoire d'Aignadel, la mit ſur les bords de ſa ruine. La diviſion qui devoit néceſſairement ſe mettre entre de ſemblables alliés, & la prudence de la république, l'avoient ſauvée de ce danger, le plus éminent en apparence; mais en effet moins grand, moins réel que celui où la jettoit la découverte du paſſage aux Indes, par le cap de Bonne-Eſpérance.

Elle vit auſſi-tôt que le commerce des Portugais alloit ruiner le ſien, & par conſéquent ſa puiſſance. Elle fit jouer tous les reſſorts que put lui fournir l'habileté de ſes adminiſtrateurs. Quelques-uns de ces émiſſaires intelligens, qu'elle ſavoit par-tout acheter & employer à propos, perſuadèrent aux Arabes fixés dans leur pays, & à ceux qui étoient répandus dans l'Inde ou ſur les côtes orientales de l'Afrique, que leur cauſe étant la même que celle de

Venise, ils devoient s'unir avec elle, contre une nation qui venoit s'emparer de la source commune de leurs richesses.

Les cris de cette ligue arrivèrent au soudan d'Égypte, déja réveillé par les malheurs qu'il éprouvoit, par ceux qu'il prévoyoit. Ses douanes, qui formoient la principale branche de ses revenus, par le droit de cinq pour cent, que les marchandises des Indes payoient à leur entrée; & par celui de dix, qu'elles payoient à leur sortie, commençoient à ne plus rien rendre. Les banqueroutes, que l'interruption des affaires rendoit fréquentes & inévitables, aigrissoient les esprits contre le gouvernement; toujours responsable aux peuples des malheurs qui leur arrivent. La milice mal payée, craignant de l'être encore plus mal, se permettoit des mutineries plus redoutables dans le déclin de la puissance, que dans des tems de prospérité. L'Égypte étoit également malheureuse, & par le commerce que faisoient les Portugais, & par celui que leurs violences l'empêchoient de faire.

Elle pouvoit se relever de cette décadence avec une flotte, mais la mer Rouge n'offroit rien de ce qu'il falloit pour la construire. Les Vénitiens levèrent cet obstacle. Ils envoyèrent à Alexandrie des bois, & d'autres matériaux. On les conduisit, par le Nil, au Caire, d'où ils furent portés sur des chameaux à Suez. C'est de ce port célèbre, qu'on fit partir pour l'Inde, en 1508, quatre grands vaisseaux, un galion, deux galères & trois galiottes.

XII. Les Portugais se rendent maîtres de la navigation de la mer Rouge.

Les Portugais avoient prévu cet orage. Pour le prévenir, ils avoient songé, dès l'année précédente, à se rendre maîtres de la navigation de la mer Rouge, persuadés qu'avec cet avantage ils n'auroient plus à craindre ni la concurrence, ni les forces de l'Égypte & de l'Arabie. Dans cette vue, ils avoient formé le dessein de s'emparer de l'isle de Socotora, située à cent quatre-vingts lieues du détroit de Babelmandel, formé du côté de l'Afrique, par le cap de Gardafui, & du côté de l'Arabie, par celui de Fartaque.

Cette conquête devoit leur procurer un autre avantage, celui de les mettre en possession du plus parfait aloës qui ait jamais été connu.

La plante qui produit ce suc & lui donne son nom, a des feuilles épaisses & charnues, du milieu desquelles sort un très-bel épi de fleurs rouges. On arrache ces feuilles, & l'on en exprime par une pression légère la portion la plus fluide, qui, purgée de ses parties grossières & épaissie au soleil, constitue l'aloës soccotrin, facile à distinguer des autres par sa couleur fauve, son brillant, sa transparence, son odeur forte, son goût amer & aromatique.

Tristan d'Acunha parti du Portugal avec un armement considérable, attaqua cette isle. Il fut combattu à la descente par Ibrahim, fils du roi des Fartaques, souverain d'une partie de l'Arabie & de Socotora. Ce jeune prince fut tué dans l'action. Les Portugais assiégèrent, & bientôt emportèrent d'assaut, la seule place qui étoit dans l'isle; quoiqu'elle fût défendue, jusqu'à la dernière extrémité, par une garnison plus nombreuse que leur petite armée. Les soldats de cette garnison ne voulant point survivre au fils de leur souverain, refusèrent de capituler, & se firent tuer jusqu'au dernier. L'intrépidité des troupes de d'Acunha étoit encore au-dessus de ce courage.

Le succès de cette entreprise ne produisit pas les avantages qu'on en espéroit. Il se trouva que l'isle étoit stérile, qu'elle n'avoit point de port, & que les navigateurs qui sortoient de la mer Rouge, n'y touchoient jamais, quoiqu'on ne pût s'empêcher de la reconnoître, pour entrer dans ce golfe. Aussi la flotte Égyptienne pénétra-t-elle sans danger dans l'Océan-Indien. Elle se joignit à celle de Cambaye. Ces deux forces réunies combattirent avec avantage les Portugais, qui, venant d'expédier pour l'Europe un grand nombre de vaisseaux chargés de marchandises, se trouvoient considérablement affoiblis. Le triomphe fut court. Les vaincus reçurent des renforts & reprirent la supériorité pour ne la plus perdre. Les armemens qui continuèrent à partir d'Égypte, furent toujours battus & dissipés par les petites escadres Portugaises, qui croisoient à l'entrée du golfe.

Cependant, comme cette petite guerre donnoit toujours de l'inquiétude, occasionnoit quelques dépenses, Albuquerque crut devoir y mettre fin, par la destruction de Suez. Mille obstacles traversoient ce projet.

La mer Rouge, qui sépare l'Arabie de la haute Ethiopie &

d'une partie de l'Égypte, a trois cens cinquante lieues de long, sur quarante de large. Comme nul fleuve ne s'y oppose à la force du flux de la mer, elle participe d'une manière plus sensible aux mouvemens de l'Océan, que les autres mers Méditerranées, situées à-peu-près sous la même latitude. Elle est peu sujette aux orages, & ne connoît presque point d'autres vents que ceux du Nord & du Sud, qui sont périodiques comme la mousson dans l'Inde, & qui fixent invariablement, dans cette mer, le tems de l'entrée & de la sortie. On peut la partager en trois bandes. Celle du milieu est nette, navigable jour & nuit, sur une profondeur de vingt-cinq à soixante brasses d'eau. Les deux qui bordent les côtes, quoique pleines d'écueils, sont préférées par les gens du pays, qui, obligés de se tenir au voisinage des terres à cause de la petitesse de leurs bâtimens, ne gagnent le grand canal que lorsqu'ils craignent quelque coup de vent. La difficulté, pour ne pas dire l'impossibilité, d'aborder les ports répandus sur la côte, fait que cette navigation est très-périlleuse pour les grands vaisseaux, qui ne trouvent d'ailleurs sur leur route qu'un nombre considérable d'isles désertes, arides & sans eau.

Albuquerque, malgré ses talens, son expérience & sa fermeté, ne réussit pas à surmonter tant d'obstacles. Après s'être enfoncé bien avant dans la mer Rouge, il fut obligé de revenir sur ses pas avec sa flotte, qui avoit souffert de continuelles incommodités & couru de fort grands dangers. Une politique inquiète & cruelle lui fit imaginer des moyens d'arriver à son but, beaucoup plus hardis, mais qu'il croyoit plus infaillibles. Il vouloit que l'empereur d'Ethiopie, qui briguoit la protection du Portugal, détournât le cours du Nil, en lui ouvrant un passage pour se jetter dans la mer Rouge. L'Égypte seroit alors devenue en grande partie inhabitable, peu propre du moins au commerce. Lui-même il se proposoit de jetter dans l'Arabie, par le golfe Persique, trois ou quatre cens chevaux, qu'il croyoit suffisans pour aller piller Médine & la Mecque. Il pensoit qu'une expédition de cet éclat rempliroit de terreur les Mahométans, & arrêteroit ce prodigieux

digieux concours de pélerins, le plus solide appui du commerce, dont il cherchoit à extirper les racines.

Des entreprises moins hasardeuses, & plus utiles pour le moment, le portèrent à différer la ruine d'une puissance dont il suffisoit d'arrêter alors la rivalité. La conquête de l'Égypte par les Turcs, quelques années après, rendit nécessaires de plus grandes précautions. Les hommes de génie auxquels il fut donné de saisir la chaîne des événemens qui avoient précédé & suivi le passage du cap de Bonne-Espérance, de porter des conjectures profondes sur les bouleversemens que ce nouveau chemin de navigation devoit prévenir, ne purent s'empêcher de regarder cette fameuse découverte comme la plus grande époque de l'histoire du monde.

XIII. De quel danger l'empire des Portugais dans la mer Rouge a préservé l'Europe.

L'Europe commençoit à peine à respirer & à secouer le joug de la servitude, qui avoit avili ses habitans depuis les conquêtes des Romains & l'établissement des loix féodales. Les tyrans sans nombre qui opprimoient des multitudes d'esclaves, avoient été ruinés par le délire des croisades. Pour soutenir ces extravagantes expéditions, ils avoient été obligés de vendre leurs terres & leurs châteaux, & d'accorder, à prix d'argent, à leurs vassaux quelques privilèges qui les rapprochoient enfin de la condition des hommes. Alors le droit de propriété commença à s'introduire parmi les particuliers, & leur donna cette sorte d'indépendance, sans laquelle la propriété n'est elle-même qu'une illusion. Ainsi les premières étincelles de liberté qui aient éclairé l'Europe, furent l'ouvrage inattendu des croisades; & la folie des conquêtes contribua, pour la première fois, au bonheur des hommes.

Sans la découverte de Vasco de Gama, le flambeau de la liberté s'éteignoit de nouveau, & peut-être pour toujours. Les Turcs alloient remplacer ces nations féroces, qui, des extrémités de la terre, étoient venues remplacer les Romains, pour devenir, comme eux, le fléau du genre-humain; & à nos barbares institutions, auroit succédé un joug plus pesant encore. Cet événement étoit inévitable, si les farouches vainqueurs de l'Égypte n'eussent été repoussés par les Portugais dans les différentes expéditions qu'ils tentèrent dans l'Inde. Les richesses de l'Asie leur assuroient celles de l'Europe. Maîtres de tout le commerce du monde, ils auroient eu nécessairement la plus redoutable marine qu'on eût jamais vue. Quels obstacles auroient pu arrêter alors sur notre continent ce peuple, qui étoit conquérant par la nature de sa religion & de sa politique?

L'Angleterre se déchiroit pour les intérêts de sa liberté; la France, pour les intérêts de ses maîtres; l'Allemagne, pour ceux de la religion; l'Italie, pour les prétentions réciproques d'un tyran & d'un imposteur. Couverte de fanatiques & de combattans, l'Europe entière ressembloit à un malade qui, tombé dans le délire, s'ouvre les veines, & perd dans sa fureur son sang avec ses forces. Dans cet état d'épuisement & d'anarchie, elle n'auroit opposé aux Turcs qu'une foible résistance. Plus le calme, qui succède aux guerres civiles, rend les peuples redoutables à leurs voisins, plus les troubles de la dissension qui les divise les exposent à l'invasion & à l'oppression. La conduite dépravée du clergé auroit encore favorisé les progrès d'un culte étranger, & nous serions sans retour dans les chaînes de l'esclavage. En effet, de tous les systêmes politiques & religieux qui affligent l'espèce humaine, il n'en est point qui laisse moins de carrière à la liberté que celui des Musulmans. Dans presque toute l'Europe, une religion étrangère au gouvernement, & dont les premiers pas se sont presque toujours faits à son insu; une morale répandue sans ordre, sans précision, dans des livres obscurs & susceptibles d'une seule bonne interprétation, entre une infinité de mauvaises; une autorité en proie aux prêtres & aux souverains, qui se disputent tour-à-tour le droit de commander aux hommes; des loix politiques & civiles sans cesse en contradiction avec la religion dominante, qui condamne l'inégalité & l'ambition; une administration inquiète & entreprenante, qui, pour dominer avec plus d'empire, oppose continuellement une partie de l'état à l'autre partie: tous ces germes de trouble doivent entretenir dans les esprits une fermentation violente. Est-il surprenant qu'au milieu de ces mouvemens, la nature s'éveille & crie au fond des cœurs, *L'homme est né libre?*

Mais, sous le joug d'une religion qui consacre la tyrannie, en fondant le trône sur l'autel; qui semble imposer silence à l'ambition, en permettant la volupté; qui favorise la paresse naturelle, en interdisant les opérations de l'esprit : il n'y a point d'espérance pour les grandes révolutions. Aussi les Turcs, qui égorgent si souvent leur maître, n'ont-ils jamais pensé à changer leur gouvernement. Cette idée est au-dessus de leurs ames énervées & corrompues. C'en étoit donc fait de la liberté du monde entier; elle étoit perdue, si le peuple de la chrétienté, le plus superstitieux, & peut-être le plus esclave, n'eût arrêté le progrès du fanatisme des Musulmans, & brisé le cours impétueux de leurs conquêtes, en leur coupant le nerf des richesses. Albuquerque fit plus. Après avoir pris des mesures efficaces pour qu'aucun vaisseau ne pût passer de la mer d'Arabie dans les mers des Indes, il chercha à se donner l'empire du golfe Persique.

XIV. Les Portugais acquièrent la domination dans le golfe Persique.

Au débouché du détroit de Moçandon, qui conduit dans ce bras de mer, est située l'isle de Gerun. C'est sur ce rocher stérile qu'un conquérant Arabe bâtit dans le onzième siècle une ville, devenue, avec le tems, la capitale d'un royaume qui, d'un côté, s'étendoit assez avant dans l'Arabie, & de l'autre dans la Perse. Ormuz avoit deux bons ports; il étoit grand, peuplé, fortifié. Il ne devoit ses richesses & sa puissance qu'à sa situation. Il servoit d'entrepôt au commerce de la Perse avec les Indes : commerce très-considérable dans un tems où les Persans faisoient passer par les ports de Syrie, ou par Caffa, la plupart des marchandises qui venoient de l'Asie en Europe. Dans les saisons qui permettoient l'arrivée des marchands étrangers, Ormuz étoit la ville la plus brillante & la plus agréable de l'Orient. On y voyoit des hommes de presque toutes les parties de la terre faire un échange de leurs denrées, & traiter leurs affaires avec une politesse & des égards peu connus dans les autres places de commerce.

Ce ton étoit donné par les marchands du port, qui communiquoient aux étrangers une bonne partie de leur affabilité. Leurs manières, le bon ordre qu'ils entretenoient dans leur ville, les commodités, les plaisirs de toute espèce qu'ils y rassembloient : tout concouroit, avec les intérêts du commerce, à y attirer les négocians. Le pavé des rues étoit couvert de nattes très-propres, & en quelques endroits de tapis. Des toiles qui s'avançoient du haut des maiſons, rendoient les ardeurs du ſoleil ſupportables. On voyoit des cabinets à la façon des Indes, ornés de vaſes dorés, ou de porcelaine, qui contenoient des arbuſtes fleuris, ou des plantes aromatiques. On trouvoit dans les places des chameaux chargés d'eau. On prodiguoit les vins de Perſe, ainſi que les parfums & les alimens les plus exquis. On entendoit la meilleure muſique de l'Orient. Ormuz étoit rempli de belles filles des différentes contrées de l'Aſie, inſtruites dès l'enfance dans tous les arts qui varient & augmentent la volupté. On y goûtoit enfin toutes les délices que peuvent attirer & réunir l'abord des richeſſes, un commerce immenſe, un luxe ingénieux, un peuple poli & des femmes galantes.

A ſon arrivée dans les Indes, Albuquerque commença par ravager les côtes, par piller les villes dépendantes d'Ormuz. Ces dévaſtations, qui ſont plus d'un brigand que d'un conquérant, n'entroient pas naturellement dans ſon caractère : mais il ſe les permettoit, dans l'eſpérance d'engager une puiſſance, qu'il n'étoit pas en état de réduire par la force, à ſe préſenter d'elle-même au joug qu'il vouloit lui donner. Lorſqu'il crut avoir inſpiré une terreur neceſſaire à ſes deſſeins, il ſe préſenta devant la capitale, dont il ſomma le roi de ſe rendre tributaire du Portugal, comme il l'étoit de la Perſe. Cette propoſition fut reçue comme elle devoit l'être. Une flotte compoſée de bâtimens Ormuziens, Arabes & Perſans, vint combattre l'eſcadre d'Albuquerque, qui détruiſit toutes ces forces avec cinq vaiſſeaux. Le roi découragé, conſentit que le vainqueur conſtruisît une citadelle, qui devoit également dominer la ville & ſes deux ports.

Albuquerque, qui connoiſſoit le prix du tems, ne perdit pas un moment pour hâter cette conſtruction. Il travailloit comme le dernier des ſiens. Cette activité n'empêcha pas qu'on ne remarquât le peu de monde qu'il avoit. Atar, qui, par des révolutions communes en Orient, étoit parvenu de l'eſclavage au miniſtère, rougit d'avoir ſacrifié l'état à une poignée d'étrangers. Plus habile à manier les refforts de la politique que ceux de la guerre, il réfolut de réparer par des artifices le mal qu'il avoit fait par fa lâcheté. Il fut gagner, corrompre, défunir & brouiller fi bien les Portugais entre eux & avec leur chef, qu'ils furent cent fois fur le point d'en venir aux mains. Cette animofité qui augmentoit toujours, les détermina à fe rembarquer, au moment qu'on les avertit qu'il y avoit un complot pour les égorger. Albuquerque, qui s'affermiffoit dans fes idées par les obftacles & par les murmures, prit le parti d'affamer la place, & de fermer le paffage à tous les fecours. Sa proie ne lui pouvoit échapper, lorfque trois de fes capitaines l'abandonnèrent honteufement avec leurs vaiffeaux. Pour juftifier leur défertion, ils ajoutèrent à la noirceur de leur infidélité, celle d'imputer à leur général les crimes les plus atroces.

Cette trahifon força Albuquerque à renvoyer l'exécution de fon projet au tems qu'il favoit n'être pas éloigné, où il auroit à fa difpofition toutes les forces de fa nation. Dès qu'il fut devenu vice-roi, il reparut devant Ormuz avec un appareil, auquel une cour corrompue, un peuple amolli, ne fe crurent pas en état de réfifter. On fe foumit. Le fouverain de la Perfe ofa demander un tribut au vainqueur. Albuquerque fit apporter devant l'envoyé des boulets, des grenades & des fabres. *Voilà*, lui dit-il, *la monnoie des tributs que paie le roi de Portugal.*

Après cette expédition, la puiffance Portugaife fe trouva affez folidement établie dans les golfes d'Arabie & de Perfe, fur la côte de Malabar, pour qu'on pût fonger à l'étendre dans l'Eft de l'Afie.

XV. Etabliffement des Portugais à Ceylan.

Il fe préfentoit d'abord à Albuquerque l'ifle de Ceylan, qui a quatre-vingts lieues de long fur trente dans fa plus grande largeur. Dans les fiècles les plus reculés, elle étoit très-connue fous le nom de Taprobane. Le détail des révolutions qu'elle doit avoir éprouvées, n'eft pas venu jufqu'à nous. Tout ce que l'hiftoire nous apprend de remarquable, c'eft que les loix y furent autrefois fi refpectées, que le monarque n'étoit pas plus difpenfé de leur obfervation que le dernier des citoyens. S'il les violoit, il étoit condamné à la mort; mais avec cette diftinction, qu'on lui épargnoit les humiliations du ſupplice. Tout commerce, toute conſolation, tous les ſecours de la vie lui étoient refuſés ; & il finiſſoit miſérablement ſes jours dans cette eſpèce d'excommunication.

Si les peuples connoiſſoient leurs prérogatives, cet ancien uſage du Ceylan ſubſiſteroit dans toutes les contrées de la terre ; & tant que les loix ne ſeront faites que pour les ſujets, ceux-ci s'appelleront comme ils voudront ; ils ne ſeront que des eſclaves. La loi n'eſt rien, ſi ce n'eſt pas un glaive qui ſe promène indiſtinctement ſur toutes les têtes, & qui abat ce qui s'élève au-deſſus du plan horiſontal ſur lequel il ſe meut. La loi ne commande à perſonne ou commande à tous. Devant la loi, ainſi que devant Dieu, tous ſont égaux. Le châtiment particulier ne venge que l'infraction de la loi : mais le châtiment du ſouverain en venge le mépris. Qui oſera braver la loi, ſi le ſouverain même ne la brave pas impunément ? La mémoire de cette grande leçon dure des ſiècles, & inſpire un effroi plus ſalutaire que la mort de mille autres coupables.

Lorſque les Portugais abordèrent à Ceylan, ils la trouvèrent très-peuplée. Deux nations, différentes par les mœurs, par le gouvernement & par la religion, l'habitoient. Les Bedas, établis à la partie Septentrionale de l'iſle, & dans le pays le moins abondant, ſont partagés en tribus, qui ſe regardent comme une ſeule famille, & qui n'obéiſſent qu'à un chef, dont l'autorité n'eſt pas abſolue. Ils ſont preſque nuds. Du reſte, ce ſont les mêmes mœurs & le même gouvernement qu'on trouve dans les montagnes d'Écoſſe. Ces tribus, unies pour la défenſe commune, ont toujours vaillamment combattu pour leur liberté, & n'ont jamais attenté à celle de leurs voiſins. On ſait peu de choſe de leur religion, & il eſt douteux qu'elles aient un culte. Elles ont peu de communication avec les étrangers. On garde à vue ceux qui traverſent les cantons qu'elles habitent. Ils y ſont bien traités, & promptement renvoyés. La jalouſie des Bedas pour leurs femmes, leur inſpire en partie ce ſoin d'éloigner les étrangers, & ne contribue pas peu à les ſéparer de tous les peuples. Ils ſemblent être les habitans primitifs de l'iſle.

Une nation plus nombreuſe & plus puiſſante, qu'on appelle

les Chingulais, eſt maîtreſſe de la partie Méridionale. En la comparant à l'autre, nous l'appellerions une nation polie. Ils ont des habits & des deſpotes. Ils ont, comme les Indiens, la diſtinction des caſtes, mais une religion différente. Ils reconnoiſſent un être ſuprême; & au-deſſous de lui, des divinités du ſecond, du troiſième ordre. Toutes ces divinités ont leurs prêtres. Ils honorent particuliérement dans les dieux du ſecond ordre un Buddou, qui eſt deſcendu ſur terre pour ſe rendre médiateur entre Dieu & les hommes. Les prêtres de Buddou ſont des perſonnages fort importans à Ceylan. Ils ne peuvent jamais être punis par le prince, quand même ils auroient attenté à ſa vie. Les Chingulais entendent la guerre. Ils ont ſu faire uſage de la nature de leur pays de montagnes, pour ſe défendre contre les Européens, qu'ils ont ſouvent vaincus. Ils ſont fourbes, intéreſſés, complimenteurs, comme tous les peuples eſclaves. Ils ont deux langues, celle du peuple & celle des ſavans. Par-tout où cet uſage eſt établi, il a donné aux prêtres & au gouvernement un moyen de plus pour tromper les hommes.

Les deux peuples jouiſſoient des fruits, des grains, des pâturages qui abondoient dans l'iſle. On y trouvoit des éléphans ſans nombre, des pierres précieuſes, une grande quantité d'excellente cannelle. C'étoit ſur la côte ſeptentrionale & ſur la côte de la Pêcherie, qui en eſt voiſine, que ſe faiſoit la pêche de perles la plus abondante de l'Orient. Les ports de Ceylan étoient les meilleurs de l'Inde, & ſa poſition étoit au-deſſus de tant d'avantages.

Les Portugais auroient dû, ce ſemble, établir toute leur puiſſance dans cette iſle. Elle eſt au centre de l'Orient. C'eſt le paſſage qui conduit dans les régions les plus riches. Avec peu de dépenſe en hommes & en argent, on ſeroit parvenu à la bien peupler, à la bien fortifier. Des eſcadres nombreuſes, parties de toutes les rades de cette iſle, auroient fait reſpecter le nom de ſes maîtres dans toute l'Aſie; & les vaiſſeaux qui auroient croiſé dans ſes parages, auroient facilement intercepté la navigation des autres nations.

Le vice-roi ne vit pas tous ces avantages. Il ne s'occupa point non plus de la côte de Coromandel, quoique plus riche que celle de Malabar. Cette dernière n'offroit que des marchandises de médiocre qualité, beaucoup de vivres, un peu de mauvaise cannelle, assez de poivre, du cardamome, sorte d'épicerie dont les Orientaux font un grand usage. La côte de Coromandel fournit les plus belles toiles de coton qu'il y ait dans l'univers. Ses habitans, la plupart naturels du pays, & moins mêlés d'Arabes & d'autres nations, sont les peuples les plus doux & les plus industrieux de l'Indostan. D'ailleurs, en remontant la côte de Coromandel vers le Nord, on trouve les mines de Golconde. De plus, cette côte est admirablement placée pour recevoir les marchandises de Bengale & d'autres contrées.

Cependant Albuquerque n'y fit point d'établissement. Ceux de Saint-Thomé & de Négapatan ne furent formés qu'après lui. Il savoit que cette côte est dépourvue de ports, qu'elle est inabordable dans certains tems de l'année, & qu'alors des flottes n'y pourroient pas secourir des colonies. Enfin, il pensa qu'étant maîtres de Ceylan, ouvrage commencé par son prédécesseur d'Almeyda, & porté depuis à sa perfection, les Portugais le seroient du commerce de Coromandel, s'ils s'emparoient de Malaca. C'est à cette conquête qu'il se détermina.

XVI. Les Portugais font la conquête de Malaca.

Le pays, dont cette ville étoit la capitale, est une langue de terre fort étroite, qui peut avoir cent lieues de long. Il ne tient au continent que par la côte du nord, où il confine à l'état de Siam, ou plutôt au royaume de Johor, qui en a été démembré. Tout le reste est baigné par la mer, qui le sépare de l'isle de Sumatra, par un canal connu sous le nom de détroit de Malaca.

La nature avoit pourvu au bonheur des Malais. Un climat doux, sain & rafraîchi par les vents & les eaux sous le ciel de la Zone Torride; une terre prodigue de fruits délicieux, qui pourroient suffire à l'homme sauvage, ouverte à la culture de toutes les productions nécessaires à la société; des bois d'une verdure éternelle; des fleurs qui naissent à côté des fleurs mourantes; un air parfumé des odeurs vives & suaves, qui, s'exhalant de de tous les végétaux d'une terre aromatique, allument le feu de la volupté dans les êtres qui refpirent la vie. La nature avoit tout fait pour les Malais ; mais la fociété avoit tout fait contre eux.

Le gouvernement le plus dur avoit formé le peuple le plus atroce dans le plus heureux pays du monde. Les loix féodales, nées parmi les rochers & les chênes du nord, avoient pouffé des racines jufques fous l'équateur, au milieu des forêts & des campagnes chéries du ciel, où tout invitoit à jouir en paix d'une vie qui fembloit ne devoir s'abréger & fe perdre que dans l'ufage & l'excès des plaifirs. C'eft-là qu'un peuple efclave obéiffoit à un defpote, que repréfentoient vingt tyrans. Le defpotifme d'un fultan fembloit s'être appefanti fur la multitude, en fe fubdivifant entre les mains des grands vaffaux.

Cet état de guerre & d'oppreffion avoit mis la férocité dans tous les cœurs. Les bienfaits de la terre & du ciel, verfés à Malaca, n'y avoient fait que des ingrats & des malheureux. Des maîtres vendoient leur fervice, c'eft-à-dire, celui de leurs efclaves, à qui pouvoit l'acheter. Ils arrachoient leurs ferfs à l'agriculture. Une vie errante & périlleufe, fur mer & fur terre, leur convenoit mieux que le travail. Ce peuple avoit conquis un archipel immenfe, célèbre dans tout l'Orient fous le nom d'ifles Malaifes. Il avoit porté dans fes nombreufes colonies, fes loix, fes mœurs, fes ufages, &, ce qu'il y avoit de fingulier, la langue la plus douce de l'Afie.

Cependant Malaca étoit devenu, par fa fituation, le plus confidérable marché de l'Inde. Son port étoit toujours rempli de vaiffeaux : les uns y arrivoient du Japon, de la Chine, des Philippines, des Moluques, des côtes orientales moins éloignées : les autres s'y rendoient du Bengale, de Coromandel, du Malabar, de Perfe, d'Arabie & d'Afrique. Tous ces navigateurs y traitoient entre eux, & avec les habitans, dans la plus grande fécurité. L'attrait des Malais pour le brigandage, avoit enfin cédé à un intérêt plus fûr que les fuccès toujours vagues, toujours douteux de la piraterie.

Les Portugais voulurent prendre part à ce commerce de toute

l'Aſie. Ils ſe montrèrent d'abord à Malaca comme ſimples négocians. Leurs uſurpations dans l'Inde avoient rendu leur pavillon ſi ſuſpect, & les Arabes communiquèrent ſi rapidement leur animoſité contre ces conquérans, qu'on s'occupa du ſoin de les détruire. On leur tendit des pièges, où ils tombèrent. Pluſieurs d'entre eux furent maſſacrés, d'autres mis aux fers. Ce qui put échapper, regagna les vaiſſeaux, qui ſe ſauvèrent au Malabar.

Albuquerque n'avoit pas attendu cette violence, pour ſonger à s'emparer de Malaca. Cependant elle dut lui être agréable, parce qu'elle donnoit à ſon entrepriſe un air de juſtice, propre à diminuer la haîne qu'elle devoit naturellement attirer au nom Portugais. Le tems auroit affoibli une impreſſion qu'il croyoit lui être avantageuſe ; il ne différa pas d'un inſtant ſa vengeance. Cette activité avoit été prévue ; & il trouva, en arrivant devant la place, au commencement de 1511, des diſpoſitions faites pour le recevoir.

Un obſtacle plus grand que cet appareil formidable, enchaîna pendant quelques jours la valeur du général chrétien. Son ami Araûjo étoit du nombre des priſonniers de la première expédition. On menaçoit de le faire périr, au moment où commenceroit le ſiège. Abulquerque étoit ſenſible, & il étoit arrêté par le danger de ſon ami, lorſqu'il en reçut ce billet : *Ne penſez qu'à la gloire & à l'avantage du Portugal ; ſi je ne puis être un inſtrument de votre victoire, que je n'y ſois pas au moins un obſtacle.* La place fut attaquée & priſe, après bien des combats douteux, ſanglans & opiniâtres. On y trouva des tréſors immenſes, de grands magaſins, tout ce qui pouvoit rendre la vie délicieuſe, & l'on y conſtruiſit une citadelle, pour garantir la ſtabilité de la conquête.

Comme les Portugais ſe bornèrent à la poſſeſſion de la ville, ceux des habitans, tous ſectateurs d'un mahométiſme fort corrompu, qui ne voulurent pas ſubir le nouveau joug, s'enfoncèrent dans les terres, ou ſe répandirent ſur la côte. En perdant l'eſprit de commerce, ils ont repris toute la violence de leur caractère. Ce peuple ne marche jamais ſans un poignard, qu'il appelle *crid*. Il ſemble avoir épuiſé toute l'invention de ſon génie ſanguinaire, à forger cette arme meurtrière. Rien de ſi dangereux, que de tels hommes avec un tel inſtrument. Embarqués ſur un vaiſſeau, ils poignardent tout l'équipage au moment de la plus profonde ſécurité. Depuis qu'on a connu leur perfidie, tous les Européens ont pris la précaution de ne pas ſe ſervir de Malais pour matelots. Mais ces barbares enchériſſant ſur leurs anciennes mœurs, où le fort ſe faiſoit honneur d'attaquer le foible, animés aujourd'hui par une fureur inexplicable de périr ou de tuer, vont avec un bateau de trente hommes, aborder nos vaiſſeaux, & quelquefois ils les enlèvent. Sont-ils repouſſés : ce n'eſt pas, du moins, ſans emporter avec eux la conſolation de s'être abreuvés de ſang.

Un peuple à qui la nature a donné cette inflexibilité de courage, peut bien être exterminé, mais non ſoumis par la force. Il n'y a que l'humanité, l'attrait des richeſſes ou de la liberté, l'exemple des vertus & de la modération, une adminiſtration douce, qui puiſſent le civiliſer. Il faut le rendre ou le laiſſer à lui-même, avant de former avec lui des liaiſons qu'il repouſſe. La voie de la conquête ſeroit, peut-être, la dernière qu'il faudroit tenter : elle ne feroit qu'exalter en lui l'horreur d'une domination étrangère, & qu'effaroucher tous les ſentimens de la ſociabilité. La nature a placé certains peuples au milieu de la mer, comme les lions dans les déſerts, pour être libres. Les tempêtes, les ſables, les forêts, les montagnes & les cavernes, ſont l'aſyle & les remparts de tous les êtres indépendans. Malheur aux nations policées, qui voudront s'élever contre les forces & les droits des peuples inſulaires & ſauvages ! Elles deviendront cruelles & barbares ſans fruit ; elles ſemeront la haîne dans la dévaſtation, & ne recueilleront que l'opprobre & la vengeance.

Après la priſe de Malaca, les rois de Siam, de Pégu, pluſieurs autres, conſternés d'une victoire ſi fatale à leur indépendance, envoyèrent à Albuquerque des ambaſſadeurs pour le féliciter, lui offrir leur commerce, & lui demander l'alliance du Portugal.

XVII. Etabliſſement des Portugais aux Moluques.

Dans ces circonſtances, une eſcadre détachée de la grande flotte, prit la route des Moluques. Ces iſles, ſituées près du cercle équinoxial dans l'Océan Indien, ſont, en y comprenant, comme on le fait communément, celles de Banda, au nombre de dix. La plus grande n'a pas douze lieues de circuit, & les autres en ont beaucoup moins.

Cet archipel paroît avoir été vomi par la mer. On le croiroit avec fondement l'ouvrage de quelque feu souterrein. Des monts orgueilleux, dont la cime se perd dans les nues; des rochers énormes, entassés les uns sur les autres; des cavernes hideuses & profondes; des torrens qui se précipitent avec une violence extrême; des volcans, annonçant sans cesse une destruction prochaine: un pareil cahos fait naître cette idée, ou lui prête de la force.

On ignore comment ces isles furent d'abord peuplées: mais il paroît prouvé que les Javanois & les Malais leur ont donné successivement des loix. Leurs habitans étoient, au commencement du seizième siècle, des espèces de sauvages, dont les chefs, quoique décorés du nom de rois, n'avoient qu'une autorité bornée, & tout-à-fait dépendante des caprices de leurs sujets. Ils avoient ajouté, depuis peu, les superstitions du mahométisme à celles du paganisme, qu'ils avoient long-tems professé. Leur paresse étoit excessive. La chasse & la pêche étoient leur occupation unique, & ils ne connoissoient aucune espèce de culture. Cette inaction étoit favorisée par les ressources que leur fournissoit le cocotier.

Le cocotier, naturel dans presque toutes les régions de l'Inde, est un arbre d'une très-belle forme, qui s'élève à la hauteur de quarante & plus communément de soixante pieds. Il tient à la terre par un grand nombre de racines menues & fibreuses. Son tronc, légérement courbé vers la base, est droit dans le reste de sa longueur, d'une forme cylindrique, d'une grosseur médiocre, marqué de plusieurs inégalités circulaires, formées par la base des feuilles qui sont tombées. Son bois léger & spongieux ne peut être employé, ni dans la construction des navires, ni dans aucun édifice solide; & les bateaux formés de ce bois, sont fragiles & de peu de durée. La tête du cocotier se couronne de dix ou douze feuilles aîlées, rétrécies vers le sommet, fort larges à leur origine, & couvertes dans leur premier âge d'un réseau particulier dont on fait des tamis. Leur côte principale, longue de douze pieds, eſt profondément ſillonnée ſur la ſurface intérieure. On forme avec ces feuilles les toits des maiſons ; on en fait des paraſols, des voiles, des filets pour la pêche ; les plus jeunes même peuvent être ſubſtituées au papier, & recevoir l'impreſſion des caractères tracés avec un ſtylet. Du milieu de cette touffe, s'élève une ſpathe ou enveloppe épaiſſe, membraneuſe, roulée ſur elle-même, renflée dans ſon milieu, & terminée en pointe. Lorſqu'elle eſt parvenue à une groſſeur déterminée, elle s'ouvre d'un côté & laiſſe appercevoir un panicule fort conſidérable, dont chaque rameau porte deux fleurs femelles & un plus grand nombre de fleurs mâles. Celles-ci ont un calice à ſix diviſions profondes & autant d'étamines ; dans celles-là, les étamines ſont remplacées par un piſtil, qui devient un fruit de forme ovale, légérement triangulaire, & de plus d'un demi-pied de diamètre. L'aſſemblage de pluſieurs fruits tenant à un même panicule, ſe nomme régime. Le même arbre donne ſucceſſivement pluſieurs régimes dans une ſeule année.

Ce fruit a une écorce filandreuſe, épaiſſe de trois doigts, connu ſous le nom de caire, dont on fabrique quelques étoffes groſſières & des cordages pour les vaiſſeaux. Elle recouvre une noix fort dure, de la groſſeur & de la forme d'un petit melon, percée de trois trous à l'une de ſes extrémités, propre à faire de petits vaſes & des uſtenſiles de ménage. La pulpe qui tapiſſe l'intérieur de cette noix, fournit une nourriture très-ſaine, dont on exprime au preſſoir une huile qui eſt fort douce dans ſa nouveauté, & d'un grand uſage aux Indes. Elle contracte de l'amertume en vieilliſſant, & alors elle n'eſt bonne qu'à brûler. Le marc qui reſte dans le preſſoir, ſert à nourrir les beſtiaux, la volaille, & même le bas peuple dans des tems de diſette. Le centre de la noix eſt rempli d'une eau claire, rafraîchiſſante, légérement ſucrée, qui ſert à déſaltérer le cultivateur & le voyageur. Dans les fruits anciens, cette eau ſe diſſipe, & fait place à une amande qui remplit bientôt toute la cavité, & devient propre à la germination. On trouve quelquefois dans ſon intérieur une concrétion pierreuſe, à laquelle les Indiens attachent de grandes vertus : ils la regardent comme le gage d'un heureux ſuccès, & ne manquent guère de s'en munir dans leurs entrepriſes.

Les avantages qui viennent d'être rapportés, ne ſont pas les ſeuls que procure le cocotier. Si l'on coupe la pointe des bourgeons de fleurs avant leur parfait développement, il en découle une liqueur blanche, qui eſt reçue dans un vaſe attaché à leur extrémité. Bue dans ſa nouveauté, elle eſt douce. C'eſt la manne du déſert. Qui ſait même ſi l'idée de celle-ci n'a pas été priſe dans les livres plus Orientaux que ceux de l'Arabie ou de l'Égypte ? L'Inde eſt, dit-on, le berceau de beaucoup de fables, d'allégories, de religions. Les curioſités de la nature ſont une ſource féconde pour l'impoſture ; elle convertit des phénomènes ſinguliers en prodiges. L'hiſtoire naturelle d'un pays devient ſurnaturelle dans un autre. Les faits, comme les plantes, s'altèrent en s'éloignant de leur origine. Les vérités ſe changent en erreurs ; & la diſtance des tems & des lieux faiſant diſparoître les cauſes occaſionnelles des fauſſes opinions, donne aux menſonges populaires un droit impreſcriptible ſur la confiance des ignorans & ſur le ſilence des ſavans. Les uns n'oſent douter, les autres n'oſent diſputer.

Quoi qu'il en ſoit des rapports qu'il peut y avoir entre la nourriture des Iſraélites & la boiſſon des Indiens, ſi la liqueur du cocotier ne s'évanouit pas au ſoleil comme la manne, elle ne tarde pas à s'aigrir & à ſe convertir en un vinaigre utile. Diſtillée dans ſa plus grande force, elle donne une eau-de-vie très-ſpiritueuſe ; & en la faiſant bouillir avec un peu de chaux vive, on en tire du ſucre de médiocre qualité. Les bourgeons qui donnent cette liqueur, avortent néceſſairement, & ne ſe développent plus, parce qu'ils ont perdu la matière qui devoit ſervir à la formation & à l'accroiſſement des fruits.

Indépendamment du cocotier, les Moluques avoient une eſpèce particulière de palmier, qu'on nomme ſagou. Cet arbre, commun dans les forêts de ces iſles, diffère du précédent par ſes feuilles plus longues, par ſon tronc beaucoup moins élevé, par ſes fruits plus petits. Sa végétation eſt d'abord fort lente. Dans les commencemens, c'eſt un arbriſſeau garni d'épines, qui rendent ſon approche difficile. Mais dès que ſa tige eſt formée, elle s'élève en peu de tems à la hauteur de trente pieds ſur environ ſix de circonférence, & perd inſenſiblement ſes épines. Son écorce eſt épaiſſe d'un pouce. Tout l'intérieur eſt rempli d'une moëlle qui ſe réduit en farine. L'arbre qui ſemble ne croître que pour les beſoins de l'homme, lui indique cette farine par une pouſſière fine & blanche, dont ſe couvre la feuille. C'eſt une marque certaine de la maturité du ſagou. Les Indiens coupent alors cet arbre par le pied, ſans s'embarraſſer des fruits dont ils ne font aucun cas; & ils le dépècent en tronçons, pour en tirer la moëlle ou la farine qu'ils renferment. Après que cette ſubſtance a été délayée dans l'eau, on la coule à travers une eſpèce de tamis, qui retient les parties les plus groſſières. Ce qui a paſſé eſt jetté dans des moules de terre, où la pâte ſèche & durcit pour des années entières. On mange le ſagou ſimplement délayé avec de l'eau, bouilli ou converti en pain. L'humanité des Indiens réſerve la fleur de cette farine aux vieillards & aux malades. Elle eſt quelquefois réduite en une gelée blanche & très-délicate.

Un peuple ſobre, indépendant, ennemi du travail, avoit vécu des ſiècles avec la farine de ſagou & l'eau du cocotier, quand les Chinois, ayant abordé par haſard aux Moluques dans le moyen âge, y découvrirent le girofle & la muſcade, deux épiceries précieuſes que les anciens n'avoient pas connues. Le goût en fut bientôt répandu aux Indes, d'où il paſſa en Perſe & en Europe. Les Arabes, qui tenoient alors dans leurs mains preſque tout le commerce de l'Univers, n'en négligèrent pas une ſi riche portion. Ils ſe jettèrent en foule vers ces iſles devenues célèbres, & ils s'en étoient approprié les productions, lorſque les Portugais qui les pourſuivoient par-tout, vinrent leur arracher cette branche de leur induſtrie. Les intrigues imaginées pour faire échouer ces conquérans, n'empêchèrent pas qu'on ne conſentît à leur laiſſer bâtir un fort. Dès ce moment la cour de Liſbonne mit les Moluques au nombre de ſes provinces, & elles ne tardèrent pas, en effet, à le devenir.

Tandis que les lieutenans d'Albuquerque enrichissoient leur patrie de productions uniques, ce général achevoit de soumettre le Malabar, qui avoit voulu profiter de son absence pour recouvrer quelque liberté. Tranquille, après ses nouveaux succès, dans le centre de ses conquêtes, il réprima la licence des Portugais; il rétablit l'ordre dans toutes les colonies; il affermit la discipline militaire, & se montra actif, prévoyant, sage, juste, humain, désintéressé. L'idée de ses vertus avoit fait une impression si profonde sur l'esprit des Indiens, que, long-tems après sa mort, ils alloient à son tombeau, pour lui demander justice des vexations de ses successeurs. Il mourut à Goa en 1515, sans richesses, & dans la disgrace d'Emmanuel, auquel on l'avoit rendu suspect.

XVIII. Causes de la grande énergie des Portugais.

Si l'on doit être étonné du nombre de ses victoires & de la rapidité de ses conquêtes, quel droit n'ont pas à notre admiration, les hommes intrépides auxquels il avoit l'honneur de commander? Avoit-on vu jusqu'alors une nation avec si peu de puissance, faire de si grandes choses? Il n'y avoit pas quarante mille Portugais sous les armes, & ils faisoient trembler l'empire de Maroc, tous les barbares d'Afrique, les Mammelus, les Arabes & tout l'Orient, depuis l'isle d'Ormuz jusqu'à la Chine. Ils n'étoient pas un contre cent; & ils attaquoient des troupes, qui, souvent avec des armes égales, disputoient leurs biens & leur vie jusqu'à l'extrémité. Quels hommes devoient donc être alors les Portugais, & quels ressorts extraordinaires en avoient fait un peuple de héros?

Il y avoit près d'un siècle qu'ils combattoient contre les Maures, lorsque le comte Henri, de la maison de Bourgogne, débarqua en Portugal avec plusieurs chevaliers François, dans le dessein d'aller faire la guerre en Castille sous le célèbre Cid, dont la réputation les avoit attirés. Les Portugais les invitèrent à les seconder contre les infidèles; les chevaliers y consentirent, & la plupart même s'établirent en Portugal. L'institution de la chevalerie, une de celles qui ont le plus élevé la nature humaine; cet amour de la gloire substitué à celui de la patrie; cet esprit épuré de la lie des siècles barbares, né des vices même du gouvernement féodal, pour

pour en réparer ou tempérer les maux : la chevalerie reparut alors sur les bords du Tage, avec tout l'éclat qu'elle avoit eu dans sa naissance en France & en Angleterre. Les rois cherchèrent à la conserver, à l'étendre, par l'établissement de plusieurs ordres formés sur le modèle des anciens, & dont l'esprit étoit le même ; c'est-à-dire, un mélange d'héroïsme, de galanterie & de dévotion.

Les rois élevoient encore l'esprit de la nation, par la sorte d'égalité avec laquelle ils traitoient la noblesse, & par les limites qu'ils donnèrent eux-mêmes à leur autorité. Ils assembloient souvent les états-généraux, sans lesquels il n'y a point proprement de nation. Ce fut de ces états, qu'Alphonse reçut le sceptre après la prise de Lisbonne. Ce fut avec eux, que ses successeurs donnèrent long-tems des loix. Plusieurs de ces loix étoient propres à inspirer l'amour des grandes choses. La noblesse étoit accordée à des services de distinction ; à celui qui avoit tué ou pris un général ennemi, ou son écuyer ; à celui qui, prisonnier chez les Maures, avoit refusé de racheter sa liberté par le sacrifice de sa religion. On ôtoit la noblesse à quiconque insultoit une femme, rendoit un faux témoignage, manquoit de fidélité, ou *déguisoit la vérité au roi.* Si cet usage a cessé, est-ce la faute des sujets qui n'ont pas osé dire la vérité aux souverains, ou la faute des souverains qui n'ont pas voulu l'entendre ?

Les guerres que les Portugais avoient soutenues pour défendre leurs biens & leur liberté, étoient en même-tems des guerres de religion. Ils étoient remplis de ce fanatisme féroce, mais brillant, que les papes avoient répandu dans le tems des croisades. Les Portugais étoient donc des chevaliers armés pour leurs biens, leurs femmes, leurs enfans, & pour leurs rois, chevaliers comme eux. C'étoient encore des croisés qui, défendant le christianisme, combattoient pour leur patrie. Ajoutez qu'ils étoient une petite nation, une puissance très-bornée : or ce n'est guère que dans les petits états, souvent en danger, qu'on sent pour la patrie un enthousiasme, que n'ont jamais connu les grands peuples qui jouissent de plus de sécurité.

Les principes d'activité, de force, d'élévation, de grandeur, qui étoient réunis à la fois dans cette nation, ne se perdirent pas après l'expulsion des Maures. On poursuivit ces ennemis de l'état & de la foi, jusqu'en Afrique. On eut quelques guerres contre les rois de Castille & de Leon. Enfin, pendant les tems qui précédèrent les expéditions de l'Inde, la noblesse, éloignée des villes & de la cour, conservoit dans ses châteaux les portraits & les vertus de ses pères.

Dès qu'il fut question de tenter des conquêtes en Afrique & en Asie, une passion nouvelle s'unit à tous les ressorts dont nous venons de parler, pour ajouter encore de la force au génie des Portugais. Cette passion, qui devoit d'abord exalter toutes les autres, mais anéantir bientôt leur principe généreux, fut la cupidité. Ils partirent en foule pour aller s'enrichir, servir l'état & faire des conversions. Ils parurent dans l'Inde plus que des hommes, jusqu'à la mort d'Albuquerque. Alors les richesses, qui étoient l'objet & le fruit de leurs conquêtes, corrompirent tout. Les passions nobles firent place au luxe & aux jouissances, qui ne manquent jamais d'énerver les forces du corps & les vertus de l'ame. La foiblesse des successeurs du grand Emmanuel, les hommes médiocres qu'il choisit lui-même pour vice-rois des Indes, firent dégénérer peu-à-peu les Portugais.

Cependant Lopès-Soarez, qui prit la place d'Albuquerque, succéda à ses projets. Il abolit une coutume barbare, établie dans le pays de Travancor, près de Calicut. Ces peuples consultoient des sorciers sur la destinée de leurs enfans. Si les devins promettoient à ces enfans une destinée heureuse, on les laissoit vivre; s'ils les menaçoient de quelques grands malheurs, on les égorgeoit. Soarez fit conserver ces enfans. Il eut à lutter quelque tems contre les mouvemens dont sa nation étoit menacée aux Indes. Lorsqu'il fut délivré de cette inquiétude, il ne songea plus qu'à s'ouvrir la route de la Chine.

XIX. Arrivée des Portugais à la Chine. Idée générale de cet empire.

Le grand Albuquerque en avoit formé le dessein. Il avoit rencontré à Malaca des vaisseaux & des négocians Chinois; & il avoit pris la plus haute idée d'une nation, dont les derniers matelots avoient plus de politesse, d'attachement aux bienséances, de douceur & d'humanité, qu'il n'y en avoit alors en Europe dans la noblesse même. Il invita les Chinois à continuer leur commerce dans Malaca. Il apprit d'eux des détails sur la puissance, la richesse, les mœurs de leur vaste empire, & il fit part de ses découvertes à la cour de Portugal.

On n'avoit aucune idée, en Europe, de la nation Chinoise. Le Vénitien Marc-Paul, qui avoit fait par terre le voyage de la Chine, en avoit donné une relation qui avoit passé pour fabuleuse. Elle étoit conforme, cependant, à ce que manda depuis Albuquerque. On ajouta foi au témoignage de ce capitaine; on crut ce qu'il disoit du riche commerce qu'on pourroit faire dans cette contrée.

Une escadre partit de Lisbonne en 1518, pour y porter un ambassadeur. Quand elle fut arrivée aux isles voisines de Canton, elle ne tarda pas à être entourée de navires Chinois, qui vinrent la reconnoître. Ferdinand d'Andreade, qui en étoit le chef, ne se mit point en défense : il laissa visiter ses vaisseaux; il fit part aux mandarins qui commandoient à Canton du sujet de son arrivée, & il leur remit l'ambassadeur, qui fut conduit à Pekin.

Cet ambassadeur rencontroit dans sa route des merveilles, qui l'étonnoient à tout moment. La grandeur des villes; la multitude des villages; la quantité des canaux, dont les uns sont navigables & traversent l'empire, & les autres contribuent à la fertilité des terres; l'art de cultiver ces terres; l'abondance & la variété de leurs productions; l'extérieur sage & doux des peuples; ce commerce continuel de bons offices, dont les campagnes, les grands chemins donnent le spectacle; le bon ordre au milieu d'un peuple innombrable, que l'industrie entretient dans une agitation très-vive : tout cela dut surprendre l'ambassadeur Portugais, accoutumé aux mœurs barbares & ridicules de l'Europe.

XX. Etat de la [Chi]ne, selo[n ses] panégyrist[es]

Arrêtons-nous sur ce peuple, si diversement jugé par les Européens. Au tableau qu'en ont tracé ses panégyristes, opposons celui qui vient de ses détracteurs. Peut-être sortira-t-il de ce contraste quelque lumière propre à rapprocher les opinions.

L'histoire d'une nation si bien policée, disent ses partisans, est proprement l'hiſtoire des hommes : tout le reſte de la terre eſt une image du cahos où étoit la matière avant la formation du monde. C'eſt par une continuité de deſtructions que la ſociété s'eſt eſſayée à l'ordre, à l'harmonie. Les états & les peuples y ſont nés les uns des autres comme les individus ; avec cette différence, que dans les familles la nature pourvoit à la mort des uns, à la naiſſance des autres, par des voies conſtantes & régulières. Mais dans les états, la ſociété trouble & rompt cette loi par un déſordre où l'on voit, tantôt les anciennes monarchies étouffer au berceau les républiques naiſſantes, & tantôt un peuple informe & ſauvage, engloutir dans ſes irruptions une foule d'états briſés & démembrés.

La Chine a réſiſté ſeule à cette fatalité. Cet empire, borné au Nord par la Tartarie Ruſſe, au Midi par les Indes, à l'Occident par le Thibet, à l'Orient par l'Océan, embraſſe preſque toute l'extrémité orientale du continent de l'Aſie. Son circuit eſt de plus de dix-huit cens lieues. On lui donne une durée ſuivie de quatre mille ans, & cette antiquité n'a rien de ſurprenant. C'eſt la guerre, le fanatiſme, le malheur de notre ſituation, qu'il faut accuſer de la briéveté de notre hiſtoire & de la petiteſſe de nos nations, qui ſe ſont ſuccédées & détruites avec rapidité. Mais les Chinois, enfermés & garantis de tous côtés par les eaux & les déſerts, ont pu, comme l'ancienne Égypte, former un état durable. Dès que leurs côtes & le milieu de leur continent ont été peuplés & cultivés ; tout ce qui environnoit ces heureux habitans a dû ſe réunir à eux comme à un centre d'attraction ; & les petites peuplades errantes ou cantonnées, ont dû s'attacher de proche en proche à une nation qui ne parle preſque jamais des conquêtes qu'elle a faites, mais des guerres qu'elle a ſouffertes : plus heureuſe d'avoir policé ſes vainqueurs, que ſi elle eût détruit ſes ennemis.

Une région ſi anciennement policée, doit porter par-tout les traces antiques & profondes de l'induſtrie. Les plaines en ont été unies autant qu'il étoit poſſible. La plupart n'ont conſervé que la pente qu'exigeoit la facilité des arroſemens, regardés, avec raiſon comme un des plus grands moyens de l'agriculture. On n'y voit que peu d'arbres, même utiles, parce que les fruits déroberoient trop de ſuc aux grains. Comment y trouveroit-on ces jardins remplis de fleurs, de gazons, de boſquets, de jets-d'eau, dont la vue, propre à réjouir des ſpectateurs oiſifs, ſemble interdite au peuple & cachée à ſes yeux, comme ſi l'on craignoit de lui montrer un larcin fait à ſa ſubſiſtance ? La terre n'y eſt pas ſurchargée de ces parcs, de ces forêts immenſes qui fourniſſent moins de bois aux beſoins de l'homme, qu'ils ne détruiſent de guérets & de moiſſons en faveur des bêtes qu'on y enferme pour le plaiſir des grands & le déſeſpoir du laboureur. A la Chine, le charme des maiſons de campagne ſe réduit à une ſituation heureuſe ; à des cultures agréablement diverſifiées ; à des arbres irréguliérement plantés ; à quelques monceaux d'une pierre poreuſe, qu'on prendroit de loin pour des rochers ou pour des montagnes.

Les côteaux ſont généralement coupés en terraſſes, ſoutenues par des murailles ſèches. On y reçoit les pluies & les ſources dans des réſervoirs pratiqués avec intelligence. Souvent même les canaux & les rivières qui baignent le pied d'une colline, en arroſent la cime & la pente, par un effet de cette induſtrie qui, ſimplifiant & multipliant les machines, a diminué le travail des bras, & fait avec deux hommes ce que mille ne ſavent point faire ailleurs. Ces hauteurs donnent ordinairement par an trois récoltes. A une eſpèce de radis qui fournit de l'huile, ſuccède le coton, qui, lui-même, eſt remplacé par des patates. Cet ordre de culture n'eſt pas invariable, mais il eſt commun.

On voit ſur la plupart des montagnes, qui refuſent de la nourriture aux hommes, des arbres néceſſaires pour la charpente des édifices, pour la conſtruction des vaiſſeaux. Pluſieurs renferment des mines de fer, d'étain, de cuivre, proportionnées aux beſoins de l'empire. Celles d'or ont été abandonnées ; ſoit qu'elles ne ſe ſoient pas trouvées aſſez abondantes pour payer les travaux qu'elles exigeoient ; ſoit que les parties que les torrens en détachent, aient été jugées ſuffiſantes pour tous les échanges.

La mer qui change de bords, comme les rivières de lit, mais dans des eſpaces de tems proportionnés aux maſſes d'eau ; la mer qui fait un pas en dix siècles, mais dont chaque pas fait cent révolutions sur le globe, couvroit autrefois les sables qui forment aujourd'hui le Nankin & le Tche-Kiang. Ce sont les plus belles provinces de l'empire. Les Chinois ont repoussé, contenu, maîtrisé l'Océan, comme les Égyptiens domptèrent le Nil. Ils ont rejoint au Continent des terres que les eaux en avoient séparées. Ces peuples opposent à l'action de l'Univers, la réaction de l'industrie; & tandis que les nations les plus célèbres ont secondé, par la fureur des conquêtes, les mains dévorantes du tems dans la dévastation du globe, ils combattent & retardent les progrès successifs de la destruction universelle, par des efforts qui paroîtroient surnaturels, s'ils n'étoient continuels & sensibles.

A la culture de la terre, cette nation ajoute, pour ainsi dire, la culture des eaux. Du sein des rivières, qui, communiquant entre elles par des canaux, coulent le long de la plupart des villes, on voit s'élever des cités flottantes, formées du concours d'une infinité de bateaux remplis d'un peuple qui ne vit que sur les eaux, & ne s'occupe que de la pêche. L'Océan, lui-même, est couvert & sillonné de milliers de barques, dont les mâts ressemblent de loin à des forêts mouvantes. Anson reproche aux pêcheurs, établis sur ces bâtimens, de ne s'être pas distraits un moment de leur travail pour considérer son vaisseau, le plus grand qui jamais eût mouillé dans ces parages. Mais cette insensibilité pour une chose qui paroissoit inutile aux matelots Chinois, quoiqu'elle ne fût pas étrangère à leur profession, prouve peut-être le bonheur d'un peuple qui compte pour tout l'occupation, & la curiosité pour rien.

Les cultures ne sont pas les mêmes dans tout l'empire. Elles varient suivant la nature des terreins & la diversité des climats. Dans les provinces basses & méridionales, on demande à la terre un riz qui est continuellement submergé, qui devient fort gros, & qu'on récolte deux fois chaque année. Sur les lieux élevés & secs de l'intérieur du pays, le sol produit un riz qui a moins de volume, moins de goût, moins de substance, & qui ne récompense qu'une fois l'an les travaux du laboureur. Au Nord, on trouve tous les grains qui nourriſſent les peuples de l'Europe : ils y ſont auſſi abondans & d'auſſi bonne qualité que dans nos plus fertiles contrées. D'une extrémité de la Chine à l'autre, l'on voit une grande abondance de légumes. Cependant ils ſont plus multipliés au Sud, où, avec le poiſſon, ils tiennent lieu au peuple de la viande, dont l'uſage eſt général dans d'autres provinces. Mais, ce qu'on connoît, ce qu'on pratique univerſellement, c'eſt l'amélioration des terres. Tout engrais eſt conſervé, tout engrais eſt mis à profit avec la vigilance la plus éclairée ; & ce qui ſort de la terre féconde y rentre pour la féconder encore. Ce grand ſyſtême de la nature, qui ſe reproduit de ſes débris, eſt mieux entendu, mieux ſuivi à la Chine que dans tous les autres pays du monde.

La première ſource de l'économie rurale des Chinois, eſt le caractère de la nation la plus laborieuſe que l'on connoiſſe, & l'une de celles dont la conſtitution phyſique exige le moins de repos. Tous les jours de l'année ſont pour elle des jours de travail, excepté le premier, deſtiné aux viſites réciproques des familles, & le dernier, conſacré à la mémoire des ancêtres. L'un eſt un devoir de ſociété, l'autre un culte domeſtique. Chez ce peuple de ſages, tout ce qui lie & civiliſe les hommes eſt religion, & la religion elle-même n'eſt que la pratique des vertus ſociales. C'eſt un peuple mûr & raiſonnable, qui n'a beſoin que du frein des loix civiles pour être juſte. Le culte intérieur eſt l'amour de ſes pères, vivans ou morts ; le culte public eſt l'amour du travail ; & le travail le plus religieuſement honoré, c'eſt l'agriculture.

On y révère la générosité de deux empereurs, qui, préférant l'état à leur famille, écartèrent leurs propres enfans du trône pour y faire aſſeoir des hommes tirés de la charrue. On y vénère la mémoire de ces laboureurs qui jettèrent les germes du bonheur & de la ſtabilité de l'empire, dans le ſein fertile de la terre ; ſource intariſſable de la reproduction des moiſſons, & de la multiplication des hommes.

A l'exemple de ces rois agricoles, tous les empereurs de la Chine le ſont devenus par état. Une de leurs fonctions publiques, eſt d'ouvrir la terre au printems, avec un appareil de fête & de magnificence qui attire, des environs de la capitale, tous les cultivateurs. Ils courent en foule, pour être témoins de l'honneur solemnel que le prince rend au premier de tous les arts. Ce n'est plus, comme dans les fables de la Grèce, un Dieu qui garde les troupeaux d'un roi : c'est le père des peuples, qui, la main appésantie sur le soc, montre à ses enfans les véritables trésors de l'état. Bientôt après il revient au champ qu'il a labouré lui-même, y jetter les semences que la terre demande. L'exemple du prince est suivi dans toutes les provinces ; & dans la même saison, les vice-rois y répètent les mêmes cérémonies en présence d'une multitude de laboureurs. Les Européens qui ont été témoins de ces solemnités à Canton, ne peuvent en parler sans attendrissement. Ils nous font regretter que cette fête politique, dont le but est d'encourager au travail, ne soit pas substituée dans nos climats à tant de fêtes religieuses, qui semblent inventées par la fainéantise pour la stérilité des campagnes.

Ce n'est pas qu'on doive se persuader que la cour de Pekin se livre sérieusement à des travaux champêtres : les arts de luxe sont trop avancés à la Chine, pour que ces démonstrations ne soient pas une pure cérémonie. Mais la loi qui force le prince à honorer ainsi la profession des laboureurs, doit tourner au profit de l'agriculture. Cet hommage, rendu par le souverain à l'opinion publique, contribue à la perpétuer ; & l'influence de l'opinion, est le premier de tous les ressorts du gouvernement.

Cette influence est entretenue à la Chine par les honneurs accordés à tous les laboureurs, qui se distinguent dans la culture des terres. Si quelqu'un d'eux a fait une découverte utile à sa profession, il est appellé à la cour pour éclairer le prince ; & l'état le fait voyager dans les provinces, pour former les peuples à sa méthode. Enfin dans un pays où la noblesse n'est pas un souvenir héréditaire, mais une récompense personnelle ; dans un pays où l'on ne distingue, ni la noblesse, ni la roture, mais le mérite ; plusieurs des magistrats & des hommes élevés aux premières charges de l'empire, sont choisis dans des familles uniquement occupées des travaux de la campagne.

Ces

Ces encouragemens qui tiennent aux mœurs, ſont encore appuyés par les meilleures inſtitutions politiques. Tout ce qui, de ſa nature, ne peut être partagé, comme la mer, les fleuves, les canaux, eſt en commun; tous en ont la jouiſſance, perſonne n'en a la propriété. La navigation, la pêche, la chaſſe, ſont libres. Un citoyen qui poſſède un champ, acquis ou tranſmis, ne ſe le voit pas diſputer par les abus tyranniques des loix féodales. Les prêtres même, ſi hardis par-tout à former des prétentions ſur les terres & ſur les hommes, n'ont jamais oſé le tenter à la Chine. Ils y ſont, à la vérité, infiniment trop multipliés, & y jouiſſent, quoique ſouvent mendians, de poſſeſſions trop vaſtes: mais du moins ne perçoivent-ils pas ſur les travaux des citoyens un odieux tribut. Un peuple éclairé n'auroit pas manqué de voir un fou dans un bonze, qui auroit ſoutenu que les aumônes qu'il recevoit, étoient une rétribution due à la ſainteté de ſon caractère.

La modicité des impôts achève d'aſſurer les progrès de l'agriculture. A l'exception des douanes établies dans les ports de mer, on ne connoît que deux tributs dans l'empire. Le premier, qui eſt perſonnel, eſt payé par chaque citoyen, depuis vingt juſqu'à ſoixante ans dans la proportion de ſes falcultés. Le ſecond, qui porte ſur les productions, ſe réduit au dixième, au vingtième, au trentième, ſuivant la qualité du ſol. Sans doute quelques empereurs, quelques miniſtres auront tenté d'étendre, de multiplier les taxes: mais comme c'eſt une entrepriſe longue, & qu'il n'y a pas d'homme qui puiſſe ſe flatter de vivre aſſez pour en voir le ſuccès, on y aura renoncé. Les méchans veulent jouir ſans délai, & c'eſt ce qui les diſtingue des bons adminiſtrateurs. Ceux-ci ſe contentent de méditer des projets, & de répandre des vérités utiles, ſans eſpérance de les voir eux-mêmes proſpérer; mais ils aiment la génération à naître, comme la génération vivante.

La manière de lever les contributions à la Chine, eſt auſſi parternelle que les contributions même. L'unique peine qu'on impoſe aux contribuables, trop lents à s'acquitter des charges publiques de l'impôt, eſt qu'on envoie chez eux des vieillards, des infirmes & des pauvres, pour y vivre à leurs dépens, juſqu'à ce qu'ils aient payé leur dette à l'état. C'eſt la commiſération ; c'eſt l'humanité qu'on va ſolliciter dans le cœur du citoyen, par le ſpectacle de la miſère, par les cris & les pleurs de la faim ; & non pas révolter ſon ame, & ſoulever ſon indignation par les recherches & les viſites importunes de la finance Européenne, par la violence des ſaiſies, par les menaces d'une ſoldateſque inſolente, qui vient s'établir, à diſcrétion, dans une maiſon ouverte aux cent bouches du fiſc.

Des mandarins perçoivent en nature la dixme des terres ; & en argent la capitation. Les officiers municipaux verſent ces produits dans le tréſor de l'état, par les mains du receveur de la province. La deſtination de ce revenu prévient les infidélités dans la perception. On ſait qu'une partie de cette redevance eſt employée à la nourriture du magiſtrat & du ſoldat. Le prix de la portion des récoltes qu'on a vendue, ne ſort du fiſc que pour les beſoins publics. Enfin, il en reſte dans les magaſins pour les tems de diſette, où l'on rend au peuple ce qu'il avoit comme prêté dans les tems d'abondance.

Des peuples, qui jouiſſoient de tant d'avantages, ont dû ſe multiplier prodigieuſement dans une région où les femmes ſont extrêmement fécondes ; où rien n'eſt ſi rare que la débauche ; où l'étendue des droits paternels inſpire néceſſairement la paſſion d'une poſtérité nombreuſe ; où il règne dans les fortunes une égalité que la différence des conditions rend ailleurs impoſſible ; où le genre de vie eſt généralement ſimple, peu diſpendieux, & tend toujours à la plus auſtère économie ; où les guerres ne ſont, ni fréquentes, ni meurtrières ; où le célibat eſt proſcrit par les mœurs ; où la ſalubrité du climat repouſſe les épidémies. Auſſi n'y a-t-il pas dans l'Univers de contrée auſſi peuplée. Elle l'eſt même trop, puiſque les annales de l'empire atteſtent qu'il y a peu de mauvaiſes récoltes qui n'occaſionnent des révoltes.

Il ne faut pas chercher ailleurs les cauſes qui, à la Chine, arrêtent les progrès du deſpotiſme. Ces révolutions fréquentes ſuppoſent un peuple aſſez éclairé pour ſentir que le reſpect qu'il porte au droit de la propriété, que la ſoumiſſion qu'il accorde aux loix, ne sont que des devoirs du second ordre, subordonnés aux droits imprescriptibles de la nature, qui n'a dû former des sociétés que pour le besoin de tous les hommes qui les composent. Ainsi, lorsque les choses de première nécessité viennent à manquer, les Chinois ne reconnoissent plus une puissance qui ne les nourrit pas. C'est le devoir de conserver les peuples, qui fait le droit des rois. Ni la religion, ni la morale, ne dictent d'autres maximes à la Chine.

L'empereur sait qu'il règne sur une nation qui n'est attachée aux loix qu'autant qu'elles font son bonheur. Il sait que s'il se livroit un moment à cet esprit de tyrannie, ailleurs si commun & si contagieux, des secousses violentes le précipiteroient du trône. Ainsi placé à la tête d'un peuple qui l'observe & qui le juge, il ne s'érige pas en un phantôme religieux, à qui tout est permis. Il ne déchire pas le contrat inviolable qui l'a mis sur le trône. Il est si convaincu que le peuple connoît ses droits & les sait défendre, que, lorsqu'une province murmure contre le mandarin qui la gouverne, il le révoque sans examen, & le livre à un tribunal qui le poursuit, s'il est coupable. Mais ce magistrat fût-il innocent, il ne seroit pas remis en place. C'est un crime en lui d'avoir pu déplaire au peuple. On le traite comme un instituteur ignorant, qui priveroit un père de l'amour que ses enfans lui portoient. Une complaisance, qui entretiendroit ailleurs une fermentation continuelle, & qui y seroit la source d'une infinité d'intrigues, n'a nul inconvénient à la Chine, où les habitans sont naturellement doux & justes, & où le gouvernement est constitué de manière que ses délégués n'ont que rarement des ordres rigoureux à exécuter.

Cette nécessité où est le prince d'être juste, doit le rendre plus sage & plus éclairé. Il est à la Chine, ce qu'on veut faire croire aux autres princes qu'ils sont par-tout, l'idole de la nation. Il semble que les mœurs & les loix y tendent, de concert, à établir cette opinion fondamentale, que la Chine est une famille dont l'empereur est le patriarche. Ce n'est pas comme conquérant, ce n'est pas comme législateur, qu'il a de l'autorité; c'est comme père ; c'eſt en père qu'il eſt cenſé gouverner, récompenſer & punir. Ce ſentiment délicieux lui donne plus de pouvoir que tous les ſoldats du monde & les artifices des miniſtres n'en peuvent donner aux deſpotes des autres nations. On ne ſauroit imaginer quel reſpect, quel amour les Chinois ont pour leur empereur, ou, comme ils le diſent, pour le père commun, pour le père univerſel.

Ce culte public eſt fondé ſur celui qui eſt établi par l'éducation domeſtique. A la Chine, un père, une mère conſervent une autorité abſolue ſur leurs enfans, à quelque âge, à quelque dignité que ceux-ci ſoient parvenus. Le pouvoir paternel & l'amour filial, ſont le reſſort de cet empire : c'eſt le ſoutien des mœurs : c'eſt le lien qui unit le prince aux ſujets, les ſujets au prince, & les citoyens entre eux. Le gouvernement des Chinois eſt revenu, par les degrés de ſa perfection, au point d'où tous les autres ſont partis, & d'où ils ſemblent s'éloigner pour jamais, au gouvernement patriarchal, qui eſt celui de la nature même.

Cependant cette morale ſublime, qui perpétue depuis tant de ſiècles le bonheur de l'empire Chinois, ſe ſeroit peut-être inſenſiblement altérée, ſi des diſtinctions chimériques attachées à la naiſſance, euſſent rompu cette égalité primitive, que la nature établit entre les hommes, & qui ne doit céder qu'aux talens & aux vertus. Dans tous nos gouvernemens d'Europe, il eſt une claſſe d'hommes, qui apportent, en naiſſant, une ſupériorité indépendante de leurs qualités morales. On n'approche de leur berceau qu'avec reſpect. Dans leur enfance, tout leur annonce qu'ils ſont faits pour commander aux autres. Bientôt ils s'accoutument à penſer qu'ils ſont d'une eſpèce particulière ; & ſûrs d'un état & d'un rang, ils ne cherchent plus à s'en rendre dignes.

Cette inſtitution, à laquelle on a dû tant de miniſtres médiocres, de magiſtrats ignorans, & de mauvais généraux ; cette inſtitution n'a point lieu à la Chine. Il n'y a point de nobleſſe héréditaire. La fortune de chaque citoyen commence & finit avec lui. Le fils du premier miniſtre de l'empire, n'a d'autres avantages, au moment de ſa naiſſance, que ceux qu'il peut avoir reçus de la nature. On anoblit quelquefois les aïeux d'un homme qui a rendu des ſervices importans : mais cette diſtinction purement perſonnelle, eſt enfermée avec lui dans le tombeau ; & il ne reſte à ſes enfans que le ſouvenir & l'exemple de ſes vertus.

Une égalité ſi parfaite, permet de donner aux Chinois une éducation uniforme, & de leur inſpirer des principes ſemblables. Il n'eſt pas difficile de perſuader à des hommes nés égaux, qu'ils ſont tous frères. Il y a tout à gagner pour eux dans cette opinion ; il y auroit tout à perdre dans l'opinion contraire. Un Chinois qui voudroit ſortir de cette fraternité générale, deviendroit dès-lors un être iſolé & malheureux : il ſeroit étranger au milieu de ſa patrie.

A la place de ces diſtinctions frivoles, que la naiſſance établit entre les hommes, dans preſque tout le reſte de l'univers, le mérite perſonnel en établit de réelles à la Chine. Sous le nom de mandarins lettrés, un corps d'hommes ſages & éclairés, ſe livrent à toutes les études qui peuvent les rendre propres à l'adminiſtration publique. Ce ſont les talens & les connoiſſances qui font ſeules admettre dans ce corps reſpectable. Les richeſſes n'y donnent aucun droit. Les mandarins choiſiſſent eux-mêmes ceux qu'ils jugent à propos de s'aſſocier ; & ce choix eſt toujours précédé d'un examen rigoureux. Il y a différentes claſſes de mandarins, & l'on s'élève des uns aux autres, non point par l'ancienneté, mais par le mérite.

C'eſt parmi ces mandarins que l'empereur, par un uſage auſſi ancien que l'empire même, choiſit les miniſtres, les magiſtrats, les gouverneurs de province ; en un mot, tous les adminiſtrateurs qui, ſous différentes qualités, ſont appellés à prendre part au gouvernement. Son choix ne peut guère tomber que ſur des ſujets capables, éprouvés ; & le bonheur des peuples eſt ordinairement confié à des hommes vraiment dignes de le faire.

Au moyen de cette conſtitution, il n'y a de dignité héréditaire, que celle de l'empereur : & l'empire même ne paſſe pas toujours à l'aîné des princes, mais à celui que l'empereur & le conſeil ſuprême des mandarins en jugent le plus digne. Auſſi, l'émulation de la gloire & de la vertu règne-t-elle juſque dans la famille impériale. C'eſt le mérite qui brigue le trône, & c'eſt par les talens qu'un héritier y parvient. Des empereurs ont mieux aimé chercher des ſucceſſeurs dans une maiſon étrangère, que de laiſſer les rênes du gouvernement en des mains foibles.

Les vice-rois & les magiſtrats participent à l'amour du peuple, comme à l'autorité du monarque. Le peuple a même une meſure d'indulgence pour les fautes d'adminiſtration qui leur échappent, comme il en a pour celles du chef de l'empire. Il n'eſt pas enclin aux ſéditions, comme on doit l'être dans nos contrées. On ne voit à la Chine aucun corps qui puiſſe former ou conduire des factions. Les mandarins ne tenant point à des familles riches & puiſſantes, ne reçoivent aucun appui que du trône & de leur ſageſſe. Ils ſont élevés dans une doctrine qui inſpire l'humanité, l'amour de l'ordre, la bienfaiſance, le reſpect pour les loix. Ils répandent ſans ceſſe ces ſentimens dans le peuple, & lui font aimer chaque loi, parce qu'ils lui en montrent l'eſprit & l'utilité. Le prince même ne donne pas un édit, qui ne ſoit une inſtruction de morale & de politique. Le peuple s'éclaire néceſſairement ſur ſes intérêts & ſur les opérations du gouvernement qui s'y rapportent. Plus éclairé, il doit être plus tranquille.

La ſuperſtition qui, par-tout ailleurs, agite les nations, & affermit le deſpotiſme ou renverſe les trônes; la ſuperſtition eſt ſans pouvoir à la Chine. Les loix l'y tolèrent, mal-à-propos peut-être, mais au moins n'y fait-elle jamais des loix. Pour avoir part au gouvernement, il faut être de la ſecte des lettrés, qui n'admet aucune ſuperſtition. On ne permet pas aux bonzes de fonder ſur les dogmes de leurs ſectes, les devoirs de la morale, & par conſéquent d'en diſpenſer. S'ils trompent une partie de la nation, ce n'eſt pas du moins celle dont l'exemple & l'autorité doivent le plus influer ſur le ſort de l'état.

Confucius, dont les actions ſervirent d'exemple, & les paroles de leçon; Confucius, dont la mémoire eſt également honorée, la doctrine également chérie de toutes les claſſes & de toutes les ſectes: Confucius a fondé la religion nationale de la Chine. Son code n'eſt que la loi naturelle, qui devroit être la baſe de toutes les religions de la terre, le fondement de toute société, la règle de tous les gouvernemens. La raison, dit Confucius, est une émanation de la divinité ; la loi suprême n'est que l'accord de la nature & de la raison. Toute religion qui contredit ces deux guides de la vie humaine, ne vient point du ciel.

Ce ciel est Dieu : car les Chinois n'ont point de terme pour exprimer Dieu. *Mais ce n'est point au ciel visible & matériel que nous adressons des sacrifices*, dit l'empereur Chan-Gi, dans un édit de 1710 : *c'est au Maître du ciel.* Ainsi l'athéisme, quoiqu'il ne soit pas rare à la Chine, n'y est point avoué ; on n'en fait pas une profession publique. Ce n'est point un signal de secte, ni un objet de persécution. Il y est seulement toléré comme la superstition.

L'empereur, seul pontife de la nation, est aussi juge de la religion ; mais comme le culte a été fait pour le gouvernement, & non le gouvernement pour le culte ; comme l'un & l'autre ont été formés pour la société, le souverain n'a ni intérêt, ni intention d'employer cette unité de puissance qu'il a dans les mains, à tyranniser le peuple. Si d'un côté les dogmes ou les rites de la hiérarchie ne répriment pas dans le prince l'abus du pouvoir despotique ; il est d'un autre côté plus fortement contenu par les mœurs publiques & nationales.

Rien n'est plus difficile que de les changer, parce qu'elles sont inspirées par l'éducation, peut-être la meilleure que l'on connoisse. On ne se presse point d'instruire les enfans avant l'âge de cinq ans. Alors on leur apprend à écrire ; & ce sont d'abord des mots, ou des hiéroglyphes, qui leur rappellent des choses sensibles, dont on tâche en même tems de leur donner des idées justes. Ensuite on remplit leur mémoire de vers sentencieux, qui contiennent des maximes de morale, dont on leur montre l'application. Dans un âge plus avancé, c'est la philosophie de Confucius qu'on leur enseigne. Telle est l'éducation des hommes du peuple. Celle des enfans qui peuvent prétendre aux honneurs, commence de même ; mais on y ajoute bientôt d'autres études, qui ont pour objet la conduite de l'homme dans les différens états de la vie.

Les mœurs, à la Chine, sont prescrites par les loix, & maintenues par les manières, que prescrivent aussi les loix. Les Chinois sont le peuple de la terre qui a le plus de préceptes sur les actions les plus ordinaires. Le code de leur politesse est fort long; & les dernières classes des citoyens en sont instruites, & s'y conforment comme les mandarins & la cour.

Les loix de ce code sont instituées, ainsi que toutes les autres, pour perpétuer l'opinion que la Chine n'est qu'une famille, & pour prescrire aux citoyens les égards & les prévenances mutuelles que des frères doivent à des frères. Ces rites, ces manières rappellent continuellement aux mœurs. Elles mettent quelquefois, il est vrai, la cérémonie à la place du sentiment; mais combien souvent ne le font-elles pas revivre! Elles sont une sorte de culte qu'on rend sans cesse à la vertu. Ce culte frappe les yeux des jeunes gens. Il nourrit en eux le respect pour la vertu même; & si, comme tous les cultes, il fait des hypocrites, il entretient aussi un zèle véritable. Il y a des tribunaux érigés pour punir les fautes contre les manières, comme il y en a pour juger des crimes & des vertus. On punit le crime par des peines douces & modérées; on récompense la vertu par des honneurs. Ainsi l'honneur est un des ressorts qui entrent dans le gouvernement de la Chine. Ce n'est pas le ressort principal; il y est plus fort que la crainte, & plus foible que l'amour.

Avec de pareilles institutions, la Chine doit être le pays de la terre où les hommes sont le plus humains. Aussi voit-on l'humanité des Chinois jusque dans ces occasions où la vertu semble n'exiger que de la justice, & la justice que de la rigueur. Les prisonniers sont détenus dans des logemens propres & commodes, où ils sont bien traités jusqu'au moment de leur sentence. Souvent toute la punition d'un homme riche se réduit à l'obligation de nourrir ou de vêtir pendant quelque tems chez lui des vieillards & des orphelins. Nos romans de morale & de politique sont l'histoire des Chinois. Chez eux, on a tellement réglé les actions de l'homme, qu'on n'y a presque pas besoin de ses sentimens: cependant on inspire les uns pour donner du prix aux autres.

L'esprit patriotique, cet esprit sans lequel les états sont des peuplades,

peuplades, & non pas des nations, eſt plus fort, plus actif à la Chine, qu'il ne l'eſt peut-être dans aucune république. C'eſt une choſe commune que de voir des Chinois réparer les grands chemins par un travail volontaire, des hommes riches y bâtir des abris pour les voyageurs ; d'autres y planter des arbres. Ces actions publiques qui reſſentent plutôt l'humanité bienfaiſante, que l'oſtentation de la générosité, ne ſont pas rares à la Chine.

Il y a des tems où elles ont été communes, d'autres tems où elles l'ont été moins ; mais la corruption amenoit une révolution, & les mœurs ſe réparoient. La dernière invaſion des Tartares les avoit changées : elles s'épurent à meſure que les princes de cette nation conquérante quittent les ſuperſtitions de leur pays, pour adopter l'eſprit du peuple conquis, & qu'ils ſont inſtruits par les livres que les Chinois appellent canoniques.

On ne doit pas tarder à voir tout-à-fait revivre le caractère eſtimable de la nation ; cet eſprit de fraternité, de famille ; ces liens aimables de la ſociété, qui forment dans le peuple la douceur des mœurs & l'attachement inviolable aux loix. Les erreurs & les vices politiques ne ſauroient prendre de fortes racines dans un pays où l'on n'élève aux emplois que des hommes de la ſecte des lettrés, dont l'unique occupation eſt de s'inſtruire des principes de la morale & du gouvernement. Tant que les vraies lumières ſeront recherchées, tant qu'elles conduiront aux honneurs, il y aura dans le peuple de la Chine un fonds de raiſon & de vertu qu'on ne verra pas dans les autres nations.

Cependant il faut avouer que la plupart des connoiſſances, fondées ſur des théories un peu compliquées, n'y ont pas fait les progrès qu'on devoit naturellement attendre d'une nation ancienne, active, appliquée, qui, depuis très-long-tems, en tenoit le fil. Mais cette énigme n'eſt pas inexplicable. La langue des Chinois demande une étude longue & pénible, qui occupe des hommes tout entiers durant le cours de leur vie. Les rites, les cérémonies qui font mouvoir cette nation, donnent plus d'exercice à la mémoire qu'au ſentiment. Les manières arrêtent les mouvemens de l'ame, en affoibliſſent les reſſorts. Trop occupé des objets d'utilité, les esprits ne peuvent pas s'élancer dans la carrière de l'imagination. Un respect outré pour l'antiquité, les asservit à tout ce qui est établi. Toutes ces causes réunies ont dû ôter aux Chinois l'esprit d'invention. Il leur faut des siècles pour perfectionner quelque chose ; & quand on pense à l'état où se trouvoient chez eux les arts & les sciences il y a trois cens ans, on est convaincu de l'étonnante durée de cet empire.

Peut-être encore faut-il attribuer l'imperfection des lettres & des beaux-arts, chez les Chinois, à la perfection même de la police & du gouvernement. Ce paradoxe est fondé sur la raison. Lorsque chez un peuple la première étude est celle des loix ; que la récompense de l'étude est une place dans l'administration, au lieu d'une place d'académie ; que l'occupation des lettrés est de veiller à l'observation de la morale, ou à la manutention de la politique : si cette nation est infiniment nombreuse ; s'il y faut une vigilance continuelle des savans sur la population & la subsistance ; si chacun, outre les devoirs publics dont la connoissance même est une longue science, a des devoirs particuliers, soit de famille ou de profession : chez un tel peuple, les sciences spéculatives & de pur ornement, ne doivent pas s'élever à cette hauteur, à cet éclat où nous les voyons en Europe. Mais les Chinois, toujours écoliers dans nos arts de luxe & de vanité, sont nos maîtres dans la science de bien gouverner. Ils le sont dans l'art de peupler, non dans celui de détruire.

La guerre n'est point à la Chine une science perfectionnée. Une nation, dont toute la vie est réglée comme l'enfance, par des rites, des préceptes, des usages publics & domestiques, doit être naturellement souple, modérée, paisible & pacifique. La raison & la réflexion, qui président à ses leçons & à ses pensées, ne sauroient lui laisser cet enthousiasme qui fait les guerriers & les héros. L'humanité même, dont on remplit son ame tendre & molle, lui fait regarder avec horreur l'effusion du sang, le pillage & le massacre si familiers à tout peuple soldat. Avec cet esprit, est-il étonnant que les Chinois ne soient pas belliqueux? Leur milice est innombrable, mais ignorante & ne sait qu'obéir. Elle manque de tactique encore plus que de courage. Dans les guerres contre les Tartares, les Chinois n'ont pas su combattre; mais ils ont su mourir. L'amour pour leur gouvernement, pour leur patrie & pour leurs loix, doit leur tenir lieu d'esprit guerrier; mais il ne tient pas lieu de bonnes armes & de la science de la guerre. Quand on soumet ses conquérans par ses mœurs, on n'a pas besoin de dompter ses ennemis par les armes.

Quel est l'homme assez indifférent au bonheur d'une portion considérable de l'espèce humaine, pour ne pas desirer que l'état de la Chine soit tel que nous venons de l'exposer? Ecoutons cependant ceux qui croient pouvoir en douter.

XXI. Etat de la Chine, selon ses détracteurs.

Pour juger, disent-ils, d'une nation, également fermée aux étrangers qui n'ont pas la liberté d'y entrer, & aux indigènes qui n'ont pas celle d'en sortir, il faut partir de quelques points d'appui, peu solides peut-être, mais reçus pour bons. Ces points d'appui, c seront les faits même allégués par les admirateurs de la Chine. Nous les avouerons, sans les discuter; & nous nous contenterons d'en tirer les conséquences, qui en découlent nécessairement.

1°. La Chine jouissoit ou étoit affligée d'une population immense, lorsqu'elle fut conquise par les Tartares; & de ce que les loix de cet empire furent adoptées par le vainqueur, on en conclut qu'elles devoient-être bien sages.

Cette soumission du Tartare au gouvernement Chinois ne nous paroît pas une preuve de sa bonté. La nature veut que les grandes masses commandent aux petites; & cette loi s'exécute au moral comme au physique. Or, si l'on compare le nombre des conquérans de la Chine au nombre des peuples conquis, on trouvera que pour un Tartare il y avoit cinquante mille Chinois. Un individu peut-il changer les usages, les mœurs, la législation de cinquante mille hommes? & d'ailleurs, comment ces Tartares n'auroient-ils pas adopté les loix de la Chine, bonnes ou mauvaises, n'en ayant poin à leur substituer? Ce que cette étrange révolution montre le plus évidemment, c'est la lâcheté de la nation; c'est son indifférence pour ses maîtres, un des principaux caractères de l'esclave. Passons à la population de la Chine.

2°. L'agriculture a été de tems immémorial en honneur à la Chine. C'est un fait sur lequel il n'y a pas deux sentimens. Or, toute région agricole, qui jouit d'une longue paix; qui n'éprouve point de révolutions sanglantes; qui n'est ni opprimée par la tyrannie, ni dévastée par des maladies de climat, & où l'on voit le laborieux citoyen ramasser dans la plaine un panier de terre, le porter au sommet des montagnes, en couvrir la pointe nue d'un rocher, & la retenir par de petites palissades, doit abonder en habitans. En effet, ces habitans se livreroient-ils à des travaux insensés, si la plaine où ils ont ramassé la poignée de terre étoit inculte, déserte & abandonnée au premier qui voudroit l'occuper? S'il leur étoit libre de s'étendre dans les campagnes, resteroient-ils entassés aux environs des villes? La Chine & toute la Chine est donc très-peuplée.

Le pays est coupé par un grand nombre de canaux. Ces canaux seroient superflus, s'ils n'établissoient pas une communication nécessaire & fréquente d'un lieu à un autre lieu. Qu'annoncent-ils, sinon un grand mouvement intérieur, & conséquemment une population très-considérable?

Toute contrée agricole, où les disettes sont fréquentes, où ces disettes soulèvent des milliers d'hommes; où dans ces soulèvemens il se commet plus de forfaits, plus de meurtres, plus d'incendies, plus de pillage qu'il ne s'en commettroit dans l'irruption d'une horde de sauvages, & où, le tems de la disette & de la révolte passé, l'administration ne recherche pas le coupable, renferme certainement plus d'habitans qu'elle n'en peut nourrir. Ne seroit-ce pas le plus absurde des peuples que le Chinois, si le défaut accidentel des subsistances provenoit de sa négligence, soit à cultiver ses terres, soit à pourvoir à ses approvisionnemens? Mais la Chine, pays immense, contrée fertile, si bien cultivée, si merveilleusement administrée, n'en est pas moins exposée à cette sorte de calamité. Il faut donc qu'il y ait dix fois, vingt fois plus d'habitans que d'arpens de terre.

Tout pays où l'on foule aux pieds un sentiment si naturel qu'il est commun à l'homme & à la brute, la tendresse des pères & des mères pour leurs petits, & où l'on se résout à les tuer, à les étouffer, à les exposer, sans que la vindicte publique s'y oppose, a trop d'habitans, ou est habité par une race d'hommes, comme il n'y en a aucune autre sur la surface du globe. Or, c'est ce qui se passe à la Chine ; & nier ce fait ou l'affoiblir, ce seroit jetter de l'incertitude sur tous les autres.

Mais un dernier phénomène qui achève de confirmer l'excessive population de la Chine, c'est le peu de progrès des sciences & des arts, depuis l'époque très-éloignée qu'on les y cultive. Les recherches s'y sont arrêtées au point où, cessant d'être utiles, elles commencent à devenir curieuses. Il y a plus de profit à faire à l'invention du plus petit art pratique, qu'à la plus sublime découverte qui ne montreroit que du génie. On fait plus de cas de celui qui sait tirer parti des recoupes de la gaze, que de celui qui résoudroit le problême des trois corps. C'est-là sur-tout que se fait la question qu'on n'entend que trop souvent parmi nous : *A quoi cela sert-il?* Je demande si ce repos, contraire au penchant naturel de l'homme, qui veut toujours voir au-delà de ce qu'il a vu, peut s'expliquer autrement que par une population qui interdise l'oisiveté, l'esprit de méditation, & qui tienne la nation soucieuse, continuellement occupée de ses besoins. La Chine est donc la contrée de la terre la plus peuplée.

Cela supposé, ne s'ensuit-il pas qu'elle est la plus corrompue? L'expérience générale ne nous apprend-elle pas que les vices des sociétés sont en proportion du nombre des individus qui la composent? Et que me repliqueroit-on si j'assurois que les mœurs Chinoises doivent-être, dans toute l'étendue de l'empire, plus mauvaises encore que dans nos plus superbes cités, où l'honneur, sentiment étranger au Chinois, donne de l'éclat aux vertus & tempère les vices?

Ne puis-je pas demander quel est & quel doit être le caractère d'un peuple où l'on voit, dans des occasions assez fréquentes, une province fondre sur une autre province, & en égorger impitoyablement, impunément les habitans? Si ce peuple peut avoir des mœurs bien douces ? Si une nation où les loix ne préviennent ni ne puniſſent l'expoſition ou le meurtre des nouveaux-nés, eſt civiliſée ou barbare ? Si le ſentiment de l'humanité, la bienfaiſance, la commiſération y ſubſiſtent dans un degré bien éminent ? & ſi un peuple, que les circonſtances les plus extraordinaires invitoient à fonder des colonies, eſt bien ſage, lorſqu'il n'imagine pas ou qu'il dédaigne un remède auſſi ſimple, auſſi ſûr, à des malheurs effroyables & toujours renaiſſans ?

Il eſt difficile juſqu'ici de faire grand cas de la prudence chinoiſe. Voyons ſi l'examen de la conſtitution de l'empire, de la conduite du ſouverain & de ſes miniſtres, de la ſcience des lettrés & des mœurs du peuple, ne nous en donneront pas une idée plus ſublime.

3°. Un auteur grave, qui n'eſt pas dans la foule des admirateurs de la ſageſſe chinoiſe, dit expreſſément que *le bâton eſt le ſouverain de la Chine*. Sur ce mot plaiſant & profond, on aura, je crois, quelque peine à ſe perſuader qu'une nation, où l'homme eſt traité comme on traite ailleurs les animaux, ait quelque choſe des mœurs ombrageuſes & délicates de notre Europe, où un mot injurieux ſe lave dans le ſang, où la menace du geſte ſe venge par la mort. Le Chinois doit être pacifique & benin. Tant mieux, ajouteront nos antagoniſtes.

Cependant, c'eſt comme père de ſes ſujets que le prince à la Chine eſt conſidéré, obéi, reſpecté...... Et nous ajouterons à notre tour : tant pis. Cela me garantit bien l'humble ſoumiſſion des enfans ; mais non la bonté du père. Veut-on précipiter un peuple dans une abjection dont il ne ſe relèvera jamais ? On n'a qu'à conſacrer le titre de deſpote par celui de père. Par-tout les enfans qui oſent lever la main ſur leurs parens, ſont des monſtres rares ; &, malgré l'autorité des loix qui limitent l'autorité paternelle, les parens qui maltraitent leurs enfans ne ſont malheureuſement par-tout que des monſtres trop communs. L'enfant ne demande point à ſon père compte de ſa conduite ; & la liberté, ſans ceſſe en péril, ſi le chef eſt à labri de toute pourſuite par ſa qualité infiniment reſpectable de père, ſera nulle ſous un deſpote qui impoſera un ſilence abſolu ſur ſon adminiſtration.

Nous nous trompons peut-être ; mais les Chinois nous semblent courbés sous le joug d'une double tyrannie, de la tyrannie paternelle dans la famille, de la tyrannie civile dans l'Empire. D'où nous oserions conclure qu'ils doivent être les plus doux, les plus insinuans, les plus respectueux, les plus timides, les plus vils & les moins dangereux des esclaves ; à moins qu'il ne se soit fait, en leur faveur, une exception à l'expérience de tous les peuples & de tous les siècles. Quel est parmi nous l'effet du despotisme paternel ? Le respect extérieur & une haîne impuissante & secrete pour les pères. Quel a été & quel est chez toutes les nations l'effet du despotisme civil ? La bassesse & l'extinction de toute vertu. S'il en est autrement à la Chine, on nous apprendra comment cette merveille s'y est opérée.

Voici ce qu'on dit..... *L'empereur sait qu'il règne sur une nation qui n'est attachée aux loix qu'autant qu'elles font son bonheur.....* Y a-t-il entre le Chinois & l'Européen quelque différence sur ce point?..... *L'empereur sait que s'il se livroit à la tyrannie, il s'exposeroit à tomber du trône.....* Est-ce que les histoires anciennes & modernes n'offrent pas des exemples de ce juste & terrible châtiment ? Qu'ont-ils produit ? Dira-t-on que le Chinois souffre l'oppression plus impatiemment que l'Anglois ou le François, ou que la Chine n'a été, n'est, & ne sera jamais gouvernée que par des monarques accomplis ? O révérence des tems passés & des contrées éloignées, combien tu nous fais dire de sottises ! La clémence, la fermeté, l'application, les lumières, l'amour des peuples, la justice sont des qualités que la nature n'accorde, même séparées, qu'à des hommes rares ; & il n'en est presque aucun en qui elles ne soient malheureusement plus ou moins affoiblies par la dangereuse jouissance du pouvoir suprême. La Chine seule aura donc échappé à cette malédiction qui a commencé avec toutes les autres sociétés, & qui durera autant qu'elles.

Assurément. *Car il y a à côté du trône un tribunal toujours subsistant, qui tient un compte fidèle & rigoureux des actions de l'empereur......* Et ce tribunal n'existe-t-il pas dans toutes les contrées ? Les souverains l'ignorent-ils ? le redoutent-ils ? le respectent-ils ? La différence de notre tribunal à celui de la Chine, c'est que le nôtre, composé de la masse entière de la nation, est incorruptible, & que le tribunal Chinois n'est composé que d'un petit nombre de lettrés. O l'heureuse contrée que la Chine ! O la contrée unique, où l'historiographe du prince n'est ni pusillanime, ni rampant, ni accessible à la séduction ; & où le prince, qui peut faire couper la tête ou la main à son historiographe, pâlit d'effroi, lorsque celui-ci prend la plume ! Il n'y eut jamais que les bons rois qui craignissent le jugement de leurs contemporains & le blâme de la postérité.

Aussi, les souverains de la Chine sont-ils bons, justes, fermes, éclairés...... Tous, sans exception ? Il en est, je crois, du palais impérial de la Chine comme du palais du souverain de toutes les autres contrées. Il est un, au milieu de la multitude innombrable des habitations des sujets : c'est-à-dire, que pour une fois qu'il arrive au génie & à la vertu de tomber du ciel sur la demeure du maître, cent mille fois ils doivent tomber à côté. Mais cette loi de la nature n'a peut-être pas lieu à la Chine comme en Europe, où nous serions trop heureux si, après dix mauvais successeurs d'un bon roi, il en naissoit un qui lui ressemblât.

Mais l'autorité souveraine est limitée à la Chine...... Où ne l'est-elle pas ? Comment, par qui est-elle limitée à la Chine ? Si la barrière qui protège le peuple n'est pas hérissée de lances, d'épées, de bayonnettes dirigées vers la poitrine ou la tête sacrée de l'empereur père & despote, nous craindrons, mal-à-propos peut-être, mais nous craindrons que cette barrière ne soit à la Chine qu'une grande toile d'araignée sur laquelle on auroit peint l'image de la justice & de la liberté, mais au travers de laquelle l'homme qui a de bons yeux apperçoit la tête hideuse du despote. Y a-t-il eu un grand nombre de tyrans déposés, emprisonnés, jugés, mis à mort ? Voit-on sur la place publique un échaffaud sans cesse dégouttant du sang des souverains ? Pourquoi cela n'est-il pas ?

Pourquoi ?...... *C'est que la Chine est revenue par une suite de révolutions à l'état dont les autres contrées se sont éloignées, au gouvernement patriarchal......* Nous en demandons pardon à nos adversaires :

ſaires : mais le gouvernement patriarchal d'une contrée immenſe, d'une famille de deux cens millions d'individus, nous paroît une idée preſque auſſi creuſe que celle d'une république de la moitié du monde connu. Le gouvernement républicain ſuppoſe une contrée aſſez étroite pour le prompt & facile concert des volontés; le gouvernement patriarchal, un petit peuple Nomade renfermé ſous des tentes. La notion du gouvernement patriarchal de la Chine eſt une eſpèce de rêverie qui feroit ſourire l'empereur & ſes mandarins.

4°. *Les mandarins ne tenant point à des familles riches & puiſſantes, l'empire eſt en paix* ...... Choſe ſingulière ! L'empire eſt en paix, & cela par la raiſon même qui devroit ſouvent le troubler; à moins que Richelieu ne fût un mauvais politique, lorſqu'il vouloit que les grandes places ne fuſſent pas accordées à des gens de rien qui ne tiennent qu'à leur devoir.

Ces hommes d'état n'excitent point de troubles : c'eſt un fait ...... Et c'en eſt peut-être un encore qu'ils n'ont point de pauvres parens à protéger, point de flatteurs à combler de graces, point de mignons ou de maîtreſſes à enrichir : également ſupérieurs à la ſéduction & à l'erreur. Mais ce qui eſt très-inconteſtable, c'eſt que les magiſtrats ou chefs de la juſtice promènent eux-mêmes, ſans pudeur, les marques de leur dégradation & de leur ignominie. Or, qu'eſt-ce qu'un magiſtrat portant ſa bannière ou l'enſeigne de ſon aviliſſement, ſans en être moins fier ? Qu'eſt-ce qu'un peuple chez lequel ce magiſtrat n'eſt pas moins honoré ?

5°. Après le ſouverain & le mandarin ſe préſente le lettré ; & qu'eſt-ce que le lettré ? ...... C'eſt un homme élevé dans une doctrine qui inſpire l'humanité ; qui la prêche ; qui prêche l'amour de l'ordre, la bienfaiſance, le reſpect pour les loix ; qui répand ces ſentimens dans le peuple, & lui en montre l'utilité ...... Et n'avons-nous pas dans nos écoles, dans nos chaires, parmi nos eccléſiaſtiques, nos magiſtrats & nos philoſophes, des hommes qui ne le cèdent, je crois, aux lettrés, ni en lumières, ni en bonnes mœurs ; qui exercent les mêmes fonctions, de vive voix & par écrit, dans la capitale, dans les grandes villes, dans les moindres cités, dans les bourgs & dans les hameaux. Si la sageſſe d'une nation étoit proportionnée au nombre de ſes docteurs, aucune ne feroit plus ſage que la nôtre.

Nous avons parcouru les hautes claſſes de l'Empire. Deſcendons maintenant aux conditions inférieures, & jettons un coup-d'œil ſur les mœurs populaires.

6°. On a quelques ouvrages de mœurs traduits du Chinois. Qu'y voyons-nous? d'infâmes ſcélérats exerçant les fonctions de la police; l'innocent condamné, battu, fouetté, empriſonné; le coupable abſous à prix d'argent, ou châtié ſi l'offenſé eſt plus puiſſant: tous les vices de nos cités & de l'intérieur de nos maiſons, avec un aſpect plus hideux & plus dégoûtant.

7°. Mais rien ne peut donner des notions plus juſtes des mœurs populaires que l'éducation. Comment l'enfance eſt-elle formée à la Chine? On y contraint un enfant à reſter aſſis des heures entières, immobile, en ſilence, les bras croiſés ſur la poitrine, dans l'état de méditation & de recueillement. Quel fruit eſpérer d'un exercice habituel auſſi contraire à la nature? Un homme d'un bon ſens ordinaire répondroit, la taciturnité, la fineſſe, la fauſſeté, l'hypocriſie, & tous ces vices accompagnés du ſang-froid particulier au méchant. Il penſeroit qu'à la Chine, la franchiſe, cette aimable franchiſe qui charme dans les enfans, cette naïve ingénuité qui ſe fane à meſure qu'ils avancent en âge, & qui concilie la confiance univerſelle au petit nombre de ceux qui ont le bonheur de la conſerver, eſt étouffée dès le berceau.

8°. *Le code de la politeſſe chinoiſe eſt fort long*...... Un homme d'un bon ſens ordinaire en concluroit qu'elle ceſſe d'être à la Chine l'expreſſion ſimple & naturelle des égards & de la bienveillance; que ce n'eſt qu'une étiquette; & il regarderoit l'apparence cordiale de ces voituriers embourbés, qui s'agenouillent les uns devant les autres, s'embraſſent, s'adreſſent les noms les plus tendres, & ſe ſecourent, comme une eſpèce de momerie d'uſage chez un peuple cérémonieux.

9°. *Il y a un tribunal érigé contre les fautes dans les manières*...... Un homme d'un bon ſens ordinaire ſoupçonneroit que la juſtice y eſt mieux adminiſtrée contre ces minutieux délits, que dans les tribunaux civils contre les grands forfaits; & il douteroit beaucoup que ſous les entraves des rites, des cérémonies, des formalités, l'ame pût s'élever, le génie exercer ſon reſſort. Il penſeroit qu'un peuple cérémonieux ne peut être que petit; &, ſans avoir vécu, ni à Pekin, ni à Nankin, il prononceroit qu'il n'y a aucune contrée ſur la terre où on ſe ſoucie moins de la vertu, & où l'on en ait plus les apparences.

10°. Tous ceux qui ont commercé avec les Chinois, conviennent unanimement que l'on ne ſauroit trop prendre de précautions, ſi l'on ne veut pas en être dupé. Ils ne rougiſſent pas même de leur mauvaiſe foi.

Un Européen, arrivé pour la première fois dans l'empire, acheta des marchandiſes d'un Chinois, qui le trompa ſur la qualité & ſur le prix. Les marchandiſes avoient été portées à bord du vaiſſeau, & le marché étoit conſommé. L'Européen ſe flatta que peut-être il toucheroit le Chinois par des repréſentations modérées, & il lui dit: Chinois, tu m'as vendu de mauvaiſes marchandiſes.... Cela ſe peut, lui répondit le Chinois, mais il faut payer.... Tu as bleſſé les loix de la juſtice, & abuſé de ma confiance.... Cela ſe peut, mais il faut payer..... Mais tu n'es donc qu'un fripon, un malheureux? .... Cela ſe peut, mais il faut payer...... Quelle opinion veux-tu donc que je remporte dans mon pays de ces Chinois ſi renommés par leur ſageſſe? Je dirai que vous n'êtes que de la canaille..... Cela ſe peut, mais il faut payer..... L'Européen, après avoir renchéri ſur ces injures de toutes celles que la fureur lui dicta, ſans en avoir arraché que ces mots froids & froidement prononcés: *Cela ſe peut, mais il faut payer*, délia ſa bourſe & paya. Alors le Chinois prenant ſon argent lui dit: Européen, au lieu de tempêter comme tu viens de faire, ne valoit-il pas mieux te taire, & commencer par où tu as fini? car qu'y as-tu gagné?

Le Chinois n'a donc pas même un reſte de pudeur commune à tous les fripons qui veulent bien l'être, mais qui ne ſouffrent pas qu'on le leur diſe. Il eſt donc parvenu au dernier degré de la dépravation. Et qu'on n'imagine pas que ce ſoit ici un exemple particulier. Ce flegme eſt l'effet naturel de cette réſerve qu'inſpire l'éducation chinoiſe.

Et qu'on ne m'objećte pas que les Chinois obſervent entre eux une fidélité dont ils ſe croient diſpenſés avec l'étranger. Cela n'eſt pas, parce que cela ne peut être. On n'eſt pas alternativement honnête & malhonnête. Celui qui s'eſt fait l'habitude de tromper l'étranger, eſt trop ſouvent expoſé à la tentation de tromper ſes concitoyens, pour y réſiſter conſtamment.

11°. Mais à vous entendre, me dira-t-on, la Chine eſt preſque une contrée barbare... C'eſt pis encore. Le Chinois, à demi civiliſé, eſt à nos yeux un barbare à prétentions, un peuple profondément corrompu, condition plus malheureuſe que la barbarie pure & naturelle. Le germe de la vertu peut ſe développer dans le barbare, par un enchaînement de circonſtances favorables; mais nous n'en connoiſſons pas, nous n'en imaginons point qui puiſſent rendre ce grand ſervice au Chinois, en qui ce germe eſt, non pas étouffé, mais totalement détruit. Ajoutez à la dépravation & à l'ignorance de ce peuple la vanité la plus ridicule. Ne dit-il pas qu'*il a deux yeux, que nous n'en avons qu'un, & que le reſte de la terre eſt aveugle?* Ce préjugé, l'exceſſive population, l'indifférence pour les ſouverains, qui peut-être en eſt une ſuite, l'attachement opiniâtre à ſes uſages, la loi qui lui défend de ſortir de ſon pays: toutes ces raiſons doivent le fixer pendant une ſuite indéfinie de ſiècles dans ſon état actuel. Apprend-on quelque choſe à celui qui croit tout ſavoir, ou qui mépriſe ce qu'il ignore? Comment enſeigner la ſageſſe à celui qui s'eſtime le ſeul ſage? Comment perfectionner celui qui ſe tient pour parfait? Nous oſons le prédire, le Chinois ne s'améliorera, ni par la guerre, ni par la peſte, ni par la famine, ni par la tyrannie plus inſupportable, & par cette raiſon même plus propre que tous les fléaux réunis à régénérer leur nation en l'accablant.

12°. Nous ignorons ſi les autres peuples de l'Univers ſervent beaucoup aux Chinois, mais à quoi les Chinois ſont-ils bons pour le reſte de la terre? Il ſemble que leurs panégyriſtes aient affecté de leur donner une grandeur coloſſale, & de nous réduire à la petite ſtature du pygmée. Nous nous ſommes occupés, nous, à les montrer tels qu'ils ſont ; & jusqu'à ce qu'on nous apporte de Pekin des ouvrages de philoſophie ſupérieurs à ceux de Deſcartes & de Locke ; des traités de mathématiques à placer à côté de ceux de Newton, de Leibnitz & de leurs ſucceſſeurs ; des morceaux de poéſie, d'éloquence, de littérature, d'érudition que nos grands écrivains daignent lire, & dont ils ſoient forcés d'avouer la profondeur, la grace, le goût & la fineſſe ; des diſcours ſur la morale, la politique, la légiſlation, la finance & le commerce, où il y ait une ligne nouvelle pour nos bons eſprits ; des vaſes, des ſtatues, des tableaux, de la muſique, des plans d'architecture qui puiſſent arrêter les regards de nos artiſtes ; des inſtrumens de phyſique, des machines où notre infériorité ſoit bien démontrée : juſqu'alors nous rendrons au Chinois ſon propos, & nous lui dirons qu'il a peut-être un œil, que nous en avons deux ; & nous nous garderons bien d'inſulter aux autres nations que nous avons laiſſées en arrière, & qui ſont peut-être deſtinées à nous devancer un jour. Qu'eſt-ce que ce Confucius dont on parle tant, ſi on le compare à Sidney & à Monteſquieu ?

13°. *La nation Chinoiſe eſt la plus laborieuſe que l'on connoiſſe* . . . Nous n'en doutons pas. Il faut bien qu'elle travaille, & qu'après avoir travaillé elle travaille encore. N'y eſt-elle pas condamnée par la diſproportion du produit de ſes champs avec le nombre de ſes habitans ? d'où l'on voit que cette population tant vantée a des limites au-delà deſquelles c'eſt un fléau qui ôte à l'homme le tems du repos, l'entraîne à des actions atroces, & détruit dans ſon ame l'honneur, la délicateſſe, la morale, & même le ſentiment d'humanité.

14°. Et l'on oſe s'opiniâtrer, après ce que l'on vient d'entendre, à appeller la nation Chinoiſe *un peuple de ſages !* . . . . Un peuple de ſages, chez lequel on expoſe, on étouffe les enfans ; où la plus infâme des débauches eſt commune ; où l'on mutile l'homme ; où l'on ne ſait, ni prévenir, ni châtier les forfaits occaſionnés par la diſette ; où le commerçant trompe l'étranger & le citoyen ; où la connoiſſance de la langue eſt le dernier terme de la ſcience ; où l'on garde depuis des ſiècles un idiome & une écriture à peine ſuffiſans au commerce de la vie ; où les inſpecteurs des mœurs ſont ſans honneur & ſans probité ; où la juſtice eſt d'une vénalité ſans exemple chez les peuples les plus dépravés ; où le légiſlateur, au nom duquel les fronts s'inclinent, ne mériteroit pas d'être lu, ſi l'on n'excuſoit la pauvreté de ſes écrits par l'ignorance du tems où il a vécu ; où, depuis l'empereur juſqu'au dernier de ſes ſujets, ce n'eſt qu'une longue chaîne d'êtres rapaces, qui ſe dévorent, & où le ſouverain ne laiſſe engraiſſer quelques-uns de ces intermédiaires que pour les ſucer à ſon tour, & pour obtenir, avec la dépouille du concuſſionnaire, le titre de vengeur du peuple.

15°. S'il eſt vrai, comme nous n'en doutons point, qu'à la Chine ce qui ne peut être partagé, comme la mer, les fleuves, les canaux, la navigation, la pêche, la chaſſe, eſt à tous ; c'eſt un ordre de choſe fort raiſonnable. Mais un peuple ſi nombreux pouvoit-il patiemment abandonner ſes moiſſons à la pâture des animaux ? Et ſi les hautes conditions s'étoient arrogé une jouiſſance excluſive des forêts & des eaux, ne s'en ſeroit-il pas ſuivi une prompte & juſte vengeance ? Tâchons de ne pas confondre les loix de la néceſſité avec les inſtitutions de la ſageſſe.

16°. Les Chinois n'ont-ils pas des moines plus intrigans, plus diſſolus, plus o[illegible] & plus nombreux que les nôtres ? Des moines ! des ſangſues dans une contrée où le travail le plus opiniâtre fournit à peine la ſubſiſtance ! *Le gouvernement les mépriſe.* Dites plutôt qu'il les craint, & que le peuple les révère.

17°. Il ſeroit peut-être très-avantageux que dans toutes les régions, ainſi qu'on l'aſſure de la Chine, l'adminiſtration ne fût attachée à aucun dogme, à aucune ſecte, à aucun culte religieux. Cependant cette tolérance ne s'étend qu'aux religions anciennement établies dans l'empire. Le Chriſtianiſme y a été proſcrit, ſoit que le fond myſtérieux de ſa doctrine ait révolté des eſprits bornés ; ſoit que les intrigues de ceux qui la prêchoient aient alarmé un gouvernement ombrageux.

18°. A la Chine, le mérite d'un fils confère la nobleſſe à ſon père, & cette prérogative finit avec lui. On ne peut qu'applaudir à cette inſtitution. Cependant la nobleſſe héréditaire a auſſi ſes avantages. Quel eſt le deſcendant aſſez vil pour ne pas ſentir le fardeau d'un nom impoſant, pour ne pas s'efforcer d'y répondre? Dégradons le noble indigne de ſes ancêtres, & ſur ce point nous ſerons auſſi ſages que le Chinois.

19°. Nous ne demandons pas mieux que de louer. Auſſi reconnoiſſons-nous volontiers de la prudence dans la manière dont les Chinois puniſſent la négligence à payer le tribut. Au lieu d'inſtaller dans les foyers du débiteur des ſatellites qui ſe jettent ſur ſon lit, ſur ſes uſtenſiles, ſur ſes meubles, ſur ſes beſtiaux, ſur ſa perſonne; au lieu de le traîner dans une priſon ou de le laiſſer ſans pain étendu ſur la paille dans ſa chaumière dépouillée; il vaut mieux, ſans doute, le condamner à nourrir le pauvre. Mais celui qui concluroit de cet excellent uſage la ſageſſe de la Chine, ne ſeroit-il pas auſſi mauvais logicien que celui qui, d'après le nôtre, nous jugeroit barbares? On affoiblit, autant qu'on peut, les reproches que mérite la nation Chinoiſe; on relève cette contrée pour humilier les nôtres. On n'en vient pas juſqu'à dire que nous ſommes fous; mais on prononce, ſans héſiter, que c'eſt à la Chine qu'habite la ſageſſe, & l'on ajoute tout de ſuite que, par le dernier dénombrement, il y avoit environ ſoixante millions d'hommes en état de porter les armes. Apologiſtes inſenſés de la Chine, vous écoutez-vous? Concevez-vous bien ce que c'eſt que deux cens millions d'individus entaſſés les uns ſur les autres? Croyez-moi, ou diminuez de la moitié, des trois quarts cette épouvantable population; ou ſi vous perſiſtez à y croire, convenez, d'après le bon ſens qui eſt en vous, d'après l'expérience qui eſt ſous vos yeux, qu'il n'y a, qu'il ne peut y avoir, ni police, ni mœurs à la Chine.

20°. *Le Chinois aime la génération à naître comme la génération vivante.....* Cela eſt impoſſible. Enfans, amis du merveilleux, juſques à quand vous bercera-t-on de pareils contes? Tout peuple obligé de lutter ſans ceſſe contre les beſoins, ne ſauroit penſer qu'au moment; & ſans les honneurs rendus publiquement aux ancêtres, cérémonies qui doivent réveiller & entretenir dans les esprits quelque foible idée qui s'étende au-delà du tombeau, il faudroit tenir pour démontré que, s'il y a un coin de la terre où le sentiment de l'immortalité & le respect de la postérité soient des mots vuides de sens, c'est à la Chine. On ne s'apperçoit pas qu'on porte tout à l'extrême, & qu'il résulte de ces opinions outrées des contradictions palpables ; qu'une excessive population est incompatible avec de bonnes mœurs, & qu'on décore une multitude dépravée des vertus de quelques rares personnages.

Lecteur, on vient de soumettre à vos lumières les argumens des partisans & des détracteurs de la Chine. C'est à vous de prononcer. Et qui sommes-nous, pour aspirer à l'ambition de diriger vos arrêts? S'il nous étoit permis d'avoir une opinion, nous dirions que, quoique les deux systêmes soient appuyés sur des témoignages respectables, ces autorités n'ont pas le grand caractère qu'exigeroit une foi entière. Peut-être, pour se décider, faudroit-il attendre qu'il fût permis à des hommes désintéressés, judicieux, & profondément versés dans l'écritute & dans la langue, de faire un long séjour à la Cour de Pekin, de parcourir les provinces, d'habiter les campagnes, & de conférer librement avec les Chinois de toutes les conditions.

Quel que fût l'état de la Chine lorsque les Portugais y abordèrent, comme ils ne se proposoient que d'en tirer des richesses & d'y répandre leur religion, ils auroient vu dans cette contrée le meilleur des gouvernemens, qu'ils n'auroient pas profité de sa sagesse. Thomas Perès, leur ambassadeur, trouva la cour de Pekin disposée en faveur de sa nation, dont la gloire remplissoit l'Asie. Elle avoit l'estime des Chinois ; & la conduite de Ferdinand d'Andreade, qui commandoit l'escadre Portugaise, devoit encore augmenter cette estime. Il parcourut les côtes de la Chine; il y fit le commerce. Lorsqu'il voulut partir, il fit publier dans les ports où il avoit relâché, que si quelqu'un avoit à se plaindre des Portugais, il eût à le déclarer pour en obtenir satisfaction. Les ports de la Chine alloient leur être ouverts ; Thomas Perès alloit conclure un traité, lorsque Simon d'Andreade, frère de Ferdinand, parut sur les côtes avec une nouvelle escadre. Celui-ci

traita

traita les Chinois, comme, depuis quelque tems, les Portugais traitoient tous les peuples de l'Asie. Il bâtit, sans permission, un fort dans l'isle de Taman, & delà il se mit à piller ou à rançonner tous les vaisseaux qui sortoient des ports de la Chine, ou qui vouloient y entrer. Il enleva des filles sur la côte; il fit des Chinois esclaves; il se livra au brigandage le plus effréné & à la plus honteuse dissolution. Ses matelots & ses soldats suivirent son exemple. Les Chinois irrités équipèrent une flotte nombreuse : les Portugais se défendirent vaillamment, & s'échappèrent en se faisant jour à travers les vaisseaux ennemis. L'empereur fit mettre Thomas Perès en prison, où il mourut ; & la nation Portugaise fut exclue de la Chine pendant quelques années. Dans la suite, les Chinois s'adoucirent ; & il fut permis aux Portugais de faire le commerce dans le port de Sanciam. Ils y apportoient de l'or qu'ils tiroient d'Afrique, des épiceries qu'ils prenoient aux Moluques, des dents d'éléphant & des pierreries de l'isle de Ceylan. Ils exportoient en échange des étoffes de soie de toute espèce, des porcelaines, des vernis, des plantes médecinales, & le thé, qui, depuis, est devenu si nécessaire en Europe aux nations du Nord.

Les Portugais se contentoient des loges & des comptoirs qu'ils avoient à Sanciam, & de la liberté que le gouvernement de la Chine accordoit à leur commerce ; losqu'il s'offrit une occasion de se procurer un établissement plus solide & moins dépendant des mandarins, qui commandoient sur la côte.

Un pirate nommé Tchang-si-lao, devenu puissant par ses brigandages, s'étoit emparé de la petite isle de Macao, d'où il tenoit bloqués les ports de la Chine. Il fit même le siège de Canton. Les mandarins des environs eurent recours aux Portugais, qui avoient des vaisseaux à Sanciam ; ils accoururent au secours de Canton, & ils en firent lever le siège. Ils remportèrent une victoire complette sur le pirate, qu'ils poursuivirent jusque dans Macao, où il se tua.

L'empereur de la Chine, informé du service que les Portugais venoient de lui rendre, en eut de la reconnoissance, & leur fit présent de Macao. Ils acceptèrent cette grace avec joie, & ils bâtirent une ville qui devint florissante. Cette place fut avantageuse au commerce qu'ils firent bientôt dans le Japon.

XXII. Arrivée des Portugais au Japon. Religion, mœurs, gouvernement de ces isles.

Ce fut en 1542, qu'une tempête jetta, comme par bonheur, un vaisseau Portugais sur les côtes de ces isles fameuses. Ceux qui le montoient furent accueillis favorablement. On leur donna tout ce qu'il falloit pour se rafraîchir & se radouber. Arrivés à Goa, ils rendirent compte de ce qu'ils avoient vu; & ils apprirent au vice-roi, qu'une nouvelle contrée fort riche & fort peuplée, s'offroit au zèle des missionnaires, à l'industrie des négocians. Les uns & les autres prirent la route du Japon.

Ils trouvèrent un grand empire, peut-être le plus ancien du monde, après celui de la Chine. Ses annales sont mêlées de beaucoup de fables: mais il paroît démontré qu'en 660, Sin-Mu fonda la monarchie qui s'est depuis perpétuée dans la même famille. Ces souverains, nommés Daïris, étoient à la fois les rois, les pontifes de la nation; & la réunion de ces deux pouvoirs, mettoit dans leurs mains tous les ressorts de l'autorité suprême. Les Daïris étoient des personnes sacrées, les descendans, les représentans des dieux. La plus légère désobéissance à la moindre de leurs loix, étoit regardée comme un crime digne des plus grands supplices. Le coupable même n'étoit pas puni seul. On enveloppoit dans son châtiment sa famille entière.

Vers le onzième siècle, ces princes plus jaloux, sans doute, des douces prérogatives du sacerdoce, que des droits pénibles de la royauté, partagèrent l'état en plusieurs gouvernemens, dont l'administration politique fut confiée à de grands seigneurs, connus par leurs lumières & par leur sagesse.

Le pouvoir illimité des Daïris souffrit de ce changement. Ils laissèrent flotter, comme au hasard, les rênes de l'empire. Leurs lieutenans, dont l'ambition étoit inquiète & clair-voyante, trouvèrent dans cette indolence, le germe de mille révolutions. Peu-à-peu on les vit se relâcher de l'obéissance qu'ils avoient jurée. Ils se firent la guerre entre eux; ils la firent à leur chef. Une indépendance entière fut le fruit de ces mouvemens. Tel étoit l'état du Japon, lorsqu'il fut découvert par les Portugais.

Les grandes isles qui composent cet empire, placées sous un ciel orageux, environnées de tempêtes, agitées par des volcans, sujettes à ces grands accidens de la nature qui impriment la terreur, étoient remplies d'un peuple que la superstition dominoit. Elle s'y divise en plusieurs sectes.

Celle du Sintos est la religion du pays, l'ancienne religion. Elle reconnoit un être suprême, l'immortalité de l'ame; & elle rend un culte à une multitude de dieux, de saints ou de camis, c'est-à-dire, aux ames des grands hommes qui ont servi ou illustré la patrie. C'est par l'empire de cette religion, que le Daïri, grand-prêtre des dieux dont il étoit issu, avoit long-tems régné sur ses sujets avec tout le despotisme que la superstition exerce sur les ames. Mais empereur & grand-pontife, il avoit du moins rendu la religion utile à ses peuples; ce qui n'est pas impossible dans les états où le sacerdoce est uni à l'empire.

On ne voit pas que la secte du Sintos ait eu la manie d'ériger en crimes, des actions innocentes par elles-mêmes; manie si dangereuse pour les mœurs. Loin de répandre ce fanatisme sombre, & cette crainte des dieux, qu'on trouve dans presque toutes les religions; le Sintos avoit travaillé à prévenir ou à calmer cette maladie de l'imagination, par des fêtes qu'on célébroit trois fois chaque mois. Elles étoient consacrées à visiter ses amis, à passer avec eux la journée en festins, en réjouissances. Les prêtres du Sintos disoient que les plaisirs innocens des hommes, étoient agréables à la divinité; que la meilleure manière d'honorer les camis, c'étoit d'imiter leurs vertus, & de jouir, dès ce monde, du bonheur dont ils jouissent dans l'autre. Conformément à cette opinion, les Japonois, après avoir fait la prière dans des temples, toujours situés au milieu d'agréables bocages, alloient chez des courtisanes qui habitoient des maisons ordinairement bâties dans ces lieux consacrés à la dévotion & à l'amour. Ces femmes étoient des religieuses, soumises à un ordre de moines, qui retiroient une partie de l'argent qu'elles avoient gagné par ce pieux abandon d'elles-mêmes, au vœu le plus sacré de la nature.

Dans toutes les religions, les femmes ont influé sur le culte, comme prêtresses ou comme victimes des dieux. La constitution physique de leur sexe, les expose à des infirmités singulières, dont les causes & les accidens ont quelque chose d'inexplicable & de merveilleux. Dès-lors, c'est par elles, c'est en elles que s'opèrent ces prodiges, dont leur foiblesse & leur vanité se repaissent, & que l'ascendant de leurs charmes ne tarde pas à faire adopter aux hommes, doublement fascinés par l'ignorance & par l'amour. Les imposteurs ont toujours profité de ces dispositions, pour étayer leur puissance sur la foiblesse des femmes pour le merveilleux, sur la foiblesse des hommes pour les femmes. Les extases, les apparitions, les frayeurs & les ravissemens; toutes les sortes de convulsions appartiennent à la sensibilité du genre nerveux. Comme c'est sur-tout après la puberté, que les spasmes & les vapeurs se manifestent; le célibat est très-propre à les entretenir dans le sexe le plus susceptible de ces symptômes. Aussi la virginité fut-elle de tout tems convenable à la religion. La dévotion s'empare aisément d'un jeune cœur qui n'a point encore d'autre amour. Toutes les personnes nubiles, en qui les visions se sont manifestées, ont prétendu ne connoître point d'hommes. Elles en ont été plus respectées par les deux sexes.

Les peuples sauvages ont des magiciennes; les barbares Gaulois ont eu des druidesses; les Romains des vestales; & le Midi de l'Europe se glorifie encore d'avoir des religieuses. Chez les sauvages, ce sont les vieilles femmes qui deviennent les nourrices de la superstition, quand elles ne sont plus bonnes à rien. Chez les peuples demi-civilisés ou tout-à-fait policés, c'est la jeunesse & la beauté qui servent d'instrument & de soutien au culte religieux, en s'y dévouant par un sacrifice public & solemnel. Mais combien ce dévouement, même volontaire, outrage la raison, l'humanité & la religion!

Quoi qu'il en soit des raisons, soit religieuses ou politiques, qui ont introduit & cimenté le célibat monastique en Europe; on ne doit pas du moins juger avec rigueur les institutions contraires, que le climat a dû sans doute établir en des régions où le ciel & le sol parlent si puissamment en faveur du vœu le plus ardent de la nature. Si c'eſt une vertu ſous la Zone Tempérée, d'étouffer les deſirs qui portent les deux ſexes à s'aimer, à s'unir ; céder à ce penchant, eſt un devoir plus cher & plus ſacré, ſous le climat brûlant du Japon.

Dans les pays où la religion ne peut réprimer l'amour, il y a peut-être de la ſageſſe à le changer en culte. Quel ſujet de reconnoiſſance envers l'être des êtres, que d'attendre & de recevoir, comme un préſent de ſa main, le premier objet par qui l'on goûte une nouvelle vie ; l'épouſe ou l'époux qu'on doit chérir ; les enfans, gages d'un bonheur qu'ils ſentiront à leur tour ! Que de biens dont la religion pourroit faire des vertus & les récompenſes de la vertu ; mais qu'elle profane & dénature, quand elle les répréſente comme un ſentier de crimes, de malheurs & de peines ! Oh que les hommes ſe ſont éloignés des fondemens de la morale, en s'écartant des premiers ſentimens de la nature ! Ils ont cherché les liens de la ſociété dans des erreurs périſſables & funeſtes. Si l'homme avoit beſoin d'illuſions pour vivre en paix avec l'homme, que ne les prenoit-il dans les plus délicieux penchans de ſon cœur ? Quel moraliſte, quel légiſlateur ſublime ſaura trouver, dans les beſoins qui tendent à la conſervation, à la reproduction de l'eſpèce, les moyens les plus ſûrs de multiplier les individus & de les rendre heureux ? Qu'il faut plaindre les ames froides, inſenſibles, malheureuſes & dures, à qui ces ſentimens, ces vœux d'un cœur honnête, paroîtroient un délire ou même un attentat !

Tels ſont les Budſoïſtes, autre ſecte du Japon, dont Buds fut le fondateur. Quoiqu'ils profeſſent à-peu-près les dogmes du Sintos, ils ont eſpéré l'emporter ſur cette religion, par une morale plus ſévère. Les Budſoïſtes adorent, outre la divinité des Sintoïſtes, un Amida, ſorte de médiateur entre Dieu & les hommes ; des divinités médiatrices entre les hommes & leur Amida. C'eſt par la multitude de ſes préceptes, par l'excès de ſon auſtérité, par les bizarreries de ſes pratiques & de ſes mortifications, que cette religion a cru mériter la préférence ſur la plus ancienne.

L'eſprit du Budſoïſme eſt terrible. Il n'inſpire que pénitence, crainte excessive, rigorisme cruel. C'est le fanatisme le plus affreux. Les moines de cette religion persuadent à leurs dévots, de passer une partie de leur vie dans les supplices, pour expier des fautes imaginaires. Ils leur infligent eux-mêmes la plupart de ces punitions, avec un despotisme & une cruauté, dont les inquisiteurs d'Espagne pourroient nous retracer l'idée; si ceux-ci n'avoient mieux aimé s'ériger en juges des crimes & des peines dont ils ont été les inventeurs, que d'être les bourreaux des victimes volontaires de la superstition. Les moines Budsoïstes tiennent continuellement l'esprit de leurs sectateurs dans un état violent de remords & d'expiations. Leur religion est si surchargée de préceptes, qu'il est impossible de les accomplir. Elle peint les dieux toujours avides de vengeance, & toujours offensés.

On peut s'imaginer quels effets une si horrible superstition dut opérer sur le caractère du peuple, & à quel degré d'atrocité elle l'a conduit. Les lumières d'une saine morale, un peu de philosophie, une éducation sage, auroient pu servir de remède à ces loix, à ce gouvernement, à cette religion, qui concouroient à rendre l'homme plus féroce dans la société des hommes, qu'il ne l'eût été dans les bois parmi les monstres des déserts.

A la Chine, on met entre les mains des enfans, des livres didactiques, qui les instruisent en détail de leurs devoirs, & qui leur démontrent les avantages de la vertu: aux enfans Japonois, on fait apprendre par cœur des poëmes, où sont célébrées les vertus de leurs ancêtres, où l'on inspire le mépris de la vie & le courage du suicide. Ces chants, ces poëmes, qu'on dit pleins d'énergie & de grace, enfantent l'enthousiasme. L'éducation des Chinois règle l'ame, la dispose à l'ordre: celle des Japonois l'enflamme & la porte à l'héroïsme. On les conduit toute leur vie par le sentiment, & les Chinois par la raison & les usages. Tandis que le Chinois, ne cherchant que la vérité dans ses livres, se contente du bonheur qui naît de la tranquillité; le Japonois, avide de jouissances, aime mieux souffrir que de ne rien sentir. Il semble qu'en général les Chinois tendent à prévenir la violence & l'impétuosité de l'ame; les Japonois, son engourdissement & sa foiblesse.

Un tel caractère devoit rendre ce peuple avide de nouveautés. Aussi les Portugais furent-ils reçus avec le plus vif empressement. Tous les ports leur furent ouverts. Chacun des petits rois du pays chercha à les attirer dans ses états. On se disputoit à qui leur feroit plus d'avantages, à qui leur accorderoit plus de privilèges, à qui leur donneroit plus de facilités. Ces négocians firent un commerce immense. Ils transportoient au Japon les marchandises de l'Inde qu'ils tiroient de différens marchés ; & celles de Portugal auxquelles Macao servoit d'entrepôt. Le Daïri ; les usurpateurs de ses droits souverains ; les grands de l'empire ; la nation entière : tout faisoit une consommation prodigieuse des productions d'Europe & d'Asie. Mais avec quoi les payoit-on ?

Le terrein du Japon est en général montueux, pierreux, & peu fertile. Ce qu'il donne de riz, d'orge & de froment, les seuls grains auxquels il soit propre, ne suffit pas à la prodigieuse population qui le couvre. Les hommes, malgré leur activité, leur intelligence, leur frugalité, seroient réduits à mourir de faim, sans les ressources d'une mer extrêmement poissonneuse. L'empire ne fournit aucune production qui puisse être exportée. Il ne peut même donner en échange aucun des arts de ses atteliers, si l'on en excepte ses ouvrages d'acier, les plus parfaits que l'on connoisse.

Ce n'étoit qu'avec le secours de ses mines d'or, d'argent, de cuivre, les plus riches de l'Asie, & peut-être du monde entier, que le Japon pouvoit soutenir toutes ses dépenses. Les Portugais emportoient tous les ans de ces métaux, pour quatorze à quinze millions de livres. Ils épousoient d'ailleurs les plus riches héritières du pays, & s'allioient aux familles les plus puissantes.

XXIII. Etendue de la domination Portugaise aux Indes.

Leur cupidité devoit être satisfaite, ainsi que leur ambition. Ils étoient les maîtres de la Guinée, de l'Arabie, de la Perse & des deux presqu'isles de l'Inde. Ils régnoient aux Moluques, à Ceylan, dans les isles de la Sonde ; & leur établissement à Macao leur assuroit le commerce de la Chine & du Japon.

Dans cet immense espace, la volonté des Portugais étoit la loi suprême. Ils tenoient sous le joug les terres & les mers. Leur despotisme ne laissoit aux choses & aux personnes, qu'une existence précaire & fugitive. Aucun peuple, aucun particulier, ne naviguoient, ne faisoient le commerce sans leur aveu & leurs passeports. Ceux auxquels on permettoit cette activité, ne pouvoient l'étendre à la canelle, au gingembre, au poivre, au bois de charpente, au fer, à l'acier, au plomb, à l'étain, aux armes, dont les conquérans s'étoient réservé la vente exclusive. Mille objets précieux, sur lesquels tant de nations ont depuis élevé leur fortune, & qui, dans leur nouveauté, avoient une valeur qu'ils n'ont pas eue depuis, étoient concentrés dans leurs seules mains. Ce monopole les rendoit les arbitres absolus du prix des productions, des manufactures de l'Europe & de l'Asie.

Au milieu de tant de gloire, de trésors & de conquêtes, les Portugais n'avoient pas négligé cette partie de l'Afrique, comprise entre le cap de Bonne-Espérance & la mer Rouge, qui avoit été renommée dans tous les tems, par la richesse de ses productions. Tout y fixoit leurs regards avides.

Les Arabes s'y étoient établis & fort multipliés depuis plusieurs siècles. Ils y avoient formé sur la côte de Zanguebar, plusieurs petites souverainetés indépendantes, dont quelques-unes avoient de l'éclat, presque toutes de l'aisance. Ces établissemens devoient leur prospérité aux mines qui étoient dans les terres. Elles fournissoient une partie de l'or qui servoit à l'achat des marchandises de l'Inde. Dans leurs principes, les Portugais devoient chercher à s'emparer de ces richesses & à les ôter à leurs concurrens. Ces marchands Arabes furent aisément subjugués vers l'an 1508. Sur leurs ruines s'éleva un empire, qui s'étendoit depuis Sofala jusqu'à Melinde, & auquel on donna pour centre l'isle de Mozambique. Elle n'est séparée du continent que par un petit canal, & n'a pas deux lieues de tour. Son port, qui est excellent, & auquel il ne manque qu'un air plus pur, devint un lieu de relâche & un entrepôt pour tous les vaisseaux du vainqueur. C'est-là qu'ils attendoient ces vents réglés, qui, dans certains tems de l'année, soufflent constamment des côtes de l'Afrique à celles de l'Inde, comme dans d'autres tems des vents opposés soufflent des côtes de l'Inde à celles de l'Afrique.

Tant

XXIV. Corruption des Portugais dans l'Inde.

Tant d'avantages pouvoient former une maſſe de puiſſance inébranlable ; mais les vices & l'ineptie de quelques commandans, l'abus des richeſſes, celui de la puiſſance, l'ivreſſe des ſuccès, l'éloignement de leur patrie, avoient changé les Portugais. Le fanatiſme de religion qui avoit donné plus de force & d'activité à leur courage, ne leur donnoit plus que de l'atrocité. Ils ne ſe faiſoient aucun ſcrupule de piller, de tromper, d'aſſervir des idolâtres. Ils penſoient que le pape, en donnant aux rois de Portugal les royaumes d'Aſie, n'avoit pas refuſé à leurs ſujets les biens des particuliers. Tyrans des mers de l'Orient, ils y rançonnoient les vaiſſeaux de toutes les nations. Ils ravageoient les côtes ; ils inſultoient les princes ; & ils devinrent bientôt l'horreur & le fléau des peuples.

Le roi de Tidor fut enlevé dans ſon palais, & maſſacré avec ſes enfans, qu'il avoit confiés aux Portugais.

A Ceylan, les peuples n'y cultivoient plus la terre que pour leurs nouveaux maîtres, qui les traitoient avec barbarie.

On avoit établi l'inquiſition à Goa ; & quiconque étoit riche, devenoit la proie des miniſtres de cet infâme tribunal.

Faria, envoyé contre des corſaires Malais, Chinois & d'autres pirates, alla piller les tombeaux des empereurs de la Chine dans l'iſle de Calampui.

Souza faiſoit renverſer toutes les pagodes ſur les côtes du Malabar ; & l'on égorgeoit inhumainement les malheureux Indiens, qui alloient pleurer ſur les ruines de leurs temples.

Correa terminoit une guerre vive avec le roi de Pégu, & les deux partis devoient jurer l'obſervation du traité ſur les livres de leurs religions. Correa jura ſur un recueil de chanſons, & crut éluder un engagement par ce vil ſtratagême.

Nuñès d'Acunha voulut ſe rendre maître de l'iſle de Daman, ſur la côte de Cambaie : les habitans offrirent de la lui abandonner, s'il leur permettoit d'emporter leurs richeſſes. Cette grace fut refuſée, & Nuñès les fit tous paſſer au fil de l'épée.

Diego de Silveyra croiſoit dans la mer Rouge. Un vaiſſeau richement chargé le ſalua. Le capitaine vint à ſon bord, & lui présenta, de la part d'un général Portugais, une lettre qui devoit lui servir de passe-port. Cette lettre ne contenoit que ces mots: *je supplie les capitaines des vaisseaux du roi de Portugal, de s'emparer du navire de ce Maure, comme de bonne prise.*

Bientôt les Portugais n'eurent pas, les uns pour les autres, plus d'humanité & de bonne-foi, qu'ils n'en avoient avec les naturels du pays. Presque tous les états où ils commandoient, étoient divisés en factions.

Il régnoit par-tout dans les mœurs un mêlange d'avarice, de débauche, de cruauté & de dévotion. Ils avoient, la plupart, sept ou huit concubines, qu'ils faisoient travailler avec la dernière rigueur, & auxquelles ils arrachoient l'argent qu'elles avoient gagné par leur travail. Il y a loin de cette manière de traiter les femmes, aux mœurs de la chevalerie.

Les commandans, les principaux officiers, admettoient à leur table une foule de ces chanteuses & de ces danseuses, dont l'Inde est remplie. La mollesse s'étoit introduite dans les maisons & dans les armées. C'étoit en palanquin que les officiers marchoient à l'ennemi. On ne leur trouvoit plus ce courage brillant qui avoit soumis tant de peuples. Les Portugais ne combattoient guère sans l'appât d'un riche butin. Bientôt le monarque ne toucha plus le produit des tributs que lui payoient plus de cent cinquante princes de l'Orient. Cet argent se perdit dans les mains qui l'avoient arraché. Tel étoit le brigandage dans les finances, que les tributs des souverains; le produit des douanes, qui devoit être immense; les impôts qu'on levoit en or, en argent, en épiceries sur les peuples du continent & des isles, ne suffisoient pas pour l'entretien de quelques citadelles, & l'équipement des vaisseaux nécessaires à la protection du commerce.

Il seroit triste d'arrêter les yeux sur le déclin d'une nation qui se seroit signalée par des exploits utiles au genre-humain, qui auroit éclairé le monde, ou procuré la splendeur & la félicité de sa contrée, sans être le fléau de ses voisins ou des régions éloignées. Mais on doit mettre une grande différence entre le héros qui teint la terre de son sang pour la défense de sa patrie, & des brigands intrépides qui trouvent la mort ſur un ſol étranger, ou qui la font ſouffrir à ſes innocens & malheureux habitans. *Sers ou meurs*, diſoient inſolemment les Portugais à chaque peuple qui ſe trouvoit ſur leurs pas rapides & enſanglantés. Il eſt doux d'entrevoir la chûte de cette tyrannie. Il eſt conſolant d'eſpérer le châtiment des trahiſons, des meurtres, des cruautés qui la précèdent ou qui la ſuivent. Loin de m'affliger de la décadence de ces farouches conquérans, c'eſt de la ſage politique de Juan de Caſtro que je m'affligerois, parce qu'elle ſemble promettre la renaiſſance de ce que le vulgaire appelle l'héroïſme des Portugais, & que peut-être moi-même, entraîné par l'habitude, je n'ai pas traité avec l'indignation que je reſſentois. Si cela m'eſt arrivé, j'en demande pardon à Dieu; j'en demande pardon aux hommes.

Barbares Européens! l'éclat de vos entrepriſes ne m'en a point impoſé. Leur ſuccès ne m'en a point dérobé l'injuſtice. Je me ſuis ſouvent embarqué par la penſée ſur les vaiſſeaux qui vous portoient dans ces contrées lointaines: mais deſcendu à terre avec vous, & devenu témoin de vos forfaits, je me ſuis ſéparé de vous; je me ſuis précipité parmi vos ennemis, j'ai pris les armes contre vous; j'ai baigné mes mains dans votre ſang. J'en fais ici la proteſtation ſolemnelle; & ſi je ceſſe un moment de vous voir comme des nuées de vautours affamés & cruels, avec auſſi peu de morale & de conſcience que ces oiſeaux de proie; puiſſe mon ouvrage; puiſſe ma mémoire, s'il m'eſt permis d'eſpérer d'en laiſſer une après moi, tomber dans le dernier mépris, être un objet d'exécration!

XXV. Brillante adminiſtration de Caſtro.

Caſtro étoit fort inſtruit pour ſon ſiècle. Il avoit l'ame noble, élevée; & la lecture des anciens l'avoit nourri dans cet amour de la gloire & de la patrie, ſi commun chez les Grecs & chez les Romains.

Dès les premiers tems de ſa ſage & brillante adminiſtration, Cojè-Sophar, miniſtre de Mahmoud, Roi de Cambaie, ſut inſpirer à ſon maître le deſſein d'attaquer les Portugais. Cet homme né, à ce qu'on aſſure, d'un père Italien & d'une mère Grecque, étoit parvenu, de l'eſclavage, au miniſtère & au commandement des armées. Il s'étoit fait Muſulman; il n'avoit aucune religion, mais il savoit faire usage de la haîne que les Portugais avoient inspirée au peuple par leur mépris pour les religions du pays. Il attira auprès de lui des officiers expérimentés des soldats aguerris, de bons ingénieurs, des fondeurs même qu'il fit venir de Constantinople. Ses préparatifs parurent destinés contre le Mogol ou contre les Patanes ; & lorsque les Portugais s'y attendoient le moins, il attaqua Diu, s'en rendit le maître, & fit le siège de la citadelle.

Cette place, située dans une petite isle, sur les côtes du Guzurate, avoit toujours été regardée comme la clef des Indes, dans le tems que les navigateurs ne s'écartoient pas des terres, & que Surate étoit le plus grand entrepôt de l'Orient. Depuis l'arrivée de Gama, elle avoit été constamment l'objet de l'ambition des Portugais ; & elle étoit enfin tombée sous leur domination du tems de d'Acunha. Mascarenhas, qui en étoit gouverneur au tems dont il s'agit ici, devoit avoir neuf cens hommes, & n'en avoit que trois cens. Le reste de sa garnison, par un abus dès-lors fort commun, faisoit le commerce dans les villes de la côte. Il alloit succomber, s'il n'eût reçu de prompts secours. Castro lui en fit passer sous la conduite de son fils, qui fut tué. Cojè-Sophar le fut aussi, & sa mort ne rallentit pas le siège.

Castro établit des jeux funèbres à l'honneur de ceux qui étoient morts en combattant pour la patrie. Il fit faire des complimens à leurs parens de la part du gouvernement. Il en reçut lui-même pour la mort de son fils aîné. Le second de ses fils présidoit aux jeux funéraires, & partit aussi-tôt pour Diu, comme pour aller mériter les honneurs qu'il venoit de rendre à son frère. La garnison repoussoit tous les assauts, se signaloit chaque jour par des actions extraordinaires. Aux yeux des Indiens, les Portugais étoient au-dessus de l'homme. *Heureusement*, disoit-on, *la providence avoit voulu qu'il y en eût peu, comme il y a peu de tigres & de lions, afin qu'ils ne détruisissent pas l'espèce humaine.*

Castro amena lui-même un plus grand secours que ceux qu'il avoit envoyés. Il entra dans la citadelle avec des vivres & plus de quatre mille hommes. Il fut délibéré si on livreroit bataille. Garcie de Sâ, vieil officier, imposa silence, & dit : *J'ai écouté*, *il faut combattre.* C'étoit l'avis de Caſtro. Les Portugais marchèrent aux retranchemens, & remportèrent une grande victoire. Après avoir délivré la citadelle, il falloit la réparer; les fonds manquoient, & Caſtro les emprunta en ſon nom.

Il voulut, à ſon retour dans Goa, donner à ſon armée les honneurs du triomphe, à la manière des anciens. Il penſoit que ces honneurs ſerviroient à ranimer le génie belliqueux des Portugais, & que le faſte de cette cérémonie impoſeroit à l'imagination des peuples. Les portes, à ſon entrée, furent ornées d'arcs triomphaux; les rues étoient tapiſſées; les femmes, parées magnifiquement, étoient aux fenêtres, & jettoient des fleurs & des parfums ſur les vainqueurs. Le peuple danſoit au ſon des inſtrumens. On portoit l'étendard royal à la tête des troupes victorieuſes, qui marchoient en ordre. Le vice-roi, couronné de feuilles de palmier, étoit monté ſur un char ſuperbe; les généraux ennemis ſuivoient ſon char, les ſoldats priſonniers marchoient après eux. Les drapeaux qu'on leur avoit enlevés, paroiſſoient renverſés & traînans ſur la pouſſière: on faiſoit ſuivre l'artillerie & les bagages pris ſur les vaincus. Des repréſentations de la citadelle délivrée & de la bataille gagnée, relevoient la pompe de cet appareil. Vers, chanſons, harangues, feux de joie, rien ne fut oublié pour rendre cette fête magnifique, agréable, impoſante.

La relation de ce triomphe fut répandue en Europe. Les petits eſprits la trouvèrent ridicule, & les bigots l'appellèrent profane. La reine de Portugal dit à cette occaſion, *que Caſtro avoit vaincu en héros chrétien, & qu'il avoit triomphé en héros payen.*

XXVI. Les Portugais s'amolliſſent & ne ſont plus redoutables.

La vigueur des Portugais, que Caſtro avoit ranimée, ne ſe ſoutint pas long-tems; & la corruption augmentoit de jour en jour dans toutes les claſſes des citoyens. Un vice-roi imagina d'établir, dans les villes principales, des troncs, où tous les particuliers pouvoient jetter des mémoires, & lui donner des avis. Un ſemblable établiſſement pourroit être fort utile, & réformer les abus chez une nation éclairée où il y auroit encore des mœurs; mais chez une nation ſuperſtitieuſe & corrompue, quel bien pouvoit-il faire?

Il ne reſtoit plus aucun des premiers conquérans de l'Inde; &

leur patrie, épuiſée par un trop grand nombre d'entrepriſes & & de colonies, n'avoit plus de quoi les remplacer. Les défenſeurs des établiſſemens Portugais étoient nés en Aſie. L'abondance, la douceur du climat, le genre de vie, peut-être les alimens, avoient fort altéré en eux l'intrépidité de leurs pères. Ils ne conſervèrent pas aſſez de courage pour ſe faire craindre, en ſe livrant à tous les excès qui font haïr. C'étoient des monſtres familiariſés avec le poiſon, les incendies, les aſſaſſinats. Tous les particuliers étoient excités à ces horreurs, par l'exemple des hommes en place. Ils égorgeoient les naturels du pays; ils ſe déchiroient entre eux. Le gouverneur qui arrivoit, mettoit aux fers ſon prédéceſſeur pour le dépouiller. L'éloignement des lieux, les faux témoignages, l'or verſé à pleines mains aſſuroient l'impunité à tous les crimes.

L'iſle d'Amboine fut le premier pays qui ſe fit juſtice. Dans une fête publique, un Portugais ſaiſit une très-belle femme; &, ſans aucun égard pour les bienſéances, il lui fit le dernier des outrages. Un des inſulaires, nommé Genulio, ayant armé ſes concitoyens, aſſembla les Portugais, & leur dit: « Les cruels affronts que nous » avons reçus de vous, demanderoient des effets, & non des » paroles. Cependant, écoutez. Le Dieu que vous nous prêchez » ſe plaît, dites-vous, dans les actions vertueuſes des hommes, » & le vol, le meurtre, l'impudicité, l'ivrognerie, ſont vos habi- » tudes; tous les vices ſont entrés dans vos ames. Nos mœurs & » les vôtres ne peuvent s'accorder. En vain la nature l'avoit » prévu, en nous ſéparant par des mers immenſes, vous avez » franchi ces barrières. Cette audace, dont vous oſez vous enor- » gueillir, eſt une preuve de la corruption de vos cœurs. Croyez- » moi, laiſſez en paix des peuples qui vous reſſemblent ſi peu; » allez habiter avec des hommes auſſi féroces que vous: votre » commerce ſeroit le plus funeſte des fléaux dont votre Dieu » pourroit nous accabler. Nous renonçons, pour toujours, à votre » alliance. Vos armes ſont meilleures que les nôtres; mais nous » avons pour nous la juſtice, & nous ne vous craignons pas. Les » Itons ſont d'aujourd'hui vos ennemis déclarés; fuyez leur pays, » & gardez-vous d'y reparoître ».

Ce discours, qui, trente ans auparavant, auroit entraîné la ruine d'Amboine, fut écouté avec une patience qui montroit le changement des Portugais.

XXVII. Il se forme une conspiration générale contre les Portugais. Comment Ataïde la dissipe.

Également détestés par-tout, ils virent se former une confédération pour les chasser de l'Orient. Toutes les grandes puissances de l'Inde entrèrent dans cette ligue, & pendant trois ou quatre ans firent en secret des préparatifs. La cour de Lisbonne en fut informée. Le roi Sébastien, qui, sans l'excès de son fanatisme, auroit été un grand roi, fit partir pour l'Inde Ataïde, & tous les Portugais qui s'étoient distingués dans les guerres de l'Europe.

A leur arrivée, l'opinion générale étoit qu'il falloit abandonner les possessions éloignées, & rassembler ses forces dans le Malabar & aux environs de Goa. Quoique Ataïde pensât qu'on avoit fait trop d'établissemens, il ne consentit pas à les sacrifier. *Compagnons*, dit-il, *je veux tout conserver ; & tant que je vivrai, les ennemis ne gagneront pas un pouce de terrein.* Aussi-tôt il expédia des secours pour toutes les places menacées, & fit les dispositions nécessaires à la défense de Goa.

Le Zamorin attaqua Mangalor, Cochin, Cananor. Le roi de Cambaie attaqua Chaul, Daman, Baçaim. Le roi d'Achem fit le siège de Malaca. Le roi de Ternate fit la guerre dans les Moluques. Agalachem, tributaire du Mogol, fit arrêter tous les Portugais qui négocioient à Surate. La reine de Garcopa tenta de les chasser d'Onor.

Ataïde, au milieu des soins & des embarras du siège de Goa, envoya cinq vaisseaux à Surate : ils firent relâcher les Portugais, détenus par Agalachem. Treize bâtimens partirent pour Malaca : le roi d'Achem & ses alliés, levèrent le siège de cette place. Ataïde voulut même faire appareiller les navires, qui portoient tous les ans à Lisbonne quelques tributs ou des marchandises. On lui représenta, qu'au lieu de se priver du secours des hommes qui monteroient cette flotte, il falloit les garder pour la défense de l'Inde. *Nous y suffirons*, dit Ataïde ; *l'état est dans le besoin, & il ne faut pas tromper son espérance.* Cette réponse étonna, & la flotte partit. Dans le tems que la capitale se voyoit le plus vivement pressée par Idalcan, Ataïde envoya des troupes au ſecours de Cochin, & des vaiſſeaux à Ceylan. L'archevêque, dont l'autorité étoit ſans bornes, voulut s'y oppoſer. *Monſieur*, lui dit Ataïde, *vous n'entendez rien à nos affaires ; bornez-vous à les recommander à Dieu.* Les Portugais, arrivés d'Europe, firent, au ſiège de Goa, des prodiges de valeur. Ataïde eut ſouvent de la peine à les empêcher de prodiguer inutilement leur vie. Pluſieurs, malgré ſes défenſes, ſortoient en ſecret la nuit, pour aller attaquer les aſſiégeans dans leurs lignes.

Le vice-roi ne comptoit pas ſi abſolument ſur la force de ſes armes, qu'il ne crût devoir employer la politique. Il fut inſtruit qu'Idalcan étoit gouverné par une de ſes maîtreſſes, qu'il avoit amenée à ſon camp. Cette femme ſe laiſſa corrompre, & lui vendit les ſecrets de ſon amant. Idalcan s'apperçut de la trahiſon, mais il ne put découvrir le traître. Enfin, après dix mois de combats & de travaux, ce prince, qui voyoit ſes tentes ruinées, ſes troupes diminuées, ſes éléphans tués, ſa cavalerie hors d'état de ſervir, vaincu par le génie d'Ataïde, leva le ſiège, & ſe retira la honte & le déſeſpoir dans le cœur.

Le brave Ataïde deſcendit au-deſſous de ſon caractère, en corrompant la maîtreſſe d'Idalcan. Celle-ci reſta dans le ſien, en trahiſſant ſon amant. Comment celle qui a vendu publiquement ſon honneur à ſon ſouverain, balanceroit-elle de vendre l'honneur de ſon ſouverain, à celui qui ſaura mettre un prix proportionné à ſa perfidie? Si une femme étoit capable d'inſpirer de grandes choſes à ſon roi, elle auroit aſſez d'élévation dans l'ame pour dédaigner de devenir ſa courtiſane; & lorſqu'elle ſe réſoudra à accepter ce titre aviliſſant, lorſque peut-être elle ſera aſſez lâche pour s'en tenir honorée, que peut en attendre la nation? La corruption des mœurs de ſon amant, la corruption des mœurs de ſes favoris; la déprédation du fiſc; l'élévation des hommes les plus ineptes & les plus infâmes aux places les plus importantes, la honte du long règne. Souverains, un homme de mœurs auſtères vous interdiroit toute liaiſon illicite: mais ſi vos pénibles fonctions ſollicitent notre indulgence, du moins que votre vice ſoit couvert par de grandes vertus. Ayez une maîtreſſe, s'il faut que vous en ayez

ayez une : mais qu'étrangère aux affaires publiques, ſon diſtrict ſoit reſtreint à la ſurintendance momentanée de vos amuſemens.

Ataïde vole ſur le champ au ſecours de Chaul, aſſiégée par Nizamaluc, roi de Cambaie, qui avoit plus de cent mille hommes. La défenſe de Chaul avoit été auſſi intrépide que celle de Goa. Elle fut ſuivie d'une grande victoire qu'Ataïde, à la tête d'une poignée de Portugais, remporta ſur une armée nombreuſe, & aguerrie par un long ſiège.

Ataïde marcha enſuite contre le Zamorin, le battit, & fit avec lui un traité, par lequel ce prince s'engageoit à ne plus avoir de vaiſſeaux de guerre.

Telle fut la fin déſaſtreuſe d'une conſpiration ourdie avec beaucoup de concert, d'art & de ſecret contre des uſurpateurs inſolens & oppreſſeurs. On gémit de la défaite de tant de peuples, & l'on ſouhaiteroit que les talens, que les vertus d'Ataïde euſſent été employés dans une meilleure cauſe. Pour concilier l'admiration qu'inſpire ce héros, avec la liberté des Indes, je lui deſirerois une mort glorieuſe.

Les Portugais redevenoient dans tout l'Orient ce qu'ils étoient auprès d'Ataïde. Un ſeul vaiſſeau, commandé par Lopès-Caraſco, ſe battit pendant trois jours contre la flotte entière du roi d'Achem. Au milieu du combat, on vint dire au fils de Lopès que ſon père avoit été tué : *C'eſt*, dit-il, *un brave homme de moins ; il faut vaincre, ou mériter de mourir comme lui.* Il prit le commandement du vaiſſeau ; & traverſant en vainqueur la flotte ennemie, ſe rendit devant Malaca.

On retrouvoit alors dans les Portugais ces autres vertus qui ſuivent le courage : tant eſt puiſſant ſur les nations, même les plus corrompues, l'aſcendant d'un grand homme. Thomas de Souza venoit de faire eſclave une belle femme, promiſe, depuis peu, à un jeune homme qui l'aimoit. Celui-ci inſtruit du malheur de ſa maîtreſſe, alla ſe jetter à ſes pieds, & partager ſes fers. Souza fut témoin de leur entrevue : ils s'embraſſoient ; ils fondoient en larmes. *Je vous affranchis*, leur dit le général Portugais ; *allez vivre heureux où vous voudrez.*

Ataïde mit de la réforme dans la régie des deniers publics, & réprima l'abus le plus nuisible aux états, l'abus le plus difficile à réprimer. Mais ce bon ordre, cet héroïsme renaissant, ce beau moment, n'eut de durée que celle de son administration.

XXVIII. Etat où tombe le Portugal, subjugué par l'Espagne.

Un gouvernement est toujours une machine très-compliquée qui a son commencement, ses progrès & son moment de perfection, lorsqu'il est bien conçu; son commencement, ses progrès & son moment d'extrême corruption, lorsqu'il est vicieux à son origine. Dans l'un & l'autre cas, il embrasse un si grand nombre d'objets, tant au-dedans qu'au-dehors, que sa dissolution amenée, soit par l'imbécillité du chef, soit par l'impatience des sujets, ne peut avoir que les suites les plus effrayantes. Si l'impatience des sujets vient à briser un joug sous lequel ils sont las de gémir, une nation s'avance plus ou moins rapidement à l'anarchie, à travers des flots de sang. Si elle arrive insensiblement à ce terme fatal, par l'indolence ou la foiblesse du souverain, incapable de tenir les rênes de l'empire; le sang est épargné, mais la nation tombe dans un état de mort. Ce n'est plus qu'un cadavre dont toutes les parties entrent en putréfaction, se séparent & se transforment en un amas de vers qui pourrissent eux-mêmes après avoir tout dévoré. Cependant les nations adjacentes tournent autour, comme on voit dans les campagnes les animaux voraces. Elles s'emparent sans effort d'une contrée sans défense. Alors les peuples passent sous un état pire qu'au sortir de la barbarie. Les loix du conquérant luttent contre les loix du peuple conquis; les usages de l'un contre les usages de l'autre; ses mœurs contre ses mœurs; sa religion contre sa religion; sa langue se confond avec un idiome étranger. C'est un cahos dont il est difficile de présager la fin; un cahos qui ne se débrouille qu'après le laps de plusieurs siècles, & dont il reste des traces que les événemens les plus heureux n'effacent jamais entiérement.

Telle est l'image du Portugal à la mort du roi Sébastien, jusqu'à ce que ce royaume passa peu-à-peu sous la domination de Philippe II. Alors, les Portugais de l'Inde ne crurent plus avoir une patrie. Quelques-uns se rendirent indépendans; d'autres se firent corſaires, & ne reſpectèrent aucun pavillon. Pluſieurs ſe mirent au ſervice des princes du pays, & ceux-là devinrent preſque tous miniſtres ou généraux : tant leur nation avoit encore d'avantages ſur celles de l'Inde. Chaque Portugais ne travailloit plus qu'à ſa fortune ; ils agiſſoient ſans zèle & ſans concert pour l'intérêt commun. Leurs conquêtes dans l'Inde étoient partagées en trois gouvernemens, qui ne ſe prêtoient aucun ſecours, & dont les projets & les intérêts devinrent différens. Les ſoldats & les officiers étoient ſans diſcipline, ſans ſubordination, ſans amour de la gloire. Les vaiſſeaux de guerre ne ſortoient plus des ports, ou n'en ſortoient que mal armés. Les mœurs ſe dépravèrent plus que jamais. Aucun chef ne pouvoit réprimer les vices, & la plupart de ces chefs étoient des hommes corrompus. Les Portugais perdirent enfin leur grandeur, lorſqu'une nation libre, éclairée & tolérante ſe montra dans l'Inde, & leur en diſputa l'empire.

XXIX. Quelles [...] les autres [...] ſes qui amè[...] la ruine [...] Portugais [...] l'Inde.

On peut dire que dans le tems des découvertes que fit le Portugal, les principes politiques ſur le commerce, ſur la puiſſance réelle des états, ſur les avantages des conquêtes, ſur la manière d'établir & de conſerver des colonies, & ſur l'utilité qu'en peut tirer la métropole, n'étoient point encore connus.

Le projet de trouver un chemin autour de l'Afrique, pour ſe rendre aux Indes & en rapporter des marchandiſes, étoit ſage. Les bénéfices que faiſoient les Vénitiens par des voies plus détournées, avoient excité une juſte émulation dans les Portugais ; mais une ſi louable ambition devoit avoir des bornes.

Cette petite nation ſe trouvant tout-à-coup maîtreſſe du commerce le plus riche & le plus étendu de la terre, ne fut bientôt compoſée que de marchands, de facteurs & de matelots, que détruiſoient de longues navigations. Elle perdit auſſi le fondement de toute puiſſance réelle, l'agriculture, l'induſtrie nationale & la population. Il n'y eut pas de proportion entre ſon commerce & les moyens de le continuer.

Elle fit plus mal encore : elle voulut être conquérante, & embraſſa une étendue de terrein, qu'aucune nation de l'Europe ne pourroit conſerver ſans s'affoiblir.

Ce petit pays, médiocrement peuplé, s'épuisoit sans cesse en soldats, en matelots, en colons.

Son intolérance religieuse ne lui permit pas d'admettre au rang de ses citoyens, les peuples de l'Orient & de l'Afrique ; & il lui falloit par-tout, & à tout moment, combattre ses nouveaux sujets.

Comme le gouvernement changea bientôt ses projets de commerce en projets de conquêtes, la nation qui n'avoit jamais eu l'esprit de commerce, prit celui de brigandage.

L'horlogerie, les armes à feu, les fins draps, & quelques autres marchandises qu'on a apportées depuis aux Indes, n'étant pas à ce degré de perfection où elles-sont parvenues, les Portugais n'y pouvoient porter que de l'argent. Bientôt ils s'en lassèrent ; & ils ravirent de force, aux Indiens, ce qu'ils avoient commencé par acheter de ces peuples.

C'est alors qu'on vit en Portugal, à côté de la plus excessive richesse, la plus excessive pauvreté. Il n'y eut de riches, que ceux qui avoient possédé quelque emploi dans les Indes ; & le laboureur, qui ne trouvoit pas des bras pour l'aider dans son travail, les artisans, qui manquoient d'ouvriers, abandonnant bientôt leurs métiers, furent réduits à la plus extrême misère.

Toutes ces calamités avoient été prévues. Lorsque la cour de Lisbonne s'étoit occupée de la découverte des Indes, elle s'étoit flattée qu'il n'y auroit qu'à se montrer dans ce doux climat, pour y dominer ; que le commerce de ces contrées seroit une source inépuisable de richesses pour la nation, comme il l'avoit été pour les peuples qui, jusqu'alors, en avoient été les maîtres ; que les trésors qu'on y puiseroit éleveroient l'état, malgré les étroites limites de son territoire, à la force, à la splendeur des puissances les plus redoutables. Ces séduisantes espérances ne subjuguèrent pas tous les esprits. Les plus éclairés, les plus modérés des ministres osèrent dire que pour courir après des métaux, après des objets brillans, on négligeroit les biens réels, l'exploitation des terres, des manufactures ; que les guerres, les naufrages, les épidémies, les accidens de tous les genres, énerveroient, pour jamais, le royaume entier ; que le gouvernement, entraîné loin de son centre par une ambition démesurée, attireroit, par violence ou par séduction, les citoyens aux extrémités de l'Asie; que le succès même de l'entreprise, susciteroit à la couronne des ennemis puissans, qu'il lui seroit impossible de repousser. Inutilement on entreprit, quelque tems après, de détromper des hommes sages, en leur montrant les Indiens soumis, les Maures réprimés, les Turcs humiliés, l'or & l'argent répandus abondamment dans le Portugal. Leurs principes & leur expérience les soutinrent contre l'éclat imposant des prospérités. Ils ne demandèrent que peu d'années encore pour voir la corruption, la dévastation, la confusion de toutes choses, poussées au dernier période. Le tems, ce juge suprême de la politique, ne tarda pas à justifier leurs prédictions.

XXX. Etat actuel des Portugais dans l'Inde.

De toutes les conquêtes que les Portugais avoient faites dans les mers d'Asie, il ne leur reste que Macao, une partie de l'isle de Timor, Daman, Diu & Goa. Les liaisons que ces misérables établissemens entretenoient entre eux; celles qu'ils avoient avec le reste de l'Inde & avec le Portugal, étoient très-languissantes. Elles se sont encore resserrées, depuis qu'on a établi à Goa une compagnie exclusive pour la Chine & pour le Mozambique.

Actuellement, Macao envoie à Timor, à Siam, à la Cochinchine, quelques foibles bâtimens de peu de valeur. Il en envoie cinq ou six à Goa, chargés de marchandises rebutées à Canton, & qui, la plupart, appartiennent à des négocians Chinois. Ces derniers navires se chargent en retour du bois de sandal, du safran d'Inde, du gingembre, du poivre, des toiles, de tous les objets que Goa a pu traiter sur la côte de Malabar, ou à Surate, avec son vaisseau de soixante canons, avec ses deux frégates, & avec ses six chaloupes armées en guerre.

Il résulte de cette inaction, que la colonie ne peut fournir annuellement pour l'Europe, que trois ou quatre cargaisons, dont la valeur ne passe pas 3,175,000 livres, même depuis 1752, que ce commerce a cessé d'être sous le joug du monopole, si l'on en excepte le sucre, le tabac en poudre, le poivre, le salpêtre, les perles, les bois de sandal & d'aigle, que la couronne continue à acheter & à vendre exclusivement. Les bâtimens qui les portoient, relâchoient autrefois au Bréſil ou en Afrique, & y vendoient une partie de leurs marchandiſes : mais depuis quelque tems ils ſont obligés de faire directement leur retour dans la métropole.

Tel eſt l'état de dégradation où ſont tombés dans l'Inde les hardis navigateurs qui la découvrirent, les intrépides guerriers qui la ſubjuguèrent. Le théâtre de leur gloire, de leur opulence, eſt devenu celui de leur ruine & de leur opprobre. Autrefois un vice-roi, & depuis 1774 un gouverneur-général, deſpote & cruel ; une milice turbulente & indiſciplinée, formée par ſix mille deux cens ſoixante-ſeize ſoldats noirs ou blancs ; des magiſtrats d'une vénalité publique ; une adminiſtration avide & injuſte : tous ces genres d'oppreſſion qui anéantiroient le peuple le plus vertueux, peuvent-ils régénérer une nation pareſſeuſe, dégradée & corrompue ? Que la cour de Lisbonne ouvre enfin les yeux ; & bientôt un pavillon, oublié depuis long-tems, reprendra quelque conſideration. Il ne figurera point parmi les grandes puiſſances commerçantes : mais il pourra, ſans éclat, enrichir ſon pays. Nous allons voir dans l'exemple des Hollandois, dont les entrepriſes vont nous occuper, ce que peut un petit peuple, quand la patience, la réflexion & l'économie dirigent ſes ſpéculations.

Fin du premier Livre.

HISTOIRE PHILOSOPHIQUE ET POLITIQUE

DES ETABLISSEMENS ET DU COMMERCE DES EUROPÉENS DANS LES DEUX INDES.

LIVRE SECOND.

Établissemens, guerres, politique & commerce des Hollandois dans les Indes Orientales.

LA république de Hollande offre en naissant un grand spectacle aux nations ; & doit rester un puissant objet d'intérêt pour nous, & de curiosité pour notre postérité la plus reculée. Son industrie & son audace ont éclaté par-tout ; mais plus particuliérement sur les mers & le continent des Indes. Avant de la suivre dans ces vastes régions, nous remonterons jusqu'à l'époque la plus ancienne de son histoire. C'est sur-tout dans un ouvrage de la nature de celui-ci, qu'il convient d'embrasser d'un coup-d'œil rapide, tout ce qui peut caractériser le génie d'une nation. Il faut mettre le lecteur qui réfléchit, à portée de juger par lui-même, si ce qu'elle étoit à son origine annonçoit ce qu'elle est devenue depuis; & si les dignes compagnons de Civilis, qui bravèrent la puissance Romaine, se retrouvent dans ces républicains intrépides, qui, sous les auspices de Nassau, repoussèrent la sombre & odieuse tyrannie de Philippe II.

I.
Anciennes révolutions de la Hollande.

C'est une des vérités historiques les mieux prouvées, qu'un siècle avant l'ère chrétienne, les Battes, dégoûtés de la Hesse, allèrent s'établir dans l'isle que forment le Waal & le Rhin, sur un terrein marécageux, qui n'avoit point, ou qui n'avoit que peu d'habitans. Ils donnèrent à leur nouvelle patrie le nom de Batavie. Leur gouvernement fut un mêlange de monarchie, d'aristocratie, de démocratie. On y voyoit un chef, qui n'étoit proprement que le premier des citoyens, & qui donnoit moins des ordres que des conseils. Les grands, qui jugeoient les procès de leur district, & commandoient les troupes, étoient choisis, comme les rois, dans les assemblées générales. Cent personnes, prises dans la multitude, servoient de surveillans à chaque comte, & de chefs aux différens hameaux. La nation entière étoit, en quelque sorte, une armée toujours sur pied. Chaque famille y composoit un corps de milice, qui servoit sous le capitaine qu'elle se donnoit.

Telle étoit la situation de la Batavie, lorsque César passa les Alpes. Ce général Romain battit les Helvétiens, plusieurs peuples des Gaules, les Belges, les Germains, qui avoient passé le Rhin, & poussa ses conquêtes au-delà du fleuve. Cette expédition, dont l'audace & le succès tenoient du prodige, fit rechercher la protection du vainqueur.

Des écrivains, trop passionnés pour leur patrie, assurent que les Bataves firent alors alliance avec Rome; mais ils se soumirent, en effet, à condition qu'ils se gouverneroient eux-mêmes, qu'ils ne paieroient aucun tribut, & qu'ils seroient assujettis seulement au service militaire.

César ne tarda pas à distinguer les Bataves, des peuples

venus

vaincus & ſoumis aux Romains. Quand ce conquérant des Gaules, rappellé à Rome par le crédit de Pompée, eut refuſé d'obéir au ſénat ; quand, aſſuré de l'empire abſolu que le tems & ſon caractère lui avoient donné ſur les légions & les auxiliaires, il attaqua ſes ennemis en Eſpagne, en Italie, en Aſie : ce fut alors que, reconnoiſſant les Bataves pour les plus ſûrs inſtrumens de ſes victoires, il leur accorda le titre glorieux d'*amis & de frères du peuple Romain.*

Révoltés dans la ſuite des injuſtices de quelques gouverneurs, ils ſuivirent cet inſtinct courageux & digne de l'homme, qui cherche dans les armes la vengeance d'un affront. Ils ſe montrèrent ennemis auſſi redoutables, qu'alliés fidèles ; mais ces troubles s'appaiſèrent, & les Bataves furent calmés plutôt que vaincus.

Dès que Rome, parvenue à un point de grandeur que nul état n'avoit encore atteint, où nul état n'eſt arrivé depuis, ſe fut relâchée des vertus mâles & des principes auſtères qui avoient poſé les fondemens de ſon élévation ; lorſque ſes loix eurent perdu leur force, ſes armées leur diſcipline, ſes citoyens leur amour pour la patrie ; les Barbares, que la terreur du nom Romain avoit pouſſés vers le Nord, & que la violence y avoit contenus, ſe débordèrent vers le Midi. L'empire s'écroula de tous côtés, & ſes plus belles provinces devinrent la proie des nations qu'il n'avoit jamais ceſſé d'avilir ou d'opprimer. Les Francs, en particulier, lui arrachèrent les Gaules ; & la Batavie fit partie du vaſte & brillant royaume que ces conquérans fondèrent dans le cinquième ſiècle.

La nouvelle monarchie éprouva les inconvéniens preſque inſéparables des états naiſſans, & trop ordinaires encore dans les gouvernemens les plus affermis. Tantôt elle obéit à un ſeul prince, & tantôt elle gémit ſous le caprice de pluſieurs tyrans. Elle fut toujours occupée de guerres étrangères, ou en proie à la fureur des diſſentions domeſtiques. Quelquefois elle porta la terreur chez ſes voiſins ; & plus ſouvent, des peuples venus du Nord portèrent le ravage dans ſes provinces. Elle eut également à ſouffrir, & de l'imbécillité de pluſieurs de ſes rois, & de l'ambition déréglée de leurs favoris & de leurs miniſtres. Des pontifes orgueilleux ſapèrent les fondemens du trône, & avilirent, par leur audace, les loix & la religion. L'anarchie & le deſpotiſme ſe ſuccédèrent avec une rapidité, qui ôtoit aux plus confians juſqu'à l'eſpoir d'un avenir ſupportable. L'époque brillante du règne de Charlemagne, ne fut qu'un éclair. Comme ce qu'il avoit fait de grand étoit l'ouvrage de ſon talent, & que les bonnes inſtitutions n'y avoient point de part, les affaires retombèrent, après ſa mort, dans le cahos d'où elles étoient ſorties ſous Pepin, ſon père, & plus encore ſous lui-même. L'empire François, dont il avoit trop étendu les limites, fut diviſé. Celui de ſes petits-fils, dont la Germanie fut le partage, obtint encore la Batavie, à laquelle les Normands, dans leurs excurſions, avoient donné depuis peu le nom de Hollande.

La branche Germanique des Carlovingiens finit au commencement du dixième ſiècle. Comme les autres princes François n'avoient ni le courage, ni les forces néceſſaires pour faire valoir leurs droits, les Germains briſèrent aiſément un joug étranger. Ceux de la nation, qui, ſous l'autorité du monarque, régiſſoient les cinq cercles dont l'état étoit compoſé, choiſirent un d'entre eux pour chef. Il ſe contenta de la foi & de l'hommage de ces hommes puiſſans, que des devoirs plus gênans auroient pu pouſſer à une indépendance entière. Leurs obligations ſe réduiſirent au ſervice féodal.

Les comtes de Hollande, qui, comme les autres gouverneurs de province, n'avoient exercé juſqu'alors qu'une juriſdiction précaire & dépendante, acquirent, à cette époque mémorable, les mêmes droits que tous les grands vaſſaux d'Allemagne. Ils augmentèrent, dans la ſuite, leurs poſſeſſions par les armes, par les mariages, par les conceſſions des empereurs, & réuſſirent, avec le tems, à ſe rendre tout-à-fait indépendans de l'empire. Les entrepriſes injuſtes qu'ils formèrent contre la liberté publique, n'eurent pas le même ſuccès. Leurs ſujets ne furent, ni intimidés par les violences, ni ſéduits par les careſſes, ni corrompus par les profuſions. La guerre, la paix, les impôts, les loix, tous les traités, furent toujours l'ouvrage des trois pouvoirs réunis ; du comte, des nobles & des villes. L'esprit républicain étoit encore l'esprit dominant de la nation ; lorsque des événemens extraordinaires la firent passer sous la domination de la maison de Bourgogne, qui étoit déja puissante, & qui le fut encore davantage après cette réunion.

Les gens éclairés, qui calculoient les probabilités, prévoyoient que cet état, formé successivement de plusieurs autres états, seroit d'un grand poids dans le systême politique de l'Europe. Le génie de ses habitans, l'avantage de sa situation, ses forces réelles : tout lui présageoit un agrandissement presque sûr & fort considérable. Un événement qui, quoique très-ordinaire, confond toujours l'ambition, déconcerta des projets & des espérances, qui ne devoient pas tarder à se réaliser. La ligne masculine s'éteignit dans cette maison ; & Marie, son unique héritière, porta en 1477 dans la maison d'Autriche, le fruit de plusieurs hasards heureux, de beaucoup d'intrigues, & de quelques injustices.

A cette époque, si célèbre dans l'histoire, chacune des dix-sept provinces des Pays-Bas avoit des loix particulières, des privilèges fort étendus, un gouvernement presque isolé. Tout s'éloignoit de cette unité précieuse, de laquelle dépendent également le bonheur & la sûreté des empires & des républiques. Une longue habitude avoit familiarisé les peuples avec cette espèce de cahos, & ils ne soupçonnoient pas qu'il pût y avoir d'administration plus raisonnable. Le préjugé étoit si ancien, si général & si affermi, que Maximilien, Philippe & Charles, ces trois premiers princes Autrichiens, qui jouirent de l'héritage de la maison de Bourgogne, ne crurent pas devoir entreprendre de rien innover. Ils se flattèrent que quelqu'un de leurs successeurs trouveroit des circonstances favorables, pour exécuter avec sûreté, ce qu'ils ne pouvoient seulement tenter sans risque.

II. Fondation [de] la Républi[que] de Holland[e].

Alors se préparoit en Europe une grande révolution dans les esprits. La renaissance des lettres, un commerce étendu, les inventions de l'imprimerie & de la boussole, amenoient le moment où la raison humaine devoit secouer le joug d'une partie des préjugés, qui avoient pris naiſſance dans les tems de barbarie.

Beaucoup de bons eſprits étoient guéris des ſuperſtitions Romaines. Ils étoient bleſſés de l'abus que les papes faiſoient de leur autorité; des tributs qu'ils levoient ſur les peuples; de la vente des expiations, & ſur-tout de ces ſubtiles abſurdités, dont ils avoient chargé la religion ſimple de Jéſus-Chriſt.

Mais ce ne furent pas ces bons eſprits qui commencèrent la révolution. Un moine turbulent eut cet honneur. Son éloquence barbare ſouleva les nations du Nord. Quelques hommes éclairés aidèrent à détromper les autres peuples. Parmi les princes de l'Europe, les uns adoptèrent la religion des réformateurs; d'autres ſe tinrent unis à Rome. Les premiers, entraînèrent aſſez aiſément leurs ſujets dans leurs opinions; les autres eurent de la peine à empêcher les leurs d'embraſſer les opinions nouvelles. Ils employèrent pluſieurs moyens; mais trop ſouvent ceux de la rigueur. On vit renaître l'eſprit de fanatiſme, qui avoit détruit les Saxons, les Albigeois, les Huſſites. On releva les gibets, on ralluma les bûchers, pour y envoyer les novateurs.

Aucun ſouverain ne fit plus d'uſage de ces moyens que Philippe II. Son deſpotiſme s'étendoit ſur toutes les branches de ſa vaſte monarchie; & le fanatiſme y perſécutoit ceux auxquels on donnoit les noms d'hérétiques ou d'infidèles. Les Pays-Bas furent plus particuliérement le théâtre de ces violences; & des milliers de citoyens périrent ſur l'échafaud. Ces peuples ſe révoltèrent. On vit alors ſe renouveller le ſpectacle que les Vénitiens avoient donné au monde pluſieurs ſiècles auparavant. Un peuple qui fuyoit la tyrannie, & qui ne trouvoit plus d'aſyle ſur la terre, alla le chercher ſur les eaux. Sept petites provinces, au Nord du Brabant & de la Flandre, inondées plutôt qu'arroſées par de grandes rivières; ſouvent ſubmergées par la mer, qu'on contenoit à peine avec des digues; n'ayant pour richeſſes que le produit de quelques pâturages, & une pêche médiocre, fondèrent une des plus riches, des plus puiſſantes républiques du monde, & le modèle, peut-être, des états commerçans. Les premiers efforts de leur union ne furent point heureux ; mais si les Hollandois commencèrent par des défaites, ils finirent par des victoires. Les troupes Espagnoles, qu'ils avoient à combattre, étoient les meilleures de l'Europe : elles eurent d'abord des avantages. Peu-à-peu les nouveaux républicains les leur firent perdre. Ils résistèrent avec constance ; ils s'instruisirent par leurs fautes même, par l'exemple de leur ennemi, & ils le surpassèrent enfin dans la science de la guerre. La nécessité de disputer pied à pied le terrein étroit de la Hollande, fit perfectionner l'art de fortifier les pays & les villes.

La Hollande, cet état si foible dans sa naissance, chercha des armes & de l'appui par-tout où elle put en espérer. Elle donna des asyles aux pirates de toutes les nations, dans le dessein de s'en servir contre les Espagnols ; & ce fut-là le fondement de sa puissance maritime. Des loix sages, un ordre admirable, une constitution qui conservoit l'égalité parmi les hommes, une excellente police, la tolérance, firent bientôt de cette république un état puissant. En 1590, elle avoit humilié plus d'une fois la marine Espagnole. Elle avoit déja du commerce, & celui qui convenoit le mieux à sa situation. Ses vaisseaux faisoient alors ce qu'ils font encore aujourd'hui : ils se chargeoient des marchandises d'une nation, pour les porter à l'autre. Les villes anséatiques, & quelques villes d'Italie, étoient en possession de ces transports : les Hollandois, en concurrence avec elles, eurent bientôt l'avantage ; ils le dûrent à leur frugalité. Leurs flottes militaires protégeoient leurs flottes marchandes. Leurs négocians prirent de l'ambition, & aspirèrent à étendre de plus en plus leur commerce. Ils s'étoient emparés de celui de Lisbonne, où ils achetoient les marchandises des Indes pour les revendre dans toute l'Europe.

Philippe II, devenu le maître du Portugal, défendit, en 1594, à ses nouveaux sujets, toute relation avec ses ennemis. Ce despote ne prévoyoit pas, qu'une interdiction qu'il croyoit devoir affoiblir les Hollandois, les rendroit, en effet, plus redoutables. Si ces sages navigateurs n'avoient pas été exclus d'un port d'où dépendoit tout le succès de leurs opérations navales, on peut penser que, contens de couvrir de leurs vaisseaux les mers d'Europe, ils n'auroient pas songé à porter leur pavillon dans des mers plus éloignées. L'impossibilité de maintenir leur commerce sans les productions de l'Orient, les força à sortir d'une sphère, peut-être trop étroite pour la situation où ils se trouvoient. On résolut d'aller puiser ces richesses à leur source.

III. Premiers voyages des Hollandois aux Indes.

Il semble que le meilleur moyen étoit d'équiper des vaisseaux, & de les envoyer aux Indes : mais on n'avoit ni pilotes qui connussent les mers d'Asie, ni facteurs qui en entendissent le commerce. On craignit les dangers d'une longue navigation, sur des côtes dont l'ennemi étoit le maître; on craignit de voir les vaisseaux interceptés, dans une route de six mille lieues. Il parut plus raisonnable de travailler à découvrir un passage à la Chine & au Japon, par les mers du Nord. La route devoit être plus courte & plus sûre. Les Anglois avoient fait cette tentative sans succès; les Hollandois la renouvellèrent, & ne furent pas plus heureux.

Pendant qu'ils étoient occupés de cette recherche, Corneille Houtman, marchand de leur nation, homme de tête & d'un génie hardi, arrêté pour ses dettes à Lisbonne, fit dire aux négocians d'Amsterdam, que s'ils vouloient le tirer de prison, il leur communiqueroit un grand nombre de découvertes qu'il avoit faites, & qui pouvoient leur être utiles. Il s'étoit, en effet, instruit dans le plus grand détail, & de la route qui menoit aux Indes, & de la manière dont s'y faisoit le commerce. On accepta ses propositions; on paya ses dettes. Les lumières étoient telles qu'il les avoit promises. Ses libérateurs, qu'il éclaira, formèrent une association, sous le nom de compagnie des pays lointains, & lui confièrent, en 1595, quatre vaisseaux, pour les conduire aux Indes par le cap de Bonne-Espérance.

Le principal objet de ce voyage, étoit d'étudier les côtes, les nations, les productions, les différens commerces de chaque lieu, en évitant, autant qu'il seroit possible, les établissemens des Portugais. Houtman reconnut les côtes d'Afrique & du Brésil, s'arrêta à Madagascar, relâcha aux Maldives, & se rendit aux isles de la

Sonde. Il y vit les campagnes couvertes de poivre, & en acheta, de même que d'autres épiceries plus précieuses. Sa sagesse lui procura l'alliance du principal souverain de Java : mais les Portugais, quoique haïs, & sans établissement dans l'isle, lui suscitèrent des ennemis. Il sortit victorieux de quelques petits combats, qu'il fut contraint de livrer, & repartit avec sa petite flotte pour la Hollande, où il apporta peu de richesses & beaucoup d'espérances. Il ramenoit avec lui des Nègres, des Chinois, des Malabares, un jeune homme de Malaca, un Japonois, & enfin Abdul, pilote de Guzurate, plein de talens, & qui connoissoit parfaitement les différentes côtes de l'Inde.

D'après la relation d'Houtman, & les lumières qu'on devoit à son voyage, les négocians d'Amsterdam conçurent le projet d'un établissement à Java, qui leur donneroit le commerce du poivre; qui les approcheroit des isles où croissent des épiceries plus précieuses; qui pourroit leur faciliter l'entrée de la Chine & du Japon; & qui, de plus, seroit éloigné du centre de la puissance Européenne qu'ils avoient à craindre dans l'Inde. Van-Neck, chargé en 1598, avec huit vaisseaux, d'une opération si importante, arriva dans l'isle de Java, où il trouva les habitans indisposés contre sa nation. On combattit; on négocia. Le pilote Abdul, les Chinois, & plus encore la haine qu'on avoit contre les Portugais, servirent les Hollandois. On leur laissa faire le commerce; & bientôt ils expédièrent quatre vaisseaux avec beaucoup d'épiceries & quelques toiles. L'amiral, avec le reste de sa flotte, fit voile pour les Moluques, où il apprit que les naturels du pays avoient chassé les Portugais de quelques endroits, & qu'ils n'attendoient qu'une occasion favorable pour les chasser des autres. Il établit des comptoirs dans plusieurs de ces isles; il fit des traités avec quelques souverains, & il revint en Europe chargé de richesses.

La joie que son retour causa fut extrême. Le succès de son voyage excita une nouvelle émulation. Il se forma des sociétés dans la plupart des villes maritimes & commerçantes des Provinces-Unies. Bientôt ces associations, trop multipliées, se nuisirent les unes aux autres, par le prix excessif où la fureur d'acheter fit monter les marchandiſes dans l'Inde, & par l'aviliſſement où la néceſſité de vendre les fit tomber en Europe. Elles étoient toutes ſur le point de périr par leur propre concurrence, & par l'impuiſſance où ſe trouvoit chacune d'elles ſéparément, de réſiſter à un ennemi redoutable, qui ſe faiſoit un point capital de les détruire. Dans cette conjoncture, le gouvernement, quelquefois plus éclairé que des particuliers, vint à leur ſecours.

IV. Etabliſſement de la Compagnie des Indes.

Les États-Généraux réunirent, en 1602, ces différentes ſociétés en une ſeule, ſous le nom de compagnie des grandes Indes. On lui accorda le droit de faire la paix ou la guerre avec les princes de l'Orient, de bâtir des forteresſes, de choiſir les gouverneurs, d'entretenir des garniſons, & de nommer des officiers de police & de juſtice.

Cette compagnie, ſans exemple dans l'antiquité, modèle de toutes celles qui l'ont ſuivie, commençoit avec de grands avantages. Les ſociétés particulières, qui l'avoient précédée, lui étoient utiles par leurs malheurs, par leurs fautes même. Le trop grand nombre de vaiſſeaux qu'elles avoient équipés, avoit donné des lumières certaines ſur toutes les branches du commerce; avoit formé beaucoup d'officiers & de matelots; avoit encouragé les bons citoyens à ces expéditions éloignées, en n'expoſant d'abord que des gens ſans aveu & ſans fortune.

Tant de moyens réunis, ne pouvoient reſter oiſifs dans des mains actives. Le nouveau corps devint bientôt une grande puiſſance. Ce fut un nouvel état placé dans l'état même, qui l'enrichiſſoit, augmentoit ſa force au dehors; mais qui pouvoit diminuer, avec le tems, le reſſort politique de la démocratie, qui eſt l'amour de l'égalité, de la frugalité, des loix & des citoyens.

Auſſi-tôt après ſon établiſſement, la compagnie fit partir pour les Indes, quatorze vaiſſeaux & quelques yachts, ſous les ordres de l'amiral Warwick, que les Hollandois regardent comme le fondateur de leur commerce, & de leurs puiſſantes colonies dans l'Orient. Il bâtit un comptoir fortifié dans l'iſle de Java; il en bâtit un dans les états du roi de Johor; il fit des alliances avec pluſieurs princes dans le Bengale. Il eut à combattre ſouvent les Portugais,

Portugais, & il remporta presque toujours l'avantage. Dans les lieux où ils n'étoient que commerçans, il eut à détruire les préventions répandues contre sa nation, qu'ils avoient représentée comme un amas de brigands, ennemis de tous les rois, & infectés de tous les vices. La conduite des Hollandois & celle des Portugais, apprit bientôt aux peuples d'Asie laquelle des deux nations avoit sur l'autre l'avantage des mœurs. Elles ne tardèrent pas à se faire une guerre sanglante.

Quel dut être l'étonnement des Indiens, témoins de ces grands combats? Combien leur cœur devoit tressaillir de joie, en voyant leurs tyrans s'acharner à leur destruction mutuelle? Avec quel transport ils devoient bénir une providence vengeresse des maux qu'on leur avoit faits? Jusqu'où ne devoit pas monter leur espérance, puisque de quelque côté que le sang fût répandu, c'étoit celui d'un oppresseur ou d'un ennemi?

V. Guerres des Hollandois & des Portugais.

Les Portugais avoient pour eux une parfaite connoissance des mers, l'habitude du climat, & les secours de plusieurs nations qui les détestoient, mais que la crainte forçoit à combattre pour leurs tyrans. Les Hollandois étoient animés par le sentiment pressant de leurs besoins; par l'espoir de donner une stabilité entière à une indépendance qu'on leur disputoit encore; par l'ambition de fonder un grand commerce sur les ruines du commerce de leurs anciens maîtres; par une haîne que la diversité de religion rendoit implacable. Ces passions, en leur donnant l'activité, la force, l'opiniâtreté nécessaires dans l'exécution des grands projets, ne les empêchoient pas de se conduire avec précaution. Leur douceur & leur bonne-foi leur concilioient les peuples. Bientôt plusieurs se déclarèrent contre leurs anciens oppresseurs.

Les Hollandois faisoient passer continuellement en Asie de nouveaux colons, des vaisseaux & des troupes; & les Portugais étoient abandonnés à leurs propres forces. L'Espagne négligeoit de leur envoyer des flottes marchandes; de les faire soutenir par l'escadre qu'on avoit entretenue jusqu'alors dans l'Inde; de réparer les places fortes, & d'en renouveller les garnisons. On pouvoit penser qu'elle desiroit l'abaissement de ses nouveaux sujets, qui ne lui paroiſſoient pas aſſez ſoumis, & qu'elle fondoit la perpétuité de ſon empire, ſur leurs défaites réitérées. Elle fit plus. Dans la crainte que le Portugal ne trouvât des reſſources en lui-même, elle lui enlevoit ſes citoyens, qu'elle envoyoit en Italie, en Flandre, dans les autres contrées de l'Europe où elle faiſoit la guerre.

Cependant la balance fut long-tems égale, & les événemens aſſez variés. Il ne faut pas en être étonné. Les Portugais, à leur arrivée aux Indes, n'avoient eu à combattre ſur mer que de foibles navires, mal conſtruits, mal armés, mal défendus; & ſur le continent, que des hommes efféminés, des deſpotes voluptueux, des eſclaves tremblans : au lieu que ceux qui venoient leur arracher le ſceptre de l'Aſie, devoient enlever à l'abordage des vaiſſeaux ſemblables aux leurs; emporter d'aſſaut des fortereſſes réguliérement conſtruites; vaincre & ſubjuguer des Européens, enorgueillis par un ſiècle de victoires, & par la fondation d'un empire immenſe.

Le tems arriva enfin, où les Portugais expièrent leurs perfidies, leurs brigandages & leurs cruautés. Alors ſe vérifia la prophétie d'un roi de Perſe. Ce prince ayant demandé à un ambaſſadeur, arrivé de Goa, combien de gouverneurs ſon maître avoit fait décapiter, depuis qu'il avoit introduit ſa domination dans les Indes. *Aucun*, répondit l'ambaſſadeur. *Tant pis*, repliqua le monarque : *ſa puiſſance, dans un pays où il ſe commet tant de vexations & de barbaries, ne durera pas long-tems.*

On ne vit pas pourtant durant cette guerre, dans les Hollandois, cette témérité brillante, cette intrépidité inébranlable, qui avoient ſignalé les entrepriſes des Portugais : mais on leur vit une ſuite, une perſévérance immuables dans leurs deſſeins. Souvent battus, jamais découragés, ils revenoient faire de nouvelles tentatives, avec de nouvelles forces & des meſures plus ſages. Ils ne s'expoſoient jamais à une défaite entière. Si, dans un combat, ils avoient pluſieurs vaiſſeaux maltraités, ils ſe retiroient; & comme ils ne pouvoient jamais ſe réſoudre à perdre de vue leur commerce, la flotte vaincue, en ſe réparant chez quelques princes de l'Inde, y achetoit des marchandises, & retournoit en Hollande. Elle y portoit à la compagnie de nouveaux fonds, qui étoient employés à de nouvelles entreprises. Les Hollandois ne faisoient pas toujours de grandes choses; mais ils n'en faisoient pas d'inutiles. Ils n'avoient pas cette fierté, cette vaine gloire des Portugais, qui avoient fait plus de guerres, peut-être, pour s'illustrer que pour s'agrandir. Les Hollandois suivirent leur premier dessein, sans se laisser détourner par des motifs de vengeance, ou par des projets de conquêtes ruineuses.

Dès 1601 ils avoient cherché, & en 1607 ils cherchèrent encore à s'ouvrir les ports du vaste empire de la Chine, qui, à cette époque, n'admettoit que difficilement les étrangers. L'or des Portugais, & les intrigues de leurs missionnaires, leur en firent refuser l'entrée. La force pouvoit arracher ce qu'on avoit refusé aux prières, & ils se déterminèrent à intercepter les vaisseaux Chinois. Ce brigandage n'eut pas les suites favorables qu'on s'en étoit promis. Une flotte Portugaise, sortie de Macao, alloit fondre sur les pirates, lorsqu'ils prirent le parti de s'éloigner. L'inégalité du nombre; l'impossibilité de se radouber dans des mers où l'on manquoit d'asyle; la crainte de commettre l'honneur de la nation, à la vue d'un grand empire où l'on étoit intéressé à le conserver: tout déterminoit à éviter le combat. Ce ne fut pas pour long-tems.

Quelques années après, les Hollandois assiégèrent une place, dont ils avoient appris à connoître l'importance. Ils échouèrent dans leur entreprise: mais comme ils ne perdoient jamais le fruit de leurs armemens, ils firent servir celui qu'ils avoient dirigé contre Macao, à former une colonie dans les isles des Pêcheurs. Ce sont des rochers qui manquent d'eau dans des tems de sécheresse, & de vivres dans tous les tems. Ces inconvéniens n'étoient pas rachetés par des avantages solides; parce que dans le continent voisin, on empêchoit, avec la plus grande sévérité, toute liaison avec ces étrangers, qu'on trouvoit dangereux si près des côtes. Les Hollandois étoient déterminés à abandonner un établissement qu'ils désespéroient de rendre utile, lorsqu'ils furent invités, en 1624, à s'aller fixer à Formose, avec l'assurance, que les marchands Chinois auroient une liberté entière d'aller traiter avec eux.

VI. Les Hollandois s'établissent à Formose.

Cette isle, quoique située vis-à-vis de la province de Fokien, & à trente lieues de la côte, n'étoit pas soumise à l'empire de la Chine, qui n'a point la passion des conquêtes; & qui, par une politique inhumaine & mal-entendue, aime mieux laisser périr une partie de sa population, que d'envoyer la surabondance de ses sujets dans des terres voisines. On trouva que Formose avoit cent trente ou cent quarante lieues de tour. Ses habitans, à en juger par leurs mœurs & par leur figure, paroissoient descendus des Tartares de la partie la plus Septentrionale de l'Asie. Vraisemblablement la Corée leur avoit servi de chemin. Ils vivoient, la plupart, de pêche ou de chasse, & alloient presque nus.

Les Hollandois, après avoir pris sans obstacle toutes les lumières que la prudence exigeoit, jugèrent que le lieu le plus favorable pour un établissement, étoit une petite isle voisine de la grande. Ils trouvoient dans cette situation trois avantages considérables; une défense aisée, si la haîne ou la jalousie cherchoient à les troubler; un port formé par les deux isles; la facilité d'avoir dans toutes les moussons, une communication sûre avec la Chine: ce qui auroit été impossible dans quelque autre position qu'on eût voulu prendre.

La nouvelle colonie se fortifioit insensiblement sans éclat, lorsqu'elle s'éleva tout d'un coup à une prospérité qui étonna toute l'Asie. Ce fut à la conquête de la Chine par les Tartares, qu'elle dut ce bonheur inespéré. Ainsi les torrens engraissent les vallons de la substance des montagnes ravagées. Plus de cent mille Chinois, qui ne vouloient pas se soumettre au vainqueur, se réfugièrent à Formose. Ils y portèrent l'activité, qui leur est particulière, la culture du riz & du sucre, & y attirèrent des vaisseaux sans nombre de leur nation. Bientôt l'isle devint le centre de toutes les liaisons que Java, Siam, les Philippines, la Chine, le Japon, d'autres contrées, voulurent former. En peu d'années, elle se trouva le plus grand marché de l'Inde.

Les Hollandois comptoient ſur de plus grands ſuccès encore, lorſque la fortune trompa leurs eſpérances.

Un Chinois, nommé Equam, né dans l'obſcurité, s'étoit fait pirate par inquiétude; & par ſes talens, étoit parvenu à la dignité de grand-amiral. Il ſoutint long-tems les intérêts de ſa patrie contre les Tartares; mais voyant que ſon maître avoit ſuccombé, il chercha à faire ſa paix. Arrêté à Pekin, où on l'avoit attiré, il s'y vit condamné, par l'uſurpateur, à une priſon perpétuelle, dans laquelle on croit qu'il fut empoiſonné. Sa flotte ſervit d'aſyle à ſon fils Coxinga, qui jura une haîne éternelle aux oppreſſeurs de ſa famille & de ſa patrie, & qui imagina qu'il pourroit exercer contre eux des vengeances terribles, s'il réuſſiſſoit à s'emparer de Formoſe. Il l'attaque, & prend à la deſcente le miniſtre Hambroeck.

Choiſi entre les priſonniers pour aller au fort de Zélande, déterminer ſes compatriotes à capituler, ce républicain ſe ſouvient de Régulus: il les exhorte à tenir ferme, & tâche de leur perſuader, qu'avec beaucoup de conſtance ils forceront l'ennemi à ſe retirer. La garniſon, qui ne doute pas que cet homme généreux ne paie ſa magnanimité de ſa tête, de retour au camp, fait les plus grands efforts pour le retenir. Ces inſtances ſont tendrement appuyées par deux de ſes filles, qui étoient dans la place. *J'ai promis*, dit-il, *d'aller reprendre mes fers; il faut dégager ma parole. Jamais on ne reprochera à ma mémoire, que, pour me mettre à couvert, j'ai appeſanti le joug, & peut-être cauſé la mort des compagnons de mon infortune.* Après ces mots héroïques, il reprend tranquillement la route du camp Chinois, & le ſiège commence.

Quoique les ouvrages de la place fuſſent en mauvais état; que les munitions de guerre & de bouche n'y fuſſent pas abondantes; que la garniſon fût foible, & que les ſecours envoyés pour attaquer l'ennemi, ſe fuſſent honteuſement retirés, le gouverneur Coyet fit une défenſe opiniâtre. Forcé, au commencement de 1662, de capituler, il ſe rendit à Batavia, où ſes ſupérieurs, par une de ces iniquités d'état communes à tous les gouvernemens, le flétrirent, pour ne pas laisser soupçonner que la perte d'un établissement si important fût l'ouvrage de leur ineptie ou de leur négligence. Les tentatives qu'on fit pour le recouvrer, furent inutiles; & l'on fut réduit, dans la suite, à faire le commerce de Canton aux mêmes conditions, avec la même gêne, la même dépendance, que les autres nations.

Il pourroit paroître singulier, qu'aucun peuple de l'Europe, depuis 1683, que Formose a subi le joug des Chinois, n'ait songé à s'y établir, du moins, aux mêmes conditions que les Portugais à Macao. Mais outre que le caractère soupçonneux de la nation à laquelle cette isle appartient, ne permettoit pas d'espérer, de sa part, cette complaisance, on peut assurer que ce seroit une mauvaise entreprise. Formose n'étoit un poste important, que lorsque les Japonois pouvoient y naviguer, & lorsque ses productions étoient reçues sans restriction au Japon.

VII. Commerce des Hollandois avec le Japon.

Cet empire avoit servi en 1600 de refuge à quelques Hollandois qui avoient fait naufrage à l'isle de Bango : mais ce ne fut qu'en 1609 qu'il reçut des navires de la compagnie.

Depuis près d'un siècle, le gouvernement avoit changé au Japon. Un tyran avoit rendu féroce un peuple magnanime. Taycosama, de soldat devenu général, & de général empereur, avoit usurpé tous les pouvoirs, anéanti tous les droits. Après avoir dépouillé le daïri du peu qui lui étoit resté d'autorité, il avoit subjugué tous les petits rois du pays. Le comble de la tyrannie, est d'établir le despotisme par les loix. Taycosama fit plus encore; il le cimenta par des loix sanguinaires. Sa législation civile ne fut qu'un code criminel, où l'on ne voyoit que des échafauds, des supplices, des coupables, des bourreaux.

Dès que le Japonois vit l'esclavage, il prit les armes : le sang coula dans tout l'empire; & quoiqu'il semble que la liberté doive être plus courageuse que la tyrannie, celle-ci triompha. Elle fut encore plus atroce, quand elle eut à se venger. Une inquisition publique & secrete consterna les citoyens : ils devinrent espions, délateurs, accusateurs, ennemis les uns des autres. Les fautes de police s'appellèrent crimes d'état, & les discours imprudens, crimes de lèze-majesté. La persécution fut érigée en législation. Il fallut noyer successivement trois générations dans leur propre sang ; & des pères rebelles donnèrent le jour à des fils proscrits.

Le Japon ne fut, durant un siècle, qu'un cachot rempli de criminels, & un théâtre de supplices. Le trône, élevé sur les débris de l'autel, étoit entouré de gibets. Les sujets étoient devenus atroces comme leur tyran. Avides de la mort, ils la cherchoient souvent par des crimes qui, sous le despotisme, ne pouvoient leur manquer. Au défaut de bourreaux, ils se punissoient de leur esclavage, ou se vengeoient de la tyrannie, en se donnant la mort. Un nouveau courage, un nouveau motif de la braver, vint les aider à souffrir. Ce fut le christianisme que les Portugais leur avoient apporté.

Ce nouveau culte trouva dans l'oppression des Japonois, le germe le plus fécond de prosélytisme. On écouta des missionnaires qui prêchoient une religion de souffrances. En vain la doctrine de Confucius cherchoit à s'insinuer chez un peuple voisin de la Chine. Elle étoit trop simple, trop raisonnable, cette doctrine, pour des insulaires, dont l'imagination, naturellement inquiète, étoit encore exaltée par les cruautés du gouvernement. Quelques dogmes du christianisme, assez semblables à ceux des Budsoïstes ; le même esprit de pénitence dans les deux croyances, donnèrent des prosélytes aux missionnaires Portugais. Mais, indépendamment de cette conformité, on se seroit fait chrétien au Japon, seulement par haîne du prince.

La religion nouvelle, suspecte à la cour, devoit plaire aux familles détrônées. Elle y enflamma le levain de tous les ressentimens. On aima un Dieu étranger que n'aimoit pas le tyran. Alors Taycosama leva un sceptre de fer, & frappa sur les chrétiens, comme ennemis de l'état. Il proscrivit les dogmes de l'Europe, & la proscription les enracina dans les esprits. Il dressa des bûchers, & des millions de victimes s'y précipitèrent. Les empereurs du Japon enchérirent sur ceux de Rome dans l'art de persécuter les chrétiens. Durant quarante ans, les échafauds furent teints du sang innocent des martyrs. Ce fut une semence de christianisme, mais auſſi de ſédition. Près de quarante mille chrétiens, dans le royaume ou la province d'Arima, s'armèrent au nom, & pour le nom de *Chriſt :* ils ſe défendirent avec tant de fureur, qu'il n'en ſurvécut pas un ſeul au carnage, excité par la perſécution.

La navigation, le commerce, les comptoirs des Portugais s'étoient ſoutenus durant toute cette grande criſe. Cependant, depuis long-tems, le gouvernement & le peuple étoient mécontens d'eux. Ils s'étoient rendus ſuſpects au gouvernement par leur ambition, par leurs intrigues, peut-être par des conſpirations ſecrètes; & odieux au peuple, par leur avarice, par leur orgueil, par leurs infidélités. Mais, comme on avoit pris l'habitude des marchandiſes qu'ils apportoient, & qu'on n'avoit point d'autre canal que celui de leur navigation pour ſe les procurer, ils ne furent exclus du Japon qu'à la fin de 1638, lorſqu'il y eut des négocians en état de les remplacer.

Les Hollandois, qui, depuis quelque tems, étoient entrés en concurrence avec eux, ne furent pas enveloppés dans cette diſgrace. Comme ces républicains n'avoient pas montré l'ambition de ſe mêler du gouvernement; qu'ils avoient prêté leur artillerie contre les chrétiens; qu'on les voyoit en guerre avec la nation proſcrite; que l'opinion de leurs forces n'étoit pas établie; qu'ils paroiſſoient réſervés, ſouples, modeſtes, uniquement occupés de leur commerce, on les toléra, mais en les gênant beaucoup. Trois ans après, ſoit que l'eſprit d'intrigue & de domination les eût ſaiſis; ſoit, comme il eſt plus vraiſemblable, qu'aucune conduite ne pût prévenir la défiance Japonoiſe, ils furent dépouillés de la liberté & des privilèges dont ils jouiſſoient.

Depuis 1641, ils ſont relégués dans l'iſle artificielle de Decima, élevée dans le port de Nangazaki, & qui communique par un pont à la ville. On déſarme leurs vaiſſeaux à meſure qu'ils arrivent; & la poudre, les fuſils, les épées, l'artillerie, les voiles, le gouvernail même, ſont portés à terre. Dans cette eſpèce de priſon, ils ſont traités avec un mépris dont on n'a point d'idée; & ils ne peuvent avoir de communication qu'avec les commiſſaires, chargés de régler le prix & la quantité de leurs marchandiſes.

Il n'eſt pas poſſible que la patience avec laquelle ils ſouffrent ce traitement depuis plus d'un ſiècle, ne les ait avilis aux yeux de la nation qui en eſt le témoin; & que l'amour du gain ait amené à ce point l'inſenſibilité aux outrages, ſans avoir flétri le caractère.

Des draps d'Europe, des ſoies, des toiles peintes, du ſucre, des bois de teinture, quelques épiceries, principalement du poivre & du girofle : telles ſont les marchandiſes qui ſont portées au Japon. Les retours ordinaires étoient très-conſidérables dans le tems d'une liberté indéfinie. Après les gênes, il ne fut annuellement expédié de Batavia que trois bâtimens qu'il fallut bientôt réduire à deux. Depuis douze ans même, on n'envoie alternativement qu'une & deux foibles cargaiſons; ſoit que l'acheteur ait exigé cette réduction, ſoit que le vendeur y ait été déterminé par la médiocrité des bénéfices. Suivant les réglemens, tous les effets réunis ne devroient produire que 1,100,000 livres; mais, quoique vraiſemblablement cet ordre ne ſoit pas exécuté à la rigueur, on eſt aſſuré que le gain ne paſſe pas 50,000 livres. Il ſeroit plus conſidérable, ſans l'obligation impoſée aux Hollandois, d'envoyer tous les ans à la capitale de l'Empire, un ambaſſadeur chargé de préſens. Le paiement ſe fait avec le meilleur cuivre de l'univers qui ſe conſomme dans le Bengale, ſur la côte de Coromandel & à Surate; il ſe fait auſſi avec du camphre que l'Europe emploie, lorſqu'il a été purifié à Amſterdam.

Les agens de la compagnie ſont plus heureux que le corps qu'ils ſervent. Par une hoſpitalité, qui eſt particulière au Japon, on leur donne, dès leur arrivée, des courtiſanes qu'ils peuvent garder juſqu'à leur départ. Ces filles ne ſervent pas ſeulement à leurs plaiſirs, mais encore à leur fortune. C'eſt par ce moyen qu'ils introduiſent dans le pays, & l'écaille de tortue dont les Japonois font leurs bijoux les plus recherchés, & le camphre de Sumatra qui, ſe trouvant aſſez parfait pour n'avoir pas beſoin de l'opération du feu, eſt cenſé digne des autels.

En échange, ils reçoivent un or très-pur qui, auſſi-bien que la marchandiſe, paſſe par les mains de leurs maîtreſſes, dont l'intelligence & la probité, dans la double négociation, sont également attestées.

Les Chinois, le seul peuple étranger qui soit admis dans l'Empire avec les Hollandois, ne font pas un commerce plus étendu; & c'est avec les mêmes gênes. Depuis 1688, ils sont enfermés, tout le tems que leur vente dure, hors des murs de Nangazaki, dans une espèce de prison, composée de plusieurs cabanes, environnée d'une palissade, & défendue par un bon fossé, avec un corps-de-garde à toutes les portes. On a pris ces précautions contre eux, depuis que, parmi les livres de philosophie & de morale qu'ils vendoient, on a trouvé des ouvrages favorables au christianisme. Les missionnaires Européens les avoient chargés, à Canton, de les répandre; & l'appât du gain les détermina à une infidélité qui a été sévérement punie.

On peut croire que ceux qui ont changé l'ancien gouvernement du pays en un despotisme le plus absolu de la terre, regarderont toute communication avec les étrangers, comme dangereuse à leur autorité. Cette conjecture paroît d'autant mieux fondée, qu'on a défendu à tous les sujets de sortir de leur patrie. Cet édit rigoureux, soutenu de la peine de mort, est devenu la maxime fondamentale de l'Empire.

Ainsi la politique inhumaine de l'état, s'est ôté l'unique moyen de s'adoucir elle-même, en adoucissant le caractère national. Le Japonois, ardent comme son climat, agité comme la mer qui l'environne, avoit besoin de la plus grande activité, que le commerce le plus vif pouvoit seul lui donner. Pour n'être pas forcé de le contenir par les supplices, il falloit l'exercer par les travaux. Son inquiétude devoit avoir une carrière libre au-dehors, si l'on craignoit qu'elle n'allumât un feu séditieux au-dedans. Cette énergie de l'ame, qui est dégénérée en fanatisme, se seroit exaltée en industrie. La contemplation se seroit changée en action; la crainte des peines en amour du plaisir. Cette haîne de la vie qui tourmente le Japonois enchaîné, gourmandé, effarouché par le frein des loix qu'il ronge dans sa rage, auroit cédé, dans son ame, à la curiosité de courir les mers & de voir les nations.

En changeant ſouvent de place & de climat, il eût inſenſiblement changé de mœurs, d'opinions, de caractère; & ce changement étoit un bien pour lui, comme il l'eſt pour la plupart des peuples. Par le commerce, on eſt moins citoyen peut-être, mais on devient plus homme; & le Japonois eſt devenu tigre ſous la verge de ſes tyrans.

Qu'on nous vante les Spartiates, les Égyptiens, & toutes les nations iſolées qui ont été plus fortes, plus grandes & plus ſtables dans l'état de ſéparation qu'elles s'étoient impoſé. Le genre-humain n'a rien gagné dans ces inſtitutions ſingulières. Mais l'eſprit de commerce eſt utile à toutes les nations, en leur communiquant les biens & les lumières de chacune. Enfin, fût-il inutile ou funeſte à certains peuples, il étoit néceſſaire aux Japonois. Par le commerce, ils ſe ſeroient éclairés à la Chine, humaniſés dans l'Inde, guéris de tous leurs préjugés avec les Européens.

VIII. Les Moluques ſubiſſent le joug des Hollandois.

Heureuſement pour les Hollandois, ils avoient des reſſources qui les dédommageoient de ce qu'ils avoient pu perdre au Japon. Ils n'étoient pas encore entrés en commerce avec ces iſles, les plus remarquables de la Zone Torride, lorſqu'ils cherchèrent à s'approprier celui des Moluques. Les Portugais, après en avoir été long-tems poſſeſſeurs, s'étoient vus réduits à en partager les avantages avec les Eſpagnols devenus leurs maîtres, & avec le tems, à leur céder ce commerce preſque entiérement. Les deux nations, toujours diviſées, toujours en guerre, parce que le gouvernement n'avoit eu ni le tems, ni l'adreſſe de détruire leur antipathie, ſe réunirent pour combattre les ſujets des Provinces-Unies. Ceux-ci, ſoutenus des naturels du pays, qui n'avoient pas encore appris à les craindre & à les haïr, acquirent peu-à-peu la ſupériorité. Les anciens conquérans furent chaſſés vers l'an 1621, & remplacés par d'autres auſſi avides, mais moins inquiets & plus éclairés.

Auſſi-tôt que les Hollandois ſe virent ſolidement établis aux Moluques, ils cherchèrent à s'approprier le commerce excluſif des épiceries: avantage que ceux qu'ils venoient de dépouiller n'avoient jamais pu ſe procurer. Ils ſe ſervirent habilement des forts qu'ils avoient emportés l'épée à la main, & de ceux qu'on avoit eu l'imprudence de leur laisser bâtir, pour amener à leur plan les rois de Ternate & de Tidor, maîtres de cet archipel. Ces princes se virent réduits à consentir qu'on arrachât, des isles laissées sous leur domination, le muscadier & le giroflier. Le premier de ces esclaves couronnés reçoit, pour prix de ce grand sacrifice, une pension de 70,950 livres; & le second, une d'environ 13,200 liv. Une garnison qui devroit être de sept cens hommes, est chargée d'assurer l'exécution du traité: & tel est l'état d'anéantissement où les guerres, la tyrannie, la misère, ont réduit des rois, que ces forces seroient plus que suffisantes, pour les tenir dans cette dépendance, s'il ne falloit surveiller les Philippines, dont le voisinage cause toujours quelques inquiétudes. Quoique toute navigation soit interdite aux habitans, & qu'aucune nation étrangère ne soit reçue chez eux, les Hollandois n'y font qu'un commerce languissant; parce qu'ils n'y trouvent point de moyen d'échange, ni d'autre argent que celui qu'ils y envoient pour payer les troupes, les commis & les pensions. Ce gouvernement, les petits profits déduits, coûte, par an, à la compagnie, 154,000 livres.

Elle se dédommage bien de cette perte, à Amboine, où elle a concentré la culture du giroflier.

L'arbre qui donne le girofle a le port du bouleau, l'écorce fine & lisse du hêtre. Son tronc, formé d'un bois très-dur, s'élève peu & se partage en plusieurs branches principales, dont les rameaux se couvrent, en mars, de feuilles & de fleurs. Les feuilles sont toujours opposées, pointillées, lisses, entières sur les bords, presque semblables pour la forme & la consistance à celles du laurier. Les fleurs, disposées en corymbe terminal, ont chacune un calice alongé, terminé par quatre dents, qui porte autant de pétales blancs & un grand nombre d'étamines. Le pistil renfermé dans le fond de ce calice, devient avec lui un fruit ovoïde rempli d'un seul noyau, & connu sous le nom de matrice de girofle. Ce même calice cueilli avant le développement des pétales & la fécondation du pistil, est le clou proprement dit, dont la récolte fait le principal objet de la culture du giroflier. Elle commence en octobre & finit en février. Lorſque les clous ont acquis une couleur rougeâtre & une certaine fermeté, on les fait tomber avec de longs roſeaux, ou en ſecouant fortement les branches de l'arbre, ſur de grandes toiles ou ſur un terrein bien nettoyé. Ils ſont expoſés enſuite pendant quelques jours à la fumée ſur des claies recouvertes de grandes feuilles. Cette fumigation, à laquelle on devroit peut-être ſubſtituer l'étuve, eſt ſuivie de la deſſication au ſoleil, qui eſt cenſée parfaite, lorſqu'en enlevant avec l'ongle une portion de l'enveloppe du clou, on apperçoit dans l'intérieur une belle couleur rouge.

Le giroflier veut un terrein gras & fertile. On favoriſe ſon accroiſſement en lui donnant de l'eſpace, & en arrachant les herbes & les arbriſſeaux de ſon voiſinage; ce qui a fait dire à quelques voyageurs, qu'il attiroit à lui tous les ſucs nourriciers du ſol qui le produit. Si on l'abandonnoit à lui-même, il s'élèveroit très-haut; mais on préfère, pour la facilité de la récolte, une tige baſſe & ramifiée dès ſon origine.

Les clous, qui ont été oubliés ſur l'arbre, continuent à groſſir juſqu'à l'épaiſſeur d'un demi-pouce. Ils ſont alors propres à la germination, pourvu qu'on les mette auſſi-tôt en terre, & ils produiſent le giroflier qui ne donne des fleurs qu'au bout de huit ou neuf ans. Ces fruits ou matrices, quoique inférieurs aux clous ordinaires, ont des vertus. Les Hollandois ont coutume d'en confire avec du ſucre; & dans les longs voyages, ils en mangent après le repas, pour rendre la digeſtion meilleure; ou ils s'en ſervent comme d'un remède agréable contre le ſcorbut.

Le clou de girofle, pour être parfait, doit être bien nourri, peſant, gras, facile à caſſer, d'une odeur excellente, d'un goût chaud & aromatique, preſque brûlant à la gorge, piquant les doigts quand on le manie, & y laiſſant une humidité huileuſe quand on le preſſe. La grande conſommation s'en fait dans les cuiſines. Il eſt tellement recherché dans quelques pays de l'Europe, & ſur-tout aux Indes, que l'on y mépriſe preſque toutes les nourritures où il ne se trouve pas. On le mêle dans les mets, dans les vins, dans les liqueurs; on l'emploie aussi parmi les odeurs. On s'en sert peu dans la médecine; mais on en tire une huile dont elle fait un assez grand usage.

La compagnie a partagé aux habitans d'Amboine, quatre mille terreins, sur chacun desquels elle a d'abord permis, & s'est vu forcée vers l'an 1720, d'ordonner qu'on plantât cent vingt-cinq arbres, ce qui forme un nombre de cinq cens mille girofliers. Chacun donne, année commune, au-delà de deux livres de girofle; &, par conséquent, leur produit réuni s'élève au-dessus d'un million pesant.

Le cultivateur est payé avec de l'argent qui revient toujours à la compagnie, & avec quelques toiles bleues ou écrues, tirées du Coromandel. Ce foible commerce auroit reçu quelque accroissement, si les habitans d'Amboine, & des petites isles qui en dépendent, avoient voulu se livrer à la culture du poivre & de l'indigo, dont les essais ont été heureux. Tout misérables que sont ces insulaires, on n'a pas réussi à les tirer de leur indolence; parce qu'on ne les a pas tentés par une récompense proportionnée à leurs travaux.

L'administration est un peu différente dans les isles de Banda, situées à trente lieues d'Amboine. Ces isles sont au nombre de cinq. Deux sont incultes & presque inhabitées; les trois autres jouissent de l'avantage de produire la muscade exclusivement à tout l'univers.

Le muscadier a le port & le feuillage du poirier. Son tronc peu élevé, est recouvert, ainsi que les branches, d'une écorce lisse & cendrée. Ses feuilles, disposées alternativement, sont ovales, aiguës, vertes en-dessus, blanchâtres en-dessous, & répandent une odeur aromatique quand on les froisse. Aux fleurs, dont les caractères n'ont pas encore été assez observés, succède le fruit recouvert d'un brou, semblable pour la forme à celui du noyer ordinaire, mais plus charnu & succulent. Ce brou, parvenu à sa maturité, acquiert une couleur jaune foncée, & laisse appercevoir, en s'ouvrant, une enveloppe plus intérieure, membraneuse, d'un beau rouge, fendue par intervalles, connue ſous le nom de macis, appliquée immédiatement ſur la coque mince & caſſante qui renferme la muſcade. C'eſt le tems de la cueillir, ſans quoi le macis ſe détacheroit, & la noix perdroit cette huile qui la conſerve, & qui en fait la force. Celle qu'on cueille avant une parfaite maturité, eſt confite au ſucre, & n'eſt recherchée qu'en Aſie.

Le fruit eſt neuf mois à ſe former. Quand on l'a cueilli, on détache ſa première écorce, & on en ſépare le macis, qu'on laiſſe ſécher au ſoleil. Les noix demandent plus de préparation. Elles ſont étendues ſur des claies, où elles ſèchent pendant ſix ſemaines à un feu modéré, dans des cabanes deſtinées à cet uſage. Séparées alors de leur coque, elles ſont jettées dans de l'eau de chaux : précaution néceſſaire, pour qu'il ne s'y engendre point de vers.

La muſcade eſt plus ou moins parfaite, ſuivant le terroir, l'expoſition, l'âge & la culture de l'arbre. Bien différent du giroflier, le muſcadier aime un terrein humide, couvert de plantes, & même ombragé par de grands arbres, pourvu qu'il n'en ſoit pas étouffé. Sous leur abri, il lève très-bien, & ſupporte les froids qui ſe font quelquefois ſentir ſur le ſommet des montagnes. La muſcade ronde eſt plus recherchée que la longue, qui n'en eſt qu'une variété. On eſtime ſur-tout celle qui eſt récente, graſſe, peſante, de bonne odeur, d'une ſaveur agréable, quoique amère, & qui, étant piquée, rend un ſuc huileux. Son uſage immodéré produit des accès de folie, & quelquefois donne la mort. A petite doſe, elle facilite la digeſtion, diſſipe les vents, fortifie les viſcères, & arrête la dyſſenterie. L'huile figée que l'on retire par expreſſion des muſcades rebutées dans la vente, & celle que fournit le macis, ſont employées extérieurement dans les maladies du genre nerveux.

On trouve à Amboine un giroflier ſauvage, qui diffère de l'autre par ſon tronc plus élevé, ſes feuilles beaucoup plus longues, ſes matrices très-alongées, raboteuſes à leur ſurface & d'un goût déſagréable. Les iſles de Banda fourniſſent auſſi cinq ou ſix eſpèces de muſcadiers ſauvages, que les Hollandois ont négligé de détruire, parce que leur fruit, peu aromatique & de nulle valeur dans le commerce, eſt ſimplement un objet de curioſité.

A l'exception de cette précieuſe épicerie, les iſles de Banda, comme toutes les Moluques, ſont d'une ſtérilité affreuſe. On n'y trouve le ſuperflu, qu'aux dépens du néceſſaire. La nature s'y refuſe à la culture de tous les grains. La moëlle de ſagou y ſert de pain aux naturels du pays.

Comme cette nourriture ne ſeroit pas ſuffiſante pour les Européens fixés dans les Moluques, on leur permet d'aller chercher des vivres à Java, à Macaſſar, ou dans l'iſle extrêmement fertile de Bali. La compagnie porte elle-même à Banda quelques marchandiſes.

C'eſt le ſeul établiſſement des Indes orientales qu'on puiſſe regarder comme une colonie Européenne ; parce que c'eſt le ſeul où les Européens aient la propriété des terres. La compagnie trouvant les habitans de Banda ſauvages, cruels, perfides, parce qu'ils étoient impatiens du joug, a pris le parti de les exterminer. Leurs poſſeſſions ont été partagées à des blancs, qui tirent de quelques iſles voiſines des eſclaves pour la culture. Ces blancs ſont, la plupart, créoles, ou des eſprits chagrins, retirés du ſervice de la compagnie. On voit auſſi, dans la petite iſle de Roſingin, des bandits flétris par les loix, ou des jeunes gens ſans mœurs, dont les familles ont voulu ſe débarraſſer : c'eſt ce qui l'a fait appeller l'*Iſle de correction*. Ces malheureux n'y vivent pas long-tems : mais les autres iſles de Banda ne ſont guères moins meurtrières. Cette grande conſommation d'hommes a fait tenter de tranſporter à Amboine la culture de la muſcade. La compagnie pouvoit y être excitée encore par deux autres puiſſans intérêts ; celui de l'économie & celui de la ſûreté. Les expériences n'ont pas été heureuſes ; & les choſes ſont reſtées dans l'état où elles étoient.

Pour s'aſſurer le produit excluſif des Moluques, qu'on appelle avec raiſon *les mines d'or* de la compagnie, les Hollandois ont employé tous les moyens que pouvoit leur fournir une avarice éclairée. La nature eſt venue à leur ſecours.

Les tremblemens de terre qui ſont fréquens & terribles dans ces

ces parages, en rendent la navigation périlleuse. Ils font disparoître tous les ans des bancs de sable dans ces mers ; tous les ans ils y en forment de nouveaux. Ces révolutions, dont la politique exagère encore le nombre & les effets, doivent écarter le navigateur étranger qui manque des secours nécessaires pour se bien conduire.

Ce premier moyen d'un commerce exclusif est fortifié par un autre peut-être encore plus efficace. Durant une grande partie de l'année, les vaisseaux, repoussés par les vents & les courans contraires, ne peuvent aborder aux Moluques. Il faut donc attendre la mousson favorable qui suit ces tems orageux. Mais alors des gardes-côtes expérimentés & vigilans s'emparent de cet Océan devenu paisible, pour écarter ou pour saisir tous les bâtimens que l'appât du gain y auroit pu conduire.

Ce sont ces tems calmes que les gouverneurs d'Amboine & de Banda emploient à parcourir les isles, où, dès les premiers jours de sa puissance, la compagnie détruisit les épiceries. Leur odieux ministère se réduit à lutter contre la libéralité de la nature, & à couper les arbres par-tout où ils repoussent. Tous les ans, ils sont obligés de recommencer leurs courses, parce que la terre, rebelle aux mains qui la dévastent, semble s'obstiner contre la méchanceté des hommes ; & que la muscade & le girofle, renaissant sous le fer qui les extirpe, trompent une avidité cruelle, ennemie de tout ce qui ne croît pas pour elle seule. Ces abominables expéditions commencent & finissent par des fêtes, dont les détails feroient frémir l'ame la moins sensible, si la plume ne se refusoit à les retracer.

L'esprit de toutes les fêtes civiles & religieuses, depuis leur première origine jusqu'à nos jours, sous les cabanes du sauvage & dans les villes policées, est de rappeller quelque époque favorable, quelque événement heureux. Elles ont chacune leur caractère. Le prêtre fait retentir l'air du son de ses cloches ; il ouvre les portes de son temple ; il appelle les citoyens au pied des autels ; il se revêt de ses ornemens les plus somptueux ; il élève ses mains vers le ciel ; il en implore la bienfaisance pour l'avenir, & lui témoigne sa reconnoissance pour le passé, par des chants d'alégresse. Au sortir du temple, la fête civile commence, & la joie se montre sous un autre aspect. Les tribunaux de la justice sont fermés. Le bruit qui a cessé dans les atteliers, éclate dans les rues & sur les places publiques. Les instrumens invitent à des danses, où les deux sexes, où les différens âges se confondent. Les pères & les mères se sont un peu relâchés de leur sévérité. Le vin coule dans les carrefours. Des illuminations suppléent à l'absence du soleil, & restituent au plaisir ce que la lumière du jour ôtoit à la liberté. Avec quelle impatience ces solemnités ne sont-elles pas attendues ? On en jouit long-tems d'avance. C'est un sujet d'entretien long-tems après qu'on les a célébrées. Et c'est ainsi qu'on fait oublier au peuple sa peine journalière, s'il est malheureux; qu'on redouble son amour pour les auteurs de sa félicité, s'il est heureux; & qu'on entretient dans les ames une étincelle d'enthousiasme par le ressouvenir, ou des bons souverains qui ont gouverné dans les tems passés, ou des honnêtes & braves aïeux dont on est descendu. Il semble qu'aux Moluques, le but des fêtes instituées par les Hollandois, est d'éternifer la mémoire des atrocités qu'ils ont commises, & d'y entretenir au fond des cœurs le sentiment de la vengeance. Ce n'est que sous l'empire des démons, que les fêtes doivent être lugubres : mais telle est l'aversion de l'homme pour le travail, que, tristes ou gaies, le peuple aime les fêtes.

Pour s'assurer de plus en plus le commerce exclusif des épiceries, les Hollandois ont formé deux établissemens à Timor & à Célèbes.

IX. Les Hollandois s'établissent à Timor.

La première de ces deux isles a soixante lieues de long, sur quinze ou dix-huit de large. Elle est partagée en plusieurs souverainetés. Les Portugais y sont en grand nombre. Ces conquérans, qui, à leur arrivée dans les Indes, avoient pris un vol hardi & démesuré ; qui avoient parcouru une carrière immense & remplie de précipices, avec une rapidité que rien n'arrêtoit; qui s'étoient si bien accoutumés aux actions héroïques, que les exploits les plus difficiles ne leur coûtoient plus d'efforts : ces conquérans attaqués par les Hollandois, lorſque leur trop vaſte empire, fatigué par ſon propre poids, étoit prêt à crouler de toutes parts, ne montrèrent aucune des vertus qui avoient fondé leur puiſſance. Forcés dans une citadelle, chaſſés d'un royaume, diſperſés par une défaite; ils auroient dû chercher un aſyle auprès de leurs frères, & ſe réunir ſous des drapeaux juſqu'alors invincibles, pour arrêter les progrès de leurs ennemis, ou pour recouvrer leurs établiſſemens. Loin de prendre une réſolution ſi généreuſe, on leur vit mendier un emploi, ou quelque ſolde, auprès des mêmes princes Indiens qu'ils avoient ſi ſouvent outragés. Ceux qui avoient le plus contracté l'habitude de la molleſſe & de la lâcheté, ſe réfugièrent à Timor, iſle pauvre & ſans induſtrie, où ils penſèrent qu'un ennemi occupé de conquêtes utiles, ne les pourſuivroit pas. Ils ſe trompèrent.

Ils furent chaſſés, en 1613, de la ville de Kupan par les Hollandois, qui y trouvèrent une fortereſſe qu'ils ont gardée depuis avec une garniſon de cinquante hommes. La compagnie y envoie tous les ans quelques groſſes toiles; & elle en retire de la cire, du caret, du bois de ſandal & du cadiang, petite féve dont on ſe ſert communément dans les vaiſſeaux Hollandois, pour varier la nourriture des équipages. Ces objets réunis occupent une ou deux chaloupes expédiées de Batavia. Il n'y a ni à gagner ni à perdre dans cet établiſſement : la recette égale la dépenſe. Il y a long-tems que les Hollandois auroient abandonné Timor, s'ils n'avoient craint de voir s'y fixer quelque nation active, qui, de cette poſition favorable, troubleroit aiſément le commerce des Moluques. Le même eſprit de précaution les a attirés à Célèbes.

X. Les Hollandois ſe rendent maîtres de Célèbes.

Cette iſle, dont le diamètre eſt d'environ cent trente lieues, eſt très-habitable, quoique ſituée au milieu de la Zone Torride. Les chaleurs y ſont tempérées par des pluies abondantes, & par des vents frais. Ses habitans ſont les plus braves de l'Aſie Méridionale. Leur premier choc eſt furieux : mais une réſiſtance de deux heures fait ſuccéder un abattement total à une ſi étrange impétuoſité. Sans doute qu'alors l'ivreſſe de l'opium, ſource unique de ce feu terrible, ſe diſſipe, après avoir épuiſé leurs forces, par des tranſports qui tiennent de la frénéſie. Leur arme favorite ; le *crid*, eſt d'un pied & demi de long. Il a la forme d'un poignard, dont la lame s'alonge en ſerpentant. On n'en porte qu'un à la guerre : mais les querelles particulières en exigent deux. Celui qu'on tient à la main gauche, ſert à parer le coup, & l'autre à frapper l'ennemi. La bleſſure qu'il fait eſt très-dangereuſe, & le duel ſe termine le plus ſouvent par la mort des deux combattans.

Une éducation auſtère rend les habitans de Célèbes ou les Macaſſarois agiles, induſtrieux, robuſtes. A toutes les heures du jour, leurs nourrices les frottent avec de l'huile ou de l'eau tiède. Ces onctions répétées, aident la nature à ſe développer avec liberté. On les ſèvre un an après leur naiſſance, dans l'idée qu'ils auroient moins d'intelligence, s'ils continuoient d'être nourris plus long-tems du lait maternel. A l'âge de cinq ou ſix ans, les enfans mâles de quelque diſtinction, ſont mis, comme en dépôt, chez un parent ou chez un ami ; de peur que leur courage ne ſoit amolli par les careſſes de leurs mères, & par l'habitude d'une tendreſſe réciproque. Ils ne retournent dans leur famille qu'à l'âge où la loi leur permet de ſe marier.

Voilà certes des eſclaves bien civiliſés ſur le point le plus important de la vie humaine. Quel eſt le peuple civiliſé de l'Europe qui ait pouſſé auſſi loin les ſoins de l'éducation ? Qui de nous s'eſt encore aviſé de garantir ſa poſtérité de la ſéduction paternelle & maternelle ? Les précautions priſes à Célèbes, utiles dans toutes les conditions, ſeroient ſur-tout néceſſaires pour les enfans des rois.

La corruption s'échappe de tout ce qui les entoure. Elle attaque leur cœur & leur eſprit par tous les ſens à la fois. Comment ſeroient-ils ſenſibles à la miſère, qu'ils ignorent & qu'ils n'éprouvent point ? amis de la vérité, leurs oreilles n'ayant jamais été frappées que des accens de la flatterie ? admirateurs de la vertu, nourris au milieu d'indignes eſclaves, tout occupés à préconiſer leurs goûts & leurs penchans ? patiens dans l'adverſité, qui ne les reſpecte pas toujours ? fermes dans les périls auxquels ils ſont quelquefois expoſés, lorſqu'ils ont été énervés par la molleſſe &

bercés sans cesse de l'importance de leur existence ? Comment apprécieroient-ils les services qu'on leur rend, connoîtroient-ils la valeur du sang qu'on répand pour le salut de leur empire ou pour la splendeur de leur règne, imbus du funeste préjugé que tout leur est dû, & qu'on est trop honoré de mourir pour eux ? Etrangers à toute idée de justice, comment ne deviendroient-ils pas le fléau de la portion de l'espèce humaine dont le bonheur leur est confié ?

Heureusement leurs instituteurs pervers sont tôt ou tard châtiés par l'ingratitude ou par le mépris de leurs élèves. Heureusement ces élèves, misérables au sein de la grandeur, sont tourmentés toute leur vie par un profond ennui qu'ils ne peuvent éloigner de leurs palais. Heureusement le morne silence de leurs sujets leur apprend de tems en tems la haîne qu'on leur porte. Heureusement ils sont trop lâches pour la dédaigner. Heureusement les préjugés religieux qu'on a semés dans leurs ames reviennent sur eux & les tyrannisent. Heureusement, après une vie qu'aucun mortel, sans en excepter le dernier de leurs sujets, ne voudroit accepter, s'il en connoissoit toute la misère, ils trouvent les noires inquiétudes, la terreur & le désespoir assis au chevet de leur lit de mort.

Les peuples de Célèbes ne reconnoissoient autrefois de dieux, que le soleil & la lune. On ne leur offroit des sacrifices que dans les places publiques ; parce qu'on ne trouvoit pas de matière assez précieuse pour leur élever des temples. Dans l'opinion de ces insulaires, le soleil & la lune étoient éternels, comme le ciel dont ils se partageoient l'empire. L'ambition les brouilla. La lune, fuyant devant le soleil, se blessa, & accoucha de la terre : elle étoit grosse de plusieurs autres mondes, qu'elle mettra successivement au jour, mais sans violence; pour réparer la ruine de ceux que le feu de son vainqueur doit consumer.

Ces absurdités étoient généralement reçues à Célèbes; mais elles n'avoient pas dans l'esprit des grands & du peuple, la consistance que les dogmes religieux ont chez les autres nations. Il y a environ deux siècles que quelques chrétiens & quelques mahométans y ayant apporté leurs idées ; le principal roi du pays se dégoûta entiérement du culte national. Frappé de l'avenir terrible, dont les deux nouvelles religions le menaçoient également, il convoqua une assemblée générale. Au jour indiqué, il monta sur un endroit élevé; & là, tendant ses mains vers le ciel, & se tenant debout, il adressa cette prière à l'Être suprême.

« Grand Dieu, je ne me prosterne point à tes pieds, en ce » moment, parce que je n'implore point ta clémence. Je n'ai à te » demander qu'une chose juste; & tu me la dois. Deux nations » étrangères, opposées dans leur culte, sont venues porter la » terreur dans mon ame, & dans celle de mes sujets. Elles m'assurent » que tu me puniras à jamais, si je n'obéis à tes loix. J'ai donc » le droit d'exiger de toi, que tu me les fasses connoître. Je ne » demande point que tu me révèles les mystères impénétrables » qui enveloppent ton être, & qui me sont inutiles. Je suis venu » pour t'interroger avec mon peuple, sur les devoirs que tu veux » nous imposer. Parle, ô mon Dieu! puisque tu es l'auteur de la » nature, tu connois le fond de nos cœurs, & tu sais qu'il leur » est impossible de concevoir un projet de désobéissance. Mais si » tu dédaignes de te faire entendre à des mortels; si tu trouves » indigne de ton essence d'employer le langage de l'homme pour » dicter les devoirs à l'homme; je prends à témoin ma nation » entière, le soleil qui m'éclaire, la terre qui me porte, les eaux » qui environnent mon empire, & toi-même, que je cherche » dans la sincérité de mon cœur, à connoître ta volonté: & je » te préviens aujourd'hui, que je reconnoîtrai, pour les dépositaires de tes oracles, les premiers ministres de l'une ou de l'autre » religion que tu feras arriver dans nos ports. Les vents & les » eaux sont les ministres de ta puissance; qu'ils soient le signal de » ta volonté. Si dans la bonne-foi qui me guide, je venois à » embrasser l'erreur, ma conscience seroit tranquille; & c'est toi » qui serois le méchant ».

Le peuple se sépara en attendant les ordres du ciel, & résolu de se livrer aux premiers missionnaires qui arriveroient à Célèbes. Les apôtres de l'Alcoran furent les plus actifs; & le souverain se fit circoncire avec son peuple. Le reste de l'isle ne tarda pas à suivre cet exemple.

Ce contre-tems n'empêcha pas les Portugais de s'établir à Célèbes. Ils s'y maintinrent, même après avoir été chassés des Moluques. La raison qui les y retenoit & qui y attiroit les Anglois, étoit la facilité de se procurer des épiceries, que les naturels du pays trouvoient le moyen d'avoir ; malgré les précautions qu'on prenoit pour les écarter des lieux où elles croissent.

Les Hollandois, que cette concurrence empêchoit de s'approprier le commerce exclusif du girofle & de la muscade, entreprirent, en 1660, d'arrêter ce trafic, qu'ils appelloient une contrebande. Ils employèrent, pour y réussir, des moyens que la morale a en horreur, mais qu'une avidité sans bornes a rendus très-communs en Asie. En suivant, sans interruption, des principes atroces, ils parvinrent à chasser les Portugais, à écarter les Anglois, à s'emparer du port & de la forteresse de Macassar. Dès-lors, ils se trouvèrent maîtres absolus dans l'isle, sans l'avoir conquise. Les princes qui la partagent, furent réunis dans une espèce de confédération. Ils s'assemblent de tems-en-tems, pour les affaires qui concernent l'intérêt général. Ce qui est décidé, est une loi pour chaque état. Lorsqu'il survient quelque contestation, elle est terminée par le gouverneur de la colonie Hollandoise, qui préside à cette diète. Il éclaire de près ces différens despotes, qu'il tient dans une entière égalité, pour qu'aucun d'eux ne s'élève au préjudice de la compagnie. On les a tous désarmés, sous prétexte de les empêcher de se nuire les uns aux autres ; mais, en effet, pour les mettre dans l'impuissance de rompre leurs fers.

Les Chinois, les seuls étrangers qui soient reçus à Célèbes, y apportent du tabac, du fil d'or, des porcelaines & des soies en nature. Les Hollandois y vendent de l'opium, des liqueurs, de la gomme-lacque, des toiles fines & grossières. On en tire un peu d'or, beaucoup de riz, de la cire, des esclaves & du tripam ; espèce de champignon, qui est plus parfait à mesure qu'il est plus rond & plus noir. Les douanes rapportent 88,000 livres à la compagnie. Elle tire beaucoup davantage des bénéfices de son commerce & des dîmes du territoire qu'elle possède en toute souveraineté. Ces objets réunis ne couvrent pas cependant les frais de la colonie : elle coûte 165,000 livres au-delà. On sent bien qu'il faudroit l'abandonner, si elle n'étoit regardée, avec raison, comme la clef des isles à épiceries.

XI. Les Hollandois sont reçus à Bornéo.

L'établissement formé à Bornéo, a un but moins important. C'est une des plus grandes isles, & peut-être la plus grande que l'on connoisse. Ses anciens habitans en occupent l'intérieur. Les côtes sont peuplées de Macassarois, de Javanois, de Malais, d'Arabes, qui ont ajouté aux vices qui leur sont naturels, une férocité qu'on retrouveroit difficilement ailleurs.

Les Portugais cherchoient, vers l'an 1526, à s'établir à Bornéo. Trop foibles pour s'y faire respecter par les armes, ils imaginèrent de gagner la bienveillance d'un des souverains du pays, en lui offrant quelques pièces de tapisserie. Ce prince imbécille prit les figures qu'elles représentoient, pour des hommes enchantés qui l'étrangleroient pendant la nuit, s'il les admettoit auprès de sa personne. Les explications qu'on donna pour dissiper ces vaines terreurs, ne le rassurèrent pas ; & il refusa opiniâtrément de recevoir les présens dans son palais, & d'admettre dans sa capitale ceux qui les avoient apportés.

Ces navigateurs furent pourtant reçus dans la suite : mais ce fut pour leur malheur. Ils furent tous massacrés. Un comptoir que les Anglois y formèrent quelques années après, eut la même destinée. Les Hollandois, qui n'avoient pas été mieux traités, reparurent, en 1748, avec une escadre. Quoique très-foible, elle en imposa tellement au prince qui possède seul le poivre, qu'il se détermina à leur en accorder le commerce exclusif. Seulement il lui fut permis d'en livrer cinq cens mille livres aux Chinois, qui de tout tems fréquentoient ses ports.

Depuis ce traité, la compagnie envoie à Benjarmassen du riz, de l'opium, du sel, & de grosses toiles : objets sur lesquels elle gagne à peine les dépenses de son établissement, quoiqu'elles ne passent pas annuellement 33,000 liv. Ses avantages se réduisent au bénéfice qu'on peut faire sur un petit nombre de diamans trouvés de loin en loin dans les rivières, & sur six cens mille pesant de poivre qu'elle obtient à 34 liv. le cent. Ses agens même ne ne peuvent tirer de Bornéo, pour leur commerce particulier, qu'une aſſez grande quantité de ces beaux joncs, dont l'uſage s'étend de plus en plus dans nos contrées. On tire plus d'utilité de Sumatra.

XII. Etabliſſemens Hollandois à Sumatra.

Cette iſle a onze degrés d'étendue du Nord au Sud. L'équateur, qui la coupe obliquement, la diviſe en deux parties preſque égales. Les chaleurs y ſont tempérées par des vents de terre & de mer qui ſe ſuccèdent réguliérement, & par des pluies très-abondantes, très-fréquentes dans une région couverte de forêts, & où la millième partie du ſol n'eſt pas défrichée. Sur ce vaſte eſpace, les volcans ſont infiniment multipliés ; & de-là vient peut-être que les tremblemens de terre ſont plus fréquens que deſtructeurs.

Le Sud de l'iſle eſt occupé par les Malais, dont les ancêtres n'eurent que ſix lieues de mer à traverſer pour changer de patrie. On ignore l'époque de leur arrivée ; & l'on n'eſt pas mieux inſtruit des obſtacles qu'ils eurent à ſurmonter pour former leur établiſſement. Le gouvernement féodal, ſous lequel ils étoient nés, fut celui qu'ils établirent. Chaque capitaine s'appropria un canton, dont il faiſoit hommage à un chef plus accrédité. Cette ſubordination s'eſt ſucceſſivement affoiblie ; mais il en reſte encore quelques traces.

La religion de ce peuple eſt un mahométiſme mêlé de beaucoup d'autres fables. Son idée ſur l'univers eſt ſur-tout bizarre. Il croit que la terre, parfaitement immobile, eſt portée par un bœuf, le bœuf par une pierre, la pierre par un poiſſon, le poiſſon par l'eau, l'eau par l'air, l'air par les ténèbres, les ténèbres par la lumière. C'eſt-là que finit ſon ſyſtême. L'allégorie, qui pouvoit envelopper ces abſurdités, eſt entiérement perdue.

Les Malais ont peu de loix civiles. Leur code criminel eſt plus court encore. Des amendes qui ſe partagent entre la perſonne offenſée ou ſes héritiers & le magiſtrat, ſont l'unique punition du meurtre & des autres crimes. Si le délit n'eſt pas démontré, on a recours à ces extravagantes & bizarres épreuves qui firent ſi long-tems l'opprobre de l'Europe.

Une des ſingularités de leurs mœurs, c'eſt de ne jamais faire de vifites fans apporter avec eux quelque préfent. Ce font le plus fouvent des oifeaux, des citrons, des noix de coco. Rien ne feroit plus malhonnête que de les refufer : mais c'eft une impoliteffe qui n'a point d'exemple.

Comme ces peuples ont peu de befoins de convention, & que la nature fournit aifément à leurs néceffités réelles, ils ne travaillent que rarement & avec une répugnance extrême. C'eft dans des cabanes élevées fur des pilliers de huit pieds de haut, conftruites de bambou & couvertes de feuilles de palmier, qu'ils logent. Leurs meubles fe réduifent à quelques pots de terre. Une pièce de toile, tournée autour des reins, en forme de ceinture, eft l'habillement ordinaire des deux fexes.

Au Nord-Oueft fe trouve une autre nation, connue fous le nom de Batta. Elle eft dans l'ufage de manger les criminels, convaincus de trahifon ou d'adultère. C'eft l'efpoir d'infpirer de l'horreur pour ces forfaits devenus communs, qui a feul, dit-on, donné naiffance à une coutume fi barbare.

C'eft au Nord, & au Nord uniquement, qu'on trouve le benjoin, qui eft principalement confommé en Perfe. C'eft-là auffi que croît ce précieux camphre, dont l'ufage eft réfervé aux Chinois, & fur-tout aux Japonois.

Le camphre eft une huile ou réfine volatile & pénétrante, propre à diffiper les tumeurs, à arrêter les progrès de l'inflammation, & connue de plus par l'ufage qu'on en fait dans les feux d'artifice.

L'arbre qui donne le camphre eft une efpèce de laurier, commun au Japon, & dans quelques cantons de la Chine. Son tronc s'élève à la hauteur du chêne. Ses feuilles, difpofées alternativement fur les rameaux, font minces, luifantes, ovales, terminées en pointe, & exhalent, lorfqu'on les froiffe, une odeur de camphre. Les fleurs, ramaffées en bouquets, font blanches, compofées chacune de fix pétales courts, au milieu defquels eft un piftil entouré de neuf étamines. Il devient, en mûriffant, une petite baie noirâtre de la groffeur d'un pois, & remplie d'une amande huileufe. Toutes les parties de la plante contiennent du camphre : mais on en retire une plus grande quantité du tronc,

& ſur-tout des racines. Pour cet effet, on les coupe par tranches, & on les met avec de l'eau dans un vaſe de fer couvert de ſon chapiteau. La chaleur du feu allumé au-deſſous fait élever le camphre, qui s'attache au chapiteau. Il eſt ramaſſé avec ſoin, & enſuite envoyé en Hollande, où on le purifie par une nouvelle diſtillation, avant de l'expoſer en vente.

Le camphre que l'on tire de Sumatra eſt de beaucoup le plus parfait. Sa ſupériorité eſt ſi bien reconnue, que les Japonois & les Chinois eux-mêmes, donnent pluſieurs quintaux du leur pour une livre de celui-là. L'arbre qui le produit n'eſt pas encore bien connu des botaniſtes. On ſait ſeulement qu'il s'élève moins que le premier; ſes pétales ſont plus alongés, ſon fruit plus gros, ſes feuilles plus épaiſſes & moins odorantes, ainſi que le bois. Pour en extraire le camphre, on n'a point recours au feu; mais, après avoir fendu le tronc en éclats, on ſépare cette ſubſtance toute formée & logée dans les interſtices des fibres, tantôt grumelée, & tantôt figurée en lames ou en grains, plus recherchés, à raiſon de leur volume & de leur pureté. Chaque arbre donne environ trois livres d'un camphre léger, friable & très-ſoluble, qui ſe diſſipe à l'air, mais beaucoup plus lentement que celui du Japon.

Le camphre commun n'eſt guère employé intérieurement, parce qu'il excite des nauſées & porte à la tête. Il en eſt tout autrement de celui de Sumatra, qui fortifie l'eſtomac, diſſipe les obſtructions, & augmente l'activité des autres remèdes auxquels il eſt joint. L'un & l'autre paroiſſent la production d'un même arbre, qui probablement eſt un laurier. On eſt porté à le croire, parce que le vrai cannelier de Ceylan & le faux cannelier de Malabar, autres eſpèces du même genre, donnent, par la diſtillation, un véritable camphre, mais moins parfait & en moindre quantité.

Les terres du Nord-Eſt ſont preſque généralement ſubmergées. Auſſi n'y a-t-il preſque pas de population. Le peu même qu'on y voit d'habitans ſont corſaires. On les détruiſit preſque tous en 1760: mais il eſt ſorti, pour ainſi dire, de leurs cendres de nouveaux brigands, qui ont recommencé à infeſter le détroit de Malaca & d'autres parages moins célèbres.

Les montagnes de l'intérieur du pays ſont remplies de mines. On en remue la ſuperficie dans la ſaiſon ſèche. Les pluies qui durent depuis novembre juſqu'en mars, & qui tombent en torrens, détachent de la terre l'or qui a pour matrice un ſpath très-blanc, & l'entraînent dans des circonvallations d'oſier, deſtinées à le recevoir, & très-multipliées, afin que ce qui auroit pu échapper à la première, ſoit retenu dans quelqu'une de celles qui la ſuivent. Lorſque le ciel eſt redevenu ſerein, chaque propriétaire va, avec ſes eſclaves, recueillir les richeſſes, plus ou moins conſidérables, que le ſort lui a données. Il les échange contre des toiles ou d'autres marchandiſes que lui fourniſſent les Anglois & les Hollandois.

Ces derniers ont tenté d'exploiter les mines de Sumatra, ſelon la méthode généralement pratiquée dans l'ancien & le nouvel hémiſphère. Soit ignorance, ſoit infidélité, ſoit quelque autre cauſe, les deux expériences n'ont pas réuſſi ; & la compagnie a vu enfin, après de trop grandes dépenſes, qu'il ne lui convenoit pas de ſuivre plus long-tems une route de fortune ſi incertaine.

Avant l'arrivée des Européens aux Indes, le peu que Sumatra faiſoit de commerce, étoit tout concentré dans le port d'Achem. C'eſt-là que les Arabes & les autres navigateurs achetoient l'or, le camphre, le benjoin, les nids d'oiſeau, le poivre, tout ce que les Inſulaires avoient à vendre. Les Portugais & les nations qui s'élevoient ſur leurs ruines, fréquentoient auſſi ce marché, lorſque des révolutions, trop ordinaires dans ces contrées, le bouleverſèrent.

A cette époque, les Hollandois imaginèrent de placer ſix comptoirs dans d'autres parties de l'iſle qui jouiſſoient de plus de tranquillité. Les avantages que, dans l'origine, on put retirer de ces foibles établiſſemens, ſe ſont évanouis preſque entiérement avec le tems.

Le plus utile, doit être celui de Palimban, ſitué à l'Eſt. Pour 66,000 liv. la compagnie y entretient un fort & une garniſon de quatre-vingts hommes. On lui livre tous les ans deux millions peſant de poivre à 23 liv. 2 ſols le cent, & un million & demi d'étain à 61 livres 12 sols le cent. Ce dernier article est tiré tout entier de l'isle de Banka, qui n'est éloignée du continent que d'un mille & demi, & qui donne son nom au détroit fameux par où passent communément les vaisseaux qui se rendent directement des ports d'Europe à ceux de la Chine.

Quoique les Hollandois aient à très-bon marché les denrées qu'ils prennent à Palimban, ce prix est avantageux au souverain du canton, qui force les sujets à les lui fournir à un moindre prix encore. Ce petit despote tire de Batavia une partie de la nourriture & du vêtement de ses états ; & cependant on est obligé de solder avec lui en piastres. De cet argent, de l'or qu'on ramasse dans ses rivières, il a formé un trésor qu'on sait être immense. Un seul vaisseau Européen pourroit s'emparer de tant de richesses ; & s'il avoit quelques troupes de débarquement, se maintenir dans un poste qu'il auroit pris sans peine. Il paroît bien extraordinaire qu'une entreprise si utile & si facile, n'ait pas tenté la cupidité de quelque aventurier.

Une injustice, une cruauté de plus, ne doivent rien coûter à des peuples policés, qui ont foulé aux pieds tous les droits, tous les sentimens de la nature, pour s'approprier l'Univers. Il n'y a pas une seule nation en Europe, qui ne pense avoir les plus légitimes raisons pour s'emparer des richesses de l'Inde. Au défaut de la religion, qu'il n'est plus honnête d'invoquer, depuis que ses ministres l'ont eux-mêmes décréditée par une cupidité & une ambition sans bornes, combien ne reste-t-il pas encore de prétextes à la fureur d'envahir ? Un peuple monarchiste veut étendre au-delà des mers, la gloire & l'empire de son maître. Ce peuple, si heureux, veut bien aller exposer sa vie au bout d'un autre monde, pour tâcher d'augmenter le nombre des fortunés sujets qui vivent sous les loix du meilleur des princes. Un peuple libre, & maître de lui-même, est né sur l'Océan pour y régner. Il ne peut s'assurer l'empire de la mer, qu'en s'emparant de la terre : elle est au premier occupant, c'est-à-dire, à celui qui peut en chasser les plus anciens habitans ; il faut les subjuguer par la force ou par la ruse, & les exterminer pour avoir leurs biens,

L'intérêt du commerce, la dette nationale, la majeſté du peuple, l'exigent ainſi. Des républicains ont heureuſement ſecoué le joug d'une tyrannie étrangère ; il faut qu'ils l'impoſent à leur tour. S'ils ont briſé des fers, c'eſt pour en forger. Ils haïſſent la monarchie ; mais ils ont beſoin d'eſclaves. Ils n'ont point de terres chez eux ; il faut qu'ils en prennent chez les autres ?

XIII. Commerce des Hollandois à Siam.

Le commerce des Hollandois à Siam, fut d'abord aſſez conſidérable. Un deſpote, qui opprimoit ce malheureux pays, ayant, vers l'an 1660, manqué d'égards pour la compagnie, elle l'en punit, en abandonnant les comptoirs qu'elle avoit placés ſur ſon territoire, comme ſi c'eût été un bienfait qu'elle retiroit. Ces républicains, qui affectoient un air de grandeur, vouloient alors qu'on regardât leur préſence comme une faveur, comme une ſûreté, comme une gloire. Ils avoient ſi bien réuſſi à établir ce ſingulier préjugé, que pour les rappeller, il fallut leur envoyer une ambaſſade éclatante, qui demanda pardon pour le paſſé, qui donna les plus fortes aſſurances pour l'avenir.

Ces déférences eurent cependant un terme, & ce fut le pavillon des autres puiſſances qui l'amena très-rapidement. Les affaires de la compagnie, à Siam, ont toujours été en déclinant. Comme elle n'y a point de fort, elle n'a pas été en état de ſoutenir le privilège excluſif qui lui avoit été accordé. Le roi, malgré les préſens qu'il exige, livre des marchandiſes aux navigateurs de toutes les nations, & en reçoit d'eux, à des conditions qui lui ſont avantageuſes. Seulement, on les oblige de s'arrêter à l'embouchure du Menan ; au lieu que les Hollandois remontent ce fleuve juſqu'à la capitale de l'empire, où ils ont toujours un agent. Cette prérogative ne donne pas une grande activité à leurs affaires. Ils n'envoient plus qu'un vaiſſeau, chargé de chevaux de Java, de ſucre, d'épiceries & de toiles. Ils en tirent de l'étain, à 77 liv. le cent ; de la gomme-lacque, à 57 liv. 4 ſols ; quelques dents d'éléphant, à 3 liv. 12 ſols la livre ; & de tems en tems un peu de poudre d'or. On peut aſſurer qu'ils tiennent uniquement à cette liaiſon par le bois de ſapan, qu'on ne leur vend que 5 liv. 10 ſols le cent, & qui leur eſt néceſſaire pour l'arrimage de leurs vaiſſeaux.

Sans ce besoin, ils auroient renoncé depuis long-tems à un commerce, dont les frais excèdent les bénéfices, parce que le roi, seul négociant de son royaume, met les marchandises qu'on lui porte à un très-bas prix. Un plus grand intérêt tourna l'ambition des Hollandois vers Malaca.

XIV. Situation des Hollandois à Malaca.

Ces républicains, qui connoissoient l'importance de cette place, firent les plus grands efforts pour s'en emparer : mais ce fut deux fois inutilement. Enfin, s'il falloit s'en rapporter à un écrivain satyrique, on eut recours à un moyen que les peuples vertueux n'emploient jamais, & qui réussit souvent avec une nation dégénérée. On tenta le gouverneur Portugais qu'on savoit avare. Le marché fut conclu, & il introduisit l'ennemi dans la ville en 1641. Les assiégeans coururent à lui, & le massacrèrent, pour être dispensés de payer les 500,000 livres qui lui avoient été promises. Mais la vérité veut qu'on dise, pour l'honneur des Portugais, qu'ils ne se rendirent qu'après la défense la plus opiniâtre. Le chef des vainqueurs, par une jactance qui n'est pas de sa nation, demanda à celui des vaincus, quand il reviendroit? *Lorsque vos péchés seront plus grands que les nôtres*, répondit gravement le Portugais.

Les conquérans trouvèrent une forteresse solidement bâtie; ils trouvèrent un climat fort sain, quoique chaud & humide : mais le commerce y étoit tout-à-fait tombé, depuis que des exactions continuelles en avoient éloigné toutes les nations. La compagnie ne l'y a pas fait revivre; soit qu'elle y ait trouvé des difficultés insurmontables; soit qu'elle ait manqué de modération; soit qu'elle ait craint de nuire à Batavia. Ses opérations se réduisent à l'échange d'une petite quantité d'opium & de quelques toiles, avec un peu d'or, d'étain & d'ivoire.

Ses affaires seroient plus considérables, si les princes de cette région étoient plus fidèles au traité exclusif qu'ils ont fait avec elle. Malheureusement pour ses intérêts, ils ont formé des liaisons avec les Anglois, qui fournissent à meilleur marché à leurs besoins, & qui achètent plus cher leurs marchandises. Elle se dédommage un peu sur ses fermes & sur ses douanes qui lui donnent 220,000 livres par an. Cependant ces revenus, joints aux bénéfices du commerce, ne suffisent pas pour l'entretien de la garnison & des facteurs. Il en coûte annuellement 44,000 liv. à la compagnie.

Il fut un tems où ce sacrifice auroit pu paroître léger. Avant que les Européens eussent doublé le Cap de Bonne-Espérance, les Arabes & tous les autres navigateurs se rendoient à Malaca, où ils trouvoient les navigateurs des Moluques, du Japon & de la Chine. Lorsque les Portugais se furent emparés de cette place, ils n'attendirent pas qu'on y portât les marchandises de l'Est de l'Asie; ils les alloient chercher eux-mêmes, & faisoient leur retour par les isles de la Sonde. Les Hollandois devenus possesseurs de Malaca & de Batavia, se trouvèrent maîtres des deux seuls passages connus, & en état d'intercepter les vaisseaux de leurs ennemis dans des tems de trouble. On découvrit depuis les détroits de Lombock & de Baly; & Malaca perdit alors l'unique avantage qui lui donnât de l'importance. Heureusement pour les Hollandois, à cette époque, ils soumettoient Ceylan qui devoit leur donner la cannelle, comme les Moluques leur donnoient la muscade & le girofle.

XV. Etablissement des Hollandois à Ceylan.

Spilbergen, qui le premier de leurs navigateurs montra son pavillon sur les côtes de cette isle délicieuse, trouva les Portugais occupés à bouleverser le gouvernement & la religion du pays; à détruire, les uns par les autres, les souverains qui la partageoient; à s'élever sur les débris des trônes qu'ils renversoient successivement. Il offrit les secours de sa patrie à la cour de Candi: ils furent acceptés avec transport. *Vous pouvez assurer vos maîtres*, lui dit le monarque, *que s'ils veulent bâtir un fort, moi, ma femme, mes enfans, nous serons les premiers à porter les matériaux nécessaires.*

Les peuples de Ceylan ne virent dans les Hollandois que les ennemis de leurs tyrans, & ils se joignirent à eux. Par ces deux forces réunies, les Portugais furent entiérement chassés, vers 1658, après une guerre longue, sanglante, opiniâtre. Leurs établissemens tombèrent tous entre les mains de la compagnie, qui les occupe encore. A l'exception d'un espace assez borné sur

la

la côte orientale, où l'on ne trouve point de port, & dont le souverain du pays tiroit son sel, ils formèrent autour de l'isle un cordon régulier, qui s'étendoit depuis deux jusqu'à douze lieues dans les terres.

C'est uniquement à Maturé qu'on cultive, & même depuis assez peu de tems, le poivre & le café. Le territoire de Negombo produit la meilleure cannelle. Columbo, connu par la bonté de son areque, est le chef-lieu de la colonie. Sans les dépenses que les Portugais avoient faites à cette place, les vices de sa rade auroient vraisemblablement déterminé leur vainqueur à établir son gouvernement & ses forces à Pointe de Gale, dont le port, quoique trop serré & d'un accès difficile, est fort supérieur. On trouveroit encore plus de commodités & de sûreté à Trinquemale: mais cet excellent & vaste port est placé dans un terrein trop ingrat, est trop éloigné de toutes les denrées vénales, pour qu'on en puisse faire raisonnablement un entrepôt. La destination des ports de Jaffanapatnam, de Manar & de Calpantin, est d'empêcher toute liaison d'affaires avec les peuples du continent voisin.

Ces précautions ont mis dans les mains de la compagnie toutes les productions de l'isle. Celles qui entrent dans le commerce sont,

1°. Diverses pierres précieuses, la plupart d'une qualité très-inférieure. Ce sont les Chouliats de la côte de Coromandel qui les achètent, les taillent, & les répandent dans les différentes contrées de l'Inde.

2°. Le poivre, que la compagnie achète 8 sols 9 deniers la livre; le café, qu'elle ne paie que 4 sols 4 deniers, & le cardamome, qui n'a point de prix fixe. Les naturels du pays sont trop indolens, pour que ces cultures, introduites par les Hollandois, puissent jamais devenir fort considérables.

3°. Une centaine de balles de mouchoirs, de pagnes & de guingans, d'un très-beau rouge, que les Malabares fabriquent à Jaffanapatnam, où ils sont établis depuis très-long-tems.

4°. Quelque peu d'ivoire, & environ cinquante éléphans. On les porte à la côte de Coromandel; & cet animal doux &

pacifique, mais trop utile à l'homme pour rester libre dans une isle, va sur le continent augmenter & partager les périls & les maux de la guerre.

5°. L'areque, que la compagnie achète à raison de 11 livres l'ammonan, sorte de mesure qui est censée contenir vingt mille areques. Elle le vend 36 ou 40 livres sur les lieux même. L'areque est un fruit assez commun dans la plupart des contrées de l'Asie, & sur-tout à Ceylan. Il croît sur une espèce de palmier qui a, comme le cocotier, des racines fibreuses, une tige cylindrique, marquée d'inégalités circulaires ; de grandes feuilles aîlées, engaînées à leur base, recouvertes d'un tissu réticulaire lorsqu'elles sont jeunes ; des régimes de fleurs mâles & femelles mêlées ensemble & renfermées avant leur épanouissement dans des spathes. On le distingue, parce que son tronc est également droit dans toute sa longueur; les divisions des feuilles sont plus larges; celles qui terminent la côte sont ordinairement tronquées & dentelées à la pointe. La plus grande différence consiste dans le fruit qui a la forme d'un œuf. Son écorce est lisse & assez épaisse. Le noyau qu'elle environne est blanchâtre, d'une substance analogue à celle de la muscade & de même grosseur, mais plus dure & veinée intérieurement. Ce fruit est d'un grand usage en Asie. Lorsqu'on le mange seul, comme font quelques Indiens, il appauvrit le sang & dessèche les fibres. Cet inconvénient n'est pas à craindre, lorsqu'il est mêlé avec le bétel.

Le bétel est une plante qui rampe ou grimpe comme le lierre, le long des arbres ou des supports auxquels elle s'attache par de petites racines. De chaque nœud de sa tige sarmenteuse, part une feuille presqu'en cœur assez longue & rétrécie à son extrémité comme celle du liseron, marquée pour l'ordinaire de sept nervures, plus ou moins apparentes. Les fleurs disposées en épi serré, viennent aux aisselles des feuilles & ressemblent aux fleurs du poivrier, avec lequel cette plante a beaucoup d'affinité. Le bétel croît partout & dans toute l'Inde, mais il ne prospère véritablement que dans les lieux humides & glaiseux. On en fait des cultures particulières, qui sont très-avantageuses, à cause de son usage habituel.

A toutes les heures du jour, même de la nuit, les Indiens mâchent des feuilles de bétel, dont l'amertume est corrigée par l'areque, qu'elles enveloppent toujours. On y joint constamment du chounam, espèce de chaux brûlée faite avec des coquilles. Les gens riches y ajoutent souvent des parfums, qui flattent leur vanité ou leur sensualité.

On ne peut se séparer avec bienséance pour quelque tems, sans se donner mutuellement du bétel dans une bourse : c'est un présent de l'amitié, qui soulage l'absence. Il faut avoir la bouche toujours parfumée de bétel, à moins qu'on ne doive se présenter à ses supérieurs. Les femmes galantes font le plus grand usage du bétel, comme d'un puissant attrait pour l'amour. On prend du bétel après les repas ; on mâche du bétel durant les visites ; on s'offre du bétel en s'abordant, en se quittant : toujours du bétel. Si les dents ne s'en trouvent pas bien, l'estomac en est plus sain & plus fort. C'est, du moins, un préjugé généralement établi aux Indes.

6°. La pêche des perles est encore un des revenus de Ceylan. On peut conjecturer, avec vraisemblance, que cette isle, qui n'est qu'à quinze lieues du continent, en fut détachée dans des tems plus ou moins reculés, par quelque grand effort de la nature. L'espace qui la sépare actuellement de la terre, est rempli de bas-fonds, qui empêchent les vaisseaux d'y naviguer. Dans quelques intervalles seulement, on trouve quatre ou cinq pieds d'eau qui permettent à de petits bateaux d'y passer. Les Hollandois, qui s'en attribuent la souveraineté, y tiennent toujours deux chaloupes armées, pour exiger les droits qu'ils ont établis. C'est dans ce détroit que se fait la pêche des perles, qui fut autrefois d'un si grand rapport. Mais on a tellement épuisé cette source de richesses, qu'on n'y peut revenir que rarement. On visite, à la vérité, tous les ans le banc, pour savoir à quel point il est fourni d'huîtres ; mais, communément, il ne s'y en trouve assez que tous les cinq ou six ans. Alors la pêche est affermée ; &, tout calculé, on peut la faire entrer dans les revenus de la compagnie pour 200,000 livres. Il se trouve sur les mêmes côtes, une coquille appellée chanque, dont les Indiens de Bengale font des bracelets. La pêche en eſt libre; mais le commerce en eſt excluſif.

Après tout, le grand objet de la compagnie, c'eſt la cannelle, qui eſt le produit d'une eſpèce de laurier. La racine de cet arbre eſt rameuſe, couverte d'une écorce très-odorante, dont on retire un véritable camphre par la diſtillation. Son tronc médiocrement haut, ſe partage en pluſieurs branches. Ses feuilles, preſque toujours oppoſées & ſubſiſtantes, ſont ovales, aiguës, marquées de trois nervures principales. Elles ſont d'un verd foncé, & ont l'odeur du girofle. C'eſt dans leur aiſſelle ou aux extrémités des rameaux, que l'on trouve des bouquets de fleurs blanches fort petites, compoſées chacune de ſix pétales, de neuf étamines & d'un piſtil qui devient en mûriſſant une petite baie de la forme & de la conſiſtance d'une olive, remplie d'un noyau oſſeux. Selon quelques obſervateurs, le piſtil & les étamines ſont ſéparés & portés ſur deux individus différens, l'un mâle qui a les feuilles plus aiguës, & l'autre femelle qui les a plus arrondies. La baie, bouillie dans l'eau, rend une huile qui ſurnage & qui ſe brûle. Si on la laiſſe congeler, elle acquiert de la blancheur & de la conſiſtance, & l'on en fait des bougies d'une odeur agréable, mais dont l'uſage eſt réſervé au roi de Ceylan.

Le bois n'a point d'odeur. Il n'y a de précieux dans l'arbre que l'écorce, formée de trois couches, qui recouvre le tronc & les branches. Au mois de février & de ſeptembre, c'eſt-à-dire, lorſque la ſéve eſt la plus abondante, on enlève les deux couches extérieures, ayant ſoin de ne point endommager celle qui touche immédiatement le bois, pour qu'il puiſſe plus facilement recouvrer une nouvelle écorce que l'on enlève comme la première au bout de dix-huit mois. Ces écorces dépouillées de l'épiderme griſe & raboteuſe, coupées par lames & expoſées au ſoleil, ſe roulent en ſe ſéchant.

Les vieux cannelliers ne donnent qu'une cannelle groſſière & preſque inſipide : mais il ſuffit, pour les rajeunir, d'en couper le tronc. La ſouche produit alors beaucoup de nouvelles tiges qui ne laiſſent rien à deſirer.

La cannelle, pour être excellente, doit être fine, unie, facile à rompre, mince, d'un jaune tirant sur le rouge, odorante, aromatique, d'un goût piquant & cependant agréable. Celle dont les bâtons sont longs & les morceaux petits, est préférée par les connoisseurs. Elle contribue aux délices de la table, & fournit d'abondans secours à la médecine.

A Ceylan, l'art de dépouiller les cannelliers est une occupation particulière & la plus vile des occupations. Par cette raison, elle est abandonnée aux seuls Chalias qui forment la dernière des castes. Tout autre individu qui se livreroit à ce métier, seroit ignominieusement chassé de sa tribu.

L'isle entière n'est pas couverte de cannelliers, comme on le croit communément ; & l'on ne peut pas dépouiller tous ceux qui y croissent. Les montagnes habitées par les Bedas, en sont remplies : mais cette nation singulière ne permet l'entrée de son pays, ni aux Européens, ni aux Chingulais ; & pour y pénétrer, il faudroit livrer des combats sans nombre. Les Hollandois achètent la plus grande partie de la cannelle dont ils ont besoin, à leurs sujets de Negombo, de Columbo, de Pointe de Gale, les seuls districts de leur domination qui en fournissent. Le reste leur est livré par la cour de Candi, à un prix plus considérable. L'une compensée par l'autre, elle ne leur revient qu'à 13 sols 2 deniers la livre.

Le revenu territorial, les douanes & les petites branches de commerce ne rendent pas annuellement à Ceylan, plus de 2,200,000 livres. Son administration & sa défense coûtent 2,420,000 livres. Le vuide est rempli par les bénéfices qu'on fait sur la cannelle. Elle doit fournir encore aux guerres qui se renouvellent trop souvent.

Dès les premiers combats, les peuples qui habitent les côtes & qui détestent le joug Européen, se retirent la plupart dans l'intérieur des terres. Ils n'attendent pas même toujours les hostilités pour s'éloigner ; & quelquefois ils prennent cette résolution à la moindre mésintelligence qu'ils remarquent entre leurs anciens & leurs nouveaux maîtres. Privés des bras qui leur donnoient des richeſſes, les uſurpateurs ſont alors obligés de pénétrer, les armes à la main, dans un pays coupé de tous côtés par des rivières, des bois, des ravins & des montagnes.

Les Hollandois, qui prévoyoient ces calamités, cherchèrent, dès les premiers tems de leur établiſſement, à ſéduire le roi de Candi par les moyens qui réuſſiſſent généralement le mieux avec les deſpotes de l'Aſie. Ils lui envoyoient des ambaſſadeurs; ils lui faiſoient de riches préſens; ils tranſportoient, ſur leurs vaiſſeaux, ſes prêtres à Siam, pour y étudier la religion, qui eſt la même que la ſienne. Quoiqu'ils euſſent conquis ſur les Portugais les fortereſſes, les terres qu'ils occupoient, ils ſe contentoient d'être appellés par ce prince, *les gardiens de ſes rivages.* Ils lui faiſoient encore d'autres ſacrifices.

Cependant des ménagemens ſi marqués, n'ont pas toujours été ſuffiſans pour maintenir la paix: elle a été troublée à pluſieurs repriſes. La guerre qui a fini le 14 février 1766, a été la plus longue, la plus vive de celles que la défiance & des intérêts oppoſés ont excitées. Comme la compagnie donnoit la loi à un monarque chaſſé de ſa capitale & errant dans les forêts, elle a fait un traité très-avantageux. On reconnoît ſa ſouveraineté ſur toutes les contrées dont elle étoit en poſſeſſion avant les troubles. La partie des côtes qui étoit reſtée aux naturels du pays, lui eſt abandonnée. Il lui ſera permis d'épeler la canelle dans toutes les plaines; & la cour lui livrera la meilleure des montagnes, ſur le pied de 2 liv. 7 ſ. 2 d. la livre. Ses commis ſont autoriſés à étendre le commerce, par-tout où ils verront jour à le faire avantageuſement. Le gouvernement s'engage à n'avoir nulle liaiſon avec aucune puiſſance étrangère; à livrer même tous les Européens qui pourroient s'être gliſſés dans l'iſle. Pour prix de tant de ſacrifices, le roi recevra annuellement la valeur de ce que les rivages cédés lui produiſoient; & ſes ſujets pourront y aller prendre, ſans rien payer, le ſel néceſſaire à leur conſommation. La compagnie pourroit, ce ſemble, tirer un grand avantage d'une ſi heureuſe poſition.

A Ceylan, beaucoup plus encore que dans le reſte de l'Inde,

les terres appartiennent en propriété au souverain. Ce système destructeur a eu, dans cette isle, les suites funestes qui en sont inséparables. Les peuples y vivent dans l'inaction la plus entière. Ils sont logés dans des cabanes ; ils n'ont point de meubles ; ils vivent de fruits ; & les plus aisés n'ont, pour vêtement, qu'une pièce de grosse toile, qui leur ceint le milieu du corps. Que les Hollandois fassent ce qu'on peut reprocher à toutes les nations, qui ont établi des colonies en Asie, de n'avoir jamais tenté ; qu'ils distribuent des terreins en propre aux familles. Elles oublieront, détesteront peut-être leur ancien souverain ; elles s'attacheront au gouvernement, qui s'occupera de leur bonheur ; elles travailleront, elles consommeront. Alors l'isle de Ceylan jouira de l'opulence à laquelle la nature l'a destinée. Elle sera à l'abri des révolutions, & en état de soutenir les établissemens du continent voisin, qu'elle est chargée de protéger.

XVI. Commerce des Hollandois à la côte de Coromandel.

A peine les Hollandois avoient paru aux Indes, qu'ils desirèrent d'avoir des comptoirs sur les côtes de Coromandel & d'Orixa. De l'aveu des souverains du pays, ils en formèrent, à des époques différentes, à la côte de la Pêcherie, à Negapatnam, à Sadraspatnam, à Paliacate, à Bimilipatnam. Ils tirent annuellement de ces divers établissemens, pour les marchés d'Asie ou d'Europe, quatre ou cinq mille balles de toile qui sont portées à Negapatnam, chef-lieu de tant de loges. Cet entrepôt étoit entiérement ouvert, lorsqu'en 1690, il y fut construit une citadelle assez régulière, mais peu étendue. Les maisons qu'on permit de bâtir tout-au-tour, ayant rendu, avec le tems, les fortifications inutiles, on prit le parti en 1742 d'entourer la ville de murailles. Son territoire, d'abord très-borné, s'accrut successivement de dix ou douze villages qui se remplirent de manufactures.

En échange des marchandises qu'ils reçoivent, les Hollandois donnent du fer, du plomb, du cuivre, de l'étain, du sucre, de l'araque, des bois de charpente, du poivre, des épiceries, de la toutenague, espèce de minéral qui participe du fer & de l'étain. Ils gagnent sur ces objets réunis 1,100,000 liv. auxquelles on peut ajouter 88,000 liv. que produisent les douanes. Les dépenses actuelles montent à 808,000 liv. & l'on peut avancer, sans crainte d'être accusé d'exagération, que le fret des navires absorbe le reste des bénéfices. Le produit net du commerce n'est donc, pour la compagnie, que le profit qu'elle peut faire sur la vente des toiles.

XVII. Commerce des Hollandois à la côte de Malabar.

Sa situation est encore moins bonne au Malabar. Les Portugais, dépouillés par-tout, se maintenoient encore avec quelque éclat dans cette partie de l'Inde, lorsqu'en 1663, ils s'y virent attaqués par les Hollandois, qui leur enlevèrent Culan, Cananor, Grandganor & Cochin. Le général victorieux avoit à peine investi la dernière place, la seule importante, qu'il apprit la réconciliation de sa patrie avec le Portugal. Cette nouvelle fut tenue secrète. On précipita les travaux ; & les assiégés, fatigués par des assauts continuels, se soumirent le huitième jour. Le lendemain une frégate, partie de Goa, apporta les articles de la paix. Le vainqueur ne justifia pas autrement sa mauvaise foi, qu'en disant, que ceux qui se plaignoient avec tant de hauteur, avoient tenu, quelques années auparavant, la même conduite dans le Brésil.

Après cette conquête, les Hollandois se crurent assurés d'un commerce considérable dans le Malabar. L'événement n'a pas répondu aux espérances qu'on avoit conçues. La compagnie n'a pu réussir, comme elle l'espéroit, à exclure de cette côte les autres nations Européennes. Elle n'y trouve que les mêmes marchandises qu'elle a dans ses autres établissemens ; & la concurrence les lui fait acheter plus cher que dans les marchés, où elle exerce un privilège exclusif.

Ses ventes se réduisent à un peu d'alun, de benjoin, de camphre, de toutenague, de sucre, de fer, de calin, de plomb, de cuivre & de vif-argent. Le vaisseau qui a porté cette médiocre cargaison, s'en retourne à Batavia avec un chargement de kaire, pour les besoins du port. La compagnie gagne, au plus, sur ces objets, 396,000 livres qui, avec 154,000 liv. que lui produisent ses douanes, forment une masse de 550,000 livres. Dans la plus profonde paix, l'entretien de ses établissemens lui coûte 510,400 liv. de sorte qu'il ne lui reste que 39,600 liv. pour les frais de son armement : ce qui est évidemment insuffisant.

La

La compagnie tire du Malabar, il est vrai, deux millions pesant de poivre, qui est porté sur des chaloupes à Ceylan, où il est versé dans les vaisseaux qu'on y expédie pour l'Europe. Il est encore vrai que, par ses capitulations, elle ne paie le cent du poivre que 38 liv. 8 sols, quoiqu'il coûte depuis 43 jusqu'à 48, aux associations rivales, & plus cher encore aux négocians particuliers; mais le bénéfice qu'elle peut faire sur cet article, est plus qu'absorbé par les guerres sanglantes dont il est l'occasion.

Ces observations avoient sans doute échappé à Golonesf, directeur-général de Batavia, lorsqu'il osa avancer que l'établissement de Malabar, qu'il avoit long-tems régi, étoit un des plus importans de la compagnie. « Je suis si éloigné de penser comme » vous, lui dit le général Mossel, que je souhaiterois que la mer » l'eût englouti il y a un siècle ».

XVIII. Etablissement des Hollandois au cap de Bonne-Espérance.

Quoi qu'il en soit, les Hollandois s'apperçurent, au milieu de leurs succès, qu'il leur manquoit un lieu de relâche où ceux de leurs vaisseaux, qui alloient aux Indes ou qui en revenoient, pussent trouver des rafraîchissemens. On étoit embarrassé du choix, lorsque le chirurgien Van-Riebeck proposa, en 1650, le cap de Bonne-Espérance, qui avoit été méprisé mal-à-propos par les Portugais. Un séjour de quelques semaines, avoit mis cet homme judicieux, en état de voir qu'une colonie seroit bien placée à cette extrémité méridionale de l'Afrique, pour servir d'entrepôt au commerce de l'Europe avec l'Asie. On lui confia le soin de former cet établissement. Ses vues furent dirigées sur un bon plan. Il fit régler qu'il seroit donné un terrein convenable, à tout homme qui s'y voudroit fixer. On devoit avancer des grains, des bestiaux & des ustensiles, à ceux qui en auroient besoin. Des jeunes femmes, tirées des maisons de charité, leur seroient associées pour adoucir leurs fatigues & les partager. Il étoit libre à tous ceux qui, dans trois ans, ne pourroient se faire au climat, de revenir en Europe, & de disposer de leurs possessions comme ils le voudroient. Ces arrangemens pris, on mit à la voile.

La grande contrée qu'on se proposoit de mettre en valeur étoit habitée par les Hottentots, peuples divisés en plusieurs hordes, dont chacune forme une petite république indépendante. Des cabanes couvertes de peaux, dans lesquelles on n'entre qu'en rampant, & qui sont distribuées sur une ligne circulaire, composent leurs bourgades. Ces huttes ne servent guère qu'à serrer quelques denrées, quelques ustensiles de ménage. Hors le tems des pluies, l'Hottentot n'y entre jamais. On le voit toujours couché à sa porte. C'est-là, qu'aussi peu touché de l'avenir que du passé, il dort, il fume, il s'enivre.

La conduite des bestiaux est l'unique occupation de ces sauvages. Comme il n'y a qu'un troupeau pour chaque village & qu'il est commun à tous, chacun est chargé de le garder à son tour. Cette fonction doit être accompagnée d'une vigilance continuelle, parce que le pays est rempli de bêtes féroces & voraces. Chaque jour le berger envoie à la découverte. Si un léopard, si un tigre se sont montrés dans le voisinage, la bourgade entière prend les armes. On vole à l'ennemi ; & il est bien rare qu'il échappe à une multitude de flèches empoisonnées, ou à des pieux aiguisés & durcis au feu.

Les Hottentots n'ayant ni richesses, ni signes de richesses, & leurs moutons qui sont tout leur bien, étant en commun, il doit y avoir parmi eux peu de sujets de division. Aussi sont-ils unis entre eux par les liens d'une concorde inaltérable. Jamais même ils n'auroient de guerre avec leurs voisins, sans les querelles que le bétail égaré ou enlevé occasionne entre les bergers.

Ils sont, comme tous les peuples pasteurs, remplis de bienveillance ; & ils tiennent quelque chose de la malpropreté, de la stupidité des animaux qu'ils conduisent. Ils ont institué un ordre dont on honore ceux qui ont vaincu quelques-uns des monstres destructeurs de leurs bergeries. L'apothéose d'Hercule n'eut pas une autre origine.

On ne parviendroit que difficilement à décrire la langue de ces sauvages avec nos caractères. C'est une espèce de ramage, composé de sifflemens & de sons bizarres qui n'ont presque point de rapport avec les nôtres.

La fable, qui donnoit aux femmes de cette nation un tablier

de chair, tombant du milieu du ventre, jusqu'aux parties naturelles, est enfin décréditée. On a vérifié que ces femmes sont à-peu-près conformées comme on en voit beaucoup d'autres dans les climats chauds, où les organes extérieurs de la volupté, tant supérieurs qu'environnans, prennent plus de volume & d'étendue que dans les contrées tempérées.

Mais il est très-vrai que les Hottentots n'ont qu'un testicule. On l'a souvent remarqué. Les mêmes vues d'utilité, la présence des mêmes périls, inspirent les mêmes moyens, & dans le fond des forêts, & dans la société. Je ne sais même si cette observation ne doit pas s'étendre jusqu'aux animaux. Les oiseaux ont un ramage qui leur est propre. C'en est un autre, lorsqu'ils ont à veiller à la conservation de leurs petits, ou à la leur. Ces signes passagers, comme le besoin, sont-ils, ne sont-ils pas réfléchis? C'est ce que nous ignorons. Mais il est certain qu'ils sont en eux, comme en nous, des effets de l'intérêt, de la crainte, de la colère, & que l'habitude les rend conventionnels. C'est ainsi que, dans les révolutions, les factieux ont des signes à l'aide desquels ils se reconnoissent, malgré le tumulte & au milieu de la mêlée: c'est une croix, une plume, une écharpe, un ruban; c'est un cri, c'est un mot, c'est le son d'un instrument qui réveille ceux auxquels il s'adresse; tandis qu'il laisse dans l'assoupissement du sommeil ou dans la sécurité ceux qui n'en ont pas la clef.

Telle fut, selon toute apparence, la première origine de la plupart de ces usages singuliers que nous retrouvons chez les Sauvages, & même dans les sociétés policées. Ce furent des traits caractéristiques de la horde à laquelle ils appartenoient, des marques auxquelles ils se reconnoissoient. La circoncision des Juifs & des Mahométans n'eut peut-être pas d'autre but que les nez écrasés, que les têtes applaties ou alongées, que les oreilles pendantes & percées, que les figures tracées sur la peau, les brûlures, les chevelures longues ou courtes, & la mutilation de certains membres. Par l'amputation du prépuce, un Juif dit à un autre, & moi je suis Juif aussi. Par l'amputation d'un testicule, un Hottentot dit à un autre Hottentot, & moi je suis aussi Hottentot.

Et pourquoi ces diſtinctions n'auroient-elles pas été deſtinées à tranſmettre le ſentiment, ou de la haîne, ou de l'amitié, la conformité d'un culte religieux; à éterniſer le ſouvenir d'un bienfait ou d'une injure, & à en recommander à une claſſe d'hommes la vengeance ou la reconnoiſſance envers une autre claſſe ?

Plus la condition des hommes ſera vagabonde, plus ces ſortes de réclames ſeront utiles. Deux individus, qui n'auront eu aucune ſorte de liaiſon dans leur contrée, ſe rencontrent dans une contrée éloignée. Auſſi-tôt ils ſe reconnoiſſent, ils s'approchent avec confiance, ils s'embraſſent, ils ſe confient leurs peines, leurs plaiſirs, leurs beſoins, & ils ſe ſeçourent. Les légiſlateurs, jaloux d'iſoler les peuples qu'ils avoient civiliſés, des nations barbares qui les entouroient, & craignant encore qu'avec le tems ils ne ſe fondiſſent dans la maſſe générale, mirent ces ſignes ſous la ſanction des Dieux. Les Sauvages les ont rendus auſſi permanens qu'il étoit poſſible, par la conſidération qu'ils y ont attachée & par la violence qu'ils ont faite conſtamment à la nature. Et c'eſt ainſi que le monde brut n'ayant aucun ſyſtême fixe d'éducation, d'aſſociation & de morale, il y ſuppléa par des habitudes univerſelles. Le phyſique du climat fit le reſte. Les enfans de la nature furent ſoumis, ſans s'en douter, à une eſpèce ſingulière d'autorité qui les domina ſans les vexer; & c'eſt ainſi que les Hottentots prirent les mœurs des pâtres.

Mais ſont-ils heureux, me demanderez-vous ? Et moi je vous demanderai, quel eſt l'homme ſi entêté des avantages de nos ſociétés, ſi étranger à nos peines, qui ne ſoit quelquefois retourné par la penſée au milieu des forêts, & qui n'ait du moins envié le bonheur, l'innocence & le repos de la vie patriarchale? Eh bien! cette vie eſt celle de l'Hottentot. Aimez-vous la liberté ? il eſt libre. Aimez-vous la ſanté ? il ne connoît d'autre maladie que la vieilleſſe. Aimez-vous la vertu ? il a des penchans qu'il ſatisfait ſans remords, mais il n'a point de vices. Je ſais bien que vous vous éloignerez avec dégoût d'un homme emmaillotté, pour ainſi dire, dans les entrailles des animaux. Croyez-vous donc que la corruption dans laquelle vous êtes plongés, vos haînes, vos perfidies, votre duplicité, ne révoltent pas plus ma raiſon, que la malpropreté de l'Hottentot ne révolte mes ſens ?

Vous riez avec mépris des ſuperſtitions de l'Hottentot. Mais vos prêtres ne vous empoiſonnent-ils pas en naiſſant de préjugés qui font le ſupplice de votre vie, qui ſèment la diviſion dans vos familles, qui arment vos contrées les unes contre les autres ? Vos pères ſe ſont cent fois égorgés pour des queſtions incompréhenſibles. Ces tems de frénéſie renaîtront, & vous vous maſſacrerez encore.

Vous êtes fiers de vos lumières; mais à quoi vous ſervent-elles ? de quelle utilité ſeroient-elles à l'Hottentot ? eſt-il donc ſi important de ſavoir parler de la vertu ſans la pratiquer ? Quelle obligation vous aura le Sauvage, lorſque vous lui aurez porté des arts ſans leſquels il eſt ſatisfait, des induſtries qui ne feroient que multiplier ſes beſoins & ſes travaux, des loix dont il ne peut ſe promettre plus de ſécurité que vous n'en avez ?

Encore ſi, lorſque vous avez abordé ſur ſes rivages, vous vous étiez propoſé de l'amener à une vie plus policée, à des mœurs qui vous paroiſſoient préférables aux ſiennes, on vous excuſeroit. Mais vous êtes deſcendus dans ſon pays pour l'en dépouiller. Vous ne vous êtes approchés de ſa cabane que pour l'en chaſſer, que pour le ſubſtituer, ſi vous le pouviez, à l'animal qui laboure ſous le fouet de l'agriculteur, que pour achever de l'abrutir, que pour ſatisfaire votre cupidité.

Fuyez, malheureux Hottentots, fuyez ! enfoncez-vous dans vos forêts. Les bêtes féroces qui les habitent ſont moins redoutables que les monſtres ſous l'empire deſquels vous allez tomber. Le tigre vous déchirera peut-être; mais il ne vous ôtera que la vie. L'autre vous ravira l'innocence & la liberté. Ou ſi vous vous en ſentez le courage, prenez vos haches, tendez vos arcs, faites pleuvoir ſur ces étrangers vos flèches empoiſonnées. Puiſſe-t-il n'en reſter aucun pour porter à leurs citoyens la nouvelle de leur déſaſtre !

Mais hélas ! vous êtes ſans défiance, & vous ne les connoiſſez pas. Ils ont la douceur peinte ſur leurs viſages. Leur maintien promet une affabilité qui vous en imposera. Et comment ne vous tromperoit-elle pas ? c'est un piège pour eux-mêmes. La vérité semble habiter sur leurs lèvres. En vous abordant, ils s'inclineront. Ils auront une main placée sur la poitrine. Ils tourneront l'autre vers le ciel, ou vous la présenteront avec amitié. Leur geste sera celui de la bienfaisance ; leur regard celui de l'humanité : mais la cruauté, mais la trahison sont au fond de leur cœur. Ils disperseront vos cabanes ; ils se jetteront sur vos troupeaux ; ils corrompront vos femmes ; ils séduiront vos filles. Ou vous vous plierez à leurs folles opinions, ou ils vous massacreront sans pitié. Ils croient que celui qui ne pense pas comme eux est indigne de vivre. Hâtez-vous donc, embusquez-vous ; & lorsqu'ils se courberont d'une manière suppliante & perfide, percez-leur la poitrine. Ce ne sont pas les représentations de la justice qu'ils n'écoutent pas, ce sont vos flèches qu'il faut leur adresser. Il en est tems ; Riebeck approche. Celui-ci ne vous fera peut-être pas tout le mal que je vous annonce ; mais cette feinte modération ne sera pas imitée par ceux qui le suivront. Et vous, cruels Européens, ne vous irritez pas de ma harangue. Ni le Hottentot, ni l'habitant des contrées qui vous restent à dévaster ne l'entendront. Si mon discours vous offense, c'est que vous n'êtes pas plus humains que vos prédécesseurs ; c'est que vous voyez dans la haîne que je leur ai vouée celle que j'ai pour vous.

Riebeck, se conformant aux idées malheureusement reçues chez les Européens, commença par s'emparer du territoire qui étoit à sa bienséance, & il songea ensuite à s'y affermir. Cette conduite déplut aux naturels du pays. *Pourquoi*, dit leur envoyé à ces étrangers, *pourquoi avez-vous semé nos terres ? Pourquoi les employez-vous à nourrir vos troupeaux ? De quel œil verriez-vous ainsi usurper vos champs ? Vous ne vous fortifiez que pour réduire, par degrés, les Hottentots à l'esclavage.* Ces représentations furent suivies de quelques hostilités. Les Hollandois, qui étoient encore foibles, calmèrent les esprits par beaucoup de promesses & quelques présens. Tout fut pacifié ; & ils continuèrent depuis assez paisiblement leurs usurpations.

Il eſt prouvé que la compagnie dépenſa, dans l'eſpace de vingt ans, quarante-ſix millions de livres pour élever la colonie à l'état où elle eſt aujourd'hui. C'eſt le plus bel établiſſement du monde, ſi l'on en croit la plupart des navigateurs, qui, fatigués d'une longue traverſée, ſont aiſément ſéduits par les commodités qu'ils trouvent dans cette relâche renommée. Voyons ſi la réflexion confirmera ces éloges dictés par l'enthouſiaſme.

Le cap de Bonne-Eſpérance, dont les parages ſont ſi orageux, termine la pointe la plus méridionale de l'Afrique. A ſeize lieues de cette fameuſe montagne eſt une péninſule formée au Nord par la baie de la Table, & au Sud par Falſe-Baie. C'eſt à la première des deux baies, qui ne ſont ſéparées que par une diſtance de neuf mille toiſes, qu'abordent tous les bâtimens durant la plus grande partie de l'année : mais depuis le 20 mai juſqu'au 20 ſeptembre la rade eſt ſi dangereuſe, l'on y a éprouvé de ſi grands malheurs, qu'il eſt défendu aux vaiſſeaux Hollandois d'y mouiller. Ils ſe rendent tous à l'autre baie, où, dans cette ſaiſon, l'on n'a rien à craindre.

Le ciel du cap ſeroit très-agréable, ſi les vents n'y étoient preſque continuels & communément violens. On eſt dédommagé de l'eſpèce d'incommodité qu'ils cauſent, par la délicieuſe température, dont ils font jouir un climat qui, par ſa latitude, devroit être embrâſé. L'air de ce ſéjour eſt ſi pur, qu'on le regarde comme un remède preſque ſouverain pour la plupart des maladies apportées d'Europe, & qu'il n'eſt pas ſans utilité pour les maladies contractées aux Indes. Peu d'infirmités affligent les colons. La petite vérole même n'y a pénétré que tard. Cette contagion apportée, dit-on, par un bâtiment Danois, y fit d'abord, & y fait encore, par intervalle, de trop grands ravages.

Le ſol de cet établiſſement ne répond pas à ſa réputation. Les Hollandois n'y virent à leur arrivée, que d'immenſes bruyères, quelques arbuſtes, une eſpèce d'oignon qui, lorſqu'il eſt cuit, a le goût de la châtaigne, & qu'on a nommé pain des Hottentots. Par-tout où la chûte périodique de ces plantes n'avoit pas dépoſé un ſédiment gras, la terre n'étoit qu'un ſable ſtérile. On n'eſt pas encore parvenu à la féconder, même dans le voisinage de la capitale, où les encouragemens n'ont pas manqué. A l'exception de quelques vallées où les eaux ont entraîné le peu de terre qui couvroit les montagnes, l'intérieur du pays n'est pas plus fertile, & il est encore moins arrosé que les côtes où rien n'est pourtant si rare qu'un ruisseau ou une fontaine. Delà vient que quoique la colonie ne soit pas nombreuse, ses habitans sont dispersés sur cent cinquante lieues le long des rivages de la mer, & sur près de cinquante dans les terres.

La ville du cap, la seule qui soit dans la colonie, est composée d'environ mille maisons, toutes bâties de brique, &, à cause de la violence des vents, couvertes de chaume. Les rues sont larges & coupées à angles droits. Dans la principale est un canal, bordé des deux côtés, d'un plant d'arbres. Dans un quartier plus écarté, on voit encore un canal : mais la pente des eaux y est si rapide, que les écluses se touchent presque les unes les autres.

A l'extrémité de la ville, est le jardin, si renommé, de la compagnie. Il a huit à neuf cens toises de long. Un ruisseau l'arrose. Pour en défendre les plantes contre la fureur des vents, on a entouré chaque quarré de chênes taillés en palissades, excepté dans l'allée du milieu où on les laisse croître de toute leur hauteur. Ces arbres, quoique médiocrement élevés, forment un spectacle délicieux dans une contrée où il n'y a que peu de bois, même taillis, & où l'on est réduit à tirer de Batavia tous ceux de charpente. Les légumes occupent la plus grande partie du terrein. Le petit espace consacré à la botanique, n'a que peu de plantes. La ménagerie, qui joint le jardin, est également déchue. Elle renfermoit autrefois un plus grand nombre d'oiseaux & de quadrupèdes, inconnus dans nos climats.

Ce sont les vignes qui couvrent principalement les campagnes voisines de la capitale. Leur produit est presqu'assuré dans un climat où la grêle & la gelée ne sont pas à craindre. Il semble que sous un ciel si pur, dans un terrein sablonneux, avec la facilité de choisir les meilleures expositions, on devroit obtenir une boiſſon exquiſe. Cependant, que ce ſoit le vice du climat ou la négligence des cultivateurs, elle eſt d'une qualité fort inférieure; à l'exception d'un vin ſec, aigrelet & aſſez agréable, qui tire ſon origine de Madère, & que conſomment les colons riches. Celui que l'Europe connoît ſous le nom de Conſtance, & qui eſt blanc en partie & en partie rouge, n'eſt cueilli que dans un territoire de quinze arpens, ſur des ſeps apportés autrefois de Perſe. Pour en augmenter la quantité, on y mêle un vin muſcat aſſez bon que produiſent des côteaux voiſins. Une partie eſt livrée à la compagnie, au prix qu'elle-même a fixé, le reſte eſt vendu, à raiſon de douze cens francs la barrique, à tous ceux qui ſe préſentent pour l'acheter.

Les grains ſe cultivent à une plus grande diſtance du cap. Ils ſont toujours abondans & à un prix modique, à cauſe de la facilité des défrichemens, de l'abondance des engrais, de la faculté de laiſſer repoſer les terres.

A quarante ou cinquante lieues du port, s'arrêtent les cultures. Dans un plus grand éloignement, il ne ſeroit pas poſſible de voiturer les denrées avec avantage. Les campagnes ne ſont plus couvertes que de nombreux troupeaux qui, deux ou trois fois l'année, ſont conduits au chef-lieu de la colonie. Ils y ſont échangés contre quelques marchandiſes apportées d'Europe & des Indes, ou abſolument néceſſaires ou ſeulement agréables. Les paiſibles habitans de ces lieux écartés, connoiſſent peu le pain, & ſe nourriſſent aſſez généralement de viandes fraîches ou ſalées, mêlées avec des légumes qui n'ont pas moins de goût à cette extrémité de l'Afrique que dans nos contrées. Nos fruits, qui la plupart n'ont pas dégénéré, ſont une autre de leurs reſſources. Ils tirent moins d'utilité des végétaux d'Aſie qui viennent mal, dont quelques-uns même, tels que le ſucre & le café, n'ont jamais pu être naturaliſés.

Lorſque la compagnie forma ſon établiſſement du cap, elle aſſigna gratuitement à chacun des premiers colons un terrein d'une lieue en quarré. Ces conceſſions & celles qui les ſuivirent, ont été depuis grevées d'un impôt à chaque mutation.

Cette innovation n'eſt pas le ſeul reproche que les colons faſſent au monopole. Ils ſe plaignent du bas prix qu'il met aux denrées qu'il exige pour ſes beſoins. Ils ſe plaignent des entraves dont il embarraſſe le débit des productions qu'il ne retient pas. Ils ſe plaignent des droits accordés à différens officiers ſur tout ce qui eſt vendu dans le pays ou même exporté. Ils ſe plaignent de la défenſe qui leur eſt faite d'expédier le moindre bâtiment pour communiquer entre eux ou pour aller chercher ſur les côtes voiſines les bois que la nature leur a refuſés. Ils ſe plaignent de ce que, par des formalités auſſi multipliées qu'inutiles, on les a réduits à emprunter à un intérêt exceſſif un argent qui donneroit plus d'extenſion à leurs cultures. Ils ſe plaignent de ce qu'étant la plupart Luthériens, il ne leur eſt pas permis de ſe procurer, à leurs dépens, les conſolations de la religion. Ils forment une infinité d'autres plaintes, toutes graves, & qui la plupart paroiſſent fondées.

On devroit ſe hâter d'autant plus de redreſſer ces griefs, que les colons ſont plus intéreſſans. Les mœurs ſont ſimples, même dans la capitale. On n'y connoît aucun genre de ſpectacle ; on n'y joue point ; on n'y fait que très-rarement des viſites ; on y parle peu. Les plaiſirs des femmes ſe bornent à rendre heureux leurs époux, leurs enfans, leurs ſerviteurs, leurs eſclaves même.

Tandis qu'elles ſe livrent à ces ſoins touchans, les hommes s'occupent tout entiers des affaires extérieures. Sur le ſoir, lorſque les vents ſont tombés, chaque famille réunie, va jouir de l'exercice de la promenade, de la douceur de l'air. La vie d'un jour eſt celle de toute l'année ; & l'on ne s'apperçoit pas que cette uniformité nuiſe au bonheur.

Un trait à remarquer dans les mœurs de cette colonie, c'eſt qu'on y retrouve l'uſage le plus précieux de la candeur des premiers âges. Une jeune perſonne devient-elle ſenſible, un aveu naïf ſuit de près cette impreſſion délicieuſe. L'amour, dit-elle, eſt une paſſion naturelle qui doit faire le charme de ſa vie & la dédommager du danger d'être mère. Celui qui a eu le bonheur de lui plaire eſt auſſi-tôt chéri publiquement, s'il éprouve le goût qu'il inſpire. Dans des liens libres & ſacrés, que l'ambition, l'avarice & la vanité n'ont point formés, la confiance ſe joint à la tendreſſe; & ces deux ſentimens produiſent dans des ames ſimples, tranquilles & conſtantes, une union que les années & les événemens n'altèrent que très-rarement.

La colonie, qui n'a que ſept cens hommes de troupes régulières pour ſa défenſe, compte quinze mille Européens, Hollandois, Allemands & François, dont la quatrième partie eſt en état de porter les armes. Ce nombre ſe feroit accru, ſi de funeſtes préjugés de religion n'euſſent repouſſé une infinité de malheureux, diſpoſés à aller chercher la paix & l'abondance ſous ces heureux climats. On ne comprend pas comment une république qui admet avec tant de ſuccès tous les cultes dans ſes provinces, a pu ſouffrir qu'une compagnie formée dans ſon ſein, portât une odieuſe intolérance au-delà des mers. Si le gouvernement a jamais la force de réprimer un abus ſi oppoſé à ſes principes, la colonie ſe peuplera en raiſon de ſes ſubſiſtances; & alors on pourra ſans inconvénient abolir la ſervitude qui, quoique moins peſante que par-tout ailleurs, eſt toujours une dégradation de l'eſpèce humaine.

Les eſclaves ſont au nombre de quarante ou cinquante mille. Les uns ont été achetés aux côtes d'Afrique ou à Madagaſcar; les autres viennent des iſles Malaiſes. Ils ſont nourris comme leurs maîtres, & ne ſont condamnés qu'aux mêmes travaux. De tous les établiſſemens que l'Europe a formés dans les autres parties du monde, c'eſt le ſeul peut-être où les blancs aient daigné partager avec les noirs les occupations heureuſes, nobles & vertueuſes de la paiſible agriculture.

Si les Hottentots avoient pu adopter ce goût, c'eût été un grand avantage pour la colonie: mais les foibles hordes de ces Africains qui étoient reſtés dans les limites des établiſſemens Hollandois, périrent toutes dans une épidémie en 1713. Il n'échappa aux horreurs de cette contagion qu'un très-petit nombre de familles, qui ſont de quelque utilité pour la garde des troupeaux & pour le ſervice domeſtique. Les tribus plus puiſſantes

& qui occupoient les bords des rivières, le voisinage des bois, les terres abondantes en pâturages, obligées d'abandonner successivement les tombeaux & la demeure de leurs pères, se sont toutes éloignées des frontières de leur oppresseur. L'injustice qu'elles éprouvoient a beaucoup ajouté à l'éloignement qu'elles avoient naturellement pour tous nos travaux. La vie oisive & indépendante que ces sauvages mènent dans leurs déserts, a pour eux des charmes inexprimables. Rien ne peut les en détacher. Un d'entre eux fut pris au berceau. On l'éleva dans nos mœurs & dans notre croyance. Il fut envoyé aux Indes & utilement employé dans le commerce. Les circonstances l'ayant ramené dans sa patrie, il alla visiter ses parens dans leur cabane. La singularité de ce qu'il vit le frappa. Il se couvrit d'une peau de brebis, & alla rapporter au fort ses habits Européens. « Je viens, dit-il au » gouverneur, je viens renoncer pour toujours au genre de vie » que vous m'aviez fait embrasser. Ma résolution est de suivre » jusqu'à la mort la religion & les usages de mes ancêtres. Je » garderai pour l'amour de vous le collier & l'épée que vous » m'avez donnés. Trouvez bon que j'abandonne tout le reste ». Il n'attendit point de réponse, & se dérobant par la fuite, on ne le revit jamais.

Quoique le caractère des Hottentots ne soit pas tel que l'avarice Hollandoise le desireroit, la compagnie tire des avantages solides de sa colonie. A la vérité, la dîme du blé & du vin qu'elle perçoit, ses douanes & ses autres droits ne lui rendent pas au-delà de cent mille écus. Elle ne gagne pas cent mille livres sur les draps, les toiles, la clinquaillerie, le charbon de terre, quelques autres objets peu importans qu'elle y débite. Les frais inséparables d'un si grand établissement & ceux que la corruption y ajoute, absorbent au-delà de ces profits réunis. Aussi son utilité a-t-elle une autre base.

Les vaisseaux Hollandois qui vont aux Indes ou qui en reviennent, trouvent au cap un asyle sûr, un ciel agréable, pur & tempéré, les nouvelles importantes des deux mondes. Ils y prennent du beurre, du fromage, du vin, des farines, une grande abondance de légumes salés pour leur navigation & pour leurs établissemens d'Asie, même depuis quelque tems deux ou trois cargaisons de blé pour l'Europe. Ces commodités & ces ressources augmenteroient encore, si la compagnie abdiquoit enfin les funestes préjugés qui n'ont cessé de l'égarer.

Jusqu'à nos jours les productions du cap ont eu si peu de valeur, que leurs cultivateurs ne pouvoient ni se vêtir, ni se procurer aucune des commodités que leur sol ne leur donnoit pas. La raison de cet avilissement des denrées étoit qu'il étoit défendu aux colons de les vendre aux navigateurs étrangers, que la position, la guerre ou d'autres raisons attiroient dans leurs ports. La jalousie du commerce, l'un des plus grands fléaux qui affligent l'humanité, avoit inspiré cette interdiction barbare. Le but d'un si odieux systême étoit de dégoûter des Indes les autres nations commerçantes. Elles ne pouvoient attendre des secours que de l'administration, qui, pour ne pas s'écarter de son plan, les mettoit toujours à un prix excessif. Depuis même que l'expérience d'un siècle entier a fait abandonner des vues si chimériques, & qu'on a perdu l'espoir d'éloigner de l'Asie les autres peuples, les habitans du cap n'ont pas été autorisés à un commerce libre de toutes leurs denrées. A la vérité, Tulbagh & quelques autres chefs éclairés se sont montrés plus faciles, ce qui a répandu un peu d'aisance: mais on a toujours été réduit à endormir ou à corrompre le monopole. La compagnie ne verra-t-elle jamais que les richesses des colons doivent tôt ou tard devenir les siennes? En adoptant les idées que nous osons lui proposer, elle suivra l'esprit de ses fondateurs, qui ne faisoient rien au hasard, & qui n'avoient pas attendu les événemens heureux dont nous avons rendu compte, pour s'occuper du soin de donner un centre à leur puissance. Ils avoient jetté les yeux sur Java dès 1609.

XIX. Empire des Hollandois dans l'isle de Java.

Cette isle, qui peut avoir deux cens lieues de long, sur une largeur de trente & quarante, paroissoit avoir été conquise par les Malais à une époque assez reculée. Un mahométisme fort superstitieux en étoit le culte dominant. Il y avoit encore, dans l'intérieur du pays, quelques idolâtres; & c'étoient les seuls hommes de Java qui ne fussent point parvenus au dernier degré de la dépravation. L'isle, autrefois soumise à un seul monarqu e se trouvoit alors partagée entre plusieurs souverains, qui étoient continuellement en guerre les uns avec les autres. Ces dissentions éternelles avoient entretenu, chez ces peuples, l'oubli des mœurs & l'esprit militaire. Ennemis de l'étranger, sans confiance entre eux; on ne voyoit point de nation qui parût mieux sentir la haîne. C'est-là que l'homme étoit un loup pour l'homme. Il sembloit que l'envie de se nuire, & non le besoin de s'entr'aider, les eût rassemblés en société. Le Javanois n'abordoit point son frère, sans avoir le poignard à la main; toujours en garde contre un attentat, ou toujours prêt à le commettre. Les grands avoient beaucoup d'esclaves qu'ils achetoient, qu'ils faisoient à la guerre, ou qui s'engageoient pour dettes. Ils les traitoient avec inhumanité. C'étoient les esclaves qui cultivoient la terre, & qui faisoient tous les travaux pénibles. Le Javanois mâchoit du bétel, fumoit de l'opium, vivoit avec ses concubines, combattoit ou dormoit. On trouvoit dans ce peuple beaucoup d'esprit; mais il y restoit peu de traces de principes moraux. Il sembloit moins un peuple peu avancé, qu'une nation dégénérée. C'étoient des hommes, qui, d'un gouvernement réglé, étoient passés à une espèce d'anarchie; & qui se livroient sans frein aux mouvemens impétueux que la nature donne dans ces climats.

Un caractère si corrompu ne changea rien aux vues de la compagnie sur Java. Elle pouvoit être traversée par les Anglois, alors en possession d'une partie du commerce de cette isle. Cet obstacle fut bientôt levé. La foiblesse de Jacques I, & la corruption de son conseil, rendoient ces fiers Bretons si timides, qu'ils se laissèrent supplanter, sans faire des efforts dignes de leur courage. Les naturels du pays, privés de cet appui, furent asservis. Ce fut l'ouvrage du tems, de l'adresse, de la politique.

Une des maximes fondamentales des Portugais, avoit été d'engager les princes qu'ils vouloient mettre ou tenir sous l'oppression, d'envoyer leurs enfans à Goa, pour y être élevés aux dépens de la cour de Lisbonne, & s'y naturaliser, en quelque manière, avec ses mœurs & ses principes. Mais cette idée, bonne en elle-même, les conquérans l'avoient gâtée, en admettant ces jeunes gens à leurs plaisirs les plus criminels, à leurs plus honteuses débauches. Il arrivoit de-là que ces Indiens, mûris par l'âge, ne pouvoient s'empêcher de haïr, de mépriser du moins des instituteurs si corrompus. En adoptant cette pratique, les Hollandois la perfectionnèrent. Ils cherchèrent à bien convaincre leurs élèves de la foiblesse, de la légéreté, de la perfidie de leurs sujets; & plus encore de la puissance, de la sagesse, de la fidélité de la compagnie. Avec cette méthode, ils affermirent leurs usurpations: mais, il faut le dire; la perfidie, la cruauté, furent aussi les moyens qu'employèrent les Hollandois.

Le gouvernement de l'isle, qui avoit pour unique base les loix féodales, sembloit appeller la discorde. On arma le père contre le fils, le fils contre le père. Les prétentions du foible contre le fort, du fort contre le foible, furent appuyées suivant les circonstances. Tantôt on prenoit le parti du monarque, & tantôt celui des vassaux. Si quelqu'un montroit sur le trône des talens redoutables, on lui suscitoit des concurrens. Ceux que l'or ou les promesses ne séduisoient pas, étoient subjugués par la crainte. Chaque jour amenoit quelque révolution, toujours préparée par les tyrans, & toujours à leur avantage. Ils se trouvèrent enfin les maîtres des postes importans de l'intérieur, & des forts bâtis sur les côtes.

L'exécution de ce plan d'usurpation n'étoit encore qu'ébauchée, lorsqu'on établit à Java un gouverneur qui eut un palais, des gardes, un extérieur imposant. La compagnie crut devoir s'écarter des principes d'économie qu'elle avoit suivis jusqu'alors. Elle étoit persuadée que les Portugais avoient tiré un grand avantage de la cour brillante que tenoient les vice-rois de Goa; qu'on devoit éblouir les peuples de l'Orient pour mieux les subjuguer; & qu'il falloit frapper l'imagination & les yeux des Indiens, plus aisés à conduire par les sens que les habitans de nos climats.

Les Hollandois avoient une autre raison, pour se donner un air de grandeur. On les avoit peints à l'Asie comme des pirates, sans patrie, sans loix & sans maître. Pour faire tomber ces calomnies, ils proposèrent à plusieurs états, voisins de Java, d'envoyer des ambassadeurs au prince Maurice d'Orange. L'exécution de ce projet leur procura le double avantage d'imposer aux Orientaux, & de flatter l'ambition du Stathouder, dont la protection leur étoit nécessaire pour les raisons que nous allons dire.

Lorsqu'on avoit accordé à la compagnie son privilège exclusif, on y avoit assez mal-à-propos compris le détroit de Magellan, qui ne devoit avoir rien de commun avec les Indes orientales. Isaac Lemaire, un de ces négocians riches & entreprenans, qu'on devroit regarder par-tout comme les bienfaiteurs de leur patrie, forma le projet de pénétrer dans la mer du Sud, par les terres australes; puisque la seule voie, connue alors pour y arriver, étoit interdite. Deux vaisseaux qu'il expédia en 1615, passèrent par un détroit, qui depuis a porté son nom, situé entre le cap de Horn & l'isle des États, & furent conduits par les événemens à Java. Ils y furent confisqués, & ceux qui les montoient envoyés prisonniers en Europe.

Cet acte de tyrannie révolta les esprits déja prévenus contre tous les commerces exclusifs. Il parut absurde, qu'au lieu des encouragemens que méritent ceux qui tentent des découvertes, un état purement commerçant mît des entraves à leur industrie. Le monopole, que l'avarice des particuliers souffroit impatiemment, devint plus odieux, quand la compagnie donna aux concessions qui lui avoient été faites plus d'étendue qu'elles n'en devoient avoir. On sentoit que son orgueil & son crédit augmentant avec sa puissance, les intérêts de la nation seroient sacrifiés dans la suite aux intérêts, aux fantaisies même de ce corps devenu trop redoutable. Il y a de l'apparence qu'il auroit succombé sous la haîne publique, & qu'on ne lui auroit pas renouvellé son privilège qui alloit expirer, s'il n'avoit été soutenu par le prince Maurice, favorisé par les États-Généraux, & encouragé à faire tête à l'orage, par la consistance que lui donnoit son établissement à Java.

Quoique divers mouvemens, plusieurs guerres, quelques conspirations aient troublé la tranquillité de cette isle, elle ne laisse pas

pas d'être assujettie aux Hollandois, de la manière dont il leur convient qu'elle le soit.

Bantam en occupe la partie occidentale. Un de ses despotes, qui avoit remis la couronne à son fils, fut rappellé au trône en 1680, par son inquiétude naturelle, par la mauvaise conduite de son successeur, & par une faction puissante. Son parti alloit prévaloir; lorsque le jeune monarque, assiégé par une armée de trente mille hommes dans sa capitale, où il n'avoit pour appui que les compagnons de ses débauches, implora la protection des Hollandois. Ils volèrent à son secours, battirent ses ennemis, le délivrèrent d'un rival, & rétablirent son autorité. Quoique l'expédition eût été vive, courte, rapide, & par conséquent peu dispendieuse; on ne laissa pas de faire monter les dépenses de la guerre à des sommes prodigieuses. La situation des choses ne permettoit pas de discuter le prix d'un si grand service, & l'épuisement des finances ôtoit la possibilité de l'acquitter. Dans cette extrémité, le foible roi se détermina à se mettre dans les fers, à y mettre ses descendans, en accordant à ses défenseurs le commerce exclusif de ses états.

La compagnie maintient ce grand privilège avec trois cens soixante-huit hommes, distribués dans deux mauvais forts, dont l'un sert d'habitation à son gouverneur, & l'autre de palais au roi. Cet établissement ne lui coûte que 110,000 livres, qu'elle retrouve sur les marchandises qu'elle y débite. Elle a, en pur bénéfice, ce qu'elle peut gagner sur trois millions pesant de poivre, qu'on s'est obligé de lui livrer à 28 livres 3 sols le cent.

C'est peu de chose en comparaison de ce que la compagnie tire de Cheribon, qu'elle a réduit sans efforts, sans intrigue & sans dépenses. A peine les Hollandois s'étoient établis à Java, que le sultan de cet état resserré, mais très-fertile, se mit sous leur protection, pour éviter le joug d'un voisin plus puissant que lui. Il leur livre annuellement trois millions trois cens mille livres pesant de riz, à 25 livres 12 sols le millier. Un million de sucre, dont le plus beau est payé 15 livres 6 sols 8 deniers le cent; un million deux cens mille livres de café, à 4 sols 4 den. la livre;

cent quintaux de poivre, à 5 fols 2 deniers la livre; trente mille livres de côton, dont le plus beau n'eſt payé que 1 livre 11 ſols 4 deniers la livre; ſix cens mille livres d'areque, à 13 liv. 4 ſ. le cent. Quoique des prix ſi bas ſoient un abus manifeſte de la foibleſſe des habitans, cette injuſtice n'a jamais mis les armes à la main du peuple de Cheribon, le plus doux, le plus civiliſé de l'iſle. Cent Européens ſuffiſent pour le tenir dans les fers. La dépenſe de cet établiſſement ne monte pas au-deſſus de 45,100 livres, qu'on gagne ſur les toiles qu'on y porte.

L'empire de Mataran, qui s'étendoit autrefois ſur l'iſle entière, dont il embraſſe encore la plus grande partie, a été ſubjugué plus tard. Souvent vaincu, quelquefois vainqueur, il combattoit encore pour ſon indépendance; lorſque le fils & le frère d'un ſouverain, mort en 1704, ſe diſputèrent ſa dépouille. La nation ſe partagea entre les deux concurrens. Celui que l'ordre de la ſucceſſion appelloit au trône, prenoit ſi viſiblement le deſſus, qu'il ne devoit pas tarder à ſe voir tout-à-fait le maître, ſi les Hollandois ne ſe fuſſent déclarés pour ſon rival. Les intérêts que ces républicains avoient embraſſés, prévalurent à la fin : mais ce ne fut qu'après des combats plus vifs, plus répétés, plus ſavans, plus opiniâtres qu'on ne devoit s'y attendre. Le jeune prince qu'on vouloit priver de la ſucceſſion du roi ſon père, montra tant d'intrépidité, de prudence & de fermeté, qu'il auroit triomphé, ſans l'avantage que ſes ennemis tiroient de leurs magaſins, de leurs fortereſſes & de leurs vaiſſeaux. Son oncle occupa ſa place : mais ce ne fut que pour s'en montrer indigne.

La compagnie, en lui remettant le ſceptre, lui dicta des loix. Elle choiſit le lieu où il devoit fixer ſa cour, & s'aſſura de lui par une cidatelle où eſt établie une garde qui n'a de fonction apparente, que celle de veiller à la conſervation du prince. Après toutes ces précautions, elle ſe fit un art de l'endormir dans le ſein des voluptés, d'amuſer ſon avarice par des préſens, de flatter ſa vanité par des ambaſſades éclatantes. Depuis cette époque, le prince & ſes ſucceſſeurs, auxquels on a donné une éducation convenable au rôle qu'ils devoient jouer, n'ont été que les vils inſtrumens du deſpotiſme de la compagnie. Elle n'a beſoin, pour le ſoutenir, que de trois cens cavaliers & de quatre cens ſoldats, dont l'entretien, avec celui des employés, coûte 835,000 livres.

On eſt bien dédommagé de cette dépenſe par les avantages qu'elle aſſure. Les ports de cet état ſont devenus les chantiers où l'on conſtruit tous les petits bâtimens, toutes les chaloupes que la navigation de la compagnie occupe. Elle y trouve toutes les boiſeries néceſſaires pour ſes différens établiſſemens de l'Inde, & pour une partie des colonies étrangères. Elle y charge encore les productions que le royaume s'eſt obligé à lui livrer, c'eſt-à-dire, quinze millions peſant de riz, à 17 livres 12 ſols le millier; tout le ſel qu'elle demande à 10 livres 7 ſols 10 deniers le millier; cent mille livres de poivre, à 21 livres 2 ſols 4 deniers le cent; tout l'indigo qu'on cueille à 3 livres 2 ſols la livre; le cadjang, dont ſes vaiſſeaux ont beſoin, à 28 l. 3 ſ. 2 d. le millier; le fil de coton, depuis 13 ſ. juſqu'à 1 l. 13 ſ. ſuivant ſa qualité; le peu qu'on y cultive de cardamome à un prix honteux.

La compagnie dédaigna long-tems toute liaiſon avec Balimbuam, ſituée à la pointe orientale de l'iſle. Sans doute qu'elle ne voyoit point de jour à tirer avantage de cette contrée. Quel qu'ait été le motif des Hollandois, ce pays a été attaqué dans les derniers tems. Après deux ans de combats opiniâtres & de ſuccès variés, les armes de l'Europe ont prévalu en 1768. Le prince Indien, vaincu & priſonnier, a fini ſes jours dans la citadelle de Batavia; & ſa famille a été embarquée pour le cap de Bonne-Eſpérance, où elle terminera, dans l'iſle Roben, une carrière déplorable.

Nous ignorons quel uſage les vainqueurs ont fait de leur conquête. Nous ne ſavons pas davantage quel profit il leur reviendra d'avoir détrôné le roi de Madure, iſle fertile & voiſine de Mataram, pour y placer ſon fils comme gouverneur. Ce qui nous eſt malheureuſement trop connu, c'eſt qu'indépendamment du joug tyrannique de la compagnie, tous les peuples de Java ont à ſupporter les vexations plus odieuſes, s'il eſt poſſible, de ſes trop nombreux agens. Ces hommes avides & injuſtes ſe ſervent habituellement de faux poids & de fauſſes meſures pour groſſir la quantité de denrées ou de marchandiſes qu'on doit leur livrer. Cette infidélité, dont ils profitent ſeuls, n'a jamais été punie; & rien ne fait eſpérer qu'elle puiſſe l'être un jour.

Du reſte, la compagnie, contente d'avoir diminué l'inquiétude des Javanois, en ſappant peu-à-peu les mauvaiſes loix qui l'entretenoient, de les avoir forcés à quelque agriculture, de s'être aſſurée d'un commerce entiérement excluſif, n'a pas cherché à acquérir des propriétés dans l'iſle. Tout ſont domaine ſe réduit au petit royaume de Jacatra. Les horreurs qui accompagnèrent la conquête de cet état, & la tyrannie qui la ſuivit, en firent un déſert. Il reſta inculte & ſans induſtrie.

Les Hollandois, ceux ſur-tout qui vont chercher la fortune aux Indes, n'étoient guère propres à tirer ce ſol excellent d'un ſi grand anéantiſſement. On imagina pluſieurs fois de recourir aux Allemands, dont, avec l'encouragement de quelques avances ou de quelques gratifications, on auroit dirigé les travaux de la manière la plus utile pour la compagnie. Ce que ces hommes laborieux auroient fait dans les campagnes, des ouvriers en ſoie tirés de la Chine, des tiſſerans en toile appellés du Coromandel, l'auroient exécuté dans des atteliers pour la proſpérité des manufactures. Comme ces projets utiles ne favoriſoient en rien l'intérêt particulier, ils reſtèrent toujours de ſimples projets. Enfin, les généraux Imohff & Moſſel, frappés d'un ſi grand déſordre, ont cherché à y remédier.

Pour y réuſſir, ils ont vendu à des Chinois, à des Européens, pour un prix léger, les terres que l'oppreſſion avoit miſes dans les mains du gouvernement. Cet arrangement n'a pas produit tout le bien qu'on s'en étoit promis. Les nouveaux propriétaires ont conſacré la plus grande partie de leur domaine à l'éducation des troupeaux, dont ils trouvoient un débit libre, facile & avantageux. L'induſtrie ſe feroit tournée vers des objets plus importans, ſi la compagnie n'eût pas exigé qu'on lui livrât toutes les productions au même prix que dans le reſte de l'iſle. Le monopole a réduit les cultures à dix mille livres pesant d'indigo, à vingt-cinq mille livres de coton, à cent cinquante mille livres de poivre, à dix millions de sucre, à quelques autres articles peu importans.

Ces produits, ainsi que tous ceux de Java, sont portés à Batavia, bâti sur les ruines de l'ancienne capitale de Jacatra, au sixième degré de latitude méridionale.

Une ville, qui donnoit un entrepôt si considérable, a dû s'embellir successivement. Cependant, à l'exception d'une église récemment bâtie, aucun monument n'y a de l'élégance ou de la grandeur. Les édifices publics sont généralement lourds, sans grace & sans proportions. Si les maisons ont des commodités & une distribution convenables à la nature du climat, leurs façades sont trop uniformes & de mauvais goût. En aucun lieu du monde, les rues ne sont plus larges & mieux percées. Par-tout, elles offrent aux gens de pied des trottoirs propres & solides. La plupart sont traversées par des canaux bordés des deux côtés de superbes arbres qui donnent un ombrage délicieux ; & ces canaux, tous navigables, portent les denrées & les marchandises jusqu'aux magasins destinés à les recevoir. Quoique la chaleur, qui devroit être naturellement excessive à Batavia, y soit tempérée par un vent de mer fort agréable, qui s'élève tous les jours à dix heures, & qui dure jusqu'à quatre; quoique les nuits soient rafraîchies par des vents de terre qui tombent à l'aurore, l'air est très-mal-sain dans cette capitale des Indes Hollandoises & le devient tous les jours davantage. Il est prouvé par des registres d'une autorité certaine, que, depuis 1714 jusqu'en 1776, il a péri, dans l'hôpital seulement, 87,000 matelots ou soldats. Parmi les habitans, à peine en voit-on un seul dont le visage annonce une santé parfaite. Jamais les traits ne sont animés de couleurs vives. La beauté, si impérieuse ailleurs, est sans mouvement & sans vie. L'on parle de la mort avec autant d'indifférence que dans les armées. Annonce-t-on qu'un citoyen qui se portoit bien, n'est plus, nulle surprise pour un événement si ordinaire. L'avarice se borne à dire : *Il ne me devoit rien*, ou bien : *il faut que je me fasse payer par ses héritiers.*

On ne fera point étonné de ce vice du climat, si l'on considère que, pour la facilité de la navigation, Batavia a été placé sur les bords d'une mer, la plus sale qui soit au monde; dans une plaine marécageuse & souvent inondée; le long d'un grand nombre de canaux remplis d'une eau croupissante, couverts des immondices d'une cité immense, entourés de grands arbres qui gênent la circulation de l'air, & s'opposent à la dispersion des vapeurs fétides qui s'en élèvent.

Pour diminuer les dangers & le dégoût de ces exhalaisons infectes, on brûle, sans interruption, des bois & des résines aromatiques; on s'enivre d'odeurs; on remplit les appartemens d'innombrables fleurs, la plupart inconnues dans nos contrées. Les chambres même où l'on couche, respirent le plus délicat, le plus pur de tous les parfums. Ces précautions sont en usage jusque dans les campagnes, où tous les champs, tous les jardins sont entourés d'eaux stagnantes & mal-saines. Elles ne suffisent pas même pour y conserver, & encore moins pour y rétablir la santé. Aussi les gens opulens ont-ils sur des montagnes très-élevées, qui terminent la plaine, des habitations où ils vont plusieurs fois, dans l'année, respirer un air frais & sain. Malgré les volcans qu'on y voit fumer continuellement, & qui occasionnent d'assez fréquens tremblemens de terre, les malades ne tardent pas à y recouvrer leurs forces; mais pour les perdre de nouveau après leur retour à Batavia.

Cependant la population est immense dans cette cité célèbre. Indépendamment des cent cinquante mille esclaves, dispersés sur un vaste territoire, perdu en objets d'agrément, ou consacré à la culture, il y en a beaucoup d'employés dans la ville même au service domestique. C'étoient originairement des hommes indépendans, enlevés la plupart par force ou par adresse, aux Moluques, à Célèbes, ou dans d'autres isles. Cette atrocité a rempli leurs cœurs de rage; & jamais ils ne perdent le desir d'empoisonner ou de massacrer des maîtres barbares.

Les Indiens libres sont moins aigris. Il s'en trouve de tous les pays situés à l'Est de l'Asie. Chaque peuple conserve sa phyfionomie, fa couleur, fon habillement, fes ufages, fon culte & fon induftrie. Il a un chef qui veille à fes intérêts, qui termine les différens étrangers à l'ordre public. Pour contenir tant de nations diverfes & fi ennemies les unes des autres, il a été porté des loix atroces, & ces loix font maintenues avec une févérité impitoyable. Elles ne font impuiffantes que contre les Européens, qui font rarement punis, & qui ne le font prefque jamais de peines capitales.

Entre ces nations, les Chinois méritent une attention particulière. Depuis long-tems ils fe portoient en foule à Batavia, où ils avoient amaffé des tréfors immenfes. En 1740, ils furent foupçonnés ou accufés de méditer des projets funeftes. On en fit un maffacre horrible, foit pour les punir, foit pour s'enrichir de leurs dépouilles. Comme ce font les fujets les plus abjects de cette célèbre contrée qui s'expatrient, ce traitement injufte & mérité, ne les a pas éloignés d'un établiffement où il y a de gros gains à faire, & l'on en compte environ deux cens mille dans la colonie. Ils y exercent prefque exclufivement tous les genres d'induftrie. Ils y font les feuls bons cultivateurs; ils y conduifent toutes les manufactures. Cette utilité, fi publique & fi étendue, n'empêche pas qu'ils ne foient afservis à une forte capitation & à d'autres tributs plus humilians encore. Un pavillon arboré fur un lieu élevé, les avertit tous les mois de leurs obligations. S'ils manquent à quelqu'une, une amende confidérable eft la moindre des peines qu'on leur inflige.

Il peut y avoir dix mille blancs dans la ville. Quatre mille d'entre eux, nés dans l'Inde, ont dégénéré à un point inconcevable. Cette dégradation doit être finguliérement attribuée à l'ufage généralement reçu, d'abandonner leur éducation à des efclaves.

Malgré la quantité prodigieufe d'infectes, plus dégoûtans que dangereux, qui couvrent le pays, la plupart de ces hommes blancs y mènent une vie délicieufe, au moins en apparence. Les plaifirs de tous les genres fe fuccèdent avec une rapidité qu'on a peine à fuivre. Indépendamment de ce que peut fournir pour une chère délicate un sol abondant en productions qui lui sont propres, ou que l'art y a naturalisées, les tables sont surchargées de ce que l'Europe & l'Asie fournissent de plus rare & de plus exquis. On y prodigue les vins les plus chers. Les eaux même de l'isle, regardées avec raison comme mal-saines ou peu agréables, sont remplacées par celles de *Selse*, arrivées avec de grands frais du fond de l'Allemagne.

Une dissipation si générale chez un peuple que, dans le reste du globe, on trouve si économe & si laborieux, semble annoncer une corruption qui n'a plus de bornes. Cependant les mœurs ne sont guère plus libres à Batavia que dans les autres établissemens formés par les Européens aux Indes. Les liens même du mariage y sont peut-être moins relâchés qu'ailleurs. Il n'y a que des hommes sans engagement qui se permettent d'avoir des concubines, le plus souvent esclaves. Les prêtres avoient cherché à rompre le cours de ces liaisons toujours obscures, en refusant de baptiser les enfans qui leur devoient le jour : ils sont moins sévères, depuis qu'un charpentier qui vouloit que son fils eût une religion, se mit en disposition de le faire circoncire.

Le luxe a fait encore plus de résistance que le concubinage. Les femmes, qui ont toutes l'ambition de se distinguer par la richesse des habits, par la magnificence des équipages, poussent à l'excès ce goût pour le faste. Jamais elles ne se montrent en public qu'avec un cortège nombreux d'esclaves, traînées dans des chars dorés, ou portées dans de superbes palanquins. La compagnie voulut en 1758 modérer leur passion pour les diamans. Ses réglemens furent reçus avec mépris. C'eût été, en effet, une étrange singularité que l'usage des pierreries fût devenu étranger au pays même où elles naissent, & que des négocians eussent réussi à régler aux Indes un luxe qu'ils apportent, pour le répandre ou pour l'augmenter dans nos contrées. La force & l'exemple d'un gouvernement Européen luttent en vain contre les loix & les mœurs d'un climat d'Asie.

Cependant on retrouve quelques traits du caractère Hollandois dans les campagnes. Rien n'est plus agréable que les environs de de Batavia. Ils ſont couverts de maiſons propres & riantes ; de potagers remplis de légumes fort ſupérieurs à ceux de nos climats ; de vergers, dont les fruits variés ont un goût exquis ; de boſquets qui donnent un ombrage délicieux ; de jardins fort ornés, même avec goût. Il eſt du bon air d'y vivre habituellement ; & les gens en place ne vont guère à la ville que pour les affaires du gouvernement. On arrive à ces retraites charmantes par des chemins larges, unis, faciles, bordés d'arbres plantés au cordeau & taillés avec ſymmétrie.

Batavia eſt ſitué dans l'enfoncement d'une baie profonde, couverte par pluſieurs iſles de grandeur médiocre, qui rompent l'agitation de la mer. Ce n'eſt proprement qu'une rade ; mais on y eſt en ſûreté contre tous les vents & dans toutes les ſaiſons, comme dans le meilleur port. Les bâtimens qui y arrivent ou qui en partent, reçoivent une partie de leur cargaiſon & les réparations dont ils ont beſoin dans la petite iſle d'Ornuſt, qui n'en eſt éloignée que de deux lieues, & où l'on a formé des chantiers & des magaſins. Ces navires entroient, il y a ſoixante ans, dans la rivière qui ſe jette dans la mer, après avoir fertiliſé les terres & rafraîchi la ville. Elle n'eſt plus acceſſible que pour des bateaux, depuis qu'il s'eſt formé à ſon embouchure un banc de boue, qui devient tous les jours plus impraticable. C'eſt, dit-on, la ſuite de la pratique qu'ont contractée tous les hommes riches de détourner les eaux du fleuve, pour en entourer leurs maiſons de campagne. Quelle que ſoit la cauſe du déſordre, il faut le combattre par les moyens les plus efficaces. L'importance de Batavia mérite bien qu'on s'occupe ſérieuſement de tout ce qui peut ſoutenir l'éclat & l'utilité de ſa rade. Elle eſt la plus conſidérable de l'Inde.

On y voit aborder tous les vaiſſeaux que la compagnie expédie d'Europe pour l'Aſie, à l'exception de ceux qui doivent ſe rendre à Ceylan, dans le Bengale & à la Chine. Ils s'y chargent en retour des productions & des marchandiſes que fournit Java ; de toutes celles qui y ont été portées des différens comptoirs, des différens marchés, répandus ſur ces riches côtes, dans ces vaſtes mers.

Les établissemens Hollandois de l'Est sont les lieux qui, à raison de leur situation, de leurs denrées & de leurs besoins, entretiennent avec Batavia les liaisons les plus vives & les plus suivies. Indépendamment des navires que le gouvernement y avoit envoyés, on en voit arriver beaucoup de bâtimens particuliers. Il leur faut des passeports. Ceux qui auroient négligé cette précaution, imaginée pour prévenir les versemens frauduleux, seroient saisis par des chaloupes qui croisent continuellement dans ces parages. Parvenus à leur destination, ils livrent à la compagnie les objets de leur chargement dont elle s'est réservé le privilège exclusif, & vendent les autres à qui bon leur semble. La traite des esclaves forme une des principales branches du commerce libre. Elle s'élève annuellement à six mille des deux sèxes. C'est dans ce vil & malheureux troupeau que les Chinois prennent des femmes qu'il ne leur est permis, ni d'amener, ni de faire venir de leur patrie.

Ces importations sont grossies par celle d'une douzaine de jonques, parties d'Emuy, de Limpo & de Canton, avec environ deux mille Chinois, conduits tous les ans à Java dans l'espérance d'y acquérir des richesses. Le thé, les porcelaines, les soies écrues, les étoffes de soie & les toiles de coton qu'elles y portent, peuvent valoir trois millions.

On leur donne en échange de l'étain & du poivre, mais secrètement, parce que le commerce en est interdit aux particuliers. On leur donne du tripam, cueilli sur les bords de la mer aux Moluques. On leur donne des nâgeoires de requin & des nerfs de cerfs, dont les vertus réelles ou imaginaires sont inconnues dans nos contrées. On leur donne ces nids si renommés dans tout l'Orient, qui se trouvent en plusieurs endroits, & principalement sur les côtes de la Cochinchine. Ces nids, de figure ovale, d'un pouce de hauteur, de trois pouces de tour, & du poids de demi-once, sont l'ouvrage d'une espèce d'hirondelle, qui a la tête, la poitrine, les aîles d'un beau bleu, & le corps d'un blanc de lait. Elle les compose de frai de poisson, ou d'une écume gluante, que l'agitation de la mer forme autour des rochers, auxquels elle les attache par le bas & par le côté. Leur goût est naturellement fade: mais comme on les croit favorables à la passion pour les femmes, qui est générale dans ces régions, l'art a cherché & peut-être réussi à les rendre agréables par divers assaisonnemens.

Avec ces productions, les Chinois reçoivent à Batavia une solde en argent. Elle est toujours grossie par les secours que leurs concitoyens établis à Java font passer à des familles qui leur sont chères, & par les sommes plus considérables qu'emportent tôt ou tard ceux d'entre eux qui, contens de la fortune qu'ils ont faite, s'en retournent dans leur pays qu'ils perdent rarement de vue.

Les Espagnols des Philippines fréquentent aussi Batavia. Anciennement, ils y achetoient des toiles. Ils n'y prennent plus que la cannelle dont ils ont besoin pour leur consommation & pour l'approvisionnement d'une partie du Mexique. C'est avec l'or, qui est une production de leurs isles même; c'est avec la cochenille & les piastres venues d'Acapulco, qu'ils paient cet important objet.

Rarement les François vont-ils à Batavia pendant la paix. Le besoin des subsistances les y a souvent attirés dans les deux dernières guerres. On les y verra moins, lorsque l'isle de France & Madagascar se seront mis en état de nourrir leurs escadres & leurs troupes.

Quelques-uns des vaisseaux Anglois qui vont directement d'Europe à la Chine, relâchent à cette rade. C'est pour y vendre de la clinquaillerie, des armes, des vins, des huiles, d'autres articles moins considérables qui appartiennent tous aux équipages. On y voyoit aussi arriver autrefois de loin en loin les navigateurs de cette nation qui font le commerce d'Inde en Inde. Ils y viennent en bien plus grand nombre, depuis que leurs armemens se sont multipliés, depuis que leurs affaires se sont étendues. Leurs ventes se réduisent à peu de chose; mais leurs achats sont considérables. Ils y chargent, en particulier, beaucoup d'araque, boisson exquise, faite avec du riz, du syrop de sucre, du vin de cocotier, qu'on laisse fermenter ensemble & qu'ensuite on distille.

Toutes les denrées, toutes les marchandises qui entrent à Batavia ou qui en sortent doivent cinq pour cent. Cette douane est affermée 1,900,800 livres. La somme seroit plus forte, si ce qui appartient à la compagnie ou qui est destiné pour elle étoit soumis aux droits; si les principaux agens de ce grand corps ne se dispensoient pas le plus souvent de les payer; si les fraudes étoient moins multipliées parmi les personnes de tous les ordres. Un revenu qui doit étonner, c'est celui que forment les jeux de hasard. Il en coûte annuellement 384,000 livres aux Chinois pour avoir la liberté de les ouvrir. On y accourt de tous les côtés avec la fureur si ordinaire dans les climats ardens où les passions ne connoissent pas de bornes. Là, vont s'ensevelir les fortunes de la plupart des hommes libres; là, tous les esclaves vont dissiper ce qu'il leur a été possible de ravir à la vigilance de leurs maîtres. Il y a d'autres impositions encore dans cette capitale des Indes Hollandoises, sans que cependant elles couvrent les dépenses d'un entrepôt qui s'élèvent assez réguliérement à 6,600,000 livres.

XX. Manière dont sont conduites les affaires de la compagnie aux Indes & en Europe.

Le conseil qui domine sur tous les établissemens formés par la compagnie, réside à Batavia. Il est composé du gouverneur des Indes Hollandoises, d'un directeur général, de cinq conseillers & d'un petit nombre d'assesseurs qui n'ont point de voix, mais qui remplacent les conseillers morts, jusqu'à ce qu'on leur ait donné des successeurs.

C'est la direction d'Europe qui nomme à ces places. Quiconque a de l'argent; quiconque est parent ou protégé du général y peut arriver. Lorsque ce chef n'est plus, le directeur & les conseillers lui donnent provisoirement un successeur, qui ne manque guère d'être confirmé. S'il ne l'étoit pas, il n'entreroit plus au conseil: mais il jouiroit des honneurs attachés au poste qu'il auroit occupé passagérement.

Le général rapporte au conseil les affaires de l'isle de Java; & chaque conseiller, celles de la province des Indes qui lui est confiée. Le directeur a l'inspection de la caisse & des magasins de Batavia qui versent dans tous les autres établissemens. Tous les achats, toutes les ventes font de fon reffort. Sa fignature eft indifpenfable dans toutes les opérations de commerce.

Quoique tout doive fe décider, dans le confeil, à la pluralité des voix, rarement les volontés du général y font-elles contrariées. Il doit cet empire à la déférence qu'ont pour lui les membres qui lui doivent leur élévation, & au befoin qu'ont les autres de fa faveur pour pouffer plus rapidement leur fortune. Si, dans quelque occafion, il éprouvoit une réfiftance trop contraire à fes vues, il feroit le maître de fuivre fon avis, en fe chargeant de l'événement.

Le général, comme tous les autres adminiftrateurs, n'eft mis en place que pour cinq ans. Communément il y refte toute fa vie. On en a vu autrefois qui abdiquoient les affaires, pour couler à Batavia des jours paifibles; mais les dégoûts que leur donnoient leurs fucceffeurs, ont fait réfoudre les derniers chefs à mourir dans leur pofte. Durant long-tems, ils eurent une grande repréfentation. Le général Imhoff la fupprima, comme inutile & embarraffante. Quoique tous les ordres puiffent afpirer à cette dignité, aucun militaire n'y eft jamais parvenu, & on n'y a vu que peu de gens de loi. Elle eft prefque toujours remplie par des marchands; parce que l'efprit de la compagnie eft purement mercantille. Ceux qui font nés dans l'Inde, ont rarement affez d'intrigue ou de talent pour y arriver. Le général actuel n'eft pourtant jamais venu en Europe.

Les appointemens de ce premier officier font médiocres. Il n'a que 2,200 livres par mois, & une fubfiftance égale à fa paie. La liberté qu'il a de prendre dans les magafins tout ce qu'il veut au prix courant, & celle qu'il fe donne de faire le commerce qui lui convient, font la mefure de fa fortune. Celle des confeillers eft auffi toujours fort confidérable, quoique la compagnie ne leur donne que 440 livres par mois, & des denrées pour une pareille fomme.

Le confeil ne s'affemble que deux fois par femaine, à moins que des événemens extraordinaires n'exigent un travail plus fuivi. Il donne tous les emplois civils & militaires de l'Inde, excepté ceux d'écrivain & de ſergent, qu'on a cru pouvoir abandonner ſans inconvénient aux gouverneurs particuliers. Tout homme qui eſt élevé à quelque poſte, eſt obligé de jurer qu'il n'a rien promis, ni rien donné, pour obtenir ſa place. Cet uſage, qui eſt fort ancien, familiariſe avec les faux ſermens, & ne met aucun obſtacle à la corruption. Mais ſi l'on peſoit tous les ſermens abſurdes & ridicules qu'il faut prêter aujourd'hui dans la plupart des états, pour entrer dans quelque corps ou profeſſion que ce ſoit, on ſeroit moins étonné de voir continuer par des prévarications, là où l'on a commencé par un parjure.

Tant que la bonne foi régna ſur la terre, la ſimple promeſſe ſuffit pour imprimer la confiance. Le ſerment naquit de la perfidie. On n'exigea de l'homme qu'il prît le Dieu qui l'entendoit à témoin de ſa véracité, que lorſqu'il ne mérita plus d'être cru. Magiſtrats, ſouverains, que faites-vous donc? Ou vous faites atteſter le ciel & lever la main à l'homme de bien, & c'eſt une injure inutile; ou celui à qui vous ordonnez le ſerment, eſt un méchant. Et de quel prix peut être à vos yeux le ſerment d'un méchant? Mon ſerment eſt-il contraire à ma ſécurité? il devient abſurde. Eſt-il conforme à mon intérêt? il eſt ſuperflu. Eſt-ce connoître le cœur humain que de placer le débiteur entre ſa ruine & le menſonge, le criminel entre la mort & le parjure? Celui que la vengeance, l'intérêt & la ſcélérateſſe auront déterminé au faux témoignage, ſera-t-il arrêté par la crainte d'un crime de plus? Ignore-t-il en approchant du tribunal de la loi, qu'on exigera de lui cette formalité? & ne l'a-t-il pas mépriſée au fond de ſon cœur avant que de s'y ſoumettre? N'eſt-ce pas une eſpèce d'impiété que d'introduire le nom de Dieu dans nos miſérables débats? N'eſt-ce pas un moyen bizarre de rendre le ciel complice d'un forfait, que de ſouffrir l'interpellation de ce ciel qui n'a jamais réclamé & qui ne réclamera pas davantage? Quelle ne doit donc pas être l'intrépidité du faux témoin, lorſqu'il a impunément appelié ſur ſa tête la vengeance divine ſans crainte d'être convaincu? Le ſerment paroît tellement avili & proſtitué par ſa fréquence, que les faux témoins ſont auſſi communs que les voleurs.

Toutes les combinaifons de commerce, fans en excepter celles du cap de Bonne-Efpérance, font faites par le confeil, & le réfultat en vient toujours à fa connoiffance. Les vaiffeaux même qui partent directement du Bengale, de Ceylan & de la Chine, ne portent en Europe que les factures de leurs cargaifons. Leurs comptes, comme tous les autres, fe rendent à Batavia, où l'on tient le livre général de toutes les affaires.

Le confeil des Indes n'eft pas un corps ifolé, ni même indépendant. Il eft fubordonné à la direction qui fubfifte dans les Provinces-Unies. Quoiqu'elle foit une, dans toute la rigueur du terme, le foin de vendre deux fois l'an les marchandifes, eft partagé entre les fix chambres intéreffées dans ce commerce. Leurs opérations font proportionnées au fonds qui leur appartient.

L'affemblée générale qui conduit les opérations de la compagnie, eft compofée des directeurs de toutes les chambres. Amfterdam en nomme huit; la Zélande, quatre; les autres chambres, un chacune; & l'état, un feul. On voit qu'Amfterdam ayant la moitié des voix, n'a befoin que d'en gagner une, pour donner la loi dans les délibérations, où tout fe décide à la pluralité des fuffrages.

Ce corps, compofé de dix-fept perfonnes, s'affemble deux ou trois fois l'année, pendant fix ans à Amfterdam, & pendant deux ans à Middelbourg. Les autres chambres font trop peu confidérables pour jouir de cette prérogative. Quelques efprits myftérieux imaginèrent, vers le milieu du dernier fiècle, qu'un profond fecret pourroit rendre les opérations plus fructueufes; & il fut choifi quatre des plus éclairés ou des plus puiffans, d'entre les députés, pour les revêtir du droit de régler les affaires d'une importance remarquable, fans l'aveu de leurs collègues, fans l'obligation même de les confulter.

Malgré les vices qu'il eft aifé d'appercevoir dans ces fingulières inftitutions, la compagnie s'éleva à des profpérités très-éclatantes. Tâchons de trouver les caufes de ce phénomène politique.

XXI. Caufes de la profpérité de la compagnie.

Les Hollandois dûrent leurs premiers fuccès au bonheur qu'ils eurent de s'emparer, dans moins d'un demi-fiècle, de plus de trois cens vaiffeaux Portugais. Ces bâtimens, dont les uns étoient destinés pour l'Europe, & les autres pour différentes échelles de l'Inde, étoient chargés des dépouilles de l'Asie. Ces richesses, que les équipages avoient la fidélité de ne point entamer, formoient à la compagnie des retours immenses, ou servoient à lui en procurer. De cette manière, les ventes étoient fort considérables, quoique les envois fussent très-médiocres.

L'affoiblissement de la marine Portugaise, enhardit à attaquer les établissemens de cette nation, & en facilita extrêmement la conquête. On trouva des forteresses solidement bâties, munies d'une artillerie nombreuse, approvisionnées de tout ce que le gouvernement & les riches particuliers d'une nation conquérante, avoient dû naturellement rassembler. Pour juger sainement de cet avantage, il ne faut que faire attention à ce qu'il en a coûté aux autres peuples, pour obtenir la permission de se fixer où leur intérêt les appelloit; pour bâtir des maisons, des magasins, des forts; pour acquérir l'arrondissement nécessaire à leur conservation ou à leur commerce.

Lorsque la compagnie se vit en possession de tant d'établissemens si riches & si solides, elle ne se livra pas à une ambition trop vaste. C'est son commerce qu'elle voulut étendre, & non ses conquêtes. On n'eut guère à lui reprocher d'injustices, que celles qui sembloient nécessaires à sa puissance. Le sang des peuples de l'Orient ne coula plus, comme au tems où l'envie de se distinguer par des exploits guerriers & par la manie des conversions, montroit par-tout les Portugais aux Indes sous un appareil menaçant.

Les Hollandois sembloient être venus plutôt pour venger, pour délivrer les naturels du pays, que pour les subjuguer. Ils n'eurent de guerres contre eux, que pour en obtenir des établissemens sur les côtes, & pour les forcer à des traités de commerce. A la vérité, ce n'étoit pas pour l'avantage de ces peuples, qui même y perdoient une grande partie de leur liberté : mais, d'ailleurs, les nouveaux dominateurs, un peu moins barbares que les conquérans qu'ils avoient chassés, laissoient les Indiens se gouverner eux-mêmes, & ne les contraignoient pas à changer leurs loix, leurs mœurs & leur religion.

Par la manière de placer & de diſtribuer leurs forces, ils ſurent contenir les peuples que leur conduite leur avoit d'abord conciliés. A l'exception de Cochin & de Malaca, ils n'eurent ſur le continent que des comptoirs & de petits forts. C'eſt dans les iſles de Java & de Ceylan, qu'ils établirent leurs troupes & leurs magaſins; c'eſt de-là que leurs vaiſſeaux ſoutenoient leur autorité, & protégeoient leur commerce dans le reſte des Indes.

Il y étoit très-conſidérable, depuis que la ruine de la puiſſance Portugaiſe avoit fait tomber dans leurs mains les épiceries. Quoique la conſommation s'en fît principalement en Europe, leurs heureux poſſeſſeurs ne laiſſoient pas d'en placer, mais à un prix inférieur, une aſſez grande quantité aux Indes. Ils y débitoient annuellement dix mille livres peſant de macis, cent mille livres de muſcade, cent cinquante mille livres de girofle, deux cens mille livres de cannelle, trois ou quatre millions de poivre. C'étoit aſſez généralement le débouché des productions imparfaites qui n'auroient pas été vendues dans nos contrées.

Le ſoin d'exporter & de répandre les épiceries, aida les Hollandois à s'approprier beaucoup d'autres branches de commerce. Avec le tems, ils parvinrent à s'emparer du cabotage de l'Aſie, comme ils étoient en poſſeſſion de celui de l'Europe. Ils occupoient à cette navigation un grand nombre de vaiſſeaux & de matelots, qui, ſans rien coûter à la compagnie, faiſoient ſa ſûreté.

Des avantages ſi déciſifs écartèrent long-tems les nations qui auroient voulu partager le commerce de l'Inde, ou les firent échouer. L'Europe reçut les productions de ce riche pays, des mains des Hollandois. Ils n'éprouvèrent même jamais dans leur patrie les gênes qui depuis ſe ſont introduites par-tout ailleurs. Le gouvernement inſtruit que la pratique des autres états ne devoit ni ne pouvoit lui ſervir de règle, permit conſtamment à la compagnie de vendre librement, & ſans limitation, ſes marchandiſes à la métropole. Lorſque ce corps fut établi, les Provinces-Unies n'avoient ni manufactures, ni matières premières pour en élever. Ce n'étoit donc pas alors un inconvénient, c'étoit plutôt une grande ſageſſe, de permettre aux citoyens, de les engager même à s'habiller des toiles & des étoffes des Indes. Les différens genres d'induſtrie que la révocation de l'édit de Nantes fit paſſer à la république, pouvoient lui donner l'idée de ne plus tirer de ſi loin ſon vêtement : mais la paſſion qu'avoit alors l'Europe, pour les modes de France, préſentant aux travaux des réfugiés des débouchés avantageux, on n'eut pas ſeulement la penſée de rien changer à l'ancien uſage. Depuis que la cherté de la main-d'œuvre, qui eſt une ſuite néceſſaire de l'abondance de l'argent, a fait tomber les manufactures, & réduit la nation à un commerce d'économie, les étoffes de l'Aſie ont été plus favoriſées que jamais. On a ſenti qu'il y avoit moins d'inconvénient à enrichir les Indiens, que les Anglois ou les François, dont la proſpérité ne ſauroit manquer d'accélérer la ruine d'un état qui ne ſoutient ſon opulence que par l'aveuglement, les guerres ou l'indolence des autres puiſſances.

XXII. Décadence de la compagnie.

Cet ordre de choſes avoit porté la fortune de la compagnie, à une hauteur dont elle eſt enfin deſcendue. Quelques détails rendront cette vérité ſenſible.

Les premiers fonds de cette aſſociation commerçante ne furent que de 14,211,648 liv. Il en fut fourni 8,084,813 par Amſterdam; 2,934,540 liv. 8 ſ. par la Zélande ; 1,180,905 par Enchuyſen; 1,034,000 par Delft; 587,109 liv. 12 ſ. par Horn; & enfin 390,280 par Rotterdam.

Ce capital, qui n'a jamais été augmenté, & qui, depuis l'origine juſqu'au 1er janvier 1778, a rendu, année commune, vingt-un & un dix-ſeptième pour cent, fut diviſé par ſommes de 6,600 l. qu'on nomma actions. Leur nombre fut de 2,153. On les vendit comptant, on les vendit à crédit, comme toutes les marchandiſes. Les formalités ſe réduiſoient à ſubſtituer le nom de l'acheteur, à celui du vendeur, ſur les livres de la compagnie, ſeul titre qu'euſſent les propriétaires. L'avidité & l'eſprit de calcul imaginèrent une autre manière de prendre part à ce trafic. Des hommes qui n'avoient point d'actions à vendre, des hommes qui n'en vouloient pas acheter, s'engageoient réciproquement, les uns à en livrer, les autres à en recevoir un nombre déterminé, à un prix convenu & à un tems fixe. Leur valeur, à cette époque, fixoit le ſort des joueurs. Celui qui avoit perdu, ſoldoit avec de l'argent, & la négociation ſe trouvoit finie.

Le deſir de gagner, la crainte de perdre dans ces ſpéculations hardies, cauſoient ordinairement dans les eſprits, la fermentation la plus vive. On inventoit de bonnes ou de mauvaiſes nouvelles; on accréditoit ou l'on combattoit celles qui ſe répandoient; on cherchoit à ſurprendre le ſecret des cours & à corrompre leurs miniſtres. La tranquillité publique fut ſi ſouvent troublée par ces intérêts oppoſés, que le gouvernement crut devoir prendre des meſures pour arrêter l'excès de cet agiotage. On déclara que toute vente d'actions à terme ſeroit nulle; à moins qu'il ne fût prouvé, par les regiſtres, que le vendeur, dans le tems du marché, en avoit la propriété. Les gens délicats ne ſe crurent pas diſpenſés, par cette loi, de l'obligation de tenir leurs engagemens: mais elle devoit rendre, & rendit en effet ces opérations plus rares.

Dans des tems heureux, les actions s'élevèrent à un prix preſque incroyable. Elles acquirent juſqu'à huit fois leur valeur originaire. On les a vues décheoir ſucceſſivement. Au tems où nous écrivons, elles ne gagnent plus qu'environ 360 pour cent. C'eſt même plus qu'on n'en obtiendroit ailleurs qu'en Hollande, où l'on peut, où l'on ſait ſe contenter d'un intérêt de deux & trois quarts pour cent.

Ce ſigne de décadence en annonce un autre. Le dividende, qui étoit monté à trente & quarante pour cent, n'eſt plus que de douze & demi depuis pluſieurs années. S'arrêtera-t-il à ce terme, ou baiſſera-t-il encore? Eſſayons de former quelques conjectures raiſonnables ſur cet important objet.

Le capital de la compagnie, ſes dettes payées, ne paſſoit pas 62,480,000 l. à la fin de 1751. Dans cette ſomme même, il n'y avoit en argent, en bon papier, & en marchandiſes dans les magaſins ou ſur les mers d'Europe & des Indes, que 38,060,000 l. Le reſte conſiſtoit en créances équivoques ou déſeſpérées, en armes, en vivres, en artillerie, en munitions de guerre, en beſtiaux, en eſclaves, en quelques autres effets qui n'entroient point dans le commerce.

A la même époque, les bénéfices annuels s'élevoient à 27,940,000 livres. Mais pour les obtenir, il falloit dépenſer 20,460,000 liv.

C'étoit donc 7,480,000 l. qu'il reſtoit pour le dividende, & pour faire face aux guerres, aux incendies, aux naufrages, à tant d'autres malheurs que la prudence humaine ne peut ni prévoir, ni empêcher.

Cette ſituation alarmoit ſi vivement Moſſel, le plus habile des chefs qui aient gouverné les Indes Hollandoiſes, qu'il regardoit la compagnie comme un corps épuiſé, qui ne ſe ſoutenoit que par des cordiaux. C'étoit, ſuivant ſon expreſſion, un vaiſſeau qui couloit bas, & dont la ſubmerſion étoit retardée par la pompe.

Quelques démarches que nous ayons faites, il ne nous a pas été poſſible d'obtenir un bilan poſtérieur à celui dont nous venons de nous occuper. Mais que doivent donc penſer les intéreſſés, de l'opiniâtreté avec laquelle on les laiſſe dans l'ignorance de leur ſituation? ou que leurs affaires ſont dans le plus grand déſordre; ou que les perſonnages auxquels ils en ont confié l'adminiſtration, ſont de malhonnêtes gens dont le projet conſtant eſt d'ordonner, de diſpoſer de tout à leur gré, de piller, ſans s'expoſer à aucune ſorte de réclamation; ou que s'ils s'expoſent au ſoupçon de malverſation, c'eſt pour ſe garantir du reproche d'impéritie. Nous ſommes, ſe doivent-ils dire à eux-mêmes, nous ſommes dans les mains d'ignorans ou de fripons; & de ces deux ſuppoſitions, quelle que ſoit celle qu'ils adoptent, quel en doit être l'effet? La méfiance des actionnaires, le décri des actions & la décadence de la compagnie. Quand on réfléchit un peu profondément ſur cette conduite ténébreuſe, on ne ſait qui il faut blâmer davantage, ou des propriétaires indolens qui peuvent demander d'autorité un compte à des gens qui ne ſont, après tout, que leurs commétans, & qui certes ne ſe trouveront jamais enveloppés dans leur ruine; ou de la tyrannie inſolente de ces repréſentans, à qui leurs concitoyens ont confié leur fortune, & qui en uſent comme de la leur; ou de la connivence perfide des chefs de l'état, qui n'oſent, ou ne peuvent, ou ne veulent pas interpoſer leur autorité dans une circonſtance auſſi importante. Quoi qu'il en ſoit, le myſtère dont la compagnie fait une obligation, ſous ſerment, à ſes agens, n'empêche pas de voir que ſa ſituation devient de jour en jour plus fâcheuſe. Elle-même a été forcée de mettre les nations dans la confidence de sa détresse, en diminuant de plus en plus ses répartitions. Il reste à démêler les vraies causes d'une vérité si affligeante.

XXIII. Raisons de la décadence de la compagnie.

La première de toutes fut cette multitude de petites guerres qui se succédèrent sans interruption. A peine les habitans des Moluques étoient revenus de l'étonnement que leur avoient causé les victoires des Hollandois, sur un peuple qu'on regardoit comme invincible, qu'ils parurent impatiens du joug. La compagnie, qui craignit les suites de ce mécontentement, attaqua le roi de Ternate, pour le forcer à consentir qu'on extirpât le girofle partout, excepté à Amboine. Les Insulaires de Banda furent tous exterminés, parce qu'ils refusoient d'être esclaves. Macassar, qui voulut appuyer leurs intérêts, occupa long-tems des forces considérables. La perte de Formose entraîna la ruine des comptoirs du Tonkin & de Siam. On fut obligé d'avoir recours aux armes, pour soutenir le commerce exclusif de Sumatra. Malaca fut assiégé, son territoire ravagé, sa navigation interceptée par des pirates. Négapatnam fut attaqué deux fois. Cochin eut à soutenir les efforts des rois de Calicut & de Travancor. Les troubles ont été presque continuels à Ceylan, aussi fréquens & plus vifs encore à Java, où l'on n'aura jamais de paix solide, qu'en mettant un prix raisonnable aux denrées qu'on exige. Toutes ces guerres ont été ruineuses, & plus ruineuses qu'elles ne devoient l'être; parce que ceux qui les conduisoient les faisoient servir à leur fortune particulière.

Ces dissensions éclatantes ont été suivies, en beaucoup d'endroits, de vexations odieuses. On en a éprouvé au Japon, à la Chine, à Camboge, à Aracan, dans le Gange, à Achem, au Coromandel, à Surate, en Perse, à Bassora, à Moka, dans d'autres lieux encore. On ne trouve dans la plupart des contrées de l'Inde, que des despotes qui préfèrent le brigandage au commerce; qui n'ont jamais connu de droit que celui du plus fort, & à qui tout ce qui est possible, paroît juste.

Les bénéfices que faisoit la compagnie dans des lieux où son commerce n'étoit pas troublé, couvrirent long-tems les pertes que la tyrannie ou l'anarchie lui occasionnoient ailleurs. Les autres nations Européennes lui firent perdre ce dédommagement. Leur concurrence la réduisit à acheter plus cher, & à vendre à meilleur marché. Peut-être ſes avantages naturels l'auroient-ils miſe en état de ſoutenir ce revers, ſi ſes rivaux n'avoient pris le parti de livrer aux négocians particuliers le commerce d'Inde en Inde. Il faut entendre par ce mot, les opérations néceſſaires pour porter les marchandiſes d'une contrée de l'Aſie à une autre contrée de l'Aſie; de la Chine, du Bengale, de Surate, par exemple, aux Philippines, en Perſe, & en Arabie. C'eſt par le moyen de cette circulation, & par des échanges multipliés, que les Hollandois obtenoient pour rien, ou pour preſque rien, les riches cargaiſons qu'ils portoient dans nos climats. L'activité, l'économie, l'intelligence des marchands libres, chaſſèrent la compagnie de toutes les échelles où la faveur étoit égale.

Cette révolution, qui lui montroit ſi bien la route qu'elle devoit ſuivre, ne l'éclaira pas même ſur une pratique ruineuſe en commerce. Elle avoit pris l'habitude de porter toutes les marchandiſes de l'Inde & d'Europe à Batavia, d'où on les verſoit dans les différens comptoirs, où la vente en étoit avantageuſe. Cet uſage occaſionnoit des frais & une perte de tems, dont l'énormité des bénéfices avoit dérobé les inconvéniens. Lorſque les autres nations ſe livrèrent à une navigation directe, il devenoit indiſpenſable d'abandonner un ſyſtême, mauvais en lui-même, inſoutenable par les circonſtances. L'empire de la coutume prévalut encore; & la crainte que ſes employés n'abuſâſſent d'un changement, empêcha, dit-on, la compagnie d'adopter une méthode dont tout lui démontroit la néceſſité.

Ce motif ne fut vraiſemblablement qu'un prétexte, qui ſervoit de voile à des intérêts particuliers. L'infidélité des commis étoit plus que tolérée. Les premiers avoient eu la plupart une conduite exacte. Ils étoient dirigés par des amiraux qui parcouroient tous les comptoirs, qui avoient un pouvoir abſolu dans l'Inde, & qui, à la fin de chaque voyage, rendoient compte en Europe de leur adminiſtration. Dès que le gouvernement eut été rendu ſédentaire, les agens, moins ſurveillés, ſe relâchèrent. Ils ſe livrèrent à cette molleſſe, dont on contracte ſi aiſément l'habitude dans les pays chauds. On ſe vit réduit à en multiplier le nombre; & perſonne ne ſe fit un point capital d'arrêter un déſordre, qui donnoit aux gens puiſſans la facilité de placer toutes leurs créatures. Elles paſſoient en Aſie avec le projet de faire une fortune conſidérable & rapide. Le commerce étoit interdit. Les appointemens étoient inſuffiſans pour vivre. Tous les moyens honnêtes de s'enrichir, étoient ôtés. On eut recours aux malverſations. La compagnie fut trompée dans toutes ſes affaires, par des facteurs qui n'avoient point d'intérêt à ſa proſpérité. L'excès du déſordre fit imaginer d'allouer pour tout ce qui ſe vendroit, pour tout ce qui s'achèteroit, une gratification de cinq pour cent, qui devoit être partagée entre tous les employés, ſuivant leurs grades. Ils furent obligés, à cette condition, de jurer que leur compte étoit fidèle. Cet arrangement ne ſubſiſta que cinq ans; parce qu'on s'apperçut que la corruption ne diminuoit pas. On ſupprima la gratification & le ſerment. Depuis cette époque, les adminiſtrateurs mirent à leur induſtrie le prix que leur dictoit la cupidité.

La contagion qui avoit d'abord infecté les comptoirs ſubalternes, gagna peu-à-peu les principaux établiſſemens, &, avec le tems, Batavia même. On y avoit vu d'abord une ſi grande ſimplicité, que les membres du gouvernement vêtus, dans le cours ordinaire de la vie, comme de ſimples matelots, ne prenoient des habits décens que dans le lieu même de leurs aſſemblées. Cette modeſtie étoit accompagnée d'une probité ſi marquée, qu'avant 1650, il ne s'étoit pas fait une ſeule fortune remarquable: mais ce prodige inoui de vertu ne pouvoit durer. On a vu des républiques guerrières vaincre & conquérir pour la patrie, & porter dans le tréſor public les dépouilles des nations. On ne verra jamais les citoyens d'une république commerçante, amaſſer pour un corps particulier de l'état, des richeſſes, dont il ne leur revient ni gloire, ni profit. L'auſtérité des principes républicains, dut céder à l'exemple des peuples Aſiatiques. Le relâchement fut plus ſenſible dans le chef-lieu de la colonie, où les matières du luxe arrivant de toutes parts, le ton de magnificence ſur lequel on crut devoir monter l'adminiſtration, donna du goût pour les choſes d'éclat. Ce goût corrompit les mœurs; & la corruption des mœurs rendit égaux tous les moyens d'accumuler des richeſſes. Le mépris même des bienféances fut pouffé fi loin, qu'un gouverneur général fe voyant convaincu d'avoir pouffé le pillage des finances au-delà de tous les excès, ne craignit point de juftifier fa conduite, en montrant un plein-pouvoir figné de la compagnie.

Comment eût-on remédié à la conduite des adminiftrateurs, dont on n'avoit pas prévu le dérangement dans les commencemens de la république, où les mœurs étoient pures & frugales ? Dans ces établiffemens Hollandois, les loix avoient été faites pour des hommes vertueux : il faut d'autres loix pour d'autres mœurs.

Le défordre auroit pu être arrêté dans fon origine, s'il n'avoit dû faire les mêmes progrès en Europe qu'en Afie. Mais comme un fleuve débordé roule plus de limon qu'il ne groffit fes eaux, les vices qu'entraînent les richeffes, croiffent encore plus que les richeffes même. Les places de directeurs confiées d'abord à des négocians habiles, tombèrent, à la longue, dans des maifons puiffantes, & s'y perpétuèrent avec les magiftratures qui les y avoient fait entrer. Ces familles occupées de vues de politique, ou de foins d'adminiftration, ne virent dans les poftes qu'elles arrachoient à la compagnie, que des émolumens confidérables, & la facilité de placer leurs parens; quelques-unes même l'abus qu'elles pouvoient faire de leur crédit. Les détails, les difcuffions, les opérations les plus importantes de commerce, furent abandonnées à un fecrétaire qui, fous le nom plus impofant d'avocat, devint le centre de toutes les affaires. Des adminiftrateurs qui ne s'affembloient que deux fois l'année, le printems & l'automne, à l'arrivée & au départ des flottes, perdirent l'habitude & le fil d'un travail qui demande une attention continue. Ils furent obligés d'accorder une confiance entière, à un homme chargé par état de faire l'extrait de toutes les dépêches qui arrivoient de l'Inde, & de dreffer le modèle des réponfes qu'on devoit y rapporter. Ce guide, quelquefois peu éclairé, fouvent corrompu, toujours dangereux, jetta ceux qu'il conduifoit dans des précipices, ou les y laiffa tomber.

L'efprit de commerce eft un efprit d'intérêt, & l'intérêt produit toujours la divifion. Chaque chambre voulut avoir fes chantiers, fes arfenaux, fes magafins pour les vaiffeaux qu'elle étoit chargée d'expédier.

d'expédier. Les places furent multipliées, & les infidélités encouragées par une conduite si vicieuse.

Il n'y eut point de département qui ne se fît une loi de fournir, comme il en avoit le droit, des marchandises, en proportion de ses armemens. Ces marchandises n'étoient pas également propres pour leur destination; & on ne les vendit point, ou on les vendit mal.

Lorsque les circonstances exigèrent des secours extraordinaires, cette vanité puérile, qui craint de montrer de la foiblesse en montrant des besoins, empêcha de faire des emprunts en Hollande, où on n'auroit payé qu'un intérêt de trois pour cent. On en ordonna à Batavia, où l'argent coûtoit six, plus souvent encore dans le Bengale, à la côte de Coromandel, où il coûtoit neuf, & quelquefois beaucoup davantage. Les abus se multiplioient de toutes parts.

Les états-généraux chargés d'examiner tous les quatre ans la situation de la compagnie, de s'assurer qu'elle se tient dans les bornes de son octroi, qu'elle rend justice aux intéressés, qu'elle fait son commerce d'une manière qui n'est pas préjudiciable à la république: les états-généraux auroient pu & dû arrêter le désordre. Ils ne remplirent leur devoir en aucune occasion, ni dans aucun tems. Jamais on ne présenta à cette assemblée qu'un état de situation si confus que les hommes les plus versés dans les matières de comptabilité n'en auroient pas débrouillé le cahos, après les plus longues veilles; & cependant, par une complaisance dont nous craindrions d'approfondir les motifs, il fut toujours approuvé d'une voix unanime, sans le plus court délai, sans la plus légère discussion.

Nous nous lassons de parcourir les désordres qui ont corrompu le régime d'une association, autrefois si florissante. Les couleurs du tableau sont trop sombres. Voyons quels remèdes il conviendroit d'appliquer à des maux si graves & si multipliés.

XXIV. Moyens qui restent à la compagnie pour rétablir ses affaires.

On commencera par se bien convaincre que le gouvernement de la compagnie est trop compliqué, en Europe même. Une direction partagée entre tant de chambres, entre tant de directeurs, entraîne nécessairement des inconvéniens sans nombre. Il n'est pas possible que le même esprit préside par-tout, que les opérations ne se ressentent des vues opposées de ceux qui les conduisent dans des lieux divers, ſans concert & ſans dépendance. L'unité ſi néceſſaire dans les arts, eſt également précieuſe dans les affaires. Inutilement on objecteroit qu'il eſt important pour tous les états démocratiques, que les richeſſes y ſoient diviſées, qu'il y règne entre la fortune des citoyens la plus grande égalité poſſible. Cette maxime, vraie en elle-même, ne ſauroit être appliquée à une république ſans territoire, qui n'exiſte que par le commerce. Il faudra donc ſoumettre à une inſpection unique tous les achats, toutes les ventes; il faudra les réunir dans un même port. L'économie ſera le moindre des avantages que la compagnie trouvera dans ce changement.

De ce centre, où toutes les lumières ſeront réunies, on ira chercher, on ira combattre les déſordres juſque dans le fond de l'Aſie. La conduite que tiennent les Hollandois avec les princes Indiens, auxquels la force a arraché un commerce excluſif, ſera un des premiers abus qui ſe préſenteront. Depuis trop long-tems, on les traite avec une hauteur inſultante; on veut pénétrer à découvert les myſtères de leur gouvernement; on cherche à les engager dans des querelles avec des voiſins; on entretient la diviſion parmi leurs ſujets; on leur montre une défiance pleine d'animoſité; on les force à des ſacrifices qu'ils n'ont pas promis; on les prive des avantages que leur aſſurent leurs capitulations: tous ces actes, d'une tyrannie intolérable, occaſionnent de fréquentes diviſions, qui dégénèrent quelquefois en hoſtilités. Pour rétablir une harmonie, qui devient tous les jours plus néceſſaire & plus difficile, il faut employer des agens qui joignent à l'eſprit de modération, la connoiſſance des intérêts, des uſages, de la langue, de la religion, des mœurs de ces nations. Il ſe peut que la compagnie n'ait pas actuellement de tels inſtrumens: mais il lui convient de les former. Peut-être même en trouveroit-elle parmi les chefs des comptoirs, que tout l'invite à abandonner.

Les négocians de toutes les nations, auxquels la nature a donné l'eſprit d'obſervation, conviennent unanimement que les Hollandois ont trop multiplié leurs établiſſemens dans l'Inde; & qu'en ſe bornant à un moindre nombre, ils auroient beaucoup diminué leur dépenſe, ſans rien retrancher de l'étendue de leurs affaires. Il n'eſt pas poſſible que la compagnie ait ignoré ce qui eſt ſi généralement connu. On peut penſer qu'elle n'a été déterminée à conſerver des comptoirs qui lui étoient à charge, que pour n'être pas ſoupçonnée de l'impuiſſance de les ſoutenir. Cette foible conſidération ne l'arrêtera plus. Toute ſon attention doit être de bien diſtinguer ce qu'il lui convient de proſcrire, de ce qu'il lui eſt avantageux de maintenir. Elle a ſous ſes yeux une ſuite de faits & d'expériences qui l'empêcheront de ſe méprendre ſur un arrangement de cette importance.

Dans les comptoirs ſubalternes, que les intérêts de ſon commerce la détermineront à conſerver, elle détruira les fortifications inutiles; elle ſupprimera les conſeils que le faſte, plutôt que la néceſſité, lui a fait établir; elle proportionnera le nombre de ſes employés à l'étendue de ſes affaires. Que la compagnie ſe rappelle ces tems heureux, où deux ou trois facteurs, choiſis avec intelligence, lui expédioient des cargaiſons infiniment plus conſidérables que celles qui lui ſont arrivées depuis; où elle obtenoit ſur les marchandiſes des bénéfices énormes, qui, avec le tems, ſe ſont perdus dans les mains de ſes nombreux agens: alors elle ne balancera pas à revenir à ſes anciennes maximes, & à préférer une ſimplicité qui l'enrichiſſoit, à un vain éclat qui la ruine.

La réforme s'établira plus difficilement dans les colonies importantes. Les agens de la compagnie y forment un corps plus nombreux, plus accrédité, plus riche dans les proportions, & par conſéquent moins diſpoſé à rentrer dans l'ordre. Il faudra pourtant les y ramener; parce que les abus qu'ils ont introduits ou laiſſé établir, cauſeroient néceſſairement avec le tems la ruine totale des intérêts qu'ils conduiſent. On auroit peine à voir ailleurs des malverſations égales à celles qui règnent dans les atteliers, les magaſins, les chantiers, les arſenaux de Batavia, & des autres grands établiſſemens.

Ces arrangemens en ameneroient de plus conſidérables. La compagnie établit, dès ſon origine, des règles fixes & préciſes, dont il n'étoit jamais permis de s'écarter, pour quelque raiſon, ni dans quelque occaſion que ce pût être. Ses employés étoient de purs automates, dont elle avoit monté d'avance les moindres mouvemens. Cette direction absolue & universelle, lui parut nécessaire pour corriger ce qu'il y avoit de vicieux dans le choix de ses agens, la plupart tirés d'un état obscur, & communément privés de cette éducation soignée qui étend les idées. Elle-même ne se permettoit pas le moindre changement, & elle attribuoit à cette invariable uniformité le succès de ses entreprises. Des malheurs assez fréquens qu'entraîna ce systême, ne le lui firent pas abandonner; & elle fut toujours opiniâtrément fidelle à son premier plan. Il est nécessaire qu'elle adopte d'autres maximes; & qu'après avoir choisi ses facteurs avec plus de précaution, elle abandonne des intérêts éloignés & qui changent tous les jours, à leur activité & à leurs lumières.

Ses vues s'étendront plus loin. Lasse de lutter avec désavantage contre les négocians libres des autres nations, elle se déterminera à livrer aux particuliers le commerce d'Inde en Inde. Cette heureuse innovation rendra ses colonies plus riches & plus fortes. On les verra bientôt remplies d'hommes entreprenans qui en verseront les abondantes & précieuses productions dans tous les marchés. Elle-même tirera plus de profit des droits perçus dans ses comptoirs, qu'elle n'en pouvoit attendre des opérations compliquées & languissantes qui s'y faisoient si rarement.

A cette époque tomberont ces trop ruineux armemens qu'on ne cesse de reprocher à la compagnie. Un peu après le commencement du siècle, elle adopta dans ses chantiers une construction vicieuse qui lui fit perdre beaucoup de navires & de très-riches cargaisons. Ces expériences funestes la ramenèrent aux méthodes généralement reçues: mais, par des considérations blâmables, elle continua d'employer dans sa navigation un tiers de bâtimens de plus qu'il ne le falloit. Cette corruption, qui n'auroit dû trouver d'excuse dans aucun tems, est devenue sur-tout intolérable, depuis que les matériaux qui servent aux opérations navales sont montés à de très-hauts prix; depuis qu'il a fallu donner aux navigateurs une solde plus considérable.

Ces réformes amèneront l'extention du commerce. Relativement aux mœurs & aux circonstances, il fut autrefois très-considérable;

mais il s'arrêta, malgré le grand accroiſſement que prenoit, en Europe, la conſommation; malgré les nouveaux débouchés qu'offroient l'Afrique & le Nouveau-Monde. On le vit même rétrograder, puiſque ſon produit n'augmenta pas, quoique les marchandiſes euſſent preſque doublé de valeur. Actuellement les ventes ne s'élèvent pas au-deſſus de quarante à quarante-cinq millions, ſomme qu'elles donnoient il y a ſoixante ans, & même plus long-tems.

On y trouve des toiles, du thé, de la ſoie, des porcelaines, du borax, de l'étain, du camphre, de la toutenague, du ſalpêtre, du coton, de l'indigo, du poivre, du café, du ſucre, des bois de teinture, quelques autres objets plus ou moins conſidérables, achetés dans les différens marchés de l'Aſie, ou produits par le territoire de la compagnie. Ces productions, ces marchandiſes ſont auſſi la plupart fournies par celles des nations Européennes qui ont formé des liaiſons aux Indes. Il n'y a guère que la cannelle, le girofle, la muſcade, le macis, dont la conſommation s'élève annuellement à douze millions, qui appartiennent excluſivement aux ventes Hollandoiſes.

Après les améliorations que nous nous ſommes permis de propoſer, l'ordre ſe trouveroit rétabli pour quelque tems. Nous diſons pour quelque tems, parce que toute colonie, ſuppoſant l'autorité dans une contrée, & l'obéiſſance dans une autre contrée éloignée, eſt un établiſſement vicieux dans ſon principe. C'eſt une machine dont les reſſorts ſe relâchent, ſe briſent ſans ceſſe, & qu'il faut réparer continuellement.

XXV. Malheurs qui menacent la compagnie.

Quand même il ſeroit poſſible que la compagnie trouvât un remède efficace & durable, aux maux qui la fatiguent depuis ſi long-tems, elle n'en ſeroit pas moins menacée de perdre le commerce excluſif des épiceries.

On a ſoupçonné long-tems que ces riches productions croiſſoient dans des régions inconnues. Il ſe répandoit obſcurément de tous côtés que les Malais, qui ſeuls avoient des relations avec ces contrées, avoient porté du girofle & de la muſcade dans pluſieurs marchés. Ce bruit vague n'a jamais été confirmé par des faits certains; & il a fini par tomber dans l'oubli, comme toutes les erreurs vulgaires.

En 1774, le navigateur Anglois Forreſt partit de Balambangan, dans la vue d'éclaircir enfin, si les épiceries croissoient dans la nouvelle Guinée, comme le bruit en étoit répandu depuis fort long-tems. A peu de distance de cette contrée sauvage, il trouva, dans l'isle de Manaswary, un muscadier, dont le fruit ne différoit que par une forme oblongue de celui qui a tant de célébrité. Cet homme entreprenant arracha cent pieds de cet arbre utile, & les planta en 1776 à Bunwoot, isle saine, fertile, couverte des plus beaux arbres, inhabitée, de dix-huit milles de circonférence seulement, & que la Grande-Bretagne tient de la libéralité du roi de Mindanao. C'est-là qu'est certainement cultivé le muscadier & vraisemblablement aussi le giroflier, puisqu'il est prouvé que Forrest a abordé à plusieurs des Moluques.

Un fait certain, & aujourd'hui généralement connu, c'est que les François ont réussi en 1771 & en 1772 à tirer des Moluques des muscadiers & des girofliers qu'ils ont transplantés sur leur territoire. Si ces plants qui ont commencé à donner quelques fruits, en procurent un jour beaucoup & de bonne qualité : voilà une révolution dans cette branche importante de commerce.

Il ne tenoit qu'à la France de partager avec les seuls Hollandois cette source féconde de richesses. On n'auroit eu, pour jouir de cet avantage, qu'à concentrer, dans un seul point facile à garder, les acquisitions qu'on venoit de faire. Soit générosité, soit imprudence, le gouvernement a voulu que cette culture fût établie dans plusieurs de ses possessions. Des arbres multipliés en tant de lieux ouverts, passeront nécessairement dans les colonies des autres nations ; & en peu de tems, des productions assujetties, durant des siècles, à un monopole odieux, deviendront un bien commun à la plupart des peuples.

Peut-être n'y aura-t-il guère que les anciens possesseurs de ces productions précieuses, qui en soient désormais privés. Les seules isles où elles aient crû jusqu'ici n'ont & ne peuvent avoir que ce genre d'utilité ; la garde en est très-dispendieuse & le climat meurtrier. Quel motif pourroient avoir leurs maîtres pour conserver des établissemens qui auront perdu tous leurs avantages ? Ils les abandonneront donc ; & alors que deviendra un corps qui, depuis 50 ans, n'avoit que cette ressource, contre les infidélités de ses agens, la multiplicité de ses comptoirs, les vices de son administration?

Indépendamment de cette guerre d'industrie, les Hollandois en doivent craindre une moins lente & plus destructive. Tout, mais singuliérement la manière dont ils composent leurs forces de mer & de terre, doit encourager leurs ennemis à les attaquer.

La compagnie a un fonds d'environ cent navires, de six cens à mille tonneaux. Tous les ans elle en expédie d'Europe vingt-huit ou trente, & en reçoit quelques-uns de moins. Ceux qui sont hors d'état de faire leur retour, naviguent dans l'Inde, dont les mers paisibles, si l'on excepte celle du Japon, n'exigent pas des bâtimens solides. Lorsqu'on jouit d'une tranquillité bien assurée, les vaisseaux partent séparément; mais pour revenir, ils forment toujours, au cap, deux flottes qui arrivent par les Orcades, où deux vaisseaux de la république les attendent, & les escortent jusqu'en Hollande. On imagina dans des tems de guerre cette route détournée, pour éviter les croisières ennemies; on a continué à s'en servir en tems de paix, pour empêcher la contrebande. Il ne paroissoit pas aisé d'engager des équipages, qui sortoient d'un climat brûlant, à braver les frimats du Nord. Deux mois de gratification, surmontèrent cette difficulté. L'usage a prévalu de la donner, lors même que les vents contraires, ou les tempêtes poussent les flottes dans la Manche. Une fois seulement les directeurs de la chambre d'Amsterdam tentèrent de la supprimer. Ils furent sur le point d'être brûlés par la populace, qui, comme toute la nation, désapprouve le despotisme de ce corps puissant, & gémit de son privilège. La marine de la compagnie est commandée par des officiers qui ont tous commencé par être matelots ou mousses. Ils sont pilotes, ils sont manœuvriers : mais ils n'ont pas la première idée des évolutions navales. D'ailleurs, les vices de leur éducation ne leur permettent ni de concevoir l'amour de la gloire, ni de l'inspirer à l'espèce d'hommes qui leur est soumise.

La formation des troupes de terre est encore plus mauvaise. A la vérité, des soldats déserteurs de toutes les nations de l'Europe, devroient avoir de l'intrépidité: mais ils sont si mal nourris, si mal habillés, si fatigués par le service, qu'ils n'ont aucune volonté.

Leurs officiers, la plupart tirés d'une profession vile, où ils ont gagné de quoi acheter des grades, ne sont pas faits pour leur communiquer l'esprit militaire. Le mépris qu'un peuple, qui n'est que marchand, a pour des hommes voués par état à une pauvreté forcée, joint à l'éloignement qu'il a pour la guerre, achève de les avilir, de les décourager. A toutes ces causes de relâchement, de foiblesse & d'indiscipline, on peut en ajouter une qui est commune aux deux services de terre & de mer.

Il n'existe peut-être pas, dans les gouvernemens les moins libres, une manière de se procurer des matelots & des soldats, moins honnête & plus vicieuse que celle qui, depuis long-tems, est mise en usage par la compagnie. Ses agens, auxquels le peuple a donné le nom de *vendeurs d'ames*, toujours en activité sur le territoire, ou même hors des limites de la république, cherchent par-tout des hommes crédules, qu'ils puissent déterminer à s'embarquer pour les Indes, sous l'espérance d'une fortune rapide & considérable. Ceux qui se laissent leurrer par cet appât, sont enrôlés, & reçoivent deux mois de paie, qu'on livre toujours à leur séducteur. Ils forment un engagement de 300 liv. au profit de l'embaucheur, chargé, par cet arrangement, de leur fournir quelques vêtemens, qu'on peut estimer le dixième de cette valeur. La dette est constatée par un billet de la compagnie, qui n'est payé que dans le cas où les débiteurs vivent assez long-tems pour que leur solde y puisse suffire.

Une société qui se soutient malgré ce mépris pour la profession militaire, & avec des soldats si corrompus, doit faire juger des progrès qu'a faits l'art de la négociation dans ces derniers siècles. Il a fallu suppléer sans cesse à la force par des traités, de la patience, de la modestie & de l'adresse : mais on ne sauroit trop avertir des républicains, que ce n'est-là qu'un état précaire ; & que les moyens les mieux combinés en politique, ne résistent pas toujours au torrent de la violence & des circonstances. La sûreté de la compagnie exigeroit des troupes composées de citoyens : mais cet ordre de choses n'est point praticable. La dépopulation de la Hollande en seroit une suite nécessaire. Le gouvernement s'y opposeroit, & diroit à ce corps déja trop favorisé.

« La

« La défenſe & la conſervation de notre pays nous eſt tout » autrement à cœur que le bon ordre de vos affaires. A quoi nous » ſerviroit l'or dont vos flottes reviendroient chargées, ſi nos pro- » vinces devenoient déſertes? Si nous renonçons jamais au ſervice » des étrangers, ce ſera dans nos armées & non ſur vos vaiſſeaux » que nous les remplacerons. N'expatrions, n'expoſons à la mort » que le moins de nos concitoyens qu'il ſera poſſible. Les chefs de » nos comptoirs ſont aſſez opulens pour ſe garantir, par tous les » moyens connus, des funeſtes influences d'un climat empeſté. » Et que nous importe que des Allemands, auxquels d'autres » Allemands ſuccéderont, périſſent ou ne périſſent pas, s'il s'en » trouve toujours aſſez que la miſère chaſſera de leur patrie, & qui » ſe laiſſeront bercer d'une fortune qu'ils ne feront point! Leur » paie ceſſe, au moment où ils expirent; nos coffres continuent » à ſe remplir, & nos provinces ne ſe vuident point. La compagnie » n'a de ſûreté que celle de la république; & où ſera celle de la » république ſi, par une dépopulation conſtante, nous réduiſons » notre contrée à la miſérable condition de nos colonies »?

La compagnie ne ſera jamais donc ſervie que par des troupes étrangères; & jamais elle ne parviendra à leur inſpirer cet eſprit public, cet enthouſiaſme pour la gloire qu'elle n'a pas elle-même. Un corps eſt toujours à cet égard, comme un gouvernement qui ne doit jamais conduire ſes troupes que par les principes ſur leſquels porte ſa conſtitution. L'amour du gain, l'économie, ſont la baſe de l'adminiſtration de la compagnie. Voilà les motifs qui doivent attacher le ſoldat à ſon ſervice. Il faut, qu'employé dans des expéditions de commerce, il ſoit aſſuré d'une rétribution proportionnée aux moyens qu'il emploiera pour les faire réuſſir, & que la ſolde lui ſoit payée en actions. Alors les intérêts perſonnels, loin d'affoiblir le reſſort général, lui donneront de nouvelles forces.

Que ſi ces réflexions ne déterminent pas la compagnie à porter la réforme dans cette partie importante de ſon adminiſtration, qu'elle ſe réveille du moins à la vue des dangers qui la menacent. Si elle étoit attaquée dans l'Inde, elle ſe verroit enlever ſes établiſſemens en beaucoup moins de tems qu'elle n'en mit pour les conquérir sur les Portugais. Ses meilleures places sont sans défense, & la marine seroit hors d'état de les protéger. On ne voit pas un seul vaisseau de ligne dans les ports ; & il ne seroit pas possible d'armer en guerre les bâtimens marchands. Les plus forts de ceux qui retournent en Europe, n'ont pas cent hommes ; & en réunissant ce qui est dispersé sur tous ceux qui naviguent dans les Indes, on ne trouveroit pas de quoi former un seul équipage. Tout homme accoutumé à calculer des probabilités, ne craindra pas d'avancer que la puissance Hollandoise pourroit être détruite en Asie, avant que le gouvernement eût eu le tems de venir au secours de la compagnie. Ce colosse, d'une apparence gigantesque, a pour base unique les Moluques. Six vaisseaux de guerre, & quinze cens hommes de débarquement, seroient plus que suffisans pour en faire la conquête. Cette révolution peut être l'ouvrage des François & des Anglois.

Si la cour de Versailles formoit cette entreprise, son escadre partie de l'isle de France, fondroit sur Ternate, où ses hostilités porteroient la première nouvelle de son arrivée dans ces mers. Un fort sans ouvrages extérieurs, & qui peut être battu de dessus les vaisseaux, ne feroit pas une longue résistance. Amboine, qui avoit autrefois un rempart, un mauvais fossé, quatre petits bastions, a été si souvent bouleversé par des tremblemens de terre, qu'il doit être hors d'état d'arrêter deux jours un ennemi entreprenant. Banda présente des difficultés particulières. Il n'y a point de fonds autour de ces isles, & il y règne des courans violens ; de sorte que si on manquoit deux ou trois canaux qui y conduisent, on seroit emporté sans ressource au-dessous du vent : mais cet obstacle seroit aisément levé par les pilotes d'Amboine. On n'auroit qu'à battre un mur, sans fossé, ni chemin couvert, seulement défendu par quatre bastions, en mauvais état. Un petit fort, bâti sur une hauteur qui commande la place, ne prolongeroit pas la défense de vingt-quatre heures.

Tous ceux qui ont vu de près & bien vu les Moluques, s'accordent à dire, qu'elles ne tiendroient pas un mois contre les forces qu'on vient d'indiquer. Si, comme il est vraisemblable, les garnisons exceſſivement réduites par économie, énervées par la malignité du climat, aigries par les traitemens qu'elles éprouvent, refuſoient de ſe battre, ou ſe battoient mollement, la conquête ſeroit plus rapide. Pour lui donner le degré de ſolidité dont elle ſeroit digne, il faudroit s'emparer de Batavia; ce qui ſeroit moins difficile qu'il ne doit le paroître. L'eſcadre, avec ceux de ſes ſoldats qu'elle n'auroit pas laiſſés en garniſon, avec la partie des troupes Hollandoiſes qui ſe ſeroit donnée au parti vainqueur, avec huit ou neuf cens hommes qu'elle recevroit à tems, viendroit ſûrement à bout de cette entrepriſe.

A la vérité, il ne ſeroit pas poſſible de former par mer le ſiège de la place. Sous ſes murs, l'eau eſt généralement ſi baſſe, que les vaiſſeaux ne pourroient jamais aſſez approcher des fortifications pour les battre. Il faudroit donc avoir recours au débarquement. Peut-être l'a-t-on rendu impraticable en pluſieurs endroits, ſurtout à l'embouchure de la rivière qui embellit la ville. Mais ſur des côtes plates, par-tout acceſſibles pour des chaloupes, il faut s'accoutumer à regarder la deſcente comme exécutée.

L'aſſaillant une fois établi à terre, ne trouveroit qu'une cité d'une lieue de circonférence, défendue par un double foſſé plus ou moins profond; par un rempart peu élevé & qui tombe en ruine; par une citadelle irrégulière & mal entretenue; par quelques Indiens, ſans valeur & ſans expérience, ramaſſés de divers pays; par un petit nombre de troupes blanches, mécontentes de leur ſort, & commandées par des officiers qui n'ont ni élévation, ni expérience. Doit-on préſumer que de pareils obſtacles arrêteroient des guerriers entreprenans & animés par l'eſpoir d'un butin immenſe? Non ſans doute. Auſſi l'eſpoir des Hollandois a-t-il une autre baſe.

Le climat de Batavia eſt ſi meurtrier, qu'une partie conſidérable des ſoldats qu'on y porte de nos contrées périſſent dans l'année. Un grand nombre de ceux qui échappent à la mort, languiſſent dans les hôpitaux. A peine en reſte-t-il le quart qui puiſſe faire réguliérement le ſervice de la place. Les Hollandois ſe flattent qu'en ajoutant aux cauſes ordinaires de deſtruction le ſecours d'une inondation générale, qui eſt toujours aiſée, ils creuſeroient un tombeau aux aſſaillans, ou les forceroient à ſe rembarquer. Les aveugles ! qui ne voient pas que tous ces moyens de ruine ont beſoin du ſecours du tems ; & que la priſe de la place ne ſeroit qu'un coup de main, pour une nation aguerrie & entreprenante.

Le plan de conquête que pourroit former la France, conviendroit également aux intérêts de la Grande-Bretagne ; avec cette différence, que les Anglois commenceroient peut-être par ſe rendre maîtres du cap de Bonne-Eſpérance, relâche excellente qui faciliteroit leur navigation aux Indes.

Les deux côtés de la baie qui conduit à la capitale de cette fameuſe colonie, ſont défendus par des redoutes multipliées & judicieuſement placées : mais leurs batteries ſeroient aiſément démontées par les vaiſſeaux qui peuvent mouiller aſſez près de la terre pour les battre. Le fort, placé près du rivage, auroit le même ſort. Il réſiſteroit encore moins au plus foible ennemi qui l'attaqueroit par terre. Conſtruit ſans art, dominé, ne pouvant contenir que cinq ou ſix cens défenſeurs, il ſeroit néceſſairement réduit en moins d'un jour avec quelques bombes. Les colons, diſperſés dans un eſpace immenſe & ſéparés les uns des autres par des déſerts, n'auroient pas le tems de venir au ſecours. Peut-être ne le voudroient-ils pas, quand ils le pourroient. Il doit être permis de ſoupçonner que l'oppreſſion, dans laquelle ils gémiſſent, leur fait deſirer un changement de domination.

XXVI. Motifs que peut avoir la république pour ne pas laiſſer périr la compagnie.

Si la république ne regarde pas comme imaginaire les dangers que l'amour du bien général des nations nous fait preſſentir pour ſon commerce & ſes poſſeſſions des Indes, elle ne doit rien oublier pour les prévenir. C'eſt un des ſoins les plus importans qui puiſſent l'occuper. Quels avantages l'état n'a-t-il pas tiré, depuis deux ſiècles, de ces régions lointaines ? quels avantages n'en tire-t-il pas encore ?

D'abord, l'aſſociation marchande qui régit les divers établiſſemens qu'elle-même y a formés, ſans aucun ſecours du gouvernement, a ſucceſſivement acheté le renouvellement de ſon privilège. Elle obtint, en 1602, ſon premier octroi pour 55,000 liv. Vingt ans après, il fut gratuitement renouvellé. Depuis 1643, juſqu'en 1646, on ne fit que le prolonger de ſix en ſix mois, pour des raisons qui ne nous sont pas connues. A cette époque, un don de 3,300,000 liv. le fit accorder de nouveau pour vingt-cinq ans. Ce terme n'étoit pas encore expiré, lorsqu'en 1665 le monopole fut autorisé jusqu'en 1700, à condition qu'il entretiendroit à l'état vingt bâtimens de guerre tout le tems que dureroient les hostilités commencées entre la république & l'Angleterre. 6,600,000 liv. méritèrent au corps privilégié la continuation de ses opérations jusqu'en 1740. Les deux années suivantes, son sort fut précaire. Puis il acquit de la consistance pour douze ans, en payant trois pour cent de ses répartitions, & ensuite pour vingt ans, moyennant une somme de 2,640,000 l. en argent ou en salpêtre. En 1774, ses prérogatives furent bornées à deux ans & bientôt étendues à vingt, sous la condition qu'il sacrifieroit trois pour cent de son dividende.

Dans des tems de crise, la compagnie a donné des secours au trésor public, déja épuisé ou prêt à l'être. On l'a, il est vrai, remboursée un peu plutôt un peu plus tard de ses avances: mais une conduite si noble soulageoit & encourageoit les citoyens.

Les besoins des flottes & des armées exigeoient beaucoup de salpêtre. La compagnie s'est obligée à le fournir à un prix modique, & a de cette manière soulagé le fisc.

Les manufactures de Harlem & de Leyde voyoient diminuer tous les jours leur activité. La compagnie a retardé leur décadence & prévenu peut-être leur ruine entière en s'engageant à exporter pour 440,000 livres des étoffes sorties de ces atteliers. Elle s'est aussi soumise à les pourvoir de soies à des conditions qui lui sont certainement onéreuses.

Le revenu perpétuel de trente-trois actions & un tiers a été accordé au stadhouder. Il est à desirer que ce sacrifice, fait par la compagnie au premier magistrat de l'état, tourne au profit de la république.

Les marchandises qui étoient envoyées aux Indes, celles qui en arrivoient, étoient autrefois soumises à des droits assez considérables. C'étoient des formalités très-embarrassantes. On vit, il y a trente ans, que ces impôts rendoient régulièrement 850,000 l. & depuis cette époque, la compagnie paie cette somme au fisc chaque année.

Indépendamment des charges que doit porter le corps en général, les intéressés ont encore à remplir des obligations particulières. Depuis plus d'un siècle, ils payoient annuellement à l'état six pour cent de la valeur primitive de chaque action. En 1777, ce droit a été réduit à quatre & demi pour cent; & il ne pourra être augmenté de nouveau que lorsque le dividende sera remonté au-dessus de douze & demi pour cent. Les intéressés devoient encore pour chaque action un impôt, nommé *Ampt-Geld*, & qui de 39 l. 12 sols est tombé depuis peu à 4 livres 8 sols.

Qu'on ajoute à toutes ces taxations le profit que donnent à l'état des ventes de quarante-cinq millions, obtenues avec quatre ou cinq millions de numéraire, & dont la quatrième partie ne se consomme pas sur le territoire de la république. Qu'on y ajoute les gros bénéfices que la revente de ces marchandises procure à ses négocians, & les vastes spéculations dont elle est la source. Qu'on y ajoute la multiplicité & l'étendue des fortunes particulières, faites anciennement ou de nos jours dans l'Inde. Qu'on y ajoute l'expérience que cette navigation donne à ses matelots, l'activité qu'elle donne à sa marine. Alors, on aura une idée juste des ressources que le gouvernement a trouvées dans ses possessions d'Asie. Le privilège exclusif qui les exploite devroit même procurer de plus grands avantages aux Provinces-Unies; & le motif en est sensible.

Aucune nation, quel que fût son régime, n'a jamais douté que tous les biens qui existent dans un état, ne dussent contribuer aux dépenses du gouvernement. La raison de ce grand principe, est à la portée de tous les esprits. Les fortunes particulières tiennent essentiellement à la fortune publique. L'une ne sauroit être ébranlée, sans que les autres en souffrent. Ainsi, quand les sujets d'un empire le servent de leur bourse ou de leur personne, ce sont leurs propres intérêts qu'ils défendent. La prospérité de la patrie, est la prospérité de chaque citoyen. Cette maxime, vraie dans toutes les législations, est sur-tout sensible dans les associations libres.

Cependant il est des corps dont la cause, soit par sa nature, soit par son étendue, soit par sa complication, est plus essentiellement liée à la cause commune. Telle est en Hollande la compagnie des Indes. Son commerce a essentiellement les mêmes ennemis que la république ; sa sûreté ne peut avoir d'autre fondement que celle de l'état.

Les dettes publiques ont, de l'aveu de tous les hommes éclairés, sensiblement affoibli les Provinces-Unies, & altéré la félicité générale, par l'augmentation progressive des impôts, dont elles ont été la source. Jamais on ne ramenera la république à sa splendeur primitive, sans la décharger de l'énorme fardeau sous lequel elle succombe ; & ce secours, elle doit l'attendre principalement d'une compagnie qu'elle a toujours encouragée, toujours protégée, toujours favorisée. Pour mettre ce corps puissant en état de faire des sacrifices & de grands sacrifices à la patrie, il ne sera pas nécessaire de diminuer les bénéfices des intéressés : il suffira de le rappeller à une économie, à une simplicité, à une administration qui furent les principes de ses premières prospérités.

XXVII. Ancienne sagesse des Hollandois, & leur corruption actuelle.

Une réforme si nécessaire ne se fera pas attendre. Cette confiance est due à un gouvernement qui chercha toujours à retenir dans son sein une multitude de citoyens, & à n'en employer qu'un petit nombre dans ses établissemens éloignés. C'étoit aux dépens de l'Europe entière, que la Hollande augmentoit sans cesse le nombre de ses sujets. La liberté de conscience dont on y jouissoit, & la douceur des loix, y attiroient tous les hommes qu'opprimoient en cent endroits l'intolérance & la dureté du gouvernement.

Elle procuroit des moyens de subsistance à quiconque vouloit s'établir & travailler chez elle. On voyoit les habitans des pays que dévastoit la guerre, aller chercher en Hollande un asyle & du travail.

L'agriculture n'y pouvoit pas être un objet considérable ; quoique la terre y fût très-bien cultivée : mais la pêche du hareng lui tenoit lieu d'agriculture. C'étoit un nouveau moyen de subsistance, une école de matelots. Nés sur les eaux, ils labouroient la mer ; ils en tiroient leur nourriture ; ils s'aguerrissoient aux tempêtes. A force de risques, ils apprenoient à vaincre les dangers.

Le commerce de transport, qu'elle faisoit continuellement d'une nation de l'Europe à l'autre, étoit encore un genre de navigation qui ne consommoit pas les hommes, & les faisoit subsister par le travail.

Enfin, la navigation qui dépeuple une partie de l'Europe, peuploit la Hollande. Elle étoit comme une production du pays. Ses vaisseaux étoient ses fonds de terre, qu'elle faisoit valoir aux dépens de l'étranger.

Peu de ses habitans connoissoient les commodités qu'on ne pouvoit se procurer qu'à haut prix; tous, ou presque tous, ignoroient le luxe. Un esprit d'ordre, de frugalité, d'avarice même régnoit dans toute la nation, & il y étoit entretenu avec soin par le gouvernement.

Les colonies étoient régies par le même esprit.

Le dessein de conserver sa population, présidoit à son économie militaire. Elle entretenoit en Europe un grand nombre de troupes étrangères; elle en entretenoit dans ses colonies.

Les matelots, en Hollande, étoient bien payés; & des matelots étrangers servoient continuellement ou sur ses vaisseaux marchands, ou sur ses vaisseaux de guerre.

Pour le commerce, il faut la tranquillité au-dedans, la paix au-dehors. Aucune nation, excepté les Suisses, ne chercha plus que la Hollande à se maintenir en bonne intelligence avec ses voisins; & plus que les Suisses, elle chercha à maintenir ses voisins en paix.

La république s'étoit proposée de maintenir l'union entre les citoyens, par de très-belles loix qui indiquâssent à chaque corps ses devoirs, par une administration prompte & désintéressée de la justice, par des réglemens admirables pour les négocians. Elle sentit la nécessité de la bonne-foi: elle en montra dans ses traités, & elle chercha à la faire régner entre les particuliers.

Enfin, nous ne voyons en Europe aucune nation qui eût mieux combiné ce que sa situation, ses forces, sa population lui permettoient d'entreprendre; & qui eût mieux connu ou suivi les moyens d'augmenter sa population & ses forces. Nous n'en voyons aucune, dont l'objet étant le commerce & la liberté, qui s'appellent, s'attirent & se soutiennent, se soit mieux conduite pour conserver l'un & l'autre.

Mais, combien ces mœurs sont déja déchues & dégénérées de la simplicité du gouvernement républicain! Les intérêts personnels qui s'épurent par leur réunion, se sont isolés entiérement; & la corruption

corruption eſt devenue générale. Il n'y a plus de patrie, dans le pays de l'univers, qui devroit inſpirer le plus d'attachement à ſes habitans.

Quels ſentimens de patriotiſme ne devroit-on pas en effet attendre d'un peuple qui peut ſe dire à lui-même. Cette terre que j'habite; c'eſt moi qui l'ai rendue féconde; c'eſt moi qui l'ai embellie; c'eſt moi qui l'ai créée. Cette mer menaçante, qui couvroit nos campagnes, ſe briſe contre les digues puiſſantes que j'ai oppoſées à ſa fureur. J'ai purifié cet air, que des eaux croupiſſantes rempliſſoient de vapeurs mortelles. C'eſt par moi que des villes ſuperbes preſſent la vaſe & le limon où flottoit l'Océan. Les ports que j'ai conſtruits, les canaux que j'ai creuſés, reçoivent toutes les productions de l'univers que je diſpenſe à mon gré. Les héritages des autres peuples, ne ſont que des poſſeſſions que l'homme diſpute à l'homme; celui que je laiſſerai à mes enfans, je l'ai arraché aux élémens conjurés contre ma demeure; & j'en ſuis reſté le maître. C'eſt ici que j'ai établi un nouvel ordre phyſique, un nouvel ordre moral. J'ai tout fait où il n'y avoit rien. L'air, la terre, le gouvernement, la liberté : tout eſt ici mon ouvrage. Je jouis de la gloire du paſſé; & lorſque je porte mes regards ſur l'avenir, je vois avec ſatisfaction que mes cendres repoſeront tranquillement dans les mêmes lieux où mes pères voyoient ſe former des tempêtes!

Que de motifs pour idolâtrer ſa patrie! Cependant il n'y a plus de patriotiſme; il n'y a plus d'eſprit public en Hollande. C'eſt un tout, dont les parties n'ont d'autre rapport entre elles, que la place qu'elles occupent. La baſſeſſe, l'aviliſſement & la mauvaiſe foi, ſont aujourd'hui le partage des vainqueurs de Philippe. Ils trafiquent de leur ſerment comme d'une denrée; & ils vont devenir le rebut de l'univers, qu'ils avoient étonné par leurs travaux & par leurs vertus.

Hommes indignes du gouvernement où vous vivez, frémiſſez du moins des dangers qui vous environnent! Avec l'ame des eſclaves, on n'eſt pas loin de la ſervitude. Le feu ſacré de la liberté, ne peut être entretenu que par des mains pures. Vous n'êtes pas dans ces tems d'anarchie, où tous les ſouverains de l'Europe, également contrariés par la nobleſſe de leurs états, ne pouvoient mettre dans leurs opérations ni ſecret, ni union, ni célérité ; où l'équilibre des puiſſances ne pouvoit être que l'effet de leur foibleſſe mutuelle. Aujourd'hui l'autorité, devenue plus indépendante, aſſure aux monarchies des avantages dont un état libre ne jouira jamais. Que peuvent oppoſer des républicains à cette ſupériorité redoutable ? Des vertus ; & vous n'en avez plus. La corruption de vos mœurs & de vos magiſtrats, enhardit partout les calomniateurs de la liberté ; & votre exemple funeſte reſſerre peut-être les chaînes des autres nations. Que voulez-vous que nous répondions à ces hommes, qui, par préjugé d'éducation ou par mauvaiſe foi, nous diſent tous les jours : le voilà ce gouvernement que vous exaltiez ſi fort dans vos écrits ; voilà les ſuites heureuſes de ce ſyſtème de liberté qui vous eſt ſi cher. Aux vices que vous reprochez au deſpotiſme, ils ont ajouté un vice qui les ſurpaſſe tous, l'impuiſſance de réprimer le mal. Que répondre à cette ſatyre amère de la démocratie ?

Induſtrieux Bataves, autrefois ſi pauvres, ſi braves & ſi redoutés, aujourd'hui ſi opulens & ſi foibles, craignez de retomber ſous le joug d'un pouvoir arbitraire que vous avez briſé & qui vous menace encore. Ce n'eſt pas moi qui vous le dis ; ce ſont vos généreux ancêtres qui vous crient du fond de leurs tombeaux :

« N'eſt-ce donc que pour cette ignominie que nous avons rougi » les mers de notre ſang, que nous en avons abreuvé cette terre ? » La miſère que nous n'avons pu ſupporter, eſt celle que vous » vous préparez. Cet or, que vous accumulez & qui vous eſt ſi » cher, c'eſt lui qui vous a mis ſous la dépendance d'un de vos » ennemis. Vous tremblez devant lui, par la crainte de perdre » les richeſſes que vous lui avez confiées. Il vous commande, & » vous obéiſſez. Eh ! perdez-les, s'il le faut, ces perfides richeſ- » ſes, & recouvrez votre dignité. C'eſt alors que, plutôt que de » ſubir un joug, quel qu'il ſoit, vous préférerez de renverſer de » vos propres mains les barrières que vous avez données à la » mer, & de vous enſevelir ſous les eaux, vous, & vos ennemis » avec vous.

» Mais, si dans l'état d'abjection & de pusillanimité où vous » êtes, si demain il arrivoit que l'ambition ramenât une armée » ennemie au centre de vos provinces ou sous les murs de votre » capitale; parlez, que feriez-vous? On vous annonce qu'il » faut, dans un moment, ou se résoudre à ouvrir les portes de » votre ville, ou à crever vos digues; vous écrieriez-vous : LES » DIGUES ! LES DIGUES ! Vous pâlissez. Ah ! nous ne le voyons » que trop : il ne reste à nos malheureux descendans aucune étin- » celle de la vertu de leurs pères.

» Par quel étrange aveuglement se sont-ils donnés un maître? » Par quel aveuglement, plus étrange encore, ont-ils éternisé son » autorité, en la rendant héréditaire? Nous dirions : malheur à » ceux qui se promettoient de dominer le prince par la recon- » noissance, & la république par l'appui du prince, s'ils n'avoient » été les premières victimes de leur basse politique, & plongés » dans la retraite & l'obscurité, les plus cruels des châtimens » pour des hommes intriguans & ambitieux. Un peuple libre, » un peuple commerçant qui se donne un maître! Lui, à qui la » liberté doit paroître d'autant plus précieuse, qu'il est à craindre » que ses projets ne soient connus, ses spéculations suspendues, » ses entreprises traversées, les places de l'état remplies par des » traîtres, & celles de ses colonies procurées à d'indignes étrangers. » Vous vous confiez dans la justice & les sentimens du chef que » vous avez aujourd'hui, & peut-être avez-vous raison. Mais qui » vous a garanti que ses vertus seront transmises à son successeur, » de celui-ci au sien, & ainsi d'âge en âge à tous ceux qui naîtront » de lui.

» O nos concitoyens ! ô nos enfans ! puisse l'avenir démentir » un funeste pressentiment! Mais si vous y réfléchissiez un moment, » & si vous preniez le moindre intérêt au sort de vos neveux, » dès-à-présent vous verriez se forger sous vos yeux, les fers qui » leur sont destinés. Ce sont des étrangers qui couvrent les ponts » de vos vaisseaux. Ce sont des étrangers qui composent & com- » mandent vos armées. Ouvrez les annales des nations; lisez & » frémissez des suites nécessaires de cette imprudence. Cette

» opulence qui vous tient aſſoupis & ſous les pieds d'une puiſſance » rivale de la vôtre ; c'eſt cette opulence même qui alumera la » cupidité de la puiſſance que vous avez créée au milieu de vous. » Vous en ſerez dépouillés, & en même tems de votre liberté. » Vous ne ſerez plus rien : car vous chercherez en vous votre » courage, & vous ne l'y trouverez point.

» Ne vous y trompez point. Votre condition préſente eſt plus » fâcheuſe que la nôtre ne le fut jamais. L'avantage d'un peuple » indigent qu'on opprime, eſt de n'avoir à perdre qu'une vie qui » lui eſt à charge. Le malheur d'un peuple énervé par la richeſſe, » c'eſt de tout perdre, faute de courage pour ſe défendre. » Réveillez-vous donc. Regardez les progrès ſucceſſifs de votre » dégradation. Voyez combien vous êtes deſcendus de l'état de » ſplendeur où nous nous étions élevés, & tâchez d'y remonter, » ſi toutefois il en eſt tems encore ».

Voilà ce que vos illuſtres & braves aïeux vous diſent par ma bouche. Et que vous importe, me répondrez-vous, notre décadence actuelle & nos malheurs à venir. Etes-vous notre concitoyen? Avez-vous une habitation, une femme, des enfans dans nos villes? Et que vous importe à vous-même où je ſois né, qui je ſuis, où j'habite, ſi ce que je vous dis eſt la vérité? Les anciens demandèrent-ils jamais à l'augure, dans quelle contrée il avoit reçu le jour, ſur quel chêne repoſoit l'oiſeau fatidique qui leur annonçoit une victoire ou une défaite? Bataves, la deſtinée de toute nation commerçante eſt d'être riche, lâche, corrompue & ſubjuguée. Demandez-vous où vous en êtes?

Fin du ſecond Livre.

ÉTAT des fonds faits en 1602 par la Compagnie Hollandoise des Indes Orientales. Nombre des Actions, leur valeur. Dividendes distribués depuis 1605 jusqu'en 1777. Total des Répartitions faites jusqu'en 1777. Produit de ces Répartitions, année commune. Révolutions des Actions depuis 1723 jusqu'en 1774.

CAPITAL. en florins.	CAPITAL. en livres tournois.	VILLES & Provinces qui ont fait les fonds de ce capital.	SOMME pour laquelle chaque ville & province est intéressée. en florins.	SOMME … en liv. tourn.	Nombre des actions.	Leur valeur.
		Amsterdam,	flor. 3,674,915	liv. sols 8,084,813		
fl. 6,459,840	liv. 14,211,648	La Zéelande,	1,333,882	2,934,540 8	2153 plus une fraction de 840 fl. ou 1848 l. tourn.	3000 fl. ou 6600 l. tourn.
		Delft,	470,000	1,034,000		
		Rotterdam,	177,400	390,280		
		Hoorn,	266,868	587,109 12		
		Enkhuysen,	536,775	1,180,905		
			6,459,840	14,211,648		

DIVIDENDES DISTRIBUÉS DEPUIS 1605 JUSQU'EN 1777.

Années.	Quotité pour cent.	En quelle valeur.
1605	15	argent.
1606	75	idem.
1607	40	idem.
1608	20	idem.
1609	25	idem.
1610	50	idem.
1611	....	....
1612	57 ½	idem.
1613	....	....
1614	....	....
1615	42 ½	idem.
1616	62 ½	idem.
1617	....	....
1618	....	....
1619	....	....
1620	37 ½	idem.
1621	....	....
1622	....	....
1623	25	girofle.
1624	....	....
1625	20	argent.
1626	....	....
1627	12 ½	idem.
1628	....	....
1629	25	idem.
1630	....	....
1631	17 ½	idem.
1632	....	....
1633	12 ½	idem.
	20	idem.
1634	....	....
1635	20	idem.
	12 ½	girofle.
	12 ½	idem.
1636	25	idem.
	12 ½	idem.
1637	15	idem.
	25	idem.
1638	10	capleren.
	25	argent.
1639	....	....
1640	15	girofle.
	25	argent.
1641	15	girofle.
	25	idem.
1642	50	argent.
1643	25	girofle.
1644	25	idem.
	20	argent.
1645	....	....
1646	22 ½	idem.
	25	idem.
1647	....	....
1648	25	idem.
1649	30	idem.
1650	20	idem.
1651	15	idem.
1652	25	idem.
1653	12 ½	idem.
1654	15	idem.
1655	12 ½	idem.
1656	27 ½	idem.
1657	....	
	910	

Années.	Quotité pour cent.	En quelle valeur.
de l'autre part......	...910	
1658	40	argent.
1659	12 ½	idem.
1660	40	idem.
1661	25	idem.
1662	....	....
1663	30	idem.
1664	....	....
1665	27 ½	idem.
1666	....	....
1667	....	....
1668	12 ½	idem.
1669	12 ½	idem.
1670	40	idem.
1671	45	idem.
	15	idem.
1672	15	idem.
1673	33 ⅓	obligat.
1674	....	....
1675	....	....
1676	25	argent.
1677	....	....
1678	....	....
1679	12 ½	contrats.
1680	25	idem.
1681	22 ½	idem.
1682	33 ⅓	idem.
1683	....	....
1684	....	....
1685	40	argent.
1686	12 ½	idem.
1687	20	idem.
1688	33 ⅓	idem.
1689	33 ⅓	idem.
1690	40	idem.
1691	40	idem.
1692	25	idem.
1693	20	idem.
1694	20	idem.
1695	25	idem.
1696	15	idem.
1697	15	contrats.
1698	15	idem.
	15	idem.
1699	20	argent.
	15	idem.
1700	25	idem.
1701	20	idem.
1702	20	idem.
1703	25	idem.
1704	25	idem.
1705	25	idem.
1706	25	idem.
1707	25	idem.
1708	25	idem.
1709	25	idem.
1710	25	idem.
1711	25	idem.
1712	15	idem.
1713	30	idem.
1714	33 ⅓	idem.
1715	40	idem.
1716	40	idem.
1717	40	idem.
	2249 ½	

Années.	Quotité pour cent.	En quelle valeur.
de l'autre part......	..2249 ½	
1718	40	argent.
1719	40	idem.
1720	40	idem.
1721	33 ⅓	idem.
1722	30	idem.
1723	12 ½	idem.
1724	15	idem.
1725	20	idem.
1726	25	idem.
1727	20	idem.
1728	15	idem.
1729	25	idem.
1730	25	idem.
1731	25	idem.
1732	25	idem.
1733	25	idem.
1734	25	idem.
1735	25	idem.
1736	20	idem.
1737	15	idem.
1738	15	idem.
1739	15	idem.
1740	12 ½	idem.
1741	12 ½	idem.
1742	12 ½	idem.
1743	12 ½	idem.
1744	15	idem.
1745	15	idem.
1746	20	idem.
1747	20	idem.
1748	20	idem.
1749	25	idem.
1750	25	idem.
1751	25	idem.
1752	25	idem.
1753	20	idem.
1754	20	idem.
1755	20	idem.
1756	20	idem.
1757	20	idem.
1758	15	idem.
1759	15	idem.
1760	15	idem.
1761	15	idem.
1762	15	idem.
1763	15	idem.
1764	15	idem.
1765	17 ½	idem.
1766	20	idem.
1767	20	idem.
1768	20	idem.
1769	20	idem.
1770	15	idem.
1771	12 ½	idem.
1772	12 ½	idem.
1773	12 ½	idem.
1774	12 ½	idem.
1775	12 ½	idem.
1776	12 ½	idem.
1777	12 ½	idem.
	3650	

TOTAL des Dividendes jusqu'à cette époque.	PRODUIT de ces dividendes, année commune.
3650 pour %.	21 $\frac{1}{15}$ pour %.

RÉVOLUTIONS DES ACTIONS depuis 1723 jusqu'en 1774.

Années.	Quotité pour cent.		PRIX DES ACTIONS. en florins.		en livres tournois.	
			fl.	fl.	liv.	liv.
1723	de 654	à 631	de 22620	à 21930	de 49764	à 48246
1724	603	653	21090	22590	46398	49698
1725	614	660	21420	22800	47124	50160
1726	658	563	22740	19890	50028	43758
1727	560	658	19800	22740	43560	50028
1728	655	612	22650	21360	49830	46992
1729	628	679	21840	23370	48048	51414
1730	715	650	24450	22500	53790	49500
1731	692	742	23760	25260	52272	55572
1732	779	711 ½	26370	24337 10 f.	58014	53542 10 f.
1733	644	788	22320	26640	49104	58608
1734	754	647	25620	22410	56364	49302
1735	645	714	22350	24420	49170	53724
1736	756	673	25680	23250	56496	51150
1737	532	586 ½	18960	20595	41712	45309
1738	585	534	20550	19020	45210	41844
1739	494	571	17820	20160	39204	44352
1740	506	403	18180	15090	39996	33198
1741	391	459	14730	16170	32406	35574
1742	403	350	15090	13500	33198	29700
1743	350	434	13500	16020	29700	35244
1744	407	464 ½	15210	16935	33462	37257
1745	470 ½	420	17115	15600	37653	34320
1746	368	450	14040	16500	30888	36300
1747	434	369	16020	14070	35244	30954
1748	366	455	13980	16650	30756	36630
1749	423	495	15690	17850	34518	39270
1750	489	594	17670	20820	38874	45804
1751	603	575	20190	20250	44418	44550
1752	580	546	20450	19395	44990	42669
1753	559 ½	534	19785	19020	43527	41844
1754	555 ½	507 ½	19665	18225	43263	40095
1755	515	407	18465	15210	40623	33462
1756	404 ½	446	15135	16380	33297	36036
1757	555 ½	507 ½	19665	18225	43263	40095
1758	458	396	16740	14880	36828	32736
1759	386 ½	417	14595	15510	32109	34122
1760	414	378	15420	14140	33924	31108
1761	350	355	14700	13050	32340	28710
1762	323	370	12690	14370	27918	31614
1763	407	353 ½	15210	13605	33462	29931
1764	374	406	14220	15180	31284	33396
1765	406	585	15180	20550	33396	45210
1766	593	546	20790	19380	45738	42636
1767	580 ½	503	20415	18090	44913	39798
1768	518	455	18540	16650	40788	36630
1769	472	410	17160	15360	37752	33792
1770	412	325	15360	12750	33792	28050
1771	314	386	12420	14580	27324	32076
1772	369	326	14070	12780	30954	28116
1773	323	363	12690	13890	27918	30558
1774	336	363	13080	13890	28776	30560

ÉTAT des Navires expédiés aux Indes orientales par la Compagnie de Hollande, depuis 1720 jusqu'en 1729, du dénombrement des Équipages, des Navires qui sont revenus, du Produit général des Ventes, des Dividendes distribués aux Intéressés, & de l'argent comptant envoyé tant au Cap qu'aux Indes.

NNÉES.	NAVIRES expédiés.	DÉNOMBREMENT des Équipages.	NAVIRES revenus.	PRODUIT GÉNÉRAL DES VENTES. En florins.			PRODUIT GÉNÉRAL DES VENTES. En livres tournois.			DIVIDENDES.	ARGENT ENVOYÉ, TANT AU CAP QU'AUX INDES. En florins.		ARGENT ENVOYÉ, TANT AU CAP QU'AUX INDES. En livres tournois.		
				flor.	s.	d.	liv.	s.	d.	pr $\frac{0}{0}$.	flor.	s.	liv.	s.	d.
720..	36	8205	26	19,597,874	12		43,115,324	2	4 $\frac{4}{5}$	40	4,125,000		9,075,000		
721..	40	8000	34	14,985,072	13		32,967,159	16	7 $\frac{1}{5}$	33 $\frac{1}{2}$	6,825,000		15,015,000		
722..	41	7400	26	19,494,365	19		42,887,605	1	8 $\frac{3}{5}$	30	7,075,000		15,565,000		
723..	38	7785	29	16,247,505	17		35,744,512	17	4 $\frac{4}{5}$	12 $\frac{1}{2}$	6,887,000		15,151,400		
724..	38	6425	31	20,577,447	9		45,270,384	7	9 $\frac{3}{5}$	15	7,419,000		16,321,800		
725..	35	6250	36	19,385,441	10		42,647,971	6		20	7,412,500		16,307,500		
726..	38	6850	32	21,312,626	8		46,887,778	1	7 $\frac{1}{5}$	25	7,675,000		16,885,000		
727..	40	6400	36	18,564,986	17		40,842,971	1	4 $\frac{4}{5}$	20	8,091,994		17,802,386	16	
728..	34	5800	28	20,322,402			44,709,284	8		15	5,558,100		12,227,820		
729..	34	6390	25	18,100,116	12	9	39,820,255	12	9 $\frac{3}{5}$	25	4,525,000		9,955,000		
	374	69505	303	188,587,839	17	9	414,893,246	15	9 $\frac{3}{5}$	236	65,593,594		144,305,906	16	
NNÉE mmune { de 37 à 38		6950	30	18,858,733	18	10	41,489,324	13	7	23 $\frac{3}{5}$	6,559,359	8	14,430,590	13	7

OBJET POUR LEQUEL LES ÉPICERIES ENTRENT DANS LE PRODUIT GÉNÉRAL DES VENTES, ANNÉE COMMUNE.

			flor.	liv.
4500000 livres	Poivre, à	11 sols... la Livre	2,475,000	5,445,000
400000	Cannelle, à	5 flor. $\frac{3}{4}$ la Livre	2,300,000	5,060,000
400000	Girofle, à	4 flor. $\frac{1}{4}$ la Livre	1,700,000	3,740,000
250000	Noix muscades, à	3 flor. $\frac{3}{4}$ la Livre	937,500	2,062,500
90000	Macis, à	6 flor. $\frac{1}{2}$ la Livre	585,000	1,287,000
			7,997,500	17,594,500

HISTOIRE PHILOSOPHIQUE ET POLITIQUE

Des Etablissemens et du Commerce des Européens dans les deux Indes.

LIVRE TROISIEME.

Établissemens, commerce & conquêtes des Anglois dans les Indes Orientales.

I. Idée de l'ancien commerce des Anglois.

On ne sait ni à quelle époque les isles Britanniques furent peuplées, ni quelle fut l'origine de leurs premiers habitans. Tout ce que nous apprennent les monumens historiques les plus dignes de foi, c'est qu'elles furent successivement fréquentées par les Phéniciens, par les Carthaginois, & par les Gaulois. Les négocians de ces nations y alloient échanger des vases de terre, du sel, toutes sortes d'instrumens de fer & de cuivre, contre des peaux, des esclaves, des chiens de chasse & de combat, sur-tout contre de l'étain. L'utilité étoit la mesure des choses échangées. On portoit à ces peuples sauvages des choses auxquelles ils mettoient, avec raison, plus d'importance qu'à celles qu'ils offroient. Il ne faut accuser, ni les uns d'ignorance, ni les autres de mauvaise foi. En quelque contrée de l'univers que vous alliez, vous y trouverez l'homme auffi fin que vous; & il ne vous donnera jamais que ce qu'il eftime le moins pour ce qu'il eftime le plus.

A ne confulter qu'une fpéculation vague, on feroit porté à penfer que les Infulaires ont été les premiers hommes policés. Rien n'emprifonne les habitans du continent: ils peuvent en même-tems aller chercher au loin leur fubfiftance, & s'éloigner des combats. Dans les ifles, la guerre & les maux d'une fociété trop refferrée, devroient amener plus vîte la néceffité des loix & des conventions. On voit cependant leurs mœurs & leur gouvernement formés plus tard & plus imparfaitement. C'eft dans leur fein que font nées cette foule d'inftitutions bizarres, qui mettent des obftacles à la population. L'antropophagie, la caftration des mâles, l'infibulation des femelles, les mariages tardifs, la confécration de la virginité, l'eftime du célibat, les châtimens exercés contre les filles qui fe hâtoient d'être mères, les facrifices humains; peut-être les jeûnes, les macérations, toutes les extravagances qui naîtroient dans les couvens, s'il y avoit un monaftère d'hommes & de femmes furabondant en moines, fans aucune poffibilité d'émigration.

Lorfque ces hommes eurent découvert le moyen de s'échapper de l'enceinte étroite où des caufes phyfiques les avoient tenus renfermés pendant des fiècles, ils portèrent leurs ufages fur le continent où ils fe font perpétués d'âge en âge, & où encore aujourd'hui ils mettent quelquefois à la torture les philofophes qui en cherchent la raifon. La furabondance de la population dans les ifles, fut celle de la lenteur de la civilifation dans leurs habitans. Il fallut y remédier continuellement par des moyens violens. Le lieu où les membres d'une même famille font contraints de s'exterminer les uns les autres, eft le féjour de l'extrême barbarie. C'eft le commerce des peuples entre eux qui diminue leur férocité. C'eft leur féparation qui la fait durer. Les Infulaires de nos jours n'ont pas entiérement perdu leur caractère primitif; & peut-être qu'un obfervateur attentif en trouveroit quelques veftiges dans la Grande-Bretagne même.

La domination Romaine ne fut ni affez longue, ni affez paifible, pour beaucoup avancer l'induftrie des Bretons. Le peu même de progrès qu'avoient fait pendant cette époque la culture & les arts, s'anéantit auſſi-tôt que cette fière puiſſance ſe fut décidée à abandonner ſa conquête. L'eſprit de ſervitude que les peuples méridionaux de la Bretagne avoient contracté, leur ôta le courage de réſiſter d'abord au refoulement des Pictes leurs voiſins, qui s'étoient ſauvés du joug, en fuyant vers le Nord de l'iſle, & peu après aux expéditions plus meurtrières, plus opiniâtres & plus combinées des peuples brigands qui ſortoient en foule des contrées ſeptentrionales de l'Europe.

Tous les empires eurent à gémir de cet horrible fléau, le plus deſtructeur peut-être dont les annales du monde aient perpétué le ſouvenir : mais les calamités qu'éprouva la Grande-Bretagne ſont inexprimables. Chaque année, ſouvent pluſieurs fois l'année, elle voyoit ſes campagnes ravagées, ſes maiſons brûlées, ſes femmes violées, ſes temples dépouillés, ſes habitans maſſacrés, mis à la torture, ou emmenés en eſclavage. Tous ces malheurs ſe ſuccédoient avec une rapidité qu'on a peine à ſuivre. Lorſque le pays fut détruit au point de ne plus rien offrir à l'avidité de ces barbares, ils s'emparèrent du pays même. A une nation ſuccédoit une nation. La horde qui ſurvenoit, chaſſoit ou exterminoit celle qui étoit déja établie ; & cette foule de révolutions perpétuoit l'inertie, la défiance & la miſère. Dans ces tems de découragement, les Bretons n'avoient guère de liaiſons de commerce avec le continent. Les échanges étoient même ſi rares entre eux, qu'il falloit des témoins pour la moindre vente.

Le cours de tant d'infortunes paroiſſoit devoir être arrêté, par la réunion de tous les royaumes en un ſeul, lorſque Guillaume le Conquérant ſubjugua l'Angleterre, un peu après le milieu du onzième ſiècle. Ceux qui le ſuivoient arrivoient de contrées un peu mieux policées, plus actives, plus induſtrieuſes que celles où ils venoient s'établir. Cette communication devoit rectifier, étendre les idées des peuples qui recevoient la loi. Malheureuſement l'introduction du gouvernement féodal occaſionna une révolution ſi bruſque & ſi entière dans les propriétés, que tout tomba dans la confuſion.

Les esprits se rassuroient à peine. A peine les vainqueurs & les vaincus commençoient à se regarder comme un même peuple, que le génie & les forces de la nation furent employés à soutenir les prétentions de ses souverains à la couronne de France. Dans ces cruelles guerres, les Anglois déployèrent des talens & des vertus militaires : mais après de grands efforts & de grands succès, ils furent repoussés dans leur isle, où des dissensions domestiques les replongèrent dans de nouvelles calamités.

Durant ces différens périodes, le commerce fut tout entier entre les mains des Juifs & des Lombards, qu'on favorisoit & qu'on dépouilloit, qu'on regardoit comme des hommes nécessaires & qu'on faisoit mourir, qu'alternativement on chassoit & on rappelloit. Ces désordres étoient augmentés par l'audace des pirates qui, quelquefois protégés par le gouvernement avec lequel ils partageoient leur proie, couroient indifféremment sur tous les vaisseaux, & en noyoient souvent les équipages. L'intérêt de l'argent étoit de cinquante pour cent. Il ne sortoit d'Angleterre que des cuirs, des fourrures, du beurre, du plomb, de l'étain, pour une somme modique ; & trente mille sacs de laine, qui rendoient annuellement une somme plus considérable. Comme les Anglois ignoroient encore alors l'art de teindre les laines, & celui de les mettre en œuvre avec élégance ; la plus grande partie de cet argent repassoit la mer. Pour remédier à cet inconvénient, on appella des manufacturiers étrangers ; & il ne fut plus permis de s'habiller qu'avec des étoffes de fabrique nationale. Dans le même tems, on défendoit l'exportation des laines manufacturées & du fer travaillé ; deux loix tout-à-fait dignes du siècle qui les vit naître.

Henri VII permit aux barons d'aliéner leurs terres, & aux roturiers de les acheter. Cette loi diminua l'inégalité qui étoit entre les fortunes des seigneurs & celles de leurs vassaux. Elle mit entre eux plus d'indépendance ; elle répandit dans le peuple le desir de s'enrichir, avec l'espérance de jouir de ses richesses.

Ce desir, cette espérance étoient traversés par de grands obstacles. Quelques-uns furent levés. Il fut défendu à la compagnie des négocians établis à Londres, d'exiger dans la suite la somme de 1575 liv. de de chacun des autres marchands du royaume qui voudroient aller trafiquer aux grandes foires des Pays-Bas. Pour attacher plus de gens à la culture, on avoit ſtatué que perſonne ne pourroit mettre ſon fils ou ſa fille en aucun apprentiſſage, ſans avoir 22 livres 10 ſols de rente en fonds de terre. Cette loi abſurde fut mitigée.

Malheureuſement on laiſſa ſubſiſter en ſon entier, celle qui régloit le prix de toutes les choſes comeſtibles, de la laine, du ſalaire des ouvriers, des étoffes, des vêtemens. Des mauvaiſes combinaiſons firent même ajouter des entraves au commerce. Le prêt à intérêt & les bénéfices du change, furent ſévérement proſcrits, comme uſuraires, ou comme propres à introduire l'uſure. On ignoroit que l'argent, repréſentant de tout, eſt réciproquement repréſenté par toutes les choſes vénales; que c'eſt une denrée qu'il faut abandonner à elle-même comme les autres; qu'à chaque inſtant, elle doit hauſſer & baiſſer de prix par mille incidens divers; que toute police ſur ce point ne peut qu'être abſurde & nuiſible; qu'un des moyens de multiplier les uſuriers, c'eſt de défendre l'uſure, cette défenſe devenant un privilège excluſif pour quiconque oſe braver l'ignominie; qu'une ordonnance eſt ridicule toutes les fois qu'il y a des voies certaines pour l'éluder; que la concurrence générale qui naîtroit d'une liberté illimitée de commercer l'argent, en réduiroit néceſſairement l'intérêt; que les emprunts ruineux auxquels on veut remédier, ſeroient moins fréquens, l'emprunteur n'ayant qu'à payer le prix de l'argent emprunté : au lieu que dans l'état actuel il faut y ajouter le prix que l'uſurier met à ſa conſcience, à ſon honneur & au péril d'une action illicite; prix d'autant plus fort que le nombre des uſuriers eſt plus rare, & la loi prohibitive plus rigoureuſement obſervée.

Par le même eſprit d'aveuglement, il fut défendu à la même époque d'exporter l'argent, ſous quelque forme qu'il pût être; & pour que les marchands étrangers ne puſſent pas l'emporter clandeſtinement, on les obligea à convertir en marchandiſes Angloiſes, le produit entier des marchandiſes qu'ils avoient introduites en Angleterre. La ſortie des chevaux fut prohibée. On n'étoit pas assez éclairé, pour voir que cette prohibition feroit négliger d'en multiplier, d'en perfectionner l'espèce. Enfin, on établit dans toutes les villes des corporations; c'est-à-dire, que l'état autorisa tous ceux qui suivoient une même profession, à faire les réglemens qu'ils jugeroient utiles à leur conservation, à leur prospérité exclusive. La nation gémit encore d'un arrangement si contraire à l'industrie universelle, & qui réduit tout à une espèce de monopole.

En voyant tant de loix bizarres, on seroit tenté de penser que Henri n'avoit que de l'indifférence pour la prospérité de son empire, ou qu'il manquoit totalement de lumières. Cependant il est prouvé que ce prince, malgré son extrême avarice, prêta souvent, sans intérêt, des sommes considérables à des négocians, qui manquoient de fonds suffisans pour les entreprises qu'ils se proposoient de faire. La sagesse de son gouvernement est d'ailleurs si bien constatée, qu'il passe, avec raison, pour un des plus grands monarques qui se soient assis sur le trône d'Angleterre. Mais, malgré tous les efforts du génie, il faut plusieurs siècles à une science, avant qu'elle puisse être réduite à des principes simples. Il en est des théories, comme des machines qui commencent toujours par être très-compliquées, & qu'on ne dégage qu'avec le tems, par l'observation & l'expérience, des roues parasytes qui en multiplioient le frottement.

Les lumières des règnes suivans ne furent pas beaucoup plus étendues sur les matières qui nous occupent. Des Flamands, habitués en Angleterre, en étoient les seuls bons ouvriers. Ils étoient presque toujours insultés & opprimés par les artisans Anglois, jaloux sans émulation. On se plaignoit que tous les acheteurs alloient à eux, & qu'ils faisoient hausser le prix du grain. Le gouvernement adopta ces préjugés populaires, & il défendit à tous les étrangers d'occuper plus de deux hommes dans leurs atteliers. Les marchands ne furent pas mieux traités que les ouvriers; & ceux même qui s'étoient fait naturaliser, se virent obligés de payer les mêmes droits que les marchands forains. L'ignorance étoit si générale, qu'on abandonnoit la culture des meilleures terres pour les mettre en pâturages, dans le même tems où les loix bornoient à deux mille le nombre des moutons dont un troupeau pourroit être composé. Toutes les liaisons d'affaires étoient concentrées dans les Pays-Bas. Les habitans de ces provinces achetoient les marchandises Angloises, & les faisoient circuler dans les différentes parties de l'Europe. Il est vraisemblable que la nation n'auroit pris de long-tems un grand essor, sans le bonheur des circonstances.

Les cruautés du duc d'Albe firent passer en Angleterre d'habiles fabriquans, qui transportèrent à Londres l'art des belles manufactures de Flandres. Les persécutions que les réformés éprouvoient en France, donnèrent des ouvriers de toute espèce à l'Angleterre. Élisabeth, qui ne savoit pas essuyer des contradictions, mais qui vouloit le bien, & le voyoit; absolue & populaire; éclairée & obéie: Élisabeth se servit de la fermentation des esprits, qui étoit générale dans ses états comme dans le reste de l'Europe. Et tandis que cette fermentation ne produisoit chez les autres peuples que des disputes de théologie, des guerres civiles ou étrangères, elle fit naître en Angleterre une émulation vive pour le commerce & pour les progrès de la navigation.

Les Anglois apprirent à construire chez eux leurs vaisseaux, qu'ils achetoient auparavant des négocians de Lubeck & de Hambourg. Bientôt ils firent seuls le commerce de Moscovie, par la voie d'Archangel, qu'on venoit de découvrir; & ils ne tardèrent pas à entrer en concurrence avec les villes anséatiques, en Allemagne & dans le Nord. Ils commencèrent le commerce de Turquie. Plusieurs de leurs navigateurs tentèrent, mais sans fruit, de s'ouvrir par les mers du Nord un passage aux Indes. Enfin Drake, Stephens, Cawendish, & quelques autres, y arrivèrent, les uns par la mer du Sud, les autres en doublant le cap de Bonne-Espérance.

Le fruit de ces voyages fut assez grand, pour déterminer, en 1600, les plus habiles négocians de Londres à former une société. Elle obtint un privilège exclusif pour le commerce de l'Inde. L'acte qui le lui donnoit, en fixoit la durée à quinze ans.

II
Premier
ges des
aux Ind

Il y étoit dit, que si ce privilège paroissoit nuisible au bien de l'état, il seroit aboli, & la compagnie supprimée, en avertissant les associés deux ans d'avance.

Cette réserve dut son origine, au chagrin que les communes avoient récemment témoigné, d'une concession qui pouvoit les blesser par sa nouveauté. La reine étoit revenue sur ses pas; &, dans cette occasion, elle avoit parlé d'une manière digne de servir de leçon à tous les souverains.

« Messieurs, dit-elle aux membres de la chambre, chargés de » la remercier, je suis très-touchée de votre attachement & de » l'attention que vous avez de m'en donner un témoignage » authentique. Cette affection pour ma personne, vous avoit » déterminés à m'avertir d'une faute qui m'étoit échappée par » ignorance, mais où ma volonté n'avoit aucune part. Si vos « soins vigilans ne m'avoient découvert les maux que mon erreur » pouvoit produire, quelle douleur n'aurois-je pas ressentie, » moi qui n'ai rien de plus cher que l'amour & la conservation » de mon peuple ? Que ma main se dessèche subitement, que » mon cœur soit frappé d'un coup mortel, avant que j'accorde » des privilèges particuliers, dont mes sujets aient à se plaindre. » La splendeur du trône ne m'a point éblouie, au point de me » faire préférer l'abus d'une autorité sans bornes, à l'usage d'un » pouvoir exercé par la justice. L'éclat de la royauté n'aveugle » que les princes qui ne connoissent pas les devoirs qu'impose » la couronne. J'ose penser qu'on ne me comptera point au » nombre de ces monarques. Je sais que je ne tiens pas le » sceptre pour mon avantage propre, & que je me dois toute » entière à la nation, qui a mis en moi sa confiance. Mon » bonheur est de voir que l'état a prospéré jusqu'ici par mon » gouvernement, & que j'ai pour sujets des hommes dignes que » je renonçasse, pour eux, au trône & à la vie. Ne m'imputez » pas les fausses mesures où l'on peut m'engager, ni les irrégu- » larités qui peuvent se commettre sous mon nom. Vous savez » que les ministres des princes sont trop souvent conduits par » des intérêts particuliers; que la vérité parvient rarement aux

» rois, & qu'obligés, dans la foule des affaires qui les accablent, » de s'arrêter sur les plus importantes, ils ne sauroient tout voir » par eux-mêmes ».

D'après ce sage discours, on seroit tenté de croire qu'un despote juste, ferme, éclairé, seroit le meilleur des souverains : mais on ne pense pas que sous son règne, s'il duroit, les peuples s'assoupiroient sur des droits dont ils n'auroient aucune occasion de se prévaloir, & que rien ne leur seroit plus funeste, que ce sommeil sous un règne semblable au premier, si ce n'est sa continuité sous un troisième. Les nations font quelquefois des tentatives pour se délivrer de l'oppression de la force, mais jamais pour sortir d'un esclavage auquel ils ont été conduits par la douceur. Tôt ou tard, le despote, ou foible, ou féroce, ou imbécille, succède à une toute-puissance qui n'a point souffert d'opposition. Les peuples qu'elle écrase se croient faits pour être écrasés. Ils ont perdu le sentiment de la liberté, qui ne s'entretient que par l'exercice. Peut-être n'a-t-il manqué aux Anglois que trois Élisabeth pour être les derniers des esclaves.

Les fonds de la compagnie furent d'abord peu considérables. L'armement de quatre vaisseaux, qui partirent dans les premiers jours de 1601, en absorba une partie. On embarqua le reste en argent & en marchandises.

Lancaster, qui conduisoit l'expédition, arriva l'année suivante au port d'Achem, entrepôt alors fort célèbre. On y étoit instruit des victoires navales que sa nation avoit remportées sur les Espagnols; & cette connoissance lui procura l'accueil le plus distingué. Le roi fit pour lui, ce qu'il auroit fait pour son égal : il voulut que ses propres femmes, richement vêtues, jouâssent, en sa présence, des airs de danse sur plusieurs instrumens. Cette faveur fut suivie de toutes les facilités qu'il étoit possible de desirer, pour l'établissement d'un commerce sûr & avantageux. L'amiral Anglois fut reçu à Bantam, comme dans le premier lieu où il avoit relâché; & un bâtiment qu'il avoit détaché pour les Moluques, lui apporta une assez grande quantité de girofle & de muscade. Avec ces précieuses épiceries, & les poivres qu'il avoit chargés à Java, à Sumatra, il regagna heureusement l'Europe.

La société, qui avoit chargé cet homme sage de ses intérêts, fut déterminée par ce premier succès, à former aux Indes des établissemens ; mais à ne les former que du consentement des nations indigènes. Elle ne voulut pas débuter par des conquêtes. Ses expéditions ne furent que les entreprises de négocians humains & justes. Elle se fit aimer : mais cet amour ne lui valut que quelques comptoirs, & ne la mit pas en état de soutenir la concurrence des peuples qui se faisoient craindre.

Les Portugais & les Hollandois possédoient de grandes provinces, des places bien fortifiées, & de bons ports. Ces avantages assuroient leur commerce contre les naturels du pays & contre de nouveaux concurrens ; facilitoient leurs retours en Europe ; leur donnoient les moyens de se défaire utilement des marchandises qu'ils portoient en Asie, & d'obtenir à un prix honnête celles qu'ils vouloient acheter. Les Anglois, au contraire, dépendans du caprice des saisons & des peuples, sans forces & sans asyle, ne tirant leurs fonds que de l'Angleterre même, ne pouvoient, selon les idées alors reçues, faire un commerce avantageux. Ils pensèrent qu'on acquéroit difficilement de grandes richesses sans de grandes injustices ; & que pour surpasser, ou même balancer les nations qu'ils avoient censurées, il falloit imiter leur conduite. C'étoit une erreur qui les jetta dans de fausses routes. Avec des maximes plus saines, ils auroient senti que si la bonté, la douceur, la bienfaisance, l'humanité ne conduisent pas aussi rapidement à la prospérité que la violence : assise sur ces respectables bases, la puissance en est plus solide & plus durable. On n'obtient de la tyrannie qu'une autorité précaire, qu'une possession troublée. Celle qui émane de la justice finit par tout envahir. L'empire de la force est regardé comme un fléau, l'empire de la vertu comme une bénédiction ; & je ne me persuaderai jamais qu'il soit indifférent de s'annoncer aux nations étrangères, ou comme des esprits infernaux, ou comme des intelligences célestes.

Le projet de faire des établissemens solides & de tenter des conquêtes, paroissoit au-dessus des forces d'une société naissante; mais elle se flatta qu'elle seroit protégée, parce qu'elle se croyoit utile. Ses espérances furent trompées. Elle ne put rien obtenir de Jacques I, prince foible, infecté de la fausse philosophie de son siècle, bel-esprit, subtil & pédant, plus fait pour être à la tête d'une université que d'un empire. La compagnie, par son activité, par sa persévérance, par le bon choix de ses officiers & de ses facteurs, suppléa au secours que lui refusoit son souverain. Elle bâtit des forts; elle fonda des colonies aux isles de Java, de Pouleron, d'Amboine & de Banda. Elle partagea ainsi avec les Hollandois, le commerce des épiceries, qui sera toujours le plus solide de l'Orient, parce que son objet est devenu un besoin réel. Il étoit encore plus important dans ce tems-là, parce que le luxe de fantaisie n'avoit pas fait alors en Europe les progrès qu'il a faits depuis; & que les toiles des Indes, les étoffes, les thés, les vernis de la Chine, n'avoient pas le débit prodigieux qu'ils ont aujourd'hui.

II. Démêlés des Anglois avec les Hollandois.

Les Hollandois n'avoient pas chassé les Portugais des isles où croissent les épiceries, pour y laisser établir une nation dont la puissance maritime, le caractère & le gouvernement, rendoient la concurrence plus redoutable. Ils avoient des avantages sans nombre sur leurs rivaux: de puissantes colonies; une marine exercée; des alliances bien cimentées; un grand fonds de richesses; la connoissance du pays, & celle des principes & des détails du commerce: tout cela manquoit aux Anglois, qui furent attaqués de toutes les manières.

Leur rival commença par les écarter des lieux fertiles où il avoit formé des établissemens. Dans les isles ou son autorité n'étoit pas encore établie, il chercha à les rendre odieux aux naturels du pays, par des accusations où la vérité n'étoit pas moins blessée que la bienséance. Ces honteux moyens n'ayant pas eu tout le succès que les Hollandois s'en étoient promis, ces marchands avides se décidèrent pour des actes de violence. Une occasion extraordinaire fit commencer les hostilités plutôt qu'on ne l'avoit prévu.

C'eſt un uſage à Java, que les épouſes diſputent à leurs époux les premières faveurs de l'amour. Cette eſpèce de guerre, que les hommes ſe font honneur de terminer au plutôt, & les femmes de prolonger le plus qu'il leur eſt poſſible, dure quelquefois des ſemaines entières. D'où vient ce bizarre rafinement de coquetterie, qui n'eſt ni dans la nature de l'homme, ni dans celle de l'animal? La Javanoiſe ſe propoſeroit-elle d'inſpirer à ſon époux de la confiance ſur ſes mœurs, avant & après le mariage; d'irriter la paſſion toujours plus violente dans un raviſſeur que dans un amant; ou d'accroître le prix qu'elle met à ſes charmes, à ſes faveurs, & au ſacrifice de ſa liberté? Le roi de Bantam venoit de vaincre la réſiſtance d'une nouvelle épouſe, & il donnoit des fêtes publiques pour célébrer ſa victoire. Les étrangers qui étoient dans le port, furent invités à ces réjouiſſances. Ce fut un malheur pour les Anglois, d'y être traités avec trop de diſtinction. Les Hollandois les rendirent reſponſables de ces préférences, & ne différèrent pas d'un inſtant leur vengeance. Ils fondirent ſur eux de toutes parts.

L'Océan Indien devint, à cette époque, le théâtre des plus ſanglans combats entre les navigateurs des deux nations. Ils ſe cherchoient, ils s'attaquoient, ils ſe combattoient en gens qui vouloient vaincre ou mourir. Le courage étoit égal des deux côtés; mais les forces étoient différentes. Les Anglois ſuccomboient; lorſque quelques eſprits modérés cherchèrent en Europe, où le feu de la guerre ne s'étoit pas communiqué, des moyens de conciliation. Le plus bizarre fut adopté, par un aveuglement dont il ne ſeroit pas aiſé de trouver la cauſe.

Les deux compagnies ſignèrent, en 1619, un traité, qui portoit que les Moluques, Amboine & Banda, appartiendroient en commun aux deux nations; que les Anglois auroient un tiers, & les Hollandois les deux tiers des productions dont on fixeroit le prix: que chacun contribueroit, à proportion de ſon intérêt, à la défenſe de ces iſles; qu'un conſeil, compoſé de gens expérimentés de chaque côté, régleroit à Batavia toutes les affaires du commerce: que cet accord, garanti par les ſouverains reſpectifs, dureroit

dureroit vingt ans ; & que, s'il s'élevoit dans cet intervalle des différends qui ne puſſent être accommodés par les deux compagnies, ils ſeroient décidés par le roi de la Grande-Bretagne & les états-généraux des Provinces-Unies. Entre toutes les conventions politiques dont l'hiſtoire a conſervé le ſouvenir, on en trouveroit difficilement une plus extraordinaire. Elle eut le ſort qu'elle devoit avoir.

Les Hollandois n'en furent pas plutôt inſtruits aux Indes, qu'ils s'occupèrent des moyens de la rendre nulle. La ſituation des choſes favoriſoit leurs vues. Les Eſpagnols & les Portugais avoient profité de la diviſion de leurs ennemis, pour s'établir de nouveau dans les Moluques. Ils pouvoient s'y affermir ; & il y avoit du danger à leur en laiſſer le tems. Les commiſſaires Anglois convinrent de l'avantage qu'il y auroit de les attaquer ſans délai, mais ils ajoutèrent, qu'ils n'avoient rien de ce qu'il falloit pour y concourir. Leur déclaration, qu'on avoit prévu, fut enregiſtrée ; & leurs aſſociés entreprirent ſeuls une expédition, dont ils ſe réſervèrent tout le fruit. Il ne reſtoit aux agens de la compagnie de Hollande qu'un pas à faire, pour mettre toutes les épiceries entre les mains de leurs maîtres ; c'étoit de chaſſer leurs rivaux de l'iſle d'Amboine. On y réuſſit par une voie bien extraordinaire.

Un Japonois, qui étoit au ſervice des Hollandois dans Amboine, ſe rendit ſuſpect par une curioſité indiſcrète. On l'arrêta, & il confeſſa qu'il s'étoit engagé, avec les ſoldats de ſa nation, à livrer la forteresse aux Anglois. Son aveu fut confirmé par celui de ſes camarades. Sur ces diſpoſitions unanimes, on mit aux fers les auteurs de la conſpiration, qui ne la déſavouèrent pas, & qui même la confirmèrent. Une mort honteuſe étouffa le complot dans le ſang de tous les coupables. Tel eſt le récit des Hollandois.

Les Anglois n'ont jamais vu dans cette accuſation, que l'effet d'une avidité ſans bornes. Ils ont ſoutenu, qu'il étoit abſurde de ſuppoſer que dix facteurs & onze ſoldats étrangers, aient pu former le projet de s'emparer d'une place où il y avoit une garniſon de deux cens hommes. Quand même ces malheureux auroient vu la poſſibilité de faire réuſſir un plan ſi extravagant, n'en auroient-ils pas été détournés par l'impossibilité d'être secourus contre les forces ennemies qui les auroient assiégés de toutes parts ? Il faudroit, pour rendre vraisemblable une pareille trahison, d'autres preuves qu'un aveu des accusés arraché à la force des tortures. Les tourmens de la Question n'ont jamais donné de lumières, que sur le courage ou la foiblesse de ceux qu'un préjugé barbare y condamnoit. Ces considérations, appuyées de plusieurs autres à-peu-près aussi pressantes, ont rendu le récit de la conspiration d'Amboine si suspect, qu'elle n'a été regardée communément que comme un voile, dont s'étoit enveloppée une avarice atroce.

Le ministère de Jacques I, & la nation entière, occupés alors de subtilités ecclésiastiques & de la discussion des droits du roi & du peuple, ne s'apperçurent point des outrages que le nom Anglois recevoit dans l'Orient. Cette indifférence produisit une circonspection qui dégénéra bientôt en foiblesse. Cependant le courage de ces insulaires se soutint mieux au Coromandel & au Malabar.

IV. Démêlés des Anglois avec les Portugais.

Ils avoient formé des comptoirs à Mazulipatnam, à Calicut, en plusieurs autres ports, & même à Delhy. Surate, le plus riche entrepôt de ces contrées, tanta leur ambition en 1611. On étoit disposé à les y recevoir; mais les Portugais déclarèrent, que si l'on souffroit l'établissement de cette nation, ils brûleroient toutes les villes de la côte, & se saisiroient de tous les bâtimens Indiens. Ce ton en imposa au gouvernement. Midleton, déchu de ses espérances, fut réduit à se retirer de devant la place, à travers une nombreuse flotte, à laquelle il fit plus de mal qu'il n'en reçut.

Le capitaine Thomas Best arriva l'année suivante dans ces parages avec de plus grandes forces. Il fut reçu à Surate sans contradiction. Les agens qu'il portoit avoient à peine commencé leurs opérations; qu'on vit paroître un redoutable armement, sorti de Goa. Réduit à l'alternative de trahir les intérêts qu'on lui avoit confiés, ou de s'exposer aux plus grands périls pour les défendre, l'amiral Anglois ne balança pas. Deux fois il attaqua les Portugais, & deux fois, malgré l'extrême infériorité de son escadre, il remporta la victoire. Cependant l'avantage que les vaincus tiroient de leur position, de leurs ports, de leurs forteresses, rendoit toujours la navigation des Anglois dans le Guzurate très-difficile. Il fallut se battre encore contre un ennemi opiniâtre, que ses défaites ne rebutoient pas. On ne parvint à jouir de quelque tranquillité, qu'en l'achetant par de nouveaux combats & de nouveaux triomphes.

V. Liaisons des Anglois avec la Perse.

Le bruit de ces éclatans succès, contre une nation qui, jusqu'alors, avoit passé pour invincible, pénétra jusqu'à la capitale de la Perse.

Cette vaste région, si célèbre dans l'antiquité, paroît avoir été libre dans sa plus ancienne forme de gouvernement. Sur les ruines d'une république corrompue, s'éleva la monarchie. Les Perses furent long-tems heureux sous cette forme d'administration ; les mœurs étoient simples comme les loix. A la fin, l'esprit de conquête s'empara des souverains. Alors, les trésors de l'Assyrie, les dépouilles de plusieurs nations commerçantes, les tributs d'un grand nombre de provinces, firent entrer des richesses immenses dans l'empire ; & ces richesses ne tardèrent pas à tout changer. Le désordre fut poussé si loin, que le soin des amusemens publics parut attirer l'attention principale du gouvernement.

Un peuple qui ne vivoit que pour le plaisir, ne pouvoit tarder à être asservi. Il le fut successivement par les Macédoniens, par les Parthes, par les Arabes, par les Tartares, & vers la fin du quinzième siècle par les Sophis, qui prétendoient descendre d'Aly, auteur de la fameuse réforme, qui divisa le mahométisme en deux branches.

Nul prince de cette nouvelle race ne se rendit aussi célèbre que Schah-Abbas, surnommé le grand. Il conquit le Kandahar, plusieurs places importantes sur la mer Noire, une partie de l'Arabie, & chassa les Turcs de la Géorgie, de l'Arménie, de la Mésopotamie, de tous les pays qu'ils avoient conquis au-delà de l'Euphrate.

Ces victoires produisirent des changemens remarquables dans l'intérieur de l'empire. Les grands avoient profité des troubles civils pour se rendre indépendans : on les abaissa ; & les postes importans furent tous confiés à des étrangers, qui ne vouloient ni ne pouvoient former des factions. La milice étoit en possession de disposer du trône suivant son caprice : on la contint par des troupes étrangères, qui avoient une religion & des habitudes différentes. L'anarchie avoit rendu les peuples enclins à la sédition : on plaça dans les villes & dans les campagnes des colonies, choisies entre les nations les plus opposées aux anciens habitans, par les mœurs & le caractère. Il sortit de ces arrangemens le despotisme le plus absolu, peut-être, qu'ait jamais éprouvé aucune contrée.

Ce qui est étonnant, c'est que le grand Abbas ait su allier à ce gouvernement, oppresseur de sa nature, quelques vues d'utilité publique. Il appella tous les arts à lui, & les établit à la cour & dans les provinces. Tous ceux qui apportoient dans ses états un talent, quel qu'il fût, étoient sûrs d'être accueillis, d'être aidés, d'être récompensés. Il disoit souvent, que les étrangers étoient le plus bel ornement d'un empire, & donnoient plus d'éclat au prince, que les magnificences du luxe le plus recherché.

Pendant que la Perse sortoit de ses ruines par les différentes branches d'industrie qui s'établissoient de toutes parts, une colonie d'Arméniens, transférée à Ispahan, portoit au centre de l'empire l'esprit de commerce. Bientôt ces négocians, & ceux des naturels du pays qui savoient les imiter, furent répandus dans l'Orient, en Hollande, en Angleterre, dans la Méditerranée & dans la Baltique ; par-tout où les affaires étoient vives & considérables. Le Sophi s'associoit lui-même à leurs entreprises ; & leur avançoit des sommes considérables, qu'ils faisoient valoir dans les marchés les plus renommés de l'Univers. Ils étoient obligés de lui remettre ses fonds aux termes convenus ; & s'ils les avoient accrus par leur industrie, il leur accordoit quelque récompense.

Les Portugais, qui s'apperçurent qu'une partie du commerce des Indes avec l'Asie & avec l'Europe, alloit prendre sa direction par la Perse, y mirent des entraves. Ils ne souffroient pas que le Persan achetât des marchandises ailleurs que dans leurs magasins. Ils en fixoient le prix ; & s'ils lui permettoient d'en tirer quelquefois du lieu de la fabrication, c'étoit toujours sur leurs vaisseaux, & en exigeant un fret & des droits énormes. Cette tyrannie révolta le grand Abbas, qui, instruit du ressentiment des Anglois, leur proposa de réunir leurs forces de mer à ses forces de terre, pour assiéger Ormuz. Cette place fut attaquée par les armes combinées des deux nations, & prise en 1623, après deux mois de combats. Les conquérans s'en partagèrent le butin, qui fut immense, & la ruinèrent ensuite de fond en comble.

A trois ou quatre lieues de là, s'offroit sur le continent le port de Gombroon, qu'on a depuis appellé Bender-Abassi. La nature ne paroissoit pas l'avoir destiné à être habité. Il est situé au pied de montagnes excessivement élevées. On y respire un air embrâsé. Des vapeurs mortelles s'élèvent continuellement des entrailles de la terre. Les campagnes sont noires & arides, comme si le feu les avoit brûlées. Malgré ces inconvéniens, l'avantage qu'avoit Bender-Abassi d'être placé à l'entrée du golfe, le fit choisir par le monarque Persan, pour servir d'entrepôt au grand commerce qu'il se proposoit de faire aux Indes. Les Anglois furent associés à ce projet. On leur accorda une exemption perpétuelle de tous les droits, & la moitié du produit des douanes, à condition qu'ils entretiendroient, au moins, deux vaisseaux de guerre dans le golfe. Cette précaution parut indispensable, pour rendre vain le ressentiment des Portugais, dont la haîne étoit encore redoutable.

Dès ce moment Bender-Abassi, qui n'avoit été jusqu'alors qu'un vil hameau de pêcheurs, devint une ville florissante. Les Anglois y portoient les épiceries, le poivre, le sucre, des marchés de l'Orient; le fer, le plomb & les draps, des ports de l'Europe. Le bénéfice qu'ils faisoient sur ces marchandises, étoit grossi par un fret excessivement cher, que leur payoient les Arméniens, qui restoient encore en possession de la plus riche branche du commerce des Indes.

Ces négocians avoient entrepris depuis long-tems le trafic des toiles. Ils n'avoient été supplantés, ni par les Portugais, qui n'étoient occupés que de pillage, ni par les Hollandois, dont les épiceries avoient fixé toute l'attention. On pouvoit craindre, d'ailleurs, de ne pouvoir ſoutenir la concurrence d'un peuple, également riche, induſtrieux, actif, économe. Les Arméniens faiſoient alors ce qu'ils ont toujours fait depuis. Ils paſſoient aux Indes ; ils y achetoient du coton ; ils le diſtribuoient aux fileuſes ; ils faiſoient fabriquer des toiles ſous leurs yeux ; ils les portoient à Bender-Abaſſi, d'où elles paſſoient à Iſpahan. De-là, elles ſe diſtribuoient dans les différentes provinces de l'empire, dans les états du grand-ſeigneur, & juſqu'en Europe, où l'on contracta l'habitude de les appeller Perſes ; quoiqu'il ne s'en ſoit jamais fabriqué qu'à la côte de Coromandel. Telle eſt l'influence des noms ſur les opinions, que l'erreur populaire, qui attribue à la Perſe les toiles des Indes, paſſera peut-être, avec le cours des ſiècles, pour une vérité inconteſtable dans l'eſprit des ſavans à venir. Les difficultés inſurmontables que ces ſortes d'erreurs ont jettées dans l'hiſtoire de Pline & des autres anciens, doivent nous rendre infiniment précieux les travaux des ſavans de nos jours, qui recueillent les procédés de la nature & des arts, pour les tranſmettre à la poſtérité.

En échange des marchandiſes qu'on portoit à la Perſe, elle donnoit les productions de ſon territoire, ou le fruit de ſon induſtrie.

La ſoie, qui étoit la première des marchandiſes. On en recueilloit, on en exportoit alors une grande quantité.

La laine de Caramanie, qui reſſemble beaucoup à celle de Vigogne. Elle étoit employée avec ſuccès dans les manufactures de chapeaux & dans quelques étoffes. Les chèvres qui la donnent ont cela de particulier, que la toiſon tombe d'elle-même au mois de mai.

Les turquoiſes, qui étoient plus ou moins parfaites, ſuivant celle des trois mines dont on les tiroit. Elles entroient autrefois dans la parure de nos femmes.

Les brocards d'or, d'un prix ſupérieur à tout ce qu'ont produit les plus célèbres manufactures. Il y en avoit de ſimples, & d'autres à deux faces ſans envers. On en faiſoit des rideaux, des portières, & des carreaux magnifiques.

Les tapis qu'on a depuis si bien imités en Europe, & qui ont été long-tems un des plus riches meubles de nos appartemens.

Le maroquin, qui avoit, ainsi que les autres cuirs, un degré de perfection qu'on ne savoit pas lui donner ailleurs.

Le chagrin, le poil de chèvre, l'eau-rose, les racines pour la médecine, les gommes pour la teinture, les dattes, les chevaux, les armes, plusieurs autres choses, dont les unes se vendoient aux Indes, & les autres étoient portées en Europe.

Quoique les Hollandois fussent parvenus à s'approprier tout le commerce de l'Inde Orientale, ils ne virent pas sans jalousie ce qui se passoit en Perse. Il leur parut que les privilèges, dont leur rival jouissoit dans la rade de Bender-Abassi, pouvoient être compensés par l'avantage qu'ils avoient de posséder une plus grande quantité d'épiceries, & ils entrèrent avec lui en concurrence.

VI. Décadence des Anglois aux Indes.

Les Anglois poursuivis dans tous les marchés par un ennemi puissant, acharné sans cesse à leur ruine, succomboient par-tout. Leur chûte fut accélérée, par les dissensions civiles & religieuses qui inondoient de sang leur patrie, qui étouffoient tous les sentimens, toutes les lumières. De plus grands intérêts firent totalement oublier les Indes; & la compagnie opprimée, découragée, n'étoit plus rien à la mort instructive & terrible de Charles I.

Cromwel, irrité que les Hollandois eussent été favorables aux malheureux Stuarts, & donnassent un asyle aux Anglois qu'il avoit proscrits; indigné que la république des Provinces-Unies affectât l'empire des mers; fier de ses succès; sentant ses forces & celles de la nation à laquelle il commandoit, voulut la faire respecter & se venger. Il déclara la guerre à la Hollande.

De toutes les guerres maritimes dont l'histoire a conservé le souvenir, c'est la plus savante; la plus illustre, par la capacité des chefs & le courage des matelots; la plus féconde en combats opiniâtres & meurtriers. Les Anglois eurent l'avantage, & ils le dûrent à la grandeur de leurs vaisseaux, que l'Europe a imitée depuis.

Le protecteur, qui donna la loi, ne fit pas pour les Indes tout ce qu'il pouvoit. Il se contenta d'y assurer le commerce Anglois ; de faire désavouer le massacre d'Amboine ; & de prescrire des dédommagemens pour les descendans des malheureuses victimes de cette action horrible. On ne fit nulle mention, dans le traité, des forts que les Hollandois avoient enlevés à la nation dans l'isle de Java, & dans plusieurs des Moluques. A la vérité, la restitution de l'isle de Pouleron fut stipulée ; mais les arbres à épiceries y furent tous arrachés, avant qu'elle repassât sous les loix de ses anciens maîtres. Comme son sol lui restoit cependant toujours, & qu'avec le tems, il pouvoit mettre obstacle au monopole que la Hollande vouloit exercer, on la conquit de nouveau en 1666 ; & les instances de la France ne réussirent pas à en arracher le sacrifice à la république.

VII. Rétablissement du commerce Anglois dans l'Inde.

Malgré ces négligences, dès que la compagnie eut obtenu, en 1657, du protecteur, le renouvellement de son privilège, & qu'elle se vit solidement appuyée par l'autorité publique, elle montra une vigueur que ses malheurs passés lui avoient fait perdre. Son courage s'accrut avec ses droits.

Le bonheur qu'elle avoit en Europe, la suivit en Asie. L'Arabie, la Perse, l'Indostan, l'Est de l'Inde, la Chine, tous les marchés que les Anglois avoient anciennement pratiqués, leur furent ouverts. On les y reçut même avec plus de franchise & de confiance qu'ils n'en avoient éprouvés autrefois. Les affaires y furent fort vives, & les bénéfices très-considérables. Il ne manquoit à leur fortune, que de pénétrer au Japon : ils le tentèrent. Mais les Japonois, instruits par les Hollandois que le roi d'Angleterre avoit épousé une fille du roi de Portugal, ne voulurent pas recevoir les Anglois dans leurs ports.

Malgré cette contrariété, les prospérités de la compagnie furent très-brillantes. L'espoir de donner encore plus d'étendue & de solidité à ses affaires, la flattoit agréablement, lorsqu'elle se vit arrêtée dans sa carrière par une rivalité que ses propres succès avoient fait naître.

VIII. Malheurs &

Des négocians, échauffés par la connoissance des gains qu'on faisoit dans l'Inde, résolurent d'y naviguer. Charles II, qui n'étoit n'étoit ſur le trône qu'un particulier voluptueux & diſſipateur, leur en vendit la permiſſion ; tandis que d'un autre côté, il tiroit des ſommes conſidérables de la compagnie, pour l'autoriſer à pourſuivre ceux qui entreprenoient ſur ſon privilège. Une concurrence de cette nature, devoit dégénérer en brigandages. Les Anglois, devenus ennemis, couroient les uns ſur les autres avec un acharnement, une animoſité qui les décrièrent dans les mers d'Aſie.

Fautes des Anglois aux Indes.

Les Hollandois voulurent mettre à profit cette ſingulière criſe. Ces républicains s'étoient trouvés aſſez long-tems les ſeuls maîtres du commerce des Indes. Ils en avoient vu avec chagrin ſortir une partie de leurs mains, à la fin des troubles civils d'Angleterre. La ſupériorité de leurs forces leur fit eſpérer de la recouvrer, lorſque les deux nations commencèrent, en 1664, la guerre dans toutes les parties du monde : mais les hoſtilités ne durèrent pas aſſez long-tems, pour réaliſer ces vaſtes eſpérances. La paix leur interdiſant la force ouverte, ils ſe déterminèrent à attaquer les ſouverains du pays, pour les obliger de fermer leurs ports à leur rival. La conduite folle & mépriſable des Anglois, accrut l'audace Hollandoiſe. Elle alla juſqu'à les chaſſer ignominieuſement de Bantam en 1680.

Une inſulte auſſi grave & auſſi publique, ranima la compagnie Angloiſe. La paſſion de rétablir ſa réputation, de ſatisfaire ſa vengeance, de maintenir ſes intérêts, la détermina aux plus grands efforts. Elle arma une flotte de vingt-trois vaiſſeaux, où furent embarqués huit mille hommes de troupes réglées. On mettoit à la voile, lorſque les ordres du monarque ſuſpendirent le départ. Charles, dont les beſoins & la corruption ne connoiſſoient point de bornes, avoit eſpéré que pour faire révoquer cette défenſe, on lui donneroit un argent immenſe. N'en pouvant obtenir de ſes ſujets, il ſe détermina à en recevoir de ſes ennemis. Il ſacrifia l'honneur & le commerce de ſa nation à 2,250,000 liv. que lui firent compter les Hollandois, que de ſi grands préparatifs avoient effrayés. L'expédition projettée n'eut point lieu.

La compagnie épuiſée par les frais d'un armement que la vénalité de la cour avoit rendu inutile, envoya ſes bâtimens aux Indes, fans les fonds néceffaires pour former des cargaifons; mais avec ordre à fes facteurs de les raffembler fur fon crédit, fi la chofe étoit poffible. La fidélité qu'elle avoit montrée jufqu'alors dans fes engagemens, fit trouver 6,750,000 livres. Rien n'eft plus extraordinaire que la manière dont on s'y prit pour les payer.

Jofias Child, qui de directeur de la compagnie en étoit devenu le tyran, fit paffer à l'infu, dit-on, de fes collègues, des ordres aux Indes, pour qu'on imaginât des prétextes, quels qu'ils puffent être, de fruftrer les prêteurs de leur créance. C'eft à fon frere Jean Child, gouverneur de Bombay, que l'exécution de ce fyftême d'iniquité fut plus particuliérement confiée. Auffi-tôt, cet homme avide, inquiet & féroce, annonce au gouverneur de Surate des prétentions plus folles les unes que les autres. Ces demandes ayant été accueillies comme elles le méritoient, il fond fur tous les vaiffeaux qui appartenoient aux fujets de la cour de Delhy, & de préférence fur les navires expédiés de Surate, comme les plus riches. Il ne refpecte pas même les bâtimens qui naviguoient munis de fes paffeports; & il pouffe l'audace jufqu'à s'emparer d'une flotte chargée de vivres pour une armée Mogole. Cet horrible brigandage, qui dura toute l'année 1688, caufa dans tout l'Indoftan des dommages ineftimables.

Aurengzeb, qui tenoit les rênes de l'empire d'une main ferme, ne différa pas d'un moment la punition d'un fi grand outrage. Un de fes lieutenans débarque au commencement de 1689, avec vingt-mille hommes à Bombay, ifle importante du Malabar, qu'une princeffe de Portugal avoit apportée en dot à Charles II, & que ce monarque avoit cédée à la compagnie en 1668. A l'approche de l'ennemi, l'on abandonne le fort de Magazan avec tant de précipitation, qu'on y oublie de l'argent, des vivres, plufieurs caiffes remplies d'armes, & quatorze pièces de gros canon. Le général Indien, enhardi par ce premier avantage, attaque les Anglois dans la plaine, les bat & les réduit à fe renfermer tous dans la principale fortereffe, où il les inveftit, & où il efpère les forcer bientôt de fe rendre.

Child, auſſi lâche dans le danger qu'il avoit paru audacieux dans ſes pirateries, envoie ſur le champ des députés à la cour, pour y demander grace. Après bien des ſupplications, bien des baſſeſſes, ces Anglois ſont admis devant l'empereur, les mains liées & la face proſternée contre terre. Aurengzeb, qui vouloit conſerver une liaiſon qu'il croyoit utile à ſes états, ne fut pas inflexible. Après avoir parlé en ſouverain irrité, en ſouverain qui pouvoit & devoit peut-être ſe venger, il céda au repentir & aux ſoumiſſions. L'éloignement de l'auteur des troubles, un dédommagement convenable pour ceux de ſes ſujets qu'on avoit pillés : tels furent les actes de juſtice auxquels le deſpote, le plus abſolu qui fut jamais, réduiſit ſes volontés ſuprêmes. A ces conditions ſi modérées, il fut permis aux Anglois de continuer à jouir des privilèges qu'ils avoient obtenus dans les rades Mogoles, à des époques différentes.

Ainſi finit cette malheureuſe affaire, qui interrompit le commerce de la compagnie pendant pluſieurs années ; qui occaſionna une dépenſe de neuf à dix millions ; qui cauſa la perte de cinq gros vaiſſeaux, & d'un plus grand nombre de moindre grandeur ; qui coûta la vie à pluſieurs milliers d'excellens matelots, & qui ſe termina par la ruine du crédit & de l'honneur de la nation : deux choſes dont la valeur eſt au-deſſus de tous les calculs, & dont les deux Child auroient du payer la perte de leur tête.

En changeant de maximes & de conduite, la compagnie pouvoit ſe flatter de ſortir du précipice affreux où elle s'étoit jettée elle-même. Une révolution qui lui étoit étrangère, ruina bientôt ces douces eſpérances. Jacques II, deſpote & fanatique, mais le prince de ſon ſiècle qui entendoit le mieux la marine & le commerce, fut précipité du trône. Cet événement arma l'Europe entière. Les ſuites de ces ſanglantes diviſions ſont aſſez connues. L'on ignore peut-être que les armateurs François enlevèrent à la Grande-Bretagne quatre mille deux cens bâtimens marchands qui furent évalués ſix cens ſoixante-quinze millions de livres ; & que la plupart des vaiſſeaux qui revenoient des Indes, ſe trouvèrent compris dans cette fatale liſte.

Ces déprédations furent suivies d'une disposition économique, qui devoit accélérer la ruine de la compagnie. Les refugiés François avoient porté en Irlande & en Écosse la culture du lin & du chanvre. Pour encourager cette branche d'industrie, on crut devoir proscrire l'usage des toiles des Indes, excepté les mousselines, & celles qui étoient nécessaires au commerce d'Afrique. Un corps déja épuisé, pouvoit-il résister à un coup si imprévu, si accablant?

IX. Débats occasionnés en Angleterre par les privilèges de la compagnie.

La paix qui devoit finir tant de malheurs, y mit le comble. Il s'éleva dans les trois royaumes un cri général contre la compagnie. Ce n'étoit pas sa décadence qui lui suscitoit des ennemis; elle ne faisoit que les enhardir. Ses premiers pas avoient été contrariés. Dès 1615, quelques politiques avoient déclamé contre le commerce des Indes Orientales. Ils l'accusoient d'affoiblir les forces navales, par une grande consommation d'hommes; & de diminuer, sans dédommagement, les expéditions pour le Levant & pour la Russie. Ces clameurs, quoique contredites par des hommes éclairés, devinrent si violentes vers l'an 1628, que la compagnie se voyant exposée à l'animosité de la nation, s'adressa au gouvernement. Elle le supplioit d'examiner la nature de son commerce; de le prohiber, s'il étoit contraire aux intérêts de l'état; & s'il lui étoit favorable, de l'autoriser par une déclaration publique. Le tems n'avoit qu'assoupi cette opposition nationale; & elle se renouvella plus furieuse que jamais, au tems dont nous parlons. Ceux qui étoient moins rigides dans leurs spéculations, consentoient qu'on fit le commerce des Indes; mais ils soutenoient qu'il devoit être ouvert à toute la nation. Un privilège exclusif leur paroissoit un attentat manifeste contre la liberté. Selon eux, les peuples n'avoient établi un gouvernement, qu'en vue de procurer le bien général; & l'on y portoit atteinte en immolant, par d'odieux monopoles, l'intérêt public à des intérêts privés. Ils fortifioient ce principe fécond & incontestable, par une expérience assez récente. Durant la rébellion, disoient-ils, les marchands particuliers, qui s'étoient emparés des mers d'Asie, y portèrent le double des marchandises nationales qu'on demandoit auparavant, & ils se trouvèrent en état de donner les marchandises en retour, à un prix assez bas pour supplanter les Hollandois dans tous les marchés de l'Europe. Mais ces républiquains habiles, certains de leur perte, si les Anglois conduisoient plus long-tems les affaires sur les principes d'une liberté entière, firent insinuer à Cromwel, par quelques personnes qu'ils avoient gagnées, de former une compagnie exclusive. Ils furent secondés dans leurs menées par les négocians Anglois, qui faisoient alors ce commerce, & qui se promettoient pour l'avenir des gains plus considérables, lorsque, devenus seuls vendeurs, ils donneroient la loi aux consommateurs. Le protecteur, trompé par les insinuations artificieuses des uns & des autres, renouvella le monopole : mais pour sept ans seulement; afin de pouvoir revenir sur ses pas, s'il se trouvoit qu'il eût pris un mauvais parti.

Ce parti ne paroissoit pas mauvais à tout le monde. Assez de gens pensoient que le commerce des Indes ne pouvoit réussir qu'à l'aide d'un privilège exclusif: mais plusieurs d'entre eux soutenoient que la charte du privilège actuel n'en étoit pas moins nulle; parce qu'elle avoit été accordée par des rois qui n'en avoient pas le droit. Ils rappelloient plusieurs actes de cette nature, cassés par le parlement, sous Edouard III, sous Henri IV, sous Jacques I, sous d'autres règnes. Charles II avoit, à la vérité, gagné un procès de cette nature à la cour des Plaidoyers communs; mais sur une raison puérile. Ce tribunal avoit osé dire, *que le prince devoit avoir l'autorité d'empêcher que tous les sujets pussent commercer avec les infidèles, dans la crainte que la pureté de leur foi ne s'altérât.*

Quoique les partis dont on a parlé eussent des vues particulières & même opposées, ils se réunissoient tous dans le projet de rendre le commerce libre, ou de faire annuller du moins le privilège de la compagnie. La nation, en général, se déclaroit pour eux; mais le corps attaqué leur opposoit ses partisans, les ministres, tout ce qui tenoit à la cour, qui faisoit elle-même cause commune avec lui. Des deux côtés, on employa la voie des libelles, de l'intrigue, de la corruption. Du choc de ces passions, il sortit un de ces orages, dont la violence ne se fait guère sentir qu'en Angleterre. Les factions, les sectes, les intérêts se heurtèrent avec impétuosité. Tout, sans distinction de rang, d'âge, de sexe, se partagea. Les plus grands événemens n'avoient pas excité plus d'enthousiasme. La compagnie, pour appuyer la chaleur de ses défenseurs, offrit de prêter de grandes sommes, à condition qu'on lui laisseroit son privilège. Ses adversaires en offrirent de plus considérables pour le faire révoquer.

Les deux chambres, devant qui s'instruisoit ce grand procès, se déclarèrent pour les particuliers. Il leur fut permis de faire, ensemble ou séparément, le commerce de l'Inde. Ils s'associèrent & formèrent une nouvelle compagnie. L'ancienne obtint la permission de continuer ses armemens jusqu'à l'expiration très-prochaine de sa charte. Ainsi, l'Angleterre eut à la fois deux compagnies des Indes Orientales, autorisée par le Parlement, au lieu d'une seule établie par l'autorité royale.

On vit alors ces deux corps aussi ardens à se détruire réciproquement, qu'ils l'avoient été à s'établir. L'un & l'autre avoient goûté les avantages qui revenoient du commerce ; & se regardoient avec cette jalousie, cette haîne, que l'ambition & l'avarice ne manquent jamais d'inspirer. Leur division se manifesta par de grands éclats en Europe, & sur-tout aux Indes. Les deux sociétés se rapprochèrent enfin, & finirent par unir leurs fonds en 1702. Depuis cette époque, les affaires de la compagnie furent conduites avec plus de lumières, de sagesse & de dignité. Les principes du commerce, qui se développoient de plus en plus en Angleterre, influèrent sur son administration, autant que le permettoient les intérêts de son monopole. Elle améliora ses anciens établissemens ; elle en forma de nouveaux. Ce qu'une plus grande concurrence lui ôtoit de bénéfice, elle cherchoit à se le procurer par des ventes plus considérables. Son privilège étoit attaqué avec moins de violence, depuis qu'il avoit reçu la sanction des loix, & obtenu la protection du parlement.

Quelques disgraces passagères, troublèrent ses prospérités. Les

Anglois avoient formé, en 1702, un établiſſement dans l'iſle de Pulocondor, dépendante de la Cochinchine. Leur but étoit de prendre part au commerce de ce riche royaume, juſqu'alors trop négligé. Une ſévérité outrée révolta ſeize ſoldats Macaſſars, qui faiſoient partie de la garniſon. Dans la nuit du 3 mars 1705, ils mirent le feu aux maiſons du fort, & maſſacrèrent les Européens, à meſure qu'ils ſortoient pour l'éteindre. De quarante-cinq qu'ils étoient, trente périrent de cette manière; le reſte tomba ſous les coups des naturels du pays, mécontens de l'inſolence de ces étrangers. La compagnie perdit par cet événement les dépenſes que lui avoit coûtées ſon entrepriſe, les fonds qui étoient dans ſon comptoir, & les eſpérances qu'elle avoit conçues.

D'autres nuages s'élevèrent ſur pluſieurs de ſes comptoirs. C'étoit l'inquiétude, c'étoit l'avarice de ſes agens, qui les avoient aſſemblés. Une politique plus modérée fit abandonner d'odieuſes prétentions; & la tranquillité ſe trouva bientôt rétablie. De plus grands intérêts ne tardèrent pas à fixer ſon attention.

X.
Guerres des Anglois & des François.

L'Angleterre & la France entrèrent en guerre en 1744. Toutes les parties de l'univers devinrent le théâtre de leurs diviſions. Dans l'Inde, comme ailleurs, chaque nation ſoutint ſon caractère. Les Anglois, toujours animés de l'eſprit de commerce, attaquèrent celui de leurs ennemis, & le détruiſirent. Les François, fidèles à leur paſſion pour les conquêtes, s'emparèrent du principal établiſſement de leur concurrent. Les événemens firent voir lequel des deux peuples avoit agi avec plus de ſageſſe. Celui qui ne s'étoit occupé que de ſon agrandiſſement, tomba dans une inaction entière; tandis que l'autre, privé du centre de ſa puiſſance, donnoit plus d'étendue à ſes entrepriſes.

A peine les deux nations avoient mis fin aux hoſtilités qui les diviſoient, qu'elles entrèrent comme auxiliaires dans les démêlés des princes de l'Inde. Peu après, elles reprirent les armes pour leurs propres intérêts. Avant la fin des troubles, les François ſe trouvèrent chaſſés du continent & des mers d'Aſie. A la paix de 1763, la compagnie Angloiſe ſe trouva en poſſeſſion de l'empire, en Arabie, dans le golfe Persique, sur les côtes de Malabar & de Coromandel, & dans le Bengale.

Toutes ces régions diffèrent par le climat, par les mœurs, par le sol, par les productions, par l'industrie, par les ventes & par les achats. Elles doivent être exactement & profondément connues. Nous allons les parcourir d'un pas rapide. On sentira que leur description appartient spécialement à l'histoire de la nation, qui s'y est procuré une influence plus marquée, & qui en retire les plus grands avantages.

XI.
Description de l'Arabie. Révolutions qu'elle a éprouvées. Caractère de ses habitans.

L'Arabie est une des plus grandes péninsules du monde connu. Elle a pour limites, au Midi, l'Océan Indien; au Levant, le Sein Persique; au Couchant, la mer Rouge, qui la sépare de l'Afrique. Au Nord, une ligne tirée à l'extrémité des deux golfes lui servoit vraisemblablement de borne dans les tems anciens. L'Irak-Arabi, le désert de Syrie & la Palestine, semblent aujourd'hui en faire partie.

La presqu'isle est séparée du Nord au Sud par une chaîne de montagnes, moins stériles & plus tempérées que le reste du pays. Sur la plupart, il pleut deux ou trois mois au plus chaque année; mais à des époques différentes, suivant leur exposition. Les eaux qui en tombent se perdent dans les sables des vallées, ou vont se jetter en torrens dans la mer, selon la pente & les distances. Il est une saison où les chaleurs sont si vives, que personne ne voyage, que les esclaves même ne paroissent pas, sans une extrême nécessité, dans les rues. Tout travail est alors suspendu au milieu du jour. La plus grande partie du tems se passe à dormir dans des souterreins, dont l'air ne se renouvelle que par un tuyau.

On divise communément cette région en trois parties : l'Arabie pétrée, l'Arabie déserte, & l'Arabie heureuse : noms analogues au sol de chacune de ces contrées.

L'Arabie pétrée est la plus occidentale & la moins étendue des trois Arabies. Elle est généralement inculte, & presque partout couverte de rochers. On ne voit dans l'Arabie déserte que des plaines arides; des monceaux de sable, que le vent élève & qu'il dissipe; des montagnes escarpées, que la verdure ne ne couvre jamais. Les ſources d'eau y ſont ſi rares, qu'on ſe les eſt toujours diſputées les armes à la main. L'Arabie heureuſe doit moins ce titre impoſant à ſa fertilité, qu'au voiſinage des régions ſtériles qui l'environnent. Ces diverſes contrées jouiſſent d'un ciel conſtamment pur, conſtamment ſerein.

Tous les monumens atteſtent que ce pays étoit peuplé dans la plus haute antiquité. Ses premiers habitans lui vinrent vraiſemblablement de la Syrie & de la Chaldée. On ignore à quelle époque ils commencèrent à être policés; & s'ils acquirent eux-mêmes des lumières, ou s'ils les reçurent des Indes. Il paroît que le Sabéiſme fut leur religion, avant même qu'ils connuſſent la haute Aſie. De bonne heure ils eurent des idées ſublimes de la divinité. Ils rendoient un culte aux aſtres, comme à des corps animés par des eſprits céleſtes. Leur religion n'étoit ni atroce, ni abſurde: & quoique ſuſceptibles de ces enthouſiaſmes ſubits, qui ſont ſi communs chez les peuples Méridionaux; le fanatiſme ne les infecta pas juſqu'au tems de Mahomet. Les Arabes du déſert avoient un culte moins éclairé. Pluſieurs adorèrent le ſoleil, & quelques-uns lui immolèrent des hommes. Il y a une vérité qui ſe prouve par l'étude de l'hiſtoire, & par l'inſpection du globe de la terre. Les religions ont toujours été cruelles dans les pays arides, ſujets aux inondations, aux volcans; & elles ont toujours été douces dans les pays que la nature a bien traités. Toutes portent l'empreinte du climat où elles ſont nées.

Lorſque Mahomet eut établi une nouvelle religion dans ſa patrie, il ne lui fut pas difficile de donner du zèle à ſes ſectateurs; & ce zèle en fit des conquérans. Ils portèrent leur domination, des mers de l'Occident à celles de la Chine, & des Canaries aux Iſles Moluques. Ils y portèrent auſſi les arts utiles qu'ils perfectionnoient. Les Arabes furent moins heureux dans les beaux-arts, où ils montrèrent à la vérité quelque génie; mais aucune idée de ce goût que la nature donna quelque tems après aux peuples qui ſe firent leurs diſciples.

Peut-être le génie, enfant de l'imagination qui crée, appartient-il aux pays chauds, féconds en productions, en ſpectacles, en événemens merveilleux qui excitent l'enthousiasme ; tandis que le goût, qui choisit & moissonne dans les champs où le génie a semé, semble convenir davantage à des peuples sobres, doux & modérés, qui vivent sous un ciel heureusement tempéré. Peut-être aussi ce même goût, qui ne peut être que le fruit d'une raison épurée & mûrie par le tems, demande-t-il une certaine stabilité dans le gouvernement, mêlée d'une certaine liberté dans les esprits ; un progrès insensible de lumières, qui, donnant une plus grande étendue au génie, lui fait saisir des rapports plus justes entre les objets, & une plus heureuse combinaison de ces sensations mixtes, qui font les délices des ames délicates. Ainsi les Arabes presque toujours poussés en des climats brûlans par la guerre & le fanatisme, n'eurent jamais cette température de gouvernement & de situation, qui forme le goût. Mais ils apportèrent dans le pays de leurs conquêtes, les sciences qu'ils avoient comme pillées dans le cours de leurs ravages, & tous les arts nécessaires à la prospérité des nations.

Aucun peuple de leur tems, n'entendit le commerce comme eux. Aucun peuple n'eut un commerce aussi vaste. Ils s'en occupoient dans le cours même de leurs conquêtes. De l'Espagne au Tonquin, ils avoient des négocians, des manufactures, des entrepôts ; & les autres peuples, du moins ceux de l'Occident, tiroient d'eux, & les lumières, & les arts, & les denrées utiles aux commodités, à la conservation & à l'agrément de la vie.

Quand la puissance des califes commença à décliner, les Arabes, à l'exemple de plusieurs nations qu'ils avoient soumises, secouèrent le joug de ces princes, & le pays reprit peu-à-peu l'ancienne forme de son gouvernement, ainsi que ses premières mœurs. A cette époque, la nation divisée en tribus, comme autrefois, sous la conduite de chefs différens, retomba dans son premier caractère, dont le fanatisme & l'ambition l'avoient fait sortir.

Les Arabes, avec une petite taille, un corps maigre, une voix grêle, ont un tempérament robuste, le poil brun, le visage basané, les yeux noirs & vifs, une physionomie ingénieuse, mais rarement agréable. Ce contraste de traits & de qualités, qui paroissent incompatibles, semblent s'être réunis dans cette race d'hommes, pour en faire une nation singulière, dont la figure & le caractère tranchent assez fortement entre les Turcs, les Africains & les Persans, dont ils sont environnés. Graves & sérieux, ils attachent de la dignité à leur longue barbe, parlent peu, sans gestes, sans s'interrompre, sans se choquer dans leurs expressions. Ils se piquent entre eux de la plus exacte probité, par une suite de cet amour-propre & de cet esprit patriotique, qui, joints ensemble, font qu'une nation, une horde, un corps, s'estime, se ménage, se préfère à tout le reste de la terre. Plus ils conservent leur caractère flegmatique, plus ils sont redoutables dans la colère qui les en fait sortir. Ce peuple a de l'intelligence, & même de l'ouverture pour les sciences; mais il les cultive peu, soit défaut de secours ou même de besoins: aimant mieux souffrir, sans doute, les maux de la nature, que les peines du travail. Les Arabes de nos jours n'ont aucun monument de génie, aucune production de leur industrie, qui les rende recommandables dans l'esprit humain.

Leur passion dominante, c'est la jalousie, tourment des ames ardentes, foibles, oisives, à qui l'on pourroit demander, si c'est par estime ou par mépris d'elles-mêmes qu'elles sont méfiantes. C'est des Arabes, dit-on, que plusieurs nations de l'Asie, de l'Afrique, de l'Europe même, ont emprunté les viles précautions que cette odieuse passion inspire, contre un sexe qui doit être le dépositaire, & non le tributaire de nos plaisirs. Aussi-tôt que leurs filles sont nées, ils rapprochent par une sorte de couture les parties que la nature a séparées, & n'y laissent libre que l'espace qui est nécessaire pour les écoulemens naturels. Les chairs adhèrent peu-à-peu à mesure que l'enfant prend son accroissement, de sorte qu'on est obligé de les séparer par une incision, lorsque le tems du mariage est arrivé. On se contente quelquefois d'y passer un anneau. Les femmes sont soumises, comme les filles, à cet usage outrageant pour la vertu. La seule différence est, que l'anneau des filles ne peut s'ôter, & que celui des femmes a une espèce de serrure, dont le mari seul a la clef. Cette pratique, connue dans toutes les parties de l'Arabie, eſt preſque généralement reçue dans celle qui porte le nom de Pétrée.

Telle eſt la nation en général. La différente manière de vivre des peuples qui la compoſent, a dû jetter néceſſairement dans leur caractère quelques ſingularités dignes d'être remarquées.

Le nombre des Arabes qui habitent le déſert, peut monter à deux millions. Ils ſont partagés en un grand nombre de hordes, plus ou moins nombreuſes, plus ou moins conſidérables, mais toutes indépendantes les unes des autres. Leur gouvernement eſt ſimple. Un chef héréditaire, aſſiſté de quelques vieillards, termine les différends, punit les coupables. S'il eſt hoſpitalier, humain & juſte, on l'adore. Eſt-il fier, cruel, avare, on le met en pièces, & on lui donne un ſucceſſeur de ſa famille.

Ces peuples campent dans toutes les ſaiſons. Ils n'ont point de demeure fixe, & ils s'arrêtent par-tout où ils trouvent de l'eau, des fruits, des pâturages. Cette vie errante leur paroît pleine de délices ; & ils regardent les Arabes ſédentaires comme des eſclaves. Ils vivent du lait & de la chair de leurs troupeaux. Leurs habits, leurs tentes, leurs cordages, les tapis ſur leſquels ils couchent : tout ſe fait avec la laine de leurs brebis, avec le poil de leurs chèvres & de leurs chameaux. C'eſt l'occupation des femmes dans chaque famille ; & dans tout le déſert il n'y eut jamais un ouvrier. Ce qu'ils conſomment de tabac, de café, de riz, de dattes, eſt payé par le beurre qu'ils portent ſur la frontière, par plus de vingt mille chameaux, qu'ils vendent annuellement. Ces animaux, ſi utiles dans l'Orient, étoient conduits autrefois en Syrie. La plupart ont pris la route de la Perſe, depuis que les guerres continuelles y en ont multiplié le beſoin & diminué l'eſpèce.

Comme ces objets ne ſuffiſent pas aux Arabes pour ſe procurer les choſes qui leur manquent, ils ont imaginé de metrre à contribution les caravanes que la ſuperſtition mène dans leurs ſables. La plus nombreuſe qui va de Damas à la Mecque, achète la ſûreté de ſon voyage par un tribut de cent bourſes, ou de cent cinquante mille livres, auquel le grand-ſeigneur s'eſt ſoumis,

& qui, par d'anciennes conventions, se partage entre toutes les hordes. Les autres caravanes s'arrangent uniquement avec les hordes, sur le territoire desquelles il leur faut passer.

Indépendamment de cette ressource, les Arabes de la partie du désert qui est le plus au Nord, en ont cherché une autre dans leurs brigandages. Ces hommes si humains, si fidèles, si désintéressés entre eux, sont féroces & avides avec les nations étrangères. Hôtes bienfaisans & généreux sous leurs tentes, ils dévastent habituellement les bourgades & les petites villes de leur voisinage. On les trouve bons pères, bons maris, bons maîtres: mais tout ce qui n'est pas de leur famille, est leur ennemi. Leurs courses s'étendent souvent fort loin; & il n'est pas rare que la Syrie, la Mésopotamie, la Perse, en soient le théâtre.

Les Arabes, qui se vouent au brigandage, s'associent avec les chameaux, pour un commerce ou une guerre dont l'homme a tout le profit, & l'animal, la principale peine. Comme ces deux êtres doivent vivre ensemble, ils sont élevés l'un pour l'autre. L'Arabe forme son chameau, dès la naissance, aux exercices & aux rigueurs qu'il doit supporter toute sa vie. Il l'accoutume à travailler beaucoup, & à consommer peu. L'animal passe de bonne heure les jours sans boire, & les nuits sans dormir. On l'exerce à plier ses jambes sous le ventre, pour laisser charger son dos de fardeaux qu'on augmente insensiblement, à mesure que ses forces croissent par l'âge & par la fatigue. Dans cette éducation singulière, dont il paroît que les rois se servent quelquefois pour mieux dompter les peuples, à proportion qu'on double ses travaux, on diminue sa subsistance. On le forme à la course par l'émulation. Un cheval Arabe est le rival qu'on présente au chameau. Celui-ci moins prompt & moins léger, lasse à la fin, son vainqueur dans la longueur des routes. Quand le maître & le chameau sont prêts & dressés pour le brigandage, ils partent ensemble, traversent les sables du désert, & vont attendre sur les confins le marchand ou le voyageur, pour les piller. L'homme dévaste, massacre, enlève; & le chameau porte le butin. Si ces compagnons de fortune sont poursuivis, ils hâtent leur fuite. Le maître voleur monte son chameau favori, pouſſe la troupe, fait juſqu'à trois cens lieues en huit jours, ſans décharger ſes chameaux, ni leur donner qu'une heure de repos par jour, avec un morceau de pâte pour toute nourriture. Souvent ils paſſent tout ce tems-là ſans boire, à moins qu'ils ne ſentent par haſard une ſource à quelque diſtance de leur route : alors ils doublent le pas, & courent à l'eau avec une ardeur qui les fait boire, en une ſeule fois, pour la ſoif paſſée & pour la ſoif à venir. Tel eſt cet animal, ſi ſouvent célébré dans la Bible, dans l'Alcoran, & dans les romans Orientaux.

Ceux des Arabes qui habitent les cantons où l'on trouve quelques maigres pâturages, & un ſol propre à la culture de l'orge, nourriſſent des chevaux qui ſont les meilleurs que l'on connoiſſe. De tous les pays du monde, on cherche à ſe procurer de ces chevaux, pour embellir & réparer les races de cette eſpèce animale, qui, dans aucun lieu de la terre, n'a ni la vîteſſe, ni la beauté, ni l'intelligence des chevaux Arabes. Les maîtres vivent avec eux comme avec des domeſtiques, ſur le ſervice, ſur l'attachement deſquels ils peuvent compter; & il leur arrive ce qui eſt commun à tous les peuples nomades, ſur-tout à ceux qui traitent les animaux avec bonté : c'eſt que les animaux & les hommes prennent quelque choſe de l'eſprit & des mœurs les uns des autres. Ces Arabes ont de la ſimplicité, de la douceur, de la docilité ; & les religions différentes qui ont régné dans ces contrées, les gouvernemens dont ils ont été les ſujets ou les tributaires, ont altéré bien peu le caractère qu'ils avoient reçu du climat ou des habitudes.

Les Arabes fixés ſur l'Océan Indien & ſur la mer Rouge ; ceux qui habitent ce qu'on appelle l'Arabie heureuſe, étoient autrefois un peuple doux, amoureux de la liberté, content de ſon indépendance, ſans ſonger à faire des conquêtes. Ils étoient trop attachés au beau ciel ſous lequel ils vivoient, à une terre qui fourniſſoit, preſque ſans culture, à leurs beſoins, pour être tentés de dominer ſous un autre climat, dans d'autres campagnes. Mahomet changea leurs idées ; mais il ne leur reſte plus rien de l'impulſion qu'il leur avoit donnée. Leur vie ſe paſſe à fumer, à prendre du café, de l'opium, du ſorbet; à faire brûler des parfums exquis dont ils reçoivent la fumée dans leurs habits légérement imprégnés d'une aspersion d'eau rose. Ces plaisirs sont souvent suivis ou précédés de vers galans ou amoureux.

Leurs compositions sont d'une grace, d'une mollesse, d'un rafinement, soit d'expression, soit de sentiment, dont n'approche aucun peuple ancien ou moderne. La langue qu'ils parlent dans ce monde à leur maîtresse, semble être celle qu'ils parleront dans l'autre à leurs houris. C'est une espèce de musique si touchante & si fine ; c'est un murmure si doux ; ce sont des comparaisons si riantes & si fraîches : je dirois presque que leur poésie est parfumée comme leur contrée. Ce qu'est l'honneur dans les mœurs de nos paladins, les imitations de la nature le sont dans les poëmes Arabes. Là, c'est une quintessence de vertu ; ici, c'est une quintessence de volupté. On les voit abattus sous les ardeurs de leurs passions & de leur climat, ayant à peine la force de respirer. Ils s'abandonnent sans réserve à une langueur délicieuse qu'ils n'éprouveroient pas peut-être sous un autre ciel.

XII. Commerce général de l'Arabie, & celui des Anglois en particulier.

Avant que les Portugais eussent intercepté la navigation de la mer Rouge, les Arabes avoient plus d'activité. Ils étoient les agens de tout le commerce qui se faisoit par cette voie. Aden, situé à l'extrémité la plus Méridionale de l'Arabie, sur la mer des Indes, en étoit l'entrepôt. La situation de son port, qui lui procuroit des liaisons faciles avec l'Égypte, l'Éthiopie, l'Inde & la Perse, en avoit fait, pendant plusieurs siècles, un des plus florissans comptoirs de l'Asie. Quinze ans après avoir résisté au grand Albuquerque, qui vouloit le détruire en 1513, il se soumit aux Turcs, qui n'en restèrent pas long-tems les maîtres. Le roi d'Yemen, possesseur de la seule portion de l'Arabie, qui mérite d'être appellée heureuse, les en chassa, & attira toutes les affaires à Moka, rade de ses états, qui n'avoit été jusqu'alors qu'un village.

Elles furent d'abord peu considérables. La myrrhe, l'encens, l'aloès, le baume de la Mecque, quelques aromates, quelques drogues propres à la médecine, faisoient la base de ce commerce. Ces objets, dont l'exportation, continuellement arrêtée par des droits excessifs, ne passe pas aujourd'hui sept ou huit cens mille livres, étoient dans ce tems-là plus recherchés qu'ils ne l'ont été depuis : mais ce devoit être toujours peu de chose. Le café fit bientôt après une grande révolution.

Le café vient originairement de la haute Éthiopie, où il a été connu de tems immémorial, où il est encore cultivé avec succès. M. Lagrenée de Mezières, un des agens les plus éclairés que la France ait jamais employés aux Indes, a possédé de son fruit, & en a fait souvent usage. Il l'a trouvé beaucoup plus gros, un peu plus long, moins verd, & presque aussi parfumé que celui qu'on commença à cueillir dans l'Arabie vers la fin du quinzième siècle.

On croit communément qu'un Mollach, nommé Chadely, fut le premier Arabe qui fit usage du café, dans la vue de se délivrer d'un assoupissement continuel, qui ne lui permettoit pas de vaquer convenablement à ses prières nocturnes. Ses derviches l'imitèrent. Leur exemple entraîna les gens de loi. On ne tarda pas à s'appercevoir que cette boisson purifioit le sang par une douce agitation, dissipoit les pesanteurs de l'estomac, égayoit l'esprit ; & ceux même qui n'avoient pas besoin de se tenir éveillés, l'adoptèrent. Des bords de la mer Rouge il passa à Médine, à la Mecque, &, par les pélerins, dans tous les pays mahométans.

Dans ces contrées, où les mœurs ne sont pas aussi libres que parmi nous, où la jalousie des hommes & la retraite austère des femmes rendent la société moins vive, on imagina d'établir des maisons publiques, où se distribuoit le café. Celles de Perse devinrent bientôt des lieux infames, où des jeunes Géorgiens, vêtus en courtisanes, représentoient des farces impudiques, & se prostituoient pour de l'argent. Lorsque la cour eut fait cesser des dissolutions si révoltantes, ces maisons furent un asyle honnête pour les gens oisifs, & un lieu de délassement pour les hommes occupés. Les politiques s'y entretenoient de nouvelles ; les poëtes y récitoient leurs vers, & les Mollachs y débitoient des sermons, qui étoient ordinairement payés de quelques aumônes.

Les

Les choſes ne ſe paſſèrent pas ſi paiſiblement à Conſtantinople. On n'y eut pas plutôt ouvert des cafés, qu'ils furent fréquentés avec fureur. On n'en ſortoit pas. Le grand Muphti, déſeſpéré de voir les moſquées abandonnées, décida que cette boiſſon étoit compriſe dans la loi de Mahomet, qui proſcrit les liqueurs fortes. Le gouvernement, qui ſert ſouvent la ſuperſtition dont il eſt quelquefois la dupe, fit auſſi-tôt fermer des maiſons qui déplaiſoient ſi fort aux prêtres, chargea même les officiers de police de s'oppoſer à l'uſage de cette liqueur dans l'intérieur des familles. Un penchant déclaré triompha de toutes ces ſévérités. On continua de boire du café; & même les lieux où il ſe diſtribuoit, ſe trouvèrent bientôt en plus grand nombre qu'auparavant.

Je dirois volontiers aux ſouverains: Si vous voulez que vos loix ſoient obſervées, qu'elles ne contrarient jamais la nature. Je dirois aux prêtres: que votre morale ne s'oppoſe pas aux plaiſirs innocens. Tonnez, menacez les uns & les autres tant qu'il vous plaira; ouvrez à nos yeux des cachots, les enfers ſous nos pas: vous n'étoufferez pas en moi le vœu d'être heureux. Je veux être heureux, eſt le premier article d'un code antérieur à toute légiſlation, à tout ſyſtême religieux.

Au milieu du dernier ſiècle, le grand-viſir Kuproli ſe tranſporta déguiſé dans les principaux cafés de Conſtantinople. Il y trouva une foule de gens mécontens, qui, perſuadés que les affaires du gouvernement ſont en effet celles de chaque particulier, s'en entretenoient avec chaleur, & cenſuroient avec une hardieſſe extrême la conduite des généraux & des miniſtres. Il paſſa de-là dans les tavernes où l'on vendoit du vin. Elles étoient remplies de gens ſimples, la plupart ſoldats, qui, accoutumés à regarder les intérêts de l'état comme ceux du prince qu'ils adorent en ſilence, chantoient gaiment, parloient de leurs amours, de leurs exploits guerriers. Ces dernières ſociétés, qui n'entraînent point d'inconvéniens, lui parurent devoir être tolérées: mais il jugea les premières dangereuſes ſous un gouvernement abſolu. Il n'y avoit pas aſſez réfléchi, pour concevoir qu'elles n'étoient pas plus à craindre que les autres. Même dans un état deſpotique, il faut laiſſer au peuple qu'on opprime la liberté de ſe plaindre, qui le ſoulage. Le mécontentement qui s'évapore n'eſt pas celui qu'il faut redouter. Les révoltes naiſſent de celui qui, renfermé, s'exalte par la fermentation intérieure, & ſe développe par des effets auſſi prompts que terribles. Malheur aux ſouverains, lorſque leur vexation s'accroît, & que le murmure des peuples ceſſe.

Quoi qu'il en ſoit, ce réglement, qui ne s'étend pas plus loin que la capitale de l'empire, n'y a pas diminué l'uſage du café, & en a peut-être étendu la conſommation. Toutes les rues, tous les marchés en offrent de tout fait ; & il n'y a point de maiſon où on n'en prenne au moins deux fois le jour. Dans quelques-unes même, on en verſe indifféremment à toute heure, parce qu'il eſt d'uſage d'en préſenter à tous ceux qui arrivent, & qu'il ſeroit également impoli de ne le point offrir, ou de le refuſer.

Dans le tems préciſément qu'on fermoit les cafés à Conſtantinople, on en ouvroit à Londres. Cette nouveauté y fut introduite en 1652, par un marchand, nommé Edouard, qui revenoit du Levant. Elle ſe trouva du goût des Anglois ; & toutes les nations de l'Europe l'ont depuis adoptée, mais avec une modération inconnue dans les climats où la religion défend le vin.

L'arbre qui produit le café, croît dans le territoire de Bételfalgui, ville de l'Yemen, ſituée à dix lieues de la mer Rouge, dans un ſable aride. On l'y cultive dans une étendue de cinquante lieues de long, ſur quinze & vingt de large. Son fruit n'a pas le même degré de perfection par-tout. Celui qui croît ſur les lieux élevés, à Ouden ſpécialement, eſt plus petit, plus verd, plus peſant, & préféré généralement.

On compte en Arabie douze millions d'habitans, qui, la plupart, font leurs délices du café. Le bonheur de le prendre en nature eſt réſervé aux citoyens riches. La multitude eſt réduite à la coque & à la pellicule de cette précieuſe feve. Ces reſtes mépriſés, lui forment une boiſſon aſſez claire, qui a le goût du café, ſans en avoir ni l'amertume, ni la force. On trouve à vil prix ces objets à Bételfalgui, qui eſt le marché général. C'eſt-là auſſi que s'achète tout le café qui doit ſortir du pays par terre. Le reste est porté à Moka, qui en est éloigné de trente-cinq lieues, ou dans les ports plus voisins de Lohia ou d'Hodeida, d'où il est conduit sur de légers bâtimens à Gedda. Les Égyptiens le vont prendre dans la dernière de ces places, & tous les autres peuples dans la première.

L'exportation du café peut être de douze à treize millions pesant. Les Européens en achètent un million & demi; les Persans, trois millions & demi; la flotte de Suez, six millions & demi; l'Indostan, les Maldives, & les colonies Arabes de la côte d'Afrique, cinquante milliers; les caravanes de terre, un million.

Comme les cafés enlevés par les caravanes & par les Européens, sont les mieux choisis, ils coûtent seize à dix-sept sols la livre. Les Persans, qui se contentent des cafés inférieurs, ne paient la livre que douze à treize sols. Elle revient aux Égyptiens à quinze ou seize, parce que leurs cargaisons sont composées en partie de bon, & en partie de mauvais café. En réduisant le café à quatorze sols la livre, qui est le prix moyen, son exportation annuelle doit faire entrer en Arabie huit à neuf millions de livres. Cet argent ne lui reste pas, mais il la met en état de payer ce que les marchés étrangers versent de leurs productions dans ses ports de Gedda & de Moka.

Moka reçoit de l'Abyssinie des moutons, des dents d'éléphant, de la civette & des esclaves. De la côte Orientale de l'Afrique, il vient de l'or, des esclaves, de l'ambre, de l'ivoire: du golfe Persique, des dattes, du tabac, du bled: de Surate, une quantité immense de grosses toiles, peu de belles: de Bombay & de Pondichery, du fer, du plomb, du cuivre, qui y ont été portés d'Europe: de Malabar, du riz, du gingembre, du poivre, du safran d'Inde, du kaire, du bois & du cardamome: des Maldives, du benjoin, du bois d'aigle, du poivre, que ces isles se sont procurés par des échanges: du Coromandel, quatre ou cinq cens balles de toiles, presque toutes bleues. La plus grande partie de ces marchandises, qui peuvent être vendues six millions, trouve sa consommation dans l'intérieur du pays. Le reſte, ſur-tout les toiles, ſe diſtribue dans l'Abyſſinie, à Socotora, & ſur la côte Orientale de l'Afrique.

Aucune des affaires qui ſe traitent à Moka, ainſi que dans tout l'Yemen, à Sanaa même, ſa capitale, n'eſt entre les mains des naturels du pays. Les avanies, dont ils ſont continuellement menacés par le gouvernement, les empêchent même de s'y intéreſſer. Toutes les maiſons de commerce ſont tenues par des Banians de Surate ou du Guzurate, qui ne manquent jamais de regagner leur patrie, auſſi-tôt que leur fortune eſt faite. Ils cèdent alors leurs établiſſemens à des négocians de leur nation, qui diſparoiſſent à leur tour, pour être remplacés par d'autres. Il n'y a aucune contrée où l'on ne connoiſſe le prix de tout, de tout excepté de l'homme. Les nations les plus policées n'en ſont pas encore venues juſques-là. Témoin la multitude de peines capitales infligées par-tout, & pour des délits aſſez frivoles. Il n'y a pas d'apparence que des nations, où l'on condamne à la mort une jeune fille de dix-huit ans, qui pourroit être mère de cinq ou ſix enfans, un homme ſain & vigoureux, de trente ans, pour le vol d'une pièce d'argent, aient médité ſur ces tables de la probabilité de la vie humaine, qu'ils ont ſi ſavamment calculées; puiſqu'elles ignorent combien la cruauté de la nature immole d'individus, avant que d'en amener un à cet âge. On répare, ſans s'en douter, un petit dommage fait à la ſociété par un plus grand. Par la ſévérité du châtiment, on pouſſe le coupable du vol à l'aſſaſſinat. Quoi donc! eſt-ce que la main qui a briſé la ſerrure d'un coffre-fort, ou même enfoncé un poignard dans le ſein d'un citoyen, n'eſt plus bonne qu'à être coupée? Quoi donc! parce qu'un débiteur infidèle ou indigent n'eſt pas en état de s'acquitter, faut-il le réduire à l'inutilité pour la ſociété, à l'inſolvabilité pour vous, en le renfermant dans une priſon? Ne conviendroit-il pas mieux à l'intérêt public & au vôtre, qu'il fît quelque uſage de ſon induſtrie & de ſes talens, ſauf à l'action que vous avez légitimement intentée contre lui, à le ſuivre par-tout, & à s'y ſaiſir d'une portion de ſon lucre, fixée par quelque ſage loi.

Mais il s'expatriera ? Et que vous importe qu'il ſoit en Angleterre ou au Petit-Châtelet ? en ſerez-vous moins déchu de votre créance ? Si les nations ſe concertoient entre elles, le malfaiteur ne trouveroit d'aſyle nulle part. Si vous étendez un peu vos vues, vous concevrez que le débiteur, qui vous échappe par la fuite, ne peut faire fortune chez l'étranger ſans s'acquitter d'une portion de ſa dette, par ſes beſoins & par les échanges réciproques des nations. C'eſt des vins de France qu'il s'enivrera à Londres ; c'eſt des ſoies de Lyon que ſa femme ſe vêtira à Cadix & à Lisbonne. Mais ces ſpéculations ſont trop abſtraites & trop patriotiques pour un créancier cruel qui, tourmenté de ſon avarice & de ſa vengeance, aime mieux tenir ſon malheureux débiteur dans les fers, couché ſur de la paille, & l'y nourrir de pain & d'eau, que de le rendre à la liberté. Elles n'auroient pas dû échapper aux gouvernemens & aux légiſlateurs ; & c'eſt à eux qu'il faut s'en prendre des barbares abſurdités qui exiſtent encore à cet égard dans nos nations prétendues policées.

Autrefois les compagnies Européennes, qui ont le privilège excluſif de commercer au-delà du cap de Bonne-Eſpérance, avoient établi des agens à Moka. Malgré une capitulation ſolemnelle, qui avoit fixé à deux & un quart pour cent les droits qu'on devoit payer, ils y éprouvoient des vexations fréquentes. Le gouverneur de la place exigeoit d'eux des préſens qui lui ſervoient à acheter la faveur des courtiſans, ou celle du prince même. Cependant les bénéfices qu'ils faiſoient ſur les marchandiſes d'Europe qu'ils débitoient, ſur les draps ſpécialement, les réſignoient à tant d'humiliations. Lorſque le Caire s'aviſa de fournir ces différens objets, il ne fut pas poſſible de ſoutenir ſa concurence, & l'on renonça à des établiſſemens fixes.

Le commerce ſe fit par des vaiſſeaux partis d'Europe avec le fer, le plomb, le cuivre, l'argent, néceſſaires pour payer le café qu'on vouloit acheter. Les ſubrecargues, chargés de ces opérations, terminoient les affaires à chaque voyage. Ces expéditions, d'abord aſſez nombreuſes & aſſez utiles, tombèrent ſucceſſivement. Les plantations de café, formées par les nations Européennes dans leurs colonies, firent diminuer également, & la consommation, & le prix de celui d'Arabie. A la longue, ces voyages ne donnèrent pas assez de bénéfice pour soutenir la cherté des expéditions directes. Alors les compagnies d'Angleterre & de France prirent le parti d'envoyer à Moka, l'une de Bombay, & l'autre de Pondichery, des navires avec des marchandises d'Europe & des Indes. Souvent même, elles ont eu recours à un moyen moins dispendieux. Les Anglois & les François, qui naviguent d'Inde en Inde, vont tous les ans dans la mer Rouge. Quoiqu'ils s'y défassent avantageusement de leurs marchandises, ils n'y peuvent jamais former une cargaison pour leur retour. Ils se chargent, pour un modique fret, du café des compagnies, qui le versent dans les vaisseaux qu'elles expédient de Malabar & de Coromandel pour l'Europe. La compagnie de Hollande, qui interdit les armemens à ses sujets, & qui ne fait point elle-même d'expéditions pour le golfe Arabique, est privée de la part qu'elle pouvoit prendre à cette branche de commerce. Elle a renoncé à une branche bien plus riche, c'est celle de Gedda.

Gedda est un port situé vers le milieu du golfe Arabique, à quinze ou seize lieues de la ville sainte. Ils est assez sûr; mais l'approche en est difficile. Les affaires y ont attiré neuf ou dix mille habitans, logés, la plupart, dans des cabanes, & tous condamnés à respirer un air corrompu, & à boire de l'eau saumâtre. Le gouvernement y est mixte. Le chérif de la Mecque, & le grand-seigneur, qui y tient une foible & inutile garnison, partagent l'autorité & le produit des douanes. Ces droits sont de huit pour cent pour les Européens, & de treize pour toutes les autres nations. Ils se paient toujours en marchandises, que les administrateurs forcent les négocians du pays d'acheter fort cher. Il y a long-tems que les Turcs, qui ont été chassés d'Aden, de Moka, de tout l'Yemen, l'auroient été de Gedda, si l'on n'avoit craint qu'ils ne se livrâssent à une vengeance qui auroit mis fin aux pélerinages & au commerce.

Surate envoie tous les ans à Gedda trois vaisseaux chargés de toiles de toutes les couleurs, de chaales, d'étoffes mêlées de coton & de ſoie, ſouvent enrichies de fleurs d'or & d'argent. Leur vente produit neuf ou dix millions de livres. Il part du Bengale pour la même deſtination deux, & le plus ſouvent trois navires, dont les cargaiſons, qui appartiennent aux Anglois, peuvent valoir un tiers de moins que celles de Surate. Elles conſiſtent en riz, gingembre, ſafran, ſucre, quelques étoffes de ſoie, & en une quantité conſidérable de toiles, la plupart communes. Ces bâtimens, qui peuvent entrer dans la mer Rouge depuis le commencement de décembre juſqu'à la fin de mai, trouvent à Gedda la flotte de Suez.

Cette ville, qu'on croit bâtie ſur les ruines de l'antique Arſinoë, eſt ſituée à l'extrémité de la mer Rouge, & à deux ou trois journées ſeulement du Caire. Ses habitans ſont partie Egyptiens & partie Arabes. Ils aiment ſi peu ce ſéjour, mal-ſain & privé d'eau potable, que ceux d'entre eux qui jouiſſent de quelque aiſance, ou qui peuvent ſe procurer ailleurs de l'occupation, ne s'y trouvent qu'au départ & au retour des vaiſſeaux, l'un & l'autre réglés par des vents périodiques & invariables. Vingt navires, ſemblables pour la forme à ceux de Hollande, mais mal conſtruits, mal équipés, mal commandés, ſont expédiés tous les ans pour Gedda. Des comeſtibles forment la plus grande partie de leur cargaiſon, avec cette différence que les cinq qui appartiennent au grand-ſeigneur les livrent gratuitement pour Médine & pour la Mecque, tandis que les autres les vendent communément à un prix très-avantageux. Ils portent auſſi de la verroterie de Veniſe, du corail & du carabé, dont les Indiens font des colliers & des braſſelets.

En échange de leurs denrées, de leurs marchandiſes, de leur or ſur-tout, ces bâtimens reçoivent ſix à ſept millions peſant de café; & en toiles, en étoffes, en épiceries pour ſept à huit millions de livres. L'ignorance & l'inertie des navigateurs ſont telles, que jamais la totalité de ces riches objets n'arrive à ſa deſtination. Une aſſez grande partie devient habituellement la proie des vagues, malgré l'attention qu'on a toujours de jetter l'ancre à l'entrée de la nuit.

Le commerce de la mer Rouge acquerroit plus d'extenſion & ſeroit expoſé à moins de dangers, ſi une révolution, qu'il vient d'éprouver, avoit les ſuites qu'on ſemble s'en promettre.

Par un traité conclu le 7 mars 1775, entre le premier des Beys & M. Haſtings, gouverneur, pour la Grande-Bretagne, dans le Bengale, les Anglois, établis aux Indes, ſont autoriſés à introduire & à faire circuler, dans l'intérieur de l'Egypte, toutes les marchandiſes qu'il leur plaira, en payant ſix & demi pour cent pour celles qui viendront du Gange & de Madras, & huit pour cent pour celles qui auront été chargées à Bombay & à Surate. Cette convention a été déja exécutée, & le ſuccès a ſurpaſſé les eſpérances. Si la cour Ottomane & les Arabes ne traverſoient pas la nouvelle communication; ſi le port de Suez, que les ſables achèvent de combler, étoit réparé; ſi les ſéditions qui bouleverſent ſans ceſſe les rives du Nil, pouvoient enfin s'arrêter : on verroit peut-être les liaiſons de l'Europe avec l'Aſie reprendre en tout ou en partie leur ancien canal.

Les marchandiſes arrivées de Surate & de Bengale, que la flotte Egyptienne n'emporte pas, ſont conſommées en partie dans le pays, & achetées en plus grande quantité par les caravanes qui ſe rendent tous les ans à la Mecque.

Cette ville fut toujours chère aux Arabes. Ils penſoient qu'elle avoit été la demeure d'Abraham; & ils accouroient de toutes parts dans un temple, dont on le croyoit le fondateur. Mahomet, trop habile pour entreprendre d'abolir une dévotion ſi généralement établie, ſe contenta d'en rectifier l'objet. Il bannit les idoles de ce lieu révéré, & il le dédia à l'unité de Dieu; ſublime & puiſſante idée que toutes les religions doivent à la philoſophie, & non au judaïſme, comme on l'imagine. Le Dieu des Juifs, colère, jaloux, vindicatif, ne fut qu'un dieu local, tel que ceux des autres nations. Mahomet ne fut pas l'envoyé du ciel; mais un adroit politique & un grand conquérant. Pour augmenter même le concours d'étrangers dans une cité qu'il deſtinoit à être la capitale de ſon empire, il ordonna que tous ceux qui ſuivroient ſa loi, s'y rendiſſent une fois dans leur vie, ſous peine de mourir

en

en réprouvés. Ce précepte étoit accompagné d'un autre, qui doit faire sentir que la superstition seule ne le guidoit pas. Il exigea que chaque pélerin, de quelque pays qu'il fût, achetât & fît bénir cinq pièces de toile de coton, pour servir de suaire, tant à lui, qu'à tous ceux de sa famille, que des raisons valables auroient empêché d'entreprendre ce saint voyage.

Cette politique devoit faire, de l'Arabie, le centre d'un grand commerce, lorsque le nombre des pélerins s'élevoit à plusieurs millions. Le zèle s'est si fort rallenti, sur-tout à la côte d'Afrique, dans l'Indostan & en Perse, à proportion de l'éloignement où ces pays sont de la Mecque, qu'on n'y en voit pas plus de cent cinquante mille. La plupart sont Turcs. Ils emportent sept cens cinquante mille pièces de toile, de dix aunes de long chacune, sans compter ce que plusieurs d'entre eux achetent pour revendre. Ils sont invités à ces spéculations, par l'avantage qu'ils ont en traversant le désert, de n'être pas écrasés par les douanes & les vexations qui rendent ruineuses les échelles de Suez & de Bassora. L'argent de ces pélerins, celui de la flotte, celui que les Arabes ont tiré de la vente de leur café, va se perdre dans les Indes. Les vaisseaux de Surate, du Malabar, de Coromandel, du Bengale, en emportent tous les ans pour quatorze ou quinze millions de livres, & pour environ le huitième de cette somme en marchandises. Dans le partage que les nations commerçantes de l'Europe font de ces richesses, les Anglois sont parvenus à s'en approprier la portion la plus considérable. Ils ont acquis la même supériorité en Perse.

XIII.
Révolutions qu'a éprouvées le commerce dans le golfe Persique.

Cette nation avoit à peine été admise dans l'empire des Sophis, que, comme on l'a dit, elle y vit accourir les Hollandois. Le commerce de ces républicains s'établit d'abord sur un pied très-désavantageux : mais bientôt délivrés, par les guerres civiles d'Angleterre, d'un rival qui jouissoit de trop de faveurs, pour être balancé par la plus grande économie, ils se virent sans concurrens, & par conséquent les maîtres de donner à ce qu'ils vendoient, à ce qu'ils achetoient, la valeur qui leur convenoit. C'est sur ce systême destructeur, qu'étoient fondés les rapports des

Perſans avec les Hollandois ; lorſque le retour des Anglois, que les François ne tardèrent pas à ſuivre, fit prendre aux affaires une face nouvelle & plus raiſonnable.

Dans le tems que les trois nations faiſoient les plus grands efforts pour acquérir la ſupériorité, & que ces efforts tournoient à l'avantage de l'empire ; on leur fit épouver mille vexations, plus injuſtes, plus odieuſes, les unes que les autres. Le trône fut continuellement occupé par des tyrans ou des imbécilles, dont les cruautés & les injuſtices affoibliſſoient les liaiſons de leurs ſujets avec les autres peuples. L'un de ces deſpotes étoit ſi féroce, qu'un grand de la cour diſoit, *que toutes les fois qu'il ſortoit de la chambre du roi, il tâtoit ſa tête avec ſes deux mains, pour voir ſi elle étoit encore ſur ſes épaules.* Lorſqu'on annonçoit à ſon ſucceſſeur que les Turcs envahiſſoient les plus belles provinces de l'empire, il répondoit froidement *qu'il s'embarraſſoit peu de leurs progrès, pourvu qu'ils lui laiſſâſſent la ville d'Iſpahan.* Il eut un fils ſi baſſement livré aux plus petites pratiques de ſa religion, qu'on l'appelloit, par dériſion, *le moine* ou *le prêtre Huſſein :* caractère moins odieux peut-être pour un prince, mais bien plus dangereux pour ſes peuples, que celui d'impie ou d'ennemi des dieux. Sous ces vils ſouverains, les affaires devenoient tous les jours plus languiſſantes. Les Aghuans les réduiſirent à rien.

Ces Aghuans ſont un peuple du Kandahar, pays montueux, ſitué au Nord de l'Inde. Tantôt ils furent ſoumis aux Mogols, tantôt aux Perſans, & le plus ſouvent indépendans. Ceux qui n'habitent pas la capitale, vivent ſous des tentes, à la manière des Tartares. Ils ſont petits & mal-faits ; mais nerveux, robuſtes, adroits à tirer de l'arc, à manier un cheval, endurcis aux fatigues. Leur manière de combattre eſt remarquable. Des ſoldats d'élite, partagés en deux troupes, fondent ſur l'ennemi, n'obſervant aucun ordre, & ne cherchant qu'à faire jour à l'armée qui les ſuit. Dès que le combat eſt engagé, ils ſe retirent ſur les flancs & à l'arrière-garde, où leur fonction eſt d'empêcher que perſonne ne recule. Si quelqu'un veut fuir, ils tombent ſur lui le ſabre à la main, & le forcent de reprendre ſon rang.

Vers le commencement du siècle, on vit ces hommes féroces sortir de leurs montagnes, se jetter sur la Perse, y porter partout la désolation, & finir par lui donner des fers, après vingt ans de carnage. Le fanatisme perpétue & peut-être même expie les horreurs dont ils se sont souillés dans le cours de leurs conquêtes. Car telle est la nature des opinions religieuses, qu'elles sanctifient le crime qu'elles inspirent, & que ce crime efface les autres forfaits qu'on a commis. Le fanatique dit à Dieu : il est vrai, Seigneur, que j'ai empoisonné, que j'ai assassiné, que j'ai volé ; mais tu me pardonneras, car j'ai exterminé de ma propre main cinquante de tes ennemis. Dévorés de zèle pour les superstitions des Turcs, & d'une haîne implacable pour la secte d'Ali, les Aghuans massacrent de sang-froid des milliers de Persans. Dans le même tems, les provinces où ils n'avoient pas pénétré, sont ravagées par les Russes, par les Turcs & par les Tartares. Thamas Koulikan réussit à chasser de sa patrie tous ces brigands, mais en se montrant plus barbare qu'eux. Sa mort violente devient une nouvelle source de calamités. L'anarchie ajoute aux cruautés de la tyrannie. Un des plus beaux empires du monde n'est plus qu'un vaste cimetière, monument à jamais honteux de l'instinct destructeur des hommes sans police, mais suite inévitable des vices du gouvernement despotique.

Dans cette confusion de toutes choses, Bender-Abassi & les autres mauvais ports de Perse furent négligés. Le peu qui s'y faisoit de commerce se porta presque tout entier à Bassora.

C'est une grande ville, bâtie par les Arabes, dans le tems de leur plus grande prospérité, quinze lieues au-dessous de la jonction du Tigre & de l'Euphrate, & à la même distance du golfe Persique où ces fleuves vont se jetter. Cinquante mille ames forment sa population. Ce sont des Arabes, auxquels se sont joints quinze cens Arméniens, & un petit nombre de familles de différentes nations, que l'espoir du gain y a attirées. Son territoire abonde en riz, en fruits, en légumes, en coton, & sur-tout en dattes.

Le port de Bassora, devint, comme ses fondateurs l'avoient

prévu, un entrepôt célèbre. Les marchandises de l'Europe y arrivoient par l'Euphrate ; & celles des Indes, par la mer. La tyrannie des Portugais interrompit cette communication. Elle se seroit rouverte, dans le tems de leur décadence, si ce malheureux pays n'avoit été perpétuellement le théâtre des divisions des Arabes, des Persans & des Turcs. Ces derniers, devenus possesseurs paisibles de Bassora, ont profité des malheurs de leurs voisins, pour y rappeller les affaires. La rade a recouvré son éclat & son importance.

Ce changement ne s'est pas opéré sans difficulté. Les gens du pays ne vouloient d'abord recevoir les navigateurs que dans la rivière. Ils prévoyoient que si ces étrangers avoient la liberté de se fixer dans la ville, on ne pourroit leur faire la loi, & qu'ils garderoient dans leurs magasins ce qu'ils n'auroient pas vendu pendant une mousson, pour s'en défaire plus utilement dans un autre tems. A cette raison d'une avidité mal-entendue, se joignoient des idées de superstition. On prétendit qu'il étoit contraire au respect dû à la religion, que des infidèles habitâssent dans une cité consacrée par le sang de tant de martyrs, par les cendres de tant de saints personnages mahométans. Ce préjugé paroissoit faire impression sur le gouvernement. On fit taire ses scrupules. Les nations Européennes donnèrent de l'argent, & il leur fut permis de former des comptoirs, de les décorer même de leur pavillon.

XIV.
Etat actuel du commerce dans le golfe Persique, & de celui des Anglois en particulier.

Les révolutions sont si fréquentes en Asie, qu'il est impossible que le commerce y soit aussi suivi que dans nos contrées. Ces événemens, joints au peu de communication qu'il y a par terre & par mer entre les différens états, doivent occasionner de grandes variations dans l'abondance & dans la valeur des denrées. Bassora, très-éloigné par sa situation du centre des affaires, éprouve plus qu'aucune autre place cet inconvénient. Cependant, en rapprochant les tems, on peut, sans crainte de s'écarter beaucoup de la plus exacte vérité, évaluer à douze millions les marchandises qui y arrivent annuellement par le golfe. Les Anglois entrent dans cette somme pour quatre millions ; les

Hollandois pour deux ; les François , les Maures , les Indiens , les Arméniens & les Arabes , pour le reste.

Les cargaisons de ces nations sont composées du riz , du sucre , des mousselines unies , rayées & brodées du Bengale ; des épiceries de Ceylan & des Moluques ; de grosses toiles blanches & bleues de Coromandel ; du cardamome , du poivre , du bois de sandal de Malabar ; d'étoffes d'or ou d'argent , de turbans , de chaales , d'indigo de Surate ; des perles de Baharem & du café de Moka ; du fer , du plomb , des draps d'Europe. D'autres objets moins importans , viennent de différens endroits. Quelques-unes de ces productions sont portées sur de petits bâtimens Arabes : mais la plupart arrivent sur des vaisseaux Européens , qui y trouvent l'avantage d'un fret considérable.

Les marchandises se vendent toutes argent comptant. Elles passent par les mains des Grecs , des Juifs ou des Arméniens. On emploie les Banians à changer les monnoies courantes à Bassora , en espèces plus estimées dans les Indes.

Trois canaux s'offrent pour déboucher les différentes productions réunies à Bassora. Il en passe la moitié en Perse , & elle y est portée par des caravanes ; parce que dans tout l'empire , il n'y a pas un seul fleuve navigable. La consommation s'en fait principalement dans les provinces Septentrionales , un peu moins ravagées que celles du Midi. Les unes & les autres payèrent quelque tems avec des pierreries , que le pillage de l'Inde avoit rendues extrêmement communes. Dans la suite , elles eurent recours à des ustensiles de cuivre , que l'abondance de leurs mines avoit multipliés prodigieusement. Enfin , on en est venu à l'or & à l'argent , qu'une longue tyrannie avoit fait enfouir , & qui sortent tous les jours des entrailles de la terre. Si l'on ne laisse pas aux arbres qui fournissoient les gommes , & qui ont été coupés , le tems de repousser ; si les chèvres qui donnoient de si belles laines , ne se multiplient pas ; si les soies qui suffisent à peine au peu de manufactures qui restent en Perse , continuent à être rares ; si cet état ne renaît de ses cendres , les métaux s'épuiseront , & il faudra renoncer à cette source de commerce.

Le ſecond débouché eſt plus aſſuré. Il ſe fait par Bagdad, par Alep, & par toutes les villes intermédiaires, dont les négocians viennent faire leurs achats à Baſſora. Le café, les toiles, les épiceries, les autres marchandiſes qui prennent cette route, ſont payées avec de l'or, des draps François, des noix de Galle, de l'orpiment qui entre dans les couleurs, & dont les Orientaux font un grand uſage pour dépiler leur corps.

Un autre débouché beaucoup moins conſidérable, c'eſt celui du déſert. Les Arabes, voiſins de Baſſora, vont tous les ans à Alep, dans le printems, pour y vendre des chameaux. On leur confie communément pour cinq à ſix cens mille francs de mouſſelines, dont ils ſe chargent à très-bon marché. Ils reviennent dans l'automne, & rapportent des draps, du corail, de la clincaillerie, quelques ouvrages de verre & des glaces de Veniſe. Les caravanes Arabes ne ſont jamais troublées ſur leur route. Les étrangers même ne courroient point de riſque, s'ils avoient la précaution de ſe faire accompagner d'un homme de chacune des tributs qu'ils doivent rencontrer. Cette ſûreté, jointe à la célérité & au bon marché, feroit univerſellement préférer le chemin du déſert à celui de Bagdad, ſi le pacha de la province, qui a établi des péages en différens endroits de ſon gouvernement, ne prenoit les plus grandes précautions pour empêcher cette communication. Ce n'eſt qu'en ſurprenant la vigilance de ſes lieutenans, qu'on parvient à charger les Arabes de quelques marchandiſes de peu de volume.

Indépendamment de ces exportations, il ſe fait à Baſſora & dans ſon territoire, une aſſez grande conſommation, ſur-tout de café. Ces objets ſont payés avec des dattes, des perles, de l'eau-roſe & des fruits ſecs. On y ajoute des grains, lorſqu'il eſt permis d'en livrer à l'étranger.

Ce commerce s'étendroit, ſi l'on vouloit le débarraſſer des entraves qui le gênent. Mais l'activité que pourroient avoir les naturels du pays, eſt continuellement traverſée par les vexations qu'on leur fait éprouver, ſingulièrement dans les lieux éloignés du centre de l'empire. Les étrangers ne ſont guère moins opprimés par des commandans, qui tirent de leurs brigandages l'avantage de ſe perpétuer dans leurs poſtes, & ſouvent de conſerver leur tête. Si cette ſoif de l'or pouvoit ſe calmer quelquefois, elle ſeroit bientôt réveillée par la rivalité des nations Européennes, qui ne travaillent qu'à ſe ſupplanter, & qui ne craignent pas d'employer, pour y réuſſir, les moyens les plus exécrables. On vit, en 1748, un exemple frappant de cette odieuſe jalouſie.

M. le baron de Knyphauſen conduiſoit le comptoir Hollandois de Baſſora, avec un ſuccès extraordinaire. Les Anglois ſe voyoient à la veille de perdre la ſupériorité qu'ils avoient acquiſe dans cette place, ainſi que dans la plupart des échelles de l'Inde. La crainte d'un événement, qui devoit également bleſſer leurs intérêts & leur vanité, les rendit injuſtes. Ils animèrent le gouvernement Turc contre une induſtrie qui lui étoit utile, & firent ordonner la confiſcation des marchandiſes & des richeſſes de leur rival.

Le facteur Hollandois, qui, ſous les occupations d'un marchand, cachoit l'ame d'un homme d'état, prend ſur le champ ſon parti en homme de génie. Il ſe retire avec ſes gens, & les débris de ſa fortune, à la petite iſle de Karek, ſituée à quinze lieues de l'embouchure du fleuve; il s'y fortifie au point, qu'en arrêtant les bâtimens Arabes & Indiens, chargés pour la ville, il force le gouvernement à le dédommager des pertes qu'on lui a cauſées. Bientôt la réputation de ſon intégrité, de ſa capacité, attire à ſon iſle les armateurs des ports voiſins, les négocians même de Baſſora, & les Européens qui vont y trafiquer. Cette nouvelle colonie voyoit augmenter tous les jours ſa proſpérité, lorſqu'elle fut abandonnée par ſon fondateur. Le ſucceſſeur de cet habile homme, ne montra pas les mêmes talens. Il ſe laiſſa chaſſer de ſa place, vers la fin de 1765, par le corſaire Arabe Mirmahana. La compagnie perdit un poſte important, & pour plus de deux millions en artillerie, en vivres & en marchandiſes.

Cet événement délivra Baſſora d'une concurrence qui nuiſoit à ſes intérêts; mais il lui en ſurvint une autre bien plus redoutable: ce fut celle de Maſcate.

Le golfe Perſique eſt borné à ſon Occident par la côte Orientale de l'Arabie. Les habitans de cette contrée n'ont pour subsistance que quelques dattes & le produit d'une pêche abondante & facile. Le peu même de bétail qu'on y peut élever ne vit que de poisson. Chaque petit district a un Scheik particulier, obligé de pourvoir lui-même aux besoins de sa famille par son travail ou son industrie. Au premier signal du moindre péril, ces peuples se refugient dans des isles voisines, d'où ils ne regagnent le continent que lorsque l'ennemi s'est retiré. Il n'y eut jamais dans le pays que Mascate qui eût des propriétés dignes d'être conservées.

Le grand Albuquerque s'empara de cette ville en 1507, & il en ruina le commerce qu'il vouloit concentrer tout entier à Ormuz. Les Portugais voulurent l'y rappeller, après la perte de ce petit royaume. Leurs efforts furent inutiles ; & les navigateurs prirent la route de Bender-Abassi. On craignoit les hauteurs des anciens tyrans de l'Inde ; & personne ne voulut se fier à leur bonne-foi. Le port ne voyoit arriver de vaisseaux, que ceux qu'ils y conduisoient eux-mêmes. Il n'en reçut même plus d'aucune nation, après que ces maîtres impérieux en eurent été chassés en 1648. Leur orgueil l'emportant sur leur intérêt, leur ôta l'envie d'y aller ; & ils étoient encore assez puissans, pour empêcher qu'on y entrât ou qu'on en sortît.

Le déclin de leur puissance invita l'habitant de Mascate à cette même piraterie, dont il avoit été si long-tems la victime. Il fit des descentes sur les côtes de ses anciens oppresseurs ; & ses succès l'enhardirent à attaquer les petits bâtimens Maures ou Européens qui fréquentoient le golfe Persique. Mais il fut châtié si sévérement de ses brigandages par plusieurs nations, sur-tout par les Anglois, qu'il fut forcé d'y renoncer. La ville tomba dès-lors dans une obscurité, que les troubles intérieurs & des invasions étrangères firent durer long-tems. Le gouvernement étant enfin devenu plus régulier dans Mascate, & dans tout le pays soumis à son iman, ses marchés recommencèrent à être fréquentés vers l'an 1749.

Le pays consomme par lui-même du riz, des toiles bleues, du fer, du plomb, du sucre, quelques épiceries, qu'il paie avec de

la

la mirrhe, de l'encens, de la gomme-arabique, & un peu d'argent. Cependant cette consommation ne seroit pas suffisante pour attirer les vaisseaux, si Mascate, placé assez près de l'entrée de la mer Persique, n'étoit un excellent entrepôt pour le fond du golfe. Toutes les nations commerçantes commencent à le préférer à Bassora; parce qu'il abrège leur voyage de trois mois; qu'on n'y éprouve aucune vexation; que les droits y sont réduits à un & demi pour cent. Il faut, à la vérité, porter ensuite les marchandises à Bassora, où la douane exige trois pour cent: mais les Arabes naviguent à si bon marché sur leurs bateaux; ils ont une telle adresse pour frauder les droits, qu'il y aura toujours de l'avantage à faire les ventes à Mascate. D'ailleurs, les dattes, le meilleur produit & le plus abondant de Bassora, qui se gâtent souvent sur de grands vaisseaux, dont la marche est lente, arrivent avec une extrême célérité sur des bâtimens légers, au Malabar & dans la mer Rouge. Une raison particulière déterminera toujours les Anglois qui travaillent pour leur compte, à pratiquer Mascate. Ils y sont exempts de cinq pour cent qu'ils sont obligés de payer à Bassora, comme dans tous les autres lieux où leur compagnie a formé des établissemens.

Elle n'a pas songé à se fixer dans l'isle de Baharem; & nous ignorons pourquoi. Cette isle, située dans le golfe Persique, a souvent changé de maître. Elle passa sous la domination des Portugais avec Ormuz, dont elle recevoit des loix. Ces conquérans la perdirent dans la suite, & elle éprouva depuis un grand nombre de révolutions. Thamas-Koulikan la rendit à la Perse, à qui elle avoit appartenu. Ce fier usurpateur avoit alors le plus vaste plan de domination. Il vouloit régner sur deux mers, dont il possédoit quelques bords: mais s'étant apperçu qu'au lieu d'entrer dans ses vues, ses sujets les traversoient, il imagina, par une de ces volontés tyranniques qui ne coûtent rien aux despotes, de porter ses sujets du golfe Persique sur la mer Caspienne, & ses sujets de la mer Caspienne sur le golfe Persique. Cette double transmigration lui paroissoit propre à rompre les liaisons que ces deux peuples avoient formées avec ses ennemis, & à lui assurer, sinon leur attachement, du moins leur fidélité. Sa mort anéantit ses grands projets ; & la confusion où tomba son empire, offrit à l'ambition d'un Arabe entreprenant, la facilité de s'emparer de Baharem, où il règne encore.

Cette isle, célèbre par sa pêche de perles, dans le tems même qu'on en trouvoit à Ormuz, à Karek, à Keshy, dans d'autres lieux du golfe, est devenue bien plus importante, depuis que les autres bancs sont épuisés, sans que le sien ait essuyé une diminution sensible. Cette pêche commence en avril & finit en octobre. Elle est renfermée dans l'espace de quatre à cinq lieues. Les Arabes, les seuls qui s'y livrent, vont coucher chaque nuit dans l'isle ou sur la côte, à moins que les vents ne les empêchent de gagner la terre. Autrefois ils payoient tous un droit à des galiotes établies pour le recevoir. Depuis le dernier changement, il n'y a que les habitans de l'isle qui aient cette soumission pour leur Scheik, trop foible pour l'obtenir des autres.

Les perles de Baharem sont moins blanches que celles de Ceylan & du Japon ; mais beaucoup plus grosses que les premières, & d'une forme plus régulière que les autres. Elles tirent un peu sur le jaune : mais on ne peut leur disputer l'avantage de conserver leur eau dorée ; tandis que les perles plus blanches perdent avec le tems beaucoup de leur éclat, sur-tout dans les pays chauds. La coquille des unes & des autres, connue sous le nom de nacre de perle, sert en Asie à beaucoup d'usages.

Le produit annuel de la pêche, qui se fait dans les parages de Baharem, est estimé 3,600,000 livres. Les perles inégales passent la plupart à Constantinople & dans le reste de la Turquie : les grandes y servent à l'ornement de la tête, & les petites sont employées dans les broderies. Les perles parfaites doivent être réservées pour Surate, d'où elles se répandent dans tout l'Indostan. On n'a pas à craindre d'y en voir diminuer le prix ou la consommation. Ce luxe est la plus forte passion des femmes, & la superstition augmente le débit de cette production de la mer. Il n'est point de Gentil qui ne se fasse un point de religion, de percer au moins une perle à son mariage. Quel que soit le sens mystèrieux de cet uſage chez un peuple où la morale & la politique ſont en allégories, & où l'allégorie devient religion; cet emblême de la pudeur virginale, eſt utile au commerce des perles. Celles qui n'ont pas été nouvellement forées, entrent dans l'ajuſtement; mais ne peuvent ſervir pour la cérémonie du mariage, où l'on veut au moins une perle neuve. Auſſi valent-elles conſtamment vingt-cinq, trente pour cent de moins que celles qui arrivent du golfe, où elles ont été pêchées. Le Malabar n'a point de perles; mais il a d'autres richeſſes.

Le Malabar proprement dit, n'eſt que le pays ſitué entre le cap Comorin & la rivière de Neliceram. Cependant, pour rendre la narration plus claire, en nous conformant aux idées généralement reçues en Europe, nous appellerons de ce nom tout l'eſpace qui s'étend depuis l'Indus juſqu'au cap Comorin. Nous y comprendrons même les iſles voiſines, en commençant par les Maldives.

XV. Deſcription de la côte de Malabar. Idée des états qui la forment.

Les Maldives forment une longue chaîne d'iſles, à l'Oueſt du cap Comorin, qui eſt la terre-ferme la plus voiſine. Elles ſont partagées en treize provinces, qu'on nomme Atollons. Cette diviſion eſt l'ouvrage de la nature, qui a entouré chaque Atollon d'un banc de pierre qui le défend mieux que les meilleures fortifications, contre l'impétuoſité des flots, ou les attaques de l'ennemi. Les naturels du pays font monter à douze mille, le nombre de ces iſles, dont les plus petites n'offrent que des monceaux de ſables ſubmergés dans les hautes marées, & les plus grandes n'ont qu'une très-petite circonférence. De tous les canaux qui les ſéparent, il n'y en a que quatre qui puiſſent recevoir des navires. Les autres ſont ſi peu profonds, qu'on y trouve rarement plus de trois pieds d'eau. On conjecture, avec fondement, que toutes ces différentes iſles n'en faiſoient autrefois qu'une, que l'effort des vagues & des courans, ou quelque grand accident de la nature, aura diviſée en pluſieurs portions.

Il eſt vraiſemblable que cet archipel fut originairement peuplé par des hommes venus du Malabar. Dans la ſuite, les Arabes y paſſèrent, en uſurpèrent la ſouveraineté, y établirent leur religion. Les deux nations n'en faisoient plus qu'une ; lorsque les Portugais, peu de tems après leur arrivée aux Indes, la mirent sous le joug. Cette tyrannie dura peu. La garnison, qui en tenoit les chaînes, fut exterminée ; & les Maldives recouvrèrent leur indépendance. Depuis cette époque, elles sont soumises à un despote, qui tient sa cour à Male, & qui a abandonné toute l'autorité aux prêtres. Il est le seul négociant de ses états.

Une pareille administration & la stérilité du pays, qui ne produit que des cocotiers, empêchent le commerce d'y être considérable. Les exportations se réduisent à des cauris, du poisson & du kaire.

Le kaire est l'écorce du cocotier, dont on fait des cables qui servent à la navigation dans l'Inde. Nulle part, il n'est aussi bon, aussi abondant qu'aux Maldives. On en porte une grande quantité avec des cauris, à Ceylan, où ces marchandises sont échangées contre les noix d'areque.

Le poisson, appellé dans le pays complemasse, est seché au soleil. On le sale, en le plongeant dans l'eau de la mer à plusieurs reprises. Il est divisé en filets, de la grosseur & de la longueur du doigt. Achem en reçoit tous les ans deux cargaisons qu'il paie avec de l'or & du benjoin. L'or reste dans les Maldives ; & le benjoin est envoyé à Moka, où il sert à acheter environ trois cens balles de café, nécessaires à la consommation de ces isles.

Les cauris, sont des coquilles blanches & luisantes. La pêche s'en fait deux fois le mois, trois jours avant la nouvelle lune, & trois jours après. Elle est abandonnée aux femmes, qui entrent dans l'eau jusqu'à la ceinture, pour les ramasser dans les sables de la mer. On en fait des paquets de douze mille. Ce qui ne reste pas dans la circulation du pays, ou n'est pas porté à Ceylan, passe sur les bords du Gange. Il sort tous les ans de ce fleuve un grand nombre de bâtimens qui vont vendre du sucre, du riz, des toiles, quelques autres objets moins considérables aux Maldives, & qui se chargent en retour de cauris, pour sept ou huit cens mille livres. Une partie se disperse dans le Bengale, où il sert de petite monnoie. Le reste est enlevé par les Européens, qui l'emploient utilement dans leur commerce d'Afrique. Ils paient la livre six sols, la vendent depuis douze jusqu'à dix-huit dans leurs métropoles, & elle vaut en Guinée jusqu'à trente-cinq.

Le royaume de Travancor, qui s'étend du cap Comorin aux frontières de Cochin, n'étoit autrefois guère plus opulent que les Maldives. Il est vraisemblable qu'il ne dut qu'à sa pauvreté, la conservation de son indépendance, lorsque les Mogols s'emparèrent du Maduré. Un monarque qui monta sur le trône vers 1730, & qui l'occupa près de quarante ans, donna à cette couronne une dignité qu'elle n'avoit jamais eue. C'étoit un homme d'un sens exquis & profond. Il recevoit d'un de ses voisins deux embassadeurs, dont l'un avoit commencé une harangue prolixe que l'autre se disposoit à continuer. *Ne soyez pas long, la vie est courte*, lui dit ce prince avec un visage austère. Son règne ne fut taché que par une foiblesse. Il étoit Naïre, & se trouvoit humilié de ne pas appartenir à la première des castes. Dans la vue de s'y incorporer, autant qu'il étoit possible, il fit fondre en 1752 un veau d'or, y entra par le muffle, & en sortit par la partie opposée. Ses édits furent datés depuis du jour d'une si glorieuse renaissance; & au grand scandale de tout l'Indostan, il fut reconnu pour brame par ceux de ses sujets qui jouissoient de cette grande prérogative.

Par les soins d'un François nommé la Noye, ce monarque étoit parvenu à former l'armée la mieux disciplinée qu'on eût jamais vue dans ces contrées. Avec ces forces, il comptoit, dit-on, conquérir le Malabar entier; & peut-être le succès auroit-il couronné son ambition, si les nations Européennes ne l'eussent traversée. Malgré ces obstacles, il réussit à reculer les frontières de ses états; &, ce qui étoit infiniment plus difficile, à rendre ses usurpations utiles à ses peuples. Au milieu du tumulte des armes, l'agriculture fut encouragée, & il s'éleva des manufactures grossières de coton.

Il s'est formé deux établissemens Européens dans le Travancor.

Celui que les Danois ont à Coleschey est sans activité. Il est rare & très-rare que cette nation y fasse le plus petit achat ou la moindre vente.

Le comptoir Anglois d'Anjinga eſt placé ſur une langue de terre, à l'embouchure d'une petite rivière, obſtruée par des ſables durant la plus grande partie de l'année. La ville eſt remplie de métiers & fort peuplée. Quatre petits baſtions ſans foſſé & une garniſon de cent cinquante hommes la défendoient. Cette dépenſe a été jugée inutile. Un ſeul agent conduit aujourd'hui les affaires, avec moins d'éclat & plus d'utilité.

Territoire d'Anjinga, tu n'es rien; mais tu as donné naiſſance à Eliza. Un jour, ces entrepôts de commerce fondés par les Européens ſur les côtes d'Aſie ne ſubſiſteront plus. L'herbe les couvrira, ou l'Indien vengé aura bâti ſur leurs débris, avant que quelques ſiècles ſe ſoient écoulés. Mais, ſi mes écrits ont quelque durée, le nom d'Anjinga reſtera dans la mémoire des hommes. Ceux qui me liront, ceux que les vents pouſſeront vers ces rivages, diront : c'eſt-là que naquit Eliza Draper; & s'il eſt un Breton parmi eux, il ſe hâtera d'ajouter avec orgueil, & qu'elle y naquit de parens Anglois.

Qu'il me ſoit permis d'épancher ici ma douleur & mes larmes! Eliza fut mon amie. O lecteur, qui que tu ſois, pardonne-moi ce mouvement involontaire. Laiſſe-moi m'occuper d'Eliza. Si je t'ai quelquefois attendri ſur les malheurs de l'eſpèce humaine, daigne aujourd'hui compatir à ma propre infortune. Je fus ton ami, ſans te connoître; ſois un moment le mien. Ta douce pitié ſera ma récompenſe.

Eliza finit ſa carrière dans la patrie de ſes pères, à l'âge de trente-trois ans. Une ame céleſte ſe ſépara d'un corps céleſte. Vous qui viſitez le lieu où repoſent ſes cendres ſacrées, écrivez ſur le marbre qui les couvre : telle année, tel mois, tel jour, à telle heure, Dieu retira ſon ſouffle à lui, & Eliza mourut.

Auteur original, ſon admirateur & ſon ami, ce fut Eliza qui t'inſpira tes ouvrages, & qui t'en dicta les pages les plus touchantes. Heureux Stern, tu n'es plus, & moi je ſuis reſté. Je t'ai pleuré avec Eliza; tu la pleurerois avec moi; & ſi le ciel eût voulu que vous m'euſſiez ſurvécu tous les deux, tu m'aurois pleuré avec elle.

Les hommes disoient qu'aucune femme n'avoit autant de graces qu'Eliza. Les femmes le disoient aussi. Tous louoient sa candeur ; tous louoient sa sensibilité ; tous ambitionnoient l'honneur de la connoître. L'envie n'attaqua point un mérite qui s'ignoroit.

Anjinga, c'est à l'influence de ton heureux climat qu'elle devoit, sans doute, cet accord presqu'incompatible de volupté & de décence qui accompagnoit toute sa personne & qui se mêloit à tous ses mouvemens. Le statuaire, qui auroit eu à représenter la Volupté, l'auroit prise pour modèle. Elle en auroit également servi à celui qui auroit eu à peindre la Pudeur. Cette ame inconnue dans nos contrées, le ciel sombre & nébuleux de l'Angleterre n'avoit pu l'éteindre. Quelque chose que fit Eliza, un charme invincible se répandoit autour d'elle. Le desir, mais le desir timide la suivoit en silence. Le seul homme honnête auroit osé l'aimer, mais n'auroit osé le lui dire.

Je cherche par-tout Eliza. Je rencontre, je saisis quelques-uns de ses traits, quelques-uns de ses agrémens épars parmi les femmes les plus intéressantes. Mais qu'est devenue celle qui les réunissoit ? Dieux qui épuisâtes vos dons pour former une Eliza, ne la fites-vous que pour un moment, pour être un moment admirée & pour être toujours regrettée ?

Tous ceux qui ont vu Eliza la regrettent. Moi, je la pleurerai tout le tems qui me reste à vivre. Mais est-ce assez de la pleurer ? Ceux qui auront connu sa tendresse pour moi, la confiance qu'elle m'avoit accordée, ne me diront-ils point : Elle n'est plus, & tu vis ?

Eliza devoit quitter sa patrie, ses parens, ses amis pour venir s'asseoir à côté de moi, & vivre parmi les miens. Quelle félicité je m'étois promise ! Quelle joie je me faisois de la voir recherchée des hommes de génie ; chérie des femmes du goût le plus difficile ? Je me disois, Eliza est jeune, & tu touches à ton dernier terme. C'est elle qui te fermera les yeux. Vaine espérance ! O renversement de toutes les probabilités humaines ! ma vieillesse a survécu à ses beaux jours. Il n'y a plus personne au monde pour moi. Le destin m'a condamné à vivre & à mourir seul.

Eliza avoit l'eſprit cultivé : mais cet art, on ne le ſentoit jamais. Il n'avoit fait qu'embellir la nature ; il ne ſervoit en elle qu'à faire durer le charme. A chaque moment elle plaiſoit plus ; à chaque moment elle intéreſſoit davantage. C'eſt l'impreſſion qu'elle avoit faite aux Indes ; c'eſt l'impreſſion qu'elle faiſoit en Europe. Eliza étoit donc très-belle ? Non, elle n'étoit que belle : mais il n'y avoit point de beauté qu'elle n'effaçât, parce qu'elle étoit la ſeule comme elle.

Eliza a écrit ; & les hommes de ſa nation, qui ont mis le plus d'élégance & de goût dans leurs ouvrages, n'auroient pas déſavoué le petit nombre de pages qu'elle a laiſſées.

Lorſque je vis Eliza, j'éprouvai un ſentiment qui m'étoit inconnu. Il étoit trop vif pour n'être que de l'amitié ; il étoit trop pur pour être de l'amour. Si c'eût été une paſſion, Eliza m'auroit plaint ; elle auroit eſſayé de me ramener à la raiſon, & j'aurois achevé de la perdre.

Eliza diſoit ſouvent qu'elle n'eſtimoit perſonne autant que moi. A préſent, je le puis croire.

Dans ſes derniers momens, Eliza s'occupoit de ſon ami ; & je ne puis tracer une ligne ſans avoir ſous les yeux le monument qu'elle m'a laiſſé. Que n'a-t-elle pu douer auſſi ma plume de ſa grace & de ſa vertu ? Il me ſemble du moins l'entendre : « Cette muſe ſévère qui te regarde, me dit-elle, c'eſt l'Hiſtoire, » dont la fonction auguſte eſt de déterminer l'opinion de la » poſtérité. Cette divinité volage qui plane ſur le globe, c'eſt » la Renommée, qui ne dédaigna pas de nous entretenir un » moment de toi : elle m'apporta tes ouvrages, & prépara notre » liaiſon par l'eſtime. Vois ce phénix immortel parmi les flam» mes : c'eſt le ſymbole du génie qui ne meurt point. Que ces » emblêmes t'exhortent ſans ceſſe à te montrer le défenſeur DE » L'HUMANITÉ, DE LA VÉRITÉ, DE LA LIBERTÉ ».

Du haut des cieux, ta première & dernière patrie, Eliza, reçois mon ſerment. JE JURE DE NE PAS ÉCRIRE UNE LIGNE, OU L'ON NE PUISSE RECONNOÎTRE TON AMI.

Cochin étoit fort conſidérable, lorſque les Portugais arrivèrent

vèrent dans l'Inde. Ils s'emparèrent de cette place, dont ils furent chassés depuis par les Hollandois. Le souverain, en la perdant, avoit conservé ses états, qui dans l'espace de vingt-cinq ans, ont été envahis successivement par le Travancor. Ses malheurs l'ont réduit à se refugier sous les murs de son ancienne capitale, où il subsiste d'environ 14,400 liv. qu'on s'est obligé, par d'anciennes capitulations, à lui donner sur le produit de ses douanes. On voit dans le même fauxbourg une colonie de Juifs industrieux & blancs, qui ont la folle prétention de s'y être établis au tems de la captivité de Babylone, mais qui certainement y sont depuis très-long-tems. Une ville entourée de campagnes très-fertiles, bâtie sur une rivière qui reçoit des vaisseaux de cinq cens tonneaux, & qui forme dans l'intérieur du pays plusieurs branches navigables, devroit être naturellement florissante. S'il n'en est pas ainsi, on ne peut en accuser que le génie oppresseur du gouvernement.

Ce mauvais esprit est, pour le moins, aussi sensible à Calicut. Toutes les nations y sont reçues, mais aucune n'y domine. Le souverain qui lui donne aujourd'hui des loix, est brame; ou le peuple est sous le gouvernement théocratique, qui devient avec le tems le plus mauvais des gouvernemens, la main des dieux appesantissant le sceptre des tyrans, & la sainteté de l'une des autorités soumettant en aveugle & sous peine de sacrilège aux caprices de l'autre. Les ordres du despote se transforment en oracles, & la désobéissance des sujets est qualifiée de révolte contre le ciel. Le trône de Calicut est presque le seul de l'Inde occupé par cette première des castes. On en voit régner ailleurs de moins distinguées. Il y en a même de si obscures sur le trône, que leurs domestiques seroient déshonorés & chassés de leurs tributs, s'ils s'avilissoient jusqu'à manger avec leurs monarques. Ces gens-là n'ont garde de se vanter d'avoir soupé chez le roi. Ce préjugé n'est peut-être pas plus ridicule qu'un autre. Il abat l'orgueil des princes; il guérit les courtisans d'une vanité. Tel est l'ascendant des superstitions. C'est sur-tout par elles que l'opinion règne dans le monde. Par les superstitions, la ruse a partagé l'empire avec la force. Quand l'une a tout conquis, tout ſoumis ; l'autre vient & lui donne des loix à ſon tour. Elles traitent enſemble ; les hommes baiſſent la tête, & ſe laiſſent lier les mains. S'il arrive que ces deux puiſſances mécontentes ſe ſoulèvent l'une contre l'autre, c'eſt alors qu'on voit ruiſſeler dans les rues le ſang des citoyens. Une partie ſe range ſous l'étendard de la ſuperſtition ; l'autre marche ſous les drapeaux du ſouverain. Les pères égorgent les enfans ; les enfans enfoncent, ſans héſiter, le poignard dans le ſein des pères. Toute idée de juſtice ceſſe ; tout ſentiment d'humanité s'anéantit. L'homme ſemble tout-à-coup métamorphoſé en bête féroce. L'on crie d'un côté : *Rebelles, obéiſſez à votre monarque.* On crie de l'autre : *Sacrilèges, impies, obéiſſez à Dieu, le maître de votre roi, ou mourez.* Je m'adreſſerai donc à tous les ſouverains de la terre, & j'oſerai leur révéler la penſée ſecrète du ſacerdoce. Qu'ils ſachent que ſi le prêtre s'expliquoit franchement, il diroit. Si le ſouverain n'eſt pas mon licteur, il eſt mon ennemi. Je lui ai mis la hache à la main, mais c'eſt à condition que je lui déſignerois les têtes qu'il faudroit abattre. Les brames, dépoſitaires de la religion & des ſciences dans tout l'Indoſtan, ſont employés comme miniſtres dans la plupart des états, & diſpoſent de tout à leur gré ; mais les affaires n'en ſont pas mieux conduites.

Tout le Calicut eſt mal adminiſtré, & ſa capitale plus mal encore. Elle n'a ni police, ni fortifications. Son commerce, embarraſſé d'une infinité de droits, eſt preſqu'entiérement dans les mains de quelques Maures les plus corrompus, les plus infidèles de l'Aſie. Un de ſes plus grands avantages, eſt de recevoir par la rivière de Beypour, qui n'en eſt éloignée que de deux lieues, le bois de teck, qui ſe trouve en abondance dans les plaines & ſur les montagnes voiſines.

Les poſſeſſions de la maiſon de Colaſtry, voiſines de Calicut, ne ſont guère connues que par la colonie Françoiſe de Mahé, qui renaît de ſes cendres, & par la colonie Angloiſe de Tallichery, qui n'a éprouvé aucun malheur. Cette dernière, qui a une population de quinze à ſeize mille ames, avoit pour défenſeurs trois cens blancs & cinq cens noirs. Ils ont été rappellés depuis que la nation a acquis sur ces mers un ascendant qui ne leur laisse plus craindre de voir ses loges insultées. Actuellement elle retire tous les ans, avec très-peu de fraiş, de celle-là, quinze cens mille livres pesant de poivre, & quelques autres denrées de peu d'importance.

A la réserve de quelques principautés qui méritent à peine d'être nommées, les états dont on vient de parler, forment proprement tout le Malabar, contrée plus agréable que riche. On n'en exporte guère que des aromates, des épiceries. Les plus considérables sont le bois de sandal, le safran d'Inde, le cardamome, le gingembre, la fausse cannelle & le poivre.

XVI. Productions particulières au Malabar.

Le sandal est un arbre de la grandeur du noyer. Ses feuilles sont entières, ovales & opposées. Sa fleur est d'une seule pièce, chargée de huit étamines, & portée sur le pistil, qui devient une baie insipide, semblable pour la forme à celle du laurier. Son bois est blanc à la circonférence, & jaune dans le centre, lorsque l'arbre est ancien. Cette différence dans la couleur, constitue deux variétés de sandal, employées aux mêmes usages, & douées également d'une saveur amère, & d'une odeur aromatique. On prépare avec la poussière de ce bois une pâte dont on se frotte le corps à la Chine, aux Indes, en Perse, dans l'Arabie & dans la Turquie. On le brûle aussi dans les appartemens, où il répand une odeur douce & salutaire. La plus grande quantité de ce bois, auquel on attribue une vertu incisive & atténuante, reste dans l'Inde. On transporte de préférence en Europe le sandal rouge, quoique moins estimé, & d'un usage moins général. Celui-ci est le produit d'un arbre différent, commun sur la côte de Coromandel. Quelques voyageurs le confondent avec le bois de Caliatour employé dans la teinture.

Le safran d'Inde, que les médecins appellent *Curcuma* ou *Terra merita*, a une tige très-basse & herbacée, formée par la réunion des graines, de cinq ou six feuilles fort longues, & portées sur de longs pédicules. Les fleurs, disposées en épi écailleux près de la racine, sont purpurines, à six divisions inégales; elles n'ont qu'une étamine, portée comme elles sur le pistil, qui devient une capsule à trois loges, remplie de graines arrondies. La racine est composée de cinq ou six tubercules oblongs & noueux. On la regarde comme apéritive, propre pour guérir la jaunisse. Les Indiens s'en servent pour teindre en jaune, & elle entre dans l'assaisonnement de presque tous leurs mets.

On trouve dans les diverses contrées de l'Inde plusieurs espèces de cardamome, dont les caractères distinctifs n'ont pas été suffisamment observés. Celle qui croît dans les territoires de Cochin, de Calicut & de Cananor, est la plus petite & la plus estimée. Elle a, ainsi que les autres, beaucoup d'analogie avec le safran d'Inde, dont elle diffère par ses feuilles beaucoup plus nombreuses; par sa tige plus élevée; par son épi de fleurs plus lâche, provenant immédiatement de la racine; par son fruit plus petit. Ses graines, douées d'un aromate agréable, sont employées dans la plupart des ragoûts Indiens. Souvent on les mêle avec l'areque & le bétel; quelquefois on les mâche après. La médecine s'en sert principalement pour aider la digestion & pour fortifier l'estomac. Le cardamome vient sans culture, & croît naturellement dans les lieux couverts de la cendre des plantes qu'on a brûlées.

Le gingembre ressemble assez au cardamome par la disposition & la structure de ses fleurs. L'épi part du même point. La racine, qui est noueuse & traçante, pousse plusieurs tiges de trois pieds de haut, dont les feuilles sont plus étroites. Elle est blanche, tendre & d'un goût presqu'aussi piquant que le poivre. Les Indiens en mettent dans le riz qui fait leur nourriture ordinaire, pour en corriger l'insipidité naturelle. Cette épicerie, mêlée avec d'autres, donne aux mets qu'elle assaisonne un goût fort qui déplaît souverainement aux étrangers. Cependant ceux des Européens qui arrivent en Asie sans fortune, sont forcés de s'y accoutumer. Les autres s'y habituent par complaisance pour leurs femmes, nées la plupart dans le pays. Là, comme ailleurs, il est plus facile aux hommes de prendre les goûts & les foibles des femmes, que de les en guérir. Peut-être aussi que le climat exige cette manière de vivre. Le meilleur gingembre est celui qu'on cultive dans le

Malabar. La feconde qualité fe tire du Bengale. On eftime moins celui qui croît au Décan & dans tout l'Archipel Indien ; fi l'on en excepte pourtant le gingembre rouge des Moluques, efpèce différente de l'ordinaire, par la couleur de fa racine, & fa faveur moins âcre.

La fauffe cannelle, connue fous le nom de *Caffia lignea*, fe trouve à Timor, à Java, à Mindanao ; mais elle eft fupérieure fur la côte de Malabar. L'arbre dont on la tire, eft, comme celui de Ceylan, une efpèce de laurier ; il donne les mêmes produits, & lui reffemble par le plus grand nombre de fes caractères. Ses feuilles font plus longues. Son écorce, plus épaiffe & plus rouge, a moins de faveur, & fe diftingue fur-tout par une glutinofité que l'on fent en la mâchant. Ces fignes fervent à découvrir la fraude des marchands, qui la vendent avec la vraie cannelle, dont la vertu eft infiniment fupérieure, & le prix quatre fois plus confidérable. Les Hollandois, défefpérant de pouvoir extirper les arbres qui la produifent, imaginèrent, dans le tems de leur prépondérance au Malabar, d'exiger des fouverains du pays, qu'ils renonçâffent au droit de les dépouiller de leur écorce. Cet engagement, qui n'a jamais été bien rempli, l'eft encore moins, depuis que la puiffance qui l'avoit dicté a perdu de fa force, & qu'elle a augmenté le prix de la cannelle de Ceylan. Celle du Malabar peut former aujourd'hui un objet de deux cens mille livres pefant. La moindre partie paffe en Europe ; le refte fe diftribue dans l'Inde. Ce commerce eft tout entier dans les mains des Anglois libres. Il doit augmenter ; mais jamais il n'approchera de celui du poivre.

Le poivrier eft un arbriffeau dont la racine eft fibreufe & noirâtre. Sa tige, farmenteufe & flexible comme celle de la vigne, a befoin pour s'élever d'un arbre ou d'un échalas. Elle eft rameufe, garnie de nœuds, de chacun defquels part une feuille ovale, aiguë, très-liffe, & marquée de cinq nervures, dont l'odeur eft forte & le goût piquant. Vers le milieu des rameaux, & plus fouvent aux extrémités, l'on voit de petites grappes femblables à celles du grofeiller, qui portent environ trente fleurs, composées de deux étamines & d'un pistil. Le fruit qui succède est d'abord vert, puis rouge, de la grosseur d'un pois. On le cueille communément en octobre, quatre mois après la floraison, & on l'expose pendant sept ou huit jours au soleil. La couleur noire qu'il acquiert alors, lui a fait donner le nom de poivre noir. On le rend blanc en le dépouillant de sa pellicule extérieure. Le plus gros, le plus pesant & le moins ridé est le meilleur.

Le poivrier se plaît dans les isles de Java, de Sumatra, de Ceylan; mais plus particuliérement sur la côte de Malabar. On ne le seme point, on le plante; & le choix des rejettons demande une attention sérieuse. Il ne donne du fruit qu'au bout de trois ans. La première année de sa fécondité & les deux qui suivent, sont si abondantes, qu'il y a des arbustes qui produisent jusqu'à six ou sept livres de poivre. Les récoltes vont ensuite en diminuant; & l'arbuste dégénère avec une telle rapidité, qu'il ne rapporte plus rien à la douzième année.

La culture du poivrier n'est pas difficile. Il suffit de le placer dans les terres grasses, & d'arracher avec soin, sur-tout les trois premières années, les herbes qui croissent en abondance autour de sa racine. Comme le soleil lui est très-nécessaire, on doit, lorsque le poivrier est prêt à porter du fruit, élaguer les arbres qui lui servent d'appui, afin que leur ombre ne nuise pas à ses productions. Après la récolte, il convient de l'émonder par le haut. Sans cette précaution, on auroit beaucoup de bois & peu de fruit.

L'exportation du poivre, qui fut autrefois toute entière entre les mains des Portugais, & que les Hollandois, les Anglois, les François se partagent actuellement, peut s'élever dans le Malabar à dix millions pesant. A dix sols la livre, c'est un objet de cinq millions. Il sort du pays, en d'autres productions, pour la moitié de cette somme. Ces ventes le mettent en état de payer le riz qu'il tire du Gange & du Canara, les grosses toiles que lui fournissent le Mayssur & le Bengale, & diverses marchandises que l'Europe lui envoie. La solde en argent n'est rien, ou peu de chose.

Le Canara, contrée limitrophe du Malabar proprement dit, s'est successivement accru des provinces d'Onor, de Baticala, de Bandel & de Cananor; ce qui lui a donné une assez grande étendue. Il est très-fertile, & sur-tout en riz. C'étoit autrefois l'état le plus florissant de ces contrées : mais il déclina, lorsque son souverain se vit forcé de donner tous les ans douze à treize cens mille francs aux Marattes ses voisins, pour garantir le royaume de leurs brigandages. Sa décadence a augmenté encore, depuis qu'Ayder-Alikan en est devenu le maître. Mangalor, qui lui sert de port, a déchu dans les mêmes proportions. Les navigateurs étrangers l'ont moins fréquenté, & parce que les denrées n'y étoient plus aussi abondantes, & parce que la multiplicité des droits en augmentoit excessivement le prix. Cependant les mœurs sont restées aussi corrompues qu'elles l'avoient été de tems immémorial. Le Canara est toujours en possession de fournir les courtisannes les plus voluptueuses, & les plus belles danseuses de tout l'Indostan.

XVII. Etat actuel de Goa.

Le commerce qui fit sortir Venise de ses lagunes, Amsterdam de ses marais, avoit fait de Goa le centre des richesses de l'Inde & un des plus fameux marchés de l'univers. Le tems; les révolutions si ordinaires en Asie; l'orgueil inséparable des grands succès; la mollesse qui suit une opulence facilement acquise; la concurrence des nations plus éclairées; les infidélités du fisc & celles des particuliers; des perfidies, des atrocités de tous les genres : ces causes & d'autres peut-être qui nous échappent, ont précipité dans l'abîme cette cité superbe. Elle n'est plus rien; & les vices de son administration, la corruption de ses citoyens, l'influence des moines dans les résolutions publiques, ne permettent pas d'espérer son rétablissement. Dépouillé de tant de fertiles provinces qui recevoient aveuglément ses loix, il n'est resté à Goa, de son ancienne puissance, que la petite isle où il est situé, & les deux péninsules qui forment son port.

XVIII. Histoire des pirates Angria.

Au Nord de Goa, les Marattes, maîtres de quelques postes sur les rivages de la mer, infestoient cet océan de leurs brigandages. Cette piraterie offensa vivement le Mogol qui venoit d'asſervir les parties ſeptentrionales de la côte. Pour protéger la navigation de ſes ſujets, il créa une flotte, principalement deſtinée à réprimer cet eſprit de rapine. A cette époque les deux puiſſances ſe heurtèrent. Dans ces combats journaliers & ſanglans, le Maratte Conagy Angria montra des talens ſi diſtingués, qu'on lui déféra la direction des forces maritimes de ſa nation, & bientôt après le gouvernement de l'importante forteresſe de Swerndroog, bâtie ſur une petite iſle, à peu de diſtance du continent.

Cet homme extraordinaire n'avoit vaincu que pour lui. Il fit adopter ſon plan d'indépendance par les compagnons de ſes victoires, & avec leur ſecours s'empara des navires qu'il avoit ſi long-tems & ſi heureuſement commandés. Les efforts qu'on fit pour le faire rentrer dans la ſoumiſſion furent impuiſſans. L'attrait du pillage & la réputation de ſa générosité attirèrent même un ſi grand nombre d'intrépides aventuriers autour de lui, qu'il lui fut facile de devenir conquérant. Son empire s'étendit ſur la côte, depuis Tamana juſqu'à Rajapour ou quarante lieues ; & dans les terres, vingt ou trente milles, ſelon la diſpoſition des lieux & la facilité de la défenſe. Cependant, il dut ſes plus grands ſuccès & toute ſa renommée à des opérations navales, qui furent continuées avec la même activité, la même bravoure & la même intelligence par les héritiers de ſon nom & de ſes états.

Ces corſaires n'attaquoient d'abord que les navires Indiens, Maures ou Arabes qui n'avoient pas acheté d'eux un paſſe-port. Avec le tems, ils inſultèrent le pavillon des Européens qui ſe virent réduits à ne plus naviguer que ſous convoi. Cette précaution étoit très-diſpendieuſe, & ſe trouva inſuffiſante. Les vaiſſeaux d'eſcorte furent ſouvent aſſaillis eux-mêmes, & pluſieurs fois enlevés à l'abordage.

Ces déprédations avoient duré cinquante ans, lorſqu'en 1722 les Anglois joignirent leurs forces à celles des Portugais, contre ces pirates. On réſolut, de concert, de détruire leur repaire. L'expédition fut honteuſe & malheureuſe. Celle qui, deux ans après, fut entrepriſe par les Hollandois avec ſept vaiſſeaux de guerre & deux galiotes à bombe, ne réuſſit pas mieux. Enfin le

Maratte, à qui les Angrias refusoient un tribut qu'ils lui avoient long-tems payé, convint d'attaquer l'ennemi commun par terre, tandis que les Anglois l'attaqueroient par mer. Cette combinaison eut un succès complet. La plupart des ports & des forteresses furent enlevés dans la campagne de 1755. Geriath, capitale de l'état, succomba l'année suivante; & dans son tombeau fut enseveli un empire, dont la prospérité n'avoit jamais eu pour base que les calamités publiques. Malheureusement de ses débris s'augmenta la puissance des Marattes, qui n'étoit déja que trop redoutable.

XIX. Etat actuel des Marattes à la côte de Malabar.

Ce peuple, long-tems réduit à ses montagnes, s'est étendu peu-à-peu vers la mer, occupe aujourd'hui le vaste espace qui est entre Surate & Goa, & menace également ces deux grandes villes. Il est célèbre à la côte de Coromandel, vers Delhy, & sur le Gange, par ses incursions, par ses brigandages; mais son point central, la masse de ses forces, & sa demeure fixe, sont au Malabar. L'esprit de rapine qu'il porte dans les contrées qu'il ne fait que parcourir, il le perd dans les provinces qu'il a conquises. Déja s'est amélioré le sort des lieux qui furent si long-tems écrâsés par la tyrannie des Portugais, & qui ont successivement grossi son domaine. Sa conduite est bien différente sur les mers voisines. Non seulement il y pille les bâtimens trop foibles pour lui résister; mais il accorde encore des asyles aux pirates étrangers qui consentent à partager avec lui leurs prises.

XX. Révolutions arrivées à Surate. Suite de l'influence qu'y acquièrent les Anglois.

Surate fut long-tems le seul port par lequel l'empire Mogol exportoit ses manufactures, & recevoit ce qui étoit nécessaire à sa consommation. Pour le contenir & pour le défendre, on imagina de construire une citadelle, dont le commandant n'avoit aucune autorité sur celui de la ville : on avoit même l'attention de choisir deux gouverneurs, qui ne fussent pas de caractère à se réunir pour l'oppression du commerce. Des circonstances fâcheuses donnèrent naissance à un troisième pouvoir. Les mers des Indes étoient infestées de pirates qui interceptoient la navigation, & qui empêchoient les dévots Musulmans de faire le voyage de la Mecque. Le Mogol crut que le chef d'une colonie de Cafres, qui s'étoit établie à Rajapour, seroit propre à arrêter le cours de ces brigandages, & il le choisit pour son amiral. On lui assigna pour sa solde annuelle, trois lacks de roupies, ou 720,000 livres. Cette somme n'ayant pas été exactement payée, l'amiral s'empara du château ; & de ce fort, il opprimoit la ville. Tout alors tomba dans la confusion ; & l'avarice des Marattes toujours inquiète, devint plus vive que jamais. Depuis long-tems ces barbares, qui avoient étendu leurs usurpations jusques aux portes de la place, recevoient le tiers des impositions, à condition qu'ils ne troubleroient pas le commerce qui se faisoit dans l'intérieur des terres. Ils s'étoient contentés de cette contribution, tout le tems que la fortune ne leur avoit pas présenté des faveurs plus considérables. Lorsqu'ils virent la fermentation des esprits, ils ne doutèrent pas que, dans sa fureur, quelqu'un des partis ne leur ouvrît les portes, & ils s'approchèrent en force des murailles. Des négocians qui se voyoient tous les jours à la veille d'être dépouillés de leur fortune, appellèrent les Anglois à leur secours en 1759, & les aidèrent à s'emparer de la citadelle. L'avantage de la tenir sous leur garde ainsi que l'exercice de l'amirauté, furent assurés aux conquérans par la cour de Delhy, avec le revenu attaché aux deux postes. Cette révolution rendit quelque calme à Surate & à son Nabab, mais en les mettant dans une dépendance absolue de la force qu'on avoit invoquée.

Ce succès étendit l'ambition des agens de la compagnie Angloise. Ceux d'entre eux qui conduisoient les affaires au Malabar étoient rongés d'un dépit secret de n'avoir eu aucune part aux fortunes immenses qui s'étoient faites au Coromandel & dans le Bengale. Leurs avides regards qui, depuis long-tems, se portoient de tous les côtés, s'arrêtèrent enfin en 1771 sur Barokia, grande ville située à trente-cinq milles de l'embouchure de la rivière de Nerbedals qui se jette dans le golfe de Cambaie, & très-anciennement célèbre par la richesse de son sol & par l'abondance de ses manufactures. Les navires, même marchands, n'y peuvent monter qu'avec le secours de la marée, ni en descendre qu'au tems du reflux.

Cinq cens blancs & mille noirs partirent de Bombay, pour

s'emparer de la place, ſous les prétextes les plus frivoles. L'expédition échoua par l'incapacité du chef qui en étoit chargé. Elle fut repriſe l'année ſuivante. Les aſſiégés, enhardis par un premier ſuccès, & peut-être encore plus par une ancienne tradition qui leur promettoit que leur ville ne ſeroit jamais priſe, ſe défendirent aſſez long-tems; mais à la fin leurs murailles furent emportées d'aſſaut.

Durant tout le ſiège, la mère du Nabab n'avoit pas quitté ſon fils, bravant comme lui le ravage du canon & des bombes. Ils ſortirent enſemble de la place, lorſqu'elle ne fut plus tenable. On les pourſuivoit. *Allez*, dit cette héroïque femme au compagnon de ſa ſuite, *allez chercher un aſyle & des ſecours chez vos alliés ; je retarderai la marche de nos ennemis & leur échapperai peut-être.* Se voyant ſerrée de trop près, on lui vit prendre le parti ſi ordinaire dans l'Indoſtan aux perſonnes de ſon ſexe qui ont conſervé leur poignard : elle ſe perça le cœur pour éviter de porter des fers. Son fils ne lui ſurvécut que peu.

Avant ſon déſaſtre, ce prince étoit obligé de donner aux Marattes les ſix dixièmes de ſon revenu qui ne paſſoit pas 1,680,000 livres. C'étoit comme poſſeſſeurs d'Amed-Abad, capitale du Guzurate, que ces barbares exigoient un ſi grand tribut. Les Anglois ne ſe refuſèrent pas ſeulement à cette humiliation : ils voulurent auſſi exercer des droits ſur la province entière. Des prétentions ſi oppoſées furent une ſemence de diſcorde. Tout fut pacifié en 1776 par un traité qui régla que les anciens uſurpateurs conſerveroient leurs conquêtes, mais que les nouveaux auroient la jouiſſance libre de Barokia, & qu'on ajouteroit à ſon territoire un territoire dont les impoſitions rendroient 720,000 livres.

Les Marattes paroiſſoient alors dans une ſituation qui ne leur permettoit pas d'eſpérer un arrangement ſi favorable. L'union de ces brigands n'avoit jamais été altérée. Cette concorde leur avoit aſſuré une ſupériorité décidée ſur les autres puiſſances de l'Indoſtan, perpétuellement agitées par des troubles domeſtiques. Leurs premières diviſions éclatèrent en 1773. Le frère & le fils de leur dernier chef ſe diſputèrent l'empire, & les ſujets diviſés prirent tous parti, ſuivant leurs inclinations ou leurs intérêts.

Durant le cours de cette guerre civile, le Souba du Décan se remit en possession des provinces que le malheur des tems l'avoit forcé d'abandonner à ces barbares. Hayder-Alikan, s'appropria la partie de leur territoire qui étoit le plus à sa bienséance. Les Anglois jugèrent la circonstance favorable pour s'emparer de Salsete dont les Marattes avoient chassé les Portugais en 1740.

XXI. Description de l'isle de Salsete.

La conquête de cette isle se trouva moins aisée qu'on ne l'avoit espéré. La citadelle de Tanah, qui en faisoit toute la force, fut défendue avec une intelligence, une opiniâtreté inconnue dans ces contrées. Sommé de se rendre, le gouverneur âgé de quatre-vingt-douze ans répondit fiérement : *Je n'ai pas été envoyé pour cela ;* & il redoubla d'activité & de courage. Ce ne fut qu'après qu'il eut été tué ; qu'après que ses braves compagnons eurent soutenu un assaut très-meurtrier depuis sa mort, que les troupes Britanniques entrèrent dans la place le 28 décembre 1774.

Alors seulement le vainqueur se trouva le maître d'un territoire qui, à la vérité, n'a que vingt milles de long sur quinze milles de large; mais qui est un des plus peuplés, des plus fertiles de l'Asie. Au centre est la montagne de Keneri, remplie d'excavations vastes & profondes, toutes pratiquées dans le roc vif. Ce sont des pagodes, rangées ordinairement de suite, mais quelquefois placées les unes au-dessus des autres. Des figures & des inscriptions taillées ou gravées sur la pierre les ornent le plus souvent. On retrouve les mêmes singularités dans l'isle d'Elephante, voisine de Salsete.

Des ouvrages si étonnans ont été l'origine de beaucoup de fables. Le vulgaire croit qu'ils furent exécutés, il y a cinq cens mille ans, par des divinités d'un ordre inférieur. Quelques brames en font l'honneur au grand Alexandre, qu'ils se plaisent à décorer de tout ce qui leur paroît au-dessus des forces naturelles de l'homme. Il est raisonnable d'espérer que les Anglois, auxquels nous devons déja tant de lumières sur l'Asie, n'oublieront rien pour arriver à l'intelligence de ces monumens qui peuvent jetter un si grand jour sur l'histoire & sur la religion des Indes. Ces soins leur seront d'autant plus faciles, que Salsete n'est séparée de Bombay que par un canal très-étroit.

XXII. Description de l'isle de Bombay. Son état actuel & son importance.

Cette isle, qui n'a guère que vingt ou vingt-cinq milles de circonférence, fut assez long-tems un objet d'horreur. Personne ne vouloit se fixer sur un terrein si mal-sain, qu'il étoit passé en proverbe, que *deux moussons à Bombay étoient la vie d'un homme.* Les campagnes étoient alors remplies de bambous & de cocotiers; c'étoit avec du poisson pourri qu'on fumoit les arbres; des marais infects corrompoient les côtes. Ces principes de destruction auroient sans doute dégoûté les Anglois de leurs colonies, s'ils n'y avoient été retenus par le meilleur port de l'indostan, & le seul qui, avec celui de Goa, puisse recevoir des vaisseaux de ligne. Un avantage si particulier leur fit desirer de pouvoir donner de la salubrité à l'air, & l'on y réussit assez aisément, en ouvrant le pays, & en procurant de l'écoulement aux eaux. Alors se portèrent en foule dans cet établissement, les habitans des contrées voisines, attirés par la douceur du gouvernement.

Jettez un coup-d'œil sur le globe depuis l'origine des tems historiques, & vous verrez les hommes poursuivis par le malheur, s'arrêtant où il leur est permis de respirer. N'est-il pas surprenant que la généralité & la constance de ce phénomène n'aient pas encore appris aux maîtres de la terre, que l'unique moyen de prévenir les émigrations, c'est de faire jouir leurs sujets d'une situation assez douce pour les fixer dans la region qui les a vu naître.

On compte actuellement à Bombay près de cent mille habitans, dont sept à huit mille sont matelots. Quelques manufactures de soie & de coton en occupent un petit nombre. Comme les grandes productions ne pouvoient pas prospérer sur un roc vif, où le sol a peu de profondeur, la multitude a tourné ses soins vers la culture d'un excellent oignon qui, avec le poisson qu'on fait sécher, est avantageusement vendu dans les marchés les plus éloignés. Ces travaux ne s'exécutent pas avec l'indolence si générale sous un ciel ardent. L'Indien s'est montré susceptible d'émulation; & son caractère a été changé, en quelque sorte, par l'exemple des infatigables Parsis. Ces derniers ne sont pas uniquement pêcheurs & agriculteurs. La construction, l'équipement, l'expédition des navires : tout ce qui concerne la rade ou la navigation, eſt confié à leur activité, à leur induſtrie.

Avant 1759, les bâtimens expédiés d'Europe pour la mer Rouge, le golfe Perſique & le Malabar, abordoient généralement aux côtes où ils devoient dépoſer leur argent & leurs marchandiſes, où ils devoient trouver leur chargement. A cette époque, tous ſe ſont rendus, tous ſe ſont arrêtés à Bombay, où l'on reunit, ſans frais, les productions des contrées voiſines, depuis que la compagnie Angloiſe, revêtue de la dignité d'amiral du Grand-Mogol eſt obligée d'avoir une marine & une marine aſſez nombreuſe dans ces parages.

C'étoit une néceſſité que, dans un pareil entrepôt, les chantiers, les navires & les négocians ſe multipliâſſent. Auſſi l'iſle s'eſt-elle aſſez rapidement emparée de toute la navigation & d'une grande partie du commerce que Surate, que les autres marchés voiſins avoient fait juſqu'alors dans les mers d'Aſie.

Il falloit donner de la ſtabilité à ces avantages. Pour y parvenir, on a entouré de fortifications le port qui eſt le mobile de tant d'opérations, & où doivent ſe radouber les eſcadres envoyées par la Grande-Bretagne, ſur l'Océan Indien. Ces ouvrages ſont ſolidement conſtruits, & n'ont, dit-on, d'autre défaut que d'être trop étendus. Ils ont pour défenſeurs douze cens Européens & un beaucoup plus grand nombre de troupes Aſiatiques.

En 1773, le revenu de toutes les dépendances de Bombay montoit à 13,607,212 liv. 10 ſ. & leurs dépenſes à 12,711,150 liv. La ſituation de ces trop nombreuſes colonies a été ſûrement améliorée depuis cette époque; mais nous ne ſaurions aſſigner le terme de ces économies.

Les poſſeſſions des Anglois & des Marattes dans le Malabar, ſont trop mêlées; leurs intérêts trop oppoſés, & leurs prétentions trop vaſtes, pour qu'un peu plutôt, un peu plus tard, les deux nations ne meſurent leurs forces. On ne peut pas dire à laquelle des deux puiſſances la victoire reſtera. Cet événement dépendra des circonſtances où elles ſe trouveront, des alliances qu'elles auront formées, & principalement des hommes d'état qui dirigeront leur politique, des généraux qui commanderont leurs armées. Voyons si la tranquillité est mieux établie sur les côtes de Coromandel & d'Orixa, qui s'étendent depuis le cap Comorin, jusqu'au Gange.

XXIII. Etat de la côte de Coromandel à l'arrivée des Européens.

Les géographes & les historiens distinguent toujours ces deux contrées limitrophes, occupées par des peuples dont les habitudes & les monnoies ne se ressemblent point. Ils diffèrent aussi par le langage. Ceux d'Orixa ont un idiôme particulier, tandis que leurs voisins parlent généralement le Malabare. Cependant, comme le commerce qui se fait dans ces régions, est à-peu-près le même, & qu'il s'y fait de la même manière, nous les désignerons sous l'unique nom de Coromandel. Les deux côtes ont d'autres traits de ressemblance. Sur l'une & sur l'autre, les chaleurs sont très-vives : mais, depuis le commencement de juin jusqu'au milieu d'octobre, les vents de mer qui s'élèvent à dix heures du matin & qui soufflent jusque vers dix heures du soir, rendent le climat suportable. Il est encore plus rafraîchi dans les mois de juillet, & sur-tout de novembre, par des pluies qu'on peut dire continuelles.

Cette immense plage est couverte, dans l'espace d'environ un mille, d'un sable tout-à-fait stérile, où viennent se briser avec violence les vagues de l'Océan Indien. Il n'y abordoit autrefois que des canots formés de planches légères jointes, &, pour ainsi dire, cousues avec du kaire. Les premiers Européens qui abordèrent à ces rivages, voulurent employer des bâtimens plus grands & plus solides. Des malheurs répétés les guérirent de leur présomption. Ils comprirent, avec le tems, que rien n'étoit plus raisonnable que de se conformer à une pratique, qui ne leur avoit d'abord paru digne que d'un peuple sans lumières & sans expérience.

Plusieurs raisons firent d'abord négliger cette région, par les premiers Européens qui passèrent aux Indes. Elle étoit séparée, par des montagnes inaccessibles, du Malabar, où ces hardis navigateurs travailloient à s'établir. On n'y trouvoit pas les aromates & les épiceries qui fixoient principalement leur attention. Enfin les troubles civils en avoient banni la tranquillité, la sûreté & l'industrie.

A cette époque, l'empire de Bisnagar, qui donnoit des loix à ce grand pays, s'écrouloit de toutes parts. Les premiers monarques de ce bel état, avoient dû leur pouvoir à leurs talens. On les voyoit à la tête de leurs armées pendant la guerre. Durant la paix, ils dirigeoient leurs conseils; ils visitoient leurs provinces; ils administroient la justice. La prospérité les corrompit. Ils contractèrent peu-à-peu l'habitude de se montrer rarement aux peuples, d'abandonner le soin des affaires à leurs généraux & à leurs ministres. Cette conduite, qui a par-tout amené la ruine des empires, préparoit la leur. Les gouverneurs de Visapour, de Carnate, de Golconde, d'Orixa, se rendirent indépendans sous le nom de rois. Ceux de Maduré, de Tanjaor, de Maissur, de Gingi, & quelques autres, usurpèrent aussi l'autorité souveraine, mais sans quitter leur ancien titre de Naick. Cette grande révolution étoit encore récente, lorsque les Européens se montrèrent sur la côte de Coromandel.

Le commerce avec l'étranger y étoit alors peu de chose. Il se réduisoit aux diamans de Golconde, qui étoient portés à Calicut, à Surate, & de-là à Ormuz ou à Suez, d'où ils se répandoient en Europe ou en Asie. Mazulipatnam, la ville la plus riche, la plus peuplée de ces contrées, étoit le seul marché qu'on connût pour les toiles. Dans une grande foire qui s'y tenoit tous les ans, elles étoient achetées par des bâtimens Arabes & Malais qui fréquentoient sa rade, & par des caravanes qui y venoient de loin. Ces toiles avoient la même destination que les diamans.

XXIV. Comment les Européens ont établi leur commerce à la côte de Coromandel, & quelle extension ils lui ont donnée.

Le goût qu'on commençoit à prendre parmi nous pour les manufactures de Coromandel, inspira la résolution de s'y établir à toutes les nations Européennes, qui fréquentoient les mers des Indes. Elles n'en furent détournées, ni par la difficulté de faire arriver les marchandises de l'intérieur des terres, qui n'offroient pas un fleuve navigable; ni par la privation totale de ports, dans des mers qui ne sont pas tenables une partie de l'année; ni par la stérilité des côtes, la plupart incultes & inhabitées; ni par la tyrannie & l'instabilité du gouvernement. On pensa que l'industrie viendroit chercher l'argent; que le Pégu fourniroit des bois pour les édifices, & le Bengale, des grains pour la subsistance; que neuf mois d'une navigation paisible seroient plus que suffisans pour les chargemens; qu'il n'y auroit qu'à se fortifier, pour se mettre à couvert des vexations des foibles despotes, qui opprimoient ces contrées.

Les premières colonies furent établies sur les bords de la mer. Quelques-unes dûrent leur origine à la force; la plupart se formèrent du consentement des souverains : toutes eurent un terrein très-resserré. Leurs limites étoient fixées par une haie de plantes épineuses qui formoit toute leur défense. Avec le tems, on éleva des fortifications. La tranquillité qu'elles procuroient & la douceur du gouvernement, multiplièrent en peu de tems le nombre des colons. L'éclat & l'indépendance de ces établissemens, blessèrent plus d'une fois les princes dans les états desquels ils s'étoient formés : mais leurs efforts, pour les anéantir, furent inutiles. Chaque colonie vit augmenter ses prospérités, selon la mesure des richesses & de l'intelligence de la nation qui l'avoit fondée.

Aucune des compagnies qui exercent leur privilège exclusif au-delà du cap de Bonne-Espérance, n'entreprit le commerce des diamans. Il fut toujours abandonné aux négocians particuliers; &, par degrés, il tomba tout entier entre les mains des Anglois, ou des Juifs & des Arméniens, qui vivoient sous leur protection. Aujourd'hui, ce grand objet de luxe & d'industrie est peu de chose. Les révolutions arrivées dans l'Indostan, ont écarté les hommes de ces riches mines; & l'anarchie, dans laquelle est plongé ce malheureux pays, ne permet pas d'espérer qu'ils s'en rapprochent. Toutes les spéculations de commerce à la côte de Coromandel, se réduisent à l'achat des toiles de coton.

On y achete des toiles blanches, dont la fabrication n'est pas assez différente de la nôtre, pour que ses détails puissent nous intéresser ou nous instruire. On y achète des toiles imprimées, dont les procédés, d'abord servilement copiés en Europe, ont été depuis simplifiés & perfectionnés par notre industrie. On y achète enfin des toiles peintes que nous n'avons pas entrepris d'imiter. Ceux qui croient que la cherté de notre main-d'œuvre nous a seule empêché d'adopter ce genre d'industrie, sont dans l'erreur. La nature ne nous a pas donné les matières qui entrent dans la composition de ces brillantes & ineffaçables couleurs, qui font le principal mérite des ouvrages des Indes : elle nous a surtout refusé les eaux nécessaires pour les mettre heureusement en œuvre.

Les Indiens ne suivent pas par-tout la même méthode pour peindre leurs toiles ; soit qu'il y ait des pratiques minutieuses, particulières à certaines provinces ; soit que les différens sols produisent des drogues différentes, propres aux mêmes usages.

Ce seroit abuser de la patience de nos lecteurs, que de leur tracer la marche lente & pénible des Indiens dans l'art de peindre leurs toiles. On diroit qu'ils le doivent plutôt à leur antiquité, qu'à la fécondité de leur génie. Ce qui semble autoriser cette conjecture, c'est qu'ils se sont arrêtés dans la carrière des arts, sans y avoir avancé d'un seul pas depuis plusieurs siècles ; tandis que nous l'avons parcourue avec une rapidité extrême, & que nous voyons, avec une émulation pleine de confiance, l'intervalle immense qui nous sépare encore du terme. A ne considérer même que le peu d'invention des Indiens, on seroit tenté de croire que, depuis un tems immémorial, ils ont reçu les arts qu'ils cultivent de quelque peuple plus industrieux: mais quand on réfléchit que ces arts ont un rapport exclusif avec les matières, les gommes, les couleurs, les productions de l'Inde, on ne peut s'empêcher de voir qu'ils y sont nés.

Une chose qui pourroit surprendre, c'est la modicité du prix des toiles où l'on fait entrer toutes les couleurs. Elles ne coûtent guère plus que celles où il n'en entre que deux ou trois. Mais il faut observer que les marchands du pays vendent à la fois, à toutes les compagnies, une quantité considérable de toiles ; & que, dans les assortimens qu'ils fournissent, on ne leur demande qu'une petite quantité de toiles peintes en toutes couleurs ; parce qu'elles ne sont pas fort recherchées en Europe.

Quoique toute la partie de l'Indostan, qui s'étend depuis le cap Comorin jusqu'au Gange, offre quelques toiles de toutes les espèces ; on peut dire que les belles se fabriquent dans la partie orientale, les communes au milieu, & les grossières à la partie la plus occidentale. On trouve des manufactures dans les colonies Européennes & sur la côte. Elles deviennent plus abondantes à cinq ou six lieues de la mer, où le coton est plus beau & plus cultivé, où les vivres sont à meilleur marché. On y fait des achats, qu'on pousse trente & quarante lieues dans les terres. Des marchands Indiens, établis dans nos comptoirs, sont toujours chargés de ces opérations.

On convient avec eux de la quantité & de la qualité des marchandises qu'on veut. On en règle le prix sur des échantillons; & on leur donne, en passant le contrat, le quart ou le tiers de l'argent qu'elles doivent coûter. Cet arrangement tire son origine de la nécessité où ils sont eux-mêmes de faire, par le ministère de leurs associés ou de leurs agens, répandus par-tout, des avances aux ouvriers, de les surveiller pour la sûreté de ces fonds, & d'en diminuer successivement la masse, en retirant des atteliers tout ce qui est fini. Sans ces précautions, l'Europe ne recevroit jamais ce qu'elle demande. Les tisserands fabriquent, à la vérité, pour leur compte ce qui sert à la consommation intérieure. Ces entreprises qui n'exigent qu'un foible capital & un capital qui rentre toutes les semaines, sont rarement au-dessus des facultés du plus grand nombre : mais peu d'entre eux ont des moyens suffisans pour exécuter sans secours les toiles fines destinées à l'exportation ; & ceux qui le pourroient ne se le permettroient pas, dans la crainte bien fondée des exactions trop ordinaires sous un gouvernement si oppresseur.

Les compagnies qui ont de la fortune ou de la conduite, ont toujours dans leurs établissemens une année de fonds d'avance. Cette méthode leur assure, pour le tems le plus convenable, la quantité de marchandises dont elles ont besoin, & de la qualité qu'elles les desirent. D'ailleurs leurs ouvriers, leurs marchands, qui ne sont pas un instant sans occupation, ne les abandonnent jamais.

Vv 2

Les nations qui manquent d'argent & de crédit, ne peuvent commencer leurs opérations de commerce qu'à l'arrivée de leurs vaiſſeaux. Elles n'ont que cinq ou ſix mois, au plus, pour l'exécution des ordres qu'on leur envoie d'Europe. Les marchandiſes ſont fabriquées, examinées avec précipitation; on eſt même réduit à en recevoir qu'on connoît pour mauvaiſes, & qu'on auroit rebutées dans un autre tems. La néceſſité de completter les cargaiſons, & d'expédier les bâtimens avant le tems des ouragans, ne permet pas d'être difficile.

On ſe tromperoit, en penſant qu'on pourroit déterminer les entrepreneurs du pays à faire fabriquer pour leur compte, dans l'eſpérance de vendre avec un bénéfice convenable à la compagnie à laquelle ils ſont attachés. Outre qu'ils ne ſont pas la plupart aſſez riches pour former un projet ſi vaſte, ils ne feroient pas ſûrs d'y trouver leur profit. Si des événemens imprévus empêchoient la compagnie, qui les occupe, de faire ſes armemens ordinaires, ces marchands n'auroient nuls débouchés pour leurs toiles. L'Indien, dont le vêtement, par ſa forme, exige d'autres largeurs, d'autres longueurs que celles des toiles fabriquées pour nous, n'en voudroit pas; & les autres compagnies Européennes ſe trouvent pourvues ou aſſurées de tout ce que l'étendue de leur commerce demande, & de tout ce que leurs facultés leur permettent d'acheter. La voie des emprunts, imaginée pour lever cet embarras, n'a été, ni ne pouvoit être utile.

C'eſt un uſage immémorial dans l'Indoſtan, que tout citoyen qui emprunte, donne un titre écrit à ſon créancier. Cet acte n'eſt admis en juſtice, qu'autant qu'il eſt ſigné de trois témoins, & qu'il porte le jour, le mois, l'année de l'engagement, avec le taux de l'intérêt auquel il a été contracté. Lorſque le débiteur manque à ſes obligations, il peut être arrêté par le prêteur lui-même. Jamais il n'eſt enfermé; parce qu'on eſt bien aſſuré qu'il ne prendra pas la fuite. il ne ſe permettroit pas même de manger, ſans en avoir obtenu la permiſſion de ſon créancier.

Les Indiens diſtinguent trois ſortes d'intérêts; l'un, qui eſt péché; l'autre, qui n'eſt ni péché, ni vertu; un troiſième, qui eſt vertu : c'eſt leur langage. L'intérêt, qui eſt péché, eſt de quatre pour cent par mois ; l'intérêt qui n'eſt ni péché, ni vertu, eſt de deux pour cent par mois ; l'intérêt qui eſt vertu, eſt d'un pour cent par mois. Le dernier eſt, à leurs yeux, un acte de bienfaiſance qui n'appartient qu'aux ames les plus héroïques. Quoique ce traitement ſoit celui qu'obtiennent les nations Européennes, qui ſont réduites à emprunter, on ſent bien qu'elles ne peuvent profiter de cette facilité, ſans courir à leur ruine.

Le commerce extérieur du Coromandel n'eſt point dans les mains des naturels du pays. Seulement, dans la partie occidentale, il y a des Mahométans, connus ſous le nom de Choulias, qui ſont à Naour & à Porto-Novo, des expéditions pour Achem, pour Merguy, pour Siam, pour la côte de l'Eſt. Outre les bâtimens aſſez conſidérables qu'ils emploient dans ces voyages, ils ont de moindres embarcations, pour le cabotage de la côte, pour Ceylan, pour la pêche des perles. Les Indiens de Mazulipatnam, emploient leur induſtrie d'une autre manière. Ils ſont venir du Bengale des toiles blanches, qu'ils teignent ou qu'ils impriment ; & vont les revendre avec un bénéfice de trente-cinq ou quarante pour cent, dans les lieux même d'où ils les ont tirées.

A l'exception de ces liaiſons, qui ſont bien peu de choſe, toutes les affaires ont paſſé aux Européens, qui n'ont, pour aſſociés, que quelques Banians, quelques Arméniens, fixés dans leurs établiſſemens. On peut évaluer à trois mille cinq cens balles, la quantité de toiles qu'on tire du Coromandel pour les différentes échelles de l'Inde. Les François en portent huit cens au Malabar, à Moka, à l'iſle de France. Les Anglois, douze cens à Bombay, au Malabar, à Sumatra & aux Philippines. Les Hollandois, quinze cens à leurs divers établiſſemens. A l'exception de cinq cens balles, deſtinées pour Manille, qui coûtent chacune 2400 livres, les autres ſont compoſées de marchandiſes ſi communes, que leur valeur primitive ne s'élève pas au-deſſus de 720 livres. Ainſi, la totalité de trois mille cinq cens balles ne paſſe pas 3,360,000 liv.

Le Coromandel fournit à l'Europe neuf mille cinq cens balles, huit cens par les Danois, deux mille cinq cens par les François, trois mille par les Anglois, trois mille deux cens par les Hollandois. Parmi ces toiles, il s'en trouve une assez grande quantité de teintes en bleu ou de rayées en rouge & bleu, propres pour la traite des Noirs. Les autres sont de belles bétilles, des indiennes peintes, des mouchoirs de Mazulipatnam ou de Paliacate. L'expérience prouve que l'une dans l'autre, chacune des neuf mille cinq cens balles ne coûte que 960 livres, c'est donc 8,160,000 livres qu'elles doivent rendre aux atteliers dont elles sortent.

Ni l'Europe, ni l'Asie, ne paient entiérement avec des métaux. Nous donnons en échange, des draps, du fer, du plomb, du cuivre, du corail & quelques autres articles moins considérables. L'Asie, de son côté, donne des épiceries, du riz, du sucre, du bled, des dattes. Tous ces objets réunis, peuvent monter à 4,800,000 livres. Il résulte de ce calcul, que le Coromandel reçoit en argent, 6,720,000.

XXV. Possessions Angloises à la côte de Coromandel.

L'Angleterre, qui a acquis sur cette côte la même supériorité qu'elle a prise ailleurs, y a formé plusieurs établissemens.

Divicoté se présente le premier. Ce fut le colonel Lawence qui s'en empara en 1749. Des considérations politiques déterminèrent le roi de Tanjaor à céder ce qu'on lui avoit pris, & à y ajouter un territoire de trois milles de circonférence. La place passa en 1758 sous la domination Françoise, mais pour rentrer bientôt après, sans fortifications, sous le joug des premiers conquérans. Ils se flattoient d'en faire un poste important. C'étoit une opinion assez généralement reçue, que le Colram, qui baigne ses murs, pouvoit être mis en état de recevoir de grands vaisseaux. La côte de Coromandel n'auroit plus été sans port; & la puissance en possession de la seule rade qui s'y seroit trouvée, auroit eu un puissant moyen de guerre & de commerce dont auroient été privées les nations rivales. Il faut que des obstacles imprévus aient rendu le projet impraticable, puisque ce poste a été abandonné & remis à un fermier pour une redevance de quarante-cinq à cinquante mille livres.

Les Anglois achetèrent, en 1686, Goudelour, avec un territoire de huit milles le long de la côte, & de quatre milles dans l'intérieur des terres. Cette acquisition, qu'ils avoient obtenue d'un prince Indien, pour la somme de 742,500 livres, leur fut assurée par les Mogols, qui s'emparèrent du Carnate peu de tems après. Faisant réflexion dans la suite que la place, qu'ils avoient trouvée toute établie, étoit à plus d'un mille de la mer, & qu'on pouvoit lui couper les secours qui lui seroient destinés; ils bâtirent, à une portée de canon, la forteresse de Saint-David, à l'entrée d'une rivière & sur le bord de l'Océan Indien. Il s'est élevé, dans la suite, trois aldées, qui, avec la ville & la forteresse, forment une population de soixante mille ames. Leur occupation est de teindre en bleu, ou de peindre les toiles qui viennent de l'intérieur des terres, & de fabriquer pour quinze cens mille francs, des plus beaux basins de l'univers. Le ravage que les François portèrent, en 1758, dans cet établissement, & la destruction de ses fortifications, ne lui firent qu'un mal passager. Son activité paroît même augmentée, quoiqu'on n'ait pas rebâti Saint-David, & qu'on se soit contenté de mettre Goudelour en état de faire une médiocre résistance. Un revenu de 144,000 livres couvre tous les frais que peut occasionner cette colonie. Mazulipatnam présente des utilités d'un autre genre.

Cette ville, située à l'embouchure du Krisna, sert de port aux provinces qui formoient autrefois le royaume de Golconde, & à d'autres contrées avec qui elle entretient un commerce facile par de très-beaux chemins & par la rivière. C'étoit anciennement le marché le plus actif, le plus peuplé, le plus riche de l'Indostan. Les grands établissemens que formèrent successivement les Européens sur la côte de Coromandel, lui firent beaucoup perdre de son importance. Il parut possible aux François de lui redonner quelque chose de son premier éclat, & ils s'en rendirent les maîtres en 1750. Neuf ans après, elle passa de leurs mains dans celles de l'Angleterre, qui en est encore en possession.

Ces derniers souverains n'ont pas réussi, & ne réussiront jamais à rendre Mazulipatnam ce qu'il étoit très-anciennement : mais leurs efforts n'ont pas été tout-à-fait perdus. Comme les plantes qui servent à la teinture des toiles sont plus abondantes & de meilleure qualité ſur ſon territoire que par-tout ailleurs, on eſt parvenu à reſſuſciter quelques manufactures, & à en étendre d'autres. Cependant cette acquiſition ſera toujours moins utile aux Anglois par les marchandiſes qu'ils y achèteront, que par celles qu'ils y pourront vendre. De tems immémorial, les peuples de l'intérieur venoient en caravanes ſe pourvoir de ſel ſur cette côte. Ils y accourent aujourd'hui de plus loin & en plus grand nombre que jamais, & emportent, avec cette denrée d'abſolue néceſſité, beaucoup de lainages, beaucoup d'autres ouvrages de l'induſtrie Européenne. Ce mouvement, qui a procuré aux douanes une augmentation conſidérable, croîtra néceſſairement, à moins qu'il ne ſoit arrêté par quelqu'une de ces révolutions qui changent ſi ſouvent & ſi cruellement la face de cette riche partie du globe.

La Grande-Bretagne y poſſède encore les provinces de Condavir, de Moutafanagar, d'Elour, de Ragimendri & de Chicakol, qui s'étendent ſix cens milles ſur la côte, & qui s'enfoncent depuis trente juſqu'à quatre-vingt-dix milles dans les terres. Les François, qui ſe les étoient fait céder durant leur courte proſpérité, les perdirent à l'époque de leurs imprudences & de leurs malheurs. Elles redevinrent, mais pour peu de tems, une portion de la Soubabie du Décan, dont on les avoit comme arrachées. En 1766, il fallut les céder aux Anglois, dont l'inſatiable ambition étoit ſoutenue par des intrigues adroitement conduites, & par des forces redoutables. On reſpecta les colonies que les nations rivales avoient formées dans ce grand eſpace : mais Vizagapatnam & les autres comptoirs du peuple dominateur, reçurent une activité nouvelle, & on en augmenta le nombre. Le pays ſortit un peu de l'état d'anarchie où une foule de petits tyrans le tenoient plongé. Il donne 9,000,000 livres de revenu, dont on ne rend que 2,025,000 liv. au prince Indien qui en a été dépouillé. Ses exportations ſont actuellement cinq fois plus conſidérables qu'elles ne l'étoient il y a dix années.

La maſſe du travail augmente à meſure que les Zémindars, qui n'étoient originairement que des fermiers, ſont dépouillés de l'autorité abſolue qu'ils avoient uſurpée durant les troubles de leur patrie ;

patrie ; à mesure qu'on les réduit à l'impossibilité de se faire mutuellement la guerre ; à mesure que les districts soumis à leur jurisdiction souffrent moins de leurs vexations. Les prospérités seroient plus rapides & plus éclatantes, si le gouvernement Anglois vouloit préserver des inondations du Krisna & du Guadavery un territoire immense qu'ils couvrent six mois de l'année ; si ces eaux étoient sagement distribuées pour l'arrosement des campagnes ; si ces deux fleuves étoient joints par un canal de navigation. Les anciens Indiens eurent l'Idée de ces travaux. Peut-être même furent-ils commencés. Les gens éclairés les jugent au moins peu dispendieux & très-praticables.

Mais combien seroit vain l'espoir de cette amélioration ! on ne craindra pas d'être accusé d'injustice en soupçonnant que la compagnie s'occupe bien davantage de l'acquisition de l'Orixa, province qui s'étend, sur les bords de la mer, depuis ses possessions de Golconde jusqu'aux rives du Gange, qui lui sont également soumises.

Avant 1736, cette contrée faisoit partie du Bengale. A cette époque, les Marattes s'en emparèrent, & en sont encore les maîtres. Ils respectèrent les comptoirs Européens & s'établirent dans l'intérieur des terres. C'est Naagapour qui est leur capitale. Quarante mille chevaux composent leurs forces militaires. Leurs peuples s'occupent spécialement à filer du coton qu'ils vont vendre sur la côte. Un si grand démembrement du riche empire qu'ils ont conquis dans cette partie du globe, déplaît aux Anglois ; & leur ambition est de l'y rejoindre.

Quoi qu'il en soit, les marchandises achetées ou fabriquées dans les établissemens formés par cette nation entre le cap Comorin & le Gange, sont toutes réunies à Madras.

Cette ville fut bâtie il y a plus d'un siècle, par Guillaume Langhorne, dans le pays d'Arcate & sur le bord de la mer. Comme il la plaça dans un terrein sablonneux, tout-à-fait aride, & entiérement privé d'eau potable, qu'il faut aller puiser à plus d'un mille ; on chercha les raisons qui pouvoient l'avoir déterminé à ce mauvais choix. Ses amis prétendirent qu'il avoit espéré, ce qui est en effet arrivé, d'attirer à lui tout le commerce de Saint-Thomé; & ses ennemis l'accusèrent de n'avoir pas voulu s'éloigner d'une maîtresse qu'il avoit dans cette colonie Portugaise.

Madras est divisé en ville blanche & en ville noire. La première, plus connue en Europe sous le nom de Fort Saint-George, n'est habitée que par les Anglois. Elle n'eut pendant long-tems que peu & de mauvaises fortifications: mais on y a ajouté depuis peu des ouvrages considérables. La ville noire, autrefois entiérement ouverte, a été, après 1767, entourée d'une bonne muraille & d'un large fossé rempli d'eau. Cette précaution & la ruine de Pondicheri y ont réuni trois cens mille hommes, Juifs, Arméniens, Maures ou Indiens.

A un mille de ce grand établissement est Chepauk, où la cour du Nabab d'Arcate est fixée depuis 1769.

Le territoire de Madras n'étoit rien anciennement. Il s'étend actuellement cinquante milles à l'Ouest, cinquante milles au Nord, & cinquante milles au Sud. On voit sur ce vaste espace des manufactures considérables qui augmentent chaque jour, des cultures assez variées qui deviennent de jour en jour plus florissantes. Ces travaux occupent cent mille ames.

Ces concessions furent le prix du plan que les Anglois avoient formé de donner le Carnate à Mamet-Alikan, des combats qu'ils avoient livrés pour le maintenir dans le poste où ils l'avoient élevé, du bonheur qu'ils avoient eu de détruire la puissance Françoise, toujours disposée à renverser leur ouvrage.

L'heureux Nabab ne tarda pas à recueillir le fruit de sa reconnoissance. Pour leur intérêt & pour le sien, ses protecteurs entreprirent de reculer les bornes de son autorité & de ses états. Avant que le gouvernement Mogol eût dégénéré en anarchie, plusieurs princes Indiens, plusieurs princes Maures devoient faire passer leurs tributs au Carnate, qui lui-même devoit les verser dans le trésor de l'Empire. Depuis que tous les ressorts s'étoient relâchés, cette double obligation n'étoit plus remplie. Les Anglois affermirent l'indépendance du pays qu'ils regardoient comme leur apanage: mais ils voulurent que les provinces qui lui avoient été ſubordonnées rentrâſſent dans leurs premiers liens. Les plus foibles obéirent. D'autres plus puiſſantes oſèrent réſiſter. Elles furent aſſervies.

Ces moyens réunis ont formé à Mamet-Alikan une domination très-étendue & un revenu de 31,500,000 livres. Il ne cède de cette ſomme que 9,000,000 livres aux Anglois, chargés de la défenſe de ſes fortereſſes & de ſes états ; de ſorte qu'il lui reſte 22,500,000 livres pour ſes dépenſes perſonnelles & pour ſon gouvernement civil.

La compagnie Angloiſe avoit ſur la côte de Coromandel des poſſeſſions précieuſes, dix-huit mille Cipayes bien diſciplinés & trois mille cinq cens hommes de troupes blanches. Elle diſpoſoit librement de toutes les forces du Carnate. La ſeule nation Européenne, qui auroit pu lui donner de l'ombrage, étoit écraſée. La jouiſſance paiſible de tant d'avantages lui paroiſſoit aſſurée ; lorſqu'en 1767, elle ſe vit attaquée par Ayder-Alikan, ſoldat de fortune qui, après avoir appris de nous l'art militaire, avoit fait de grandes conquêtes, & s'étoit rendu maître du Mayſſor. Cet aventurier, hardi & actif, à la tête de la meilleure armée qu'eût jamais commandée un général Indien, entra fiérement dans les contrées que la valeur Britannique étoit chargée de défendre. La guerre ſe tourna en ruſes, comme le vouloit ce génie artificieux. L'expérience lui ayant appris à redouter l'infanterie & l'artillerie deſtinées à le combattre, il ſe refuſa le plus qu'il lui fut poſſible à des actions régulières, & ſe contenta de roder autour de ſon ennemi, de le harceler, d'enlever ſes fourrageurs, de lui couper les vivres ; tandis que ſa cavalerie ravageoit les campagnes, pilloit les provinces, portoit la déſolation juſqu'aux portes de Madras. Ces calamités firent deſirer aux Anglois un accommodement ; & ils réuſſirent à l'obtenir après deux ans d'une guerre deſtructive & peu honorable.

Depuis cette époque, la compagnie a eu pour principe d'empêcher qu'Ayder-Alikan, les Marattes, & le Souba du Décan, les trois principales puiſſances de la péninſule, ne fiſſent des conquêtes ou ne formâſſent entre elles une union étroite. Tant que cette politique lui réussira, elle conservera sa prépondérance sur la côte de Coromandel : mais il lui faudra augmenter son revenu qui, en 1773, ne s'élevoit pas au-dessus de 24,196,680 l. ou diminuer ses dépenses qui, à la même époque, étoient de 26,397,585 livres. Ce ne sera qu'après ce changement qu'elle sera en état de protéger efficacement ses établissemens de Sumatra.

XXVI. Etablissement Anglois dans l'isle de Sumatra.

Quoique cette isle très-étendue eût vu ses rades fréquentées par les Anglois depuis leur arrivée aux Indes, ce ne fut qu'en 1688 qu'elle reçut une colonie de cette nation. Les navigateurs, expédiés de Madras, avoient ordre de placer le comptoir à Indapoura, la partie du pays la plus abondante en or ; mais le destin en décida autrement. Les vents ayant poussé les navires à Bencouli, on jugea devoir s'y fixer.

Les deux peuples firent d'abord leurs échanges avec beaucoup de franchise & de confiance. Cette harmonie ne dura pas long-tems. Bientôt, les agens de la compagnie se livrèrent à cet esprit de rapine & de tyrannie que les Européens portent si généralement en Asie. Des nuages s'élevèrent entre eux & les naturels du pays. Ils grossirent peu-à-peu. L'animosité étoit déja extrême, lorsqu'on vit sortir comme de dessous terre, à deux lieues de la ville, les fondemens d'une forteresse. A cet aspect, les habitans de Bencouli prennent les armes. Toute la contrée se joint à eux. Les magasins sont brûlés, & les Anglois réduits à s'embarquer précipitamment. Leur proscription ne fut pas longue. On les rappella ; & ils tirèrent de leur désastre l'avantage d'achever sans contradiction le fort Marlborough.

Leur tranquillité n'y fut plus troublée jusqu'en 1759. A cette époque, les François le prirent & le détruisirent avec tous les bâtimens civils & militaires. Le butin fut très-peu de chose, parce que tout ce qui pouvoit être de quelque valeur avoit été détourné à tems. Avant même la fin des hostilités, les Anglois rentrèrent dans cette possession ; mais ils n'en relevèrent pas les ouvrages. Alors le fort Marlborough sortit de la dépendance où il avoit été jusqu'alors de Madras, & forma une direction particulière.

Les Chinois, les Malais & les esclaves amenés du Mozambique, forment la population de l'établissement Anglois. Quatre cens Européens & quelques Cipayes le défendent. Tout le commerce, qui s'y fait, appartient aux négocians libres, à l'exception de celui du poivre. La compagnie en tire annuellement quinze cens tonneaux qu'elle obtient à un prix excessivement borné. La moitié de ce produit est porté dans la Grande-Bretagne par un seul bâtiment; le reste s'embarque sur deux navires expédiés d'Europe qui le portent à la Chine où on le vend avec avantage. En 1773, le revenu de ce comptoir s'élevoit à 4,982,895 livres, & ses dépenses à 3,165,480 livres.

XXVII. Vue des Anglois sur Balambangan. Leur expulsion de cette isle.

Cette colonie n'est pas jugée assez utile. Aussi devoit-elle être abandonnée, mais seulement après le succès d'un grand projet qu'on méditoit. Depuis long-tems les Anglois desiroient une possession qui pût devenir un entrepôt, où les marchandises, les denrées de la Chine & des isles orientales seroient échangées contre les denrées, les marchandises de l'Indostan & de l'Europe. Leur plan étoit d'en faire le marché le plus considérable de l'Asie. L'isle de Balambangan, située à la pointe septentrionale de Bornéo, leur parut propre à remplir leurs vues; & le roi de Solon la leur abandonna en 1766. Ils y arborèrent leur pavillon l'année suivante; mais ce ne fut qu'en 1772 qu'ils formèrent leur établissement.

Quelques commis, trois cens soldats blancs ou noirs, un vaisseau & deux petits bâtimens : tels furent les premiers matériaux d'un édifice qui devoit, avec le tems, s'élever à une hauteur immense. Malheureusement les chefs se brouillèrent; le peu de troupes qui avoit échappé à des maladies destructives fut trop dispersé; les navires allèrent ouvrir le commerce avec les états voisins. Dans ces circonstances fâcheuses, le nouveau comptoir fut attaqué, pris & détruit.

Les Anglois ignorent encore, ou feignent d'ignorer d'où vint un acte de violence qui leur coûta 9,000,000 livres. Leurs soupçons ont paru se porter successivement sur les Hollandois, toujours alarmés pour les Moluques; sur les Espagnols, qui pouvoient craindre pour les Philippines ; sur les barbares des parages voisins, dont la liberté sembloit menacée : quelquefois même sur une conspiration de tous ces ennemis, qui avoient uni leurs haînes & leurs intérêts. De quelque main que soit parti un trait inattendu, le mal n'est pas sans remède. La nation Britannique pourra retrouver à Queda, sur une autre partie du continent de Malaca, ou dans quelqu'une des nombreuses isles répandues dans ce détroit, ce qu'elle a perdu à Balambangan. Si des obstacles trop puissans rendoient encore une fois ses efforts inutiles, elle trouveroit cent motifs de consolation dans le Bengale.

XXVIII. Révolutions arrivées dans le Bengale.

C'est une vaste contrée de l'Asie, bornée à l'Orient par le royaume d'Asham & d'Aracan ; au couchant, par plusieurs provinces du Grand-Mogol ; au Nord, par des rochers affreux ; au Midi, par la mer. Elle s'étend sur les deux rives du Gange, qui se forme de diverses sources dans le Thibet, erre quelque tems dans le Caucase, & entre dans l'Inde en traversant les montagnes qui sont sur la frontière. Cette rivière, après avoir formé dans son cours un grand nombre d'isles vastes, fertiles & bien peuplées, va se perdre dans l'Océan par plusieurs embouchures, dont il n'y en a que deux de connues & de fréquentées.

Dans le haut de ce fleuve, il y avoit autrefois une ville nommée Palybothra. Elle étoit si ancienne, que Diodore de Sicile ne craignoit pas d'assurer qu'elle avoit été bâtie par cet Hercule à qui les Grecs attribuoient tout ce qui s'étoit fait de grand & de prodigieux dans le monde. Ses richesses, du tems de Pline, étoient célèbres dans l'univers entier. On la regardoit comme le marché général des peuples qui étoient situés en-deçà & au-delà du fleuve qui baignoit ses murs.

L'histoire des révolutions, dont le Bengale a été le théâtre, est mêlée de tant de fables, qu'il ne faut pas s'en occuper. On y entrevoit seulement que cet empire a été tantôt plus, tantôt moins étendu ; qu'il a eu des périodes heureux & des périodes malheureux ; qu'il forma tour-à-tour un seul royaume & plusieurs états. Un seul maître lui donnoit des loix ; lorsqu'un despote plus puissant, Egbar, grand-père d'Aurengzeb, en entreprit la conquête. Il la commença en 1590, & elle étoit finie en 1595. Depuis cette époque, le Bengale n'a pas cessé de reconnoître les Mogols pour ses souverains. Le gouverneur chargé de le régir, tenoit d'abord sa cour à Raja-Mahol : il la transféra dans la suite à Daca. Depuis 1718, elle est à Moxudabad, grande ville située dans les terres à deux lieues de Cassimbazar. Plusieurs nababs, plusieurs rajas sont subordonnés à ce vice-roi, nommé Souba.

Ce furent long-tems les fils du Grand-Mogol qui occupèrent ce poste important. Ils abusèrent si souvent, pour troubler l'empire, des forces & des richesses dont ils disposoient, qu'on crut devoir les confier à des hommes moins accrédités & plus dépendans. Les nouveaux gouverneurs ne firent pas, à la verité, trembler la cour de Delhy ; mais ils se montrèrent peu exacts à envoyer au trésor royal les tributs qu'ils recueilloient. Ce désordre augmenta encore, après l'expédition de Koulikan ; & les choses furent portées si loin, que l'empereur, qui étoit hors d'état de payer aux Marattes ce qu'il leur devoit, les autorisa, en 1740, à l'aller chercher eux-mêmes dans le Bengale. Ces brigands, partagés en trois armées, ravagèrent ce beau pays pendant dix ans, & n'en sortirent qu'après s'être fait donner des sommes immenses.

XXIX. Mœurs anciennes des Indiens retrouvées dans le Bisnapore.

Dans tous ces mouvemens, le gouvernement despotique, qui est malheureusement celui de toute l'Inde, s'est maintenu dans le Bengale : mais aussi un petit district qui y avoit conservé son indépendance, la conserve encore. Ce canton fortuné, qui peut avoir cent soixante milles d'étendue, se nomme Bisnapore. Il est conduit de tems immémorial par un brame Rajepoute. C'est là qu'on retrouve, sans altération, la pureté & l'équité de l'ancien systême politique des Indiens. On a vu jusqu'ici, avec trop d'indifférence, ce gouvernement unique, le plus beau monument & le plus intéressant qu'il y ait dans le monde. Il ne nous reste des anciens peuples que de l'airain & des marbres, qui ne parlent qu'à l'imagination & à la conjecture, interprètes peu fidèles des mœurs & des usages qui ne sont plus. Le philosophe, transporté dans le Bisnapore, se trouveroit tout-à-coup témoin de la vie que menoient, il y a plusieurs milliers d'années, les premiers habitans de l'Inde; il converseroit avec eux; il suivroit les progrès de cette nation, qui fut célèbre, pour ainsi dire, au sortir du berceau; il verroit se former un gouvernement qui, n'ayant pour base que des préjugés heureux, que des mœurs simples & pures, que la douceur des peuples, que la bonne-foi des chefs, a survécu à cette foule innombrable de législations qui n'ont fait que paroître sur la terre avec les générations qu'elles ont tourmentées. Plus solide, plus durable que ces édifices politiques, qui, formés par l'imposture & l'enthousiasme, sont les fléaux du genre-humain, & destinés à périr avec les folles opinions qui les ont élevés; le gouvernement de Bisnapore, ouvrage de l'attention qu'on a donnée à l'ordre & aux loix de la nature, s'est établi, s'est maintenu sur des principes qui ne changent point, & n'a pas souffert plus d'altération que ces mêmes principes. La position singulière de cette contrée, a conservé ses habitans dans leur bonheur primitif & dans la douceur de leur caractère, en les garantissant du danger d'être conquis, ou de tremper leurs mains dans le sang des hommes. La nature les a environnés d'eaux prêtes à inonder leurs possessions; il ne faut pour cela qu'ouvrir les écluses des rivières. Les armées envoyées pour les réduire ont été si souvent noyées, qu'on a renoncé au projet de les asservir. On a pris le parti de se contenter d'une apparence de soumission.

La liberté & la propriété sont sacrées dans le Bisnapore. On n'y entend parler ni de vol particulier, ni de vol public. Un voyageur, quel qu'il soit, n'y est pas plutôt entré, qu'il fixe l'attention des loix, qui se chargent de sa sûreté. On lui donne gratuitement des guides, qui le conduisent d'un lieu à un autre, & qui répondent de sa personne & de ses effets. Lorsqu'il change de conducteur, les nouveaux donnent à ceux qu'ils relèvent une attestation de leur conduite, qui est enregistrée & envoyée ensuite au raja. Tout le tems qu'il est sur le territoire, il est nourri

nourri & voituré avec ses marchandises aux dépens de l'état, à moins qu'il ne demande la permission de séjourner plus de trois jours dans la même place. Il est alors obligé de payer sa dépense, s'il n'est pas retenu par quelque maladie, ou par un autre accident forcé. Cette bienfaisance pour des étrangers, est la suite du vif intérêt que les citoyens prennent les uns aux autres. Ils sont si éloignés de se nuire, que celui qui trouve une bourse ou quelqu'autre effet de prix, les suspend au premier arbre, & en avertit le corps-de-garde le plus prochain, qui l'annonce au public au son du tambour. Ces principes de probité sont si généralement recus, qu'ils dirigent jusqu'aux opérations du gouvernement. De sept à huit millions qu'il reçoit annuellement, sans que la culture ni l'industrie en souffrent; ce qui n'est pas consommé par les dépenses indispensables de l'état, est employé à son amélioration. Le raja peut se livrer à des soins si humains, parce qu'il ne donne aux Mogols que le tribut qu'il juge à propos, & lorsqu'il le juge à propos.

Lecteurs, dont les ames sensibles viennent de s'épanouir de joie au récit des mœurs simples & de la sagesse du gouvernement de Bisnapore : vous qui, fatigués des vices & des désordres de votre contrée, vous êtes, sans doute, expatriés plus d'une fois par la pensée, pour devenir les témoins de la vertu & partager le bonheur de ce recoin du Bengale, c'est avec regret que je vais peut-être détruire la plus douce des illusions, & répandre de l'amertume dans vos cœurs. Mais la vérité m'y contraint. Hélas! ce Bisnapore & tout ce que je vous en ai raconté, pourroit bien n'être qu'une fable.

Je vous entends. Vous vous écriez avec douleur : Une fable? quoi! il n'y a donc que le mal qu'on dit de l'homme qui soit vrai? Il n'y a que sa misère & sa méchanceté qui ne puissent être contestées. Cet être, né pour la vertu, dont il s'efforceroit inutilement d'étouffer le germe qu'il en a reçu, qu'il ne blesse jamais sans remords, & qu'il est forcé de respecter lors même qu'elle l'afflige ou l'humilie, est donc méchant par-tout. Cet être qui soupire sans cesse après le bonheur, la base de ses vrais devoirs

& de sa félicité, est donc malheureux par-tout. Par-tout il gémit sous des maîtres impitoyables. Par-tout il tourmente ses égaux, & il en est tourmenté. Par-tout l'éducation le corrompt, & le préjugé l'empoisonne en naissant. Par-tout il est livré à l'ambition, à l'amour de la gloire, à la passion de l'or, aux mêmes bourreaux qui se relaient pour nous déchirer; nous, leurs tristes victimes, qu'elles n'abandonnent qu'au bord du tombeau. Quoi! le crime s'est emparé de toute la terre. Ah! laissez du moins à l'Innocence cette étroite enceinte sur laquelle vous avez attaché nos regards; & que notre imagination, franchissant l'intervalle immense qui nous en sépare, se plaisoit à parcourir.

La peine que vous avez éprouvée, je l'ai ressentie, lecteur. Vos réflexions, je les ai faites, lorsque je me suis trouvé entre deux autorités presque d'un poids égal; l'une pour, l'autre contre l'existence du Bisnapore. Nous avons en notre faveur le témoignage d'un voyageur Anglois, qui a demeuré trente ans dans le Bengale. Le témoignage opposé est d'un voyageur de la même nation, qui a fait aussi un séjour assez long dans cette contrée. Voyez, choisissez.

XXX. Productions, manufactures, exportations du Bengale.

Quoique le reste du Bengale soit bien éloigné de la félicité réelle ou fabuleuse du Bisnapore, il ne laisse pas d'être la province la plus riche & la plus peuplée de l'empire Mogol. Indépendamment de ses consommations, qui nécessairement sont considérables, il se fait des exportations immenses. Une partie des marchandises va dans l'intérieur des terres. Il passe dans le Thibet des toiles auxquelles on joint du fer & des draps apportés d'Europe. Les habitans de ces montagnes viennent les chercher eux-mêmes à Patna, & les paient avec du musc & de la rhubarbe.

Le musc est une production particulière au Thibet. Il se forme dans un petit sac de la grosseur d'un œuf de poule, qui croît en forme de vessie sous le ventre d'une espèce de chevreuil, entre le nombril & les parties naturelles. Ce n'est, dans son origine, qu'un sang putride qui se coagule dans le sac de l'animal. La plus grosse vessie, ne produit qu'une demi-once de musc. Son odeur est naturellement si forte, que dans l'usage ordinaire il faut néceſſairement la tempérer, en y mêlant des parfums plus doux. Pour groſſir leurs profits, les chaſſeurs avoient imaginé d'ôter des veſſies une partie du muſc, & de remplir ce vuide avec du foie & du ſang coagulé de l'animal, hachés enſemble. Le gouvernement, qui vouloit arrêter ces mêlanges frauduleux, ordonna que toutes les veſſies, avant que d'être couſues, ſeroient viſitées par des inſpecteurs qui les fermeroient eux-mêmes, & les ſcelleroient du ſceau royal. Cette précaution a empêché les ſupercheries qui altéroient la qualité du muſc, mais non celles qui en augmentoient le poids. On ouvre ſubtilement les veſſies, pour y faire couler quelques particules de plomb.

Le commerce du Thibet n'eſt rien en comparaiſon de celui que le Bengale fait avec Agra, Delhy, les provinces voiſines de ces ſuperbes capitales. On leur porte du ſel, du ſucre, de l'opium, de la ſoie, des ſoiries, une infinité de toiles, des mouſſelines en particulier. Ces objets réunis, montoient autrefois à plus de quarante millions par an. Une ſomme ſi conſidérable ne paſſoit pas ſur les bords du Gange : mais elle y faiſoit reſter une ſomme à-peu-près égale qui en ſeroit ſortie pour payer les tributs, ou pour d'autres uſages. Depuis que les lieutenans du Mogol ſe ſont rendus comme indépendans ; depuis qu'ils ne lui envoient de ſes revenus que ce qu'ils veulent bien lui accorder, le luxe de la cour eſt fort diminué, & la branche d'exportation dont on vient de parler, n'eſt plus ſi forte.

Le commerce maritime du Bengale exercé par les naturels du pays, n'a pas éprouvé la même diminution, mais auſſi n'avoit-il pas autant d'étendue. On peut le diviſer en deux branches, dont le Catek fait la meilleure partie.

Le Catek eſt un diſtrict aſſez étendu, un peu au-deſſous de l'embouchure la plus occidentale du Gange. Balaſſor, ſitué ſur une rivière navigable, lui ſert de port. La navigation pour les Maldives, que l'intempérie du climat a forcé les Anglois & les François d'abandonner, s'eſt concentrée dans cette rade. On y charge pour ces iſles du riz, de groſſes toiles quelques ſoieries;

& l'on y reçoit en échange des cauris qui servent de monnoie dans le Bengale, & qui sont vendus aux Européens.

Les habitans du Catek, & quelques aûtres penples du bas Gange, ont des liaisons plus considérables avec le pays d'Asham. Ce royaume, qu'on croit avoir fait autrefois partie du Bengale, & qui n'en est séparé que par une rivière qui se jette dans le Gange, devroit être plus connu, s'il étoit vrai, comme on l'assure, que l'invention de la poudre à canon lui est due; qu'elle a passé d'Asham au Pégu, & du Pégu à la Chine. Ses mines d'or, d'argent, de fer, de plomb, auroient ajouté à sa célébrité, si elles eussent été bien exploitées. Au milieu de ces richesses dont il faisoit peu d'usage, le sel, dont il sentoit un besoin très-vif, lui manquoit. On étoit réduit à ce qu'on pouvoit s'en procurer par la décoction de quelques plantes.

Au commencement du siècle, quelques brames de Bengale allèrent porter leurs superstitions à Asham, où on avoit le bonheur de ne suivre que la religion naturelle. Ils persuadèrent à ce peuple, qu'il seroit plus agréable à Brama, s'il substituoit le sel pur & sain de la mer, à ce qui lui en tenoit lieu. Le souverain consentit à le recevoir; à condition que le commerce exclusif en seroit dans ses mains; qu'il ne pourroit être porté que par des Bengalis; & que les bateaux qui le conduiroient, s'arrêteroient à la frontière du royaume. C'est ainsi que se sont introduites toutes ces religions factices, par l'intérêt & pour l'intérêt des prêtres qui les prêchoient, & des rois qui les recevoient. Depuis cet arrangement, il va tous les ans du Gange à Asham, une quarantaine de petits bâtimens, dont les cargaisons de sel donnent près de deux cens pour cent de bénéfice. On reçoit en paiement un peu d'or & un peu d'argent, de l'ivoire, du musc, du bois d'aigle, de la gomme-lacque, & sur-tout de la soie.

Cette soie, unique en son espèce, n'exige aucun soin. Elle vient sur des arbres où les vers naissent, se nourrissent, font toutes leurs métamorphoses. L'habitant n'a que la peine de la ramasser. Les cocons oubliés, renouvellent la semence. Pendant qu'elle se développe, l'arbre pousse de nouvelles feuilles, qui servent succeſſivement à la nourriture des nouveaux vers. Ces révolutions ſe répètent douze fois dans l'année; mais moins utilement dans les tems de pluie que dans les tems ſecs. Les étoffes fabriquées avec cette ſoie, ont beaucoup de luſtre & peu de durée.

A la réſerve de ces deux branches de navigation, que des raiſons particulières ont conſervées aux naturels du pays, les Bengalis ſe ſont vus ravir toutes les autres par les Européens, & il étoit impoſſible que ce fût autrement. Comment un peuple foible, circonſpect, opprimé, ne voguant que lentement, le long des côtes, avec de très-petits bâtimens, auroit-il pu lutter avec ſuccès contre ces étrangers, d'un caractère entreprenant, jouiſſant des prérogatives particulières dans le Gange même & ſur toutes les autres plages, bravant l'élément des tempêtes ſur de grands vaiſſeaux? Mais, dans une région qui refuſe généralement ce qu'exige la conſtruction des navires, qu'elles reſſources a-t-on imaginées? les chantiers du Pégu.

Le Pégu eſt ſitué ſur le golfe de Bengale, entre les royaumes d'Aracan & de Siam. Les révolutions, ſi fréquentes dans tous les empires deſpotiques de l'Aſie, s'y ſont répétées plus ſouvent qu'ailleurs. On l'a vu alternativement le centre d'une grande puiſſance & la province de pluſieurs états qui ne l'égaloient pas en étendue. Il eſt aujourd'hui dans la dépendance d'Ava, où les Arméniens ſeuls achètent tout ce que le Pégu fournit de topazes, de ſaphirs, d'amétiſtes & de rubis.

Le ſeul port du Pégu où il ſoit permis d'aborder, s'appelle Syriam. Les Portugais en furent aſſez long-tems les maîtres. Il avoit alors un éclat qui diſparut avec les proſpérités de cette nation brillante. On le vit ſe ranimer, lorſque les Européens établis dans le Bengale imaginèrent d'y faire conſtruire les nombreux bâtimens qu'exigeoit l'étendue de leurs liaiſons maritimes : mais les matériaux qui y étoient employés s'étant trouvés de mauvaiſe qualité, il fallut y renoncer ; & la rade retomba encore dans l'obſcurité. Tout s'y réduit aujourd'hui à l'échange de quelques toiles communes des rives du Gange ou de la côte de Coromandel, contre de la cire, du bois, de l'étain & de l'ivoire.

Une branche plus considérable de commerce que les Européens de Bengale font avec le reste de l'Inde, c'est celui de l'opium. L'opium est le produit du pavot blanc des jardins, dont toutes les parties rendent un suc laiteux. Cette plante qui périt tous les ans, a des feuilles oblongues, sinuées, de couleur de vert de mer, disposées alternativement sur une tige lisse, peu rameuse, & de trois pieds de hauteur. Chaque rameau est presque nu, terminé par une seule fleur assez grande, composée d'un calice à deux feuilles, quatre pétales blancs ou roses, & beaucoup d'étamines attachées sous le pistil qu'elles entourent. Celui-ci devient une coque ou tête sphérique, garnie d'un chapiteau rayonné & rempli d'un nombre prodigieux de semences arrondies, blanches & huilleuses. Lorsque le pavot est dans la force de sa sève & que la tête commence à grossir, on lui fait une ou plusieurs incisions d'où découlent quelques larmes de la liqueur laiteuse qu'elle contient, & que l'on recueille lorsqu'elle est figée. L'opération se répète jusqu'à trois fois; mais le produit va toujours en diminuant, pour la quantité & pour la qualité. Après que l'opium a été recueilli, on l'humecte & on le pétrit avec de l'eau ou du miel, jusqu'à ce qu'il ait acquis la consistance, la viscosité, & l'éclat de la poix bien préparée. On le réduit en petits pains. On estime celui qui est un peu mou, qui obéit sous le doigt, qui est inflammable, d'une couleur brune & noirâtre, d'une odeur forte & puante. Celui qui est sec, friable, brûlé, mêlé de terre & de sable, doit être rejetté. Selon les différentes préparations qu'on lui donne, & les doses qu'on en prend, il assoupit, il procure des idées agréables, ou il rend furieux.

Le méconium, ou opium commun, se prépare en exprimant les têtes déja incisées. Le suc qui en sort, mêlé avec les larmes les moins belles, est pétri, arrosé d'eau & figuré en pain que l'on apporte en Europe. Comme il est souvent mélangé, on le purifie avant de l'employer.

La province de Bahar, est le pays de l'univers où le pavot est le plus cultivé. Ses campagnes en sont couvertes. Indépendamment de l'opium qui va dans les terres, il en sort tous les ans par mer, ſix cens mille livres peſant. Cet opium n'eſt pas raffiné, comme celui de Syrie & de Perſe, dont nous nous ſervons en Europe. Ce n'eſt qu'une pâte ſans préparation, qui fait dix fois moins d'effet que l'autre.

Les peuples, qui ſont à l'Eſt de l'Inde, ont tous le goût le plus vif pour l'opium. Vainement les loix de la Chine ont condamné au feu, les vaiſſeaux qui en porteroient dans l'empire, les maiſons qui le recevroient; la conſommation n'en a pas été moins forte. Elle eſt encore plus conſidérable à Malaca, à Bornéo, dans les Moluques, à Java, à Macaſſar, à Sumatra, dans toutes les iſles de cet archipel immenſe. Ces Inſulaires le fument avec le tabac. Ceux d'entre eux qui veulent tenter quelque action déſeſpérée, s'enivrent de cette fumée. Dans leur ivreſſe, ils ſe jettent ſur le premier objet qui ſe préſente, ſur un homme qu'ils n'ont jamais vu, comme ſur l'ennemi le plus implacable. Ces attrocités n'ont pas convaincu les Hollandois, maîtres des lieux où l'opium a de plus dangereuſes influences, de l'obligation d'en arrêter ou même d'en borner l'uſage. Plutôt que de ſe priver du bénéfice très-conſidérable que ſa vente leur procuroit, ils ont autoriſé tous les citoyens à maſſacrer ceux de ces furieux qui courroient les rues avec des armes. Ainſi certaines légiſlations introduiſent ou nourriſſent des paſſions ou des opinions dangereuſes; & quand on a donné ces maladies aux peuples, on ne ſait d'autre remède que la mort ou les ſupplices.

Les Anglois, qui prennent à cet odieux commerce autant de part qu'il leur eſt poſſible, ont d'autres branches qui leur ſont plus particulières. Ils portent à la côte de Coromandel du riz & du ſucre, qui leur ſont payés avec des métaux. Ils portent au Malabar des toiles qu'ils échangent contre des épiceries, & à Surate des ſoies qu'ils échangent contre du coton. Ils portent du riz, de la gomme-lacque, des toileries dans le golfe Perſique, d'où ils retirent des fruits ſecs, de l'eau roſe & ſur-tout de l'or. Ils portent des cargaiſons riches & variées à la mer Rouge qui ne fournit guère que de l'argent. Toutes ces liaiſons avec les différentes échelles de l'Inde font entrer chaque année vingt-cinq à trente millions dans le Bengale.

Quoique ce commerce paffe par les mains des Européens & fe faffe fous leur pavillon, il n'eft pas tout entier pour leur compte. A la vérité les Mogols, communément bornés aux places du gouvernement, prennent rarement intérêt dans ces armemens : mais les Arméniens qui, depuis les révolutions de Perfe, fe font fixés fur les bords du Gange où ils ne faifoient autrefois que des voyages, y placent volontiers leurs capitaux. Les fonds des Indiens y font encore plus confidérables. L'impoffibilité où font les naturels du pays de jouir de leurs richeffes, fous un gouvernement oppreffeur, ne les empêche pas de travailler continuellement à les augmenter. Comme ils courroient trop de rifque à faire le négoce à découvert, ils font réduits à chercher des voies détournées. Dès qu'il arrive un Européen, les Gentils qui fe connoiffent mieux en hommes qu'on ne penfe, l'étudient; & s'ils lui trouvent de l'économie, de l'activité, de l'intelligence, ils s'offrent à lui pour courtiers & pour caiffiers; ils lui prêtent ou lui font trouver de l'argent à la groffe ou à intérêt. Cet intérêt, qui eft ordinairement de neuf pour cent au moins, devient plus fort, lorfqu'on eft réduit à emprunter des Chetz.

C'eft une famille d'Indiens, puiffante de tems immémorial fur le Gange. Ses richeffes ont mis long-tems dans fes mains la banque de la cour, la ferme générale du pays & la direction des monnoies, qu'elle frappe tous les ans d'un nouveau coin, pour renouveller tous les ans les bénéfices de cette opération. Tant de moyens réunis, l'ont mife en état de prêter à la fois au gouvernement, quarante, foixante, & jufqu'à cent millions. Lorfqu'on n'a pas pu ou voulu les lui rendre, il lui a été permis de fe dédommager en opprimant les peuples. Une fortune fi prodigieufe & fi foutenue dans le centre de la tyrannie, au milieu des révolutions, paroît incroyable. Il n'eft pas poffible de comprendre, comment cet édifice a pu s'élever, comment fur-tout il a pu durer. Pour débrouiller ce myftère, il faut favoir

que

que cette famille a toujours eu une influence décidée à la cour de Delhy; que les nababs, les rajas de Bengale se sont mis dans sa dépendance; que ce qui entoure le souba, lui a été constamment vendu; que le souba lui-même s'est soutenu, ou a été précipité par les intrigues de cette famille. Ajoutons que ses membres, ses trésors étant dispersés, il n'a jamais été possible de lui faire qu'un demi-mal, qui lui auroit laissé plus de ressources qu'il n'en falloit pour pousser sa vengeance aux derniers excès. Son despotisme s'étendit jusque sur les Européens qui avoient formé des comptoirs dans cette région. Ils se présentèrent d'eux-mêmes au joug, en empruntant de ces avides financiers des sommes immenses à un intérêt apparent de dix pour cent, mais en effet de plus de douze, par la différence des monnoies qu'on en recevoit, & de celles qu'il leur falloit rendre.

Les Portugais qui abordèrent au Bengale long-tems avant les autres navigateurs de l'Europe, s'établirent à Chatigan, port situé sur la frontière d'Aracan, non loin de la branche la plus orientale du Gange. Les Hollandois qui, sans se commettre avec des ennemis alors redoutables, vouloient avoir part à leur fortune, cherchèrent la rade qui, sans nuire à leur projet, les exposoit le moins aux hostilités. En 1603, ils jettèrent les yeux sur Balassor; & tous leurs rivaux, plutôt par imitation que par des combinaisons bien raisonnées, suivirent cet exemple. L'expérience apprit à ces négocians qu'il leur convenoit de se rapprocher des différens marchés d'où sortoient leurs riches cargaisons; & ils remontèrent le bras du Gange qui, après s'être séparé du corps du fleuve à Morchia, se perd dans l'Océan sous le nom de rivière d'Ougly. Le gouvernement du pays leur permit de placer des loges dans tous les lieux abondans en manufactures; il leur accorda même très-imprudemment la liberté d'élever des fortifications sur les bords de cette rivière.

En la remontant, on trouva d'abord l'établissement Anglois de Calcutta, où l'air est mal sain & l'ancrage très-peu sûr. Malgré ces inconvéniens, cette ville où la liberté & la sûreté avoient successivement attiré beaucoup de riches négocians, Arméniens,

Maures & Indiens, a vu sa population s'élever à six cens mille ames dans les derniers tems. Du côté de terre elle seroit absolument ouverte aux ennemis, s'il en existoit ou s'ils étoient à craindre : mais le fort Williams, qui n'en est éloigné que d'un demi-mille, la défendroit contre des forces arrivées d'Europe pour l'attaquer ou pour la bombarder. C'est un octogone régulier, avec huit bastions, plusieurs contre-gardes & quelques demi-lunes, sans glacis ni chemin couvert. Le fossé de cette place, dont la construction a coûté plus de vingt millions, peut avoir cent soixante pieds de large sur dix-huit de profondeur.

Six lieues au-dessus, se voit Frédéric Nagor, fondé en 1756 par les Danois, pour remplacer une colonie ancienne, où ils n'avoient pu se soutenir. Cet établissement n'a encore acquis aucune consistance, & tout porte à croire qu'il ne sera jamais grand chose.

Chandernagor, situé deux lieues & demie plus haut, appartient aux François. Il a l'inconvénient d'être un peu dominé du côté de l'Ouest : mais son port est excellent, & l'air y est aussi pur qu'il puisse l'être sur les bords du Gange. Toutes les fois qu'on veut élever des édifices qui doivent avoir de la solidité, il faut, comme dans tout le reste du Bengale, bâtir sur pilotis, parce qu'il est impossible de creuser la terre, sans trouver l'eau à trois ou quatre pieds. On voit sur son territoire, qui n'a guère qu'une lieue de circonférence, quelques manufactures, que la persécution y a poussées comme dans les autres comptoirs Européens.

A un mille de Chandernagor, est Chinchura, plus connu sous le nom d'Ougly, parce qu'il est situé près des fauxbourgs de cette ville, autrefois célèbre. Les Hollandois n'y ont de propriété que celle de leur fort. Les habitations dont il est environné, dépendent du gouvernement du pays, qui souvent s'y fait sentir par ses extorsions. Un autre inconvénient de cet établissement ; c'est qu'un banc de sable empêche que les vaisseaux ne puissent y arriver : ils s'arrêtent vingt milles au-dessous de Calcutta, à Fulta, ce qui multiplie les frais d'administration.

Les Portugais avoient autrefois établi leur commerce à Bandel, à quatre-vingts lieues de l'embouchure du Gange, & à un quart de lieue au-dessus d'Ougly. On y voit encore leur pavillon avec un petit nombre de misérables, qui ont oublié leur patrie, après en avoir été oubliés.

Si l'on en excepte les mois d'octobre, de novembre & de décembre, où des ouragans fréquens, presque continuels, rendent le golfe de Bengale impraticable, les vaisseaux Européens peuvent entrer le reste de l'année dans le Gange. Ceux qui veulent remonter ce fleuve, reconnoissent auparavant la Pointe des Palmiers. Ils y sont reçus par des pilotes de leur nation, fixés à Balassor. L'argent qu'ils portent est mis dans des chaloupes nommées bots, du port de soixante à cent tonneaux, qui vont toujours devant les navires. Ils arrivent par un canal étroit, entre deux bancs de sable, dans la rivière d'Ougly. Ils s'arrêtoient autrefois à Coulpy : mais avec le tems ils ont osé braver les courans, les bancs mouvans & élevés qui sembloient fermer la navigation du fleuve ; & ils se sont rendus à leur destination respective. Cette audace a été suivie de plusieurs naufrages, dont le nombre a diminué à mesure qu'on a acquis de l'expérience, & que l'esprit d'observation s'est étendu. Il faut espérer que l'exemple de l'amiral Watson, qui, avec un vaisseau de soixante-dix canons, est remonté jusqu'à Chandernagor, ne sera pas perdu. Si l'on en fait profiter, on épargnera beaucoup de tems, de soins & de dépenses.

Outre cette grande navigation, il y en a une autre pour faire arriver les marchandises, des lieux mêmes qui les produisent, au chef-lieu de chaque compagnie. De petites flottes, composées de quatre-vingt, cent bateaux, ou même davantage, servent à cet usage. Jusqu'à ces derniers tems on y plaçoit des soldats noirs ou blancs, nécessaires pour réprimer l'avidité insatiable des nababs & des rajas, qu'on trouvoit sur la route. Ce qu'on tire du haut Gange, de Patna, de Cassimbazar, descend par la rivière d'Ougly. Les marchandises des autres branches du fleuve, toutes navigables dans l'intérieur des terres, & communiquant les unes aux autres, sur-tout vers le bas du Gange entrent dans la rivière d'Ougly par Rangafoula & Baratola, à quinze ou vingt lieues de la mer. Elles remontent de-là, au principal établissement de chaque nation.

Il sort du Bengale pour l'Europe du musc, de la lacque, du bois rouge, du poivre, des cauris, quelques autres articles peu considérables, qui y ont été portés d'ailleurs. Ceux qui lui sont propres, sont le borax, le salpêtre, la soie & les soieries, les mousselines, & cent espèces de toiles différentes.

Le borax, qui se trouve dans la province de Patna, est une substance saline, que les chymistes Européens ont vainement tenté de contrefaire. Quelques-uns d'entre eux le regardent comme un sel alkali, qui se trouve tout formé dans cette riche partie de l'Indostan; d'autres veulent qu'il soit le produit des volcans ou des incendies souterreins.

Quoi qu'il en soit, le borax sert très-utilement dans le travail des métaux, dont il facilite la fusion & la purification. Convertie promptement en verre par l'action du feu, cette substance se charge des parties étrangères avec lesquelles ces métaux sont combinés, & les réduit en scories. Le borax est même d'une nécessité indispensable pour les essais des mines, & pour la soudure des métaux. Il n'y a que les Hollandois qui sachent le purifier. Ce secret leur fut apporté, dit-on, par quelques familles Vénitiennes, qui allèrent chercher dans les Provinces-Unies une liberté qu'elles ne trouvoient pas sous le joug de leur aristocratie.

Le salpêtre vient aussi de Patna. Il est tiré d'une argile tantôt noire, tantôt blanchâtre, & quelquefois rousse. On la rafine en creusant une grande fosse, dans laquelle on met cette terre nitreuse, qu'on détrempe de beaucoup d'eau, & qu'on remue, jusqu'à ce qu'elle soit devenue une bouillie liquide. L'eau en ayant tiré tous les sels, & la matière la plus épaisse s'étant précipitée au fond, on prend les parties les plus fluides, qu'on verse dans une autre fosse plus petite que la première. Cette matière s'étant de nouveau purifiée, on enlève le plus clair qui surnage, & qui forme une eau toute nitreuse. On la fait bouillir dans des chaudières; on l'écume à mesure qu'elle cuit, & l'on en tire au bout de quelques heures, un sel de nitre infiniment supérieur à celui qu'on trouve ailleurs. Les Européens en exportent pour les besoins de leurs colonies d'Asie, ou de leurs métropoles, environ dix millions pesant. La livre s'achète sur les lieux trois sols au plus, & nous est revendue dix sols, au moins.

Cassimbazar, qui s'est enrichi de la ruine de Malde, & de Rajamohol, est le marché général de la soie de Bengale, & c'est son territoire qui en fournit la plus grande partie. Les vers y sont élevés & nourris comme ailleurs : mais la chaleur du climat les y fait éclorre & prospérer tous les mois de l'année. On y fabrique une grande quantité d'étoffes de soie pure, de coton & de soie. Les premières se consomment la plupart à Delhy, ou dans nos régions septentrionales ; les autres habillent plusieurs contrées de l'Asie. A l'égard de la soie en nature, on pouvoit évaluer autrefois à trois ou quatre cens milliers ce que l'Europe en employoit dans ses manufactures : mais depuis quelques années, les Anglois en portent une grande quantité pour leur usage & pour celui des autres nations. En général, elle est très-commune, mal filée, & ne prend nul éclat dans la teinture. On ne peut guère l'employer que pour la trame, dans les étoffes brochées.

Le coton a plus de perfection. Il est propre à tout. On l'emploie utilement dans cent espèces de toiles, qui sont consommées sur le globe entier. Celle qui est d'un usage plus universel, & qui est plus particulière au Bengale, c'est la mousseline unie, rayée ou brodée. La fabrication en est facile dans la saison pluvieuse, parce qu'alors les matières prêtent plus & cassent moins. Durant le reste de l'année, les tisserands, remplacent, autant qu'il est possible, cette humidité de l'air, par des vases d'eau qu'ils ne manquent jamais de mettre sous leurs métiers.

Quoique les atteliers d'où sortent les toiles, soient répandus dans la majeure partie du Bengale, Daca peut en être regardé comme le marché général. Jusqu'à ces derniers tems, Delhy & Moxudabad en tiroient les toiles nécessaires à leur consommation. Chacune des deux cours y entretenoit un agent, chargé de les faire fabriquer. Il avoit une autorité indépendante du magiſtrat ſur tous les ouvriers dont l'induſtrie avoit quelque rapport à l'objet de ſa commiſſion. C'étoit un malheur pour eux de paroître trop habiles, parce qu'on les forçoit à ne travailler que pour le gouvernement, qui les payoit mal, & les tenoit dans une ſorte de captivité. Lorſque les caprices de la tyrannie étoient ſatisfaits, il étoit permis aux Européens, aux autres étrangers, aux régnicoles, de commencer leurs achats : encore étoient-ils obligés d'employer des courtiers établis par le miniſtère, & auſſi corrompus que lui. Ces gênes & ces rigueurs étouffoient l'induſtrie, fille de la néceſſité, mais compagne de la liberté.

Les révolutions qui ont donné de nouveaux ſouverains au Bengale, ont dû introduire d'autres maximes. Cependant, nous ne voyons pas que les ouvrages qui en arrivent, ſoient moins imparfaits qu'ils l'étoient avant cette époque. Ne ſe pourroit-il pas que ceux qui les fabriquent n'euſſent pas réellement changé de condition ? En ceſſant d'être les eſclaves de leurs nababs, peut-être ont-ils reçu des chaînes tout auſſi peſantes.

Vingt millions payoient, il n'y a que peu d'années, tous les achats faits dans le Bengale par les nations Européennes. Leur fer, leur plomb, leur cuivre, leurs étoffes de laine, les épiceries des Hollandois, couvroient à-peu-près le tiers de ces valeurs : on ſoldoit le reſte avec de l'argent. Depuis que les Anglois ſe ſont rendus maîtres de cette riche contrée, elle a vu augmenter ſes exportations, & diminuer ſa recette ; parce que les conquérans ont enlevé une plus grande quantité de marchandiſes, & qu'ils ont trouvé dans les revenus du pays de quoi les payer. On peut préſumer que cette révolution dans le commerce de Bengale n'eſt pas à ſon terme, & qu'elle aura tôt ou tard des ſuites & des effets plus conſidérables.

XXXI. uelle idée il t ſe former la colonie An- iſe de Sainte- lène.

Pour entretenir ſes liaiſons avec cette vaſte région & ſes autres établiſſemens d'Aſie, la compagnie Angloiſe a formé un lieu de relâche à Sainte-Hélène. Cette iſle, qui n'a qu'environ vingt-huit milles de circonférence, eſt ſituée au milieu de l'Océan Atlantique, à quatre cens lieues des côtes d'Afrique, & à six cens de celles d'Amérique. C'est un amas informe de rochers & de montagnes, où l'on trouve à chaque pas les traces évidentes d'un volcan éteint. Il fut découvert en 1602 par les Portugais, qui le dédaignèrent. Les Hollandois y formèrent, dans la suite, un petit établissement: mais ils en furent chassés par les Anglois qui y sont fixés depuis 1673.

Sur ce sol, stérile & sauvage, s'est formée successivement une population de vingt mille hommes, libres ou esclaves. Il y naît, ainsi qu'au cap de Bonne-Espérance, un beaucoup plus grand nombre de filles que de mâles. S'il étoit prouvé, par des calculs exacts, que la nature suit la même marche dans tous les pays chauds, cette connoissance donneroit la raison des mœurs publiques & des usages domestiques des peuples qui les habitent.

A l'exception du pêcher, aucun des arbres fruitiers, portés de nos contrées à Sainte-Hélène, n'a prospéré. La vigne n'a pas eu une destinée plus heureuse. Les légumes ont été constamment la proie des insectes. Peu de grains échappent aux souris. Il a fallu se borner à l'éducation des bêtes à corne; & ce n'est même qu'après en avoir vu périr un grand nombre, qu'on est parvenu à les multiplier.

Le climat dévoroit les diverses espèces de gramen que semoit le cultivateur. On imagina de planter des arbustes, qui ne craignoient ni la chaleur, ni la sécheresse; & bientôt naquit, à leur ombre, un gazon frais & sain. Cette herbe, cependant, n'a jamais pu nourrir à la fois plus de trois mille bœufs, nombre insuffisant pour les besoins de l'habitant & des navigateurs. Pour obtenir ce qui manque, il suffiroit peut-être de recourir aux prairies artificielles, que des voyageurs intelligens trouvent praticables dans l'état actuel des choses: mais ce moyen sera difficilement employé, à moins que le monopole ne se détache des meilleurs terreins qu'on a réservés en apparence pour son service, & réellement pour l'utilité ou les fantaisies de ses employés.

Les maisons qui entourent le port, jettées comme au hasard, donnent plutôt l'idée d'un camp que d'une ville. Les fortifications qui les entourent ſont peu conſidérables ; & la garniſon, chargée de le défendre, n'eſt que de cinq cens ſoldats, tous mécontens de leur ſituation. La colonie n'a que peu de rafraîchiſſemens & quelques bœufs à donner aux navires, en échange des denrées & des marchandiſes qu'ils lui portent d'Europe & d'Aſie. Auſſi le poiſſon eſt-il la nourriture ordinaire des noirs, & entre-t-il pour beaucoup dans celle des blancs.

Telle eſt dans la plus exacte vérité, l'état de Sainte-Hélène où relâchent tous les bâtimens qui reviennent des Indes en Angleterre, & où en tems de guerre ils trouvent des vaiſſeaux d'eſcorte. Les vents & les courans en écartent même ceux qui vont d'Angleterre aux Indes. Pluſieurs d'entre eux, pour éviter les inconvéniens d'un ſi long voyage fait ſans s'arrêter, relâchent au cap de Bonne-Eſpérance : les autres, particuliérement ceux qui ſont deſtinés pour le Malabar, vont prendre des rafraîchiſſemens aux iſles de Comore.

XXXII. A quel uſage les Anglois font ſervir les iſles de Comore.

Ces iſles, ſituées dans le canal de Mozambique, entre la côte de Zanguebar & Madagaſcar, ſont au nombre de quatre. Comore qui eſt la principale, & qui a donné ſon nom à ce petit archipel, eſt peu connue. Les Portugais, qui, dans leurs premières expéditions, la découvrirent, y firent tellement déteſter, par leurs cruautés, le nom des Européens, que tous ceux qui ont oſé s'y montrer depuis ont été ou maſſacrés, ou fort mal reçus : auſſi l'a-t-on entiérement perdue de vue. Celles de Mayotte & de Moely, ne ſont pas plus fréquentées, parce que les approches en ſont difficiles, & que le mouillage n'y eſt pas ſûr. Les Anglois ne relâchent qu'à l'iſle d'Anjouan.

C'eſt-là que la nature, dans une étendue de trente lieues de contour, étale toute ſa richeſſe avec toute ſa ſimplicité. Des côteaux toujours verts, des vallées toujours riantes, y forment par-tout des payſages variés & délicieux. Trente mille habitans, diſtribués en ſoixante-treize villages, en partagent les productions. Leur langue eſt l'arabe ; leur religion, un mahométiſme fort corrompu. On leur trouve des principes de morale, plus épurés qu'ils ne le ſont communément dans cette partie du globe. L'habitude qu'ils ont contractée de vivre de lait & de végétaux, leur a donné une

une averſion inſurmontable pour le travail. De cette pareſſe, eſt né un certain air de grandeur, qui conſiſte, pour les gens diſtingués, à laiſſer croître exceſſivement leurs ongles. Pour ſe faire une beauté de cette négligence, ils les teignent d'un rouge tirant ſur le jaune, que leur fournit un arbriſſeau.

Ce peuple né pour l'indolence, a perdu la liberté qu'il étoit, ſans doute, venu chercher d'un continent voiſin, dont il doit être originaire. Un négociant Arabe, il n'y a pas un ſiècle, ayant tué au Mozambique un gentilhomme Portugais, ſe jetta dans un bateau que le haſard conduiſit à Anjouan. Cet étranger ſe ſervit ſi bien de la ſupériorité de ſes lumières, & du ſecours de quelques-uns de ſes compatriotes, qu'il s'empara d'une autorité abſolue que ſon petit-fils exerce encore aujourd'hui. Cette révolution dans le gouvernement, ne diminua rien de la liberté & de la ſûreté que trouvoient les Anglois qui abordoient dans l'iſle. Ils continuoient à mettre paiſiblement leurs malades à terre, où la ſalubrité de l'air, l'excellence des fruits, des vivres & de l'eau, les rétabliſſoient bientôt. Seulement on fut réduit à payer plus cher les proviſions dont on avoit beſoin; & voici pourquoi.

Les Arabes ont pris la route d'une iſle où régnoit un Arabe. Ils y ont porté le goût des manufactures des Indes; & comme des cauris, des noix de coco, & les autres denrées qu'ils y prenoient en échange, ne ſuffiſoient pas pour payer ce luxe, les Inſulaires ont été réduits à exiger de l'argent pour leurs bœufs, leurs chèvres, leurs volailles, qu'ils livroient auparavant pour des grains de verre, & d'autres bagatelles d'un auſſi vil prix. Cette nouveauté n'a pas cependant dégoûté les Anglois d'un lieu de relâche, qui n'a d'autre défaut que celui d'être trop éloigné de nos parages.

XXXIII. La compagnie Angloiſe a abandonné aux négocians particuliers le commerce d'Inde en Inde.

Un pareil inconvénient ne pouvoit pas empêcher la compagnie Angloiſe de donner une grande extenſion à ſon commerce. Celui qu'on peut faire au-delà du cap de Bonne-Eſpérance & d'un port de l'Inde à l'autre, ne l'occupa pas long-tems. Elle fut de bonne heure aſſez éclairée pour comprendre que cette navigation ne lui convenoit pas. Ses agens l'entreprirent, de ſon aveu, pour leur propre compte; & tous les Anglois furent invités à le partager ſous la condition qu'ils fourniroient une caution de 45,000 livres, qui garantiroit leur ſageſſe. Pour faciliter & accélérer des ſuccès qui devoient un jour augmenter les ſiens, la compagnie encouragea ces négocians, en prenant part à leurs expéditions, en leur cédant des intérêts dans ſes propres armemens, ſouvent même en ſe chargeant de leurs marchandiſes pour un fret modique. Cette conduite généreuſe, inſpirée par un eſprit national ſi oppoſé en tout au caractère du monopole, donna promptement de l'activité, de la force, de la conſidération aux colonies Angloiſes.

Le commerce particulier a augmenté avec les proſpérités de la puiſſance qui lui ſert d'appui, & a contribué à ſon tour à lui donner plus de ſolidité. Il emploie actuellement de très-grands capitaux & occupe environ deux cens bâtimens, depuis cinquante juſqu'à deux cens tonneaux, tous montés par des matelots Indiens. Le nombre s'en feroit accru davantage, ſi la compagnie n'avoit exigé dans tous ſes comptoirs un droit de cinq pour cent ſur toutes les marchandiſes du commerce libre, & un droit de huit & demi pour cent ſur toutes les remiſes que les agens de ce trafic voudroient faire paſſer dans la métropole. Lorſque ſes beſoins ne la forcèrent pas à ſe relâcher de ce dernier arrangement, ces fonds particuliers furent livrés aux autres négocians Européens ou aux officiers Anglois qui n'étant pas proprement attachés à la compagnie, pouvoient travailler pour eux en navigant pour elle.

XXXIV. Gênes que la compagnie a éprouvées dans ſon commerce. Fonds qu'elle y a mis. Etendue qu'elle lui a donné.

Si le monopole vexoit les particuliers, il étoit gêné à ſon tour par les loix fiſcales. Ses navires ont dû faire toujours leur retour dans une rade Angloiſe, & ceux qui portoient des marchandiſes prohibées, dans le port de Londres. Par un réglement bizarre, indigne d'un peuple commerçant & dont il falloit s'écarter ſans ceſſe, il ne lui étoit permis d'envoyer en argent aux Indes que 6,750,000 livres. On l'obligeoit à exporter en marchandiſes du pays le dixième de ce qu'elle faiſoit partir en métaux. Tous les produits de l'Aſie qui étoient conſommés par la nation, devoient au tréſor public vingt-cinq pour cent, & quelques-uns beaucoup davantage.

Quoique l'ignorance & la capacité des administrateurs, la paix & la guerre, les succès & les malheurs de la métropole, l'indifférence & la passion de l'Europe pour les manufactures des Indes, le plus & le moins de concurrence des autres nations, aient beaucoup influé dans le nombre & l'utilité des expéditions de la compagnie; on peut dire que son commerce s'est étendu & a prospéré à mesure que ses capitaux ont augmenté. Ils ne furent d'abord que de 1,620,000 livres. Ce foible fonds s'accrut avec le tems, & par la partie des bénéfices qu'on ne partageoit pas, & par les sommes plus ou moins considérables qu'y ajoutoient successivement de nouveaux associés. Il étoit monté à 8,322,547 livres 10 sols, lorsqu'en 1676, les intéressés jugèrent plus sage de le doubler que d'ordonner une immense répartition que leurs prospérités permettoient de faire. Ce capital augmenta encore, lorsque les deux compagnies, qui s'étoient fait une guerre si destructive, unirent leurs richesses, leurs projets & leurs espérances. Il fut depuis porté à 67,500,000 livres.

Avec ces fonds étoient achetées les denrées & les marchandises que fournissent si abondamment les Indes. La consommation s'en faisoit dans la Grande-Bretagne, dans ses comptoirs d'Afrique, dans ses colonies du nouveau-monde & dans plusieurs contrées de l'Europe. Le thé devint avec le tems un des grands objets de ce commerce.

Les lords Arlington & Offori l'introduisirent en Angleterre. Ils y en apportèrent de Hollande en 1666, & leurs femmes le mirent à la mode chez les personnes de leur rang. La livre pesant se vendoit alors près de soixante-dix livres à Londres, quoiqu'elle n'en eût coûté que trois ou quatre à Batavia. Ce prix, qui ne diminua que très-lentement, n'empêcha pas que le goût de cette boisson ne fît des progrès. Cependant, elle ne devint d'un usage commun que vers 1715. Alors seulement, on commença à prendre du thé vert: car jusqu'à cette époque, on n'avoit connu que le thé bouy. Depuis, la passion pour cette feuille Asiatique est devenue générale. Peut-être cette manie n'est-elle pas sans inconvénient: mais on ne sauroit nier que la nation ne lui doive plus de ſobriété que n'en avoient pu obtenir les loix les plus ſévères, les déclamations éloquentes des orateurs chrétiens, les meilleurs traités de morale.

Il fut porté de la Chine en 1766, ſix millions peſant de thé par les Anglois ; quatre millions cinq cens mille livres par les Hollandois ; deux millions quatre cens mille livres par les Suédois ; autant par les Danois ; & deux millions cent mille livres par les François. Ces quantités réunies formoient un total de dix-ſept millions quatre cens mille livres. La préférence que la plupart des peuples donnent au chocolat, au café, à d'autres boiſſons ; des obſervations ſuivies avec ſoin pendant pluſieurs années ; des calculs les plus exacts qu'il ſoit poſſible de faire dans des matières ſi compliquées : tout nous décide à penſer que la conſommation de l'Europe entière ne s'élevoit pas alors au-deſſus de cinq millions quatre cens mille livres. En ce cas, celle de la Grande-Bretagne devoit être de douze millions.

On comptoit à cette époque deux millions d'hommes dans la métropole & un million dans les colonies qui faiſoient un uſage habituel du thé. Chacun en conſommoit environ quatre livres par an ; & la livre, en y comprenant les droits, étoit vendue l'une dans l'autre ſix livres dix ſols. Suivant ce calcul, le prix de cette denrée ſe feroit élevé à ſoixante-douze millions ; mais il n'en étoit pas tout-à-fait ainſi ; parce que la moitié entroit en fraude, & coûtoit beaucoup moins à la nation.

La guerre de la Grande-Bretagne avec le Nord de l'Amérique, a forcé la compagnie de diminuer ſes importations de thé. Son commerce n'en a pas cependant ſouffert. Le vuide a été rempli par une plus grande quantité de ſoie que la Chine & le Bengale lui ont fournie, & par l'extenſion qu'elle a donnée aux ventes qu'elle faiſoit ordinairement des productions, des manufactures du Coromandel & du Malabar. Après tout, ſa principale reſſource a été la conquête aſſez récente du Bengale.

XXXV. Conquête du Bengale. Comment & par qui elle a été faite.

Cette révolution prodigieuſe, qui a influé, d'une manière ſi ſenſible, & ſur la deſtinée des habitans de cette partie de l'Aſie, & ſur le commerce que les nations Européennes font dans ces climats, a-t-elle été l'effet & le résultat d'une suite de combinaisons politiques ? Est-ce encore un de ces événemens, dont la prudence ait droit de s'enorgueillir ? Non : le hasard seul en a décidé ; & les circonstances qui ont ouvert aux Anglois cette carrière de gloire & de puissance, loin de leur promettre les succès qu'ils ont eu, sembloient, au contraire, leur annoncer les revers les plus funestes.

Depuis quelque tems il s'étoit introduit, dans ces contrées, un usage pernicieux. Tout gouverneur de quelque établissement Européen, se permettoit de donner asyle aux naturels du pays, qui craignoient des vexations ou des châtimens. Les sommes, souvent très-considérables, qu'il recevoit pour prix de sa protection, lui faisoient fermer les yeux sur le danger auquel il exposoit les intérêts de ses commettans. Un des principaux officiers du Bengale, qui connoissoit cette ressource, se réfugia chez les Anglois à Calcutta, pour se soustraire aux peines que ses infidélités avoient méritées. Il fut accueilli. Le souba offensé, comme il devoit l'être, se mit à la tête de son armée, attaqua la place, & s'en empara. Il fit jetter la garnison dans un cachot étroit, où elle fut étouffée en douze heures. Il n'en resta que vingt-trois hommes. Ces malheureux offrirent de grandes sommes à la garde qui étoit à la porte de leur prison, pour qu'on fit avertir le prince de leur situation. Leurs cris, leurs gémissemens l'apprenoient au peuple qui en étoit touché ; mais personne ne vouloit aller parler au despote. IL DORT, disoit-on aux Anglois mourans ; & il n'y avoit pas peut-être un seul homme dans le Bengale qui pensât que, pour sauver la vie à cent cinquante infortunés, il fallût ôter un moment de sommeil au tyran.

Qu'est-ce donc qu'un tyran ? ou plutôt qu'est-ce qu'un peuple accoutumé au joug de la tyrannie ? Est-ce le respect, est-ce la crainte qui le tient courbé ? Si c'est la crainte, le tyran est donc plus redoutable que les dieux, à qui l'homme adresse sa prière ou sa plainte dans les tems de la nuit ou dans les heures du jour. Si c'est le respect, on peut donc amener l'homme jusqu'à respecter les auteurs de sa misère, prodige que la superstition ſeule peut opérer. Qu'eſt-ce qui vous étonne le plus, ou de la férocité du nabab qui dort, ou de la baſſeſſe de celui qui n'oſe le réveiller?

L'amiral Watſon, qui étoit arrivé depuis peu dans l'Inde avec une eſcadre, & le colonel Clive, qui s'étoit ſi fort diſtingué dans la guerre du Carnate, ne tardèrent pas à venger leur nation. Ils ramaſſèrent les Anglois diſperſés & fugitifs; ils remontèrent le Gange, dans le mois de décembre 1756, reprirent Calcutta, s'emparèrent de pluſieurs autres places, & remportèrent enfin une victoire complette ſur le ſouba.

Un ſuccès ſi étendu & ſi rapide, devient en quelque ſorte inconcevable, lorſqu'on penſe que c'étoit avec un corps de cinq cens hommes que les Anglois luttoient ainſi contre toutes les forces du Bengale : mais s'ils dûrent en partie leurs avantages à la ſupériorité de leur diſcipline & à l'aſcendant marqué que les Européens ont dans les combats ſur les nations Indiennes; ils furent encore ſervis plus utilement par l'ambition des chefs, par la cupidité des miniſtres, & par la nature d'un gouvernement qui n'a d'autres reſſorts que l'intérêt du moment & la crainte. C'eſt du concours de ces diverſes circonſtances, qu'ils furent profiter dans cette première entrepriſe, & dans toutes celles qui la ſuivirent. Le ſouba étoit déteſté de ſes peuples, comme le ſont preſque toujours les deſpotes; ſes principaux officiers vendoient leur crédit aux Anglois; il fut trahi à la tête de ſon armée, dont la plus grande partie refuſa de combattre; & il tomba lui-même au pouvoir de ſes ennemis, qui le firent étrangler en priſon.

Ils diſpoſèrent de la ſoubabie en faveur de Jaffer-Alikan, chef de la conſpiration. Il céda à la compagnie quelques provinces; & il lui accorda tous les privilèges, toutes les exemptions, toutes les faveurs auxquelles elle pouvoit prétendre. Mais, bientôt las du joug qu'il s'étoit impoſé, il chercha ſourdement les moyens de s'en affranchir. Ses deſſeins furent pénétrés; & il fut arrêté au milieu de ſa propre capitale.

Koſſim-Alikan, ſon gendre, fut proclamé à ſa place. Il avoit acheté cette uſurpation par des ſommes immenſes. Mais il n'en jouit pas long-tems. Impatient du joug, comme l'avoit été ſon prédéceſſeur, il ſe montra indocile, & refuſa de recevoir la loi. Auſſi-tôt la guerre ſe rallume. Ce même Jaffer-Alikan, que les Anglois tenoient priſonnier, eſt proclamé, de nouveau, ſouba du Bengale. On marche contre Koſſim-Alikan; on parvient à corrompre ſes généraux; il eſt trahi & entiérement défait: trop heureux, en perdant ſes états, de ſauver les immenſes richeſſes qu'il avoit accumulées!

Au milieu de cette révolution, Koſſim-Alikan ne perdit pas l'eſpoir de la vengeance. Il alla porter ſon reſſentiment & ſes tréſors chez le nabab de Bénarès, premier viſir de l'empire Mogol. Ce nabab, & tous les princes voiſins, ſe réunirent contre l'ennemi commun: mais ce n'étoit plus à une poignée d'Européens, venue de la côte de Coromandel, qu'ils avoient à faire, c'étoit à toutes les forces du Bengale, que les Anglois tenoient ſous leur puiſſance. Fiers de leurs ſuccès, ils n'attendirent point qu'on vînt les attaquer; ils marchèrent les premiers au-devant de cette ligue formidable, & ils marchèrent avec la confiance que leur inſpiroit Clive, ce général dont le nom ſembloit être devenu le garant de la victoire. Cependant, Clive ne voulut rien haſarder. Une partie de la campagne ſe paſſa en négociations: mais enfin les richeſſes que les Anglois avoient déja tirées du Bengale, ſervirent à leur aſſurer encore de nouvelles conquêtes. Les chefs de l'armée Indienne furent corrompus; & lorſque le nabab de Bénarès voulut engager une action, il fut entraîné par la fuite des ſiens, ſans même avoir pu combattre.

Cette victoire livra le pays de Bénarès aux Anglois; & il ſembloit que rien ne pût les empêcher de réunir cette ſouveraineté à celle du Bengale. Mais, ſoit modération, ſoit prudence, ils ſe contentèrent de lever huit millions de contribution; & ils offrirent la paix au nabab à des conditions qui devoient le mettre dans l'impuiſſance de leur nuire, mais qu'il étoit encore trop heureux d'accepter, pour rentrer dans ſes états.

Parmi ſes déſaſtres, Koſſim-Alikan trouva encore le moyen de ſauver une partie de ſes tréſors, & il ſe retira chez les Seiks, peuples situés aux environs de Delhy, d'où il chercha à se faire des alliés & à susciter des ennemis aux Anglois.

Pendant que ces choses se passoient dans le Bengale, l'empereur Mogol, chassé de Delhy par les Patanes, qui avoient proclamé son fils à sa place, erroit de province en province, cherchant un asyle dans ses propres états, & demandant vainement du secours à tous ses vassaux. Abandonné de ses sujets, trahi par ses alliés, sans appui, sans armée, il fut frappé de la puissance des Anglois, & il implora leur protection. Ils lui promirent de le conduire à Delhy, & de le rétablir sur son trône ; mais ils commencèrent par se faire céder, d'avance, le Bengale en toute souveraineté. Cette cession fut faite par un acte authentique, & revêtue de toutes les formalités usitées dans l'empire Mogol.

Les Anglois munis de ce titre, qui légitimoit, en quelque sorte, leur usurpation aux yeux des peuples, oublièrent bientôt leurs promesses. Ils firent entendre à l'empereur, que les circonstances ne leur permettoient pas de se livrer à une pareille entreprise ; qu'il falloit attendre des tems plus heureux ; & ils lui assignèrent une résidence, & un revenu pour y subsister. Alors l'empire Mogol se trouva partagé entre deux empereurs ; l'un, qui étoit reconnu dans les différentes contrées de l'Inde, où la compagnie Angloise avoit des établissemens & de l'autorité ; l'autre, qui l'étoit dans les provinces qui environnent Delhy, & dans les pays où cette compagnie n'avoit point d'influence.

Les Anglois ainsi devenus souverains du Bengale, crurent devoir conserver l'image des formes anciennes, dans un pays où elles ont le plus grand pouvoir, & peut-être le seul pouvoir qui soit sûr & durable. C'étoit sous le nom d'un souba qu'ils gouvernoient ce royaume, & qu'ils en percevoient les revenus. Ce souba, qui étoit à leur nomination, à leurs gages, sembloit donner des ordres. C'est de lui que paroissoient émanés les actes publics, les décrets qui avoient été réellement délibérés dans le conseil de Calcutta ; de manière qu'après avoir changé de maîtres, ces peuples purent croire, pendant long-tems, qu'ils étoient encore courbés sous le même joug.

Etrange

Etrange indignité, de vouloir exercer des vexations, ſans paroître injuſte ; de vouloir retirer le fruit de ſes rapines, & d'en rejetter l'odieux ſur un autre ; de ne pas rougir de la tyrannie, & de rougir du nom de tyran. Oh! combien l'homme eſt méchant, & combien l'homme le feroit davantage s'il pouvoit avoir la conviction que ſes forfaits ſeront ignorés, & qu'un innocent en ſubira l'ignominie & le châtiment.

La conquête du Bengale, dont les bornes ont été encore depuis reculées juſqu'aux monts entaſſés qui ſéparent le Thibet & la Tartarie de l'Indoſtan, ſans apporter aucun changement ſenſible à la forme extérieure de la compagnie Angloiſe, en a changé eſſentiellement l'objet. Ce n'eſt plus une ſociété commerçante ; c'eſt une puiſſance territoriale qui exploite ſes revenus, à l'aide d'un commerce qui faiſoit autrefois toute ſon exiſtence ; & qui, malgré l'extenſion qu'il a reçu, n'eſt plus qu'un acceſſoire dans les combinaiſons de ſa grandeur actuelle.

XXXVI. Meſures priſes par les Anglois pour ſe maintenir dans le Bengale.

Les arrangemens imaginés, pour donner de la ſtabilité à une ſituation ſi favorable, ſont peut-être les plus raiſonnables qu'il fût poſſible de faire. L'Angleterre a aujourd'hui, dans l'Inde, le fonds de neuf mille huit cens hommes de troupes Européennes ; elle y a cinquante-quatre mille Cipayes, bien payés, bien armés, bien diſciplinés. Trois mille de ces Européens, vingt-cinq mille de ces Cipayes ſont diſperſés ſur les bords du Gange.

Le corps le plus conſidérable de ces troupes a été placé à Bénarès, autrefois le berceau des ſciences Indiennes, & encore aujourd'hui la plus fameuſe académie de ces riches contrées, où l'avarice Européenne ne reſpecte rien. On a choiſi cette poſition ; parce qu'elle a paru favorable pour arrêter les peuples belliqueux qui pourroient deſcendre des montagnes du Nord, & qu'en cas d'attaque, il ſeroit moins ruineux de ſoutenir la guerre ſur un territoire étranger, que ſur celui dont on perçoit les revenus. Au Midi, l'on a occupé, autant qu'il étoit poſſible, tous les défilés par leſquels un ennemi actif & entreprenant pourroit chercher à pénétrer dans la province. Daca, qui en eſt le centre, voit ſous ſes murs une force conſidérable, toujours prête à voler par-tout où ſa préſence deviendroit néceſſaire. Tous les nababs, tous les rajas, qui dépendent de la ſoubabie de Bengale, ſont déſarmés, entourés d'eſpions, pour découvrir les conſpirations, & de troupes pour les diſſiper.

En cas d'une révolution malheureuſe, qui réduiroit le conquérant à lever ſes quartiers & à abandonner ſes poſtes, on a conſtruit, près de Calcutta, le fort Williams, qui, au beſoin, ſerviroit d'aſyle à l'armée, forcée de ſe replier, & qui lui donneroit le tems d'attendre les ſecours néceſſaires pour recouvrer ſa ſupériorité.

Malgré la ſageſſe des précautions que les Anglois ont priſes, ils ne ſont, & ils ne ſauroient être ſans inquiétude. La puiſſance Mogole peut s'affermir, & chercher à délivrer d'un joug étranger la plus belle de ſes provinces. On doit craindre que des nations barbares ne ſoient attirées de nouveau dans ce doux climat. Les princes diviſés mettront peut-être fin à leurs diſcordes, & ſe réuniront pour leur liberté commune. Il n'eſt pas impoſſible que les ſoldats Indiens qui ſont actuellement la force de l'Anglois conquérant, tournent un jour contre lui les armes dont il leur a enſeigné l'uſage. Sa grandeur, uniquement fondée ſur l'illuſion, peut même s'écrouler, ſans qu'il ſoit chaſſé de ſa poſſeſſion. Perſonne n'ignore que les Marattes jettent toujours leurs regards ſur ce beau pays, & le menacent continuellement d'une irruption. Si l'on ne réuſſit pas à détourner, par la corruption ou par l'intrigue, ce dangereux orage, le Bengale ſera pillé, ravagé, quelques meſures qu'on puiſſe prendre contre une cavalerie légère, dont la célérité eſt au-deſſus de tout ce qu'on peut dire. Les courſes de ces brigands pourront ſe répéter; & il y aura alors néceſſairement moins de tributs & plus de dépenſe.

XXXVII. L'Angleterre peut-elle ſe flatter de voir continuer la proſpérité du Bengale?

Suppoſons cependant qu'aucun des malheurs que nous oſons prévoir, n'arrivera; eſt-il vraiſemblable que les revenus du Bengale qui, en 1773, s'élevoient à 71,004,465 livres, mais dont le brigandage ou les dépenſes néceſſaires en abſorboient 61,379,437 livres 10 ſols, puiſſent reſter toujours les mêmes? Il doit être permis d'en douter. La compagnie Angloiſe ne porte plus d'argent dans le pays; elle en tire même pour ſes comptoirs. Ses agens font des fortunes incroyables, & les négocians particuliers d'assez grandes fortunes, dont ils vont jouir dans la métropole. Les autres nations Européennes trouvent dans les trésors de la puissance dominante, des facilités qui les dispensent d'introduire de nouveaux métaux. Toutes ces combinaisons ne doivent-elles pas former dans le numéraire de ces contrées, un vuide, qui, tôt ou tard, se fera sentir dans le recouvrement des deniers publics?

Cette époque s'éloigneroit sans doute, si les Anglois, respectant les droits de l'humanité, écartoient enfin de ces contrées l'oppression sous laquelle elles gémissent depuis tant de siècles. Alors Calcutta, loin d'être un objet de terreur pour les peuples, deviendroit un tribunal toujours ouvert aux plaintes des malheureux que la tyrannie oseroit poursuivre. La propriété seroit si respectée, que l'or enseveli depuis tant d'années, sortiroit des entrailles de la terre, pour remplir sa destination. On encourageroit tellement l'agriculture & les manufactures, que les objets d'exportation deviendroient tous les jours plus considérables; & que la compagnie, en suivant de pareilles maximes, au lieu d'être réduite à diminuer les tributs qu'elle a trouvés établis, pourroit peut-être concilier leur augmentation avec l'aisance universelle. Et qu'on ne dise pas que ce plan est une chimère. La compagnie Angloise, elle-même, en a prouvé la possibilité.

La plupart des nations Européennes, qui ont acquis quelque territoire dans l'Inde, choisissent pour leurs fermiers des naturels du pays, dont elles exigent des avances si considérables, que pour les payer, ils sont obligés d'emprunter à un intérêt exorbitant. L'état violent où ces fermiers avides se sont mis volontairement, les réduit à la nécessité d'exiger des habitans, auxquels ils sous-louent quelques portions de terre, un prix si considérable, que ces malheureux abandonnent leurs aldées, & les abandonnent pour toujours. Le traitant, ruiné par cette fuite qui le rend insolvable, est renvoyé pour faire place à un successeur, qui a communément la même destinée; de sorte qu'il arrive le plus souvent qu'il n'y a de payé que les premières avances, ou fort peu de chose au-delà.

On avoit ſuivi une marche différente dans les poſſeſſions Angloiſes, à la côte de Coromandel. On avoit remarqué que les aldées étoient formées par pluſieurs familles, qui, la plupart, tenoient les unes aux autres ; & cette obſervation avoit fait bannir l'uſage des fermiers. Chaque champ étoit taxé à une redevance annuelle ; & le chef de la famille étoit caution pour ſes parens, pour ſes alliés. Cette méthode lioit les colons les uns aux autres, & leur donnoit la volonté, les moyens de ſe ſoutenir réciproquement. Telle étoit la cauſe qui avoit élevé les établiſſemens de cette nation au degré de proſpérité dont ils étoient ſuſceptibles ; tandis que ceux de ſes rivaux languiſſoient, ſans culture, ſans manufactures, & par conſéquent ſans population.

Pourquoi faut-il qu'une adminiſtration qui fait tant d'honneur à la raiſon & à l'humanité, ne ſe ſoit point étendue au-delà du petit territoire de Madras ? Seroit-il donc vrai que la modération eſt une vertu uniquement attachée à la médiocrité ? La compagnie Angloiſe avoit eu juſqu'à ces derniers tems une conduite ſupérieure à celle des autres compagnies. Ses agens, ſes facteurs étoient bien choiſis. Les principaux étoient des jeunes gens de famille, qui ne craignoient point d'aller ſervir leur patrie au-delà des mers, de ces mers immenſes que la nation regarde comme une partie de ſon empire. La compagnie avoit vu le plus ſouvent le commerce en grand, & l'avoit preſque toujours fait comme une ſociété de vrais politiques, autant que comme une ſociété de négocians. Enfin, ſes colons, ſes marchands, ſes militaires avoient conſervé plus de mœurs, plus de diſcipline, plus de vigueur que ceux des autres nations.

XXXVIII. Vexations & cruautés commiſes par les Anglois dans le Bengale.

Qui auroit imaginé que cette même compagnie, changeant tout-à-coup de conduite & de ſyſtême, en viendroit bientôt au point de faire regretter aux peuples du Bengale, le deſpotiſme de leurs anciens maîtres ? Cette funeſte révolution n'a été que trop prompte & trop réelle. Une tyrannie méthodique a ſuccédé à l'autorité arbitraire. Les exactions ſont devenues générales & régulières ; l'oppreſſion a été continuelle & abſolue. On a perfectionné l'art deſtructeur des monopoles ; on en a inventé de nouveaux. En un mot, on a altéré, corrompu toutes les ſources de la confiance, de la félicité publiques.

Sous le gouvernement des empereurs Mogols, les ſoubas, chargés de l'adminiſtration des revenus, étoient forcés par la nature des choſes d'en abandonner la perception aux nababs, aux paleagars, aux zemindars, qui les ſous-affermoient à d'autres Indiens, & ceux-ci à d'autres encore; de manière que le produit de ces terres paſſoit & ſe perdoit en partie dans une multitude de mains intermédiaires, avant d'arriver dans le tréſor du ſouba, qui n'en rendoit lui-même qu'une très-petite portion à l'empereur. Cette adminiſtration vicieuſe à beaucoup d'égards, avoit du moins cela de favorable aux peuples, que les fermiers ne changeant point, le prix des fermes étoit toujours le même; parce que la moindre augmentation, en ébranlant cette chaîne où chacun trouvoit graduellement ſon profit, auroit infailliblement cauſé une révolte: reſſource terrible, mais la ſeule qui reſte en faveur de l'humanité, dans les pays opprimés par le deſpotiſme.

Peut-être, qu'au milieu de cet ordre des choſes, il y avoit une foule d'injuſtices & de vexations particulières. Mais du moins la perception des deniers publics ſe faiſant toujours ſur un taux fixe & modéré, l'émulation n'étoit point abſolument éteinte. Les cultivateurs, ſûrs de conſerver le produit de leur récolte, en payant exactement le prix de leur ferme, ſecondoient par leur travail la fécondité du ſol. Les tiſſerands, maîtres du prix de leurs ouvrages, libres de choiſir l'acheteur qui leur convenoit le mieux, s'attachoient à perfectionner & à étendre leurs manufactures. Les uns & les autres tranquilles ſur leur ſubſiſtance, ſe livroient avec joie aux plus doux penchans de la nature, au penchant dominant dans ces climats; & ils ne voyoient dans l'augmentation de leur famille, qu'un moyen d'augmenter leurs richeſſes. Telles ſont évidemment les cauſes de ce haut degré auquel l'induſtrie, l'agriculture & la population s'étoient élevées dans le Bengale. Il ſembloit qu'elles duſſent encore s'accroître ſous le gouvernement d'un peuple libre & ami de l'humanité.

Mais la soif de l'or, la plus dévorante, la plus cruelle de toutes les passions, a produit une administration destructive.

Les Anglois, souverains du Bengale, peu contens de percevoir les revenus sur le même pied que les anciens soubas, ont voulu tout-à-la-fois augmenter le produit des fermes, & s'en approprier le bénéfice. Pour remplir ce double objet, la compagnie Angloise, cette compagnie souveraine, est devenue la fermière de son propre souba, c'est-à-dire, d'un esclave auquel elle venoit de conférer ce vain titre, pour en imposer plus sûrement aux peuples. La suite de ce nouveau plan, a été de dépouiller les fermiers, pour leur substituer des agens de la compagnie. Elle s'est encore emparée, toujours sous le nom, & en apparence pour le compte du souba, de la vente exclusive du sel, du tabac, du bétel, objets de première nécessité dans ces contrées. Il y a plus. Elle a fait créer en sa faveur, par ce même souba, un privilège exclusif pour la vente du coton venant de l'étranger, afin de le porter à un prix excessif. Elle a fait augmenter les douanes; & elle a fini par faire publier un édit qui défend le commerce dans l'intérieur du Bengale, à tout particulier Européen, & qui le permet aux seuls Anglois.

Quand on réfléchit à cette prohibition barbare, il semble qu'elle n'ait été imaginée que pour épuiser tous les moyens de nuire à ce malheureux pays, dont la compagnie Angloise, pour son seul intérêt, auroit dû chercher la prospérité. Au reste, il est aisé de voir que la cupidité personnelle des membres du conseil de Calcutta, a dicté cette loi honteuse. Ils ont voulu s'assurer le produit de toutes les manufactures, pour forcer ensuite les négocians des autres nations, qui voudroient commercer d'Inde en Inde, à acheter d'eux ces objets à des prix excessifs, ou à renoncer à leurs entreprises.

Cependant, au milieu de cette tyrannie si contraire à l'avantage de leurs commettans, ces agens infidèles ont essayé de se couvrir de l'apparence du zèle. Ils ont dit que, dans la nécessité de faire passer en Angleterre une quantité de marchandises proportionnée à l'étendue de son commerce, la concurrence des particuliers nuisoit aux achats de la compagnie.

C'eſt ſous le même prétexte, & pour étendre indirectement l'excluſif juſqu'aux autres compagnies, en paroiſſant reſpecter leurs droits, qu'ils ont commandé dans ces dernières années plus de marchandiſes que le Bengale n'en pouvoit fournir. Il a été défendu en même tems aux tiſſerands de travailler pour les autres nations, juſqu'à ce que les ordres de la compagnie Angloiſe fuſſent exécutés. Ainſi, ces ouvriers n'ayant plus la liberté de choiſir entre pluſieurs acheteurs, ont été forcés de livrer le fruit de leur travail, pour le prix qu'on a bien voulu leur en donner.

Et dans quelle monnoie encore les a-t-on payés? C'eſt ici que la raiſon ſe confond, & qu'on cherche en vain des excuſes ou des prétextes. Les Anglois, vainqueurs du Bengale, poſſeſſeurs des tréſors immenſes que la fécondité du ſol & l'induſtrie des habitans y avoient raſſemblés, oſèrent ſe permettre d'altérer le titre des eſpèces. Ils donnèrent l'exemple de cette lâcheté, inconnue aux deſpotes de l'Aſie; & c'eſt par cet acte déshonorant, qu'ils annoncèrent leur ſouveraineté aux peuples. Il eſt vrai qu'une opération ſi contraire à la foi du commerce & à la foi publique, ne put ſe ſoutenir long-tems. La compagnie elle-même en reſſentit les pernicieux effets; & il fut réſolu de retirer toutes les eſpèces fauſſes pour y ſubſtituer une monnoie parfaitement ſemblable à celle qui avoit eu toujours cours dans ces contrées. Mais voyons de quelle manière ſe fit cet échange ſi néceſſaire.

On avoit frappé en roupies d'or environ quinze millions, valeur nominale: mais qui ne repréſentoient effectivement que neuf millions; parce qu'on y avoit mêlé quatre dixièmes d'alliage, & même quelque choſe de plus. Il fut enjoint à tous ceux qui ſe trouveroient avoir de ces roupies d'or, de faux-aloi, de les rapporter au tréſor de Calcutta, où on les rembourſeroit en roupies d'argent. Mais au lieu de dix roupies & demie d'argent que chaque roupie d'or devoit valoir, ſuivant ſa dénomination, on n'en donna que ſix; de manière que l'alliage fut définitivement en pure perte pour le propriétaire.

Une oppreſſion ſi générale devoit néceſſairement être accompagnée de violence: auſſi fallut-il recourir ſouvent à la force des armes, pour faire exécuter les ordres du conſeil de Calcutta. On ne ſe borna pas à en faire uſage contre les Indiens. Le tumulte & l'appareil de la guerre ſe renouvellèrent de toutes parts, dans le ſein même de la paix. Les Européens furent auſſi expoſés à des actes d'hoſtilité, & particuliérement les François, qui, malgré leur abaiſſement & leur foibleſſe, excitoient encore la jalouſie de leurs anciens rivaux.

Si, au tableau des vexations publiques, nous ajoutions celui des exactions particulières, on verroit preſque par-tout les agens de la compagnie percevant les tributs pour elle avec une extrême rigueur, & levant des contributions pour eux avec la dernière cruauté. On les verroit portant l'inquiſition dans toutes les familles, ſur toutes les fortunes; dépouiller indifféremment l'artiſan & le laboureur; ſouvent faire un crime à un homme, & le punir, de n'être pas aſſez riche. On les verroit vendant leur faveur & leur crédit, pour opprimer l'innocent ou pour ſauver le coupable. On verroit à la ſuite de ces excès, l'abattement gagnant tous les eſprits, le déſeſpoir s'emparant de tous les cœurs, & l'un & l'autre arrrêtant par-tout les progrès & l'activité du commerce, de la culture, de la population.

On croira, ſans doute, après ces détails, qu'il étoit impoſſible que le Bengale eût encore à redouter de nouveaux malheurs. Cependant, comme ſi les élémens d'accord avec les hommes euſſent voulu réunir à la fois, & ſur un même peuple, toutes les calamités qui déſolent ſucceſſivement l'univers, une ſécheresſe, dont il n'y avoit jamais eu d'exemple dans ces climats, vint préparer une famine épouvantable dans le pays de la terre le plus fertile.

Il y a deux récoltes dans le Bengale, l'une en avril, l'autre en octobre. La première, qu'on appelle la petite récolte, eſt formée par de menus grains; la ſeconde, déſignée ſous le nom de grande récolte conſiſte uniquement en riz. Ce ſont les pluies, qui commencent réguliérement au moins d'août & finiſſent au milieu d'octobre, qui ſont la ſource de ces productions diverſes; & c'eſt la ſécheresſe arrivée en 1769, dans la ſaiſon où l'on attendoit les pluies, qui fit manquer la grande récolte de 1769, & la petite récolte de 1770. Le riz, qui croît ſur les montagnes ſouffrit peu, il eſt vrai,

vrai, de ce dérangement des ſaiſons : mais il s'en falloit beaucoup qu'il fût en aſſez grande quantité, pour nourrir tous les habitans de cette contrée. Les Anglois, d'ailleurs, occupés d'avance à aſſurer leur ſubſiſtance, & celle de leurs Cipayes, ne manquèrent pas de faire enfermer dans leurs magaſins une partie de cette récolte, déja inſuffiſante.

On les accuſa d'avoir abuſé de cette précaution néceſſaire, pour exercer le plus odieux, le plus criminel des monopoles. Il ſe peut bien que cette manière horrible de s'enrichir tentât quelques particuliers : mais que les principaux agens de la compagnie, que le conſeil de Calcutta eût adopté, eût ordonné cette opération deſtructive ; que pour gagner quelques millions de roupies à la compagnie, il dévouât froidement des millions d'hommes à la mort, & à la mort la plus cruelle. Non, nous ne le croirons jamais. Nous oſons même dire que cela eſt impoſſible, parce qu'une pareille atrocité ne ſauroit entrer tout à la fois dans la tête & dans le cœur de pluſieurs hommes, qui délibèrent & qui agiſſent pour les intérêts des autres.

Cependant le fléau ne tarda pas à ſe faire ſentir dans toute l'étendue du Bengale. Le riz, qui ne valoit communément qu'un ſol les trois livres, augmenta graduellement au point de ſe vendre juſqu'à quatre ſols la livre. Il valut même juſqu'à cinq ou ſix ſols : encore n'y en avoit-il que dans les lieux où les Européens avoient pris ſoin d'en ramaſſer pour leurs beſoins.

Dans cette diſette, les malheureux Indiens, ſans moyen, ſans reſſource, périſſoient tous les jours par milliers, faute de pouvoir ſe procurer la moindre nourriture. On les voyoit dans leurs aldées, le long des chemins, au milieu de nos colonies Européennes, pâles, défaits, exténués, déchirés par la faim ; les uns couchés par terre & attendant la mort ; les autres ſe traînant avec peine, pour chercher quelques alimens autour d'eux, & embraſſant les pieds des Européens, en les ſuppliant de les recevoir pour eſclaves.

Qu'à ce tableau, qui fait frémir l'humanité, l'on ajoute d'autres objets également affligeans pour elle ; que l'imagination ſe les exagère, s'il eſt poſſible ; que l'on ſe repréſente encore des enfans abandonnés, d'autres expirant ſur le ſein de leurs mères : par-tout des morts & des mourans : par-tout les gémiſſemens de la douleur & les larmes du déſeſpoir ; & l'on aura une foible idée du ſpectacle horrible qu'offrit le Bengale pendant ſix ſemaines.

Durant tout ce tems, le Gange fut couvert de cadavres ; les campagnes & les chemins en furent jonchés ; des exhalaiſons infectes remplirent l'air ; les maladies ſe multiplièrent. Peu s'en fallut qu'un fléau ſuccédant à l'autre, la peſte n'enlevât le reſte des habitans de ce malheureux royaume. Il paroît, ſuivant des calculs aſſez généralement avoués, que la famine en fit périr un quart, c'eſt-à-dire, environ trois millions.

Mais ce qu'il y eut de vraiment remarquable, ce qui caractériſe la douceur, ou plutôt l'inertie morale & phyſique de ces peuples ; c'eſt qu'au milieu de ce fléau terrible, cette multitude d'hommes, preſſée par le plus impérieux de tous les beſoins, reſta dans une inaction abſolue, & ne tenta rien pour ſa propre conſervation. Tous les Européens, les Anglois ſur-tout, avoient des magaſins, & ces magaſins furent reſpectés. Les maiſons particulières le furent également. Aucune révolte ; point de meurtres, pas la moindre violence. Les malheureux Indiens, livrés à un déſeſpoir tranquille, ſe bornoient à implorer des ſecours qu'ils n'obtenoient pas, & ils attendoient paiſiblement la mort.

Que l'on ſe figure maintenant une ſemblable calamité affligeant une partie de l'Europe. Quel déſordre ! Quelle fureur ! Que d'atrocités ! Que de crimes ! Comme on verroit nos Européens ſe diſputer leur ſubſiſtance un poignard à la main, ſe chercher, ſe fuir, s'égorger impitoyablement les uns les autres ! Comme on les verroit, tournant enſuite leur rage contre eux-mêmes, déchirer, dévorer leurs propres membres, &, dans leur déſeſpoir aveugle, fouler aux pieds l'autorité, la raiſon & la nature !

Si les Anglois avoient eu de pareils événemens à redouter de la part des peuples du Bengale, peut-être que cette famine eût été moins générale & moins meurtrière. Car ſi nous avons cru devoir rejetter loin d'eux toute accuſation de monopole, nous n'entreprendrons pas de les défendre ſur le reproche de négligence &

d'insensibilité. Et dans quelle circonstance méritèrent-ils ce reproche? C'est dans le moment où ils avoient à choisir entre la vie & la mort de plusieurs millions d'hommes. Il semble que dans une pareille alternative, l'amour de l'humanité, ce sentiment inné dans tous les cœurs, eût dû leur inspirer des ressources. Eh quoi! auroient pu leur crier les infortunés expirant sous leurs yeux.

» Ce n'est donc que pour nous opprimer que vous êtes féconds » en moyens? Les trésors immenses qu'une longue suite de » siècles avoient accumulés dans cette contrée, vous en avez » fait votre proie; vous les avez transportés dans votre patrie; » vous avez augmenté les tributs; vous les faites percevoir par » vos agens; vous êtes les maîtres de notre commerce intérieur; » vous faites seuls le commerce du dehors. Vos nombreux » vaisseaux chargés des productions de notre industrie & de » notre sol, vont enrichir vos comptoirs & vos colonies. Toutes » ces choses, vous les ordonnez, vous les exécutez pour votre » seul avantage. Mais qu'avez-vous fait pour notre conser- » vation? Quelles mesures avez-vous prises, pour éloigner de » nous le fléau qui nous menaçoit? Privés de toute autorité, » dépouillés de nos biens, accablés sous un pouvoir terrible, » nous n'avons pu que lever les mains vers vous, pour implorer » votre assistance. Vous avez entendu nos gémissemens, vous » avez vu la famine s'avancer à grands pas: alors, vous vous » êtes éveillés; vous avez moissonné le peu de subsistances échap- » pées à la stérilité; vous en avez rempli vos magasins; vous » les avez distribuées à vos soldats. Et nous, tristes jouets de » votre cupidité; malheureux tour-à-tour, & par votre tyran- » nie, & par votre indifférence, vous nous traitez comme des » esclaves, tant que vous nous supposez des richesses; & quand » nous n'avons plus que des besoins, vous ne nous regardez pas » même comme des hommes. De quoi nous sert-il que l'adminis- » tration des forces publiques soit toute entière dans vos mains? » Où sont ces loix & ces mœurs dont vous êtes si fiers? Quel est » donc ce gouvernement dont vous nous vantez la sagesse? Avez- » vous arrêté l'exportation prodigieuse de vos négocians parti-

» culiers ? Avez-vous changé la destination de vos vaisseaux ? » Ont-ils parcouru les mers qui nous environnent, pour y cher- » cher des subsistances ? En avez-vous demandé aux contrées » voisines ? Ah ! pourquoi le ciel a-t-il permis que vous ayez » brisé la chaîne qui nous attachoit à nos anciens souverains ? » Moins avides & plus humains que vous, ils auroient appellé » l'abondance de toutes les parties de l'Asie ; ils auroient facilité » les communications ; ils auroient prodigué leurs trésors ; ils » auroient cru s'enrichir en conservant leurs sujets ».

Cette dernière réflexion, du moins, étoit de nature à faire impression sur les Anglois, en supposant même que, par un effet de la corruption, tout sentiment d'humanité fût éteint dans leur cœur. La stérilité avoit été annoncée par la sécheresse ; & l'on ne sauroit douter que, si au lieu de penser uniquement à eux, & de demeurer dans l'inaction pour tout le reste, ils eussent pris dès les premiers momens toutes les précautions qui étoient en leur pouvoir, ils ne fussent parvenus à sauver la vie à la plupart de ceux qui la perdirent.

Il faut en convenir, la corruption à laquelle les Anglois se livrèrent dès les premiers momens de leur puissance ; l'oppression qui en fut la suite ; les abus qui se multiplioient de jour en jour ; l'oubli profond de tous les principes : tout cela forma un contraste révoltant avec leur conduite passée dans l'Inde, avec la constitution actuelle de leur gouvernement en Europe. Mais cette espèce de problême moral se résoudra facilement, si l'on considère avec attention l'effet naturel des événemens & des circonstances.

Dominateurs sans contradiction dans un empire où ils n'étoient que négocians, il étoit bien difficile que les Anglois n'abusâssent pas de leur pouvoir. Dans l'éloignement de sa patrie, l'on n'est plus retenu par la crainte de rougir aux yeux de ses concitoyens. Dans un climat chaud, où le corps perd de sa vigueur, l'ame doit perdre de sa force. Dans un pays où la nature & les usages conduisent à la mollesse, on s'y laisse entraîner. Dans des contrées où l'on est venu pour s'enrichir, on oublie aisément d'être juste.

Peut-être cependant qu'au milieu d'une position si périlleuse, les Anglois auroient conservé, du moins, quelque apparence de modération & de vertu, s'ils eussent été retenus par le frein des loix : mais il n'en existoit aucune qui pût les diriger ou les contraindre. Les réglemens faits par la compagnie, pour l'exploitation de son commerce, ne s'appliquoient point à ce nouvel ordre de choses ; & le gouvernement Anglois ne considérant la conquête du Bengale que comme un moyen d'augmenter numérairement les revenus de la Grande-Bretagne, avoit abandonné, pour 9,000,000 par an, la destinée de douze millions d'hommes.

Ces malheureuses victimes d'une insatiable cupidité, furent accablées de tous les fleaux que la tyrannie peut rassembler ; & le corps qui ordonnoit ou qui souffroit tant de forfaits, n'en fut pas moins menacé d'une ruine totale. Elle alloit être consommée, lorsqu'en 1773, l'autorité vint à son secours, & le mit en état de faire face aux engagemens téméraires qu'il avoit contractés. Mais le parlement ordonna que tous les détails d'une administration si corrompue, seroient mis sous ses yeux ; que les abus multipliés & crians qu'on avoit commis, seroient publiquement dévoilés ; que les droits d'un peuple entier seroient pesés dans la balance de la liberté & de la justice.

« Oui, vous remplirez notre attente, législateurs augustes ! » Vous rendrez à l'humanité ses droits ; vous mettrez un frein à » la cupidité ; vous briserez le joug de la tyrannie. L'autorité » inébranlable des loix prendra par-tout la place d'une adminis» tration purement arbitraire. A l'aspect de cette autorité, le » monopole, ce tyran de l'industrie, disparoîtra pour jamais. Les » entraves que l'intérêt particulier a mises au commerce, vous » les ferez céder à l'intérêt général.

» Vous ne vous bornerez pas à cette réforme momentanée. » Vous porterez vos vues vers l'avenir ; vous calculerez l'in» fluence du climat, le danger des circonstances, la contagion de » l'exemple, & vous en préviendrez les effets. Des hommes choisis, » sans liaisons, sans passions, dans ces contrées éloignées, par» tiront du sein de la métropole pour aller parcourir ces provin» ces, pour écouter les plaintes, pour étouffer les abus, pour

» réparer les injuſtices ; en un mot, pour maintenir & pour reſ- » ſerrer les liens de l'ordre dans toutes les parties.

» En exécutant ce plan ſalutaire, vous aurez beaucoup fait, » ſans doute, pour le bonheur de ces peuples ; mais vous n'aurez » point aſſez fait pour votre gloire. Il vous reſtera un préjugé à » vaincre, & cette victoire eſt digne de vous. Oſez faire jouir vos » nouveaux ſujets des douceurs de la propriété. Partagez-leur » les campagnes qui les ont vu naître ; ils apprendront à les cul- » tiver pour eux. Enchaînés par ce bienfait, plus encore qu'ils » ne l'étoient par la crainte, ils paieront avec joie des tributs qui » seront impoſés avec modération. Ils inſtruiront leurs enfans à » chérir, à admirer votre gouvernement ; & les générations ſuc- » ceſſives ſe tranſmettront, avec leurs héritages, les ſentimens » de leur félicité & celui de leur reconnoiſſance.

» Alors, les amis de l'humanité applaudiront à vos ſuccès ; ils » ſe livreront à l'eſpérance de voir renaître la proſpérité ſur un » ſol que la nature embellit, & que le deſpotiſme n'a ceſſé de » ravager. Il leur ſera doux de penſer, que les calamités qui » affligeoient ces riches contrées, en ſeront écartées pour jamais. » Ils vous pardonneront des uſurpations qui n'ont dépouillé que » des tyrans ; & ils vous inviteront à de nouvelles conquêtes, en » voyant l'influence de votre conſtitution ſublime s'étendre juſ- » qu'aux extrémités de l'Aſie, pour y faire éclorre la liberté, la » propriété, le bonheur ».

XXXIX. Meſures priſes par le gouvernement & par la compagnie elle-même, pour faire finir les déprédations de tous les genres.

Ces eſpérances, fondées ſur la haute opinion que devoit inſpirer la légiſlation Britannique, furent-elles enfin réaliſéés ? On en jugera.

D'abord, pour prévenir une banqueroute inévitable, & dont le contre-coup ſe ſeroit étendu au loin, le gouvernement permit que la compagnie empruntât 31,500,000 livres, à un intérêt de quatre pour cent. Cette ſomme a été ſucceſſivement rembourſée, & le dernier paiement a été fait au mois de décembre 1776.

Le parlement déchargea enſuite la compagnie du tribut annuel de 9,000,000 liv. que, depuis 1769, elle payoit au fiſc. L'époque du renouvellement de cette contribution ne fut pas fixée. On arrêta ſeulement que les intéreſſés ne pourroient pas toucher un dividende de plus de huit pour cent, ſans partager le ſurplus avec le gouvernement.

Le ſort des intéreſſés occupa auſſi l'autorité. Le commerce des Indes étoit mal connu, & conduit ſur des principes très-variables dans le dernier ſiècle. Il arrivoit de-là que, dans quelques circonſtances, on y faiſoit d'énormes bénéfices, & d'autres fois d'aſſez grandes pertes. Les répartitions que recevoient les actionnaires, ſuivoient le cours de ces irrégularités. Avec le tems, elles ſe rapprochèrent davantage, mais ſans être jamais égales. En 1708, le dividende n'étoit que de cinq pour cent. On le porta à huit en 1709, & à neuf en 1710. Il fut de dix les onze années ſuivantes, & de huit ſeulement depuis 1721 juſqu'en 1731. De 1731 à 1743, il ne paſſa pas ſept pour cent. De 1743 à 1756, il s'éleva à huit, mais pour retomber à ſix depuis 1756 juſqu'en 1766. En 1767, il monta à dix & augmenta de deux ſucceſſivement les années ſuivantes. En 1771, on le pouſſa juſqu'à douze & demi : mais dix-huit mois après, le parlement le réduiſit à ſix, pied ſur lequel il devoit reſter juſqu'au paiement de l'emprunt de 31,500,000 liv. La compagnie ayant rempli cet engagement, hauſſa ſon dividende à ſept; & enſuite à huit, lorſqu'elle eut éteint la moitié de ſa dette, connue ſous le titre de billets d'engagement, & qui étoit de 67,500,000 liv.

Depuis l'origine de la compagnie, les intéreſſés avoient toujours choiſi chaque année vingt-quatre d'entre eux, pour conduire leurs affaires. Quoique ces agens puſſent être réélus juſqu'à trois fois de ſuite, & que les plus accrédités reuſſiſſent aſſez ſouvent à ſe procurer cet avantage, ils étoient dans une trop grande dépendance de leurs commettans, pour former des plans bien ſuivis, & avoir une conduite courageuſe. Le parlement ordonna que, dans la ſuite, tout directeur le ſeroit quatre ans, & que le quart de la direction ſeroit renouvellé chaque année.

La confuſion qui régnoit dans les délibérations, donna l'idée d'un autre réglement. Juſqu'alors les aſſemblées publiques avoient été tumultueuſes, parce que le droit d'opiner appartenoit à tout poſſeſſeur de 11,250 liv. On arrêta que, dans la ſuite, le ſuffrage ne feroit accordé qu'à ceux qui auroient le double de cette fomme. Ils furent même aftreints à affirmer, fous ferment, qu'ils étoient véritablement propriétaires de ce capital, & qu'ils l'étoient depuis un an entier.

Le gouvernement avoit, difoit-on, des vues ultérieures. Il fe propofoit de réduire le nombre des directeurs à quinze, de porter leurs appointemens de 22,500 liv. à 45,000 liv. & de les affranchir de la furveillance des actionnaires. Si ce plan, qui devoit donner une fi grande influence au miniftère, a été réellement formé, il faut que des circonftances imprévues en aient empêché l'exécution.

Indépendamment des changemens ordonnés par le parlement, la compagnie fit elle-même un arrangement d'une utilité fenfible.

Ce grand corps conçut, dès fon originé, l'ambition d'avoir une marine. Elle n'exiftoit plus, lorfqu'il reprit fon commerce, au tems du protectorat. Preffé alors de jouir, il fe détermina à fe fervir des bâtimens particuliers; & ce qu'il avoit fait par néceffité, il le continua depuis par économie. Des négocians lui frétoient des vaiffeaux, tout équipés, tout avitaillés, pour porter dans l'Inde & pour en reporter le nombre des tonneaux dont on étoit convenu. Le tems qu'ils devoient s'arrêter dans le lieu de leur deftination, étoit toujours fixé. Ceux auxquels on n'y pouvoit pas donner de cargaifon, étoient communément occupés par quelque marchand libre, qui fe chargeoit volontiers du dédommagement dû à l'armateur. Ils devoient être expédiés, les premiers, l'année fuivante, afin que leurs agrès ne s'ufâffent pas trop. Dans un cas de néceffité, la compagnie leur en fourniffoit de fes magafins; mais elle fe les faifoit payer au prix ftipulé, de cinquante pour cent de bénéfice.

Les bâtimens, employés à cette navigation, portoient depuis fix cens jufqu'à huit cens tonneaux. La compagnie n'y prenoit, à leur départ, que la place dont elle avoit befoin pour fon fer, fon plomb, fon cuivre, fes étoffes de laine & des vins de Madère, les feules marchandifes qu'elle envoyât aux Indes. Les propriétaires pouvoient remplir ce qui reftoit d'efpace dans le navire des vivres néceffaires pour un fi grand voyage, & de tous les objets dont

dont le corps qu'ils fervoient ne faifoit pas commerce. Au retour, ils avoient auffi le droit de difpofer de l'efpace de trente tonneaux que, par leur contrat, ils n'avoient pas cédé. Ils étoient même autorifés à y placer les mêmes chofes que recevoit la compagnie : mais avec l'obligation de lui payer trente pour cent de la valeur de ces marchandifes.

Ce droit, en 1773, fut réduit à la moitié, dans l'efpérance que cette faveur engageroit les armateurs & leurs agens à mieux remplir leurs obligations, & qu'elle feroit ceffer les importations frauduleufes. Le nouvel arrangement n'ayant pas produit l'effet qu'on en attendoit, la compagnie a pris enfin le parti de s'approprier toute la capacité des bâtimens. Depuis cette réfolution, elle importe la même quantité de marchandifes fur un plus petit nombre de vaiffeaux, & fait annuellement une économie de 2,250,000 liv. En 1777, elle n'a expédié que quarante-cinq navires, formant trente-trois mille cent foixante & un tonneau, & montée par quatre mille cinq cens hommes d'équipage.

Le chirurgien de chaque bâtiment arrivé des Indes, reçoit, outre fes appointemens, vingt-quatre livres de gratification pour chacun des individus qu'il ramène en Europe. On a penfé avec raifon que ce chirurgien, mieux récompenfé, prendroit plus de foin de ceux qu'on lui confioit, & que la vie d'un matelot valoit mieux qu'une guinée. Si le même ufage ne s'eft pas établi ailleurs, c'eft qu'on y eftime plus le chirurgien, ou qu'on y fait moins de cas de l'homme.

La réforme, introduite en Europe dans le régime de la compagnie, étoit fage & néceffaire : mais c'étoit fur-tout aux Indes que l'humanité, que la juftice, que la politique étoient outragées. Ces terribles vérités n'échappèrent pas au gouvernement; & l'on va voir quels moyens il imagina pour rétablir l'ordre.

Les membres les plus hardis ou les plus ambitieux de l'adminiftration, penfoient qu'il falloit engager le corps légiflatif à décider que les acquifitions territoriales faites en Afie n'appartenoient pas à la compagnie, mais à la nation qui s'en mettroit en poffeffion fans retardement. Ce fyftême, de quelques raifonnemens qu'on l'eût étayé, auroit été fûrement rejetté. Les citoyens les moins éclairés auroient vu que cet ordre de choses devoit donner trop d'influence à la couronne ; il auroit alarmé jusqu'à ces ames vénales qui, jusqu'alors avoient été les plus favorables à l'autorité royale.

Le parlement crut donc devoir se borner à établir pour le Bengale un conseil suprême composé de cinq membres dont les places, à mesure qu'elles deviendront vacantes, seront remplies par la compagnie, mais avec l'approbation du monarque. L'administration absolue de toutes les provinces conquises dans cette région, fut déférée à ce conseil. Sa jurisdiction s'étend même sur toutes les autres contrées de l'Inde où les Anglois ont des possessions. Ceux qui y exercent l'autorité ne peuvent faire, sans son aveu, ni la guerre, ni la paix, ni aucun traité avec les princes du pays. Il doit obéir aux ordres qui lui viennent de la direction, qui de son côté est obligée de remettre au ministère toutes les informations qu'elle reçoit. Quoique les opérations du commerce ne soient pas assujetties à son inspection, il en est réellement l'arbitre ; parce qu'ayant seul la disposition des revenus publics, il peut, à son gré, accorder ou refuser des avances.

Après avoir mis les rives du Gange sous une forme de gouvernement plus supportable, il fallut s'occuper du soin de punir ou même de prévenir les atrocités qui souilloient de plus en plus cette riche partie de l'Asie. On permit que dans les autres établissemens la justice civile & criminelle continuât à être rendue par les principaux agens de la compagnie : mais il fut créé par le parlement, pour le Bengale, un tribunal composé de quatre magistrats, dont la nomination appartient au trône, & dont les arrêts ne peuvent être cassés que par le roi en son conseil privé. Tout commerce est interdit à ces juges, ainsi qu'aux membres du conseil suprême. Pour les consoler de cette privation, on leur a assigné des honoraires trop considérables, au gré des actionnaires obligés de les payer, sans les avoir, ni réglés, ni accordés.

Un abus & un grand abus s'étoit introduit aux Indes. On y élevoit de tous côtés des fortifications sans nécessité, quelquefois même sans une utilité apparente. C'étoit la cupidité seule des agens de la compagnie qui décidoit de ces constructions. Elles avoient coûté plus de cent millions en très-peu d'années. La direction arrêta ce désordre affreux, en réglant sagement la somme qu'on pourroit employer dans la suite à ce genre de défense.

L'esprit d'ordre s'étendit au recouvrement des revenus publics, à la solde des troupes, à la marine militaire, aux opérations du commerce, à tous les objets d'administration.

Le Grand-Mogol s'étoit réfugié dans le Bengale. On lui avoit assigné une pension de 6,240,000 livres pour sa subsistance. Il fut replacé sur le trône par les Marattes, & les Anglois se virent déchargés d'une espèce de tribut qu'ils ne supportoient pas sans impatience, depuis qu'ils n'avoient plus besoin de ce foible appui. Le hasard ne les servit pas si heureusement pour dépouiller le souba de cette contrée ; & cependant ils réduisirent à 7,680,000 livres le revenu de 12,720,000 livres, que par le traité de 1765 ils s'étoient obligés de lui faire. Son successeur fut même borné, en 1771, à 3,840,000 livres, sous prétexte qu'il étoit mineur. Il doit s'attendre encore à une nouvelle diminution, parce qu'on n'emploie plus son nom dont, jusqu'en 1772, on avoit cru devoir se servir dans tous les actes de souveraineté.

Il étoit impossible que toutes ces réformes ne comblâssent le précipice que la présomption, la négligence, les factions, le brigandage, les délires de tous les genres avoient creusé à la compagnie. On jugera à quel point sa situation s'est améliorée.

XL. Situation actuelle de la compagnie.

Au 31 Janvier 1774, ce corps, dont les prospérités apparentes étonnoient l'univers entier, n'avoit que 255,240,742 livres 10 sols. Il devoit 250,847,842 livres 10 sols. La balance n'étoit donc en sa faveur que de 4,392,900 livres.

Son capital, au 31 Janvier 1776, étoit de 256,518,067 livres 10 sols, & sa dette de 195,248,655 livres. Sa richesse étoit par conséquent augmentée, en deux ans, de 56,876,512 liv. 10 sols.

Il a depuis remboursé 11,506,680 livres qui restoient dues de l'emprunt de 31,500,000 livres. Il a retiré pour 11,250,000 liv. de ses billets d'engagement. Il a éteint plusieurs dettes anciennement contractées aux Indes ; de sorte qu'au 31 Janvier 1778, la compagnie avoit la diſpoſition entiérement libre de 102,708,112 livres 10 ſols, ſans compter ſes magaſins, ſes navires, ſes fortifications, tout ce qui ſervoit à l'exploitation de ſes divers établiſſemens.

Cette proſpérité augmentera à meſure que l'immenſe territoire acquis par les Anglois aux Indes ſera mieux régi. En 1773, ces poſſeſſions rendoient 113,791,252 livres 10 ſols: mais les frais de perception en abſorboient 81,153,652 livres 10 ſols. A cette époque, le produit net ſe réduiſoit à 32,660,100 livres. Il s'eſt accru graduellement, parce que quelques déſordres ont été attaqués avec ſuccès; il augmentera encore, parce qu'il reſte beaucoup de déſordres à détruire.

L'extenſion qu'a pris le commerce ſera une nouvelle ſource de fortune. La vente de 1772 fut de 79,214,872 livres 10 ſols. Celle de 1773 de 71,992,552 livres 10 ſols. Celle de 1774 de 82,665,405 livres. Celle de 1775 de 78,627,712 livres 10 ſols. Celle de 1776 de 74,400,457 livres 10 ſols.

Ajoutez à ces grandes opérations de la compagnie, la ſomme de 11,250,000 livres, à laquelle on évalue les marchandiſes qui arrivent tous les ans clandeſtinement des Indes. Ajoutez-y 4,500,000 livres pour les diamans. Ajoutez-y les fonds plus ou moins étendus, mais toujours très-conſidérables, dont les Anglois, répandus dans les différens comptoirs d'Aſie, ont fourni la valeur aux nations étrangères. Ajoutez-y les richeſſes que ces négocians portent eux-mêmes à la fin de leur carrière, pour en jouir dans le ſein de leur patrie. Obſervez que ces vaſtes ſpéculations, qui rendent tributaires de la Grande-Bretagne tous les peules de l'Afrique, de l'Europe & de l'Amérique, ne font ſortir annuellement de cet empire pour les Indes, que 2,250,000 livres, tout au plus 3,375,000 livres; & vous aurez une idée des avantages immenſes que ces colonies, ſi éloignées, procurent à ſes heureux poſſeſſeurs.

XLI. Le privilège de la compagnie ſera-t-il renouvellé?

En 1780, doit expirer le privilège excluſif de la compagnie. Sera-t-il renouvellé? Tout paroît l'annoncer. Après s'être aſſuré de la majeure partie du produit des conquêtes, le gouvernement livrera de nouveau ces régions au génie oppreſſeur du monopole.

« Malheureux Indiens ! tâchez de vous accoutumer à vos fers. » En vain on avoit porté vos ſupplications au miniſtère, au ſénat, » au peuple. Le miniſtère ne penſe qu'à lui ; le ſénat eſt en délire ; » la portion ſage du peuple eſt muette, ou parle en vain. L'avide » & féroce aſſociation de commerçans, qui a cauſé vos malheurs, » les aggrave & en jouit tranquillement. Brigands privilégiés, » vous qui tenez depuis ſi long-tems une grande partie du globe » ſous les chaînes de la prohibition, & qui l'avez condamné à » une éternelle pauvreté, cette tyrannie ne vous ſuffiſoit-elle » pas ? Falloit-il l'aggraver par des forfaits qui rendiſſent exécrable » le nom de votre patrie ?

» Qu'ai-je dit, votre patrie ! Eſt-ce que vous en avez une ? » Mais ſi la voix de l'intérêt particulier eſt la ſeule à laquelle » votre oreille puiſſe s'ouvrir, écoutez-la donc. C'eſt elle qui vous » crie par ma bouche : Vous vous perdez, vous vous perdez, » vous dis-je. Votre tyrannie touche à ſa fin. Après l'uſage monſ» trueux que vous avez fait de votre autorité, renouvellée ou non, » elle finira. Croyez-vous que la nation, dont il faudra que la » démence & l'ivreſſe finiſſent, ne vous demandera pas compte » de vos vexations ? que la perte de vos criminelles richeſſes, & » peut-être l'effuſion de votre ſang impur, n'expieront pas vos » forfaits ? Si vous vous en promettez l'oubli, vous vous trompez. » Le ſpectacle de tant de vaſtes contrées pillées, ravagées réduites » à la plus cruelle ſervitude, reparoîtra. La terre couvre les » cadavres de trois millions d'hommes que vous avez laiſſé ou fait » périr : mais ils ſeront exhumés ; ils demanderont vengeance au » ciel & à la terre ; & ils l'obtiendront. Le tems & les circonſtances » n'auront que ſuſpendu votre châtiment. Oui, je vois arriver le » tems de votre rappel & de votre terreur. Je vous vois traîner » dans les cachots que vous méritez. Je vous en vois ſortir. Je » vous vois pâles & tremblans devant vos Juges. J'entends les » cris d'un peuple furieux raſſemblé autour de leurs tribunaux. » Le diſcours de l'orateur intimidé eſt interrompu. La pudeur &

» la crainte l'ont saisi ; il a abandonné votre défense ; la confis-
» cation de vos biens, l'arrêt de votre mort sont prononcés. Peut-
» être vous souriez de mépris à ma menace. Vous vous êtes per-
» suadés que celui qui peut jetter des masses d'or dans la balance
» de la justice, la fait pencher à son gré. Peut-être même vous
» promettez-vous que la nation corrompue, en prorogeant votre
» octroi, s'avouera coupable des crimes que vous avez commis,
» & complice de ceux que vous commettriez encore ».

Non, non ; il faut que, tôt ou tard, la justice soit faite. S'il en arrivoit autrement, je m'adresserois à la populace. Je lui dirois: Péuples, dont les rugissemens ont fait trembler tant de fois vos maîtres, qu'attendez-vous ? pour quel moment réservez-vous vos flambeaux & les pierres qui pavent vos rues ? Arrachez-les.... Mais les citoyens honnêtes, s'il en reste quelques-uns, s'élèveront enfin. On verra que l'esprit du monopole est petit & cruel. On verra qu'il est insensible au bien public. On verra qu'il n'est contenu, ni par le blâme présent, ni par le blâme à venir. On verra qu'il n'apperçoit rien au-delà du moment. On verra que dans son délire il a prononcé cet arrêt, & qu'il l'a prononcé dans tous les tems & chez toutes les nations.

« Périsse mon pays, périsse la contrée où je commande. Périsse
» le citoyen & l'étranger. Périsse mon associé, pourvu que je
» m'enrichisse de sa dépouille. Tous les lieux de l'univers me
» sont égaux. Lorsque j'aurai dévasté, sucé, exténué une région,
» il en restera toujours une autre, où je pourrai porter mon or
» & en jouir en paix ».

Fin du troisième Livre.

TABLEAU.

Commerce de la Grande-Bretagne avec les Indes Orientales, depuis 1697 jusqu'en 1773; Extrait des Comptes rendus au Parlement, & recueillis par le Chevalier CHARLES WHITWORTH.

Années.	Exportations d'Angleterre aux Indes.	Importations des Indes en Angleterre.	Excédent des Exportations.	Excédent des Importations.	Exportations d'Angleterre aux Indes.	Importations des Indes en Angleterre.	Excédent des Exportations.	Excédent des Importations.
	En livres sterlings.				En livres tournois.			
	liv. s. d.	liv. s. d.	liv. s. d.	liv. s. d.	liv. s. d.	liv. s. d.	liv. s. d.	liv. s. d.
1697	67,094 16 6	262,837 9 5	....	195,742 12 11	1,509,633 11 3	5,913,843 1 10½	....	4,404,209 10 7½
1698	451,195 16 2	356,509 7 7	94,686 8 7	....	10,151,905 13 9	8,021,461 7½	2,130,444 13 1½	....
1699	156,908 13 11½	717,695 4 5½	....	560,786 10 6	3,530,445 14 ¾	16,148,142 10 3¾	....	12,617,696 16 3
1700	126,697 15 5	787,731 7 11¼	....	661,033 12 6¼	2,850,699 16 10½	17,723,956 8 7½	....	14,873,256 11 8½
1701	122,048 1 5½	762,188 7 3	....	640,140 5 9½	2,746,081 12 9¾	17,149,238 3 1½	....	14,403,156 10 3½
1702	87,484 12 2	247,014 16 ½	....	159,530 3 10½	1,968,403 13 9	5,557,833 5½	....	3,589,429 6 8½
1703	135,077 9 3¼	596,309 11 10¼	....	461,232 2 7	3,039,242 18 7½	13,416,965 16 8½	....	10,377,722 18 1½
1704	193,427 12 8	757,814 17 3	....	564,387 4 7	4,352,121 15	17,050,834 8 1½	....	12,698,712 13 1½
1705	27,004 14 5¾	391,974 17 5½	....	364,970 2 11¾	607,606 5 9½	8,819,434 12 9¼	....	8,211,828 7
1706	27,234 1 8	646,652 11 10½	....	619,418 10 2½	612,766 17 6	14,549,683 7 2¼	....	13,936,916 9 8½
1707	55,974 14 11	355,838 15 6	....	299,864 7	1,259,431 15 7½	8,006,372 8 9	....	6,746,940 13 1½
1708	60,915 19 11	493,257 11 ¾	....	432,341 11 1¾	1,370,609 18 1½	11,098,294 18 10½	....	9,727,685 9½
1709	168,357 6 8	327,383 1 10½	....	159,025 15 2½	3,788,040	7,366,119 12 2¼	....	3,578,079 12 2¼
1710	126,310 5 3½	248,266 5 1½	....	121,955 19 10	2,641,980 19 ¾	5,585,990 15 3¾	....	2,744,009 16 3
1711	151,874 ½	636,914 14 10¾	....	485,040 14 10¼	3,417,165 11¼	14,330,581 15 1½	....	10,913,416 14 2½
1712	142,329 13 3¼	456,933 5 7¼	....	314,603 12 4	5,202,417 8 7½	10,280,998 16 1½	....	7,078,581 7 6
1713	94,179 12 4	953,013 7 11½	....	858,833 15 7¼	2,119,041 7 6	21,442,801 8 7½	....	19,323,760 1 1½
1714	76,595 17 11½	1,045,963 18 9¼	....	969,368 9½	1,723,407 14 6½	23,534,188 12 4½	....	21,810,780 17 9¼
1715	36,997 12 6	579,944 4 2	....	542,946 11 8	832,446 11 3	13,048,744 13 9	....	12,216,298 2 6
1716	106,198 3	402,554 1 8	....	296,355 18 8	2,389,458 7 6	9,057,466 17 6	....	6,668,008 10
1717	82,646 16 10	494,861 5 11	....	412,214 9 1	1,859,553 18 9	11,134,379 3 1½	....	9,274,825 4 4½
1718	73,922 5 11	1,332,901 14 1	....	1,258,979 8 2	1,663,251 13 1½	29,990,288 6 10½	....	28,327,036 13 9
1719	88,365 18 5	547,311 8	....	458,945 9 7	1,988,233 4 4½	12,314,506 10	....	10,326,273 5 7½
1720	83,811 19 9	931,441 10 11	....	847,629 11 2	1,885,769 14 4½	20,957,434 15 7½	....	19,071,665 1 3
1721	127,509 9 1	1,020,763 12 10	....	893,254 3 9	2,868,962 14 4½	22,967,181 18 9	....	20,098,219 4 4½
1722	125,477 9 5	764,053 10 5	....	638,576 1	2,823,243 1 10½	17,191,204 4 4½	....	14,367,961 2 6
1723	115,241 10 5	968,570 14 6	....	853,329 4 1	2,592,934 4 4½	21,792,841 6 3	....	19,199,907 1 10½
1724	100,585 14 3	1,165,203 1 4	....	1,064,617 7 1	2,263,178 10 7½	26,217,069	....	23,953,890 9 4½
1725	93,795 12 1	759,778 12 3	....	665,983 2	2,110,401 1 10½	17,095,018 15 7½	....	14,984,617 13 9
1726	74,802 3 9	914,122 13 7	....	839,320 9 10	1,683,049 4 4½	20,567,760 5 7½	....	18,884,711 1 3
1727	97,808 11 11	1,125,829 14 4	....	1,028,021 2 5	2,200,693 8 1½	25,331,168 12 6	....	23,130,475 4 4½
1728	115,784 2 6	869,474 16 9	....	753,690 14 3	2,605,142 16 5	19,563,183 10 10½	....	16,958,041 7½
1729	138,287 10 7	972,033 16 11	....	833,746 6 4	3,111,469 8 1½	21,870,761 10 7½	....	18,759,292 2 6
1730	135,484 1 1	1,059,759 18 11	....	924,275 17 10	3,048,391 4 4½	23,844,598 15 7½	....	20,796,207 11 3
1731	159,132 4 8	825,373 8 5	....	666,241 3 9	3,580,475 5	18,570,901 19 4½	....	14,990,426 14 4½
1732	159,099 2 6	981,332 11 1	....	822,233 8 7	3,579,730 6 3	22,079,982 9 4½	....	18,500,252 3 1½
1733	132,435 10	1,106,884 18 11	....	974,449 18 1	2,979,788 8 9	24,904,911 5 7½	....	21,925,122 16 10½
1734	135,204 13 10	767,531 16 7	....	632,327 2 9	3,042,105 11 3	17,269,466 3 1½	....	14,227,360 11 10½
1735	186,375 4 5	1,297,400 7 5	....	1,111,025 3	4,193,442 9 4½	29,191,508 6 10½	....	24,998,065 17 6
1736	[illegible]61,176 7 1	928,881 17 4	....	667,705 10 3	5,876,4[illegible]7 19 4½	20,899,842	....	15,023,374 7½
1737	[illegible] 14 6	915,881 17 8	....	537,792 3 2	8,507,018 16 3	20,607,342 7 6	....	12,100,323 11 3
1738	169,13[illegible] 6	742,844 17	....	573,706 11	3,805,611 15	16,714,009 2 6	....	12,908,397 7 6
1739	217,395 8	1,278,859 11 1	....	1,061,464 5 1	4,891,394 5	28,774,339 19 4½	....	23,882,945 14 4½
1740	281,751 4 9	870,476 12 7	....	588,725 7 10	6,339,402 16 10½	19,585,724 3 1½	....	13,246,321 6 3
1741	486,928 11	1,130,014 13 7	....	643,086 12 8	10,955,881 7½	25,425,330 5 7½	....	14,469,449 5
1742	373,797 16 5	1,213,878 13 8	....	840,080 17 3	8,410,450 19 4½	27,312,270 7 6	....	18,901,819 8 1½
1743	645,547 1 2	906,422 11 5	....	260,875 10 3	14,524,808 16 3	20,394,507 16 10½	....	5,869,699 7½
1744	476,274 8 9	743,508 10 6	....	267,234 1 9	10,716,174 16 10½	16,728,941 16 3	....	6,012,766 19 4½
1745	293,113 12 10	973,705 13 6	....	680,592 8	6,595,056 18 9	21,908,377 13 9	....	15,313,320 15
1746	893,540 8 4	646,697 7	246,847 1 4	....	20,104,659 7 6	14,550,690 7 6	5,553,969	....
1747	345,526 9	821,733 10 5	....	476,207 1 5	7,774,345 2 6	18,489,004 4 4½	....	10,714,659 1 10½
1748	306,357	1,098,712 2 4	....	792,355 2 4	6,893,032 10	24,721,022 12 6	....	17,827,990 2 6
1749	557,086 4 3	1,124,128 2	....	567,041 17 9	12,534,439 15 7½	25,292,882 5	....	12,758,442 9 4½
1750	508,654 6 2	1,104,180 11 11	....	595,526 5 9	11,444,721 18 9	24,844,063 8 1½	....	13,399,341 9 4½
1751	798,077 8 8	1,096,837 16 1	....	298,760 7 5	17,956,742 5	24,678,850 11 10½	....	6,722,108 6 10½
1752	627,688 6 2	1,068,366 7 8	....	440,678 1 6	14,122,986 18 9	24,038,243 12 6	....	9,915,256 13 9
1753	788,374 19 8	1,007,662 13 3	....	219,287 13 7	17,738,437 2 6	22,672,409 18 1½	....	4,933,972 15 7½
1754	844,247 14 8	1,186,159 13 4	....	341,911 18 8	18,995,574	26,688,592 10	....	7,693,018 10
1755	874,579 12 6	1,246,776 11 3	....	372,196 18 9	19,678,041 11 3	28,052,472 13 1½	....	8,374,431 1 10½
1756	488,880 3 4	796,472 9 7	....	307,592 6 3	10,999,803 15	17,920,630 15 7½	....	6,920,827 7½
1757	845,466 19 7	1,111,908	....	266,441 5	19,023,007 7½	25,017,930	....	5,994,922 19 4½
1758	922,142 7 5	222,946 15 4	699,195 12 1	....	20,748,203 6 10½	5,016,302 5	15,731,901 1 10½	....
1759	665,445 18 11	973,805 2 2	....	308,359 3 3	14,972,533 15 7½	21,910,614 18 9	....	6,938,081 3 1½
1760	1,161,670 6	1,785,679 11 1	....	624,009 5 1	26,137,581 15	40,177,789 19 4½	....	14,040,208 4 4½
1761	845,797 4	840,987 11 4	4,809 9 ..	....	19,030,432 17 6	18,922,220 5	108,212 12 6	....
1762	1,067,353 13	972,838 11 7	94,515 1 5	....	24,015,457 2 6	21,888,868 7½	2,126,589 1 10½	....
1763	887,083 7	1,059,335 18 7	....	172,252 11 7	19,959,375 7 6	23,835,058 8 1½	....	3,875,683 7½
1764	1,165,600 12 4	1,182,844 18 6	....	17,244 6 2	26,226,013 17 6	26,614,010 16 3	....	387,996 18 9
1765	914,278 14 1	1,455,589 1 2	....	541,310 7 1	20,571,270 16 10½	32,750,753 16 3	....	12,179,482 19 4½
1766	783,961 17 10	1,975,981 7 9	....	1,192,019 9 11	17,639,142 11 3	44,459,581 4 4½	....	26,820,438 13 1½
1767	1,272,654 13 3	1,981,173 1	....	708,518 6 10	28,634,729 18 1½	44,576,392 11 10½	....	15,941,662 13 9
1768	1,156,082 16 8	1,507,963 2	....	351,880 3 6	26,011,863 15	33,929,167 13 9	....	7,917,303 18 9
1769	1,205,388 18 4	1,863,233 14 10	....	657,844 16 6	27,121,250 12 6	41,922,759 3 9	....	14,801,508 11 3
1770	1,082,030 8 10	1,941,627 4	....	859,596 11 6	24,345,684 18 9	43,686,607 17 6	....	19,340,922 18 9
1771	1,184,824 13 11	1,882,139 5 9	....	697,314 11 10	26,658,555 13 1½	42,348,133 19 4½	....	15,689,578 6 3
1772	941,361 4 5	2,473,192 8 2	....	1,531,831 3 9	21,180,627 9 4½	55,646,829 3 9	....	34,466,201 14 4½
1773	845,707 16 6	1,933,096 18 5	....	1,087,389 1 11	19,028,426 1 3	43,494,680 14 4½	....	24,466,254 13 1½
	32,202,752 11 6	[illegible]4,997,971 19 3½	1,140,049 12 5	43,935,269 2½	724,561,932 18 9	1,687,454,369 4	25,651,116 9 4½	998,543,552 14 7

HISTOIRE PHILOSOPHIQUE ET POLITIQUE

DES ETABLISSEMENS ET DU COMMERCE DES EUROPÉENS DANS LES DEUX INDES.

LIVRE QUATRIEME.

Voyages, établissemens, guerres & commerce des François dans les Indes Orientales.

EN commençant cet ouvrage, je fis le ferment d'être vrai; & jufqu'ici j'ai la confcience de ne l'avoir pas oublié. Puiffe ma main fe déffécher, s'il arrivoit que, par une prédilection qui n'eft que trop commune, je m'en impofâffe à moi-même & aux autres fur les fautes de ma nation. Je n'atténuerai ni le bien, ni le mal que nos ancêtres ont fait; & ce font les Portugais, les Hollandois, les Anglois même que j'attefterai de mon impartialité. Qu'ils me lifent & me jugent. S'ils découvrent que je me fois relâché avec les François de la févérité avec laquelle je les ai traités;

je consens qu'ils me rangent au nombre des flatteurs qui, depuis deux mille ans, ont empoisonné les peuples & leurs souverains; qu'ils ajoutent mes volumes à la multitude des monumens de la bassesse dans le même genre; qu'ils me soupçonnent d'avoir ouvert l'entrée de mon ame à la terreur ou aux espérances. Je m'abandonne à tout leur mépris.

I. Anciennes révolutions du commerce de France.

Les anciens Gaulois, presque toujours en guerre les uns avec les autres, n'avoient entre eux d'autre communication que celle qui peut convenir à des peuples sauvages, dont les besoins sont toujours très-bornés. Leurs liaisons au-dehors étoient encore plus resserrées. Quelques navigateurs de Vannes portoient dans la Grande-Bretagne de la poterie, qu'ils échangeoient contre des chiens, des esclaves, de l'étain & des fourrures. Ceux de ces objets qui ne trouvoient pas des acheteurs dans la Gaule même, passoient à Marseille, où ils étoient payés avec des vins, des étoffes, des épiceries, que les négocians de l'Italie ou de la Grèce y avoient apportés.

Ce genre de trafic ne s'étendoit pas à tous les Gaulois. On voit dans César que les habitans de la Belgique avoient proscrit chez eux les productions étrangères, comme capables de corrompre les mœurs : ils pensoient que leur sol étoit assez fertile pour suffire à tous leurs besoins. La police des Celtes & des Aquitains étoit moins rigide. Pour être en état de payer les marchandises que leur offroit la Méditerranée, & dont la passion devenoit tous les jours plus vive, ces peuples se livrèrent à un travail dont ils ne s'étoient pas avisés jusqu'alors : ils ramassèrent avec soin les paillettes d'or que plusieurs de leurs rivières charioient avec leurs sables.

Quoique les Romains n'aimâssent ni n'estimâssent le commerce, il devint nécessairement plus considérable dans la Gaule, après qu'ils l'eurent soumise, & en quelque sorte policée. On vit se former des ports de mer à Arles, à Narbonne, à Bordeaux, dans d'autres lieux encore. Il fut construit de toutes parts de grandes & magnifiques voies, dont les débris nous causent encore de l'étonnement. Toutes les rivières navigables eurent des

compagnies

compagnies de marchands, auxquelles on avoit accordé de grands privilèges, & qui, sous le nom général de *Nautes*, étoient les agens, les ressorts d'un mouvement continuel.

Les invasions des Francs & des autres barbares, arrêtèrent cette activité naissante. Elle ne reprit pas même son cours, lorsque ces brigands se furent affermis dans leurs conquêtes. A leur férocité succéda une aveugle passion des richesses. Pour la satisfaire, on eut recours à tous les genres de vexation. Un bateau qui arrivoit à une ville, devoit payer un droit pour son entrée, un droit pour le salut, un droit pour le pont, un droit pour approcher du bord, un droit d'ancrage, un droit pour la liberté de décharger, un droit pour le lieu où il devoit placer ses marchandises. Les voitures de terre n'étoient pas traitées plus favorablement. Des commis répandus par-tout, les accabloient de tyrannies intolérables. Ces excès furent poussés au point, que quelquefois le prix des effets conduits au marché, n'étoit pas suffisant pour payer les frais préliminaires à la vente. Un découragement universel devenoit la suite nécessaire de pareils désordres.

Bientôt il n'y eut plus d'industrie, de manufactures que dans le cloître. Les moines n'étoient pas alors des hommes corrompus par l'oisiveté, par l'intrigue & par la débauche. Des soins utiles remplissoient tous les instans d'une vie édifiante & retirée. Les plus humbles, les plus robustes d'entre eux, partageoient avec leurs serfs les travaux de l'agriculture. Ceux à qui la nature avoit donné ou moins de force, ou plus d'intelligence, recueilloient dans des atteliers les arts fugitifs & abandonnés. Les uns & les autres servoient, dans le silence & la retraite, une patrie, dont leurs successeurs n'ont jamais cessé de dévorer la substance, & de troubler la tranquillité.

Quand ces solitaires n'auroient employé aucune des voies iniques qui les ont conduits au degré d'opulence que nous leur voyons & qui nous indigne, il falloit qu'ils y arrivâssent avec le tems. C'étoit une des suites nécessaires de leur régime. Les fondateurs des Monastères ne pensèrent point à une des conséquences assez simples de l'austérité qu'ils imposoient aux moines;

je veux dire à un accroissement de richesse, dont il est impossible de fixer la limite, du moment où le revenu excède la dépense d'une année commune. Cette dépense restant toujours la même, & ne subissant de variation que celle des circonstances qui font hausser ou baisser le prix des denrées, ce surplus du revenu s'entassant continuellement, quelque foible qu'on le suppose, doit, à la longue, former une grande masse. Les loix prohibitives, publiées contre les gens de main-morte, peuvent donc rallentir, mais ne peuvent jamais arrêter les progrès de l'opulence monastique. Il n'en est pas ainsi des familles des citoyens, qui ne sont assujettis à aucune règle. Un fils dissipateur succède à un père avare. Les dépenses ne sont jamais les mêmes. Ou la fortune s'éboule, ou elle se refait. Ceux qui dictèrent les constitutions religieuses, ne se proposèrent que de faire des saints; & ils tendirent, & plus directement & plus sûrement à faire des riches.

Dagobert réveilla un peu les esprits au septième siècle. Aussi-tôt on vit accourir aux foires nouvellement établies, les Saxons avec l'étain & le plomb de l'Angleterre; les Juifs, avec des bijoux & des vases d'argent ou d'or; les Esclavons, avec tous les métaux du Nord; les Lombards, les Provençaux, les Espagnols, avec les marchandises de leur pays, & celles qui leur arrivoient d'Afrique, d'Egypte & de Syrie; les négocians de toutes les provinces du royaume, avec ce que pouvoit fournir leur sol & leur industrie. Malheureusement cette prospérité fut courte. Elle disparut sous les rois fainéans, pour renaître sous Charlemagne.

Ce prince, que l'histoire pourroit placer sans flatterie à côté des plus grands hommes, s'il n'eût pas été quelquefois un vainqueur sanguinaire & un tyran persécuteur, parut suivre les traces de ces premiers Romains, que les travaux champêtres délassoient des fatigues de la guerre. Il s'occupa du soin de ses vastes domaines, avec une suite & une intelligence qu'on attendroit à peine du particulier le plus appliqué. Tous les grands de l'état se livrèrent, à son exemple, à l'agriculture, & aux arts qui la précèdent ou qui la suivent. Dès-lors les François eurent beaucoup de productions à échanger, & une facilité extrême à les faire circuler dans l'immense empire qui recevoit leurs loix.

Une situation si florissante, offrit un nouvel attrait au penchant qu'avoient les Normands à la piraterie. Ces barbares, accoutumés à chercher dans le pillage des biens que leur sol ne pouvoit pas leur procurer, sortirent en foule de leur âpre climat, pour amasser du butin. Ils se jettèrent sur toutes les côtes, mais plus avidement sur celles de France, qui leur offroient une plus riche proie. Ce qu'ils commirent de ravages, ce qu'ils se permirent de cruautés, ce qu'ils allumèrent d'incendies pendant un siècle entier dans ces fertiles provinces, ne se peut imaginer sans horreur. Durant ce funeste période, on ne songeoit qu'à éviter l'esclavage ou la mort. Il n'y avoit point de communication entre les peuples, & il n'y avoit point par conséquent de commerce.

Cependant les seigneurs, chargés de l'administration des provinces, s'en étoient insensiblement rendus les maîtres, & avoient réussi à rendre leur autorité héréditaire. Ils n'avoient pas rompu tout lien avec le chef de l'empire ; mais sous le nom modeste de vassaux, ils n'étoient guère moins redoutables à l'état, que les rois voisins de ses frontières. On les confirma dans leurs usurpations, à l'époque mémorable qui fit passer le sceptre de la famille de Charlemagne dans celle des Capets. Dès-lors il n'y eut plus d'assemblée nationale, plus de tribunaux, plus de loix, plus de gouvernement. Dans cette confusion meurtrière, le glaive tenoit lieu de justice ; & ceux des citoyens qui n'étoient pas encore serfs, furent obligés de le devenir, pour acheter la protection d'un chef en état de les défendre.

Il étoit impossible que le commerce prospérât sous les chaînes de l'esclavage, & au milieu des troubles continuels qu'enfantoit la plus cruelle des anarchies. L'industrie ne se plaît qu'à l'ombre de la paix : elle craint sur-tout la servitude. Le génie s'éteint lorsqu'il est sans espérance, sans émulation ; & il n'y a ni espérance, ni émulation où il n'y a point de propriété. Rien ne fait mieux l'éloge de la liberté, & ne prouve mieux les droits de

Eee 2

l'homme, que l'impoſſibilité de travailler avec ſuccès pour enrichir des maîtres barbares.

Aucun des rois de France ne ſoupçonna cette importante vérité : mais la jalouſie d'une autorité ſans ceſſe gênée ſuppléa au défaut de lumières. Ils travaillèrent à donner un frein à ces tyrans ſubalternes, qui, en ruinant leurs malheureux vaſſaux, perpétuoient les calamités de la monarchie. Saint Louis fut le premier qui fit entrer dans le ſyſtême du gouvernement, le commerce, qui juſqu'alors n'avoit été que l'ouvrage du haſard & des circonſtances. Il lui donna des loix conſtantes : il dreſſa lui-même des ſtatuts, qui ont ſervi de modèle à ceux qu'on a faits depuis.

Ces premiers pas conduiſirent à de plus grandes opérations. Il exiſtoit depuis bien long-tems une défenſe formelle de tranſporter hors du royaume aucune de ſes denrées. La culture étoit découragée par cette aveugle prohibition. Le ſage monarque abattit des barrières ſi funeſtes. Il eſpéra avec raiſon que la liberté des exportations feroit rentrer dans l'état, les tréſors que ſon imprudente expédition d'Aſie en avoit fait ſortir.

Des événemens politiques ſecondèrent ces vues ſalutaires. Juſquà Saint Louis, les rois avoient eu peu de ports ſur l'Océan, aucun ſur la Méditerranée. Les côtes ſeptentrionales étoient partagées entre les comtes de Flandres, les ducs de Bourgogne, de Normandie & de Bretagne : le reſte avoit ſubi le joug Anglois. Les côtes méridionales appartenoient aux comtes de Toulouſe, aux rois de Majorque, d'Aragon & de Caſtille. Par cette diſpoſition des choſes, les provinces de l'intérieur ne pouvoient que très-difficilement s'ouvrir une communication libre avec les marchés étrangers. La réunion du comté de Toulouſe à la couronne, leva ce puiſſant obſtacle, du moins pour une partie du territoire dont elle jouiſſoit.

Philippe, fils de Saint Louis, pour mettre de plus en plus à profit cette eſpèce de conquête, voulut attirer à Niſmes, ville de ſa dépendance, une partie du commerce fixé à Montpellier, qui appartenoit au roi d'Aragon. Les privilèges qu'il accorda, produisirent l'effet qu'il en attendoit : mais on ne tarda pas à s'appercevoir que ce n'étoit pas un si grand bonheur. Les Italiens remplirent la France d'épiceries, de parfums, de soieries, de toutes les riches étoffes de l'Orient. Les arts n'étoient pas assez avancés dans le royaume, pour donner leurs ouvrages en échange; & les produits de l'agriculture ne suffisoient pas pour payer tant d'objets de luxe. Une consommation si chère n'auroit pu se soutenir qu'avec des métaux; & la nation, quoiqu'une des moins pauvres de l'Europe, en avoit fort peu, sur-tout depuis les croisades.

Philippe-le-Bel démêla ces vérités. Il réussit à donner aux travaux champêtres assez d'accroissement, pour payer les importations étrangères, en même tems qu'il en diminuoit la quantité, par l'établissement de nouvelles manufactures, & par le degré de perfection où il éleva les anciennes. Sous ce règne, le ministère entreprit pour la première fois de guider la main de l'artiste, de diriger ses ouvrages. La largeur, la qualité, l'apprêt des draps furent fixés. On défendit la sortie des laines que les nations voisines venoient acheter pour les mettre en œuvre. C'étoit ce que dans ces siècles d'ignorance on pouvoit faire de moins déraisonnable.

Depuis cette époque, le progrès des arts fut proportionné à la décadence de la tyrannie féodale. Cependant le goût des François ne commença à se former que durant leurs expéditions en Italie. Gênes, Venise, Florence, leur offrirent mille objets nouveaux qui les éblouirent. L'austérité que maintenoit Anne de Bretagne, sous les règnes de Charles VIII & de Louis XII, empêcha d'abord les conquérans de se livrer à l'attrait qu'ils se sentoient pour l'imitation. Mais aussi-tôt que François I eut appellé les femmes à la cour, aussi-tôt que Catherine de Médicis eut passé les Alpes, les grands affectèrent une magnificence inconnue depuis la fondation de la monarchie. La nation entière se laissa entraîner à ce luxe séduisant, & ce fut une nécessité que les manufactures se perfectionnâssent.

Depuis Henri II jusqu'à Henri IV, les guerres civiles, les

méprisables querelles de religion, l'ignorance du gouvernement; l'esprit de finance qui commençoit à s'introduire dans le conseil, la barbare & dévorante cupidité des gens d'affaires, à qui la protection donnoit un nouvel essor : toutes ces causes retardèrent les progrès de l'industrie, & ne purent la détruire. Elle reparut avec éclat sous le ministère économe de Sully. On la vit presque s'anéantir sous ceux de Richelieu & de Mazarin, livrés tous deux aux traitans ; occupés, l'un de sa domination & de ses vengeances, l'autre d'intrigues & de brigandages.

II. Premiers voyages des François aux Indes.

Aucun roi de France n'avoit pensé sérieusement aux avantages que pouvoit procurer le commerce des Indes ; & l'éclat qu'il donnoit aux autres nations, n'avoit pas réveillé l'émulation des François. Ils consommoient plus de productions orientales que les autres peuples ; ils étoient aussi favorablement situés pour les aller chercher à leur source, & ils se bornoient à payer à l'activité étrangère, une industrie qu'il ne tenoit qu'à eux de partager. A la vérité, quelques négocians de Rouen avoient hasardé en 1503 un foible armement : mais Gonneville qui le commandoit, fut accueilli au cap de Bonne-Espérance par de violentes tempêtes, qui le jettèrent sur des côtes inconnues, d'où il eut bien de la peine à regagner l'Europe.

En 1601, une société formée en Bretagne, expédia deux navires, pour prendre part, s'il étoit possible, aux richesses de l'Orient, que les Portugais, les Anglois & les Hollandois se disputoient. Pyrard qui les commandoit, arriva aux Maldives, & ne revit sa patrie qu'après dix ans d'une navigation malheureuse.

Une nouvelle compagnie, dont Girard le Flamand étoit le chef, fit partir de Normandie en 1616 & en 1619 quelques vaisseaux pour l'isle de Java. Ils en revinrent avec des cargaisons suffisantes pour dédommager les intéressés, mais trop foibles pour les encourager à de nouvelles entreprises.

Le capitaine Reginon voyant cet octroi inutile expiré en 1633, engagea deux ans après plusieurs négocians de Dieppe à entrer dans une carrière, qui pouvoit donner de grandes richesses à quiconque sauroit la parcourir avec intelligence. La fortune trahit les efforts des nouveaux aventuriers. L'unique fruit de ces expéditions répétées, fut une haute opinion de Madagascar, méprisé jusqu'alors par les Portugais, par les Hollandois & par les Anglois qui n'y avoient trouvé aucun des objets qui les attiroient dans l'Orient.

L'idée avantageuse que les François avoient prise de cette isle, donna, en 1642, naissance à une compagnie qui vouloit y former un grand établissement pour assurer à ses vaisseaux la facilité d'aller plus loin. Son octroi devoit durer vingt ans : mais les cruautés, les perfidies, les infidélités de ses agens ne lui permirent pas de fournir sa carrière entière. Ses capitaux étoient consommés ; & elle n'avoit pour prix de ses dépenses que quatre ou cinq bourgades, situées sur la côte, construites de planches, couvertes de feuilles, entourées de pieux, & décorées du nom imposant de forts, parce qu'on y voyoit quelques batteries. Les défenseurs de ces misérables habitations étoient réduits à une centaine de brigands qui, par leur tyrannie, ajoutoient tous les jours à la haîne qu'on avoit jurée à leur nation. Quelques districts abandonnés par les naturels du pays, quelques cantons plus étendus, dont la violence arrachoit un tribut en denrées : c'étoient tous les avantages qu'on avoit obtenus.

Le maréchal de la Meilleraie s'empara de ces débris, & conçut le dessein de relever pour son utilité particulière une entreprise si mal conduite. Il y réussit si peu que sa propriété ne fut vendue que vingt-mille francs ; & c'étoit tout ce qu'elle pouvoit valoir.

III. On établit en France une compagnie pour les Indes. Encouragemens accordés à cette société.

Enfin, Colbert entreprit, en 1664, de donner le commerce des Indes à la France. Cette liaison avec l'Asie présentoit de grands inconvéniens. Elle ne pouvoit guère procurer que des objets de luxe ; elle retardoit le progrès des arts qu'on travailloit à établir si heureusement ; elle ne procuroit que peu de débouchés aux denrées, aux manufactures nationales ; elle devoit occasionner une grande exportation de métaux. Des considérations de cette importance étoient bien propres à faire balancer un administrateur dont les travaux n'avoient pour but que d'étendre l'industrie, que de multiplier les richesses du royaume. Mais à l'exemple des autres peuples de l'Europe, les François montroient un goût décidé pour les superfluités de l'Orient. On pensa qu'il seroit plus utile, plus honorable même de les aller chercher, à travers un océan immense, que de les recevoir de ses rivaux, peut-être de ses ennemis.

La manière de fournir cette carrière étoit toute tracée. Il étoit alors si généralement reçu qu'un privilège exclusif pouvoit seul conduire des opérations si délicates & si compliquées, que le spéculateur le plus hardi ne se seroit pas permis un doute. Il fut donc créé une compagnie avec tous les privilèges dont jouissoient celles de Hollande & d'Angleterre. On alla même plus loin. Colbert considérant qu'il y a naturellement pour les grandes entreprises de commerce une confiance dans les républiques, qui ne se trouve pas dans les monarchies, eut recours à tous les expédiens propres à la faire naître.

Le privilège exclusif fut accordé pour cinquante ans, afin que la compagnie fut enhardie à former de grands établissemens dont elle auroit le tems de recueillir le fruit.

Tous les étrangers qui y prendroient un intérêt de vingt mille livres devenoient régnicoles, sans avoir besoin de se faire naturaliser.

Au même prix, les officiers, à quelques corps qu'ils fussent attachés, étoient dispensés de résidence, sans rien perdre des droits & des gages de leurs places.

Ce qui devoit servir à la construction, à l'armement, à l'avitaillement des vaisseaux, étoit déchargé de tous les droits d'entrée & de sortie, ainsi que des droits de l'amirauté.

L'état s'obligeoit à payer cinquante francs par tonneau des marchandises qu'on porteroit de France aux Indes, & soixante-quinze livres pour chaque tonneau qu'on en rapporteroit.

On s'engageoit à soutenir les établissemens de la compagnie par la force des armes, à escorter ses convois & ses retours, par des escadres aussi nombreuses que les circonstances l'exigeroient.

La passion dominante de la nation fut intéressée à cet établissement

ſement. On promit des honneurs & des titres héréditaires à tous ceux qui ſe diſtingueroient au ſervice de la compagnie.

Comme le commerce ne faiſoit que de naître en France & qu'il étoit hors d'état de fournir les quinze millions qui devoient former le fond de la nouvelle ſociété, le miniſtère s'engagea à en prêter juſqu'à trois. Les grands, les magiſtrats, les citoyens de tous les ordres, furent invités à prendre part au reſte. La nation jalouſe de plaire à ſon prince qui ne l'avoit pas encore écraſée du poids de ſa fauſſe grandeur, s'y porta avec un empreſſement extrême.

Madagaſcar fut encore deſtiné à être le berceau de la nouvelle aſſociation. Les malheurs répétés qu'on y avoit éprouvés n'empêchèrent pas de penſer que c'étoit la meilleure baſe pour le vaſte édifice qu'on travailloit à élever. Pour juger ſainement de ces vues, il faut prendre de cette iſle célèbre la connoiſſance la plus approfondie qu'il ſera poſſible.

IV. Les François forment des colonies à Madagaſcar. Deſcription de cette iſle.

Madagaſcar, ſéparé du continent de l'Afrique, par le canal de Mozambique, eſt ſitué à l'entrée de l'océan Indien, entre le douzième & le vingt-cinquième degrés de latitude, entre le ſoixante-deuxième & le ſoixante-dixième de longitude. Il a trois cens trente-ſix lieues de long, cent-vingt dans ſa plus grande largeur, & environ huit cens de circonférence.

Les côtes de cette grande iſle ſont généralement mal ſaines. Ce malheur tient à des cauſes phyſiques qu'on pourroit changer. La terre que nous habitons n'eſt devenue ſalubre que par les travaux de l'homme. Dans ſon origine, elle étoit couverte de forêts & de marécages qui corrompoient l'air. C'eſt l'état actuel de Madagaſcar. Les pluies, comme dans les autres pays ſitués entre les Tropiques, y ont des tems marqués. Elles forment des rivières qui, cherchant à ſe dégorger dans l'Océan, trouvent leur embouchure fermée par des ſables que le mouvement de la mer y a pouſſés durant la ſaiſon ſèche : c'eſt-à-dire, lorſque les eaux n'avoient pas aſſez de volume & de vîteſſe pour ſe faire jour. Arrêtées par cette barrière, elles refluent dans la plaine, y ſont quelque tems ſtagnantes, & rempliſſent l'horiſon d'exhalaiſons meurtrières, juſqu'à ce que ſurmontant l'obſtacle qui les retenoit, elles ſe ménagent enfin une issue. Ce systême paroîtra d'une vérité sensible, si l'on fait attention que les côtes ne sont mal saines que dans la mousson pluvieuse; que la colonne d'air corrompu ne s'étend jamais bien loin; que le ciel est toujours pur dans l'intérieur des terres; & que le rivage est constamment salubre dans tous les lieux où, par des circonstances locales, le cours des rivières est libre sans interruption.

Par quelque vent que le navigateur arrive à Madagascar, il n'apperçoit qu'un sable aride. Cette stérilité finit à une ou deux lieues. Dans le reste de l'isle, la nature, toujours en végétation, produit seule dans les forêts ou sur les terres découvertes le coton, l'indigo, le chanvre, le miel, le poivre blanc, le sagou, les bananes, le chou caraïbe, le ravensera, épicerie trop peu connue, mille plantes nutritives étrangères à nos climats. Tout est rempli de palmiers, de cocotiers, d'orangers, d'arbres gommiers, de bois propres à la construction & à tous les arts. Il n'y a proprement de culture à Madagascar que celle du riz. On arrache le jonc qui croît dans les marais. La semence y est jettée à la volée. Des troupeaux les traversent ensuite, & par leur piétinement enfoncent le grain dans la terre. Le reste est abandonné au hasard. Une autre espèce de riz est cultivée dans la saison des pluies sur les montagnes avec la même négligence. Ces contrées ne sont pas fécondées par les sueurs de l'homme. La fertilité du sol & des eaux bienfaisantes y doivent tenir lieu de tous les travaux.

Des bœufs, des moutons, des porcs, des chèvres paissent jour & nuit dans les prairies sans cesse renaissantes que la nature a formées à Madagascar. On n'y voit ni chevaux, ni buffles, ni chameaux, ni aucune espèce de bêtes de charge ou de monture, quoique tout annonce qu'elles y dussent prospérer.

On a cru trop légérement que l'or & l'argent étoient des productions de l'isle. Mais il est prouvé que non loin de la baie d'Antongil, il se trouve des mines de cuivre assez abondantes, & des mines d'un fer très-pur dans l'intérieur des terres.

L'origine des Madecasses se perd, comme celles de la plupart des peuples, dans des fables extravagantes. Sont-ils indigènes? ont-ils été transplantés? C'est vraisemblablement ce qui ne sera jamais éclairci. Cependant on ne peut s'empêcher de penſer qu'ils ne ſont pas tous ſortis d'une ſouche commune, quand on réfléchit aux différentes formes qui les diſtinguent.

Cette variété tient ſans doute à la formation générale des iſles. Toutes ont été liées à quelque continent dans des tems antérieurs à l'origine de la navigation, & en ont été ſéparées par ces bouleverſemens qui ne ſe renouvellent que trop ſouvent. Si la rupture a été ſubite, l'iſle ne vous offrira qu'une ſeule race d'hommes. Si les contrées adjacentes ont été menacées long-tems avant le déchirement, alors le péril mit les différens peuples en mouvement. Chacun courut en tumulte vers le lieu où il ſe promettoit quelque ſécurité. Cependant le terrible phénomène s'exécuta ; & l'eſpace entouré d'eaux renferma des races qui n'avoient, ni la même couleur, ni la même ſtature, ni la même langue.

Tout porte à croire qu'il en a été ainſi à Madagaſcar. A l'Oueſt de l'iſle, on trouve un peuple appellé Quimoſſe, qui n'a communément que quatre pieds, & qui ne s'élève jamais à plus de quatre pieds quatre pouces. On le croit réduit à quinze mille ames. Il devoit être plus nombreux, avant la guerre meurtrière & malheureuſe qui lui fit quitter ſes premiers foyers. Forcé de s'expatrier, il ſe réfugia dans une vallée très-fertile & entourée de hauteurs eſcarpées où il vit ſans communication avec ſes voiſins. Lorſque ſes anciens vainqueurs ſe réuniſſent pour l'attaquer dans cette poſition heureuſe, il lâche un grand nombre de bœufs ſur la croupe de ſes montagnes. Les aſſaillans, qui n'avoient que ce butin en vue, s'emparent des troupeaux & quittent les armes pour les reprendre, lorſqu'ils peuvent encore réuſſir à former une confédération aſſez puiſſante pour déterminer les Quimoſſes à acheter de nouveau la paix.

Cet expédient, qui convient aux foibles & timides Quimoſſes, ne conviendroit nullement à une nation puiſſante. Le ſouverain ou le miniſtre puſillanime qui achète la paix invite ſon ennemi à la guerre, & le fortifie de tout l'argent qu'il lui accorde & dont il s'affoiblit. C'eſt un mauvais politique, qui ſe conduit comme s'il ne lui reſtoit que quelques années à vivre, & qui ſe ſoucie fort peu de ce que l'empire deviendra après ſa mort.

Madagaſcar eſt diviſé en pluſieurs peuplades, plus ou moins nombreuſes, mais indépendantes les unes des autres. Chacune de ces foibles aſſociations habite un canton qui lui eſt propre, & ſe gouverne elle-même par ſes uſages. Un chef, tantôt électif, tantôt héréditaire, & quelquefois uſurpateur, y jouit d'une aſſez grande autorité. Cependant, il ne peut entreprendre la guerre que de l'aveu des principaux membres de l'état, ni la ſoutenir qu'avec les contributions & les efforts volontaires de ſes peuples.

Le dépouillement des champs enſemencés, le vol des troupeaux, l'enlèvement des femmes & des enfans : telles ſont les ſources ordinaires de leurs diviſions. Ces peuples agreſtes ſont tourmentés de la rage de jouir par l'injuſtice & la violence, auſſi vivement que les nations les plus policées. Leurs hoſtilités ne ſont pas meurtrières ; mais les priſonniers deviennent toujours eſclaves.

On n'a pas à Madagaſcar une idée fort étendue de ce droit de propriété, d'où dérive le goût du travail, le motif de la défenſe & la ſoumiſſion au gouvernement. Auſſi les peuples y montrent-ils peu d'attachement pour les lieux qui les ont vu naître. Des raiſons de mécontentement, de convenance ou de néceſſité, leur font aiſément quitter leur demeure pour une autre contrée plus abondante ou plus éloignée de leurs ennemis. Souvent même, par pure inconſtance, un Madecaſſe ſe choiſit une autre patrie, pour en changer encore, lorſqu'il aura un nouveau caprice, ou qu'il craindra quelque châtiment pour un acte de fureur ou pour un larcin. Il eſt aſſuré de trouver par-tout des terres à cultiver. Jamais, elles ne ſont partagées. C'eſt ordinairement la commune qui les enſemence & qui en partage enſuite les productions. Ainſi le droit civil eſt peu de choſe dans ces régions : mais le droit politique y eſt encore moins étendu.

Quoique les Madecaſſes admettent confuſément la doctrine, ſi répandue, des deux principes, ils n'ont point de culte. Ils ne ſoupçonnent pas l'exiſtence d'une autre vie, & cependant ils croient aux revenans : mais doit-on chercher des idées mieux liées parmi des barbares qu'on n'en trouve chez les nations les plus éclairées ? Le plus funeste de leurs préjugés est celui qui a établi des jours heureux & malheureux. On fait inhumainement mourir les enfans nés sous des auspices peu favorables. C'est une erreur cruelle qui empêche ou détruit la population.

Peu de nations supportent la douleur & les événemens fâcheux avec autant de patience que les Madecasses. La vue même de la mort, dont l'éducation ne les a pas accoutumés à redouter les suites, ne les trouble pas. Ils attendent avec une résignation qu'on a peine à comprendre le moment de leur destruction, si désespérant pour nous. C'est, peut-être, une consolation pour eux d'avoir la certitude qu'ils ne seront pas oubliés, lorsqu'ils auront cessé d'exister. Le respect pour les ancêtres est poussé très-loin dans ces régions sauvages. Il est ordinaire d'y voir des hommes de tous les âges aller pleurer sur le tombeau de leurs pères, & leur demander des conseils dans les actions les plus intéressantes de la vie.

Ces Insulaires robustes & assez bien faits n'ont pas la même indifférence pour le présent que pour l'avenir. Comme ils ne sont jamais gênés dans leurs goûts par le frein de la morale ou de la religion, ni par cette police éclairée qui arrête les penchans de l'homme pour établir l'ordre de la société, ils sont tout entiers à leurs passions. Ils aiment, avec transport, les fêtes, le chant, la danse, les liqueurs fortes, & sur-tout les femmes. Tous les instans d'une vie oisive, sédentaire & abondante s'écoulent dans les plaisirs des sens, refusés par la nature aux sauvages du Nord qui épuisent leurs facultés physiques dans la recherche des alimens nécessaires à leur misérable & précaire existence. Outre la compagne qu'ils épousent en cérémonie, les Madecasses prennent autant de concubines qu'ils peuvent en avoir. Le divorce est commun chez eux, quoique rien n'y soit plus rare que la jalousie. La plupart se tiennent même honorés d'avoir des enfans adultérins, quand ils sont de race blanche. L'illustration de l'origine fait passer sur l'irrégularité de la naissance.

On apperçoit un commencement de lumière & d'industrie chez ces peuples. Avec de la soie, du coton, du fil d'écorce d'arbre, ils fabriquent quelques étoffes. L'art de fondre & de forger le fer ne leur eſt pas entiérement inconnu. Leurs poteries ſont aſſez agréables. Dans pluſieurs cantons, ils pratiquent la manière de peindre la parole par le moyen de l'écriture. Ils ont même des livres d'hiſtoire, de médecine, d'aſtrologie, ſous la garde de leurs *Ombis*, qu'on a pris mal-à-propos pour des prêtres, & qui ne ſont réellement que des impoſteurs qui ſe diſent & peut-être ſe croient ſorciers. Ces connoiſſances, plus répandues à l'Oueſt que dans le reſte de l'iſle, y ont été portées par des Arabes qui, de tems immémorial, y viennent trafiquer.

On a calomnié les Madecaſſes, lorſque ſur un petit nombre d'actes iſolés d'emportement & de rage, commis dans l'accès de quelque paſſion violente, on n'a pas craint d'accuſer la nation entière de férocité. Ils ſont naturellement ſociables, vifs, gais, vains, & même reconnoiſſans. Tous les voyageurs, qui ont pénétré dans l'intérieur de l'iſle, y ont été accueillis, ſecourus dans leurs beſoins, traités comme des hommes, comme des frères. Sur les côtes, où la défiance eſt communément plus grande, les navigateurs n'ont que rarement éprouvé des violences & des perfidies. Vingt-quatre familles Arabes, qui très-anciennement avoient uſurpé l'empire dans la province d'Anoſſi, en ont long-tems joui ſans trouble, & l'ont perdu en 1771, ſans être ni chaſſées, ni maſſacrées, ni opprimées. Enfin la langue de ces Inſulaires ſe prête aiſément à l'expreſſion des ſentimens les plus tendres ; & c'eſt un préjugé très-favorable de la douceur de leurs mœurs, de leur ſociabilité.

V. Conduite des François à Madagaſcar. Ce qu'ils pouvoient & devoient y faire.

Tel étoit Madagaſcar, lorſqu'en 1665, il y arriva quatre vaiſſeaux François. Le corps qui les avoit expédiés étoit réſolu à former un établiſſement ſolide dans cette iſle. Ce projet étoit ſage, & l'exécution n'en devoit pas être fort coûteuſe.

Toutes les colonies que les Européens ont établies en Amérique pour en obtenir des productions, ou au cap de Bonne-Eſpérance, dans les iſles de France, de Bourbon, de Sainte-Hélène pour l'exploitation de leur commerce aux Indes, ont exigé des dépenſes énormes, un très-long-tems & des travaux conſidérables. Plusieurs de ces régions étoient entiérement désertes, & l'on ne voyoit dans les autres que des habitans qu'il n'étoit pas possible de rendre utiles. Madagascar offroit au contraire un sol naturellement fertile, & un peuple nombreux, docile intelligent, qui n'avoit besoin que d'instruction pour seconder efficacement les vues qu'on se proposoit.

Ces Insulaires étoient fatigués de l'état de guerre & d'anarchie où ils vivoient continuellement. Ils soupiroient après une police qui pût les faire jouir de la paix, de la liberté. Des dispositions si favorables ne permettoient pas de douter qu'ils ne se prêtâssent facilement aux efforts qu'on voudroit faire pour leur civilisation.

Rien n'étoit plus aisé que de la rendre très-avantageuse. Avec des soins suivis, Madagascar devoit produire beaucoup de denrées convenables pour les Indes, pour la Perse, pour l'Arabie & pour le continent de l'Afrique. En y attirant quelques Indiens & quelques Chinois, on y auroit naturalisé tous les arts, toutes les cultures de l'Asie. Il étoit facile d'y construire des navires, parce que les matériaux s'y trouvoient de bonne qualité & en abondance; de les armer même, parce que les hommes s'y montroient propres à la navigation. Toutes ces innovations auroient eu une solidité que les conquêtes des Européens n'auront pas aux Indes, où les naturels du pays ne prendront jamais nos loix, nos mœurs, notre culte, ni par conséquent cette diposition favorable qui attache les peuples à une domination nouvelle.

Une si heureuse révolution ne devoit pas être l'ouvrage de la violence. Un peuple brute, nombreux & brave n'auroit pas présenté ses mains aux fers dont une poignée de féroces étrangers auroient voulu le charger. C'étoit par la voie douce de la persuasion; c'étoit par l'appât si séduisant du bonheur; c'étoit par l'attrait d'une vie tranquille; c'étoit par les avantages de notre police, par les jouissances de notre industrie, par la supériorité de notre génie, qu'il falloit amener l'isle entière à un but également utile aux deux nations.

La législation qu'il convenoit de donner à ces peuples devoit être assortie à leurs mœurs, à leur caractère, à leur climat. Elle devoit s'éloigner en tout de celle de l'Europe, corrompue & compliquée par la barbarie des coutumes féodales. Quelque ſimple qu'elle fût, les points divers n'en pouvoient être propoſés que ſucceſſivement, & à meſure que l'eſprit de la nation ſe feroit éclairé, qu'il ſe feroit étendu. Peut-être même n'auroit-il pas fallu ſonger à y amener les hommes dont l'âge auroit fortifié les habitudes ; peut-être auroit-il fallu s'attacher uniquement aux jeunes gens qui, formés par nos inſtitutions, ſeroient devenus, avec le tems, des miſſionnaires politiques qui auroient multiplié les proſélytes du gouvernement.

Le mariage des filles Madecaſſes avec les Colons François, auroit encore plus avancé le grand ſyſtême de la civiliſation. Ce lien, ſi cher & ſi ſenſible, auroit éteint ces diſtinctions odieuſes qui nourriſſent des haînes éternelles & qui ſéparent à jamais des peuples, habitant la même région, vivant ſous les mêmes loix.

Il eût été contre toute juſtice, contre toute politique de prendre arbitrairement des terres pour y placer les nouvelles familles. On auroit demandé à la nation aſſemblée celles qui n'auroient pas été occupées; & pour aſſurer plus de conſiſtance à l'acquiſition, le gouvernement en auroit donné un prix qui pût plaire à ces Inſulaires. Ces champs, légitimement acquis, auroient eu pour la première fois des maîtres. Le droit de propriété ſe feroit établi de proche en proche. Avec le tems, toutes les peuplades de Madagaſcar auroient librement adopté une innovation, dont aucun préjugé ne peut obſcurcir les avantages.

Plus les colonies qu'il s'agiſſoit de fonder à Madagaſcar pouvoient réunir des genres d'utilité, mieux il falloit choiſir les ſituations propres à les faire éclorre, à les multiplier, à les vivifier, à les conſerver. Indépendamment d'un établiſſement qu'il étoit peut-être convenable de placer dans l'intérieur de l'iſle, pour obtenir de bonne heure la confiance des Madecaſſes; il étoit indiſpenſable d'en former quatre ſur les côtes. L'un à la baie de Saint-Auguſtin, qui auroit ouvert une communication facile au continent d'Afrique ; le ſecond à Louquez, où une chaleur vive & continue devoit faire proſpérer toutes les plantes de l'Inde; le troiſième

troisième au fort Dauphin, qu'une température douce & saine rendoit propre au bled & à la plupart des productions de l'Europe; le quatrième enfin à Tametave, la contrée la plus fertile, la plus peuplée, la plus cultivée du pays. Cette dernière position méritoit même d'être choisie pour être le chef-lieu de la colonie; & voici pourquoi.

Il n'y a point de port connu à Madagascar. C'est une erreur de croire qu'il seroit possible d'en former un au fort Dauphin, en élevant un mole sur des récifs qui s'avancent dans la mer. Les travaux d'une si grande entreprise ne seroient pas seulement immenses; la dépense en seroit encore inutile. Jamais un mole ne mettroit à l'abri des ouragans des vaisseaux que les montagnes elles-mêmes n'en garantissent pas. D'ailleurs, ce port factice, ouvert en partie à la fureur des vagues, auroit nécessairement peu d'étendue. Les navires n'y auroient point de chasse. Un seul démarré les feroit tous échouer; & ils périroient sans ressource sur une côte où la mer est toujours agitée, où les sables sont mouvans par-tout.

Il n'en est pas ainsi à Tametave. La baie débarrassée de cette incommode barre qui s'étend sur toute la côte de l'Est de Madagascar, est très-spacieuse. Le mouillage y est bon. Les vaisseaux y sont à l'abri des plus fortes brises. Le débarquement y est facile. Il suffiroit de faire creuser l'espace d'une lieue & demie la grande rivière qui s'y jette, pour faire arriver les plus gros bâtimens à l'étang de Nosse-Bé, où la nature a formé un excellent port. Au milieu est une isle, dont l'air est très-pur & dont la défense seroit aisée. Cette position a cela d'heureux, qu'avec quelques précautions on en pourroit fermer l'entrée aux escadres ennemies.

Tels étoient les avantages que la compagnie de France pouvoit retirer de Madagascar. La conduite de ses agens ruina malheureusement ces brillantes espérances. Ils détournèrent sans pudeur une partie des fonds dont ils avoient l'administration; ils consumèrent en dépenses folles ou inutiles des sommes plus considérables; ils se rendirent également odieux, & aux Européens dont ils devoient encourager les travaux, & aux naturels du pays qu'il falloit gagner par la douceur & par des bienfaits. Les crimes & les malheurs se multiplièrent à un tel excès, qu'en 1670, les associés crurent devoir remettre au gouvernement une possession qu'ils tenoient de lui. Le changement de domination n'amena pas un meilleur esprit. La plupart des François qui étoient restés dans l'isle furent massacrés deux ans après. Ceux qui avoient échappé à cette mémorable boucherie, s'éloignèrent pour toujours d'une terre qui étoit moins souillée par leur sang que par leurs forfaits.

La cour de Versailles a jetté de loin en loin quelques regards sur Madagascar, mais sans en sentir jamais vivement le prix. Il falloit que cette puissance perdît tout son commerce, toute sa considération dans l'Inde, pour se pénétrer de l'importance d'une isle dont la possession lui auroit vraisemblablement épargné ces calamités. Depuis cette funeste époque, on l'a vue occupée du desir de s'y établir. Les deux tentatives de 1770 & 1773, ne doivent pas l'avoir découragée, parce qu'elles ont été faites sans plan, sans moyens ; & qu'au lieu d'y employer le superflu des habitans de Bourbon, hommes pacifiques, sages & acclimatés, on n'y a envoyé que des vagabonds ramassés dans les boues de l'Europe. Des mesures plus sages & mieux combinées la conduiront sûrement au but qu'elle se propose. Ce n'est pas seulement la politique qui veut qu'on se roidisse contre les difficultés inséparables de cette entreprise. L'humanité doit parler plus haut, plus énergiquement encore que l'intérêt.

Quelle gloire ce seroit pour la France de retirer un peuple nombreux des horreurs de la barbarie ; de lui donner des mœurs honnêtes, une police exacte, des loix sages, une religion bienfaisante, des arts utiles & agréables ; de l'élever au rang des nations instruites & civilisées ! Hommes d'état, puissent les vœux de la philosophie, puissent les vœux d'un citoyen aller jusqu'à vous ! S'il est beau de changer la face du monde pour faire des heureux ; si l'honneur qui en revient appartient à ceux qui tiennent les rênes des Empires ; sachez qu'ils sont comptables à leur siècle & aux générations futures, non-seulement de tout le mal qu'ils font, mais de tout le bien qu'ils pourroient faire & qu'ils ne font pas. Vous êtes jaloux d'une véritable gloire parmi vos contemporains; & quelle plus grande gloire que celle que je vous propose ? Vous desirez que votre nom s'immortalise: songez que les monumens élevés en bronze sont plus ou moins rapidement détruits par le tems. Confiez le soin de votre réputation à des êtres qui se perpétueront, en se régénérant. Le marbre est muet; l'homme parle. Faites-le donc parler de vous avec éloge. Si la corruption s'introduit dans la législation sage que vous aurez instituée, c'est alors que vous serez véritablement révérés. C'est alors qu'on reviendra sur le siècle où vous existâtes, & qu'on donnera des larmes à votre mémoire. Je vous promets les pleurs de l'admiration pendant votre vie, & les pleurs du regret, de longs siècles après votre mort.

La compagnie des Indes n'avoit pas des desseins si élevés, lorsqu'elle jugea en 1670 qu'il lui convenoit d'abandonner Madagascar. A cette époque, ses vaisseaux prirent directement la route des Indes. Par les intrigues de Marcara, né à Ispahan, mais attaché au service de France, on obtint la liberté d'établir des comptoirs sur diverses côtes de la péninsule. On tenta même d'avoir part au commerce du Japon. Colbert offroit de n'y envoyer que des protestans : mais les artifices des Hollandois firent refuser aux François l'entrée de cet empire, comme ils l'avoient fait refuser aux Anglois.

VI. Les François font de Surate le centre de leur commerce. Idée du Guzurate, où cette ville est située.

Surate avoit été choisie pour être le centre de toutes les affaires que la compagnie devoit faire dans ces régions. C'étoit de cette ville principale du Guzurate que devoient partir les ordres pour les établissemens subalternes; c'étoit-là que devoient se réunir les différentes marchandises destinées pour l'Europe.

Le Guzurate forme une presqu'isle entre l'Indus & le Malabar. Il a soixante milles de long sur une largeur presque égale. Les montagnes d'Arva le séparent du royaume d'Agra. L'Indostan n'a pas de province où le sol soit aussi fertile, mieux arrosé, & coupé par un plus grand nombre de rivières. On desireroit qu'un vent du Sud, des plus violens, n'en embrasât pas le climat trois mois chaque année. Cette contrée jouiſſoit déja de grands avantages, lorſqu'une colonie étrangère vint encore augmenter ſes proſpérités.

Dans le ſeptième ſiècle, le dernier roi de Perſe, de la dynaſtie des Sanaſides, fut détrôné par les Mahométans. Pluſieurs de ſes ſujets, mécontens du peuple vainqueur, ſe réfugièrent dans le Koheſtan, d'où, cent ans après, ils deſcendirent à l'iſle d'Ormuz. Bientôt ils firent voile pour l'Inde, & abordèrent heureuſement à Diu. Peu ſatisfaits encore de cet aſyle, ils ſe rembarquèrent; & les flots les pouſſèrent ſur une plage riante, entre Daman & Baçaïm. Le prince qui donnoit des loix à ce canton, ne conſentit à les recevoir qu'à condition qu'ils dévoileroient les myſtères de leur croyance, qu'ils quitteroient leurs armes, qu'ils parleroient l'idiôme du pays, qu'ils feroient paroître leurs femmes en public ſans voile, & qu'ils célébreroient leurs mariages à l'entrée de la nuit, ſelon la pratique généralement reçue. Comme ces ſtipulations n'avoient rien de contraire au culte qu'ils profeſſoient, les réfugiés les acceptèrent ſans difficulté.

L'habitude du travail, contractée & perpétuée par une heureuſe néceſſité, les fit proſpérer. Aſſez ſages pour ne ſe mêler, ni du gouvernement, ni de la guerre, ils jouirent d'une paix profonde au milieu des révolutions. Cette circonſpection & une grande aiſance augmentèrent beaucoup leur nombre. Ils formèrent toujours, ſous le nom de Parſis, un peuple ſéparé, par l'attention qu'ils eurent de ne point ſe mêler avec les Indiens, & par l'attachement aux principes religieux qui leur avoient fait quitter leur patrie. Ce ſont ceux de Zoroaſtre : mais un peu altérés par le tems, par l'ignorance & par l'avidité des prêtres.

L'induſtrie, l'activité de ces nouveaux habitans, ſe communiquèrent à la nation hoſpitalière qui les avoit ſi ſagement accueillis. Le ſucre, le bled, l'indigo, d'autres productions furent naturaliſés ſur un ſol que des rizières avoient juſqu'alors principalement couvert. On multiplia, on varia, on perfectionna les fruits & les troupeaux. Les campagnes de l'Inde offrirent, pour la première fois, ces haies, ces enclos, ces autres agrémens utiles &

champêtres qui embelliſſent ou enrichiſſent quelques-unes de nos contrées. Les atteliers firent les mêmes progrès que les cultures. Le coton prit de plus belles formes, & la ſoie fut enfin miſe en œuvre dans la province. L'accroiſſement des ſubſiſtances, des travaux & de la population, étendit, avec le tems, les relations extérieures.

L'éclat que jettoit le Guzurate excita l'ambition de deux puiſſances redoutables. Tandis que les Portugais le preſſoient du côté de la mer par les ravages qu'ils faiſoient, par les victoires qu'ils remportoient, par la conquête de Diu, regardé avec raiſon comme le boulevart du royaume; les Mogols, déja maîtres du Nord de l'Inde, & qui brûloient d'avancer vers les contrées méridionales où étoient le commerce & les richeſſes, le menaçoient dans le continent.

Badur, Patane de nation, qui gouvernoit alors le Guzurate, ſentit l'impoſſibilité de réſiſter à la fois à deux ennemis ſi acharnés. Il crut avoir moins à craindre d'un peuple dont les forces étoient ſéparées de ſes états, par des mers immenſes, que d'une nation puiſſamment établie aux frontières de ſes provinces. Cette conſidération le réconcilia avec les Portugais. Les ſacrifices qu'il leur fit, les déterminèrent même à joindre leurs troupes aux ſiennes contre Akebar, dont ils ne redoutoient guère moins que lui l'activité & le courage.

Cette alliance déconcerta des hommes qui avoient compté n'avoir affaire qu'à des Indiens. Ils ne pouvoient ſe réſoudre à combattre des Européens qui paſſoient pour invincibles. Les naturels du pays, encore pleins de l'effroi que ces conquérans leur avoient cauſé, les peignoient aux ſoldats Mogols comme des hommes deſcendus du ciel ou ſortis des eaux, d'une eſpèce infiniment ſupérieure aux Aſiatiques en valeur, en génie & en connoiſſances. Déja l'armée ſaiſie de frayeur, preſſoit ſes généraux de la ramener à Delhy, lorſqu'Akebar, convaincu qu'un prince qui entreprend une grande conquête, doit lui-même commander ſes troupes, vole à ſon camp. Il ne craint pas d'aſſurer ſes troupes qu'elles battront un peuple amolli par le luxe, les richeſſes, les délices, les chaleurs des Indes; & que la gloire de purger l'Asie de cette poignée de brigands leur est réservée. L'armée rassurée, applaudit à l'empereur & marche avec confiance. La bataille s'engage. Les Portugais mal secondés par leurs alliés, sont enveloppés & taillés en pièces. Badur s'enfuit & disparoît pour toujours. Toutes les villes du Guzurate s'empressent d'ouvrir les portes au vainqueur. Ce beau royaume devient, en 1565, une province du vaste empire, qui doit bientôt envahir tout l'Indostan.

Le gouvernement Mogol, qui étoit alors dans sa force, fit jouir le Guzurate de plus de tranquillité qu'il n'en avoit eu. Cette sécurité donna une nouvelle impulsion à tous les esprits. Toutes les facultés se développèrent; & l'on vit tous les genres d'industrie acquérir une perfection jusqu'alors inconnue. Il falloit un entrepôt où se réunissent tant de richesses; & ce fut Surate qui se mit en possession de cette utile prérogative.

VII.
Commencemens & progrès de Surate.

Au commencement du treizième siècle, ce n'étoit encore qu'un vil hameau, formé par des cabanes de pêcheur, sur la rivière de Tapti, à quelques milles de l'Océan. L'avantage de sa position y attira quelques ouvriers & quelques marchands. Ils furent pillés trois ou quatre fois par des pirates; & ce fut pour arrêter ces incursions destructives, que fut construite, en 1524, une forteresse. La place acquit, à cette époque, une importance qui avoit beaucoup augmenté, lorsque les Mogols s'en rendirent maîtres. Comme c'étoit la seule ville maritime qui eût alors subi leur joug, ils contractèrent l'habitude de s'y pourvoir de toutes leurs consommations de luxe. De leur côté, les Européens qui n'avoient aucun des grands établissemens qu'ils ont formés depuis dans le Bengale & au Coromandel, y achetoient la plupart des marchandises des Indes. Elles s'y trouvoient toutes rassemblées par l'attention qu'avoit eu Surate de former une marine supérieure à celle de ses voisins.

Ses vaisseaux, qui duroient des siècles, étoient la plupart de mille ou douze cens tonneaux. Ils étoient construits d'un bois très-dur qu'on appelle teck. Loin de lancer les bâtimens à l'eau, par des apprêts coûteux & des machines compliquées, on introduisoit dans le chantier, comme nous l'avons pratiqué depuis, la marée qui les enlevoit. Les cordages faits de bourre de cocotier, étoient plus rudes, moins maniables que les nôtres, mais ils avoient autant ou plus de solidité. Si leurs voiles de coton n'étoient ni aussi fortes, ni aussi durables que celles de lin & de chanvre, elles se plioient avec plus de facilité, & se déchiroient plus rarement. Au lieu de poix, ils employoient la gomme d'un arbre nommé damar, qui valoit autant ou mieux. La capacité de leurs officiers, quoique médiocre, étoit suffisante pour les mers, pour les saisons où ils naviguoient. A l'égard de leurs matelots, communément nommés lascars, les Européens les ont trouvés bons pour les voyages d'Inde en Inde. On s'en est même quelquefois servi, sans inconvénient, pour ramener, dans nos parages orageux, des navires qui avoient perdu leurs équipages.

Nous soupçonnions à peine que le commerce pût avoir des principes; & ils étoient connus, pratiqués dans cette partie de l'Asie. On y trouvoit de l'argent à bas prix, & des lettres de change pour tous les marchés des Indes. Les assurances pour les navigations les plus éloignées, y étoient d'une ressource très-usitée. Il régnoit tant de bonne foi, que les sacs, étiquetés, & cachetés par les banquiers, circuloient des années entières, sans être ni comptés, ni pesés. Les fortunes étoient proportionnées à cette facilité de s'enrichir par l'industrie. Celles de cinq à six millions n'étoient pas rares, & il y en avoit de plus considérables.

VIII. Mœurs des habitans de Surate.

Elles étoient la plupart entre les mains des Banians. Ces négocians étoient renommés pour leur franchise. Quelques momens leur suffisoient pour terminer les affaires les plus importantes. Elles se traitoient généralement dans les bazards. Celui qui vouloit vendre annonçoit, en peu de mots & à voix basse, la valeur de sa marchandise. On lui répondoit en mettant une main dans la sienne, sous quelque voile. L'acheteur marquoit par le nombre des doigts qu'il plioit ou qu'il étendoit, ce qu'il prétendoit diminuer du prix démandé; & le plus souvent le marché se trouvoit conclu, sans qu'on eût proféré une parole. Pour le ratifier, les contractans se prenoient une seconde fois la main; & un accord fait avec cette ſimplicité étoit toujours inviolable. Si, ce qui étoit infiniment rare, il ſurvenoit des difficultés, ces hommes ſages conſervoient, dans les diſcuſſions les plus compliquées, une égalité & une politeſſe dont nous ne nous formerions pas aiſément l'idée.

Leurs enfans qui aſſiſtoient à tous les marchés, ſe formoient de bonne heure à ces mœurs paiſibles. A peine avoient-ils une lueur de raiſon, qu'ils étoient initiés dans tous les myſtères du commerce. Il étoit ordinaire d'en voir de dix ou douze ans en état de remplacer leur père. Quel contraſte, quelle diſtance de cette éducation, à celle que nos enfans reçoivent; & cependant, quelle différence entre les lumières des Indiens, & les progrès de nos connoiſſances !

Les Banians qui avoient quelques eſclaves Abyſſins, ce qui étoit rare chez des hommes ſi doux, les traitoient avec une humanité qui doit nous paroître bien ſingulière. Ils les élevoient comme s'ils euſſent été de leur famille, les formoient aux affaires, leur avançoient des fonds, ne les laiſſoient pas ſeulement jouir des bénéfices ; ils leur permettoient même d'en diſpoſer en faveur de leurs deſcendans, lorſqu'ils en avoient.

La dépenſe des Banians ne répondoit pas à leur fortune. Réduits par principes de religion à ſe priver de viandes & de liqueurs ſpiritueuſes, ils ne vivoient que de fruits & de quelques ragoûts ſimples. On ne les voyoit s'écarter de cette économie que pour l'établiſſement de leurs enfans. Dans cette occaſion unique, tout étoit prodigué pour le feſtin, pour la muſique, la danſe, les feux d'artifice. Leur ambition étoit de pouvoir ſe vanter de la dépenſe que leur avoient coûté ces noces. Elle montoit quelquefois à cent mille écus.

Leurs femmes même, avoient du goût pour ces mœurs ſimples. Leur unique gloire, étoit de plaire à leurs époux. Peut-être la grande vénération qu'elles avoient pour le lien conjugal, venoit-elle de l'uſage où l'on étoit de les engager dès l'âge le plus tendre. Ce ſentiment étoit à leurs yeux le point le plus ſacré de leur religion. Jamais elles ne ſe permettoient le plus court entretien

avec

avec des étrangers. Moins de réserve n'auroit pas suffi à des maris qui ne pouvoient revenir de leur étonnement, quand on leur parloit de la familiarité qui régnoit en Europe entre les deux sexes. Ceux qui leur assuroient que des manières si libres n'avoient aucune influence sur la conduite, ne les persuadoient pas. Ils répondoient, en secouant la tête, par un de leurs proverbes, qui signifie que *si l'on approche le beurre trop près du feu, il est bien difficile de l'empêcher de fondre.*

Les Parsis, avec d'autres usages, avoient un caractère encore plus respectable. C'étoient des hommes robustes, bien faits & infatigables. Ils étoient propres à tous les travaux; mais ils excelloient sur-tout dans la construction des vaisseaux & dans l'agriculture. Telles étoient leur douceur & leur droiture, qu'on ne les cita jamais devant le magistrat pour aucun acte de violence ou quelque engagement de mauvaise foi. La sérénité de leur ame se peignoit sur tous leurs traits, dans tous leurs regards; & une gaieté douce animoit toujours leur conversation. La poésie rimée les charmoit; & rarement parloient-ils même dans les affaires les plus sérieuses, autrement qu'en vers. Ils n'avoient point de temple : mais tous les matins & tous les soirs, ils s'assembloient sur le grand chemin ou auprès d'une fontaine pour adorer le soleil levant, le soleil couchant. La vue même du plus petit feu interrompoit toutes leurs occupations, & élevoit leur ame tendre à la contemplation de cet astre bienfaisant. Au lieu de brûler les cadavres de leurs morts, comme les Indiens, ils les déposoient dans des tours extrêmement élevées, où ils servoient de pâture aux oiseaux de proie. Leur prédilection pour les sectateurs de leur religion, ne les empêchoit pas d'être sensibles au malheur de tous les hommes : ils les secouroient avec générosité, & leur pitié s'étendoit jusqu'aux animaux. Une de leurs plus grandes passions étoit d'acheter des esclaves, de leur donner une éducation soignée, & de les rendre ensuite à la liberté. Leur nombre, leur union & leurs richesses, les rendirent quelquefois suspects au gouvernement : mais ces préjugés ne tinrent jamais long-tems contre la conduite paisible & mesurée de ce bon peuple. On ne pouvoit le blâmer que d'une saleté dégoûtante, sous les apparences d'une propreté recherchée, & de l'usage trop fréquent d'une boisson enivrante, qui lui étoit particulière. Tels étoient les Parsis, à leur arrivé aux Indes. Tels ils se conservèrent au milieu des révolutions qui bouleversèrent si souvent l'asyle qu'ils avoient choisi; & tels ils sont encore.

Combien les Mogols s'éloignoient de ces mœurs pures & austères! Ces Mahométans ne se virent pas plutôt en possession de Surate, qu'ils s'y embarquèrent en foule pour aller visiter la Mecque. Beaucoup de ces pélerins s'arrêtoient au port avant le voyage; un plus grand nombre à leur retour. Les commodités, qui étoient plus multipliées dans cette fameuse cité que dans le reste de l'empire, y fixèrent même plusieurs des plus opulens. Leurs jours s'écouloient dans l'inaction ou dans les plaisirs. Le soin d'arquer leurs sourcils, d'arranger leur barbe, de peindre leurs ongles & l'intérieur de leurs mains, emportoit une partie de la matinée. Le reste du tems étoit employé à monter à cheval, à fumer, à boire du café, à se parfumer, à se coucher sur des lits de rose, à entendre des histoires fabuleuses, & à cultiver le pavot, espèce d'exercice qui avoit pour eux de puissans attraits.

Les fêtes que ces hommes voluptueux se donnoient souvent, pour prévenir l'ennui d'une vie trop monotone, commençoient par une profusion étonnante de rafraîchissemens, de sucreries, de parfums les plus exquis. Des tours de force ou d'adresse, exécutés ordinairement par des Bengalis, suivoient ces amusemens tranquilles. Ils étoient remplacés par une musique, que des oreilles délicates auroient peut-être réprouvée, mais qui étoit du goût de ces Orientaux. La nuit, qu'ouvroient des feux d'artifice d'une lumière plus tendre que les nôtres, étoit occupée par des danseuses, dont les bandes se succédoient plus ou moins souvent, suivant le rang ou la richesse de ceux qui les appelloient. Lorsque la satiété des plaisirs invitoit au repos, on faisoit entrer une espèce de violon, qui par des sons doux, uniformes & souvent répétés, provoquoit au sommeil. Les plus corrompus alloient se jetter dans les bras d'un jeune esclave Abyssin, & employoient des moyens connus dans ces contrées, pour prolonger cette jouiſſance infâme.

Jamais les femmes n'étoient admiſes à ces divertiſſemens : mais elles appelloient auſſi des danſeuſes & ſe procuroient d'autres diſtractions. La préférence que leurs maris donnoient généralement à des courtiſannes, étouffoient dans leur cœur tout ſentiment d'affection pour eux, & par conſéquent de jalouſie entre elles. Auſſi vivoient-elles dans une union aſſez étroite. C'étoit au point de ſe réjouir, lorſqu'on leur annonçoit une nouvelle compagne, parce que c'étoit une augmentation de ſociété. Cependant elles avoient une grande influence dans les affaires importantes ; & un Mogol ſe décidoit preſque toujours par le conſeil de ſon harem. Celles de ſes épouſes qui n'avoient point d'enfans, ſortoient aſſez ſouvent pour viſiter les parens de leur ſexe. Les autres auroient pu jouir de la même liberté, ſi elles n'avoient préféré l'honneur de leurs fils, ſinguliérement attaché à l'opinion qu'on a de la ſageſſe de leurs mères. Elles les élevoient elles-mêmes avec beaucoup de ſoin & de tendreſſe, & ne s'en ſéparoient jamais, pas même lorſqu'ils quittoient la maiſon paternelle.

Si la magnificence & les commodités pouvoient remplacer l'amour, les harems auroient été les demeures les plus délicieuſes. Tout ce qui pouvoit procurer des ſenſations agréables, étoit prodigué dans ces retraites impénétrables pour des hommes. L'orgueil des Mogols avoit même réglé que les femmes qui y ſeroient admiſes en viſite, recevroient la première fois des préſens très-riches ; & toujours un accueil accompagné des voluptés propres à ces climats. Les Européennes, dont la familiarité avec l'autre ſexe choquoit les préjugés Aſiatiques, & que, pour cette raiſon, on croyoit d'une tribu très-inférieure, eurent rarement la liberté de pénétrer dans cette eſpèce de ſanctuaire. Une d'elles, fort connue en Angleterre par ſes talens, par ſes graces & par ſon eſprit d'obſervation, fut diſtinguée des autres. Les préférences qu'on accordoit à madame Draper, la mirent à portée de tout voir, de tout examiner. Elle ne trouva pas à ces malheureuſes créatures, qui vivoient empriſonnées, cet air dédaigneux ou embarraſſé, que le peu de développement de leurs facultés auroit pu leur donner. Leurs manières lui parurent franches & aiſées. Quelque choſe de naïf & de touchant diſtinguoit leur converſation.

Quoique les autres nations, établies à Surate, n'outrâſſent pas, comme les Mogols, tous les genres de volupté, elles ne laiſſoient pas d'avoir des jouiſſances dans une ville où les édifices publics manquoient généralement de goût & de ſymétrie. Les maiſons particulières n'avoient, à la vérité, aucune apparence : mais on voyoit dans toutes celles des hommes riches, des jardins remplis des plus belles fleurs ; des ſouterreins pratiqués contre les chaleurs étouffantes d'une partie de l'année ; des ſallons où jailliſſoient, dans des baſſins de marbre, des fontaines, dont la fraîcheur & le murmure invitoient à un doux ſommeil.

Une des pratiques les plus univerſelles, étoit de ſe baigner; & après le bain, de ſe faire maſſer ou pétrir, ſi l'on peut s'exprimer ainſi. Cette opération donnoit du reſſort aux différentes parties du corps, & une circulation facile à ſes fluides. On ſe croyoit preſque un nouvel être, après l'avoir éprouvée. L'eſpèce d'harmonie qu'elle rétabliſſoit dans toute la machine, étoit une ſorte d'ivreſſe, ſource féconde des ſenſations les plus délicieuſes. Cet uſage étoit, dit-on, paſſé de la Chine aux Indes ; & quelques épigrammes de Martial, quelques déclamations de Sénèque paroiſſent indiquer qu'il n'étoit pas inconnu aux Romains, dans le tems où ils raffinoient ſur tous les plaiſirs, comme les tyrans qui mirent aux fers ces maîtres du monde, raffinèrent dans la ſuite ſur tous les ſupplices.

IX. Portrait des Balliadères, plus voluptueuſes à Surate que dans le reſte de l'Inde.

Surate offroit un autre plaiſir plus piquant peut-être. C'étoit celui que procuroient ſes danſeuſes ou *Balliadères*, nom que les Européens leur ont toujours donné d'après les Portugais.

Elles étoient réunies en troupes dans des ſéminaires de volupté. Les ſociétés de cette eſpèce les mieux compoſées, ſont conſacrées aux pagodes riches & fréquentées. Leur deſtination eſt de danſer dans les temples aux grandes ſolemnités, & de ſervir aux plaiſirs des brames. Ces prêtres, qui n'ont pas fait le vœu artificieux & imposteur de renoncer à tout, pour mieux jouir de tout, aiment mieux avoir des femmes qui leur appartiennent, que de corrompre à la fois le célibat & le mariage. Ils n'attentent pas aux droits d'autrui par l'adultère : mais ils sont jaloux des danseuses, dont ils partagent & le culte & les vœux avec leurs dieux, jusqu'à ne permettre jamais, sans répugnance, qu'elles aillent amuser les rois & les grands.

On ignore comment cette institution singulière s'est formée. Il est vraisemblable qu'un brame qui avoit sa concubine ou sa femme, s'associa d'abord avec un autre brame, qui avoit aussi sa concubine ou sa femme, mais qu'à la longue, le mêlange d'un grand nombre de brames & de femmes, occasionna tant d'infidélités, que les femmes devinrent communes entre tous ces prêtres. Réunissez dans un seul cloître des célibataires des deux sexes, & vous ne tarderez pas à voir naître la communauté des hommes & des femmes.

Il est vraisemblable qu'au moyen de cette communauté d'hommes & de femmes, la jalousie s'éteignit, & que les femmes virent sans peine le nombre de leurs semblables se multiplier, & les hommes, le nombre des brames s'accroître. C'étoit moins une rivalité qu'une conquête nouvelle.

Il est vraisemblable que pour pallier aux peuples le scandale d'une vie si licencieuse, toutes ces femmes furent consacrées au service des autels. Il ne l'est pas moins que les peuples se prêtèrent d'autant plus volontiers à cette espèce de superstition, qu'elle renfermoit dans une seule enceinte les desirs effrénés d'une troupe de moines, & mettoit ainsi leurs femmes & leurs filles à l'abri de la séduction.

Il est vraisemblable qu'en attachant un caractère sacré à ces espèces de courtisannes, les parens virent sans répugnance leurs plus belles filles, entraînées par cette vocation, quitter la maison paternelle, pour entrer dans ce séminaire, d'où les femmes surannées pouvoient retourner sans honte dans la société : car il n'y a aucun crime que l'intervention des dieux ne consacre, aucune vertu qu'elle n'avilisse. La notion d'un être absolu est, entre les mains des prêtres qui en abusent, une destruction de toute morale. Une chose ne plaît pas aux dieux, parce qu'elle est bonne ; mais elle est bonne, parce qu'elle plaît aux dieux.

Il ne restoit plus aux brames qu'un pas à faire pour porter l'institut à sa dernière perfection : c'étoit de persuader aux peuples qu'il étoit agréable aux dieux, honnête & saint, d'épouser une balliadère de préférence à toute autre femme, & de faire solliciter comme une grace spéciale le reste de leurs débauches.

Il est des troupes moins choisies dans les grandes villes pour l'amusement des hommes riches, & d'autres pour leurs femmes. De quelque religion, de quelque caste qu'on soit, on peut les appeller. Il y a même de ces troupes ambulantes conduites par de vieilles femmes, qui d'élèves de ces sortes de séminaires, en deviennent à la fin les directrices.

Par un contraste bizarre, & dont l'effet est toujours choquant, ces belles filles traînent à leur suite un musicien difforme & d'un âge avancé, dont l'emploi est de battre la mesure avec un instrument de cuivre, que nous avons depuis peu emprunté des Turcs pour ajouter à notre musique militaire, & qui aux Indes se nomme *Tam*. Celui qui le tient répète continuellement ce mot avec une telle vivacité, qu'il arrive par degrés à des convulsions affreuses, tandis que les balliadères, échauffées par le desir de plaire & par les odeurs dont elles sont parfumées, finissent par être hors d'elles-mêmes.

Les danses sont presque toutes des pantomimes d'amour. Le plan, le dessein, les attitudes, les mesures, les sons, & les cadences de ces ballets, tout respire cette passion, & en exprime les voluptés & les fureurs.

Tout conspire au prodigieux succès de ces femmes voluptueuses : l'art & la richesse de leur parure, l'adresse qu'elles ont à façonner leur beauté. Leurs longs cheveux noirs, épars sur leurs épaules ou relevés en tresses, sont chargés de diamans & parsemés de fleurs. Des pierres précieuses enrichissent leurs colliers & leurs brasselets. Elles attachent même des bijoux à leurs narines ; & des voyageurs attestent que cette parure qui choque au premier coup-d'œil, eſt d'un agrément qui plaît & relève tous les autres ornemens, par le charme de la ſymmétrie, & d'un effet inexplicable, mais ſenſible avec le tems.

Rien n'égale ſur-tout leur attention à conſerver leur ſein, comme un des tréſors les plus précieux de leur beauté. Pour l'empêcher de groſſir ou de ſe déformer, elles l'enferment dans deux étuis d'un bois très-léger, joints enſemble & bouclés par derrière. Ces étuis ſont ſi polis & ſi ſouples, qu'ils ſe prêtent à tous les mouvemens du corps, ſans applatir, ſans offenſer le tiſſu délicat de la peau. Le dehors de ces étuis eſt revêtu d'une feuille d'or parſemée de brillans. C'eſt-là, ſans contredit, la parure la plus recherchée, la plus chère à la beauté. On la quitte, on la reprend avec une légéreté ſingulière. Ce voile qui couvre le ſein, n'en cache point les palpitations, les ſoupirs, les molles ondulations ; il n'ôte rien à la volupté.

La plupart de ces danſeuſes croient ajouter à l'éclat de leur teint, à l'impreſſion de leurs regards, en formant autour de leurs yeux un cercle noir, qu'elles tracent avec une aiguille de tête teinte d'une poudre d'antimoine. Cette beauté d'emprunt, relevée par tous les poëtes Orientaux, après avoir paru bizarre aux Européens, qui n'y étoient pas accoutumés, a fini par leur être agréable.

Cet art de plaire eſt toute la vie, toute l'occupation, tout le bonheur des balliadères. On réſiſte difficilement à leur ſéduction. Elles obtiennent même la préférence ſur ces belles Cachemiriennes, qui rempliſſent les ſerrails de l'Indoſtan, comme les Géorgiennes & les Circaſſiennes peuplent ceux d'Iſpahan & de Conſtantinople. La modeſtie, ou plutôt la réſerve naturelle à de ſuperbes eſclaves ſéqueſtrées de la ſociété des hommes, ne peut balancer les preſtiges de ces courtiſannes exercées.

X. Etendue du commerce de Surate. Révolutions qu'il éprouvées.

Nulle part elles n'étoient à la mode comme à Surate, la ville la plus riche, la plus peuplée de l'Inde. Elle commença à décheoir en 1664. Le fameux Sevagi la ſaccagea, & en emporta vingt-cinq à trente millions. Le pillage eût été infiniment plus conſidérable, ſi les Anglois & les Hollandois n'avoient échappé au malheur public, par l'attention qu'ils avoient eu de fortifier leurs comptoirs ; & si le château où l'on avoit retiré tout ce qu'on avoit de plus précieux, n'eût été hors d'insulte. Cette perte inspira des précautions. On entoura la ville de murs, pour prévenir un pareil désastre. Il étoit réparé, lorsque les Anglois arrêtèrent en 1686, par une coupable & honteuse avidité, tous les bâtimens que Surate expédioit pour différentes mers. Ce brigandage, qui dura trois ans, détourna de ce fameux entrepôt la plupart des branches de commerce qui ne lui appartenoient pas en propre. Il fut presque réduit à ses richesses naturelles.

D'autres pirates ont depuis infesté ses parages, & troublé à diverses reprises ses expéditions. Ses caravanes même, qui transportoient les marchandises à Agra, à Delhy, dans tout l'empire, n'ont pas été toujours respectées par les sujets des rajas indépendans, qu'on trouve sur différentes routes. On avoit imaginé autrefois un moyen singulier pour la sûreté de ces caravanes: c'étoit de les mettre sous la protection d'une femme ou d'un enfant d'une race sacrée, chez les peuples qu'on avoit à craindre. Lorsque ces brigands approchoient pour piller, le gardien menaçoit de se donner la mort, s'ils persistoient dans leur résolution; & si l'on ne cédoit pas à ses remontrances, il se la donnoit effectivement. Les hommes irreligieux, que le respect pour un sang révéré de leur nation n'avoit pas arrêtés, étoient excommuniés, dégradés, exclus de leur caste. La crainte de ces peines rigoureuses enchaînoit quelquefois l'avarice : mais depuis que tout est en combustion dans l'Indostan, aucune considération n'y peut éteindre la soif de l'or.

Malgré ces malheurs, Surate est encore une ville de grand commerce. Tout le Guzurate verse dans ses magasins, le produit de ses innombrables manufactures. Une grande partie est transportée dans l'intérieur des terres ; le reste passe, par le moyen d'une navigation suivie, dans toutes les parties du globe. Les marchandises les plus connues, sont les douttis, grosse toile écrue qui se consomme en Perse, en Arabie, en Abyssinie, sur la côte orientale de l'Afrique, & les toiles bleues qui ont la

même

même destination, & que les Anglois & les Hollandois placent utilement dans leur commerce de Guinée.

Les toiles de Cambaie, à carreaux bleus & blancs, qui servent de mante en Arabie & en Turquie. Il y en a de grossières, il y en a de fines, il y en a même où l'on mêle de l'or, pour l'usage des gens riches.

Les toiles blanches de Barokia, si connues sous le nom de Baftas. Comme elles sont d'une finesse extrême, elles servent pour le caftan d'été des Turcs & des Persans. L'espèce de mousseline terminée par une raie d'or, dont ils font leurs turbans, se fabrique dans le même lieu.

Les toiles peintes d'Amadabad, dont les couleurs sont aussi vives, aussi belles, aussi durables que celles de Coromandel; on s'en habille en Perse, en Turquie, en Europe. Les gens riches de Java, de Sumatra, des Moluques, en font des pagnes & des couvertures.

Les gazes de Bairapour, les bleues servent en Perse & en Turquie à l'habillement d'été des hommes du commun, & les rouges à celui des gens plus distingués. Les Juifs, à qui la Porte a interdit la couleur blanche, s'en servent pour leurs turbans.

Les étoffes mêlées de soie & de coton, unies, rayées, satinées, mêlées d'or & d'argent. Si leur prix n'étoit pas si considérable, elles pourroient plaire à l'Europe même, malgré la médiocrité de leur dessein, par la vivacité des couleurs, par la belle exécution des fleurs. Elles durent peu: mais c'est à quoi l'on ne regarde guère dans les serrails de Turquie & de Perse, où s'en fait la consommation.

Quelques étoffes purement de soie, appellées tapis. Ce sont des pagnes de plusieurs couleurs, fort recherchées dans l'Est de l'Inde. Il s'en fabriqueroit davantage, si l'obligation d'y employer des matières étrangères, n'en augmentoit trop le prix.

Les chaales, draps très-légers, très-chauds & très-fins, fabriqués avec des laines de Cachemire. On les teint en différentes couleurs, & l'on y mêle des fleurs & des rayures. Ils servent à l'habillement d'hiver en Turquie, en Perse, & dans les contrées de l'Inde où le froid ſe fait ſentir. On fait avec cette laine précieuſe des turbans d'une aune de large, & d'un peu plus de trois aunes de long, qui ſe vendent juſqu'à mille écus. Quoiqu'elle ſoit miſe quelquefois en œuvre à Surate, les plus beaux ouvrages ſortent de Cachemire même.

Indépendamment de la quantité prodigieuſe de coton que Surate emploie dans ſes manufactures, elle en envoie annuellement ſept ou huit mille balles au moins dans le Bengale. La Chine, la Perſe & l'Arabie réunies en reçoivent beaucoup davantage, lorſque la récolte eſt très-abondante. Si elle eſt médiocre, tout le ſuperflu va ſur le Gange, où le prix eſt toujours plus avantageux.

Quoique Surate reçoive en échange de ſes exportations des porcelaines de la Chine ; des ſoies de Bengale & de Perſe ; des mâtures & du poivre de Malabar ; des gommes, des dattes, des fruits ſecs, du cuivre, des perles de Perſe ; des parfums & des eſclaves d'Arabie ; beaucoup d'épiceries des Hollandois ; du fer, du plomb, des draps, de la cochenille, quelques clinquailleries des Anglois : la balance lui eſt ſi favorable, qu'il lui revient tous les ans en argent vingt-cinq ou vingt-ſix millions. Le profit augmenteroit de beaucoup, ſi la ſource des richeſſes de la cour de Delhy n'étoit pas détournée.

Cette balance cependant ne pourroit jamais redevenir auſſi conſidérable qu'elle l'étoit, lorſqu'en 1668 les François s'établirent à Surate. Leur chef ſe nommoit Caron. C'étoit un négociant d'origine Françoiſe, qui avoit vieilli au ſervice de la compagnie de Hollande. Hamilton raconte que cet habile homme qui s'étoit rendu agréable à l'empereur du Japon, en avoit obtenu la permiſſion de bâtir dans l'iſle où étoit le comptoir qu'il dirigeoit, une maiſon pour le compte de ſes maîtres. Ce bâtiment devint un château, ſans aucune défiance des naturels du pays, qui n'entendent rien aux fortifications. Ils ſurprirent des canons qu'on envoyoit de Batavia, & inſtruiſirent la cour de ce qui ſe paſſoit. Caron reçut ordre d'aller à Jedo rendre compte de ſa conduite. Comme il ne put alléguer rien de raiſonnable pour ſa juſtification, il fut traité avec beaucoup de ſévérité & de mépris. On lui arracha poil à poil la barbe ; on lui mit un bonnet & un habit de fou ; on l'expoſa en cet état à la riſée publique, & il fut chaſſé de l'empire. L'accueil qu'il reçut à Java acheva de le dégoûter des intérêts qu'il avoit embraſſés ; & un motif de vengeance l'attacha à la compagnie Françoiſe, dont il devint l'agent.

XI. Entrepriſes des François ſur l'iſle de Ceylan & ſur S. Thomé. Leur établiſſement à Pondichery.

Surate où on l'avoit fixé, ne rempliſſoit pas l'idée qu'il s'étoit formée d'un établiſſement principal. Il en trouvoit la poſition mauvaiſe. Il gémiſſoit d'être obligé d'acheter ſa ſûreté par des ſoumiſſions. Il voyoit du déſavantage à négocier en concurrence avec des nations plus riches, plus inſtruites, plus accréditées. Il vouloit un port indépendant au centre de l'Inde, dans quelqu'un des lieux où croiſſent les épiceries, ſans quoi il croyoit impoſſible qu'une compagnie pût ſe ſoutenir. La baie de Trinquemale dans l'iſle de Ceylan lui parut réunir tous ces avantages, & il y conduiſit une forte eſcadre qu'on lui avoit envoyée d'Europe ſous les ordres de la Haye, & dont il devoit diriger les opérations. On crut, ou l'on feignit de croire qu'on pouvoit s'y fixer ſans bleſſer les droits des Hollandois, dont la propriété n'avoit jamais été reconnue par le ſouverain de l'iſle, avec qui l'on avoit un traité.

Tout cela pouvoit être vrai, mais l'événement n'en fut pas plus heureux. On publia un projet qu'il falloit taire. On exécuta lentement une entrepriſe qu'il falloit bruſquer. On ſe laiſſa intimider par une flotte qui étoit hors d'état de combattre, & qui ne pouvoit pas avoir ordre de haſarder une action. La diſette & les maladies firent périr la majeure partie des équipages & des troupes de débarquement. On laiſſa quelques hommes dans un petit fort qu'on avoit bâti, & où ils furent bientôt réduits à ſe rendre. Avec le reſte on alla chercher des vivres à la côte de Coromandel. On n'en trouva ni chez les Danois de Trinquebar, ni ailleurs ; & le déſeſpoir fit attaquer Saint-Thomé, où l'on fut averti qu'il régnoit une grande abondance.

Cette ville long-tems floriſſante avoit été bâtie il y avoit plus d'un ſiècle par les Portugais. Le roi de Golconde ayant conquis le Carnate, ne vit pas sans chagrin dans des mains étrangères une place de cette importance. Il la fit attaquer en 1662 par ses généraux, qui s'en rendirent maîtres. Ses fortifications, quoique considérables & bien conservées, n'arrêtèrent pas les François qui les emportèrent d'assaut en 1672. Ils s'y virent bientôt investis, & forcés deux ans après de se rendre; parce que les Hollandois qui étoient en guerre avec Louis XIV, joignirent leurs armes à celles des Indiens.

Ce dernier événement auroit achevé de rendre inutile la dépense que le gouvernement avoit faite en faveur de la compagnie, si Martin n'avoit été du nombre des négocians envoyés sur l'escadre de la Haye. Il recueillit les débris des colonies de Ceylan & de Saint-Thomé, & il en peupla la petite bourgade de Pondichery qu'on lui avoit nouvellement cédée, & qui devenoit une ville, lorsque la compagnie conçut les plus belles espérances d'un nouvel établissement qu'on eut occasion de former dans l'Inde.

XII. Les François sont appellés à Siam. Description de ce royaume.

Quelques prêtres des missions étrangères avoient prêché l'évangile à Siam. Ils s'y étoient fait aimer par leur morale & par leur conduite. Simples, doux, humains, sans intrigue & sans avarice, ils ne s'étoient rendus suspects ni au gouvernement, ni aux peuples; ils leur avoient inspiré du respect & de l'amour pour les François en général, pour Louis XIV en particulier.

Un Grec d'un esprit inquiet & ambitieux, nommé Constantin Phaulcon, voyageant à Siam, avoit plu au prince, & en peu de tems il étoit parvenu à l'emploi de principal ministre, ou barcalon, charge à-peu-près semblable à celle de nos anciens maires du palais.

Phaulcon gouvernoit despotiquement le peuple & le roi. Ce prince étoit foible, valétudinaire & sans postérité. Son ministre forma le projet de lui succéder, peut-être même celui de le détrôner. On sait que ces entreprises sont aussi faciles & aussi communes dans les pays soumis aux despotes, qu'elles sont difficiles & rares dans les pays où le prince règne par la justice; dans les pays où son autorité a pour principes, pour mesure & pour règle des loix fondamentales & immuables dont la garde eſt confiée à des corps de magiſtrature éclairés & nombreux. Là, les ennemis du ſouverain ſe montrent les ennemis de la nation. Là, ils ſe trouvent arrêtés dans leurs projets, par toutes les forces de la nation; parce que, en s'élevant contre le chef de l'état, ils s'élèvent contre les loix qui ſont les volontés communes & immuables de la nation.

Phaulcon imagina de faire ſervir les François à ſon projet, comme quelques ambitieux s'étoient ſervis auparavant d'une garde de ſix cens Japonois, qui avoient diſpoſé plus d'une fois de la couronne de Siam. Il envoya en 1684 des ambaſſadeurs en France pour y offrir l'alliance de ſon maître, des ports aux négocians François, & pour y demander des vaiſſeaux & des troupes.

La vanité faſtueuſe de Louis XIV tira un grand parti de cette ambaſſade. Les flatteurs de ce prince digne d'éloges, mais trop loué, lui perſuadèrent que ſa gloire répandue dans le monde entier lui attiroit les hommages de l'Orient. Il ne ſe borna pas à jouir de ces vains honneurs. Il voulut faire uſage des diſpoſitions du roi de Siam en faveur de la compagnie des Indes, & plus encore en faveur des miſſionnaires. Il fit partir une eſcadre ſur laquelle il y avoit plus de jéſuites que de négocians; & dans le traité qui fut conclu entre les deux rois, les ambaſſadeurs de France dirigés par le jéſuite Tachard, s'occupèrent beaucoup plus de religion que de commerce.

La compagnie avoit cependant conçu les plus grandes eſpérances de l'établiſſement de Siam, & ces eſpérances étoient fondées.

Ce royaume, quoique coupé par une chaîne de montagnes qui va ſe réunir aux rochers de la Tartarie, eſt d'une fertilité ſi prodigieuſe, qu'une grande partie des terres cultivées y rend deux cens pour un. Il y en a même, qui, ſans les travaux du laboureur, ſans le ſecours de la ſemence, prodiguent d'abondantes récoltes de riz. Moiſſonné comme il eſt venu, ſans ſoin & ſans attention, ce grain abandonné, pour ainſi dire, à la nature, tombe & meurt dans le champ où il eſt né, pour ſe reproduire dans les eaux du fleuve qui traverſe le royaume.

Peut-être n'y a-t-il point de contrée ſur la terre où les fruits ſoient en auſſi grande abondance, auſſi variés, auſſi ſains que dans cette terre délicieuſe. Elle en a qui lui ſont particuliers; & ceux qui lui ſont communs avec d'autres climats, ont un parfum, une ſaveur qu'on ne leur trouve point ailleurs.

La terre toujours chargée de ces tréſors ſans ceſſe renaiſſans, couvre encore ſous une légère ſuperficie des mines d'or, de cuivre, d'aiman, de fer, de plomb & de calin, cet étain ſi recherché dans toute l'Aſie.

Le deſpotiſme le plus affreux rend inutile tant d'avantages. Un prince corrompu par ſa puiſſance même, opprime du fond de ſon ſerrail par ſes caprices, ou laiſſe opprimer par ſon indolence les peuples qui lui ſont ſoumis. A Siam, il n'y a que des eſclaves & point de ſujets. Les hommes y ſont diviſés en trois claſſes. Ceux de la première compoſent la garde du monarque, cultivent ſes terres, travaillent aux atteliers de ſon palais. La ſeconde eſt deſtinée aux travaux publics, à la défenſe de l'état. Les derniers ſervent les magiſtrats, les miniſtres, les premiers officiers du royaume. Jamais un Siamois n'eſt élevé à un emploi diſtingué, qu'on ne lui donne un certain nombre de gens de corvée. Ainſi les gages des grandes places ſont bien payés à la cour de Siam; parce que ce n'eſt pas en argent, mais en hommes qui ne coûtent rien au prince. Ces malheureux ſont inſcrits dès l'âge de ſeize ans dans des regiſtres. A la première ſommation, chacun doit ſe rendre au poſte qui lui eſt aſſigné, ſous peine d'être mis aux fers, ou condamné à la baſtonnade.

Dans un pays où les hommes doivent ſix mois de leur travail au gouvernement ſans être payés ni nourris, & travaillent les autres ſix mois pour gagner de quoi vivre toute l'année: dans un tel pays, la tyrannie doit s'étendre des perſonnes aux terres. Il n'y a point de propriété. Les fruits délicieux, qui ſont la richeſſe des jardins du monarque & des grands, ne croiſſent pas impunément chez les particuliers. Si les ſoldats envoyés pour la viſite des vergers, y trouvent quelque arbre dont les productions ſoient précieuſes, ils ne manquent jamais de le marquer pour la table du defpote ou de fes miniftres. Le propriétaire en devient le gardien; & quand le tems de cueillir les fruits eft arrivé, il en eft refponfable, fous des peines ou des traitemens févères.

C'eft peu que les hommes y foient efclaves de l'homme, ils le font même des bêtes. Le roi de Siam entretient un grand nombre d'éléphans. Ceux de fon palais font traités avec des honneurs & des foins extraordinaires. Les moins diftingués ont quinze efclaves à leur fervice, continuellement occupés à leur couper de l'herbe, des bananes, des cannes à fucre. Ces animaux qui ne font d'aucune utilité réelle, flattent tellement l'orgueil du prince, qu'il mefure plutôt fa puiffance fur leur nombre, que fur celui de fes provinces. Sous prétexte de les bien nourrir, leurs conducteurs les font entrer dans les terres & dans les jardins pour les dévafter, à moins qu'on ne fe rédime de cette vexation par des préfens continuels. Perfonne n'oferoit fermer fon champ aux éléphans du roi, dont plufieurs font décorés de titres honorables & élevés aux premières dignités de l'état.

Ces horreurs nous révoltent : mais avons-nous le droit de ne pas y ajouter foi, nous qui nous vantons de quelque philofophie & d'un gouvernement plus doux, & qui cependant vivons dans un empire, où le malheureux habitant de la campagne eft jetté dans les fers s'il ofe faucher fon pré ou traverfer fon champ pendant l'appariade ou la ponte des perdrix ; où il eft obligé de laiffer ronger le bois de fa vigne par des lapins & ravager fa moiffon par des biches, des cerfs, des fangliers ; & où la loi l'enverroit aux galères, s'il avoit eu la témérité de frapper du fouet ou du bâton un de ces animaux voraces ?

Tant d'efpèces de tyrannie font que les Siamois déteftent leur patrie, quoiqu'ils la regardent comme le meilleur pays de la terre. La plupart fe dérobent à l'oppreffion en fuyant dans les forêts, où ils mènent une vie fauvage, cent fois préférable à celle des fociétés corrompues par le defpotifme. Cette défertion eft devenue fi confidérable, que, depuis le port de Mergui jufqu'à Juthia, capitale de l'empire, on marche huit jours entiers fans trouver la moindre population, dans des plaines immenfes, bien arrosées, dont le sol est excellent, & où l'on découvre les traces d'une ancienne culture. Ce beau pays est abandonné aux tigres.

On y voyoit autrefois des hommes. Indépendamment des naturels du pays, il étoit couvert de colonies qu'y avoient successivement formées toutes les nations situées à l'Est de l'Asie. Cet empressement tiroit son origine du commerce immense qui s'y faisoit. Tous les historiens attestent qu'au commencement du seizième siècle, il arrivoit tous les ans un très-grand nombre de vaisseaux dans ses rades. La tyrannie qui commença peu de tems après, anéantit successivement les mines, les manufactures, l'agriculture. Avec elles disparurent les négocians étrangers, les nationaux même. L'état tomba dans la confusion & dans la langueur qui en est la suite. Les François, à leur arrivée, le trouvèrent parvenu à ce point de dégradation. Il étoit en général pauvre, sans arts, soumis à un despote qui voulant faire le commerce de ses états, ne pouvoit que l'anéantir. Le peu d'ornemens & de marchandises de luxe qui se consommoient à la cour & chez les grands étoient tirés du Japon. Les Siamois avoient un respect extrême pour les Japonois, un goût exclusif pour leurs ouvrages.

XIII. Avantages que les François pouvoient tirer de Siam. Fautes qui les en privèrent.

Il étoit difficile de faire changer cette opinion, & il le falloit cependant pour donner quelque débit aux productions de l'industrie Françoise. Si quelque chose pouvoit amener le changement, c'étoit la religion chrétienne que les prêtres des missions étrangères avoient annoncée avec succès : mais les jésuites trop livrés à Phaulcon qui devenoit odieux, & abusant de leur faveur à la cour, se firent haïr, & cette haîne retomba sur leur religion. Des églises furent bâties avant qu'il y eût des Chrétiens. On fonda des maisons religieuses, & on révolta ainsi le peuple & les Talapoins. Ce sont des moines ; les uns solitaires, les autres intriguans. Ils prêchent au peuple les dogmes & la morale de Sommonacodom. Ce législateur des Siamois fut long-tems honoré comme un sage, & il a été honoré depuis comme un dieu, ou comme une émanation de la divinité, un fils de dieu. Il n'y a pas de merveille qu'ils n'en racontent. Il vivoit avec un grain de riz par jour. Il arracha un de ses yeux pour le donner à un pauvre auquel il n'avoit rien à donner. Une autre fois il donna sa femme. Il commandoit aux astres, aux rivières, aux montagnes : mais il avoit un frère qui le contrarioit beaucoup dans ses projets de faire du bien aux hommes. Dieu le vengea, & crucifia lui-même ce malheureux frère. Cette fable avoit indisposé les Siamois contre la religion d'un Dieu crucifié ; & ils ne pouvoient révérer Jésus-Christ, parce qu'il étoit mort du même genre de supplice que le frère de Sommonacodom.

S'il n'étoit pas possible de porter des marchandises à Siam ; on pouvoit travailler à en inspirer peu-à-peu le goût, préparer un grand commerce dans le pays même, & se servir de celui qu'on trouvoit en ce moment, pour ouvrir des liaisons avec tout l'Orient. La situation du royaume entre deux golfes où il occupe cent soixante lieues de côte sur l'un, & environ deux cens sur l'autre, auroit ouvert la navigation de toutes les mers de cette partie de l'univers. La forteresse de Bankok, bâtie à l'embouchure du Menan, qu'on avoit remise aux François, étoit un excellent entrepôt pour toutes les opérations qu'on auroit voulu faire à la Chine, aux Philippines, dans tout l'Est de l'Inde. Le port de Mergui, le principal de l'état, & l'un des meilleurs d'Asie, qu'on leur avoit aussi cédé, leur donnoit de grandes facilités pour la côte de Coromandel, sur-tout pour le Bengale. Il leur assuroit une communication avantageuse avec les royaumes de Pegu, d'Ava, d'Aracan, de Lagos, pays plus barbares encore que Siam, mais où l'on trouve les plus beaux rubis de la terre, & de la poudre d'or. Tous ces états offrent, de même que Siam, l'arbre d'où découle cette gomme précieuse avec laquelle les Chinois & les Japonois composent leur vernis ; & quiconque possédera le commerce de cette denrée, en fera un très-lucratif à la Chine & au Japon.

Outre l'avantage de trouver de bons établissemens tout formés, qui ne coûtoient rien à la compagnie, & qui pouvoient mettre dans ses mains une grande partie du commerce de l'Orient ; elle auroit pu tirer de Siam pour l'Europe de l'ivoire, du bois de teinture semblable à celui qu'on coupe à la baie de Campêche, beaucoup de casse, cette quantité de peaux de buffle & de daim qu'y alloient chercher autrefois les Hollandois. On auroit pu y cultiver le poivre, & peut-être d'autres épiceries qu'on n'y recueilloit point, parce qu'on en ignoroit la culture, & que le malheureux habitant de Siam indifférent à tout ne réussissoit à rien.

Les François ne s'occupèrent point de ces objets. Les facteurs de la compagnie, les officiers, les troupes, les jésuites n'entendoient rien au commerce : ils ne songeoient qu'aux conversions, & à se rendre les maîtres. Enfin, après avoir mal secouru Phaulcon au moment où il vouloit exécuter ses desseins, ils furent entraînés dans sa chûte ; & les forteresses de Mergui & de Bankok, défendues par des garnisons Françoises, furent reprises par le plus lâche de tous les peuples.

XIV.
Vues des François sur le Tonquin & la Cochinchine. Description de ces deux contrées.

Pendant le peu de tems que les François furent établis à Siam, la compagnie chercha à s'introduire au Tonquin. Elle se flattoit de pouvoir négocier avec sûreté, avec utilité, chez une nation que les Chinois avoient pris soin d'instruire il y avoit environ sept siècles. Le théisme y domine. C'est la religion de Confucius, dont les dogmes & les livres y sont révérés plus qu'à la Chine même. Mais il n'y a pas, comme à la Chine, le même accord entre les principes du gouvernement, la religion, les loix, l'opinion & les rites. Aussi, quoique le Tonquin ait le même législateur; il s'en faut bien qu'il ait les mêmes mœurs. Il n'a ni ce respect pour les parens, ni cet amour pour le prince, ni ces égards réciproques, ni ces vertus sociales qui règnent à la Chine. Il n'en a point le bon ordre, la police, l'industrie & l'activité.

Cette nation, livrée à une paresse excessive, à une volupté sans goût & sans délicatesse, vit dans une défiance continuelle de ses souverains & des étrangers ; soit qu'il y ait dans son caractère un fond d'inquiétude ; soit que son humeur séditieuse vienne de ce que la morale des Chinois qui a éclairé le peuple, n'a pas rendu le gouvernement meilleur. Quel que soit le cours des lumières, qu'elles aillent de la nation au gouvernement, ou du gouvernement à la nation ; il faut toujours que l'un & l'autre se perfectionnent à la fois & de concert, sans quoi les états sont exposés aux plus grandes révolutions. Aussi, dans le Tonquin, voit-on un choc continuel des eunuques qui gouvernent, & des peuples qui portent impatiemment le joug. Tout languit, tout dépérit au milieu de ces dissensions; & le mal doit empirer, jusqu'à ce que les sujets aient forcé leurs maîtres à s'éclairer, ou que les maîtres aient achevé d'abrutir leurs sujets. Les Portugais, les Hollandois qui avoient essayé de former quelques liaisons au Tonquin, s'étoient vus forcés d'y renoncer. Les François ne furent pas plus heureux. Il n'y a eu depuis entre les Européens que quelques négocians particuliers de Madras qui aient suivi, abandonné & repris cette navigation. Ils partagent avec les Chinois l'exportation du cuivre & des soies communes, les seules marchandises de quelque importance que fournisse le pays.

La Cochinchine étoit trop voisine de Siam pour ne pas attirer aussi l'attention des François; & il est vraisemblable qu'ils auroient cherché à s'y fixer, s'ils avoient eu la sagacité de prévoir ce que cet état naissant devoit devenir un jour. L'Europe doit à un voyageur philosophe le peu qu'elle sait avec certitude de ce beau pays. Voici à quoi ces connoissances se réduisent.

Lorsque les François arrivèrent dans ces contrées éloignées, il n'y avoit pas plus d'un demi-siècle, qu'un prince du Tonquin fuyant devant son souverain qui le poursuivoit comme un rébelle, avoit franchi, avec ses soldats & ses partisans, le fleuve qui sert de barrière entre le Tonquin & la Cochinchine. Les fugitifs aguerris & policés, chassèrent bientôt des habitans épars, qui erroient sans société policée, sans forme de gouvernement civil, & sans autres loix que celles de l'intérêt mutuel & sensible qu'ils avoient à ne point se nuire réciproquement. Ils y fondèrent un empire sur la culture & la propriété. Le riz étoit la nourriture la plus facile & la plus abondante: il eut les premiers soins des nouveaux colons. La mer & les rivières attirèrent des habitans sur leurs bords, par une profusion d'excellent poisson. On éleva des animaux domestiques, les uns pour s'en nourrir, les autres pour s'en aider au travail. On cultiva les arbres les plus nécessaires, tels que le cotonnier, pour se vêtir. Les montagnes & les forêts, qu'il n'étoit pas possible de défricher, donnèrent du gibier, des métaux, des gommes, des parfums & des bois admirables. Ces productions servirent de matériaux, de moyens & d'objets de commerce. On construisit les cent galères qui défendent constamment les côtes du royaume.

Tous ces avantages de la nature & de la société étoient dignes d'un peuple qui a les mœurs douces, un caractère humain, dont il est en partie redevable aux femmes; soit que l'ascendant de ce sexe tienne à sa beauté, ou que ce soit un effet particulier de son assiduité au travail & de son intelligence pour les affaires. En général, dans le commencement des sociétés, les femmes sont les premières à se policer. Leur foiblesse même, & leur vie sédentaire, plus occupée de détails variés & de petits soins, leur donnent plutôt ces lumières & cette expérience, ces attachemens domestiques qui sont les premiers instrumens & les liens les plus forts de la sociabilité. C'est peut-être pour cela qu'on voit chez plusieurs peuples sauvages les femmes chargées des premiers objets de l'administration civile, qui sont une suite de l'économie domestique. Tant que l'état n'est qu'une espèce de ménage, elles gouvernent l'un & l'autre. C'est alors sans doute que les peuples sont les plus heureux, sur-tout quand ils vivent sous un climat où la nature n'a presque rien laissé à faire aux hommes.

Tel est celui qu'habitent les Cochinchinois. Aussi ce peuple goûte-t-il dans l'imperfection de sa police un bonheur qu'on ne sauroit trop lui envier dans le progrés d'une société plus avancée. Il ne connoît ni voleurs, ni mendians. Tout le monde a droit d'y vivre dans son champ ou chez autrui. Un voyageur entre dans une maison de la peuplade où il se trouve, s'assied à table, mange, boit, se retire, sans invitation, sans remerciement, sans question. C'est un homme; dès-lors il est ami, parent de la maison. Fût-il d'un pays étranger, on le regarderoit avec plus de curiosité; mais il seroit reçu avec la même bonté.

Ce sont les suites & les restes du gouvernement des six premiers rois de la Cochinchine, & du contrat social qui se fit entre la nation & son conducteur, avant de passer le fleuve qui sépare les Cochinchinois du Tonquin. C'étoient des hommes las d'oppreſſion. Ils prévirent un malheur qu'ils avoient éprouvé, & voulurent ſe prémunir contre les abus de l'autorité, qui, d'elle-même, tranſgreſſe ſes limites. Leur chef qui leur avoit donné l'exemple & le courage de ſe révolter, leur promit un bonheur dont il vouloit jouir lui-même, celui d'un gouvernement juſte, modéré, paternel. Il cultiva avec eux la terre où ils s'étoient ſauvés enſemble. Il ne leur demanda jamais qu'une ſeule rétribution annuelle & volontaire, pour l'aider à défendre l'état contre le deſpote Tonquinois, qui les pourſuivit long-tems au-delà du fleuve qu'ils avoient mis entre eux & ſa tyrannie.

Ce contrat primitif a été religieuſement obſervé durant plus d'un ſiècle, ſous cinq ou ſix ſucceſſeurs de ce brave libérateur: mais il s'eſt enfin altéré & corrompu. Cet engagement réciproque & ſolemnel ſe renouvelle encore tous les ans, à la face du ciel & de la terre, dans une aſſemblée générale de la nation, qui ſe tient en plein champ, où le plus ancien préſide, où le roi n'aſſiſte que comme un particulier. Ce prince honore & protège encore l'agriculture: mais ſans donner l'exemple du labourage, comme ſes ancêtres. En parlant de ſes ſujets, il dit encore: *Ce ſont mes enfans;* mais ils ne le ſont plus. Ses courtiſans ſe ſont appellés ſes eſclaves, & lui ont donné le titre faſtueux & ſacrilège de *roi du ciel.* Dès ce moment, les hommes n'ont dû être devant lui que des inſectes rampans ſur la terre. L'or qu'il a fait déterrer dans les mines, a deſſéché l'agriculture. Il a mépriſé le toît ſimple & modeſte de ſes pères; il a voulu un palais. On en a creuſé l'enceinte, d'une lieue de circonférence. Des milliers de canons autour des murailles de ce palais, le rendent redoutable au peuple. On n'y voit plus qu'un deſpote. Bientôt on ne le verra plus ſans doute; & l'inviſibilité qui caractériſe la majeſté des rois de l'Orient, fera ſuccéder le tyran au père de la nation.

La découverte de l'or a naturellement amené celle des impôts; & le nom d'adminiſtration des finances, ne tardera pas à remplacer celui de légiſlation civile, & de contrat ſocial. Les tributs ne ſont plus des offrandes volontaires, mais des exactions par contrainte. Des hommes adroits vont ſurprendre au palais du roi, le privilège de piller les provinces. Avec de l'or, ils achètent à la fois le droit du crime & de l'impunité : ils corrompent les courtiſans, ſe dérobent aux magiſtrats, & vexent les laboureurs. Déja les grands chemins offrent aux voyageurs des villages abandonnés par leurs habitans, & des terres négligées. Le *roi du ciel*, ſemblable aux dieux d'Epicure, laiſſe tomber les fléaux & les calamités ſur les campagnes. Il ignore & les maux, & les larmes de ſes peuples. Bientôt on les verra dans le néant, où ſont enſevelis les ſauvages qui leur cédèrent leur territoire. Ainſi périſſent, ainſi périront les nations gouvernées par le deſpotiſme. Si la Cochinchine rentre dans le cahos dont elle eſt ſortie il y a environ cent cinquante ans, elle deviendra indifférente aux navigateurs qui fréquentent ſes ports. Les Chinois, qui ſont en poſſeſſion d'y faire le principal commerce, en tirent aujourd'hui en échange des marchandiſes qu'ils y portent, des bois de menuiſerie, des bois pour la charpente des maiſons & la conſtruction des vaiſſeaux.

Une immenſe quantité de ſucre, le brut à quatre livres le cent, le blanc à huit, & à dix le ſucre candi.

De la ſoie de bonne qualité, des ſatins agréables, & du pitre, filament d'un arbre reſſemblant au bananier, qu'ils mêlent en fraude dans leurs manufactures.

Du thé noir & mauvais, qui ſert à la conſommation du peuple.

De la cannelle ſi parfaite, qu'on la paie trois ou quatre fois plus cher que celle de Ceylan. Il y en a peu ; elle ne croît que ſur une montagne toujours entourée de gardes.

Du poivre excellent, & du fer ſi pur, qu'on le forge ſortant de la mine, ſans le faire fondre.

De l'or, au titre de vingt-trois karats. Il y eſt plus abondant que dans aucune autre contrée de l'Orient.

Du bois d'aigle, qui eſt plus ou moins parfait, ſelon qu'il eſt plus ou moins réſineux. Les morceaux qui contiennent le plus de cette réſine, ſont communément tirés du cœur de l'arbre ou de ſa racine. On les nomme calunbac, & ils ſont toujours vendus au poids de l'or aux Chinois, qui les regardent comme le premier des cordiaux. On les conserve avec un soin extrême dans des boëtes d'étain, pour qu'ils ne séchent pas. Quand on veut les employer, on les broie sur un marbre avec des liquides convenables aux différentes maladies qu'on éprouve. Le bois d'aigle inférieur, qui se vend au moins cent francs la livre, est porté en Perse, en Turquie & en Arabie. On l'y emploie à parfumer les habits, & même dans les grandes occasions, les appartemens, en y mêlant de l'ambre. Il a encore une autre destination. C'est un usage chez ces peuples, que ceux qui reçoivent une visite de quelqu'un auquel on veut témoigner de la considération, lui présentent à fumer; suit le café, accompagné de confitures. Lorsque la conversation commence à languir, arrive le sorbet, qui semble annoncer le départ. Dès que l'étranger se lève pour s'en aller, on lui présente une cassolette où brûle du bois d'aigle, dont on fait exhaler la fumée sous sa barbe, qu'on parfume d'eau de rose.

Quoique les François, qui ne pouvoient guère porter que des draps, du plomb, de la poudre à canon & du soufre, à la Cochinchine, eussent été réduits à y faire le commerce, principalement avec de l'argent, il falloit le suivre en concurrence avec les Chinois. Les bénéfices qu'on auroit faits sur les marchandises envoyées en Europe, ou qui se seroient vendues dans l'Inde, auroient fait disparoître cet inconvénient. Mais il n'est plus tems de revenir sur ses pas. La probité & la bonne-foi, qui sont essentiellement la base d'un commerce actif & solide, disparoissent de ces contrées autrefois si florissantes, à mesure que le gouvernement y devient arbitraire, & par conséquent injuste. Bientôt on ne verra pas dans leurs ports un plus grand nombre de navigateurs, que dans ceux des états voisins dont on connoît à peine l'existence.

Quoi qu'il en soit de ces observations, la compagnie Françoise chassée de Siam, & n'espérant point de s'établir aux extrémités de l'Asie, commença de regretter son comptoir de Surate, où elle n'osoit plus se montrer depuis qu'elle en étoit sortie sans payer ses dettes. Elle avoit perdu le seul débouché qu'elle connût alors pour ses draps, son plomb, son fer; & elle éprouvoit des embarras continuels dans l'achat des marchandises que demandoient les fantaisies de la métropole, ou qu'exigeoient les besoins des colonies. En faisant face à ses engagemens, elle eût pu recouvrer la liberté dont elle s'étoit privée. Le gouvernement Mogol, qui desiroit une plus grande concurrence dans sa rade, & qui auroit préféré les François aux Anglois, à qui la cour avoit vendu le privilège de ne payer aucun droit d'entrée, l'en pressa souvent. Soit défaut de probité, d'intelligence, ou de moyens, elle n'effaça pas la honte dont elle s'étoit couverte. Toute son attention se bornoit à se fortifier à Pondichery, lorsqu'elle vit ses projets arrêtés par une guerre sanglante dont l'origine étoit éloignée.

XV. Les François perdent & recouvrent Pondichery, leur principal établissement.

Les barbares du Nord, qui avoient renversé l'empire Romain, maître du monde, établirent une forme de gouvernement qui ne leur permit pas de pousser leurs conquêtes, & qui maintint chaque état dans ses limites naturelles. La ruine des loix féodales, & les changemens qui en furent les suites nécessaires, sembloient annoncer, pour une seconde fois, l'établissement d'une sorte de monarchie universelle : mais la puissance Autrichienne, affoiblie par la grandeur même de ses possessions, & par la distance où elles étoient les unes des autres, ne réussit pas à renverser les boulevards qui s'élevoient contre elle. Après un siècle de travaux, d'espérances & de revers, elle fut reduite à céder son rôle à une nation que ses forces, sa position & son activité rendoient plus redoutable aux libertés de l'Europe. Richelieu & Mazarin commencèrent cette révolution par leurs intrigues. Turenne & Condé l'achevèrent par leurs victoires. Colbert l'affermit par la création des arts, & par tous les genres d'industrie. Si Louis XIV, qu'on doit peut-être moins regarder comme le plus grand monarque de son siècle, que comme celui qui représenta sur le trône avec le plus de dignité, eût voulu modérer l'usage de sa puissance & le sentiment de sa supériorité, il est difficile de prévoir jusqu'où il auroit poussé sa fortune. Sa vanité nuisit à son ambition. Après avoir plié ses sujets à ses volontés, il voulut y assujettir ses voisins. Son orgueil lui suscita plus d'ennemis, que son ascendant & son génie ne pouvoient lui procurer d'alliés & de de ressources. Le goût qu'il sembloit prendre aux flatteries de ses panégyristes & de ses courtisans, qui lui promettoient l'empire universel, servit plus que l'étendue même de son pouvoir à faire naître la crainte d'une conquête & d'une servitude générales. Les pleurs & les satyres de ses sujets protestans dispersés par un fanatisme tyrannique, mirent le comble à la haîne que ses succès & l'abus de ses prospérités avoient inspirée.

Le prince d'Orange, esprit juste, ferme, profond, doué de toutes les vertus que n'exclut pas l'ambition, devint le centre de tant de ressentimens, qu'il fomentoit depuis long-tems par ses négociations & ses émissaires. La France fut attaquée par la plus formidable confédération dont l'histoire ait conservé le souvenir, & la France fut par-tout & constamment triomphante.

Elle ne fut pas aussi heureuse en Asie qu'en Europe. Les Hollandois essayèrent d'abord de faire attaquer Pondichery par les naturels du pays, qui ne pouvoient être jamais contraints de le restituer. Le prince Indien, auquels ils s'adressèrent, ne fut pas tenté par l'argent qu'on lui offrit, de se prêter à cette perfidie. *Les François*, répondit-il constamment, *ont acheté cette place, il seroit injuste de les en déloger*. Ce que ce raja refusoit de faire, fut exécuté par les Hollandois eux-mêmes. Ils assiégèrent la place en 1693, & furent forcés de la rendre à la paix de Riswick, en beaucoup meilleur état qu'ils ne l'avoient prise.

Martin y fut placé de nouveau comme directeur, & y conduisit les affaires de la compagnie avec la sagesse, l'intelligence & la probité qu'on attendoit de lui. Cet habile & vertueux négociant attira de nouveaux colons à Pondichery, & il leur en fit aimer le séjour, par le bon ordre qu'il y fit régner, par sa douceur & par sa justice. Il sut plaire aux princes voisins, dont l'amitié étoit nécessaire à une colonie foible & naissante. Il choisit ou forma des sujets excellens, qu'il envoya dans les différens marchés d'Asie, & chez les différens princes. Il avoit persuadé aux François, qu'étant arrivés les derniers dans l'Inde, s'y trouvant sans force, & n'y ayant aucune espérance d'être secourus par leur patrie, ils ne pouvoient y réussir qu'en y donnant une idée avantageuse de leur caractère. Il leur fit perdre ce ton léger & méprisant, qui rend si souvent leur nation insupportable aux étrangers. Ils furent doux, modestes, appliqués. Ils surent se conduire selon le génie des peuples, & suivant les circonstances. Ceux qui ne se bornoient pas aux emplois de la compagnie, répandus dans les différentes cours, y apprirent à connoître les lieux où se fabriquoient les plus belles étoffes, les entrepôts des marchandises les plus précieuses, & enfin tous les détails du commerce intérieur de chaque pays.

Préparer de loin des succès à la compagnie par l'opinion qu'il donnoit des François, par le soin de lui former des agens, par les connoissances qu'il faisoit prendre, & par le bon ordre qu'il savoit maintenir dans Pondichery, où se rendoient de jour en jour de nouveaux habitans : c'étoit le seul service que Martin pouvoit rendre, mais ce n'étoit pas assez pour donner de la vigueur à un corps atteint dès son berceau de maladies visiblement mortelles.

XVI. Décadence de la compagnie de France. Causes de son dépérissement.

Ses premières opérations eurent pour but d'établir un grand empire à Madagascar. Un seul armement y porta seize cens quatre-vingt-huit personnes, à qui on avoit fait espérer un climat délicieux, une fortune rapide, & qui n'y trouvèrent que la famine, la discorde & la mort.

Un commencement si ruineux dégoûta d'une entreprise à laquelle on ne s'étoit porté que par une espèce de mode, ou par complaisance. Les actionnaires ne remplirent pas les obligations de leur souscription avec l'exactitude nécessaire dans les affaires de commerce. Le gouvernement, qui s'étoit engagé à prêter gratuitement le cinquième des sommes qui seroient versées dans les caisses de la compagnie, & qui n'avoit dû y fournir jusqu'alors que deux millions, tira encore en 1668 deux millions du trésor public, dans l'espérance de soutenir son ouvrage. Il poussa quelque tems après la générosité plus loin, en donnant ce qui n'avoit été d'abord qu'avancé.

Ce sacrifice de la part du ministère, n'empêcha pas que la compagnie ne se vît réduite à concentrer ses opérations à Surate & à Pondichery. Il lui fallut abandonner ses établissemens de

Bantam, de Rajapour, de Tilferi, de Mazulipatnam, de Bender-Abaſſi, de Siam. On ne peut douter que les comptoirs ne fuſſent trop multipliés, qu'il n'y en eût même pluſieurs de mal placés; mais ce ne furent pas ces raiſons qui les firent proſcrire. Il n'y eut que l'impuiſſance abſolue de les ſoutenir, qui les fit déſerter.

Bientôt après il fallut faire un pas de plus. En 1682, on permit également aux régnicoles & aux étrangers, de faire, pendant cinq ans, le commerce des Indes ſur les vaiſſeaux de la compagnie, en lui payant le fret dont on conviendroit; & à condition que les marchandiſes en retour, ſeroient dépoſées dans ſes magaſins, vendues avec les ſiennes, & lui paieroient un droit de cinq pour cent. L'empreſſement du public à profiter de ces facilités, fit tout eſpérer aux directeurs de la multiplication des petits profits qu'on feroit continuellement ſans courir de riſque. Mais les actionnaires, moins touchés des avantages médiocres qu'ils retiroient de cet arrangement, que bleſſés des bénéfices conſidérables que faiſoient les négocians libres, obtinrent, au bout de deux ans, qu'il leur ſeroit permis de redonner à leur privilège toute ſon étendue.

Pour ſoutenir ce monopole avec quelque bienſéance, il falloit des fonds. En 1684, la compagnie fit ordonner par le gouvernement, à tous les aſſociés, de donner, comme par ſupplément, le quart de la valeur de leur intérêt, ſous peine aux actionnaires qui ne fourniroient pas l'appel, de voir paſſer leurs droits entiers à ceux qui paieroient à leur place, après leur avoir rembourſé le quart de leur capital. Soit humeur, ſoit raiſon, ſoit impuiſſance, un grand nombre de perſonnes ne nourrirent pas leurs actions, qui perdoient alors les trois quarts de leur prix originaire; & à la honte de la nation, il ſe trouva des hommes aſſez barbares ou aſſez injuſtes, pour s'enrichir de ces dépouilles.

Un expédient ſi déshonorant, mit en état d'expédier quelques vaiſſeaux pour l'Aſie; mais de nouveaux beſoins ſe firent bientôt ſentir. Cette ſituation cruelle, & qui empiroit ſans ceſſe, fit imaginer de redemander aux actionnaires en 1697, les répartitions de dix & de vingt pour cent, qui avoient été faites en 1687 & en

1691. Une propoſition ſi extraordinaire révolta tous les eſprits. Il fallut recourir à la voie déja uſée des emprunts. Plus on les multiplioit & plus ils devenoient onéreux, parce que le paiement étoit toujours moins aſſuré.

Comme la compagnie manquoit d'argent & de crédit, le vuide de ſa caiſſe la mettoit dans l'impoſſibilité de donner dans l'Inde des avances au marchand, qui, ſans cet encouragement, ne travaille pas & ne fait pas travailler. Cette impuiſſance réduiſoit à rien les ventes françoiſes. Il eſt prouvé que depuis 1664 juſqu'en 1684, c'eſt-à-dire dans l'eſpace de vingt ans, elles ne s'élevèrent pas en totalité au-deſſus de neuf millions cent mille livres.

A ces fautes s'étoient joints d'autres abus. La conduite des adminiſtrateurs, des agens de la compagnie, n'avoit été ni bien dirigée ni bien ſurveillée. On avoit pris ſur les capitaux, des dividendes qui ne devoient ſortir que des bénéfices. Le plus brillant & le moins heureux des règnes avoit ſervi de modèle à une ſociété de négocians. On avoit abandonné à un corps particulier le commerce de la Chine, le plus facile, le plus ſûr, le plus avantageux de ceux qu'on peut faire dans l'Aſie.

La ſanglante guerre de 1689, ajouta aux calamités de la compagnie par les ſuccès même de la France. Des eſſaims de corſaires ſortis de différens ports du royaume, déſolèrent par leur activité & par leur courage, le commerce de la Hollande & de l'Angleterre. Dans leurs innombrables priſes, ſe trouva une quantité prodigieuſe de marchandiſes des Indes : elles ſe répandirent à vil prix. La compagnie qui étoit forcée par cette concurrence de vendre à perte, chercha des tempéramens qui puſſent la tirer de ce précipice. Elle n'en imagina aucun qui pût ſe concilier avec l'intérêt des armateurs ; & le miniſtre ne jugea pas devoir ſacrifier des hommes utiles, à un corps qui depuis ſi long-tems le fatiguoit de ſes beſoins & de ſes murmures.

Après tout, la compagnie avoit bien d'autres cauſes d'inquiétude. Les financiers lui avoient montré une haîne ouverte : ils la traverſoient, ils la gênoient continuellement. Appuyés par ces vils associés, qu'ils ont en tout tems à la cour, ils tentèrent, sous le spécieux prétexte de favoriser les manufactures nationales, d'anéantir le commerce de l'Inde. Le gouvernement craignit d'abord de s'avilir, en prenant une conduite opposée aux principes de Colbert, & en révoquant les édits les plus solemnels : mais les traitans trouvèrent des expédiens pour rendre inutiles des privilèges qu'on ne vouloit pas abolir ; & sans en être dépouillée, la compagnie cessa d'en jouir.

On surchargea successivement de droits tout ce qui venoit des Indes. Il se passoit rarement six mois, sans qu'on vît paroître des réglemens qui autorisoient, qui proscrivoient l'usage de ces marchandises. C'étoit un flux, un reflux continuels de contradictions dans une partie d'administration qui auroit exigé des principes réfléchis & invariables. Toutes ces variations firent penser à l'Europe, que le commerce s'établiroit, se fixeroit difficilement dans un empire où tout dépend des caprices d'un ministre, & des intérêts de ceux qui gouvernent.

La conduite d'une administration ignorante & corrompue ; la légéreté, l'impatience des actionnaires ; la jalousie intéressée de la finance ; l'esprit oppresseur du fisc ; d'autres causes encore avoient préparé la chûte de la compagnie. Les malheurs de la guerre pour la succession d'Espagne, précipitèrent sa ruine.

Toutes les ressources étoient épuisées. Les plus confians ne voyoient point de jour à faire le moindre armement. Il étoit d'ailleurs à craindre, que si par un bonheur inespéré, on réussissoit à expédier quelques foibles bâtimens, ils ne fussent arrêtés en Europe ou aux Indes, par des créanciers qui devoient être aigris des infidélités continuelles qu'ils éprouvoient. Ces puissans motifs déterminèrent la compagnie, en 1707, à consentir que de riches négocians envoyâssent leurs propres vaisseaux dans l'Inde, sous la condition qu'elle retireroit quinze pour cent de bénéfice sur les marchandises qu'ils rapporteroient, & qu'elle auroit le droit de prendre sur ces navires l'intérêt que ses facultés lui permettroient. Bientôt même on la vit réduite à céder l'exercice entier & exclusif de son privilège à quelques armateurs de

Saint-Malo ; mais ſous la réſerve du même indult, qui depuis quelques années lui conſervoit un reſte de vie.

Cette ſituation déſeſpérée ne l'empêcha pas de ſolliciter en 1714 le renouvellement de ſon privilège, qui alloit expirer, & dont elle avoit joui un demi-ſiècle. Quoiqu'elle n'eût plus rien de ſon capital & que ſes dettes s'élevâſſent à dix millions, il lui fut accordé une prorogation de dix ans par un miniſtère qui ne ſavoit pas ou ne vouloit pas voir qu'il y avoit à prendre des meſures plus raiſonnables. Ce nouvel arrangement fut traverſé par la plus incroyable révolution qui ſoit jamais arrivée dans les finances du royaume. La cauſe & les effets en ſeront mieux ſaiſis par ceux qui remonteront avec nous aux époques les plus reculées de la monarchie.

XVII. Révolutions arrivées dans les finances de la France depuis les premiers tems de la monarchie.

On ignore abſolument de quelle manière les premiers Gaulois fourniſſoient aux différens beſoins des confédérations dont ils étoient membres. Sous la domination Romaine, leurs deſcendans donnèrent pour toute contribution le cinquème du fruit de leurs arbres, la dîme du produit de leurs moiſſons en nature.

L'invaſion des Francs fit diſparoître cet impôt, ſans le remplacer par d'autres. Pour fournir à ſes dépenſes particulières & même aux beſoins publics, le ſouverain n'avoit de revenu que celui de ſes terres, qui étoient vaſtes & nombreuſes. On y voyoit des bois, des étangs, des haras, des troupeaux, des eſclaves ſous la direction d'un adminiſtrateur actif, chargé de maintenir l'ordre, d'animer les travaux, de faire naître l'abondance. La cour alloit vivre ſucceſſivement dans ces domaines, uniquement employés en productions utiles ; & ce qu'elle ne conſommoit pas étoit vendu pour d'autres uſages. C'étoit le peuple qui fourniſſoit les charriots néceſſaires pour les voyages du prince, & les grands qui le logeoient & le nourriſſoient. On lui faiſoit, à ſon départ, un préſent plus ou moins conſidérable ; & ce témoignage d'amour devint une impoſition, ſous le nom de droit de gîte, lorſque les chefs de l'état ſe dégoûtèrent d'une vie ſi errante. Avec ces foibles reſſources, & quelques ſecours toujours très-légers, que les aſſemblées de la nation accordoient rarement dans le champ de mars, les rois ne laiſſèrent pas de bâtir de magnifiques égliſes, de fonder de riches évêchés, de repousser des ennemis puissans, de faire des conquêtes importantes.

Au commencement du huitième siècle, le maire du palais, Charles Martel, jugea ces fonds insuffisans, pour la défense du royaume violemment attaqué par les Sarrazins, redoutables par leur nombre, par leur valeur & par leurs victoires. Il parut à ce fameux dépositaire de l'autorité royale qu'une guerre contre les infidèles devoit être soutenue par des biens sacrés; & sans aucun de ces ménagemens auxquels il a fallu recourir depuis, qui même on été souvent employés sans succès, il s'empara des richesses ecclésiastiques qui étoient immenses. Si le clergé se flatta que la paix le rétabliroit dans ses possessions, les événemens trahirent ses espérances. Les monarques restèrent les maîtres des plus riches évêchés, les grands des meilleures abbayes, & les simples gentilshommes des bénéfices moins considérables. Ce furent des fiefs qui obligeoient leurs possesseurs, ou si l'on veut leurs usurpateurs, à un service militaire proportionné à leur importance. On ne les tint d'abord qu'à vie : mais ils devinrent héréditaires dans la décadence de la famille de Charlemagne. Alors, ils entrèrent dans la circulation, comme toutes les autres propriétés. On les donna, on les vendit, on les partagea. Une cure servoit souvent de dot à une jeune personne qui en affermoit la dîme & le casuel.

Les premiers rois de la troisième race se laissèrent persuader qu'il étoit de leur religion & de leur justice de rendre au sanctuaire ce qu'on lui avoit ravi. Le sacrifice étoit d'autant plus grand, que ces princes ne pouvoient attendre aucun secours d'une nation morcelée qui ne s'assembloit plus; qu'il ne leur restoit de leur ancien domaine que ce qui s'étoit trouvé situé dans l'enceinte du territoire borné qui étoit resté immédiatement soumis à leurs ordres, lorsque le gouvernement étoit devenu totalement féodal. Ce furent les Juifs qui, le plus souvent, remplirent le vuide que ces révolutions avoient occasionné dans les caisses royales.

Trente-sept ans après la mort du Messie, Titus attaqua & prit Jérusalem. Il périt, durant le siège, des milliers de Juifs; un grand nombre furent faits esclaves & le reste de la nation se dispersa.

Une partie paſſa dans les Gaules, où elle éprouva des traitemens divers, ſuivant le tems & les circonſtances.

Quelquefois, les Juifs achetèrent le droit de former dans l'état un peuple iſolé. Ils avoient alors des tribunaux particuliers, un ſceau qui leur étoit propre, des cimetières hors les murs des villes, des ſynagogues où il ne leur étoit permis de prier qu'à voix baſſe, un ſigne ſur leurs habits qui ne permettoit pas de les méconnoître.

Si de tems en tems on vouloit les forcer de ſe faire chrétiens, plus ſouvent encore il leur étoit défendu de l'être. Un Juif, qui changeoit de religion, tomboit en forfaiture. Ses biens étoient confiſqués. On le dépouilloit de tout, parce qu'on perdoit pour l'avenir le droit de l'accabler de taxes.

Ordinairement, on livroit la nation aux uſures de ces hommes pervers : mais dans quelques occaſions, toute liaiſon avec eux étoit interdite. La loi défendoit de prendre des Juifs pour domeſtiques, de tenir d'eux aucune ferme, d'accorder ſa confiance à leurs médecins, de nourrir ou même d'élever leurs enfans.

On les accuſa ſouvent d'avoir empoiſonné les puits, d'avoir égorgé des enfans, d'avoir crucifié un homme le jour remarquable du ſaint vendredi. L'or, l'or ſeul pouvoit les juſtifier de tant d'atrocités, également deſtituées de vérité & de vraiſemblance.

La tyrannie leur donna ſouvent des fers. Leurs perſonnes, leurs biens, leurs meubles : tout appartenoit au ſeigneur du lieu où ils habitoient. Il pouvoit les pourſuivre, s'ils changeoient de domicile ; & le ſouverain lui-même n'avoit pas le droit de les retenir, lorſqu'ils étoient réclamés. C'étoit un effet dans le commerce ; on vendoit ces ſortes d'eſclaves avec la terre, ou même ſéparément, plus ou moins, ſelon qu'ils avoient des talens & de l'induſtrie.

Il arriva qu'on les obligeoit de ſe racheter. Ces ames baſſes auroient préféré une ſervitude qui ne les empêchoit pas de s'enrichir à une indépendance qui devoit les dépouiller de leurs richeſſes : mais on ne leur laiſſoit pas la liberté du choix. Il falloit expirer dans les ſupplices, ou tirer des entrailles de la terre les tréſors qu'ils y avoient cachés.

Lorſque ces ſangſues inſatiables avoient dévoré la ſubſtance de

l'état

l'état entier, on leur faisoit regorger leurs rapines, & on les chassoit. Pour obtenir la permission de recommencer leurs brigandages, elles sacrifioient une partie de l'or qu'elles avoient sauvé de leur naufrage, & se servoient de l'autre, pour regagner plus encore qu'on ne leur avoit ôté.

Quoique les barons eussent tous plus ou moins de part aux vexations dont on accabloit les Juifs, les rois, dont cette nation perverse dépendoit plus spécialement, en tiroient toujours le principal avantage. C'est avec cette funeste & odieuse ressource qu'ils soutinrent quelque tems une autorité foible & contestée. Dans la suite, l'abus des monnoies leur fournit de nouveaux secours.

Les gouvernemens anciens étoient bien éloignés de faire un profit sur les monnoies. C'étoit toujours l'état qui faisoit la dépense de leur fabrication. On ignore quelle est la nation qui perçut la première un droit sur cet instrument universel d'échanges. Si la France donna ce funeste exemple, les rois de la première & de la seconde race dûrent tirer peu d'avantage de cette pernicieuse innovation; parce que les paiemens se faisoient, comme chez les Romains, avec des métaux qu'on donnoit au poids, & que les espèces n'étoient connues que dans les détails du commerce. Cet usage diminua beaucoup dans la suite; & les rois n'en furent que plus portés à augmenter un impôt qui leur devenoit de jour en jour plus avantageux. Ils allèrent bientôt plus loin, & ils se permirent la plus grande des infidélités, celle d'altérer les monnoies, au gré de leur caprice ou selon leurs besoins. C'étoient des refontes continuelles, c'étoient des alliages toujours impurs.

Ce fut avec ces odieux secours; avec le revenu d'un territoire excessivement borné; avec quelques fiefs, qui devenoient vacans ou qu'on confisquoit; avec des offrandes volontaires, & que pour cette raison on appelloit dons de *bénévolence*; avec quelques droits qu'on exerçoit sur les barons, mais qui étoient plutôt des marques de supériorité que de vrais impôts: ce fut avec ces moyens que la couronne se soutint, qu'elle s'agrandit même tout le tems qu'elle n'eut pour ennemis que des vassaux plus foibles qu'elle. Alors les guerres ne duroient que des ſemaines; les armées n'étoient pas nombreuſes ; le ſervice ſe faiſoit gratuitement ; les dépenſes de la cour étoient ſi bornées que juſqu'au funeſte règne de Charles VI, elles ne paſſèrent jamais 94,000 livres.

Mais auſſi-tôt que l'épidémie des croiſades eut entraîné les François loin de leurs frontières ; auſſi-tôt que des ennemis étrangers ſe portèrent en force ſur la France, il fallut des fonds réguliers & conſidérables. Les rois auroient bien voulu ordonner eux-mêmes ces contributions. Plus d'une fois, ils le tentèrent. La réclamation des gens éclairés les avertit de leurs uſurpations, & les révoltes des peuples les forcèrent d'y renoncer. Il fallut reconnoître que cette autorité appartenoit à la nation aſſemblée, & n'appartenoit qu'à elle. Ils jurèrent même, à leur ſacre, que ce droit ſacré, inaliénable ſeroit à jamais reſpecté ; & ce ſerment eut quelque force durant pluſieurs ſiècles.

Tout le tems que la couronne n'avoit eu d'autre revenu que le produit de ſon domaine, c'étoient ſes ſénéchaux, ſes baillis qui, chacun dans leur département, étoient chargés du recouvrement des deniers publics ; enſorte que l'autorité, la juſtice, & la finance ſe trouvoient réunies dans la même main. Il fallut établir un nouvel ordre de choſes, lorſque les impoſitions devinrent générales dans le royaume. Soit que les taxes portâſſent ſur la perſonne ou ſur les maiſons des citoyens ; ſoit qu'on leur demandât le cinquième ou le dixième de leurs récoltes, le cinquantième ou le centième de leurs biens meubles & immeubles ; ſoit qu'on fit d'autres combinaiſons plus ou moins heureuſes : c'étoit une néceſſité d'avoir des agens, pour recueillir ces différens tributs ; & le malheur de l'état voulut qu'on les allât chercher en Italie, où l'art de preſſurer les peuples avoit déja fait des progrès immenſes.

Ces financiers connus ſous le nom de Lombards, ne tardèrent pas à montrer un génie fertile en inventions frauduleuſes. On eſſaya cent fois inutilement de mettre un frein à leur inſatiable cupidité. Un abus réprimé, ſe trouvoit à l'inſtant remplacé par un abus d'un autre genre. Si l'autorité pourſuivoit quelquefois avec rigueur ces odieux brigands, ils trouvoient un appui certain dans des hommes puiſſans dont ils avoient acheté le crédit. A la fin cependant, le déſordre fut pouſſé ſi loin, qu'aucune protection ne les put ſauver. On confiſqua les avances ruineuſes que ces pernicieux étrangers avoient faites au gouvernement & aux particuliers; on les dépouilla des immenſes tréſors qu'il avoient entaſſés, & ils furent bannis du royaume, où jamais ils n'auroient dû être admis. Après leur expulſion, les états généraux, qui ordonnoient les ſubſides, ſe chargèrent d'en faire la levée; & cet arrangement continua juſqu'à Charles VII, qui le premier ſe permit d'établir un impôt ſans le conſentement de la nation, & qui s'appropria le droit de les faire tous percevoir par ſes délégués.

Sous le règne de Louis XII, le revenu public, qui s'étoit accru par degrés, fut porté à 7,650,000 livres. Le marc d'argent valoit alors onze livres, & le marc d'or cent trente. Cette ſomme repréſentoit trente-ſix de nos millions actuels.

A la mort de François I, le fiſc recevoit 15,730,000 livres. A quinze francs le marc d'argent & à cent ſoixante-cinq le marc d'or: c'étoit cinquante-ſix de nos millions. Sur cette ſomme, il falloit prélever 60,416 livres 3 ſols 4 deniers pour les rentes perpétuelles créées par ce prince, & qui au denier douze repréſentoient un capital de 725,000 livres. C'étoit une innovation. Ce n'eſt pas que quelques-uns de ſes prédéceſſeurs n'euſſent connu la funeſte reſſource des emprunts: mais c'étoit toujours ſous la caution de leurs agens, & l'état n'étoit jamais engagé.

Quarante ans de guerres civiles, de fanatiſme, de déprédations, de crimes & d'anarchie, plongèrent les finances du royaume dans un déſordre dont il n'y avoit qu'un Sully qui pût les tirer. Ce miniſtre économe, éclairé, vertueux, appliqué, courageux, éteignit pour ſept millions de rentes, diminua les impoſitions de trois millions; & laiſſa à l'état vingt-ſix millions, grevés ſeulement de 6,025,666 livres 2 ſols 6 deniers de rente. Toutes charges déduites, il entroit donc vingt millions dans le tréſor royal. 15,500,000 livres ſuffiſoient pour les dépenſes publiques,

& les réserves étoient de 4,500,000 livres. L'argent valoit alors 22 livres le marc.

La retraite forcée de ce grand homme, après la fin tragique du meilleur des rois, fut une calamité qu'il faut déplorer encore. La cour s'abandonna d'abord à des profusions qui n'avoient point d'exemple dans la monarchie ; & les ministres formèrent dans la suite, des entreprises, que les forces de la nation ne comportoient pas. Ce double principe d'une confusion certaine, ruina de nouveau le fisc. En 1661, les impositions montèrent à 84,222,096 livres : mais les dettes absorboient 52,377,172 livres. Il ne restoit par conséquent pour les dépenses publiques que 31,844,924 liv. somme évidemment insuffisante pour les besoins de l'état. Telle étoit la situation des finances, lorsque l'administration en fut confiée à Colbert.

Ce ministre, dont le nom est devenu si fameux chez toutes les nations, porta en 1683, qui fut la dernière année de sa vie, les revenus du monarque qu'il servoit à 116,873,476 livres. Les charges ne montoient qu'à 23,375,274 livres. Il entroit par conséquent dans les coffres du roi 93,498,202 livres. L'argent valoit alors 28 livres 10 sols 10 deniers le marc. On est réduit à regretter que la funeste passion de Louis XIV pour la guerre, que son goût désordonné pour toutes les dépenses qui avoient de l'éclat, aient privé la France d'une partie des avantages qu'elle pouvoit se promettre d'un si grand administrateur.

Après la mort de Colbert, les affaires rétombèrent dans le cahos, d'où son application & ses talens les avoient fait sortir. La France jetta encore quelque éclat au-dehors : mais le dépérissement de son intérieur devenoit tous les jours plus grand. Les finances, administrées sans ordre & sans principes, furent la proie d'une foule de traitans avides. Ils se rendirent nécessaires par leurs brigandages même, & parvinrent à donner la loi au gouvernement. La confusion, l'usure, les mutations continuelles dans les monnoies, les réductions forcées d'intérêt, les aliénations du domaine & des impositions, des engagemens impossibles à tenir, la création des rentes & des charges, les privilèges, les exemptions de toute eſpèce : cent maux plus ruineux les uns que les autres, furent la ſuite déplorable & inévitable des mauvaiſes adminiſtrations qui ſe ſuccédèrent preſque ſans interruption.

Le diſcrédit devint bientôt univerſel. Les banqueroutes ſe multiplièrent. L'argent diſparut. Le commerce fut anéanti. Les conſommations diminuèrent. On négligea la culture des terres. Les ouvriers paſſèrent chez l'étranger. Le peuple n'eut, ni nourriture, ni vêtement. La nobleſſe fit la guerre ſans appointemens & engagea ſes poſſeſſions. Tous les ordres de l'état, accablés ſous le poids des taxes, manquoient du néceſſaire. Les effets royaux étoient dans l'aviliſſement. Les contrats ſur l'Hôtel-de-Ville ne ſe vendoient que la moitié de leur valeur, & les papiers moins privilégiés perdoient infiniment davantage. Louis XIV ſur la fin de ſes jours, eut un beſoin preſſant de huit millions. Il fut obligé de les acheter par trente-deux millions de reſcriptions. C'étoit emprunter à quatre cens pour cent.

Une uſure ſi criante ne révoltoit pas. L'état avoit, il eſt vrai, 115,389,074 livres de revenu : mais les charges en emportoient 82,859,504 livres ; & il ne reſtoit pour les dépenſes du gouvernement que 32,529,570 livres à 30 livres 10 ſols 6 deniers le marc. Encore tous ces fonds étoient-ils conſommés d'avance pour plus de trois années.

Tel étoit le déſordre des affaires, lorſque le premier ſeptembre 1715, le duc d'Orléans prit les rênes du gouvernement. Les vrais amis de ce grand prince deſiroient qu'il aſſemblât les états généraux. C'étoit un moyen infaillible de conſerver, d'augmenter même la faveur publique, alors ouvertement déclarée pour lui. Quelques meſures qu'eût priſe la nation pour ſortir de l'état de criſe, où les diſſipations du règne précédent l'avoient précipitée, on n'auroit pu lui rien imputer. Philippe ſe prêtoit ſans effort à cet expédient. Malheureuſement, les perfides confidens qui avoient uſurpé trop d'empire ſur ſes penſées, réprouvèrent un projet ou leurs intérêts particuliers ne ſe trouvoient pas. Il fut abandonné.

Alors, quelques grands, révoltés du deſpotiſme ſous lequel

gémiffoit la France, & ne voyant point de jour à l'ébranler, eurent l'idée d'une banqueroute entière, qu'ils croyoient propre à tempérer l'excès du pouvoir abfolu. La manière dont ils la concevoient, étoit fingulière.

Dans leur plan, la couronne n'eft pas élective, elle n'eft pas héréditaire. C'eft un fideicommis, fait par la nation entière à une maifon, pour en jouir de mâle en mâle, d'aîné en aîné, tant que la famille exiftera. D'après ce principe, un roi de France ne tient rien de celui auquel il fuccède. Il arrive, à fon tour, au trône, en vertu du droit que lui donne fa naiffance, & nullement par repréfentation. Dès-lors, les engagemens de fes prédéceffeurs ne le lient pas. La loi primordiale qui lui donne le fceptre, veut que la fubftitution foit pure, franche, libre de toute obligation.

Ces hommes hardis vouloient qu'un édit des plus folemnels confacrât aux yeux de l'Europe des maximes qui leur paroiffoient inconteftables, & les conféquences décifives qu'ils en tiroient. Ils penfoient que la connoiffance de ces vérités détourneroit les étrangers & les citoyens de prêter leurs capitaux à un gouvernement qui ne pourroit donner aucune folidité à leurs créances. La cour devoit dès-lors être réduite à fes revenus. Quelque confidérables qu'ils fuffent, c'étoit une néceffité que les caprices des fouverains s'arrêtâffent ; que les entreprifes difpendieufes des miniftres devinffent moins longues & plus rares ; que les favoris & les maîtreffes miffent quelques bornes à leur infatiable cupidité.

Sans adopter une politique qui leur paroiffoit devoir mener les princes à la tyrannie, quelques adminiftrateurs opinoient à décharger la couronne de fes dettes, quelle que fût leur origine. Leur cœur ne foutenoit pas le cruel fpectacle d'une nation aimable, aigrie par les vexations de tous les genres qu'elle avoit éprouvées pendant quarante ans ; qui fuccomboit fous l'énorme fardeau de fa mifère actuelle ; qui étoit défefpérée de prévoir que l'avenir, cette grande reffource des infortunés, ne porteroit aucun foulagement à fes maux & les aggraveroit peut-être. Les créanciers de l'état, qui ne faifoient pas la millième partie des citoyens, qui n'étoient connus la plupart que par leurs rapines, dont les plus honnêtes devoient une partie de leur aisance au fisc, intéressoient moins ces administrateurs. Dans la fâcheuse nécessité d'immoler une partie de la nation à l'autre, c'étoit les prêteurs qu'ils opinoient à sacrifier.

Le régent, après quelques irrésolutions, se refusa à une violence qu'il jugeoit devoir imprimer une tache ineffaçable sur son administration. Il préféra un examen sévère des engagemens publics à une banqueroute flétrissante dont il croyoit pouvoir éviter l'éclat.

Un bureau de révision, établi le 7 décembre 1715, réduisit six cens millions d'effets au porteur à deux cens cinquante millions de billets d'état; & cependant après cette opération, la dette nationale s'élevoit à 2,062,138,001 livres.

L'énormité de ces engagemens fit adopter au mois de mars 1716, l'idée d'une chambre de justice, destinée à poursuivre ceux qui avoient causé la misère publique, ou qui en avoient profité. Cette inquisition ne fit que mettre au grand jour l'incapacité des ministres qui avoient conduit les finances, les ruses des traitans qui les avoient englouties, la bassesse des courtisans qui vendoient leur crédit à qui vouloit l'acheter. Les bons esprits furent affermis, par cete nouvelle expérience, dans l'horreur qu'ils avoient toujours eue pour un tribunal pareil. Il avilit la dignité du prince qui manque à ses engagemens, & met sous les yeux des peuples les vices d'une administration ignorante & corrompue; il anéantit les droits du citoyen, qui ne doit compte de ses actions qu'à la loi; il fait pâlir tous les hommes riches, que leur fortune, bien ou mal acquise, désigne à la proscription; il encourage les délateurs qui marquent du doigt à la tyrannie, ceux qu'il est avantageux de ruiner; il est composé des sangsues impitoyables qui voient des criminels par-tout où ils soupçonnent de l'opulence; il épargne des brigands qui savent se mutiler à propos, pour dépouiller les ames honnêtes, défendues seulement par leur innocence; il sacrifie les intérêts du fisc aux fantaisies de quelques favoris avides, débauchés & dissipateurs.

Tous les ressorts de l'état étoient ruinés avant qu'on eût essayé d'une ressource qui portoit visiblement l'empreinte des passions & du préjugé. La situation du corps politique devint encore plus désespérée, après ce mouvement convulsif. Les membres de la république perdirent le peu qui leur restoit d'action & de vie. Il falloit ranimer le cadavre. Cette résurrection n'étoit pas impossible, parce qu'on étoit généralement disposé à se prêter à tous les remèdes. La difficulté étoit de n'en trouver que de bons. Le célèbre Law le tenta.

XVIII. Moyens imaginés par Law pour tirer les finances de France du désordre où elles sont tombées. Part qu'a la compagnie à l'exécution de ses projets.

Cet Ecossois étoit un de ces hommes à projets, de ces empiriques d'état, qui promènent en Europe leurs talens & leur inquiétude. Il étoit grand calculateur; & ce qui paroît presque incompatible, doué en même-tems d'une imagination vive & ardente. Ces rapports d'esprit & de caractère plurent au régent, & bientôt le subjuguèrent. Law promit de rétablir les finances, & fit aisément goûter à ce prince, dissipateur & ingénieux, un plan qui lui faisoit espérer de l'argent & de la gloire. Voici quelles furent l'enchaînement & le résultat de ses opérations.

D'abord, il obtint d'établir à Paris, dans le cours de mai 1716, une banque, dont le fonds de six millions, fut formé par douze cens actions, de mille écus chacune.

Il n'étoit pas permis à cette banque de faire le moindre emprunt. Tout commerce lui fut interdit, & ses engagemens devoient être à vue. Chaque citoyen, chaque étranger y pouvoient déposer leur argent; & elle s'obligeoit à faire tous leurs paiemens, moyennant cinq sols par trois mille livres. Ses billets, qu'elle livroit pour un gain modique, étoient acquittés dans toutes les provinces par les directeurs des monnoies qui étoient ses correspondans, & qui, de leur côté, tiroient sur sa caisse. Son papier étoit également reçu dans les principales places de l'Europe, au cours où se trouvoit le change, aux époques de l'échéance.

Les succès du nouvel établissement confondirent les ennemis de son fondateur, surpassèrent peut-être ses espérances. Son influence se fit sentir dès les premiers jours. Une circulation rapide de l'argent, qu'une défiance universelle retenoit dans l'inaction depuis si long-tems, redonna du mouvement à tout. Les arts, la culture,

culture, les atteliers furent ranimés. Les consommations reprirent leur ancien cours. Les négocians, trouvant à cinq pour cent l'avance de leurs lettres de change en effets qui valoient des métaux, recommencèrent leurs spéculations. Le cours de l'usure fut arrêté, parce que les capitalistes se virent obligés de consentir au même intérêt que prenoit la banque. Lorsque les étrangers purent compter sur la nature des paiemens qu'ils auroient à faire, ils redemandèrent des productions dont ils se privoient à regret. Au grand étonnement de toutes les nations, le change remonta à l'avantage de la France.

C'étoit beaucoup, mais ce n'étoit pas tout le bien possible & nécessaire. Au mois de mars 1717, il fut arrêté que les billets de banque seroient reçus en paiement des impositions dans tous les bureaux, & qu'ils seroient acquittés à vue & sans escompte par ceux qui étoient chargés du maniement des deniers publics. Par ce réglement important, on retenoit le produit des tributs dans les provinces, on épargnoit au prince & à la nation la voiture de l'argent, & les circuits aussi multipliés qu'inutiles, qu'il faisoit entre les mains de divers trésoriers. Cette opération, qui porta le crédit de la banque au plus haut période, ne fut pas moins utile au gouvernement. Ses reçouvremens ne se firent pas seulement sans ces violences, qui, depuis si long-tems, décrioient l'administration & désespéroient les peuples ; il vit encore dans ses revenus une augmentation continuelle & rapide, qui ne pouvoit pas manquer de changer un jour sa situation.

Le spectacle inespéré de tant d'avantages, fit regarder Law comme un génie juste, étendu, élevé, qui dédaignoit la fortune, qui aimoit la gloire, qui vouloit aller à la postérité par de grandes choses. La reconnoissance le jugeoit digne des monumens publics les plus honorables. Cet étranger hardi & entreprenant, profita d'une disposition si favorable des esprits, pour accélérer l'exécution d'un projet qui l'occupoit depuis très-long-tems.

Il obtint au mois d'août 1717 la permission d'établir la compagnie d'Occident, dont les droits se bornèrent d'abord au commerce exclusif de la Louysiane, & des castors du Canada. Les privilèges, anciennement accordés pour le commerce d'Afrique, des Indes & de la Chine, se fondirent bientôt dans la nouvelle société. Son ambition étoit de rembourser les dettes de l'état. Pour la mettre en état de suivre un si grand projet, le gouvernement lui accorda la vente du tabac, les monnoies, les recettes & les fermes générales.

Afin d'accélérer la révolution, Law voulut, le 4 décembre 1718, que la banque qu'il avoit établie deux ans auparavant, & qui, ne confondant pas ses intérêts avec ceux de l'état, avoit été d'une si grande utilité, fût convertie en banque royale. Ses billets tinrent lieu de monnoie entre les particuliers, & on les reçut en paiement dans toutes les caisses royales.

Les premières opérations du nouveau systême subjuguèrent toutes les imaginations. Les actions de la compagnie, achetées la plupart avec des billets d'état, & qui l'une dans l'autre ne coûtoient pas réellement cinq cens livres, valurent jusqu'à dix mille francs, payables en billets de banque. Le François, l'étranger, les gens les plus sensés vendoient leurs contrats, leurs terres, leurs bijoux, pour jouer un jeu si extraordinaire. L'or & l'argent tombèrent dans le plus grand avilissement. On ne vouloit que du papier.

Il n'étoit peut-être pas impossible que cet enthousiasme se soutînt assez long-tems pour être de quelque utilité, si les vues de Law avoient été suivies. Ce calculateur, malgré la hardiesse de ses principes, vouloit borner le nombre des actions, quoiqu'il ne pût être jamais forcé de les rembourser: mais il étoit sur-tout déterminé à ne pas répandre pour plus d'un milliard ou douze cens millions de billets de banque. On supposoit que c'étoit la masse du numéraire qui circuloit dans le royaume; & il se flattoit d'en attirer, par ses opérations, une assez grande quantité dans les coffres du roi, pour pouvoir faire face à ceux qui voudroient changer en métaux leur papier-monnoie. Un plan, dont le succès étoit si peu vraisemblable, fut encore dérangé par la conduite du régent.

Ce prince avoit reçu de la nature une pénétration vive, une

mémoire rare, un ſens droit & juſte. Il dut au travail une éloquence noble, un diſcernement exquis, le goût & la pratique des arts. A la guerre, il montra une valeur brillante, & dans les affaires une dextérité pleine de franchiſe. Son caractère & les circonſtances le placèrent dans des ſituations délicates, où il acquit une grande connoiſſance des hommes & une expérience prématurée. L'eſpèce de diſgrace où il vécut long-tems, lui donna des mœurs ſociales. Il étoit d'un accès facile. On n'avoit ni humeur, ni hauteur à craindre dans ſon commerce. Sa converſation étoit inſinuante, & ſes manières remplies de grace. Il eut de la bonté, ou du moins il en prenoit le maſque.

Tant de qualités aimables, tant de qualités eſtimables ne produiſirent pas les grands effets qu'on en pouvoit attendre. La foibleſſe de Philippe rendit inutiles à la nation tous ces avantages. Jamais il ne put prendre ſur lui de rien refuſer à ſes amis, à ſes ennemis, à ſes maîtreſſes, ſur-tout à Dubois, le plus corrompu, le plus corrupteur des hommes. Cette impuiſſance éclata ſingulièrement à l'époque du ſyſtême. Pour aſſouvir la cupidité de tous ceux qui avoient l'audace de ſe dire ou de ſe croire néceſſaires, il créa ſix cens vingt-quatre mille actions, dont la valeur s'éleva au-deſſus de ſix milliards, & en billets de banque pour la ſomme de 2,696,400,000 liv.

Une diſproportion ſi énorme entre le papier & l'argent, feroit peut-être tolérable chez un peuple libre où elle ſe feroit formée par degrés. Les citoyens accoutumés à regarder la nation comme un corps permanent & indépendant, l'acceptent d'autant plus volontiers pour caution, qu'ils ont rarement une connoiſſance exacte de ſes facultés, & qu'ils ont de ſa juſtice une idée favorable, fondée ordinairement ſur l'expérience. Avec ce préjugé, le crédit y eſt ſouvent porté au-delà des reſſources & des ſûretés. Il n'en eſt pas ainſi dans les monarchies abſolues, dans celles ſur-tout qui ont ſouvent violé leurs engagemens. Si dans un inſtant de vertige, on leur accorde une confiance aveugle, c'eſt toujours pour peu de tems. Leur inſolvabilité frappe bientôt les yeux les moins clairvoyans. La bonne-foi du monarque, l'hypothèque, les fonds :

tout paroît imaginaire. Le créancier, revenu de son premier éblouissement, revendique son argent avec une impatience proportionnée à ses inquiétudes. L'histoire du systême vient à l'appui de cette vérité.

Le desir d'écarter ceux qui, revenus les premiers de la folie générale, cherchoient à convertir leur papier en métaux, fit recourir à des expédiens, tels que les auroit proposés l'ennemi le plus acharné de l'opération. L'or fut proscrit dans le commerce. Il fut défendu à tous les citoyens de garder chez eux plus de cinq cens livres en espèces. Un édit annonça plusieurs diminutions successives dans les monnoies. Ces tyranniques moyens n'arrêtèrent pas seulement les demandes; ils réduisirent encore quelques hommes timides à la cruelle nécessité de porter à la banque de nouveaux fonds. Mais ce succès passager ne cachoit pas même l'abîme creusé si imprudemment.

Pour étayer un édifice qui crouloit de toutes parts, il fut arrêté que l'argent seroit porté à 82 livres 10 sols le marc; que le billet de banque seroit réduit à la moitié de sa valeur, & l'action à cinq neuvièmes. Ce rapprochement du papier & de l'argent étoit peut-être l'idée la moins déraisonnable qu'il fût possible de suivre dans la situation désespérée où étoient les affaires. Elle acheva cependant de tout confondre. La consternation fut universelle. Chacun pensa avoir perdu la moitié de son bien, & s'empressa de retirer le reste. Les caisses étoient vuides, & il se trouva que les agioteurs n'avoient embrassé que des chimères. Alors disparut Law, & avec lui l'espoir, aveuglément conçu, d'obtenir le rétablissement de la fortune publique par ses lumières. Tout tomba dans la confusion.

Il ne paroissoit pas possible de débrouiller le cahos. Pour y parvenir, on créa le 26 janvier 1721, un tribunal où les contrats de rente viagère & perpétuelle, les actions, les billets de banque, tous les papiers royaux, de quelque nature qu'ils fussent, devoient être déposés dans deux mois, & leur validité discutée ensuite.

On reconnut par cet examen, si célèbre sous le nom de *visa*, qu'il avoit été livré à la circulation pour 2,696,400,000 livres de billets de banque. Il en fut brûlé pour 707,327,460 livres qui ne furent pas admis à la liquidation. Les agioteurs furent condamnés à une restitution de 187,893,661 livres. D'autres opérations diminuèrent encore la dette nationale. La machine politique commença à marcher : mais ses mouvemens ne furent jamais faciles, ni même réguliers.

De quelque manière que fussent depuis administrées les finances du royaume, elles ne se trouvèrent jamais suffisantes pour les dépenses qu'on se permettoit. C'est une vérité fâcheuse dont nous avons la démonstration sous les yeux. Inutilement, on multiplioit les impôts : les besoins, les fantaisies, les déprédations augmentoient encore davantage ; & le fisc s'obéroit toujours. A la mort de Louis XV, le revenu public s'élevoit à 375,331,874 livres. Mais les engagemens, malgré cette foule de banqueroutes qu'on s'étoit permises, montoient à 190,858,531 livres. Il ne restoit donc de libre que 184,473,343 livres. Les dépenses de l'état exigeoient 210,000,000 livres. C'étoit par conséquent un vuide de 25,526,657 livres dans le trésor de l'état.

La nation compte sur un meilleur usage du revenu public dans le nouveau règne. Ses espérances ont pour base l'amour de l'ordre, le dédain du faste, l'esprit de justice, ces autres vertus simples & modestes qui parurent se rassembler autour du trône, lorsque Louis XVI y monta.

Jeune prince, toi qui as pu conserver l'horreur du vice & de la dissipation, au milieu de la cour la plus dissolue, & sous le plus inepte des instituteurs, daigne m'écouter avec indulgence ; parce que je suis un homme de bien & un de tes meilleurs sujets ; parce que je n'ai aucune prétention à tes graces, & que, le matin & le soir, je lève des mains pures vers le ciel, pour le bonheur de l'espèce humaine & pour la prospérité & la gloire de ton règne. La hardiesse avec laquelle je te dirai des vérités que ton prédécesseur n'entendit jamais de la bouche de ses flatteurs, & que tu n'entendras pas davantage de ceux qui t'entourent, est le plus grand éloge que je puisse faire de ton caractère.

Tu règnes sur le plus bel empire de l'univers. Malgré la décadence où il est tombé, il n'y a aucun endroit de la terre où les arts & les sciences se soutiennent avec autant de splendeur. Les nations voisines ont besoin de toi, & tu peux te passer d'elles. Si tes provinces jouissoient de la fécondité dont elles sont susceptibles; si tes troupes, sans être beaucoup plus nombreuses, étoient aussi-bien disciplinées qu'elles peuvent l'être; si tes revenus, sans s'accroître, étoient mieux administrés; si l'esprit d'économie dirigeoit les dépenses de tes ministres & celles de ton palais; si tes dettes étoient acquittées : quelle puissance seroit aussi formidable que la tienne?

Dis-moi, quel est le monarque qui commande à des sujets aussi patiens, aussi fidèles, aussi affectionnés? Est-il une nation plus franche, plus active, plus industrieuse? L'Europe entière n'y a-t-elle pas pris cet esprit social qui distingue si heureusement notre âge des siècles qui l'ont précédé? Les hommes d'état de tous les pays n'ont-ils pas jugé ton empire inépuisable? Toi-même, tu connoîtras toute l'étendue de ses ressources, si tu te dis sans délai : Je suis jeune, mais je veux le bien. La fermeté triomphe de tous les obstacles. Qu'on me présente un tableau fidèle de ma situation : quel qu'il soit, je n'en serai point effrayé. Tu as ordonné; je vais obéir. Ah! si, tandis que je parlerai, deux larmes s'échappent de tes yeux, nous sommes sauvés.

Lorsqu'un événement inattendu fit passer le sceptre dans tes mains inexpérimentées, la marine françoise, un moment, un seul moment redoutable, avoit cessé d'exister. La foiblesse, le désordre & la corruption l'avoient replongée dans le néant, d'où elle étoit sortie à l'époque la plus brillante de la monarchie. Elle n'avoit pu, ni défendre nos possessions éloignées, ni préserver nos côtes de l'invasion & du pillage. Sur toutes les plages du globe, nos navigateurs, nos commerçans étoient exposés à des avanies ruineuses, & à des humiliations cent fois plus intolérables.

Les forces & les trésors de la nation avoient été prodigués pour des intérêts étrangers & peut-être opposés aux nôtres. Mais, qu'eſt-ce que l'or, qu'eſt-ce que le ſang en comparaiſon de l'honneur ! Nos armes, autrefois ſi redoutées, n'inſpiroient plus aucun effroi. A peine nous accordoit-on du courage.

Nos envoyés, qui, ſi long-tems, allèrent moins négocier dans les autres cours, qu'y manifeſter les intentions, j'ai preſque dit les volontés de leur maître, nos envoyés étoient dédaignés. Les tranſactions les plus importantes y étoient conclues, ſans qu'on s'en fût expliqué avec eux. Des puiſſances alliées partageoient entre elles des empires à notre inſçu : à notre inſçu ! A-t-on jamais annoncé d'une manière plus outrageante & moins équivoque, le peu de poids dont on nous comptoit dans la balance générale des affaires politiques de l'Europe ? O ſplendeur, ô reſpect du nom François, qu'étois-tu devenu ?

Voilà, jeune ſouverain, ta poſition hors des limites de ton empire. Tu baiſſes les yeux, tu n'oſes la regarder. Au-dedans, elle n'eſt pas meilleure.

J'en atteſte cette continuité de banqueroutes exécutées d'année en année, de mois en mois, ſous le règne de tes prédéceſſeurs. C'eſt ainſi qu'on a conduit inſenſiblement à la dernière indigence, une multitude de ſujets, à qui l'on n'eut d'autre reproche à faire que d'avoir indiſcrètement confié leur fortune à leurs ſouverains, & d'avoir ignoré la valeur de leur promeſſe ſacrée. On rougiroit de manquer à ſon ennemi, & les rois, les pères de la patrie, ne rougiſſent point de manquer auſſi cruellement, auſſi baſſement à leurs enfans ! O proſtitution abominable de leurs ſermens ! Encore ſi ces malheureuſes victimes pouvoient ſe conſoler par la néceſſité des circonſtances, par l'urgence toujours renaiſſante des beſoins publics : mais, c'eſt après des années d'une longue paix, que ces perfidies ont été conſenties, ſans qu'on en vît d'autre motif que le pillage des finances abandonnées à une foule de mains auſſi viles que rapaces. Vois-en la chaîne deſcendre du trône vers ſes premières marches, & de-là s'étendre vers les derniers confins de la ſociété. Vois ce qui arrive lorſque le monarque ſépare ſes intérêts des intérêts de ſes peuples.

Jette les yeux sur la capitale de ton empire, & tu y trouveras deux classes de citoyens. Les uns, regorgeant de richesses, étalent un luxe qui indigne ceux qu'il ne corrompt pas ; les autres, plongés dans l'indigence, l'accroissent encore par le masque d'une aisance qui leur manque : car telle est la puissance de l'or, lorsqu'il est devenu le dieu d'une nation, qu'il supplée à tout talent, qu'il remplace toute vertu, qu'il faut avoir des richesses ou faire croire qu'on en a. Au milieu de ce ramas d'hommes dissolus, tu verras quelques citoyens laborieux, honnêtes, économes, industrieux, à demi-proscrits par des loix vicieuses que l'intolérance a dictées, éloignés de toutes les fonctions publiques, toujours prêts à s'expatrier, parce qu'il ne leur est pas permis de s'enraciner par des propriétés, dans un état où ils existent sans honneur civil & sans sécurité.

Fixe tes regards sur les provinces où s'éteignent tous les genres d'industrie. Tu les verras succombant sous le fardeau des impositions & sous les vexations aussi variées que cruelles de la nuée des satellites du traitant.

Abaisse-les ensuite sur les campagnes & considère d'un œil sec, si tu le peux, celui qui nous enrichit condamné à mourir de misère, l'infortuné laboureur auquel il reste à peine, des terres qu'il a cultivées, assez de paille pour couvrir sa chaumière & se faire un lit. Vois le concussionnaire protégé tourner auprès de sa pauvre demeure, pour trouver dans l'apparence de quelque amélioration à son triste sort le prétexte de redoubler ses extorsions. Vois des troupes d'hommes, qui n'ont rien, quitter dès l'aurore leur habitation & s'acheminer, eux, leurs femmes, leurs enfans, leurs bestiaux, sans salaire, sans nourriture, à la confection des routes, dont l'avantage n'est que pour ceux qui possèdent tout.

Je le vois. Ton ame sensible est accablée de douleur ; & tu demandes, en soupirant, quel est le remède à tant de maux. On te le dira ; tu te le diras à toi-même. Mais auparavant sache que le monarque qui n'a que des vertus pacifiques peut se faire aimer de ses sujets, mais qu'il n'y a que la force qui le fasse

respecter

respecter de ses voisins ; que les rois n'ont point de parens, & que les pactes de famille ne durent qu'autant que les contractans y trouvent leur intérêt ; qu'il y a encore moins de fonds à faire sur ton alliance avec une maison artificieuse, qui exige rigoureusement l'observation des traités faits avec elle, sans jamais manquer de prétextes pour en éluder les conditions, lorsqu'elles traversent son agrandissement ; qu'un roi, le seul homme qui ignore s'il a à ses côtés un véritable ami, n'en a point hors de ses états & ne doit compter que sur lui-même ; qu'un empire ne peut pas plus subsister sans mœurs & sans vertu, qu'une famille particulière ; qu'il s'avance comme elle à sa ruine par les dissipations, & ne se peut relever comme elle que par l'économie ; que le faste n'ajoute rien à la majesté du trône ; qu'un de tes ayeux ne se montra jamais plus grand que lorsque accompagné de quelques gardes qui lui étoient inutiles, plus simplement vêtu qu'un de ses sujets, le dos appuyé contre un chêne, il écoutoit les plaintes & décidoit les différends ; & que ton état sortira de l'abîme creusé par tes ayeux, si tu te résous à conformer ta conduite à celle d'un particulier riche, mais obéré, & cependant assez honnête pour vouloir satisfaire aux engagemens inconsidérés de ses pères, & assez juste pour s'indigner de tous les moyens tyranniques & les rejetter.

Demande-toi pendant le jour, pendant la nuit, au milieu du tumulte de ta cour, dans le silence de ton cabinet, lorsque tu méditeras, & quel est l'instant où tu ne dusses pas méditer sur le bonheur de vingt-deux millions d'hommes que tu chéris, qui t'aiment & qui pressent par leurs vœux le moment de t'adorer : demande-toi si ton intention est de perpétuer les profusions insensées de ton palais.

De garder cette multitude d'officiers grands & subalternes qui te dévorent.

D'éterniser le dispendieux entretien de tant de châteaux inutiles & les énormes salaires de ceux qui les gouvernent.

De doubler, tripler les dépenses de ta maison par des voyages non moins coûteux qu'inutiles.

De diſſiper en fêtes ſcandaleuſes la ſubſiſtance de ton peuple.

De permettre qu'on élève ſous tes yeux des tables d'un jeu ruineux, ſource d'aviliſſement & de corruption.

D'épuiſer ton tréſor pour fournir au faſte des tiens & leur continuer un état dont la magnificence ſoit l'émule de la tienne.

De ſouffrir que l'exemple d'un luxe perfide dérange la tête de nos femmes & faſſe le déſeſpoir de leurs époux.

De ſacrifier chaque jour à la nourriture de tes chevaux des ſubſiſtances dont l'équivalent nourriroit pluſieurs milliers de tes ſujets qui meurent de faim & de miſère.

D'accorder à des membres qui ne ſont déja que trop gratifiés & à des militaires largement ſtipendiés pendant de longues années d'oiſiveté, des ſommes extraordinaires pour des opérations qui ſont de leur devoir, & que dans tout autre gouvernement que le tien, ils exécuteroient à leurs dépens.

De perſiſter dans l'infructueuſe poſſeſſion de domaines immenſes qui ne te rendent rien, & dont l'aliénation, en acquittant une partie de ta dette, accroîtroit & ton revenu & la richeſſe de la nation. Celui à qui tout appartient comme ſouverain ne doit rien avoir comme particulier.

De te prêter à l'inſatiable avidité de tes courtiſans, & des courtiſans de tes proches.

De permettre que les grands, les magiſtrats, tous les hommes puiſſans ou protégés de ton empire continuent d'écarter loin d'eux le fardeau de l'impôt pour le faire retomber ſur le peuple : eſpèce de concuſſion contre laquelle le gémiſſement des opprimés & les remontrances des hommes éclairés réclament inutilement & depuis ſi long-tems.

De confirmer dans un corps qui poſſède le quart des biens du royaume, le privilège abſurde de s'impoſer à ſa diſcrétion, & par l'épithète de gratuits qu'il ne rougit pas de donner à ſes ſubſides, de te ſignifier qu'il ne te doit rien; qu'il n'en a pas moins droit à ta protection & à tous les avantages de la ſociété, ſans en acquitter aucune des charges, & que tu n'en as aucun à ſa reconnoiſſance.

Lorſqu'à ces queſtions, tu auras fait toi-même les réponſes juſtes & vraies que ton ame ſenſible & royale t'inſpirera, agis en conſéquence. Sois ferme. Ne te laiſſe ébranler par aucune de ces repréſentations que la duplicité & l'intérêt perſonnel imagineront pour t'arrêter, peut-être même pour t'inſpirer de l'effroi; & ſois ſûr d'être bientôt le plus honoré & le plus redoutable des potentats de la terre.

Oui, Louis XVI, tel eſt le ſort qui t'attend; & c'eſt dans la confiance que tu l'obtiendras, que je ſuis attaché à la vie. Il ne me reſte plus qu'un mot à te dire, mais il eſt important. C'eſt de regarder comme le plus dangereux des impoſteurs, comme l'ennemi le plus cruel de notre bonheur & de ta gloire, le flatteur impudent qui ne balancera pas à t'aſſoupir dans une tranquillité funeſte; ſoit en affoibliſſant à tes yeux la peinture affligeante de ta ſituation; ſoit en t'exagérant l'indécence, le danger, la difficulté de l'emploi des reſſources qui ſe préſenteront à ton eſprit.

Tu entendras murmurer autour de toi. *Cela ne ſe peut, & quand cela ſe pourroit, ce ſont des innovations.* Des innovations! Soit. Mais tant de découvertes dans les ſciences & dans les arts n'en ont-elles pas été? L'art de bien gouverner eſt-il donc le ſeul qu'on ne puiſſe perfectionner? L'aſſemblée des états d'une grande nation; le retour à la liberté primitive; l'exercice reſpectable des premiers actes de la juſtice naturelle, ſeroient-ce donc des innovations?

XIX. Situation de la compagnie des Indes, à la chûte du ſyſtême.

A la chûte du ſyſtême, le gouvernement abandonna à la compagnie des Indes le monopole du tabac, en paiement des quatre-vingt-dix millions qu'elle lui avoit prêtés; il lui accorda le privilège excluſif de toutes les loteries du royaume; il lui permit de convertir en rentes viagères ou tontines une partie de ſes actions. Ce qui en reſta ne paſſa pas le nombre de cinquante-ſix mille qui furent réduites par des événemens poſtérieurs à cinquante mille deux cens ſoixante-huit quatre dixièmes. Malheureuſement cette ſociété conſerva les privilèges des différentes compagnies dont elle étoit formée; & cette prérogative ne ſervit pas à lui donner de la puissance & de la sagesse. Elle gêna la traite des nègres ; elle arrêta les progrès des colonies à sucre. La plupart de ses privilèges ne firent qu'autoriser des monopoles odieux. Les pays les plus fertiles de la terre ne furent entre ses mains ni peuplés, ni cultivés. L'esprit de finance qui rétrécit les vues, comme l'esprit de commerce les étend, s'empara de la compagnie, & ne la quitta plus. Les directeurs ne songèrent qu'à tirer de l'argent des droits cédés en Amérique, en Afrique, en Asie, à la compagnie. Elle devint une société de fermiers, plutôt que de négocians. Si elle n'eût eu la probité de payer les dettes accumulées depuis un siècle par la nation dans l'Inde : si elle n'eût eu la précaution de mettre Pondichery à l'abri de l'invasion en l'entourant de murs, on se trouveroit réduit à l'impossibilité de louer aucune partie de son administration. Son commerce fut foible & précaire, jusqu'au moment où Orri fut chargé des finances du royaume.

XX. Succès éclatans de la compagnie. Quels sont ceux de ses agens qui les lui procurent.

Ce ministre, dont l'intégrité & le désintéressement formoient le caractère, gâtoit ses vertus par une rudesse qu'il justifioit d'une manière peu honorable pour sa nation. *Comment cela pourroit-il être autrement*, disoit-il un jour à un de ses amis qui lui reprochoit sa brutalité : *sur cent personnes que je vois par jour, cinquante me prennent pour un sot, & cinquante pour un fripon ?* Il avoit un frère nommé Fulvy, dont les principes étoient moins austères, mais qui avoit plus de liant & de capacité. Il lui confia le soin de la compagnie, qui devoit prendre nécessairement de l'activité dans de telles mains.

Les deux frères, malgré les préjugés anciens & nouveaux ; malgré l'horreur qu'on avoit pour un rejetton du systême ; malgré l'autorité de la Sorbonne, qui avoit déclaré le dividende des actions usuraire ; malgré l'aveuglement d'une nation assez crédule pour n'être pas révoltée d'une décision si absurde, réussirent à persuader au cardinal de Fleury qu'il convenoit de protéger efficacement la compagnie des Indes. Ils engagèrent même ce ministre, plus habile dans l'art de ménager les richesses que dans celui de les multiplier, à prodiguer les bienfaits du roi à cet établiſſement. Le ſoin d'en conduire le commerce & d'en augmenter les forces, fut enſuite confié à pluſieurs ſujets d'une capacité connue.

Dumas fut envoyé à Pondichery. Bientôt il obtint de la cour de Delhy la permiſſion de battre monnoie; privilège qui valut quatre à cinq cens mille francs par an. Il ſe fit céder le territoire de Karical, qui donna une part conſidérable dans le commerce de Tanjaour. Quelque tems après, cent mille Marattes firent une invaſion dans le Décan. Ils attaquèrent le nabab d'Arcate, qui fut vaincu & tué. Sa famille & pluſieurs de ſes ſujets ſe réfugièrent à Pondichery. On les reçut avec les égards qui étoient dus à des alliés malheureux. Ragogi Bouſſola, général du parti victorieux, demandoit qu'on les lui livrât. Il voulut même exiger douze cens mille livres, en vertu d'un tribut auquel il prétendoit que les François s'étoient anciennement ſoumis.

Dumas répondit que tant que les Mogols avoient été les maîtres de ces contrées, ils avoient toujours traité les François avec la conſidération due à l'une des plus illuſtres nations du monde, & qu'elle ſe faiſoit gloire de protéger à ſon tour ſes bienfaiteurs; qu'il n'étoit pas dans le caractère de ce peuple magnanime d'abandonner une troupe de femmes, d'enfans, de malheureux ſans défenſe, pour les voir égorger; que les fugitifs renfermés dans la ville étoient ſous la protection de ſon roi, qui s'honoroit ſurtout de la qualité de protecteur des infortunés; que tout ce qu'il y avoit de François dans Pondichery perdroit volontiers la vie pour les défendre; qu'il lui en coûteroit la tête, ſi ſon ſouverain ſavoit qu'il eût ſeulement écouté la propoſition d'une redevance. Il ajouta qu'il étoit diſpoſé à défendre ſa place juſqu'à la dernière extrémité, & que ſi la fortune lui étoit contraire, il s'en retourneroit en Europe ſur ſes vaiſſeaux. Que c'étoit à Ragogi à juger s'il lui convenoit d'expoſer à une deſtruction entière une armée, dont le plus grand bonheur devoit être de s'emparer d'un monceau de ruines.

Les Indiens n'étoient pas accoutumés à entendre parler les François avec tant de dignité. Cette fierté jetta le général des

Marattes dans l'incertitude. Des négociations habilement conduites le décidèrent à accorder la paix à Pondichery.

Tandis que Dumas donnoit des richesses & de la considération à la compagnie, le gouvernement envoya la Bourdonais à l'isle de France.

Au tems de leurs premières navigations aux Indes, les Portugais avoient découvert entre le dix-neuvième & le vingtième degrés de latitude, trois isles, qu'ils appellèrent Mascarenhas, Cerné & Rodrigue. Ils n'y trouvèrent, ni hommes, ni quadrupèdes, & n'y formèrent aucun établissement. La plus occidentale de ces isles, qu'ils avoient nommée Mascarenhas, eut, vers l'an 1660, pour premiers habitans, sept à huit François. Cinq ans après, vingt-deux de leurs concitoyens les joignirent. Le désastre qui détruisit la colonie de Madagascar, augmenta bientôt leur nombre. L'éducation des troupeaux fut la première ressource de ces aventuriers, transplantés sous un nouveau ciel. Ils cultivèrent ensuite les grains de l'Europe, les fruits de l'Asie & de l'Afrique, quelques végétaux propres à ce doux climat. La santé, l'aisance, la liberté dont ils jouissoient, fixèrent sur leur territoire plusieurs des navigateurs qui alloient y demander des rafraîchissemens & des subsistances. La population étendit l'industrie. En 1718, la découverte de quelques cafiers sauvages fit imaginer de tirer d'Arabie plusieurs pieds de café qui mutiplièrent très-heureusement. La culture de cet arbre précieux, & tous les autres travaux pénibles, occupèrent les esclaves qu'on tiroit des côtes d'Afrique ou de Madagascar. Alors l'isle Mascarenhas, qui avoit quitté son nom pour prendre celui de Bourbon, devint un objet important pour la compagnie. Malheureusement la colonie n'avoit point de port.

Cet inconvénient tourna les yeux du ministère de Versailles vers l'isle de Cerné où les Portugais, suivant leur méthode, avoient jetté quelques quadrupèdes & des volailles pour les besoins de ceux de leurs navires que les circonstances détermineroient à y relâcher. Les Hollandois, qui s'y établirent depuis, l'abandonnèrent en 1712, pour ne pas trop multiplier leurs posfeffions. Elle étoit déferte, lorfque les François y abordèrent en 1720, & changèrent fon nom de Maurice en celui d'ifle de France qu'elle porte encore.

Ses premiers colons vinrent de Bourbon. On les oublia pendant quinze ans. Ils ne formèrent, pour ainfi dire, qu'un corps-de-garde, chargé d'arborer un pavillon qui apprît aux nations que cette ifle avoit un maître. La compagnie, long-tems incertaine, fe décida enfin à la conferver ; & la Bourdonais fut chargé, en 1735, de la rendre utile.

Cet homme, depuis fi célèbre, étoit né à Saint-Malo. A dix ans il s'étoit embarqué. Aucune confidération n'avoit interrompu fes voyages, & dans prefque tous il avoit fait des chofes remarquables. Les Arabes & les Portugais, prêts à s'égorger à Moka, s'étoient rapprochés par fa médiation. Sa valeur éclata dans la guerre de Mahé. Il étoit le premier des François qui eût imaginé d'armer dans les mers des Indes. On le connoiffoit également propre à conftruire des vaiffeaux, à les conduire & à les défendre. Ses projets portoient l'empreinte du génie ; & l'efprit de détail qu'il avoit fupérieurement, ne rétréciffoit pas fes vues. Les difficultés n'étonnoient jamais fon ame ; & il avoit le rare talent d'élever à fa hauteur les hommes foumis à fes ordres. Ses ennemis lui reprochèrent une paffion démefurée pour les richeffes ; & il faut convenir, qu'il n'étoit pas délicat fur le choix des moyens qui pouvoient lui en procurer.

Dès que la Bourdonais fut arrivé à l'ifle de France, il chercha à la connoître. Son heureufe pénétration, fon infatigable activité, abrégèrent le travail. Dans peu on le vit occupé à infpirer de l'émulation aux premiers colons de l'ifle, entiérement découragés par l'abandon où on les avoit laiffés, à affujettir à un ordre rigoureux les brigands récemment arrivés de la métropole. Il fit cultiver le riz & le bled, pour la nourriture des Européens. Le manioc, qu'il avoit porté du Bréfil, fut deftiné à la fubfiftance des efclaves. Madagafcar devoit lui fournir la viande néceffaire à la confommation journalière des navigateurs & des habitans, jufqu'à ce que les troupeaux qu'il en avoit tirés, fussent assez multipliés, pour remplacer ces secours étrangers. Un poste qu'il avoit placé à la petite isle de Rodrigue, ne le laissoit pas manquer de tortues pour les malades. Bientôt les vaisseaux qui alloient aux Indes, trouvèrent les rafraîchissemens, les commodités nécessaires après une longue navigation. Trois navires, dont l'un étoit de cinq cens tonneaux, sortirent des arsenaux qu'il avoit élevés. Si le fondateur n'eut pas la consolation de porter la colonie au degré de prospérité dont elle étoit susceptible, il eut du moins la gloire d'avoir découvert ce qu'elle pourroit devenir dans des mains habiles.

Cependant ces créations, quoique faites comme par magie, n'eurent pas l'approbation de ceux qu'elles intéressoient le plus. La Bourdonais fut réduit à se justifier. Un des directeurs lui demandoit un jour, comment il avoit si mal fait les affaires de la compagnie, & si bien les siennes. *C'est*, répondit-il, *que j'ai fait mes affaires selon mes lumières, & celles de la compagie d'après vos instructions.*

Par-tout les grands hommes ont fait plus que les grands corps. Les peuples & les sociétés ne sont que les instrumens des hommes de génie : ce sont eux qui ont fondé des états, des colonies. L'Espagne, le Portugal, la Hollande & l'Angleterre, doivent leurs conquêtes ou leurs établissemens des Indes à des navigateurs, des guerriers, ou des législateurs d'une ame supérieure. La France, sur-tout, est plus redevable de sa gloire à quelques heureux particuliers, qu'à son gouvernement. Un de ces sujets rares venoit d'établir la puissance des François sur deux isles importantes de l'Afrique ; un autre encore plus extraordinaire l'illustroit en Asie, c'étoit Dupleix.

Il fut d'abord envoyé sur les bords du Gange, où il avoit la direction de la colonie de Chandernagor. Cet établissement, quoique formé dans la région de l'univers la plus propre aux grandes entreprises de commerce, n'avoit fait que languir jusqu'au tems de son administration. La compagnie ne s'étoit pas trouvée en état d'y faire passer des fonds considérables ; & ses agens transplantés dans l'Inde sans un commencement de fortune, n'avoient

pu

pu profiter de la liberté qu'on leur laiſſoit d'avancer leurs affaires particulières. L'activité du nouveau gouverneur, qui apportoit des richeſſes conſidérables acquiſes par dix ans d'heureux travaux, ſe communiqua à tous les eſprits. Dans un pays qui regorge d'argent, ils trouvèrent aiſément du crédit, lorſqu'ils commencèrent à s'en montrer dignes. Chandernagor devint bientôt un ſujet d'étonnement pour ſes voiſins, & de jalouſie pour ſes rivaux. Dupleix, qui avoit aſſocié à ſes vaſtes ſpéculations les autres François, s'ouvrit des ſources de commerce dans tout le Mogol, & juſque dans le Thibet. En arrivant il n'avoit pas trouvé une chaloupe, & il arma juſqu'à quinze bâtimens à la fois. Ces vaiſſeaux négocioient d'Inde en Inde. Il en expédioit pour la mer Rouge, pour le golfe Perſique, pour Surate, pour Goa, pour les Maldives, pour Manille, pour toutes les mers où il étoit poſſible de faire un commerce avantageux.

Il y avoit douze ans que Dupleix ſoutenoit l'honneur du nom François dans le Gange, qu'il étendoit la fortune publique & les fortunes particulières, lorſqu'en 1742 il fut appellé à Pondichery pour y prendre la direction générale des affaires de la compagnie dans l'Inde. Elles étoient alors plus floriſſantes qu'elles ne l'avoient jamais été, qu'elles ne l'ont été depuis, puiſque les retours de cette année s'élevèrent à vingt-quatre millions. Si l'on eût continué à ſe bien conduire, ſi l'on eût voulu prendre plus de confiance en deux hommes tels que Dupleix & la Bourdonais, il eſt vraiſemblable qu'on auroit acquis une puiſſance qui eût été difficilement détruite.

La Bourdonais prévoyoit alors une rupture entre l'Angleterre & la France; & il propoſa un projet qui devoit donner aux vaiſſeaux de ſa nation l'empire des mers de l'Aſie pendant toute la guerre. Convaincu que celle des deux nations qui ſeroit la première en armes dans l'Inde, auroit un avantage déciſif, il demanda une eſcadre qu'il conduiroit à l'iſle de France, où il attendroit le commencement des hoſtilités. Alors il devoit partir de cette iſle & aller croiſer dans le détroit de la Sonde, par lequel paſſent la plupart des vaiſſeaux qui vont à la Chine, & tous ceux qui en reviennent. Il y auroit intercepté les bâtimens Anglois, & sauvé ceux de son pays. Il s'y feroit même emparé de la petite escadre que l'Angleterre envoya dans les mêmes parages ; & maître des mers de l'Inde, il y auroit ruiné tous les établissemens Anglois.

Le ministère approuva ce plan. On accorda à la Bourdonais cinq vaisseaux de guerre, & il mit à la voile.

A peine étoit-il parti, que les directeurs également blessés du mystère qu'on leur avoit fait de la destination de l'escadre, de la dépense où elle les engageoit, des avantages qu'elle devoit procurer à un homme qu'ils ne trouvoient pas assez dépendant, renouvellèrent les cris qu'ils avoient déja poussés sur l'inutilité de cet armement. Ils étoient ou paroissoient si persuadés de la neutralité qui s'observeroit dans l'Inde entre les deux compagnies, qu'ils en convainquirent le ministère, dont la foiblesse n'étoit plus encouragée, ni l'inexpérience éclairée depuis l'éloignement de la Bourdonais.

La cour de Versailles ne vit pas qu'une puissance qui a pour base principale le commerce, ne pouvoit pas renoncer sérieusement à combattre sur l'Océan Indien ; & que si elle faisoit ou écoutoit des propositions de neutralité, ce ne pouvoit être que dans la vue de gagner du tems. Elle ne vit pas que quand la convention auroit été faite de bonne-foi de part & d'autre, mille inconvéniens qu'il n'étoit pas possible de prévoir, devoient déranger une harmonie dont les accords étoient si fragiles. Elle ne vit pas que l'objet qu'on se proposoit ne pouvoit jamais être qu'imparfaitement rempli, parce que la marine guerrière des deux nations n'étant pas liée par les traités des compagnies, attaqueroit dans les mers d'Europe les navires de ces sociétés. Elle ne vit pas que dans les colonies même, les deux parties feroient des préparatifs pour n'être pas surprises ; que ces précautions mèneroient à une défiance réciproque, & la défiance à une rupture ouverte. Elle ne vit rien de tout cela, & l'escadre fut rappellée. Les hostilités commencèrent, & la prise de presque tous les bâtimens François qui naviguoient dans l'Inde, fit voir trop tard quelle avoit été la politique la plus judicieuse.

La Bourdonais fut touché des fautes qui causoient le malheur de l'état, comme s'il les eût faites lui-même, & il ne songea qu'à les réparer. Sans magasins, sans vivres, sans argent, il parvint par ses soins & par sa constance, à former une escadre, composée d'un vaisseau de soixante canons, & de cinq navires marchands armés en guerre. Il osa attaquer l'escadre Angloise; il la battit, la poursuivit, la força de quitter la côte de Coromandel, & alla assiéger & prendre Madras, la première des colonies Angloises. Le vainqueur se disposoit à de nouvelles expéditions. Elles étoient sûres & faciles : mais il se vit contrarié avec un acharnement qui coûta la perte de neuf millions cinquante-sept mille livres, stipulées pour le rachat de la ville conquise, sans compter les succès qui devoient suivre cet événement.

La compagnie étoit alors gouvernée par deux commissaires du roi, brouillés irréconciliablement. Les directeurs, les subalternes avoient pris parti dans cette querelle, suivant leurs inclinations ou leurs intérêts. Les deux factions étoient extrêmement aigries l'une contre l'autre. Celle qui avoit fait ôter à la Bourdonais son escadre, ne voyoit pas sans chagrin qu'il eût trouvé des ressources dans son génie, pour rendre inutiles les coups qu'on lui avoit portés. On a des raisons pour croire qu'elle le poursuivit dans l'Inde, & qu'elle versa le poison de la jalousie dans l'ame de Dupleix. Deux hommes faits pour s'estimer, pour s'aimer, pour illustrer le nom François, pour aller peut-être ensemble à la postérité, devinrent les vils instrumens d'une haîne qui leur étoit étrangère. Dupleix traversa la Bourdonais, & lui fit perdre un tems précieux. Celui-ci, après avoir resté trop tard sur la côte de Coromandel, à attendre les secours qu'on avoit différés sans nécessité, vit son escadre ruinée par un coup de vent. La division se mit dans ses équipages. Tant de malheurs causés par les intrigues de Dupleix, forcèrent la Bourdonais à repasser en Europe, où un cachot affreux fut la récompense de ses glorieux travaux, & le tombeau des espérances que la nation avoit fondées sur ses grands talens. Les Anglois délivrés dans l'Inde de cet ennemi redoutable, & fortifiés par de puissans secours, se virent en état d'attaquer à leur tour les François. Ils mirent le siège devant Pondichery.

Dupleix sut réparer alors les torts qu'il avoit eus. Il défendit sa place avec beaucoup de vigueur & d'intelligence; & après quarante-deux jours de tranchée ouverte, les Anglois furent obligés de se retirer. Bientôt la nouvelle de la paix arriva, & les hostilités cessèrent entre les compagnies des deux nations.

La prise de Madras, le combat naval de la Bourdonais & la levée du siège de Pondichery, donnèrent aux nations de l'Inde le plus grand respect pour les François. Ils furent pour ces régions, le premier peuple de l'Europe, la puissance principale.

Dupleix voulut faire usage de cette disposition des esprits. Il s'occupa du soin de procurer à sa nation des avantages solides & considérables. Pour juger sainement de ses projets, il faut avoir sous les yeux un tableau de la situation où étoit alors l'Indostan.

XXI. Tableau de l'Indostan.

Cette belle & riche contrée tenta, si l'on veut s'en rapporter à des traditions incertaines, l'avidité des premiers conquérans du monde. Mais soit que Bacchus, Hercule, Sésostris, Darius, aient ou n'aient pas parcouru les armes à la main cette grande partie du globe; il est certain qu'elle fut pour les premiers Grecs, un champ inépuisable de fictions & de merveilles. Ces chimères enchantoient tellement un peuple toujours crédule, parce qu'il fut toujours dominé par son imagination, qu'on ne s'en désabusa pas, même dans les siècles les plus éclairés de la république.

En réduisant les choses à la vérité, l'on trouvera qu'un air pur, des alimens sains, une grande frugalité, avoient de bonne-heure prodigieusement multiplié les hommes dans l'Indostan. Ils connurent les loix, la police, les arts, lorsque le reste de la terre étoit déserte ou sauvage. Des institutions sages & heureuses préservèrent de la corruption ces peuples, qui paroissoient n'avoir qu'à jouir des bienfaits du sol & du climat. Si, de tems en tems, les bonnes mœurs s'altéroient dans quelques cours, les trônes étoient aussi-tôt renversés; & lorsqu'Alexandre se montra dans ces régions, il y restoit fort peu de rois; il y avoit beaucoup de villes libres.

Un pays, partagé en une infinité de petits états, populaires ou asservis, ne pouvoit pas opposer un front bien redoutable au héros de la Macédoine. Aussi ses progrès furent-ils rapides. Il auroit tout asservi, si la mort ne l'eût surpris au milieu de ses triomphes.

En suivant le conquérant dans ses expéditions, l'Indien Sandrocotus avoit appris la guerre. Cet homme, auquel ses talens tenoient lieu de droits & de naissance, rassembla une armée nombreuse, & chassa les Macédoniens des provinces qu'ils avoient envahies. Libérateur de sa patrie, il s'en rendit le maître, & réunit sous ses loix l'Indostan entier. On ignore quelle fut la durée de son règne, quelle fut la durée de l'empire qu'il avoit fondé.

Au commencement du huitième siècle, les Arabes se répandirent aux Indes, comme dans plusieurs autres contrées de l'univers. Ils soumirent à leur domination quelques Isles. Mais contens de négocier paisiblement dans le continent, ils n'y formèrent que peu d'établissement.

Trois siècles après, des barbares de leur religion, sortis du Khorassan & conduits par Mahmoud, attaquent l'Inde par le Nord, & poussent leurs brigandages jusqu'au Guzurate. Ils emportent de ces opulentes contrées, d'immenses dépouilles, qu'ils vont enfouir dans leurs incultes & misérables déserts.

Le souvenir de ces calamités n'étoit pas encore effacé lorsque Gengiskan, qui, avec ses Tartares, avoit subjugué la plus grande partie de l'Asie, porta, vers l'an douze cens, ses armes victorieuses sur les rives occidentales de l'Indus. On ignore quelle part ce conquérant & ses descendans prirent aux affaires de l'Indostan. Il est vraisemblable qu'elles ne les occupèrent pas beaucoup; puisqu'on voit, peu de tems après, les Patanes régner dans ce beau pays.

C'étoient des hommes agrestes & féroces qui sortis, par bandes, des montagnes du Kandahar, se répandirent dans les plus belles provinces de l'Indostan, & y formèrent successivement plusieurs dominations indépendantes les unes des autres.

Les Indiens avoient eu à peine le tems de ſe façonner à ce nouveau joug, qu'il leur fallut encore changer de maître. Tamerlan, ſorti de la grande Tartarie, & déja célèbre par ſes cruautés & par ſes victoires, ſe montre à la fin du quatorzième ſiècle au Nord de l'Indoſtan, avec une armée aguerrie, triomphante & infatigable. Il s'aſſure lui-même des provinces ſeptentrionales, & abandonne à ſes lieutenans le pillage des terres méridionales. On le croyoit déterminé à ſubjuguer l'Inde entière, lorſque tout-à-coup il tourna ſes armes contre Bajazet, le vainquit, le détrôna, & ſe trouva, par la réunion de toutes ſes conquêtes, le maître de l'eſpace immenſe qui s'étend depuis la délicieuſe Smirne juſqu'aux bords fortunés du Gange. Des guerres ſanglantes ſuivirent ſa mort. Ses riches dépouilles échappèrent à ſa poſtérité. Babar, ſixième deſcendant d'un de ſes enfans, conſerva ſeul ſon nom.

Ce jeune prince, élevé dans la molleſſe, régnoit à Samarcande, où ſon aïeul avoit fini ſes jours. Les Tartares Usbecks le précipitèrent du trône, & le forcèrent de ſe réfugier dans le Cabuliſtan. Ranguildas, gouverneur de la province, l'accueillit & lui donna une armée.

« Ce n'eſt pas du côté du Nord où t'appelleroit la vengeance, » que tu dois porter tes pas, lui dit cet homme ſage. Des ſoldats » amollis par les délices des Indes, n'attaqueroient pas ſans té- » mérité des guerriers célèbres par leur courage & par leurs vic- » toires. Le ciel t'a conduit ſur les rives de l'Indus, pour placer » ſur ta tête une des plus riches couronnes de l'univers. Jette les » yeux ſur l'Indoſtan. Cet empire, déchiré par les guerres con- » tinuelles des Indiens & des Patanes, attend un maître. C'eſt » dans ces délicieuſes régions qu'il faut former une nouvelle mo- » narchie, & te couvrir d'une gloire égale à celle du redoutable » Tamerlan ».

Un conſeil ſi judicieux fit ſur l'eſprit de Babar une forte impreſſion. On traça ſans perdre de tems un plan d'uſurpation, qui fut ſuivi avec beaucoup de vivacité & d'intelligence. Le ſuccès le couronna. Les provinces ſeptentrionales, Delhy même, ſe ſoumirent après quelque réſiſtance. Un monarque fugitif eut l'honneur de fonder la puiſſance des Tartares Mogols, qui exiſte encore.

La conſervation de la conquête exigeoit un gouvernement. Celui que Babar trouva établi dans l'Inde, étoit un deſpotiſme purement civil, tempéré par les uſages, par les formes, par l'opinion; en un mot, abſolument conforme au caractère de douceur que ces peuples doivent à l'influence du climat, & à l'influence plus puiſſante encore des opinions religieuſes. A cette conſtitution paiſible, Babar fit ſuccéder un deſpotiſme violent & militaire, tel qu'on devoit l'attendre d'une nation conquérante & barbare.

Si l'on peut s'en rapporter à l'autorité d'un des hommes le plus profondément verſés dans les traditions de l'Inde, Ranguildas fut long-tems le témoin de la puiſſance du nouveau ſouverain. Il s'applaudiſſoit de ſon ouvrage. Le ſouvenir de ce qu'il avoit fait pour placer ſur le trône le fils de ſon maître, rempliſſoit ſon ame d'une ſatisfaction vraie & ſans trouble. Un jour qu'il faiſoit ſa prière dans le temple, il entendit à côté de lui un Banian qui s'écrioit: « ô Dieu! tu vois les malheurs de mes frères. Nous » ſommes la proie d'un jeune homme qui nous regarde comme » un bien qu'il peut diſſiper & conſumer à ſon gré. Parmi les nom» breux enfans qui t'implorent dans ces vaſtes contrées, un ſeul » les opprime tous: venge-nous du tyran; venges-nous des traî» tres qui l'ont porté ſur le trône, ſans examiner s'il étoit juſte ».

Ranguildas étonné, s'approcha du Banian, & lui dit: « ô toi » qui maudis ma vieilleſſe, écoute. Si je ſuis coupable, c'eſt » ma conſcience qui m'a trompé. Lorſque j'ai rendu l'héritage » au fils de mon ſouverain, lorſque j'ai expoſé ma fortune & » ma vie pour établir ſon pouvoir, Dieu m'eſt témoin que j'ai » cru me conformer à ſes ſages décrets; & qu'au moment où j'ai » entendu ta prière, je béniſſois encore le ciel de m'avoir ac» cordé les deux plus grands biens des derniers jours, le repos » & la gloire.

« La gloire, dit le Banian? Apprenez, Ranguildas, qu'elle » n'appartient qu'à la vertu, & non à des actions qui ſont écla» tantes ſans être utiles aux hommes. Eh! quel bien avez-vous

» fait à l'Indoſtan, quand vous avez couronné le deſcendant d'un » uſurpateur ! Aviez-vous examiné s'il feroit le bien, s'il auroit » la volonté & le courage d'être juſte ? Vous lui avez, dites- » vous, rendu l'héritage de ſes pères, comme ſi les hommes » pouvoient être légués & poſſédés, ainſi que des terres & des » troupeaux. Ne prétendez pas à la gloire, ô Ranguildas ! ou ſi » vous voulez de la reconnoiſſance, allez la chercher dans le » cœur de Babar ; il vous la doit. Vous l'avez achetée aſſez » cher par le bonheur de tout un peuple ».

Cependant, en appeſantiſſant le deſpotiſme, Babar avoit voulu l'enchaîner lui-même, & donner à ſes inſtitutions une telle force, que ſes ſucceſſeurs, quoique abſolus, fuſſent obligés d'être juſtes. Le prince devoit être le juge du peuple & l'arbitre de l'état. Mais ſon tribunal & ſon conſeil étoient dans la place publique. L'injuſtice & la tyrannie aiment à ſe renfermer dans l'ombre ; elles ſe cachent à ceux qu'elles oppriment. Mais quand le monarque ne veut agir que ſous les yeux de ſes ſujets, c'eſt qu'il n'a que du bien à leur faire. Inſulter en face à des hommes raſſemblés, eſt une injure dont les tyrans même peuvent rougir.

Le principal appui de l'autorité, étoit un corps de quatre mille hommes, qui s'appelloient les premiers eſclaves du prince. C'eſt dans ce corps que l'on choiſiſſoit les Omrahs, c'eſt-à-dire, ceux qui entroient dans les conſeils de l'empereur, & à qui il donnoit des terres honorées de grands privilèges. Ces ſortes de fiefs étoient toujours amovibles, & le prince héritoit de ceux qu'il en avoit rendus poſſeſſeurs. C'eſt à cette condition qu'étoient données toutes les grandes places : tant il paroît de la nature du deſpotiſme, de n'enrichir des eſclaves que pour les dépouiller.

Les places d'Omrahs n'en étoient pas moins briguées. C'étoit l'objet de l'ambition de quiconque aſpiroit à l'adminiſtration d'une province. Pour prévenir les projets d'élévation & d'indépendance que pouvoient former ces commandans, on mettoit auprès d'eux des ſurveillans qui ne leur étoient ſoumis en rien, & qui étoient chargés d'examiner l'emploi qu'ils faiſoient des forces militaires, qu'on étoit obligé de leur confier pour tenir dans le

respect

respect les Indiens assujettis. Les places fortes étoient souvent entre les mains d'officiers qui ne rendoient compte qu'à la cour. Cette cour soupçonneuse mandoit souvent son délégué, le retenoit ou le déplaçoit, selon les vues d'une politique changeante. Ces vicissitudes étoient devenues si communes, qu'un nouveau gouverneur, sortant de Delhy, resta sur son éléphant, le visage tourné vers la ville, *pour voir*, disoit-il, *arriver son successeur.*

Cependant, la forme de l'administration n'étoit pas la même dans tout l'empire. Les Mogols avoient laissé plusieurs princes Indiens en possession de leurs souverainetés, & même avec pouvoir de les transmettre à leurs descendans. Ils gouvernoient selon les loix du pays, quoique relevant d'un nabab nommé par la cour. On ne leur imposoit qu'un tribut, & l'obligation de rester soumis aux conditions accordées à leurs ancêtres, au tems de la conquête.

Il faut que la nation conquérante n'ait pas exercé de grands ravages, puisqu'elle ne fait encore que le dixième de la population de l'Inde. Il y a cent millions d'Indiens sur dix millions de Tartares. Les deux peuples ne se sont point mêlangés. Les Indiens seuls sont cultivateurs & ouvriers. Eux seuls remplissent les campagnes & les manufactures. Les Mahométans sont dans la capitale, à la cour, dans les grandes villes, dans les camps & dans les armées.

Il paroît qu'à l'époque où les Mogols entrèrent dans l'Indostan, cette région n'étoit plus ce qu'elle avoit été. Les propriétés foncières qui, dans les tems reculés, avoient eu tant de stabilité dans les mains des particuliers, étoient devenues généralement la proie des dépositaires de l'autorité. Tous les champs étoient dans les mains des souverains Indiens ou Patanes ; & l'on peut bien croire que des conquérans féroces, livrés à l'ignorance & à la cupidité, consacrèrent cet abus, qui est le dernier excès du pouvoir arbitraire. La portion des terres de l'empire, que les nouveaux souverains s'attribuèrent, fut divisée en grands gouvernemens qu'on appella soubabies. Les soubas, chargés de l'administration militaire & civile, le furent aussi de la perception des revenus. Ils en confioient le ſoin aux nababs, qu'ils établirent dans l'étendue de leurs ſoubabies, & ceux-ci à des fermiers particuliers, qui furent chargés immédiatement de la culture des terres.

Au commencement de l'année, qui eſt fixé au mois de juin, les officiers du nabab convenoient avec leurs fermiers d'un prix de bail. Il ſe faiſoit une eſpèce de contrat, appellé jamabandi, qui étoit dépoſé dans la chancellerie de la province; & ces fermiers alloient enſuite, chacun dans leur diſtrict, chercher des cultivateurs auxquels ils faiſoient des avances aſſez conſidérables, pour les mettre en état d'enſemencer les terres. Après la récolte, les fermiers remettoient le produit de leur bail aux officiers du nabab. Le nabab le faiſoit paſſer entre les mains du ſouba, & le ſouba le verſoit dans les tréſors de l'empereur. Les baux étoient ordinairement portés à la moitié du produit des terres; l'autre moitié ſervoit à couvrir les frais de culture, à enrichir les fermiers, & à nourrir les cultivateurs. Indépendamment des grains, qui ſont les récoltes principales, les autres productions de la terre ſe trouvoient enveloppées dans le même ſyſtême. Le bétel, le ſel, le tabac, étoient autant d'objets de ferme.

Il y avoit auſſi quelques douanes, quelques droits ſur les marchés publics: mais aucune impoſition perſonnelle, aucune taxe ſur l'induſtrie. Il n'étoit pas venu dans la tête des deſpotes de demander quelque choſe à des hommes à qui on ne laiſſoit rien. Le tiſſerand, renfermé dans ſon aldée, travailloit ſans inquiétude, & diſpoſoit librement du fruit de ſon travail.

Cette facilité s'étendoit à toute eſpèce de mobilier. C'étoit véritablement la propriété des particuliers. Ils n'en devoient compte à perſonne. Ils pouvoient en diſpoſer de leur vivant; & après leur mort, il paſſoit à leurs deſcendans. Les maiſons des aldées, celles des villes, & les jardins toujours peu conſidérables, dont elles ſont ornées, formoient encore un objet de propriété particulière. On en héritoit, & l'on pouvoit les vendre.

Dans le dernier cas, le vendeur & l'acheteur ſe rendoient devant le cothoal. Les conditions du marché étoient rédigées par écrit, & le cothoal apposoit son sceau au pied de l'acte, pour lui donner de l'authenticité.

La même formalité s'observoit à l'égard des esclaves ; c'est-à-dire de ces hommes infortunés, qui, pressés par la misère, préféroient une servitude particulière qui les faisoit subsister, à l'état d'une servitude générale, dans laquelle ils n'avoient aucun moyen de vivre. Ils se vendoient alors à prix d'argent, & l'acte de vente se passoit en présence du cothoal, afin que la propriété du maître fût connue & inattaquable.

Le cothoal étoit une espèce d'officier public établi dans chaque aldée, pour y faire les fonctions de notaire. C'étoit devant lui que se passoit le petit nombre d'actes auxquels la nature d'un pareil gouvernement pouvoit donner lieu. Un autre officier, du nom générique de gémidard, prononçoit sur les contestations qui s'élevoient entre particuliers. Ses jugemens étoient presque toujours définitifs, à moins qu'il ne s'agît de quelque objet important, & que la partie condamnée n'eût assez de fortune, pour aller acheter un jugement différent à la cour du nabab. Le gémidard étoit aussi chargé de la police. Il avoit le pouvoir d'infliger des peines légères : mais lorsqu'il s'agissoit de quelque crime capital, le jugement en étoit réservé au nabab, parce qu'à lui seul appartenoit le droit de prononcer la peine de mort.

Un tel gouvernement, qui n'étoit rien autre chose qu'un despotisme qui alloit en se subdivisant, depuis le trône jusqu'au dernier officier, ne pouvoit avoir d'autre ressort qu'une force coactive toujours en action. Aussi, dès que la saison des pluies étoit passée, le monarque quittoit sa capitale & se rendoit dans son camp. Les nababs, les rajas, les principaux officiers étoient appellés autour de lui ; & il parcouroit ainsi successivement les provinces de l'empire, dans un appareil de guerre, qui, pourtant, n'excluoit pas les ruses de la politique. Souvent on se servoit d'un grand, pour en opprimer un autre. Le raffinement le plus odieux du despotisme, est de diviser ses esclaves. Des délateurs, publiquement entretenus par le prince, fomentoient ces divisions & répandoient des alarmes continuelles. Ces espions étoient toujours choisis parmi les personnes du rang le plus distingué. La corruption est au comble, quand le pouvoir anoblit ce qui est vil.

Chaque année, le Mogol recommençoit les courses, plutôt en conquérant qu'en souverain, allant rendre la justice dans les provinces, comme on y va pour les piller, & maintenant son autorité par les voies & l'appareil de la force, qui font que le gouvernement despotique n'est qu'une continuation de la guerre. Cette manière de gouverner, quoique avec des formes légales, est bien dangereuse pour un despote. Tant que les peuples n'éprouvent ses injustices que par le canal des dépositaires de son autorité, ils se contentent de murmurer, en présumant que le souverain les ignore, & ne les souffriroit pas : mais lorsqu'il vient les consacrer par sa présence & par ses propres décisions, il perd la confiance. L'illusion cesse. C'étoit un dieu; c'est un imbécille ou un méchant.

Cependant les empereurs Mogols ont joui long-tems de l'idée superstitieuse que la nation s'étoit formée de leur caractère sacré. La magnificence extérieure qui en impose au peuple, plus que la justice, parce que les hommes ont une plus grande opinion de ce qui les accable que de ce qui les sert; la richesse fastueuse de la cour du prince, & la pompe qui l'environnoit dans ses voyages, nourrissoient dans l'esprit des peuples ces préjugés de l'ignorance servile qui tremble devant les idoles qu'elle a faites. Ce qu'on raconte du luxe des plus brillantes cours de l'univers, n'approche pas de l'ostentation du Mogol, lorsqu'il se montroit à ses sujets. Les éléphans, autrefois si terribles à la guerre, & qui n'y seroient plus que des masses incommodes depuis que l'on combat avec la foudre; ces colosses de l'Orient, inconnus à nos climats, donnent aux despotes de l'Asie un air de grandeur dont nous n'avons pas l'idée. Les peuples se prosternent devant le monarque élevé majestueusement sur un trône d'or, resplendissant de pierreries, porté par le superbe animal qui s'avance à pas lents, fier de présenter au respect de tant d'esclaves le maître d'un grand empire. C'est ainsi qu'en éblouissant les hommes ou en les effrayant, les Mogols conservèrent, & même étendirent leurs conquêtes. Aurengzeb les acheva, en se rendant maître de toute la péninsule. Tout l'Indostan, si l'on excepte une petite langue de terre sur la côte de Malabar, se soumit à ce tyran superstitieux & barbare, teint du sang de son père, de ses frères & de ses neveux.

Ce despote exécrable avoit fait détester la puissance Mogole: mais il la soutint, & à sa mort elle tomba pour ne plus se relever. L'incertitude du droit de succession fut la première cause des troubles que l'on vit naître après lui, au commencement du dix-huitième siècle. Il n'y avoit qu'une seule loi généralement reconnue, celle qui ordonnoit que le trône ne sortiroit point de la famille de Tamerlan. D'ailleurs, chaque empereur pouvoit choisir son successeur, n'importe à quel degré de parenté. Ce droit indéfini étoit une source de discorde. De jeunes princes que leur naissance appelloit à régner, & qui se trouvoient souvent à la tête d'une province & d'une armée, soutenoient leurs prétentions les armes à la main, & ne respectoient guère les dispositions d'un despote qui n'étoit plus. C'est ce qui arriva à la mort d'Aurengzeb. Sa magnifique dépouille fut ensanglantée. Dans ces convulsions du corps politique, les ressorts qui contenoient une milice de douze cens mille hommes, se relâchèrent. Chaque nabab ne songea plus qu'à se rendre indépendant, à étendre les contributions qu'on levoit sur le peuple, & à diminuer les tributs qu'on envoyoit au trésor de l'empereur. Rien ne fut plus réglé par la loi, & tout fut conduit par le caprice ou troublé par la violence.

L'éducation des jeunes princes ne promettoit aucun remède à tant de maux. Abandonnés aux femmes jusqu'à l'âge de sept ans, imbus pendant leur adolescence de quelques préceptes religieux, ils alloient ensuite consommer dans la molle oisiveté d'un serrail, ces années de jeunesse & d'activité qui doivent former l'homme & l'instruire dans la science de la vie. On les amollissoit, pour n'avoir pas à les craindre. Les conspirations des enfans contre leurs pères étoient fréquentes. Une politique soupçonneuse affoiblissoit le caractère de ces jeunes gens, afin qu'ils ne fussent pas capables d'un crime. De-là cette pensée atroce d'un poëte Oriental, que *les pères, pendant la vie de leurs fils, donnent toute leur tendresse à leurs petits-fils, parce qu'ils aiment en eux les ennemis de leurs ennemis.*

Les Mogols n'avoient plus rien de ces mœurs fortes qu'ils avoient apportées de leurs montagnes. Ceux d'entre eux qui parvenoient à quelque place importante, ou à de grandes richesses, changeoient de domicile suivant les saisons. Dans ces retraites plus ou moins délicieuses, ils n'occupoient que des maisons bâties d'argille & de terre, mais dont l'intérieur respiroit toute la mollesse Asiatique, tout le faste des cours les plus corrompues. Par-tout où les hommes ne peuvent élever une fortune stable, ni la transmettre à leurs descendans, ils se hâtent de rassembler toutes leurs jouissances dans le seul moment dont ils soient sûrs. Ils épuisent au milieu des parfums & des femmes, & tous les plaisirs & tout leur être.

L'empire Mogol étoit dans cet état de foiblesse, lorsqu'il fut attaqué en 1738 par le fameux Nadercha, plus connu parmi nous sous le nom de Thamas Koulikan. Les innombrables milices de l'Inde se dispersèrent sans résistance devant cent mille Persans, comme ces mêmes Persans avoient été autrefois dissipés devant trente mille Grecs instruits par Alexandre. Thamas entra victorieux dans Delhy, reçut les soumissions de Muhammet, permit à cet imbécille monarque de vivre & de régner, réunit à la Perse les provinces qui étoient à sa bienséance, & se retira chargé d'un butin immense & des dépouilles de l'Indostan.

Muhammet, méprisé par son vainqueur, le fut encore plus par ses sujets. Les grands ne voulurent plus relever du vassal d'un roi de Perse. Les nababies devinrent indépendantes, & ne furent plus soumises qu'à un léger tribut. Inutilement l'empereur exigea qu'elles continuâssent d'être amovibles. Chaque nabab employoit la force, pour rendre sa place héréditaire, & le fer décidoit de tout. La guerre se faisoit continuellement entre le maître & les sujets, sans être traitée de rébellion. Quiconque put payer un corps de troupes, prétendit à une souveraineté.

La ſeule formalité qu'on obſervoit, c'étoit de contrefaire le ſeing de l'empereur dans un *firman* ou brevet d'inveſtiture. L'uſurpateur ſe le faiſoit apporter & le recevoit à genoux. Cette comédie étoit néceſſaire pour en impoſer au peuple, qui reſpectoit encore aſſez la famille de Tamerlan, pour vouloir que toute eſpèce d'autorité parût au moins émaner d'elle.

Ainſi, la diſcorde, l'ambition, & l'anarchie déſoloient cette belle contrée de l'Indoſtan. Les crimes étoient d'autant plus aiſés à cacher, que les grands de l'empire étoient accoutumés à n'écrire jamais qu'en termes équivoques, & n'employoient que des agens obſcurs qu'ils déſavouoient quand il le falloit. L'aſſaſſinat & le poiſon devinrent des forfaits communs qu'on enſeveliſſoit dans l'ombre de ces palais impénétrables remplis de ſatellites prêts à tout oſer au moindre ſignal de leur maître.

Les troupes étrangères appellées par les différens partis, mirent le comble au déſaſtre de ce malheureux pays. Elles en emportoient les richeſſes, ou forçoient les peuples à les enfouir. Ainſi diſparurent peu-à-peu ces tréſors amaſſés pendant tant de ſiècles. Le découragement devint général. La terre ne fut plus cultivée, & les manufactures languirent. Les peuples ne vouloient plus travailler pour des étrangers déprédateurs ou pour des oppreſſeurs domeſtiques. La miſère & la famine ſe firent ſentir. Ces calamités qui, depuis dix ans, ravageoient les provinces de l'empire, alloient s'étendre juſqu'à la côte de Coromandel. Le ſage Nizam-Elmoulouk, ſouba du Décan, n'étoit plus. Sa prudence & ſes talens avoient fait fleurir la partie de l'Inde où il commandoit. Les négocians d'Europe craignirent que leur commerce ne tombât, lorſqu'il n'auroit plus cet abri. Contre ce danger, ils ne voyoient de reſſource que la propriété d'un terroir aſſez vaſte pour contenir un nombre de manufacturiers ſuffiſant pour former leurs cargaiſons.

XXII. Moyens employés par les François pour ſe procurer de

Dupleix fut le premier qui vit la poſſibilité de réaliſer ce ſouhait. La guerre avoit amené à Pondichery des troupes nombreuſes, avec leſquelles il eſpéra de ſe procurer par des conquêtes rapides, des avantages plus conſidérables que les grandes possessions dans l'Inde.

nations rivales n'en avoient obtenus par une conduite suivie & réfléchie.

Depuis long-tems il étudioit le caractère des Mogols, leurs intrigues, leurs intérêts politiques. Il avoit acquis sur ces objets des lumières, qui auroient pu étonner dans un homme élevé à la cour de Delhy. Ces connoissances profondément combinées, l'avoient convaincu qu'il pouvoit se donner une influence principale dans les affaires de l'Indostan, peut-être en devenir l'arbitre. La trempe de son ame, qui le portoit à vouloir au-delà même de ce qu'il pouvoit, donnoit une nouvelle force à ses réflexions. Rien ne l'effrayoit dans le grand rôle qu'il se disposoit à jouer à six mille lieues de sa patrie. Inutilement voulut-on lui en faire craindre les dangers. Il n'étoit frappé que de l'avantage glorieux d'assurer à la France une domination nouvelle au milieu de l'Asie; de la mettre en état, par les revenus qui y seroient attachés, de couvrir les frais de commerce & les dépenses de souveraineté; de l'affranchir même du tribut que notre luxe paie à l'industrie des Indiens, en procurant au royaume des cargaisons riches & nombreuses, qui ne seroient achetées par aucune exportation d'argent, mais dont le fonds seroit fait par la surabondance des nouveaux revenus. Plein de ce grand projet, Dupleix saisit avec empressement la première occasion qui se présenta de l'exécuter; & bientôt il osa disposer de la soubabie du Décan, de la nababie du Carnate, en faveur de deux hommes prêts à tous les sacrifices qu'il exigeroit.

La soubabie du Décan est une vice-royauté, composée de plusieurs provinces qui formoient autrefois des états indépendans. Elle s'étend depuis le cap Comorin jusqu'au Gange. Celui qui occupe cette grande place, a inspection sur tous les princes Indiens, sur tous les gouverneurs Mogols qui sont dans l'étendue de sa jurisdiction; & c'est dans ses mains que sont déposées les contributions qui doivent enrichir le trésor public. Il peut obliger ses subalternes de le suivre dans toutes les expéditions militaires qu'il juge à propos de faire dans les contrées soumises à ses commandemens: mais sans un ordre formel du chef de l'empire, l'empire, il ne lui est pas permis de les conduire sur un territoire étranger.

La soubabie de Décan étant devenue vacante en 1748, Dupleix, après une suite d'événemens & de révolutions, où la corruption des Mogols, la foiblesse des Indiens, l'audace des François, se firent également remarquer, en mit en possession au commencement de 1751, Salabetzingue, l'un des fils du dernier vice-roi. Ce succès assuroit de grands avantages aux établissemens François répandus sur la côte de Coromandel: mais l'importance de Pondichery parut exiger des soins plus particuliers. Cette ville située dans le Carnate, a des rapports si suivis & si immédiats avec le nabab de cette riche contrée, qu'on crut nécessaire de procurer le gouvernement de la province à un homme, sur l'affection & la dépendance duquel on pût compter. Le choix tomba sur Chandasaeb, connu par ses intrigues, par ses malheurs, par ses faits de guerre, par un caractère ferme, & parent du dernier nabab.

Pour prix de leurs services, les François se firent céder un territoire immense. A la tête de leurs acquisitions, étoit l'isle de Scheringham, formée par deux branches du Caveri. Cette isle, longue & fertile, doit son nom & sa célébrité à une pagode, qui est fortifiée comme la plupart des grands édifices destinés au culte public. Le temple est entouré de sept enclos quarrés, éloignés les uns des autres de trois cens cinquante pieds, & formés par des murs qui ont une assez grande élévation, & une épaisseur proportionnée. L'autel est au centre. Un seul monument de cette espèce avec ses fortifications, & les mystères & les richesses qu'il renferme, est plus propre à maintenir, à perpétuer une religion, que la multiplicité des temples & des prêtres dispersés dans les villes, avec les sacrifices, les cérémonies, les prières, les discours, qui par leur nombre, leur publicité, leur fréquente répétition, sont exposés au rebut des sens fatigués, au mépris de la raison clair-voyante, à des profanations dangereuses, ou à un oubli, à un abandon que le clergé redoute encore plus que des sacrilèges. Les prêtres de l'Inde aussi sages que ceux de l'Égypte, ont la politique de ne laisser pénétrer aucun étranger dans la pagode de Scheringham. A travers les fables qui enveloppent l'histoire de ce temple, il y a apparence qu'un philosophe savant qui pourroit y être admis, trouveroit dans les emblêmes, la forme & la construction de l'édifice, dans les pratiques superstitieuses & les traditions particulières à cette enceinte sacrée, des sources d'instruction & des lumières sur l'histoire des siècles les plus reculés. Des pélerins de l'Indostan y viennent chercher l'absolution de leurs péchés, & ne se présentent jamais sans une offrande proportionnée à leur fortune. Ces dons étoient encore si considérables au commencement du siècle, qu'ils faisoient subsister dans les douceurs d'une vie oisive & commode quarante mille personnes. Ces brames, malgré les gênes d'une assez grande subordination, étoient tellement satisfaits de leur situation, qu'ils quittoient rarement leur retraite, pour se précipiter dans les intrigues & la politique.

Indépendamment des autres avantages que Scheringham offroit aux François, ils y trouvoient une position qui devoit leur donner une grande influence dans les pays voisins, & un empire absolu sur le Tanjaour, qu'ils étoient les maîtres de priver quand ils le voudroient, des eaux nécessaires pour la culture de ses riz.

Karical & Pondichery virent augmenter chacune leur territoire, d'un espace de dix lieues & de quatre-vingts aldées. Si ces acquisitions n'étoient pas aussi considérables que celle de Scheringham pour l'influence dans les affaires générales, elles étoient bien plus avantageuses au commerce.

Mais c'étoit encore peu de chose, au prix du territoire qu'on gagnoit au Nord. Il embrassoit le Condavir, Mazulipatnam, l'isle de Divy, & les quatre provinces de Moutafanagar, d'Elour, de Ragimendry, & de Chicakol. Des concessions de cette importance rendoient les François maîtres de la côte dans une étendue de six cens milles, & devoient leur donner des toiles supérieures à celles qui sortent de l'Indostan. Il est vrai qu'ils ne devoient jouir des quatre provinces, qu'autant qu'ils entretiendroient au ſervice du ſouba le nombre des troupes dont on étoit convenu; mais cet engagement qui ne lioit que leur probité, ne les inquiétoit guère. Leur ambition dévoroit d'avance les tréſors accumulés dans ces vaſtes contrées depuis tant de ſiècles.

L'ambition des François & leurs projets de conquête, alloient bien plus loin encore. Ils ſe propoſoient de ſe faire céder la capitale des colonies Portugaiſes, & de s'emparer du triangle qui eſt entre Mazulipatnam, Goa, & le cap Comorin.

En attendant que le tems fût venu de réaliſer ces brillantes chimères, ils regardoient les honneurs qu'on prodiguoit perſonnellement à Dupleix, comme le préſage des plus grandes proſpérités. On n'ignore pas que toute colonie étrangère eſt plus ou moins odieuſe aux indigènes; qu'il eſt dans les principes d'une conduite judicieuſe, de chercher à diminuer cette averſion, & que le plus puiſſant moyen pour arriver à ce but, eſt d'adopter, autant qu'il eſt poſſible, les uſages du pays où l'on veut vivre. Cette maxime généralement vraie, l'eſt ſur-tout dans les contrées où l'on penſe peu, & par conſéquent aux Indes.

Le penchant que le chef des François avoit pour le faſte Aſiatique, l'affermiſſoit encore plus dans ces principes. Auſſi fut-il comblé de joie, lorſqu'il ſe vit revêtu de la dignité de nabab. Ce titre le rendoit l'égal de ceux dont on avoit été réduit juſqu'alors à briguer la protection, & lui donnoit une grande facilité pour préparer les révolutions qu'il jugeroit convenables aux grands intérêts qui lui étoient confiés. Il eſpéra encore davantage du gouvernement qu'il obtint de toutes les poſſeſſions Mogoles, dans un eſpace preſqu'auſſi étendu que la France entière. Tous les revenus de ces riches contrées devoient être dépoſés dans ſes mains, ſans qu'il fût obligé d'en rendre compte qu'au ſouba même.

Quoique ces arrangemens faits par des marchands ne duſſent pas être agréables à la cour de Delhy, on craignit peu ſon reſſentiment. Privée des ſecours d'hommes & d'argent, que les ſoubas, les nababs, les rajas, ſes moindres prépoſés ſe permettoient de lui refuſer, elle ſe voyoit aſſaillie de tous les côtés.

Les Rajeputes, descendans de ces Indiens que combattit Alexandre, chassés de leurs terres par les Mogols, se sont réfugiés dans des montagnes presqu'inaccessibles. Des troubles continuels les mettent hors d'état de former des projets de conquête: mais dans les momens de repos que leur laissent leurs dissensions, ils font des incursions qui fatiguent un empire épuisé.

Les Patanes sont des ennemis encore plus redoutables. Chassés par les Mogols de la plupart des trônes de l'Indostan, ils se sont réfugiés au pied du mont Imaüs, qui est une branche du Caucase. Ce séjour a singuliérement changé leurs mœurs, & leur a donné une férocité de caractère qu'ils n'avoient pas sous un ciel plus doux. La guerre est leur occupation la plus ordinaire. On les voit se ranger indifféremment sous les étendards des princes Indiens ou Mahométans; mais leur docilité n'égale pas leur valeur. De quelque crime qu'ils se soient rendus coupables, il est dangereux de les en punir, parce que l'esprit de vengeance les porte à l'assassinat quand ils sont foibles, & à la révolte, lorsque leur nombre peut les enhardir à des démarches audacieuses. Depuis que la puissance dominante a perdu sa force, la nation a secoué le joug. Ses généraux ont même, il y a peu d'années, poussé leurs ravages jusqu'à Delhy, qu'ils n'ont abandonné qu'après un affreux pillage.

Au nord de l'Indostan, est une nation, qui, quoique nouvelle, & même parce qu'elle est nouvelle, inspire encore plus de terreur. Ces peuples, connus sous le nom de Seiks, ont su se tirer des fers du despotisme & de la superstition, quoiqu'entourés de nations esclaves. On les dit sectateurs d'un philosophe du Thibet, qui leur donna des idées de liberté, & leur enseigna le déisme, sans aucun mélange de superstition. Ils se firent connoître au commencement du siècle: mais alors ils étoient moins regardés comme une nation que comme une secte. Durant les calamités de l'empire Mogol, leur nombre s'accrut considérablement, par des apostats de toutes les religions qui vinrent se joindre à eux, & y chercher un asyle contre les vexations & les fureurs de leurs tyrans. Pour être admis dans cette société, il suffit de jurer une haîne implacable à la monarchie. Il passe pour constant, que dans un temple est un autel sur lequel est placé le code de leur législation, à côté duquel on voit un sceptre & un poignard. Quatre vieillards sont élus, pour consulter dans l'occasion la loi, unique souverain de cette république. Les Seiks possèdent actuellement toute la province de Punjal, la plus grande partie du Moultan & du Sinde, les deux rives de l'Indus depuis Cachemire jusqu'à Talta, & tout le pays du côté de Delhy, depuis Lahor jusqu'à Sirhind. Ils peuvent mettre sur pied une armée de soixante mille bons chevaux.

Mais de tous les ennemis du Mogol, il n'y en a pas d'aussi dangereux que les Marattes. Ces peuples, devenus depuis quelque tems si célèbres, occupoient, autant que l'obscurité de leur origine & de leur histoire permet de le conjecturer, plusieurs provinces de l'Indostan, d'où la crainte ou les armes des Mogols les chassèrent. Ils se refugièrent dans les montagnes qui s'étendent depuis Surate jusqu'à Goa, & y formèrent plusieurs peuplades, qui avec le temps se fondirent dans un seul état, dont Sattarah fut long-tems, & dont Ponah est maintenant la capitale. La plupart d'entre eux portèrent bientôt le vice & la licence à tous les excès qu'on doit attendre d'un peuple ignorant qui a secoué le joug des préjugés, sans mettre à leur place de bonnes loix & des lumières. Dégoûtés des occupations louables & paisibles, ils ne respirèrent que le brigandage. Cependant leurs rapines se bornoient à piller quelques villages, à détrousser quelques caravanes, lorsque le Coromandel pressé par Aurengzeb, les avertit de leurs forces, en implorant leur secours.

A cette époque on les vit sortir de leurs rochers, sur des chevaux petits & mal faits, mais robustes & accoutumés à une mauvaise nourriture, à des chemins impraticables, à des fatigues excessives. Un turban, une ceinture, un manteau, c'étoit tout l'équipage du cavalier Maratte. Ses provisions se réduisoient à un petit sac de riz, & à une bouteille de cuir remplie d'eau. Il n'avoit pour armes, qu'un sabre d'une trempe excellente.

Malgré le secours de ces barbares, les princes Indiens furent forcés de subir le joug d'Aurengzeb : mais le conquérant lassé de lutter sans cesse contre des troupes irrégulières, qui portoient continuellement la destruction & le ravage dans les provinces nouvellement asservies, se détermina à un traité qui auroit été honteux, si la nécessité, plus forte que les préjugés, les sermens & les loix, ne l'avoit dicté. Il céda à perpétuité aux Marattes le droit de chotaye, ou la quatrième partie des revenus du Décan, soubabie formée de toutes les usurpations qu'il avoit faites dans la péninsule.

Cette espèce de tribut fut réguliérement payé, tant que vécut Aurengzeb. Après sa mort, on le donna, on le refusa, suivant qu'on étoit, ou qu'on n'étoit pas en force. Le soin de le lever attira les Marattes en corps d'armée, jusque dans les lieux les plus éloignés de leurs montagnes. Leur audace s'est accrue dans l'anarchie de l'Indostan. Ils ont fait trembler l'empire ; ils en ont déposé les chefs ; ils ont étendu leurs frontières ; ils ont accordé leur appui au rajas, aux nababs, qui cherchoient à se rendre indépendans. Leur influence a été sans bornes.

Tandis que la cour de Delhy luttoit avec désavantage contre tant d'ennemis acharnés à sa ruine, M. de Bussy, qui avec un foible corps de François & une armée Indienne, avoit conduit Salabetzingue à Aurengabad, sa capitale, s'occupoit avec succès du soin de l'affermir sur le trône où il l'avoit placé. L'imbécillité du prince, les conspirations dont elle fut la cause, l'inquiétude des Marattes, les firmans qu'on avoit accordés à des rivaux, d'autres obstacles traversèrent ses vues sans y rien changer. Il fit régner le protégé des François plus paisiblement que les circonstances ne permettoient de l'espérer, & il le maintint dans une indépendance absolue du chef de l'empire.

La situation de Chandasaeb, nommé à la nababie du Carnate, n'étoit pas si heureuse. Les Anglois, toujours opposés aux François, lui avoient suscité un rival nommé Mamet-Alikan. Le nom de ces deux princes servit de voile aux deux nations, pour se faire une guerre vive. Elles combattoient pour la gloire, pour la richesse, pour servir les passions de leurs chefs, Dupleix &

Saunders. La victoire passa souvent de l'un à l'autre camp. Les succès auroient été moins variés, si le gouverneur de Madras eût eu plus de troupes, ou le gouverneur de Pondichery de meilleurs officiers. Tout portoit à douter lequel de ces deux hommes, à qui la nature avoit donné le même caractère d'inflexibilité, finiroit par donner la loi; mais on étoit bien assuré qu'aucun ne la recevroit, tout le tems qu'il lui resteroit un soldat ou une roupie pour se soutenir. Cet épuisement même, malgré leurs efforts excessifs, paroissoit fort éloigné, parce qu'ils trouvoient l'un & l'autre dans leur haîne & dans leur génie, des ressources que les plus habiles ne soupçonnoient pas. Il étoit manifeste que les troubles ne cesseroient point dans le Carnate, à moins que la paix n'y arrivât d'Europe; & l'on pouvoit craindre que le feu concentré depuis six ans dans l'Inde, ne se communiquât au loin. Les ministres de France & d'Angleterre dissipèrent ce danger, en ordonnant aux deux compagnies de se rapprocher. Elles firent un traité conditionnel qui commença par suspendre les hostilités dans les premiers jours de 1755, & qui devoit finir par établir entre elles une égalité entière de territoire, de force & de commerce à la côte de Coromandel & à celle d'Orixa. Cet arrangement n'avoit pas encore obtenu la sanction des cours de Londres & de Versailles, lorsque de plus grands intérêts rallumèrent le flambeau de la guerre entre les deux nations.

XXIII. Guerre entre les Anglois & les François. Les derniers perdent tous leurs établissemens.

La nouvelle de ce grand incendie, qui de l'Amérique Septentrionale se communiqua à tout l'univers, arriva aux Indes dans un tems où les Anglois avoient à soutenir contre le souba du Bengale une guerre très-embarrassante. Si les François avoient été alors ce qu'ils étoient quelques années auparavant, ils auroient joint leurs intérêts aux intérêts des naturels du pays. Des vues étroites & une politique mal combinée, leur firent desirer d'assurer par une convention formelle, une neutralité, qui dans les dernières dissensions, avoit eu lieu sur les bords du Gange. Leur rival leur fit espérer cet arrangement, tant qu'il eut besoin de leur inaction. Mais aussi-tôt que ses succès l'eurent mis en état de donner la loi, il attaqua Chandernagor. La prise de cette place entraîna la ruine de tous les comptoirs qui lui étoient subordonnés ; & elle mit les Anglois en état de faire passer des hommes, de l'argent, des vivres, des vaisseaux, à la côte de Coromandel, où les François venoient d'arriver avec des forces considérables de terre & de mer.

Ces forces destinées à couvrir les établissemens de leur nation, à détruire ceux de leur ennemi, étoient plus que suffisantes pour ce double objet. Il s'agissoit seulement d'en faire un usage raisonnable, & l'on s'égara dès les premiers pas. La preuve en est sensible.

Avant le commencement des hostilités, la compagnie possédoit aux côtes d'Orixa & de Coromandel, Mazulipatnam avec cinq provinces; un grand arrondissement autour de Pondichery, qui n'avoit eu long-tems qu'une langue de sable, un domaine à-peu-près égal, près de Karikal ; & enfin l'isle de Scheringham. Ces possessions formoient quatre masses, trop éloignées les unes des autres pour s'étayer mutuellement. On y voyoit l'empreinte de l'esprit un peu décousu, & de l'imagination souvent gigantesque de Dupleix, qui les avoit acquises.

Le vice de cette politique avoit pu être corrigé. Dupleix qui rachetoit ses défauts par de grandes qualités, avoit amené les affaires au point de se faire offrir le gouvernement perpétuel du Carnate. C'étoit la province de l'empire Mogol la plus florissante. Des circonstances singulières & heureuses, lui avoient donné de suite trois nababs de la même famille, qui avoient fixé un œil également vigilant sur la culture & sur l'industrie. La félicité générale avoit été le fruit d'une conduite si douce & si généreuse, & les revenus publics étoient montés à douze millions. On en auroit donné la sixième partie à Salabetzingue, & le surplus seroit resté à la compagnie.

Si le ministère & la direction, qui tour-à-tour vouloient & ne vouloient pas être une puissance dans l'Inde, avoient été capables d'une résolution ferme & invariable, ils auroient pu ordonner à leur agent d'abandonner toutes les conquêtes éloignées, & de s'en tenir à ce grand établissement. Seul il devoit donner aux François une existence inébranlable, un état serré & contigu, une quantité prodigieuse de marchandises, des vivres pour l'approvisionnement de leurs places fortes, des revenus suffisans pour entretenir un corps de troupes, qui les eût mis en état de braver la jalousie de leurs voisins, & la haîne de leurs ennemis. Malheureusement pour eux, la cour de Versailles ordonna qu'on refusât le Carnate, & les affaires restèrent sur le pied où elles étoient avant cette proposition.

La situation étoit délicate. Peut-être n'y avoit-il que Dupleix qui pût s'y soutenir, ou à son défaut, l'officier célèbre qui étoit entré le plus avant dans sa confidence, & qui avoit eu le plus de part à ses combinaisons. On en jugea autrement. Dupleix avoit été rappellé. Le général qu'on chargea de la guerre de l'Inde, crut devoir renverser un édifice qu'il ne falloit qu'étayer dans des tems de trouble; & il publia ses idées avec un éclat qui ajoutoit beaucoup à l'imprudence de ses résolutions.

Cet homme, dont le caractère indomptable étoit presque toujours en contradiction avec les circonstances, n'avoit reçu de la nature aucune des qualités propres au commandement. Dominé par une imagination sombre, impétueuse, irrégulière, ses discours & ses projets, ses projets & ses démarches formoient un contraste continuel. Emporté, soupçonneux, jaloux, absolu à l'excès, il inspira une méfiance, un découragement universels; il excita des haînes qui ne sont pas assoupies. Ses opérations militaires, son administration civile, ses combinaisons politiques: tout se ressentit du désordre de ses idées.

L'évacuation de l'isle de Scheringham, fut la principale cause des malheurs de la guerre de Tanjaour. On perdit Mazulipatnam & les provinces du Nord, pour avoir renoncé à l'alliance de Salabetzingue. Les petites puissances du Carnate ne respectant plus dans les François le caractère de leur ancien ami, le souba du Décan, achevèrent de tout perdre, en embrassant d'autres intérêts.

D'un autre côté, l'escadre Françoise supérieure à celle des Anglois, l'avoit combattue trois fois, sans avoir pu la vaincre; & elle avoit fini par la laisser la maîtresse de la mer. Cet abandon décida la perte de l'Inde. Pondichery, livré aux horreurs de la famine, fut obligé de se rendre le 15 janvier 1761. Lally avoit corrigé la veille un projet de capitulation dressé par le conseil. Il avoit nommé des députés pour la porter au camp ennemi; & par une contradiction qui le peint, mais dont les suites ont été fatales, il chargea ces mêmes députés d'une lettre pour le général Anglois, auquel il marquoit, *qu'il ne vouloit point de capitulation, parce que les Anglois étoient gens à ne pas la tenir.*

En prenant possession de la place, le conquérant fit embarquer pour l'Europe, non-seulement les troupes qui l'avoient défendue, mais encore tons les François attachés au service de la compagnie. On poussa plus loin la vengeance. Pondichery fut détruit, & cette ville superbe ne fut plus qu'un monceau de ruine.

Ceux de ses habitans qu'on avoit transportés en France, y arrivèrent avec le désespoir d'avoir perdu leur fortune, & d'avoir vu, en s'éloignant du rivage, leurs maisons renversées. Ils remplirent Paris de leurs cris; ils dénoncèrent leur chef à l'indignation publique; ils le présentèrent au gouvernement comme l'auteur de tous les maux, comme la cause unique de la perte d'une colonie florissante. Lally fut arrêté; le parlement instruisit son procès. Il avoit été accusé de haute trahison & de concussion. La première de ces accusations fut reconnue absolument fausse; la seconde resta sans preuves; & cependant Lally fut condamné à perdre la tête.

Nous demanderons au nom de l'humanité, quel étoit son crime dans l'ordre des loix? Le glaive redoutable de la justice n'a point été déposé dans les mains des magistrats, pour venger des haînes particulières, ni même pour suivre les mouvemens de l'indignation publique. C'est à la loi seule qu'il appartient de marquer les victimes; & si les clameurs d'une multitude aveugle & passionnée pouvoient décider les juges à prononcer une peine capitale, l'innocence prendroit la place du crime, & il n'y auroit plus de sûreté pour le citoyen. Analysons l'arrêt sous ce point de vue.

Il déclare Lally convaincu *d'avoir trahi les intérêts du roi, de son état, & de la compagnie des Indes.* Qu'est-ce que trahir les intérêts?

Où eſt la loi qui ordonne la peine de mort, pour ce délit vague & indéfini ? Il n'en exiſte, il ne peut en exiſter aucune. La diſgrace du prince, le mépris de la nation, l'opprobre public, ſont les châtimens deſtinés à l'homme incapable ou inſenſé qui a mal ſervi l'état : mais la mort, & la mort ſur l'échafaud, pour la mériter, il faut des crimes d'un autre genre.

L'arrêt déclare encore Lally convaincu *de vexations, d'exactions, d'abus d'autorité.* Nous n'en doutons pas ; il en a commis ſans nombre. Il a employé des moyens violens pour ſe procurer des reſſources pécuniaires : mais cet argent a été verſé dans le tréſor public. Il a vexé, il a tourmenté des citoyens : mais il n'a point attenté à leur vie, il n'a point attenté à leur honneur. Il a fait dreſſer des gibets dans la place publique : mais il n'y a fait attacher perſonne.

Dans la vérité c'étoit un fou noir & dangereux ; un homme odieux & mépriſable ; un homme eſſentiellement incapable de commander aux autres. Mais ce n'étoit ni un concuſſionnaire, ni un traître ; & pour nous ſervir de l'expreſſion d'un philoſophe dont les vertus font honneur à l'humanité : *tout le monde avoit droit d'aſſommer Lally, excepté le bourreau.*

XXIV. Source des malheurs éprouvés par les François.

Les diſgraces qu'éprouvoient les François en Aſie avoient été prévues par tous les obſervateurs, qui réfléchiſſoient ſur la corruption de cette nation. Ses mœurs avoient ſur-tout dégénéré dans le climat voluptueux des Indes. Les guerres que Dupleix avoit faites dans l'intérieur des terres, avoient commencé un aſſez grand nombre de fortunes. Les dons que Salabetzingue prodigua à ceux qui le conduiſirent triomphant dans ſa capitale & l'affermirent ſur le trône, les multiplièrent & les augmentèrent. Les officiers qui n'avoient pas partagé le péril, la gloire, les avantages de ces expéditions brillantes, cherchèrent à ſe conſoler de leur malheur, en réduiſant à la moitié le nombre des Cipayes qu'ils devoient avoir, & dont ils pouvoient facilement détourner la ſolde, parce qu'on leur en laiſſoit la manutention. Les commis à qui ces reſſources étoient interdites, débitant les marchandiſes envoyées d'Europe, ne rendoient à la compagnie que la moindre partie d'un bénéfice qu'elle auroit dû avoir entier, & lui revendoient fort cher celles de l'Inde, qu'elle auroit dû recevoir de la première main. Ceux qui étoient chargés de l'administration de quelque possession, l'affermoient eux-mêmes sous des noms Indiens, ou la donnoient à vil prix, parce qu'ils avoient reçu d'avance une gratification considérable; souvent même ils retenoient tout le revenu de ces possessions, en supposant des violences & des ravages qui avoient rendu impossible le recouvrement. Toutes les entreprises, de quelque nature qu'elles fussent, s'accordoient clandestinement : elles étoient la proie des employés qui avoient su se rendre redoutables, ou de ceux qui jouissoient de plus de faveur & de fortune. L'abus solemnel aux Indes de faire & de recevoir des présens à chaque traité, avoit multiplié les engagemens sans nécessité. Les navigateurs qui abordoient dans ces climats, éblouis des fortunes qu'ils voyoient quadrupler d'un voyage à l'autre, ne voulurent plus regarder les vaisseaux dont on leur confioit le commandement, que comme une voie de trafic & de richesse qui leur étoit ouverte. La corruption fut portée à son comble par les gens de qualité, avilis & ruinés, qui sur ce qu'ils voyoient, sur ce qu'ils entendoient dire, voulurent passer en Asie, dans l'espérance d'y rétablir leurs affaires ou d'y continuer avec impunité leurs déréglemens. La conduite personnelle des directeurs les mettoit dans la nécessité de fermer les yeux sur tous ces désordres. On leur reprochoit de ne voir dans leur place que le crédit, l'argent, le pouvoir qu'elle leur donnoit. On leur reprochoit de livrer les postes les plus importans à des parens sans mœurs, sans application, sans capacité. On leur reprochoit de multiplier sans cesse & sans mesure le nombre des facteurs, pour se ménager des protecteurs à la ville & à la cour. Enfin on leur reprochoit de fournir eux-mêmes ce qu'on auroit obtenu ailleurs à un prix plus modique, & de meilleure qualité. Soit que le gouvernement ignorât ces excès, soit qu'il n'eût pas le courage de les réprimer; il fut par son aveuglement, ou par sa foiblesse, complice en quelque sorte de la ruine des affaires de la nation dans l'Inde. On pourroit même sans injustice l'accuser d'en avoir été la caufe principale, par les inftrumens foibles ou infidèles qu'il employa pour diriger, pour défendre une colonie importante, qui n'avoit pas moins à craindre de fa corruption, que des flottes & des armées Angloifes.

XXV. Mefures que l'on prend en France pour le rétabliffement des affaires dans l'Inde.

Le poids des malheurs qui accabloient la compagnie dans l'Orient, étoit augmenté par la fituation non moins fâcheufe où elle fe trouvoit en Europe. Il fallut tracer ce double tableau aux actionnaires. Cette vérité amena le défefpoir, & ce défefpoir enfanta cent fyftêmes, la plupart abfurdes. On paffoit rapidement de l'un à l'autre, fans qu'aucun pût fixer des efprits pleins d'incertitude & de défiance. Des momens précieux fe paffoient en reproches & en invectives. L'aigreur nuifoit aux délibérations. Perfonne ne pouvoit prévoir où tant de convulfions aboutiroient. Les orages fe calment enfin, les cœurs s'ouvrent à l'efpérance. La compagnie, que les ennemis de tout privilège exclufif defiroient de voir abolie, & dont tant d'intérêts particuliers avoient juré la ruine, eft maintenue; & ce qui étoit indifpenfable, on la réforme.

Parmi les caufes qui avoient précipité la compagnie dans l'abîme où elle fe trouvoit, il y en avoit une regardée depuis long-tems comme la fource de toutes les autres : c'étoit la dépendance, ou plutôt la fervitude où le gouvernement tenoit ce grand corps depuis près d'un demi-fiècle.

Dès 1723, la cour avoit elle-même choifi les directeurs. En 1730, un commiffaire du roi fut introduit dans l'adminiftration de la compagnie. Dès-lors, plus de liberté dans les délibérations; plus de relation entre les adminiftrateurs & les propriétaires; aucun rapport immédiat entre les adminiftrateurs & le gouvernement. Tout fe dirigea par l'influence & fuivant les vues de l'homme de la cour. Le myftère, ce voile dangereux d'une adminiftration arbitraire, couvrit toutes les opérations; & ce ne fut qu'en 1744 qu'on affembla les actionnaires. Ils furent autorifés à nommer des fyndics, & à faire tous les ans une affemblée générale : mais ils n'en furent pas mieux inftruits de leurs affaires, ni plus maîtres de les diriger. Le prince continua à nommer les directeurs; & au lieu d'un commiſſaire qu'il avoit eu juſqu'alors dans la compagnie, il voulut en avoir deux.

Dès ce moment, il y eut deux partis. Chacun des commiſſaires forma des projets différens, adopta des protégés, chercha à faire prévaloir ſes vues. De-là, les diviſions, les intrigues, les délations, les haînes dont le foyer étoit à Paris, mais qui s'étendirent juſqu'aux Indes, & qui y éclatèrent d'une manière ſi funeſte pour la nation.

Le miniſtère frappé de tant d'abus, & fatigué de ces guerres interminables, y chercha un remède. Il crut l'avoir trouvé en nommant un troiſième commiſſaire. Cet expédient ne fit qu'augmenter le mal. Le deſpotiſme avoit régné lorſqu'il n'y en avoit qu'un; la diviſion, lorſqu'il y en eut deux; mais dès l'inſtant qu'il y en eut trois, tout tomba dans l'anarchie. On revint à n'en avoir que deux, qu'on tâcha de concilier le mieux qu'on put; & il n'y en avoit même qu'un en 1764; lorſque les actionnaires demandèrent qu'on rappellât la compagnie à ſon eſſence, en lui rendant ſa liberté.

Ils oſèrent dire au gouvernement que c'étoit à lui à s'imputer les malheurs & les fautes de la compagnie, puiſque les actionnaires n'avoient pris aucune part à la conduite de leurs affaires: qu'elles ne pouvoient être dirigées vers le but le plus utile pour eux & pour l'état, qu'autant qu'elles le ſeroient librement, & qu'on établiroit des relations immédiates entre les propriétaires & les adminiſtrateurs, entre les adminiſtrateurs & le miniſtère: que toutes les fois qu'il y auroit un intermédiaire, les ordres donnés d'une part, & les repréſentations faites de l'autre, recevroient néceſſairement en paſſant par ſes mains, l'impreſſion de ſes vues particulières & de ſa volonté perſonnelle; enſorte qu'il ſeroit toujours le véritable & l'unique adminiſtrateur de la compagnie: qu'un adminiſtrateur de cette nature, toujours ſans intérêt, ſouvent ſans lumières, ſacrifieroit perpétuellement à l'éclat paſſager de ſon adminiſtration, & à la faveur des gens en place, le bien & l'avantage réel du commerce: qu'on devoit tout attendre au contraire d'une adminiſtration libre, choiſie par les propriétaires, éclairée par eux, agiſſant avec eux, & loin de laquelle on écarteroit conſtamment toute idée de gêne & de contrainte.

Ces raiſons furent ſenties par le gouvernement. Il aſſura à la compagnie ſa liberté par un édit ſolemnel; & l'on fit quelques réglemens pour donner une nouvelle forme à ſon adminiſtration.

Le but de ces inſtitutions étoit, que la compagnie ne fût plus conduite par des hommes, qui ſouvent n'étoient pas dignes d'en être les facteurs : que le gouvernement ne s'en mêlât que pour la protéger : qu'elle fût également préſervée & de la ſervitude, ſous laquelle elle avoit conſtamment gémi, & de l'eſprit de myſtère qui avoit perpétué la corruption : qu'il y eût des relations continuelles entre les adminiſtrateurs & les actionnaires : que Paris, privé de l'avantage dont jouiſſent les capitales des autres nations commerçantes, celui d'être un port de mer, pût s'inſtruire du commerce dans des aſſemblées libres & paiſibles : que le citoyen s'y formât enfin des idées juſtes de ce lien puiſſant de toutes les nations, & qu'il apprît, en s'éclairant ſur les ſources de la proſpérité publique, à reſpecter le négociant dont les opérations y contribuent, ainſi qu'à mépriſer les profeſſions qui la détruiſent.

Les événemens qui ſuivirent ces ſages inſtitutions, eurent quelque éclat. On remarqua de tous côtés une grande activité. Durant les cinq années que dura la nouvelle adminiſtration, les ventes s'élevèrent annuellement à près de 18,000,000 livres. Elles n'avoient pas été ſi conſidérables, dans les tems qu'on avoit regardés comme les plus brillans; puiſque depuis 1726, juſques & y compris 1756, elles n'étoient montées qu'à 437,376,284 liv. ce qui faiſoit année commune, paix & guerre, 14,108,912 livres.

Cependant cette apparente proſpérité couvroit des abîmes. Lorſqu'on en ſoupçonna l'exiſtence & qu'on voulut les approfondir, il ſe trouva que la compagnie, à la repriſe de ſon commerce, étoit plus endettée qu'on ne l'avoit cru. C'eſt un événement ordinaire à tous les corps marchands qui ont des affaires compliquées, étendues, éloignées. Preſque jamais ils n'ont une idée juſte de leur ſituation. On attribuera, ſi l'on veut, ce vice à l'infidélité, à la négligence, à l'incapacité de ses agens : toujours sera-t-il vrai qu'il existe presque généralement. Le malheur des guerres augmente encore la confusion. Celle que les François venoient de soutenir dans l'Inde, avoit été longue & malheureuse. Les dépenses & les déprédations n'en étoient qu'imparfaitement connues ; & la compagnie recommença ses opérations en comptant sur un plus grand capital qu'elle ne l'avoit.

Cette erreur, ruineuse en elle-même, fut suivie d'autres erreurs funestes, où l'on tomba peut-être pour n'avoir pas assez réfléchi sur les révolutions arrivées depuis peu dans l'Inde. On espéra que les ventes de la compagnie s'éleveroient à vingt-cinq millions, & elles restèrent au-dessous de dix-huit. On espéra que les marchandises d'Europe seroient vendues cinquante pour cent de plus qu'elles n'avoient coûté, & à peine rendirent-elles leur prix originaire. On espéra un bénéfice de cent pour cent sur les productions qu'on rapportoit dans nos climats, & il ne fut pas de soixante-douze.

Tous ces mécomptes avoient leur source dans la ruine de la considération françoise dans l'Inde, & dans le pouvoir exorbitant de la nation conquérante, qui venoit d'asservir ces régions éloignées : dans la nécessité où l'on étoit réduit de recevoir souvent à crédit de mauvaises marchandises des négocians Anglois, qui cherchoient à faire passer en Europe les fortunes immenses qu'ils avoient faites en Asie : dans l'impossibilité de se procurer les fonds nécessaires au commerce, sans en donner un intérêt exorbitant : dans l'obligation d'approvisionner les isles de France & de Bourbon, avances dont la compagnie fut tard & mal payée par le gouvernement, ainsi que de la gratification qu'on lui avoit accordée pour ses exportations & ses importations.

Enfin, dans le plan des administrateurs, les dépenses nécessaires pour l'exploitation du commerce & celles de souveraineté, ne devoient pas excéder, chaque année, quatre millions ; & elles en coûtèrent plus de huit. Les dernières même pouvoient aller plus loin dans la suite, étant susceptibles par leur nature de

s'étendre

s'étendre & de s'accroître ſuivant les vues politiques du monarque, unique juge de leur importance & de leur néceſſité.

Il étoit impoſſible que, dans cet état de choſes, la compagnie ne dérangeât de plus en plus ſes affaires. Sa ruine & celle de ſes créanciers alloit être conſommée, lorſque le gouvernement, averti par des emprunts qui ſe renouvelloient ſans ceſſe, voulut être inſtruit de ſa ſituation. Il ne l'eut pas plutôt connue, qu'il jugea devoir ſuſpendre le privilège excluſif du commerce des Indes. Il faut voir quel étoit alors l'état de la compagnie.

XXVI. Le privilège de la compagnie eſt ſuſpendu. Sa ſituation à cette époque.

Avant 1764, il exiſtoit cinquante mille deux cens ſoixante-huit actions. A cette époque, le miniſtère qui, en 1746, 1747 & 1748, avoit abandonné aux actionnaires le produit des actions & des billets d'emprunt qui lui appartenoient, leur ſacrifia les billets & les actions même, les uns & les autres au nombre de onze mille huit cens trente-cinq, pour les indemniſer des dépenſes qu'ils avoient faites durant la dernière guerre. Ces actions ayant été annullées, il n'en reſta que trente-huit mille quatre cens trente-deux.

Les beſoins de la compagnie firent décider dans la ſuite un appel de 400 livres par action. Plus de trente-quatre mille actions remplirent cette obligation. Les quatre mille qui s'en étoient diſpenſées ayant été réduites aux termes de l'édit, qui avoit autoriſé l'appel, aux cinq huitièmes de la valeur de celles qui y avoient ſatisfait; le nombre total ſe trouva réduit, par l'effet de cette opération, à trente-ſix mille neuf cens vingt actions entières & ſix huitièmes.

Le dividende des actions de la compagnie de France a varié, comme celui des autres compagnies, ſuivant les circonſtances. Il fut de 100 livres, en 1722. Depuis 1723 juſqu'en 1745, de 150 liv. Depuis 1746 juſqu'en 1749, de 70 liv. Depuis 1750 juſqu'en 1758, de 80 livres. Depuis 1759 juſqu'en 1763, de 40 livres. Il ne fut que de 20 livres en 1764. Ces détails démontrent que le dividende & la valeur de l'action qui s'y proportionnoit toujours, étoient néceſſairement aſſujettis au haſard du commerce, & au flux & reflux de l'opinion publique. De-là, ces écarts prodigieux, qui, tantôt élevoient, tantôt abaissoient le prix de l'action; qui de deux cens pistoles la réduisoient à cent, dans la même année; qui la reportoient ensuite à 1,800 livres, pour la faire retomber à 700 livres quelque tems après. Cependant, au milieu de ces révolutions, les capitaux de la compagnie étoient presque toujours les mêmes. Mais c'est un calcul que le public ne fait jamais. La circonstance du moment le détermine; & dans sa confiance comme dans ses craintes, il va toujours au-delà du but.

Les actionnaires perpétuellement exposés à voir leur fortune diminuer de moitié en un jour, ne voulurent plus courir les hasards d'une pareille situation. En faisant de nouveaux fonds pour la reprise du commerce, ils demandèrent à mettre à couvert tout ce qui leur restoit de leur bien; de manière que dans tous les tems, l'action eût un capital fixe, & une rente assurée. Le gouvernement consacra cet arrangement par son édit du mois d'août 1764. L'article treizième porte expressément, que pour assurer aux actionnaires un sort fixe, stable & indépendant de tout événement futur du commerce, il sera détaché de la portion du contrat qui se trouvoit libre alors, le fonds nécessaire pour former à chaque action un capital de 1600 livres, & un intérêt de 80 livres *sans que cet intérêt & ce capital soient tenus de répondre, en aucun cas & pour quelque cause que ce soit, des engagemens que la compagnie pourroit contracter postérieurement à cet édit.*

La compagnie devoit donc pour trente-six mille neuf cens vingt actions & six huitièmes, sur le pied de 80 livres par action, un intérêt de 2,953,660 liv. Elle payoit pour ses différens contrats 2,727,506 livres; ce qui faisoit en tout 5,681,166 liv. de rentes perpétuelles. Les rentes viagères montoient à 3,074,899 livres. Ainsi la totalité des rentes viagères & perpétuelles, formoit une somme de 8,756,065 livres. On va voir maintenant quels étoient les moyens de la compagnie, pour faire face à des engagemens si considérables.

Ce grand corps, beaucoup trop mêlé dans les opérations de Law, avoit prêté au fisc 90,000,000 livres. A la chûte du système, on lui abandonna pour son paiement la vente exclusive du tabac, qui rendoit alors 3,000,000 livres par an; mais il ne lui restoit aucun fonds pour son commerce. Aussi son inaction dura-t-elle jusqu'en 1726, que le gouvernement vint à son secours. La célérité de ses progrès étonna toutes les nations. L'essor qu'il prenoit, sembloit devoir l'élever au-dessus des compagnies les plus florissantes. Cette opinion, qui étoit générale, enhardissoit les actionnaires à se plaindre de ce qu'on ne doubloit pas, qu'on ne triploit pas les répartitions. Ils croyoient, & le public croyoit avec eux, que le trésor du prince s'enrichissoit de leurs dépouilles. Le profond mystère, sous lequel on ensevelissoit le secret des opérations, donnoit beaucoup de force à ces conjectures.

Le commencement des hostilités entre la France & l'Angleterre, en 1744, rompit le charme. Le ministère, trop gêné dans ses affaires pour faire des sacrifices à la compagnie, l'abandonna à elle-même. On fut alors bien surpris, de voir tout prêt à s'écrouler, ce colosse, qui n'avoit point éprouvé de secousses, & dont tous les malheurs se réduisoient à la perte de deux vaisseaux d'une valeur médiocre. C'en étoit fait de son sort, si en 1747 le gouvernement ne se fût reconnu débiteur envers la compagnie de 180,000,000 livres, dont il s'obligeoit de lui payer à perpétuité l'intérêt au denier vingt. Cet engagement, qui devoit lui tenir lieu de la vente exclusive du tabac, est un point si important dans son histoire, qu'on ne le trouveroit pas assez éclairci, si nous ne reprenions les choses de plus haut.

L'usage du tabac, introduit en Europe après la découverte de l'Amérique, ne fit pas en France des progrès rapides. La consommation en étoit si bornée, que le premier bail, qui commença le premier décembre 1674, & qui finit le premier octobre 1680, ne rendit au gouvernement que 500,000 livres les deux premières années, & 600,000 livres les quatre dernières; quoiqu'on eût joint à ce privilège le droit de marque sur l'étain. Cette ferme fut confondue dans les fermes générales jusqu'en 1691, qu'elle y resta encore unie; mais elle y fut comprise pour 1,500,000 livres par an. En 1697, elle redevint une ferme particulière aux mêmes conditions, jusqu'en 1709, où elle reçut une augmentation de

100,000 livres jusqu'en 1715. Elle ne fut alors renouvellée que pour trois années, dont les deux premières devoient rendre 2,000,000 livres, & la dernière 200,000 livres de plus. A cette époque, elle fut élevée à 4,020,000 livres par an; mais cet arrangement ne dura que du premier octobre 1718, au premier juin 1720. Le tabac devint marchand dans toute l'étendue du royaume, & resta sur ce pied jusqu'au premier septembre 1721. Les particuliers en firent, dans ce court intervalle, de si grandes provisions, que lorsqu'on voulut rétablir cette ferme, on ne put la porter qu'à un prix modique. Ce bail, qui étoit le onzième, devoit durer neuf ans, à commencer du premier septembre 1721, au premier octobre 1730. Les fermiers donnoient pour les treize premiers mois, 1,300,000 livres: 1,800,000 livres pour la seconde année; 2,560,000 livres pour la troisième année; & 3,000,000 livres pour chacune des six dernières. Cet arrangement n'eut pas lieu; parce que la compagnie des Indes, à qui le gouvernement devoit 90,000,000 livres portées au trésor royal en 1717, demanda la ferme du tabac, qui lui avoit été alors aliénée à perpétuité, & dont des événemens particuliers l'avoient empêché de jouir. Sa requête fut trouvée juste, & l'on lui adjugea ce qu'elle sollicitoit avec la plus grande vivacité.

Elle régit, par elle-même, cette ferme, depuis le premier octobre 1723, jusqu'au dernier septembre 1730. Le produit durant cet espace, fut de 50,083,967 livres 11 sols 9 deniers, ce qui faisoit par an 7,154,852 livres 10 sols 3 deniers; sur quoi il falloit déduire chaque année, pour les frais d'exploitation, 3,042,963 livres 19 sols 6 deniers.

Ces frais énormes firent juger qu'une affaire qui devenoit tous les jours plus considérable, seroit mieux entre les mains des fermiers généraux, qui la conduiroient avec moins de dépense, par le moyen des commis qu'ils avoient pour d'autres usages. La compagnie leur en fit un bail pour huit années. Ils s'engagèrent à lui payer, 7,500,000 livres pour chacune des quatre premières années, & 8,000,000 livres pour chacune des quatre dernières. Ce bail fut continué sur le même pied jusqu'au mois de juin 1747,

& le roi promit de tenir compte à la compagnie de l'augmentation de produit, lorsqu'elle seroit connue & constatée.

A cette époque, le roi réunit la ferme du tabac à ses autres droits, en créant & aliénant au profit de la compagnie 9,000,000 livres de rente perpétuelle, au principal de 180,000,000 livres. On crut lui devoir ce grand dédommagement pour l'ancienne dette de 90,000,000 livres ; pour l'excédent du produit de la ferme du tabac, depuis 1738 jusqu'en 1747 ; & pour l'indemniser des dépenses faites pour la traite des nègres, des pertes souffertes pendant la guerre, de la rétrocession du privilège exclusif du commerce de Saint-Domingue, de la non-jouissance du droit de tonneau, dont le paiement avoit été suspendu depuis 1731. Ce traitement a paru cependant insuffisant à quelques actionnaires, qui sont parvenus à découvrir que, depuis 1758, il s'est vendu annuellement dans le royaume, onze millions sept cens mille livres de tabac à un écu la livre, quoiqu'il n'eût coûté d'achat que 27 livres le cent pesant.

La nation pensa bien différemment. Elle accusa les administrateurs, qui déterminèrent le gouvernement à se reconnoître débiteur d'une somme si considérable, d'avoir immolé la fortune publique aux intérêts d'une société particulière. Un écrivain qui examineroit de nos jours si ce reproche étoit ou n'étoit pas fondé, passeroit pour un homme oisif. Cette discussion est devenue très-inutile, depuis que les vraies lumières se sont répandues. Il suffira de remarquer que c'est avec les 9,000,000 liv. de rente mal-à-propos sacrifiées par l'état, que la compagnie faisoit face aux 8,756,065 livres, dont elle étoit chargée ; de manière qu'il lui restoit encore environ 244,000 livres de revenu libre.

Il est vrai qu'elle devoit en dettes chirographaires 74,505,000 livres ; mais elle avoit dans son commerce, dans sa caisse ou dans ses recouvremens à faire 70,733,000 livres. On conviendra qu'indépendamment de la différence dans les valeurs, il y en avoit dans les sûretés. En effet, le gouvernement devoit s'attendre à remplir tous les engagemens de la compagnie. Cependant il a sauvé 10,000,000 liv. dont les titres de créance ou les créanciers ont malheureusement péri dans les révolutions si multipliées de l'Asie. Les pertes qu'on a faites sur ce qui étoit dû à la compagnie en Europe, en Amérique & dans les Indes, n'ont pas été beaucoup plus considérables ; & si les isles de France & de Bourbon étoient jamais en état de payer les 7,106,000 livres qu'elles doivent, la lésion sur ce point n'auroit pas été fort considérable.

L'unique fortune de la compagnie consistoit donc en effets mobiliers ou immobiliers, pour environ 20,000,000 liv. & dans l'espérance de l'extinction des rentes viagères, qui, avec le tems, devoit lui donner 3,000,000 liv. de revenu, dont la valeur actuelle pouvoit être assimilée à un capital libre de 30,000,000 livres.

Indépendamment de ces propriétés, la compagnie jouissoit de quelques droits qui lui étoient extrêmement utiles. On lui avoit accordé le commerce exclusif du café. Le bien général exigea que celui qui venoit des isles de l'Amérique, sortît de son privilège en 1736 : mais il lui fut accordé en dédommagement une somme annuelle de 50,000 livres, qui lui fut toujours payée. Le privilège même du café de Moka, fut détruit en 1767. Le gouvernement ayant permis l'introduction de celui qui étoit tiré du levant. La compagnie n'obtint à ce sujet aucune indemnité.

Elle avoit éprouvé l'année précédente une privation plus sensible. On lui avoit accordé en 1720 le droit de porter seule des esclaves dans les colonies d'Amérique. Le vice de ce système ne tarda pas à se faire sentir ; & il fut décidé que tous les négocians du royaume pourroient prendre part à ce trafic, à condition qu'ils ajouteroient une pistole par tête, aux 13 livres qu'avoit accordées le trésor royal. En supposant que les isles Françoises recevoient quinze mille noirs par an, il en résultoit un revenu de 345,000 livres pour la compagnie. Cet encouragement, qui lui étoit donné pour un commerce qu'elle ne faisoit pas, fut supprimé en 1767 ; mais remplacé par un équivalent moins déraisonnable.

La compagnie, au tems de sa formation, avoit obtenu une gratification de 50 livres pour chaque tonneau de marchandises qu'elle exporteroit, & une gratification de 75 livres pour chaque tonneau de marchandises qu'elle importeroit. Le ministère, en lui ôtant ce qu'elle tiroit des nègres, porta la gratification de chaque tonneau d'exportation à 75 livres, & à 80 livres celle de chaque tonneau d'importation. Qu'on les évalue annuellement à six mille tonneaux, & l'on trouvera pour la compagnie un produit de plus de 1,000,000 liv. en y comprenant les 50,000 liv. qu'elle recevoit pour les cafés.

En conservant ses revenus, la compagnie avoit vu diminuer ses dépenses. L'édit de 1764 avoit fait passer la propriété des isles de France & de Bourbon dans les mains du gouvernement, qui s'étoit imposé l'obligation de les fortifier & de les défendre. Par cet arrangement, la compagnie s'étoit trouvée affranchie d'une dépense annuelle de 2,000,000 liv. sans que le commerce exclusif dont elle jouissoit dans ces deux colonies eût reçu la moindre atteinte.

Avec tant de moyens apparens de prospérité, la compagnie s'endettoit tous les jours. Elle n'auroit pu se soutenir que par le secours du gouvernement. Mais depuis quelque tems le conseil de Louis XV paroissoit envisager avec indifférence l'existence de ce grand corps. Il parut enfin un arrêt du conseil, en date du 13 août 1769, par lequel le roi suspendoit le privilège exclusif de la compagnie des Indes, & accordoit à tous ses sujets la liberté de naviguer & de commercer au-delà du cap de Bonne-Espérance. Cependant en donnant cette liberté inattendue, le gouvernement crut devoir y apposer quelques conditions. L'arrêt qui ouvre cette nouvelle carrière aux armateurs particuliers, les assujettit à se munir de passeports qui doivent leur être délivrés gratuitement par les administrateurs de la compagnie des Indes; il les oblige à faire leur retour dans le port de l'Orient, exclusivement à tout autre; il établit un droit d'indult sur toutes les marchandises provenant des Indes; droit qui, par un second arrêt du conseil, rendu le 6 septembre suivant, fut fixé à cinq pour cent sur toutes les marchandises des Indes & de la Chine, & à trois pour cent sur toutes celles du cru des isles de France & de Bourbon.

XXVII. La compagnie perd l'espoir de reprendre son commerce. Elle cède tous ses effets au gouvernement.

L'arrêt du 13 août, en se bornant à suspendre le privilège de la compagnie, sembloit conserver aux actionnaires la faculté d'en reprendre l'exercice : mais ils n'en prévirent pas la possibilité ; & ils se déterminèrent sagement à une liquidation qui pût assurer le sort de leurs créanciers, & les débris de leur fortune.

Ils offrirent au roi de lui céder tous les vaisseaux de la compagnie, au nombre de trente ; tous les magasins & les édifices qui lui appartenoient au port de l'Orient & aux Indes ; la propriété de ses comptoirs & des aldées qui en dépendoient ; tous ses effets de marine & de guerre ; enfin, deux mille quatre cens cinquante esclaves qu'elle avoit aux isles. Ces objets furent évalués 30,000,000 livres par les actionnaires, qui demandèrent en même tems le paiement de 16,500,000 livres qui leur étoient dus par le gouvernement.

Le Roi, en agréant la cession proposée, crut devoir en diminuer le prix : non pas que les choses qui en faisoient l'objet n'eussent une valeur plus considérable encore dans les mains de la compagnie ; mais parce qu'en passant dans celles du gouvernement, elles devenoient pour lui une charge nouvelle. Ainsi, au lieu de 46,500,000 livres demandées par les actionnaires, le prince, pour s'acquitter en totalité avec eux, créa à leur profit, par son édit du mois de janvier 1770, 1,200,000 livres de rentes perpétuelles, au principal de 30,000,000 livres.

Ce nouveau contrat servit d'hypothèque à un emprunt de 12,000,000 liv. en rentes viagères à dix pour cent, & par voie de loterie, que la compagnie fit dans le mois de février suivant. L'objet de cet emprunt étoit de faire face aux engagemens pris pour former les dernières expéditions ; mais il ne suffisoit pas encore ; & dans l'impossibilité de se procurer des fonds par la voie du crédit, les actionnaires remirent au roi, dans leur assemblée du 7 avril 1770, toutes leurs propriétés, à l'exception du capital hypothéqué aux actions.

Les principaux objets compris dans cette nouvelle cession, consistoient dans l'extinction de 4,200,000 livres de rentes viagères ;

viagères ; dans la partie du contrat de 9,000,000 liv. qui excédoit le capital des actions ; dans l'hôtel de Paris ; dans les marchandises des Indes attendues en 1770 & 1771, présumées devoir s'élever à 26,000,000 livres ; & enfin, dans les créances à exercer sur des débiteurs solvables ou insolvables, aux Indes, aux isles de France & de Bourbon, à Saint-Domingue. Les actionnaires s'engageoient en même tems à fournir au roi une somme de 14,768,000 livres, par la voie d'un appel, qui fut fixé à 400 livres par action. Le ministère, en acceptant ces divers arrangemens, s'engagea de son côté à payer toutes les rentes perpétuelles & viagères constituées par la compagnie ; tous les autres engagemens, qui montoient à environ 45,000,000 livres ; toutes les pensions & demi-soldes qu'elle avoit accordées, & qui formoient un objet annuel de 80,000 livres ; enfin, à supporter tous les frais & tous les risques d'une liquidation qui, nécessairement, devoit durer plusieurs années.

Le roi, en même tems, porta à 2500 liv. produisant 125 liv. de rente, le capital de l'action, qui, par l'édit du mois d'août 1764, avoit été fixé à 1600 livres de principal, produisant une rente de 80 livres. La nouvelle rente de 125 liv. fut assujettie à la retenue du dixième ; & il fut décidé que le produit de ce dixième seroit employé annuellement au remboursement des actions par la voie du sort, sur le pied de leur capital de 2500 liv. de manière que la rente des actions remboursées accroîtroit le fonds d'amortissement jusqu'au parfait remboursement de la totalité des actions.

Ces conditions respectives se trouvent consignées dans un arrêt du conseil, du 8 avril 1770, portant homologation de la délibération prise la veille dans l'assemblée générale des actionnaires, & revêtu de lettres-patentes en date du 22 du même mois. Au moyen de ces arrangemens, l'appel a été fourni, le tirage pour le remboursement des actions, au nombre de deux cens vingt, a été fait chaque année, & les dettes chyrographaires de la compagnie ont été fidélement acquittées à leur échéance.

Il eſt difficile, d'après ces détails, de ſe former une idée préciſe de la manière d'être actuelle de la compagnie des Indes & de l'état légal du commerce qu'elle exerçoit. Cette compagnie, aujourd'hui ſans poſſeſſions, ſans mouvement, ſans objet, ne peut pourtant pas être regardée comme abſolument détruite; puiſque les actionnaires ſe ſont réſervés en commun le capital hypothéqué de leurs actions, & qu'ils ont une caiſſe particulière & des députés pour veiller à leurs intérêts. D'un autre côté, le privilège a été ſuſpendu, mais il n'a été que ſuſpendu; & il n'eſt point compris au nombre des objets cédés au roi par la compagnie. La loi qui l'a établie ſubſiſte encore; les vaiſſeaux qui partent pour les mers des Indes ne peuvent s'expédier qu'à la faveur d'une permiſſion délivrée au nom de la compagnie. Ainſi, la liberté accordée n'eſt qu'une liberté précaire; & ſi les actionnaires demandoient à reprendre leur commerce, en offrant des fonds ſuffiſans pour en aſſurer l'exploitation, ils en auroient inconteſtablement le droit, ſans qu'il fût beſoin d'une loi nouvelle. Mais, à l'exception de ce droit apparent, qui dans le fait eſt comme non-exiſtant, par l'impuiſſance où ſont les actionnaires de l'exercer, tous leurs autres droits, toutes leurs propriétés, tous leurs comptoirs ont paſſé dans les mains du gouvernement.

Cependant la navigation de l'Inde a été ſuivie, quoique la politique n'eût pas préparé d'avance l'action du commerce libre qui devoit remplacer le privilège excluſif. Dans les bons principes, avant d'eſſayer du nouveau régime, il auroit fallu ſubſtituer inſenſiblement, & par degrés, les négocians particuliers à la compagnie. Il auroit fallu les mettre à portée d'acquérir des connoiſſances poſitives ſur les différentes branches d'un commerce juſqu'alors inconnu pour eux. Il auroit fallu leur laiſſer le tems de former des liaiſons dans les comptoirs. Il auroit fallu les favoriſer &, pour ainſi dire, les conduire dans les premières expéditions.

Ce défaut de prévoyance doit être une des principales cauſes qui ont retardé les progrès du commerce libre, & qui peut-être l'ont empêché d'être lucratif, lorſqu'il eſt devenu plus étendu.

Ses opérations ont été faites dans les comptoirs qu'occupoit auparavant le monopole. Parcourons rapidement ces possessions, en commençant par le Malabar.

XXVIII. Situation actuelle des François à la côte de Malabar.

Entre le Canara & le Calicut, est une contrée qui a dix-huit lieues d'étendue sur la côte, & sept ou huit au plus dans les terres. Le pays est extrêmement inégal, couvert de poivriers & de cocotiers. Il est partagé en plusieurs petits districts soumis à des seigneurs Indiens, tous vassaux de la maison de Colastry. Le chef de cette famille bramine doit borner son attention à ce qui peut intéresser le culte des dieux. Il seroit au-dessous de lui de se livrer à des soins profanes, & c'est son plus proche parent qui tient les rênes du gouvernement. L'état est partagé en deux provinces. Dans la plus considérable, nommée l'Irouvenate, on voit le comptoir de Tallichery, où les Anglois achètent annuellement quinze cens mille livres pesant de poivre; & le comptoir de Cananor, que les Hollandois ont vendu, depuis peu, environ 250,000 livres, parce qu'il leur étoit à charge.

C'est dans la seconde province, appellée Cartenate, & qui n'a que cinq lieues de côte, que les François furent appellés en 1722. On avoit en vue de s'en servir contre les Anglois : mais un accommodement ayant rendu leur secours inutile, ils se virent forcés d'abandonner un poste qui leur donnoit quelques espérances. Le ressentiment & l'ambition les ramenèrent en plus grand nombre en 1725, & ils s'établirent, l'épée à la main, sur l'embouchure de la rivière de Mahé. Cet acte de violence n'empêcha pas qu'ils n'obtinssent du seul prince qui régissoit ce canton, le commerce exclusif du poivre. Une faveur si utile donna naissance à une colonie, composée de six mille Indiens. Ils cultivoient six mille trois cens cinquante cocotiers, trois mille neuf cens soixante-sept arequiers, & sept mille sept cens soixante-deux poivriers. Tel étoit cet établissement, lorsque les Anglois s'en rendirent les maîtres en 1760.

L'esprit de destruction qu'ils avoient porté dans leurs autres conquêtes, les suivit à Mahé. Leur projet étoit de démolir les maisons, & de disperser les habitans. Le souverain du pays réussit à les faire changer de résolution. Tout fut sauvé, excepté les fortifications. En rentrant dans leur comptoir, les François trouvèrent les choses telles à-peu-près qu'ils les avoient laissées.

Mahé est dominé par des hauteurs, sur lesquelles on avoit élevé cinq forts qui n'existent plus. C'étoit beaucoup trop d'ouvrages : mais il est indispensable de prendre quelques précautions. On ne doit pas rester perpétuellement exposé à l'inquiétude des Naïrs, qui ont été autrefois tentés de piller, de détruire la colonie, & qui pourroient bien encore avoir la même intention, pour se jetter dans les bras des Anglois de Tallichery, qui ne sont éloignés que de trois milles.

Indépendamment des postes que la sûreté de l'intérieur exige ; il est nécessaire de fortifier l'entrée de la rivière. Depuis que les Marattes ont acquis des ports, des corsaires auxquels ils ont donné asyle, infestent la mer Malabare par leurs pirateries. Ces brigands tentent même des descentes, par-tout où ils comptent faire du butin. Mahé ne seroit pas à l'abri de leurs entreprises, s'il y avoit de l'argent ou des marchandises sans défense qui pussent exciter leur cupidité.

Les François se dédommageroient aisément des dépenses qui auroient été faites, s'ils conduisoient leur commerce avec activité & intelligence. Leur comptoir est le mieux placé de tous pour l'achat du poivre. Le pays leur en fourniroit deux millions cinq cens mille livres pesant. Ce que l'Europe ne consommeroit pas, ils le porteroient à la Chine, dans la mer Rouge, & dans le Bengale. La livre de poivre ne leur reviendroit qu'à 12 sols, & ils nous la vendroient 25 ou 30 sols.

Ce bénéfice, considérable par lui-même, seroit grossi par celui qu'on pourroit faire sur les marchandises d'Europe qu'on porteroit à Mahé. Les spéculateurs auxquels ce comptoir est le mieux connu, jugent qu'il sera aisé d'y débiter annuellement quatre cens milliers de fer, deux cens milliers de plomb, vingt-cinq milliers de cuivre, deux mille fusils, vingt-mille livres de poudre, cinquante ancres ou grappins, cinquante balles de drap, cinquante mille aunes de toile à voile, une assez grande quantité de vif-argent, & environ deux cens barriques de vin, ou d'eau-de-vie, pour les François établis dans la colonie, ou pour les Anglois qui ſont au voiſinage. Ces objets réunis produiroient au moins 384,000 livres, dont 153,600 livres ſeroient gain, en ſuppoſant un bénéfice de quarante pour cent. Un autre avantage de cette circulation, c'eſt qu'elle entretiendroit toujours dans ce comptoir des fonds, qui la mettroient en état de ſe procurer les productions du pays dans les ſaiſons de l'année où elles ſont à meilleur marché.

Le plus grand obſtacle que le commerce peut trouver, c'eſt la douane établie dans la colonie. Cet impôt gênant appartient au ſouverain du pays, & a été toujours un principe de diſſenſion. Les Anglois de Tallichery qui éprouvoient le même dégoût, ont réuſſi à ſe procurer de la tranquillité. On pourroit, comme eux, ſe rédimer de cette contrainte, par une rente fixe & équivalente. Mais pour y déterminer le prince, il faudroit commencer par lui payer les 46,353 roupies, ou 111,247 livres 4 ſols, qu'il a prêtées, & ne lui plus refuſer le tribut auquel on s'eſt engagé, pour vivre paiſiblement ſur ſes poſſeſſions. Il n'eſt pas ſi aiſé de diſpoſer favorablement les choſes dans le Bengale.

XXIX. Situation actuelle des François dans le Bengale.

La France s'obligea par le traité de 1763, à ne point ériger de fortifications, à n'entretenir aucunes troupes dans cette riche & vaſte contrée. Les Anglois, qui y exercent la ſouveraineté, ne permettront jamais qu'on s'écarte de la loi qu'ils ont impoſée. Ainſi Chandernagor, qui avant la dernière guerre comptoit ſoixante mille ames, & qui n'en a maintenant que vingt-quatre mille, eſt, & ſera toujours un lieu entiérement ouvert.

A ce malheur d'une ſituation précaire, ſe joignent des vexations de tous les genres. Peu content des préférences que lui aſſure une autorité ſans bornes, l'Anglois s'eſt porté à des excès crians. Il a inſulté les loges des François; il leur a enlevé les ouvriers qui lui convenoient; il a déchiré ſur le métier même, les toiles qui leur étoient deſtinées; il a voulu que les manufactures ne travaillâſſent que pour lui, durant les trois mois les plus favorables; il a ordonné que ses cargaisons seroient choisies & complettées, avant qu'on pût rien détourner des atteliers. Le projet imaginé par les François & les Hollandois réunis, de faire un dénombrement exact des tisserands, & de se contenter ensemble de la moitié, tandis que l'Anglois jouiroit seul du reste, a été regardé comme un outrage. Ce peuple dominateur a poussé ses prétentions jusqu'à vouloir que ses facteurs pussent acheter dans Chandernagor même ; & il a fallu se soumettre à cette dure loi, pour ne se pas voir exclus des marchés de tout le Bengale. En un mot, il a tellement abusé de l'injuste droit de la victoire, que les philosophes pourroient être tentés de faire des vœux pour la ruine de sa liberté, si les peuples n'étoient pas cent fois plus oppresseurs & plus cruels encore sous le gouvernement d'un seul homme, que dans les possessions d'un gouvernement tempéré par l'influence de la multitude.

Tout le tems que les choses resteront sur le pied où elles sont dans cette opulente partie de l'Asie; les François y éprouveront perpétuellement des dégoûts, des humiliations, sans qu'il en puisse résulter aucun avantage solide & permanent pour leur commerce. On sortiroit de cet état d'opprobre, si l'on pouvoit échanger Chandernagor pour Chatigan.

Chatigan est situé sur les confins d'Aracan. Les Portugais, qui dans le tems de leur prospérité, cherchoient à occuper tous les postes importans de l'Inde, y formèrent un grand établissement. Ceux qui s'y étoient fixés secouèrent le joug de leur patrie, après qu'elle fut passée sous la domination Espagnole, & se firent corsaires plutôt que d'être esclaves. Ils désolèrent long-tems par leurs brigandages les côtes & les mers voisines. A la fin, les Mogols les attaquèrent, & élevèrent sur leurs ruines une colonie assez puissante, pour empêcher les irruptions que les peuples d'Aracan & du Pégu auroient pu être tentés de faire dans le Bengale. Cette place rentra alors dans l'obscurité, & n'en est sortie qu'en 1758, lorsque les Anglois s'y sont établis.

Le climat en est sain, les eaux excellentes, & les vivres abondans : l'abord y est facile, & l'ancrage sûr. Le continent & l'isle de Sondiva lui forment un assez bon port. Les rivières de Barempoter & de l'Ecki, qui sont des bras du Gange, ou qui du moins y communiquent, rendent faciles ses opérations de commerce. Si Chatigan est plus éloigné de Patna, de Cassimbazar, de quelques autres marchés, que les colonies Européennes de la rivière d'Ougly, elle est plus proche de Jougdia, de Daca, de toutes les manufactures du bas fleuve. Il est indifférent que les grands vaisseaux puissent ou ne puissent pas entrer de ce côté-là dans le Gange, puisque la navigation intérieure ne se fait jamais qu'avec des bateaux.

Quoique la connoissance de ces avantages, eût déterminé l'Angleterre à s'emparer de Chatigan, nous pensons qu'à la dernière paix, elle l'auroit cédé aux François, pour être débarassée de leur voisinage dans les lieux pour lesquels l'habitude lui avoit donné plus d'attachement. Nous présumons même qu'elle se feroit désistée pour Chatigan, des conditions qui font de Chandernagor un lieu tout-à-fait ouvert, & qui impriment sur ses possesseurs un opprobre plus nuisible qu'on ne croit aux spéculations de commerce. C'est une profession libre. La mer, les voyages, les risques, & les vicissitudes de la fortune : tout lui inspire l'amour de l'indépendance. C'est-là son ame & sa vie : dans les entraves, elle languit, elle meurt.

L'occasion est peut-être favorable, pour s'occuper de l'échange que nous indiquons. Quelques tremblemens de terre qui ont renversé les fortifications que les Anglois avoient commencé à élever, paroissent les avoir dégoûtés d'un lieu pour lequel ils avoient montré de la prédilection. Cet inconvénient est encore préférable pour les François, à celui d'une ville sans force. Il vaut mieux avoir à lutter contre la nature que contre les hommes, & s'exposer aux secousses de la terre qu'aux insultes des nations. Heureusement les François gênés dans le Bengale, trouvent quelques dédommagemens dans une situation plus avantageuse au Coromandel.

Au Nord de cette immense côte, la France occupe Yanaon, dans la province de Ragimendry. Ce comptoir sans territoire, XXX. Situation a tuelle des François à la côte de Coromandel.

situé à neuf milles de l'embouchure de la rivière d'Ingerom, fut autrefois florissant. De fausses vues le firent négliger vers l'an 1748. Cependant on y pourroit acheter pour 4 à 500,000 liv. de marchandises, parce que la fabrication des bonnes & belles toiles est considérable dans le voisinage. Quelques expériences heureuses, prouvent qu'on y peut trouver un débouché avantageux pour les draps d'Europe. Le commerce y seroit plus lucratif, si l'on n'étoit obligé d'en partager le bénéfice avec les Anglois, qui ont un petit établissement à deux milles seulement de celui des François.

Cette concurrence est bien plus funeste encore à Mazulipatnam. La France réduite, dans cette ville qui reçut autrefois ses loix, à la loge qu'elle y occupoit avant 1749, ne peut pas soutenir l'égalité contre la Grande-Bretagne, à laquelle il faut payer des droits d'entrée & de sortie, & qui obtient d'ailleurs dans le commerce toute la faveur qu'entraîne la souveraineté. Aussi toutes les spéculations des François se bornent-elles à l'achat de quelques mouchoirs fins, de quelques autres toiles, pour la valeur de 150,000 livres. Il faut se former une autre idée de Karical.

Cette ville située dans le royaume de Tanjaour, sur une des branches du Colram, qui peut recevoir des bâtimens de cent cinquante tonneaux, fut cédée en 1738 à la compagnie, par un roi détrôné qui cherchoit de l'appui par-tout. Ses affaires s'étant rétablies avant que ses engagemens eussent été remplis, il rétracta le don qu'il avoit fait. Un nabab attaqua la place avec son armée, & la remit en 1739 aux François, dont il étoit ami. Dans ces circonstances, le prince ingrat & perfide fut étranglé par les intrigues de ses oncles; & son successeur, qui avoit hérité de ses ennemis comme de son trône, voulut se concilier une nation puissante, en la confirmant dans sa possession. Les Anglois s'étant rendus maîtres de la place en 1760, en firent sauter les fortifications. Elle fut depuis restituée aux François, qui y rentrèrent en 1765.

Dans l'état actuel, Karical est un lieu ouvert, qui peut avoir quinze

quinze mille habitans, la plupart occupés à fabriquer des mouchoirs communs, & des toiles propres à l'usage des naturels du pays. Son territoire, considérablement augmenté par les concessions qu'avoit faites en 1749 le roi de Tanjaour, est redevenu ce qu'il étoit dans les premiers tems, de deux lieues de long sur une dans sa plus grande largeur. De quinze aldées qui le couvrent, la seule digne d'attention, se nomme Tiranoulé-Rayenpatnam : elle n'a pas moins de vingt-cinq mille ames. On y fabrique, on y peint des perses médiocrement fines, mais convenables pour Batavia & les Philippines. Les Choulias, Mahométans, ont de petits bâtimens, avec lesquels ils font le commerce de Ceylan, & le cabotage.

La France peut tirer tous les ans de cette possession, deux cens balles de toiles ou de mouchoirs propres pour l'Europe, & beaucoup de riz pour l'approvisionnement de ses autres colonies.

Toutes les marchandises achetées à Karical, à Yanaon, à Mazulipatnam, sont portées à Pondichery, chef-lieu de tous les établissemens François dans l'Inde.

Cette ville, dont les commencemens furent si foibles, acquit avec le tems, de la grandeur, de la puissance, & un nom fameux. Ses rues, la plupart fort larges, & toutes tirées au cordeau, étoient bordées de deux rangs d'arbres, qui donnoient de la fraîcheur, même au milieu du jour. Une mosquée, deux pagodes, deux églises, & le gouvernement, regardé comme le plus magnifique édifice de l'Orient, étoient des monumens publics dignes d'attention. On avoit construit en 1704 une petite citadelle, qui étoit devenue inutile, depuis qu'il avoit été permis de bâtir des maisons tout autour. Pour remplacer ce moyen de défense, trois côtés de la place avoient été fortifiés par un rempart, un fossé, des bastions, & un glacis imparfait dans quelques endroits. La rade étoit défendue par des batteries, judicieusement placées.

La ville, dans une circonférence d'une grande lieue, contenoit soixante-dix mille habitans. Quatre mille étoient Européens, Metis ou Topasses. Il y avoit au plus dix mille Mahométans. Le reſte étoit des Indiens, dont quinze mille étoient chrétiens, & les autres, de dix-ſept ou dix-huit caſtes différentes. Trois aldées dépendantes de la place, pouvoient avoir dix mille ames.

Tel étoit l'état de la colonie, lorſque les Anglois s'en rendirent les maîtres dans les premiers jours de 1761, la détruiſirent de fond en comble, & en chaſſèrent tous les habitans. D'autres examineront peut-être, ſi le droit barbare de la guerre pouvoit juſtifier toutes ces horreurs. Nous détournerons les yeux de tant de cruautés commiſes par un peuple libre, magnanime, éclairé, pour ne parler que de la réſolution que la France a priſe de rétablir Pondichery, & d'en faire de nouveau le centre de ſon commerce. Tout juſtifie la ſageſſe de ce choix.

La ville privée de port, comme toutes celles qui ont été bâties ſur la côte de Coromandel, a ſur les autres l'avantage d'une rade beaucoup plus commode. Les vaiſſeaux peuvent mouiller près du rivage, ſous la protection du canon des fortifications. Son territoire qui a trois lieues de long ſur une de large, n'eſt qu'un ſable ſtérile ſur le bord de la mer : mais dans ſa plus grande partie, il eſt propre à la culture du riz, des légumes, & d'une racine nommée chayaver, qui ſert aux couleurs. Deux foibles rivières qui traverſent le pays, inutiles à la navigation, ont des eaux excellentes pour les teintures, pour le bleu ſingulièrement. A trois milles de la place, s'élève, cent toiſes au-deſſus de la mer, un côteau, qui ſert de guide aux navigateurs à ſept ou huit lieues de diſtance, avantage ineſtimable ſur une côte généralement trop baſſe. A l'extrémité de cette hauteur, eſt un vaſte étang creuſé depuis pluſieurs ſiècles, & qui après avoir rafraîchi & fertiliſé un grand territoire, vient arroſer les environs de Pondichery. Enfin, la colonie eſt favorablement ſituée, pour recevoir les vivres & les marchandiſes du Carnate, du Mayſſor, & du Tanjaour.

Tels ſont les puiſſans motifs qui déterminèrent la France à la réédification de Pondichery. Auſſi-tôt que ſes agens parurent le 11 d'avril 1765, on vit accourir les infortunés Indiens, que la guerre, la dévaſtation & la politique, avoient diſperſés. Au commencement de 1770, il s'en trouvoit vingt-ſept mille qui avoient relevé les ruines de leurs anciennes habitations. Le préjugé où ils ſont élevés, qu'on ne peut être heureux qu'en mourant dans le lieu où l'on a reçu le jour : ce préjugé ſi doux à conſerver, ſi utile à nourrir, ne permettoit pas de douter qu'ils ne revinſſent tous, auſſi-tôt que la ville ſeroit fermée.

Le projet en fut conçu quelques années après la repriſe de poſſeſſion. On n'avoit alors d'autre idée ſur la conſtruction dans un terrein ſablonneux, & où les fondations doivent être néceſſairement dans l'eau, que l'établiſſement ſur puits, ouvrage très-diſpendieux &, pour ainſi dire interminable. M. Bourcet préféra un établiſſement ſur bermes, avec un revêtement ſans épaiſſeur, taluant de deux cinquièmes & appuyant ſur un rempart de terres mouillées, battues & comprimées. Ces bermes avoient été miſes en uſage dans la conſtruction de l'ancienne enceinte de la place : mais les murs qui les ſoutenoient, étoient fondés aſſez bas pour empêcher les affaiſſemens qu'auroit produits l'écoulement des ſables qui auroient pu s'échapper de deſſous les fondations, avantage dont la nouvelle méthode étoit bien éloignée. C'eſt dans ce mauvais ſyſtême que furent élevées mille toiſes de revêtement.

On ne fut pas plutôt inſtruit en Europe du vice de ces travaux, que le miniſtère fit partir M. Deſclaiſons, diſtingué dans le corps du génie par ſa probité & par ſes talens. Cet habile homme n'adopta ni l'établiſſement ſur puits, ni l'établiſſement ſur bermes avec des revêtemens inclinés aux deux cinquièmes de talus ſur la hauteur. Il commença à travailler en février 1770, & fit en ſept mois un développement de ſix cens trente-ſix toiſes, avec dix pieds réduits de nette maçonnerie au-deſſus de la fondation portée au point le plus bas où l'on eût pu épuiſer les eaux. Sa maçonnerie étoit ſolide & ſon revêtement conſtruit ſuivant la pratique des plus grands maîtres.

L'intrigue, qui bouleverſoit tout alors à la cour de Verſailles, fit rappeller M. Deſclaiſons, qui fut remplacé par le même ingénieur dont le travail avoit été si justement blâmé. Celui-ci reprit sa méthode, quoique ce qu'il avoit fait fût déja tout lézardé; & il exécuta un nouveau développement de huit cens toises, qui essuya le même dépérissement.

La raison, qui se fait quelquefois entendre, fit encore recourir à M. Desclaisons en 1775. On desira qu'il se chargeât d'achever l'enveloppe de Pondichery, mais en conservant les fortifications qui étoient sur pied. Cet arrangement s'éloignoit trop des bons principes pour qu'il s'y prêtât. Le sacrifice de tout ce qui avoit été entrepris contre les règles de l'art, lui parut indispensable. Il démontra que le travail sur bermes étoit insoutenable, & pour la défense & pour la durée; que les revêtemens inclinés ne pouvoient manquer de se briser ou horizontalement, ou verticalement; qu'un mur au-devant des bermes devoit les faire périr, & pouvoit entraîner l'affaissement & la ruine des revêtemens eux-mêmes. Son opinion étoit qu'il convenoit de fermer Pondichery suivant les méthodes usitées en Europe, & qu'une enceinte à bastionnement simple, avec quelques dehors, étoit suffisante. Cette dépense devoit s'élever à 5,000,000 liv. Sans contredire ces raisonnemens, on ne s'y rendit pas; & la place resta sans défense ou dans un état de foiblesse & de ruine qui augmente tous les jours.

Dans la situation actuelle, les comptoirs François dans l'Inde ne rendent pas au-delà de 200,000 livres, & coûtent plus de 2,000,000 liv. chaque année. C'est beaucoup, & c'est moins encore qu'il ne faut sacrifier à la conservation des isles de France & de Bourbon, qui ne sont pas arrivées au degré de prospérité qu'on s'en étoit promis.

XXXI. Etat actuel de l'isle de Bourbon.

Bourbon a soixante milles de long sur quarante-cinq de large: mais la nature a rendu inutile la plus grande partie de ce vaste espace. Trois pics inaccessibles qui ont seize cens toises d'élévation; un affreux volcan, dont les environs sont toujours brûlés; d'innombrables ravins d'une pente si rapide qu'il n'est pas possible de les défricher; des montagnes dont le sommet est constamment aride; des côtes généralement couvertes de cailloux: cette organisation oppose des obstacles insurmontables à une culture un peu étendue. La plupart des terres qui peuvent être mises en valeur sont même en pente ; & il n'est pas rare que les torrens y détruisent les espérances les mieux fondées.

Cependant un beau ciel, un air pur, un climat délicieux, des eaux salubres, ont rassemblé dans l'isle une population de six mille trois cens quarante blancs, bien faits, robustes, courageux, répartis dans neuf paroisses, dont Saint-Denis est la principale. C'étoient, il n'y a que peu d'années, des hommes d'une candeur, d'une équité, d'une modération dignes des premiers âges. La guerre de 1756 altéra un peu leur caractère, mais sans beaucoup changer leurs mœurs.

Ces vertus sont d'autant plus remarquables, qu'elles sont nées, qu'elles se sont maintenues au milieu de vingt-six mille cent soixante-quinze esclaves, selon le dénombrement de 1776.

A la même époque, la colonie comptoit cinquante-sept mille huit-cens cinquante-huit animaux, dont aucun n'étoit consacré à l'agriculture. A l'exception de deux mille huit cens quatre-vingt-onze chevaux qui servoient à différens usages, tout étoit destiné à la subsistance.

Dans cette année, les récoltes s'élevèrent à cinq millions quatre cent quarante-un mille vingt-cinq quintaux de bled; à trois millions cens quatre-vingt-onze mille quatre cens quarante tonneaux de riz ; à vingt-deux millions quatre cens soixante-un mille huit cent tonneaux de maïs, à deux millions cinq cens quinze mille cent quatre-vingt-dix tonneaux de légumes. La plus grande partie de ces produits fut consommée à Bourbon même. Le reste alla alimenter l'isle de France.

Pour la métropole, la colonie exploitoit huit millions quatre cens quatre-vingt-treize mille cinq cens quatre-vingt-trois caffiers, dont le fruit est un des meilleurs après celui d'Arabie. Chacun de ces arbres donnoit originairement près de deux livres de café. Ses produits sont diminués des trois quarts, depuis qu'il est cultivé dans un pays découvert; qu'on est réduit à le placer dans un terrein usé, & que les insectes l'ont attaqué.

La cour de Versailles ne s'occupera jamais des progrès d'un établissement, où des rivages escarpés & une mer violemment agitée rendent la navigation toujours dangereuse & souvent impraticable. On desireroit plutôt pouvoir l'abandonner, parce qu'il attire puissamment une partie des hommes & des moyens qu'on voudroit tous concentrer dans l'isle de France, qui n'en est éloignée que de trente-cinq lieues.

XXXII. Etat actuel de l'isle de France. Importance de cet établissement. Ce qu'on y a fait & ce qui reste à faire.

Cette autre possession a, suivant les observations de l'Abbé de la Caille, trente-un mille huit cens quatre-vingt-dix toises dans son plus grand diamètre; vingt-deux mille cent vingt-quatre dans sa plus grande largeur, & quatre cens trente-deux mille six cens quatre-vingts arpens de superficie. On y voit un grand nombre de montagnes, mais dont aucune n'a plus de quatre cens vingt-quatre toises d'élévation. Les campagnes sont arrosées par une soixantaine de ruisseaux, la plupart trop encaissés, & dont plusieurs n'ont de l'eau que dans la saison des pluies. Quoique le sol soit par-tout couvert de pierres plus ou moins grosses, qu'il se refuse au soc, & qu'il faille le travailler avec la houe, il ne laisse pas d'être propre à beaucoup de choses. Moins profond & moins fertile que celui de Bourbon, il est plus généralement susceptible de culture.

Cette isle occupa long-tems l'imagination de ses possesseurs beaucoup plus que leur industrie. Ils s'épuisèrent en conjectures sur l'usage qu'on en pourroit faire.

Les uns vouloient que ce fût un entrepôt où viendroient aboutir toutes les marchandises qu'on tireroit de l'Asie. Elles devoient y être portées sur des bâtimens du pays, & versées ensuite dans des vaisseaux François. On trouvoit dans cet arrangement une économie manifeste, puisque la solde & la nourriture des navigateurs Indiens ne coûtent que peu; on y trouvoit la conservation des équipages Européens, quelquefois détruits par la seule longueur des voyages, plus souvent par l'intempérie du climat, sur-tout dans l'Arabie & dans le Bengale. Ce systême n'eut aucune suite. On craignit que la compagnie ne tombât dans le mépris, si elle ne montroit, dans ces parages éloignés, des forces navales propres à lui attirer de la considération.

Une nouvelle combinaiſon occupa les eſprits. On conjectura qu'il pourroit être utile d'ouvrir aux habitans de l'iſle de France le commerce des Indes, qui leur avoit été d'abord interdit. Les défenſeurs de cette opinion ſoutenoient qu'une pareille liberté feroit une ſource féconde de richeſſe pour la colonie, & par conſéquent pour la métropole. Mais l'iſle manquoit alors de vaiſſeaux & de numéraire; elle n'avoit ni objets d'exportation, ni moyens de conſommation. Par toutes ces raiſons, l'expérience fut malheureuſe, & la colonie fut fixée à l'état d'un établiſſement purement agricole.

Ce nouvel ordre de choſes occaſionna de nouvelles fautes. On fit paſſer de la métropole dans la colonie des hommes qui n'avoient ni le goût ni l'habitude du travail. Les terreins furent diſtribués au haſard, & ſans diſtinguer ce qu'il falloit défricher de ce qui ne devoit pas l'être. Des avances furent faites au cultivateur, non en proportion de ſon induſtrie, mais de la protection qu'il avoit ſu ſe ménager dans l'adminiſtration. La compagnie, qui gagnoit cent pour cent ſur les marchandiſes qu'elle envoyoit d'Europe, & cinquante pour cent ſur celles qui lui venoient de l'Inde, exigea que les productions du pays fuſſent livrées à vil prix dans ſes magaſins. Pour comble de malheurs, le corps qui avoit concentré dans ſes mains tous les pouvoirs, manqua aux engagemens qu'il avoit pris avec ſes ſujets ou, ſi l'on veut, avec ſes eſclaves.

Sous un tel régime, toute eſpèce de bien étoit impoſſible. Le découragement jettoit la plupart des colons dans l'inaction. Ceux auxquels il reſtoit quelque activité, ou n'avoient pas les moyens qui conduiſent à la proſpérité, ou n'étoient pas ſoutenus par cette force de l'ame qui fait ſurmonter les difficultés inſéparables des nouveaux établiſſemens. Les obſervateurs, qui voyoient l'agriculture de l'iſle de France, ne la trouvoient guère différente de celle qu'ils avoient apperçue parmi les ſauvages.

En 1764, le gouvernement prit la colonie ſous ſa domination immédiate. Depuis cette époque juſqu'en 1776, il s'y eſt ſucceſſivement formé une population de ſix mille trois cens quatre-vingt-ſix blancs, en y comprenant deux mille neuf cens cinquante-cinq ſoldats ; de onze cens quatre-vingt-dix-neuf noirs libres ; de vingt-cinq mille cent cinquante-quatre eſclaves, & de vingt-cinq mille trois cens ſoixante-ſept têtes de bétail.

Le cafier a occupé un aſſez grand nombre de bras : mais des ouragans, qui ſe ſont ſuccédés avec une extrême rapidité, n'ont pas permis de tirer le moindre avantage de ces plantations. Le ſol même, généralement ferrugineux & peu profond, paroît s'y refuſer. Auſſi peut-on raiſonnablement douter ſi cette culture réuſſiroit, quand même le gouvernement n'auroit pas cherché à l'arrêter par les impoſitions qu'il a miſes ſur le café, à la ſortie de l'iſle, à ſon entrée en France.

Trois ſucreries ont été établies; & elles ſuffiſent aux beſoins de la colonie.

On ne recueille encore que quarante milliers de coton. Cette production eſt de bonne qualité, & tout annonce qu'elle ſe multipliera.

Le camphrier, l'aloës, le cocotier, le bois d'aigle, le ſagou, le cardamome, le cannellier, pluſieurs autres végétaux propres à l'Aſie, qui ont été naturaliſés dans l'iſle, reſteront vraiſemblablement toujours des objets de curioſité.

Des mines de fer avoient été ouvertes aſſez anciennement. Il a fallu les abandonner, parce qu'elles ne pouvoient pas ſoutenir la concurrence de celles d'Europe.

Perſonne n'ignore que les Hollandois s'enrichiſſent, depuis deux ſiècles, par la vente du girofle & de la muſcade. Pour s'en approprier le commerce excluſif, ils ont détruit ou mis aux fers le peuple qui poſſédoit ces épiceries. Dans la crainte d'en voir diminuer le prix dans leurs propres mains, ils ont extirpé la plupart des arbres, & ſouvent brûlé le fruit de ceux qu'ils avoient conſervés.

Cette avidité barbare, dont les nations ſe ſont ſi ſouvent indignées, révoltoit ſingulièrement M. Poivre, qui avoit parcouru l'Aſie en naturaliſte & en philoſophe. Il profita de l'autorité qui lui étoit confiée à l'iſle de France, pour faire chercher dans les

moins

moins fréquentées des Moluques ce que l'avarice avoit si long-tems dérobé à l'activité. Le succès couronna les travaux des navigateurs hardis & intelligens qui avoient obtenu sa confiance.

Le 27 juin 1770, il arriva à l'isle de France quatre cens cinquante plants de muscadier, & soixante-dix pieds de giroflier; dix mille muscades ou germées ou propres à germer, & une caisse de baies de girofle, dont plusieurs étoient hors de terre. Deux ans après, il fut fait une nouvelle importation beaucoup plus considérable que la première.

Quelques-unes de ces précieuses plantes furent envoyées aux isles de Seychelles, de Bourbon & de Cayenne. Le plus grand nombre resta à l'isle de France. Celles qu'on y distribua aux particuliers périrent. Les soins des plus habiles botanistes, les attentions les plus suivies, les dépenses les plus considérables ne purent même sauver dans le jardin du roi, que cinquante-huit muscadiers, & trente-huit girofliers. Au mois d'octobre 1775, deux de ces derniers arbres portèrent des fleurs, qui se convertirent en fruits l'année suivante. Ceux que nous avons sous les yeux sont petits, secs & maigres. Si une longue naturalisation ne les améliore pas, les Hollandois n'auront eu qu'une fausse alarme, & ils resteront incommutablement les maîtres du commerce des épiceries.

La saine politique a prescrit une autre destination à l'isle de France. C'est la quantité de bled qu'il y faut augmenter; c'est la récolte du riz qu'il conviendroit d'y accroître par une meilleure distribution des eaux; ce sont les troupeaux dont il est important d'y multiplier le nombre, d'y perfectionner l'espèce.

Ces objets de première nécessité furent long-tems peu de chose, quoiqu'il fût aisé de former des pâturages, quoique le sol rendît vingt pour un. On a imaginé, il n'y a que peu d'années, de faire acheter à un bon prix par le gouvernement, tous les grains que les cultivateurs auroient à vendre; & à cette époque les subsistances se sont accrues. Si ce systême est suivi sans interruption, la colonie fournira bientôt des vivres à ses habitans, aux navigateurs qui fréquenteront ses rades, aux armées & aux flottes que les circonstances y amèneront un peu plutôt, un peu plus tard,

Alors, l'isle sera ce qu'elle doit être, le boulevard de tous les établissemens que la France possède ou peut un jour obtenir aux Indes ; le centre des opérations de guerre offensive ou défensive que ses intérêts lui feront entreprendre ou soutenir dans ces régions lointaines.

Elle est située dans les mers d'Afrique, mais à l'entrée de l'Océan Indien. Quoiqu'à la hauteur de côtes arides & brûlantes, elle est tempérée & saine. Un peu écartée de la route ordinaire, elle en est plus sûre du secret de ses armemens. Ceux qui la desireroient plus rapprochée de notre continent, ne voient pas qu'alors il seroit impossible de se porter avec célérité de ses rades aux golfes de ces contrées les plus éloignés : avantage inestimable pour une nation qui n'a aucun port dans l'Inde.

La Grande-Bretagne voit d'un œil chagrin sous la loi de ses rivaux une isle où l'on peut préparer la ruine de ses propriétés d'Asie. Dès les premières hostilités entre les deux nations, elle dirigera sûrement ses efforts contre une colonie qui menace la source de ses plus riches trésors. Quelle honte, quel malheur pour la France, si elle s'en laissoit dépouiller !

Cependant, que ne faut-il pas craindre, quand on voit que jusqu'à ce jour il n'a pas été pourvu à la défense de cette isle ; que les moyens ont toujours manqué, ou qu'ils ont été mal employés ; que d'année en année, la cour de Versailles a attendu, pour prendre un parti, les dépêches des administrateurs, comme on attend le retour d'un courier de la frontière ; qu'à l'époque même où nous écrivons, les esprits sont partagés peut-être sur le genre de protection qu'il convient d'accorder à une possession de cette importance ?

Les gens de mer pensent généralement que c'est aux forces navales seules à procurer la sûreté de l'isle de France : mais, de leur aveu, elles ne pourront remplir leur destination que lorsqu'on les aura mises à l'abri des ouragans si fréquens & si terribles dans ces parages, depuis le mois de décembre jusqu'à celui d'avril. Il a péri, en effet, un si grand nombre de navires marchands, & des escadres entières ont eu si fort à souffrir, même dans le Port-

Louis, le ſeul où abordent maintenant les navigateurs, qu'on ne ſauroit trop tôt travailler à ſe garantir de ces effroyables cataſtrophes. Le gouvernement s'occupa peu pendant long-tems d'un objet ſi intéreſſant. Il s'eſt enfin déterminé à faire creuſer dans cette rade un aſſez grand baſſin, avec l'eſpoir conſolant que les bâtimens de toute grandeur y trouveront quelque jour un aſyle ſûr.

Cette opération ne ſauroit être pouſſée trop vivement ; mais en la ſuppoſant exécutée avec tout le bonheur poſſible, les forces maritimes ne ſuffiront pas encore à la défenſe de la colonie. L'état ne fera jamais la dépenſe d'une eſcadre toujours en ſtation dans ces parages. Il eſt poſſible que l'iſle ſoit aſſaillie durant ſon abſence. La tempête ou les maladies peuvent la ruiner. Forte ou foible, elle eſt expoſée à être battue. Fût-elle victorieuſe, on pourroit avoir mis durant le combat, des troupes à terre. Elles marcheroient au port, s'en empareroient ainſi que des vaiſſeaux vainqueurs qui s'y ſeroient réfugiés pour ſe radouber. Par cette combinaiſon, qui eſt très-ſimple, un établiſſement précieux tomberoit, ſans coup férir, au pouvoir d'un ennemi hardi & intelligent. De ces inquiétudes bien fondées, dérive la néceſſité des fortifications.

Quelques ingénieurs avoient penſé que des batteries judicieuſement placées ſur les côtes, ſeroient ſuffiſantes pour empêcher l'aſſaillant d'aborder. Mais depuis qu'il a été conſtaté que l'iſle étoit acceſſible pour des bateaux dans la plus grande partie de ſa circonférence, que même en beaucoup d'endroits la deſcente pouvoit être exécutée de vive force ſous la protection des vaiſſeaux de guerre, ce ſyſtême a été proſcrit. On a compris qu'il y auroit une infinité de poſitions à fortifier ; que les dépenſes ſeroient ſans bornes ; qu'il faudroit de trop nombreuſes troupes ; & que leur diſperſion laiſſeroit chaque point expoſé à l'événement d'un débarquement ſurpris ou bruſqué.

L'idée d'une guerre de chicane n'a pas été jugée plus heureuſe. Jamais l'iſle de France ne réunira aſſez de troupes pour réſiſter, malgré l'avantage des poſtes, à celles que l'ennemi y pourra porter. Les défenſeurs de cette opinion ont voulu faire valoir l'aſſiſtance des colons & des eſclaves : mais on les a réduits enfin à convenir que ce concours qui pouvoit être de quelque utilité derrière de bons remparts, devoit être compté pour rien ou pour peu de choſe en raſe campagne.

Le projet d'une ville bâtie & fortifiée dans l'intérieur des terres a eu long-tems des partiſans. Cet établiſſement leur paroiſſoit propre à éloigner l'aſſaillant du centre de la colonie, & à le forcer, avec le tems, de renoncer à ſes premiers avantages. Ils refuſoient de voir que ſans aucun mouvement de la part d'un ennemi, devenu maître des ports & des côtes, la garniſon, privée de toute relation extérieure, ſeroit bientôt réduite à ſe rendre à diſcrétion, ou à mourir de faim. Et quand cet ennemi ſe borneroit à combler les rades, à détruire les arſenaux, les magaſins, tous les édifices publics, n'auroit-il pas rempli ſon principal objet? Que lui importeroit alors qu'il y eût une forteresse & une garniſon au milieu d'une iſle incapable de lui cauſer à l'avenir de l'inquiétude & de la jalouſie?

Après tant de variations & d'incertitudes, on commence à voir que le ſeul moyen de défendre la colonie eſt de mettre ſes deux ports en ſûreté; d'établir entre eux une communication qui leur procure des relations intérieures; qui facilite une libre repartition des forces ſuivant les deſſeins de l'ennemi, & qui rende communes les reſſources qui pourroient arriver du dehors par l'une ou l'autre de ces rades.

Juſqu'ici le Port-Bourbon où les Hollandois avoient formé leur établiſſement, & le Port-Louis, le ſeul où les François abordent, n'avoient point paru ſuſceptibles de fortification; le premier pour ſa vaſte étendue, le ſecond à cauſe des hauteurs irrégulières dont il eſt entouré. M. le Chevalier d'Arçon a propoſé un plan qui a fait diſparoître les difficultés, & qui, après la plus profonde diſcuſſion, a obtenu le ſuffrage des hommes les plus verſés dans cet art important. Les dépenſes qu'entraîneroit l'exécution de ce grand projet ont été ſévérement calculées, & l'on aſſure qu'elles ne ſont pas conſidérables.

Mais quelle quantité de troupes exigeroient ces fortifications? L'habile ingénieur n'en veut que peu habituellement. Il ne se dissimule pas que si l'on en envoyoit beaucoup, elles seroient bientôt amollies par la chaleur du climat, corrompues par le desir & l'espoir du gain, ruinées par la débauche, énervées par l'oisiveté. Aussi les réduit-il en tems de paix à deux mille hommes qu'il sera facile de contenir, d'exercer, de discipliner. Ce nombre lui paroît suffisant pour résister aux attaques subites & imprévues qui pourroient fondre sur la colonie. Si de grands préparatifs la menaçoient d'un péril extraordinaire, un ministère attentif aux orages qui se forment auroit le tems d'y faire passer les forces nécessaires pour la défendre ou pour agir dans l'Indostan suivant les circonstances.

Ces vues trouveront des censeurs. L'isle de France coûte annuellement à l'état 8,000,000 livres. Cette dépense, qu'il n'est guère possible de réduire, indigne beaucoup de bons citoyens. Ils voudroient qu'on se détachât de cet établissement ainsi que de Bourbon qui en est une onéreuse dépendance.

Ce seroit en effet le parti qu'il conviendroit de prendre, à n'envisager que le commerce languissant que les François font actuellement dans l'Inde. Mais la politique étend plus loin ses spéculations. Elle prévoit que si l'on s'arrêtoit à cette résolution, les Anglois chasseroient des mers d'Asie toutes les nations étrangères; qu'ils s'empareroient de toutes les richesses de ces vastes contrées; & que de si puissans moyens réunis dans leurs mains leur donneroient en Europe une influence dangereuse. Ces considérations doivent convaincre de plus en plus la cour de Versailles de la nécessité de fortifier sans délai l'isle de France; mais en prenant des mesures efficaces pour n'être pas trompée par les agens qu'elle aura choisis.

Cependant il y a un rapport si nécessaire entre l'isle de France & Pondichery, que ces deux possessions sont absolument dépendantes l'une de l'autre : car sans l'isle de France, il n'y a point de protection pour les établissemens de l'Inde; & sans Pondichery, l'isle de France sera exposée à l'invasion des Anglois par l'Asie comme par l'Europe.

L'isle de France & Pondichery, considérés dans leurs rapports nécessaires, feront leur sûreté respective. Pondichery protégera l'isle de France par sa rivalité avec Madras que les Anglois seront toujours obligés de couvrir de leurs forces de terre & de mer; & réciproquement l'isle de France sera toujours prête à porter des secours à Pondichery ou à agir offensivement, selon les circonstances.

D'après ces principes, rien de si pressé, après avoir fortifié l'isle de France, que de mettre Pondichery en état de défense. Cette place deviendra le dépôt nécessaire du commerce qu'on fera dans l'Inde, ainsi que des hommes & des munitions qu'on y enverra. Elle servira aussi à faire respecter un petit nombre de troupes, lorsqu'on suivra des projets offensifs.

Losque l'isle de France & Pondichery seront arrivés au point de force où il convient de les porter, la cour de Versailles ne craindra plus d'accorder à ses négocians la protection que le souverain doit à ses sujets, dans toute l'étendue de sa domination. De son côté, le ministère Britannique sera plus convaincu qu'il ne l'a paru de la nécessité de contenir les siens dans les bornes de la modération & de la justice. Mais fera-t-on renoncer la compagnie Angloise aux abus de puissance, aux principes relâchés que lui a inspirés son étonnante prospérité? On ne sauroit l'espérer. Sa résistance aigrira les esprits. Les intérêts des deux nations rivales se heurteront; & de ce choc sortira la guerre.

Loin, & à jamais loin de nous toute idée qui tendroit à rallumer les flambeaux de la discorde. Que plutôt la voix de la philosophie & de la raison se fasse entendre des maîtres du monde. Puissent tous les souverains, après tant de siècles d'erreur, préférer la vertueuse gloire de faire un petit nombre d'heureux, à l'ambition frénétique de dominer sur des régions dévastées & des cœurs ulcérés! Puissent tous les hommes devenus frères, s'accoutumer à regarder l'univers, comme une seule famille rassemblée sous les yeux d'un père commun! Mais ces vœux de toutes les ames éclairées & sensibles, paroîtront des rêves dignes de pitié, aux ministres ambitieux qui tiennent les rênes des empires. Leur inquiète activité continuera à faire répandre des torrens de ſang.

Ce ſeront des miſérables intérêts de commerce, qui mettront de nouveau les armes à la main des François & des Anglois. Quoique la Grande-Bretagne dans la plupart des guerres, ait pour but principal de détruire l'induſtrie de ſes voiſins, & que la ſupériorité de ſes forces navales nourriſſe cette eſpérance tant de fois trompée, on peut prédire qu'elle chercheroit à éloigner les foudres & les ravages des mers d'Aſie, où elle auroit ſi peu à gagner & tant à perdre. Cette puiſſance n'ignore pas les vœux ſecrets qui ſe forment de toutes parts, pour le renverſement d'un édifice qui offuſque tous les autres de ſon ombre. Le ſouba du Bengale eſt dans un déſeſpoir ſecret, de n'avoir pas même une apparence d'autorité. Celui du Décan ne ſe conſole pas de voir tout ſon commerce dans la dépendance d'une nation étrangère. Le nabab d'Arcate n'eſt occupé qu'à diſſiper les défiances de ſes tyrans. Les Marattes s'indignent de trouver par-tout des obſtacles à leurs rapines. Toutes les puiſſances de ces contrées ou portent des fers, ou ſe croient à la veille d'en recevoir. L'Angleterre voudroit-elle que les François devinſſent le centre de tant de haînes, ſe miſſent à la tête d'une ligue univerſelle ? Ne peut-on pas prédire, au contraire, qu'une exacte neutralité pour l'Inde feroit le parti qui lui conviendroit le mieux, & qu'elle embraſſeroit avec le plus de joie.

Mais ce ſyſtême conviendroit-il également à ſes rivaux ? on ne le ſauroit croire. Les François ſont inſtruits, que des moyens de guerre préparés à l'iſle de France, pourroient être employés très-utilement ; que les conquêtes de l'Angleterre ſont trop étendues pour n'être pas expoſées, & que depuis que les officiers qui avoient de l'expérience ſont rentrés dans leur patrie, les poſſeſſions Britanniques dans l'Indoſtan ne ſont défendues que par des jeunes gens, plus occupés de leur fortune que d'exercices militaires. On doit donc préſumer qu'une nation belliqueuſe ſaiſiroit rapidement l'occaſion de réparer ſes anciens déſaſtres. A la vue de ſes drapeaux, tous les ſouverains opprimés ſe mettroient en campagne ; & les dominateurs de l'Inde ; entourés d'ennemis ; attaqués à la fois au Nord & au Midi, par mer & par terre, ſuccomberoient néceſſairement.

XXXIII. Principes que doivent ſuivre les François dans l'Inde, s'ils parviennent à y rétablir leur conſidération & leur puiſſance.

Alors les François, regardés comme les libérateurs de l'Indoſtan, ſortiront de l'état d'humiliation auquel leur mauvaiſe conduite les avoit réduits. Ils deviendront l'idole des princes & des peuples de l'Aſie, ſi la révolution qu'ils auront procurée devient pour eux une leçon de modération. Leur commerce ſera étendu & floriſſant, tout le tems qu'ils ſauront être juſtes. Mais cette proſpérité finiroit par des cataſtrophes, ſi une ambition démeſurée les pouſſoit à piller, à ravager, à opprimer. Ils auroient à leur tour le ſort des inſenſés, des cruels rivaux qu'ils auroient abaiſſés.

Conquérir ou ſpolier avec violence, c'eſt la même choſe. Le ſpoliateur & l'homme violent ſont toujours odieux.

Peut-être eſt-il vrai qu'on n'acquiert pas rapidement de grandes richeſſes, ſans commettre de grandes injuſtices : mais il ne l'eſt pas moins que l'homme injuſte ſe fait haïr ; mais il eſt incertain que la richeſſe qu'il acquiert le dédommage de la haine qu'il encourt.

Il n'y a pas une ſeule nation qui ne ſoit jalouſe de la proſpérité d'une autre nation. Pourquoi faut-il que cette jalouſie ſe perpétue, malgré l'expérience de ſes funeſtes ſuites ?

Il n'y a qu'un moyen légitime de l'emporter ſur ſes concurrens : c'eſt la douceur dans le régime ; la fidélité dans les engagemens ; la qualité ſupérieure dans les marchandiſes, & la modération dans le gain. A quoi bon en employer d'autres qui nuiſent plus à la longue qu'ils ne ſervent dans le moment ?

Que le commerçant ſoit humain, qu'il ſoit juſte ; & s'il a des poſſeſſions, qu'elles ne ſoient point uſurpées. L'uſurpation ne ſe concilie point avec une jouiſſance tranquille.

Uſer de politique ou tromper adroitement ; c'eſt la même choſe. Qu'en réſulte-t-il ? Une méfiance qui naît au moment où la duplicité ſe manifeſte & qui ne finit plus.

S'il importe au citoyen de ſe faire un caractère dans la ſociété ; il importe tout autrement encore à une nation de s'en faire une

chez

chez les nations, au milieu desquelles son projet est de s'établir & de prospérer.

Un peuple sage ne se permettra aucun attentat ni sur la propriété, ni sur la liberté. Il respectera le lien conjugal; il se conformera aux usages; il attendra du tems le changement dans les mœurs. S'il ne fléchit pas le genou devant les dieux du pays, il se gardera bien d'en briser les autels. Il faut qu'ils tombent de vétusté. C'est ainsi qu'il se naturalisera.

A quoi le massacre de tant de Portugais, de tant de Hollandois, de tant d'Anglois, de tant de François, nous aura-t-il servi, s'il ne nous apprend pas à ménager les indigènes? Si vous en usez avec eux comme vos prédécesseurs ont fait, n'en doutez pas, vous serez massacrés comme eux.

Cessez donc d'être fourbes, quand vous vous présenterez; rampans, quand vous serez reçus; insolens, lorsque vous vous croirez en force; & cruels, quand vous serez devenus tout puissans.

Il n'y a que l'amour des habitans d'une contrée qui puisse rendre solides vos établissemens. Faites que ces habitans vous défendent, s'il arrive qu'on vous attaque. Si vous n'en êtes pas défendus, vous en serez trahis.

Les nations subjuguées soupirent après un libérateur; les nations vexées soupirent après un vengeur; & ce vengeur elles ne tarderont pas à le trouver.

Serez-vous toujours assez insensés pour préférer des esclaves à des hommes libres; des sujets mécontens à des sujets affectionnés; des ennemis à des amis; des ennemis à des frères?

S'il vous arrive de prendre parti entre des princes divisés, n'écoutez pas légérement la voix de l'intérêt contre le cri de la justice. Quel peut être l'équivalent de la perte du nom de juste? Soyez plutôt médiateurs qu'auxiliaires. Le rôle de médiateur est toujours honoré; celui d'auxiliaire toujours périlleux.

Continuerez-vous à massacrer, emprisonner, dépouiller ceux qui se sont mis sous votre protection? Fiers Européens, vous n'avez pas toujours vaincu par les armes. Ne rougirez-vous pas enfin de vous être tant de fois abaissés au rôle de corrupteurs des braves chefs de vos ennemis ?

Qu'attestent ces forts dont vous avez hérissé toutes les plages ? Votre terreur & la haine profonde de ceux qui vous entourent. Vous ne craindrez plus, quand vous ne serez plus haïs. Vous ne serez plus haïs, quand vous serez bienfaisans. Le barbare, ainsi que l'homme civilisé, veut être heureux.

Les avantages de la population & les moyens de l'accélérer sont les mêmes sous l'un & l'autre hémisphère.

En quelque endroit que vous vous fixiez, si vous vous considérez, si vous agissez comme des fondateurs de cités, bientôt vous y jouirez d'une puissance inébranlable. Multipliez-y donc les conditions de toutes les espèces ; je n'en excepte que le sacerdoce. Point de religion dominante. Que chacun chante à Dieu l'hymne qu'il lui croit le plus agréable. Que la morale s'établisse sur le globe. C'est l'ouvrage de la tolérance.

Le vaisseau qui transporteroit dans vos colonies des jeunes hommes sains & vigoureux, de jeunes filles laborieuses & sages, seroit de tous vos bâtimens le plus richement chargé. Ce seroit le germe d'une paix éternelle entre vous & les indigènes.

Ne multipliez pas seulement les productions, multipliez les agriculteurs, les consommateurs, & avec eux toutes les sortes d'industrie, toutes les branches de commerce. Il vous restera beaucoup à faire, tant que vos colons ne vous croiseront pas sur les mers ; tant qu'ils ne seront pas aussi communs sur vos rivages, que vos commerçans sur les leurs.

Punissez les délits des vôtres plus sévérement encore que les délits des indigènes. C'est ainsi que vous inspirerez à ceux-ci le respect de l'autorité des loix.

Que tout agent, je ne dis pas convaincu, mais soupçonné de la plus légère vexation, soit rappellé sur le champ. Punissez sur les lieux la vénalité prouvée, afin que les uns ne soient pas tentés d'offrir ce qu'il seroit infâme aux autres de recevoir.

Tout est perdu, tant que vos agens ne seront que des protégés ou des hommes mal famés ; des protégés dont il s'agira de réparer la fortune par un brigandage éloigné ; des hommes mal famés qui iront cacher leur ignominie dans vos comptoirs ou vos factoreries. Il n'y a point de probité assez confirmée pour qu'on puisse, sans incertitude, l'exposer au passage de la ligne.

Si vous êtes justes, si vous êtes humains, on restera parmi vous ; on fera plus, on quittera des contrées éloignées pour vous aller trouver.

Instituez quelques jours de repos. Ayez des fêtes, mais purement civiles. Soyez bénis à jamais, si de ces fêtes la plus gaie se célèbre en mémoire de votre première descente dans la contrée.

Soyez fidèles aux traités que vous aurez conclus. Que votre allié y trouve son avantage, le seul garant légitime de leur durée. Si je suis lézé ou par mon ignorance, ou par votre subtilité, c'est en vain que j'aurai juré. Le ciel & la terre me releveront de mon serment

Tant que vous séparerez le bien de la nation qui vous aura reçu, de votre propre utilité, vous serez oppresseurs ; vous serez tyrans ; & ce n'est que par le seul titre de bienfaiteur qu'on se fait aimer.

Si celui qui habite à côté de vous enfonce son or ; soyez sûr que vous en êtes maudit.

A quoi bon vous opposer à une révolution éloignée, sans doute, mais qui s'exécutera malgré vos efforts ? Il faut que le monde que vous avez envahi s'affranchisse de celui que vous habitez. Alors les mers ne sépareront plus que deux amis, que deux frères. Quel si grand malheur voyez-vous donc à cela, injustes, cruels, inflexibles tyrans ?

L'ouvrage de la sagesse n'est pas éternel : mais celui de la folie s'ébranle sans cesse, & ne tarde pas à crouler. La première grave ses caractères, ses caractères durables sur le rocher ; la seconde trace les siens sur le sable.

Des établissemens ont été formés & renversés ; des ruines se sont entassées sur des ruines ; des espaces peuplés sont devenus déserts ; des ports remplis de bâtimens ont été abandonnés ; des masses que le sang avoit mal cimentées se sont dissoutes, ont mis à découvert les ossemens confondus des meurtriers & des tyrans. Il semble que de contrée en contrée la prospérité soit poursuivie par un mauvais génie qui parle nos différentes langues, mais qui ordonne par-tout les mêmes désastres.

Que le spectacle des fureurs, que nous exerçons les uns contre les autres, cesse enfin d'en venger & d'en réjouir les premières victimes.

Puissent ces idées jettées sans art & dans l'ordre où elles se sont présentées, faire une impression profonde & durable! Veuille le ciel que je n'aie plus qu'à célébrer votre modération & votre sagesse : car la louange est douce & le blâme est amer à mon cœur. Voyons maintenant quelle a été la conduite des puissances du Nord de l'Europe, pour tenter de prendre part au commerce de l'Asie : car le luxe, en pénétrant aussi dans ces contrées de fer & de glace, leur a fait envier les richesses & les jouissances des autres nations.

Fin du quatrième Livre.

ÉTAT des Finances de la France en 1774, année de la mort de LOUIS XV.

NOMS DES REVENUS DU ROI.	Leur produit.	Les dépenſes dont chacune des parties eſt chargée.	Le revenu net au Tréſor Royal.	Les charges du Tréſor Royal.	Le reſtant net au Tréſor Royal.	Les demandes des Départemens.		Le deficit annuel.
erme générale & Régies, ...	162,000,000	87,964,321	74,035,679			La Guerre, Artillerie,		
erme des Poſtes, ...	7,313,000	2,300,000	5,013,000			Fortifications, Génie, grands & petits		
roits réſervés, ...	6,000,000	....	6,000,000	Caiſſe d'Emprunt,		Gouvernemens, &		
ctrois municipaux, ...	1,079,600	300,000	779,600	ci.... 30,000,000		Maréchauſſées........	102,000,000	
aiſſe de Poiſſy, ...	750,000	150,000	600,000	Les Parlemens,		La Marine, les Colonies		
roits réunis, ...	8,000,000	3,000,000	5,000,000	ci.... 5,000,000		& l'Inde.........	32,000,000	
ypothèques, ...	4,000,000	1,200,000	2,800,000			Affaires étrangeres.....	12,000,000	
uatre Membres de Flandre,	200,000	....	200,000		184,473,343	Maiſon du Roi..........	34,000,000	25,526,657
ecettes générales, ...	147,000,000	47,389,210	99,610,790			Maiſon des Princes....	8,000,000	
ays d'Etat & Clergé, ...	25,489,274	10,312,000	15,177,274			Penſions..........	14,000,000	
ingtièmes de Paris, ...	3,600,000	....	3,600,000			Tréſor Royal & Banquier..........	8,000,000	
apitation de Paris, ...	900,000	300,000	600,000					
apitation de la Cour, ...	500,000	....	500,000					
evenus caſuels, ...	2,000,000	600,000	1,400,000					
arc d'Or, ...	1,500,000	600,000	900,000					
ois du Roi, ...	5,000,000	1,743,000	3,257,000					
TOTAL......	375,331,874	155,858,531	219,473,343	35,000,000	184,473,343		210,000,000	25,526,657

COMPAGNIE DES INDES ORIENTALES DE FRANCE.

FONDS CAPITAL au 1er Février 1725 ... 139,381,000

En Contrats sur le Roi ... 100,000,000 liv.

En Bâtimens de terre & de mer, dettes actives & effets à l'usage du Commerce ... 39,381,000

139,381,000 liv.

[FON]DS CAPITAL au 30 Juin 1748 ... 219,081,000

[En] Contrats des cent [mil]lions ci-dessus ont [ét]é portés à 180 mil[lions] par l'Édit de Juin [174]7, en [cau]se de la sup[pre]ssion du Privilege [du] Tabac & des indem[nit]és, demandes & [pré]tentions de la Com[pa]gnie, liquidées par [ce]t Édit, ci ... 180,000,000 liv.

[Bâtim]ens, dettes actives, ... 39,081,000

219,081,000 liv.

ÉPOQUES.	FONDS ajoutés au Capital provenans des Emprunts.	RENTES provenant du Fond capital. La Ferme du Tabac.	Contrats de Rentes sur le Roi.	PRIVILEGES de la Compagnie.	SECOURS du Gouvernement. en Vaisseaux.	en Argent.	RENTES viageres et perpétuelles, payées par la Compagnie.
	liv. s. d.	liv. s. d.	liv.	liv. s. d.	Vaisseaux.	liv. s. d.	liv. s. d.
De 1725 à 1726	9,124,619 18	7,898,304 14 8	300,000	91,200 7 4			
1726 1727		7,014,648 7 7	300,000	186,251 7 11			943,032 12 ..
1727 1728		7,338,138 19 11	300,000	411,569 1 10			759,000 ... ..
1728 1729		7,502,979 2 5	300,000	371,071 9 2			1,107,174 10 ..
1729 1730		7,079,862 9 2	300,000	845,112			1,281,214 10 ..
1730 1731		10,730,150 5 5	300,000	186,417 4 5			1,497,068 16 ..
1731 1732		7,653,808 15 11	300,000	170,909 11 3			1,277,344 ... ..
1732 1733		7,338,074 5 4	300,000	132,157 17 1			1,300,345 ... ..
1733 1734		7,500,000	300,000	30,690			1,277,786 15 6
1734 1735		7,750,000	300,000	317,006 11 6			1,187,058 9 7
1735 1736		8,000,000	300,000	37,700			1,347,822 15 ..
1736 1737		8,000,000	300,000	132,315 18 9			1,262,370 12 ..
1737 1738		8,000,000	300,000	187,165 15 ..			1,215,457 16 ..
1738 1739		8,000,000	300,000	185,590 1 10			1,276,280 1 10
1739 1740		8,000,000	300,000	294,048 12 6			1,217,677 10 ..
1740 1741		8,000,000	300,000	334,178			1,219,039 18 6
1741 1742		8,000,000	300,000	360,411 ... 7			1,428,734 12 10
1742 1743		8,000,000	300,000	332,062			1,103,707 12 ..
1743 1744		8,000,000	300,000	361,626 8 9			1,451,539 18 ..
1744 1745		8,000,000	300,000	153,643			1,475,264 8 ..
1745 1746	15,061,000	8,000,000	300,000	260,677			1,508,802 12 11
1746 1747		8,000,000	300,000	246,271 15 ..	3		1,839,771 10 ..
1747 1748			9,000,000	411,784 13 4	1		2,858,240 3 ..
1748 1749			9,000,000	717,219 8 9			3,033,739 1 ..
1749 1750	12,387,651 16 8		9,000,000	483,031 17 6			3,602,291 7 8
1750 1751			9,000,000	952,870			3,067,219 18 ..
1751 1752			9,000,000	1,164,239			3,391,427 17 3
1752 1753			9,000,000	854,156 3 4			4,546,807 17 1
1753 1754	18,000,000		9,000,000	963,313 10 ..			4,676,104 10 11
1754 1755			9,000,000	1,095,263 7 6			4,473,418 11 6
1755 1756	12,000,000		9,000,000	540,353 11 ..			4,533,904 2 6
1756 1757			9,000,000	228,388	2	9,000,000	4,861,671 12 1
1757 1758			9,000,000	1,016,813	3	12,000,000	4,758,566 14 6
1758 1759			9,000,000	459,073 15 ..		12,000,000	4,741,129 8 8
1759 1760			9,000,000	351,025		6,385,612 16 8	4,526,421 13 6
1760 1761			9,000,000	686,164 13 5		7,000,000	4,547,464 4 6
1761 1762			9,000,000	414,867 7 5		7,000,000	4,487,142 18 2
1762 1763			9,000,000	373,896 15 ..		5,100,000	4,412,030 14 5
1763 1764			9,000,000	361,212 5 1		7,000,000	4,621,430 4 4
1764 1765	13,760,600		9,000,000	363,001 ... 6			4,061,403 11 1
1765 1766	4,769,333 8 4		9,000,000	791,180 14 ..			4,901,145 9 11
1766 1767			9,000,000	1,049,082 16 9			5,131,174 13 1
1767 1768	12,000,000		9,000,000	1,084,905 14 1			1,701,436 13 11
1768 1769	11,100,000		9,000,000	897,829 1 2			1,751,279 13 2
1769 1770	12,000,000		9,000,000	989,269 ... 8			1,945,532 2 5
1770 1771	15,331,550			18,181 16 5			
[Contrats] pour liquidations, délivrés de 1764 à 1770	25,017,800						
	168,593,499 5 ..	174,006,266 18 5	213,600,000	307,021 16 10	9	65,485,612 16 8	133,001,729 1 2

ÉPOQUES.	ENVOIS. NOMBRE des Vaisseaux expédiés.	des Hommes d'Equipage.	CHARGEMENS. en Marchandises.	en Matieres d'Or.	d'Argent.	RETOURS. NOMBRE des Vaisseaux de retour.	PRIX D'ACHAT des Marchandises de retour.	VENTES en France.	BÉNÉFICE de l'Achat à la Vente.	DROITS payés à la Ferme générale sur les Marchandises vendues.	DIVIDENS payé chaque année.
	Vaisseaux.	Hommes.	liv. s. d.	marcs onc. gros. gr.	marcs onc. gros.	Vaisseaux.	liv. s. d.	liv. s. d.	liv. s. d.	liv. s. d.	liv.
De 1725 à 1726	33	2,073	3,197,016 1 ..	1 7 4 ..	31,267 4 4	21	5,422,187 15 1	9,643,544 7 5	4,221,356 14 4	23,080	
1726 1727	13	894	1,658,778 11 2		72,129 6 ..	24	5,924,945 2 6	13,153,231 3 10	7,228,286 1 4	25,000	8,264,092
1727 1728	20	1,143	1,553,266 3 5		106,523 5 2 ½	19	4,874,086 10 2	11,433,207 12 5	6,559,121 2 3	21,000	8,263,965
1728 1729	19	1,211	2,193,770 15 1		181,295 1 5	12	5,213,629 1 5	9,722,611 13 5	4,508,982 14 1	21,000	8,263,965
1729 1730	17	1,126	1,547,930 19 1		111,809 7 ..	19	5,273,576 11 9	10,661,272 16 8	5,387,696 4 11	25,000	8,220,182
1730 1731	30	1,887	2,641,277 14 8		158,737 .. 1 ½	16	4,930,186 ... 12	9,401,304 12 3	4,471,118 12 4	25,000	8,109,247
1731 1732	25	2,126	1,714,703 16 7		197,129 .. 4	26	7,994,803 2 9	15,146,824 15 4	7,152,021 12 7	25,000	7,533,626
1732 1733	25	2,191	2,217,079 8 4		205,163 6 6	21	7,498,194 7 2	14,501,689 4 2	7,003,494 17 ..	15,000	7,533,626
1733 1734	26	2,119	2,023,146 17 3		113,040 3 5	13	9,810,488 19 7	19,421,547 9 11	9,611,058 10 4	21,000	7,632,100
1734 1735	16	1,622	2,216,716 6 11		100,331 3 6	21	10,974,136 18 11	18,884,448 3 8	7,910,311 4 9	25,000	7,638,530
1735 1736	17	2,062	2,309,615 18 3		200,140 5 ..	14	11,400,671 1 10	18,384,791 8 7	6,984,120 6 9	28,000	7,661,743
1736 1737	20	2,230	1,802,287 9 2		190,004 1 2 ½	13	6,917,658 14 7	12,861,899 1 11	5,944,240 7 4	3,000	7,657,887
1737 1738	21	2,312	2,144,935 19 2		264,654 6 7 ½	18	9,235,538 15 1	17,230,625 7 7	7,995,086 14 ..	3,000	7,638,158
1738 1739	22	2,528	2,860,098		267,839 .. 6	21	11,677,032 ... 10	21,787,307 5 11	10,110,275 5 1	3,000	7,657,530
1739 1740	24	2,275	3,264,414 18 4		247,701 2 5	15	8,877,960 18 11	17,339,251 1 3	8,461,291 2 4	3,000	7,657,530
1740 1741	26	3,591	4,225,282 19 4		224,558 4 ..	20	13,434,141 13 9	25,761,345 1 4	12,327,203 7 7	3,000	7,651,241
1741 1742	16	1,721	3,661,668 ... 5	60 5	[illegible] 5 2	19	10,281,469 18 3	21,889,901 6 9	11,608,431 8 6	3,000	7,657,130
1742 1743	17	1,710	3,075,530 19 11	740 3 7 21	113,0[illegible] 0 .. ½	15	12,408,183 13 4	21,418,275 5 10	9,010,083 11 6	3,000	7,617,130
1743 1744	26	2,628	3,391,546 14 7	.. 4 ..	200,200	16	11,434,312 1 11	21,831,860 12 ..	10,397,339 10 1	3,000	7,638,787
1744 1745	24	3,411	1,400,914 8 5	332 .. 3 18	101,041 7 5	15	9,031,161 9 8	17,498,846 3 11	8,467,680 14 3	3,000	7,641,804
1745 1746	17	2,513	1,691,390 ... 2	77 3 3 ..	12,649 4 6	5	4,917,291 2 10	8,580,310 11 2	3,663,019 8 4	3,000	5,851,010
1746 1747	15	1,896	2,297,592 1 ..		201,579 1 7	14	3,514,819 3 5	6,423,601 18 7	2,908,783 15 2	3,000	15,000,000
1747 1748	14	2,014	2,703,511 ... 11		9,300	5	1,309,461 7 7	972,380 10 9		3,000	1,757,164
1748 1749	20	2,525	2,938,594 1 1		271,730 1 .. ½	12	3,454,454 12 5	5,721,230 10 ..	2,266,785 17 7	3,000	3,534,318
1749 1750	16	1,654	3,054,030 9 4		300,321 2 ..	5	2,910,094	8,351,824 7 4	5,441,730 7 4	3,000	3,534,318
1750 1751	20	1,756	4,021,988 6 11	1,019 .. 4 ..	184,674 2 7	7	9,013,513 18 11	17,636,379 9 2	8,622,865 10 3	3,000	3,534,318
1751 1752	25	1,803	3,418,587 9 3	706 1 4 6	273,467 2 ..	22	13,046,805 15 6	26,766,150 11 2	13,719,345 16 8	3,000	3,766,780
1752 1753	24	2,077	6,618,484 12 ..	3,381 3 3 21	132,819 6 5 ½	14	10,836,852 9 ..	21,637,763 17 1	10,800,911 8 1	3,000	4,030,232
1753 1754	19	2,494	5,947,128 15 ..	2,927 4 6 15	158,727 7 6	16	11,893,855 10 ..	20,741,752 3 11	8,847,896 13 11	3,000	4,039,232
1754 1755	24	2,821	5,076,524 8 6	4,153 1 7 ..	200,982 7 6	15	15,295,963 6 11	28,081,408 7 7	12,785,445 ... 8	3,000	4,039,132
1755 1756	10	1,538	2,170,092 10 2		60,000	10	9,845,391 11 7	18,406,904 9 ..	8,561,512 17 5	3,000	4,039,132
1756 1757	18	4,010	3,097,678 1 ..		121,153 4 4	3	3,692,690 7 11	6,336,088 15 3	2,643,398 7 4	3,000	4,039,232
1757 1758	13	2,357	1,862,535 19 5		107,871 2 4	7	9,794,429 1 8	14,260,111 1 ..	4,465,682 19 4	3,000	4,039,232
1758 1759	15	1,264	2,742,120 1 ..			4	8,440,789 14 7	10,134,817 4 6	1,694,027 9 11	3,000	4,021,472
1759 1760	8	944	1,846,553 3 4			4	2,244,087 4 4	2,598,188 ... 4	354,100 16 ..	3,000	4,021,472
1760 1761	11	1,893	3,064,264 8 9		2,400	4	2,419,107 10 7	5,030,013 9 1	2,610,905 18 6	128,838 13 5	3,016,104
1761 1762	8	1,115	1,886,603 4 6		23,640	3	1,973,609 11 8	4,805,321 12 9	2,831,712 ... 1	3,000	2,010,736
1762 1763	6	636	1,348,201 10 5		11,848	6	410,361 17 11	675,588 18 ..	265,327 ... 1	3,000	2,010,736
1763 1764	1	730	611,565 3 ..		82,762 1 6	8	591,423 18 9	1,200,163 5 ..	608,739 6 3	3,000	2,010,736
1764 1765	7	1,018	2,322,138 7 2		188,804	9	3,579,467 1 9	6,857,939 10 ..	3,278,471 8 3	3,777 12 11	3,016,104
1765 1766	10	1,448	3,481,279 15 8		213,138 5 4 ½	7	2,549,081 1 4	4,746,187 3 ..	2,1[illegible]06 1 8	213,241 16 1	766,656
1766 1767	13	2,023	3,642,003 18 7		113,331 6 2	7	7,657,134 4 9	14,179,386 11 ..	[illegible] 6 3	381,864 11 4	2,911,660
1767 1768	10	1,691	4,356,033 4 5		109,576 1 3	11	10,024,419 13 11	16,412,001 4 ..	6,326,581 10 1	158,417 8 6	2,911,660
1768 1769	15	2,172	7,793,372 19 8		20,460	8	12,600,388 12 3	23,691,552 3 ..	11,091,163 10 9	197,441 8 6	2,911,660
1769 1770	3	471	1,510,169 7 4			6	9,110,945 3 2	11,904,344 7 ..	6,393,599 3 10	312,874 3 ..	2,911,660
1770 1771						9	9,604,997 ... 1	17,863,428	8,258,430 19 7	126,290 13 1	2,911,660
[Contrats] pour liquidations, délivrés de 1764 à 1770											
	761	87,223	132,632,313 17 4	13,442 .. 6 3	6,266,477 3 3 ½	185	344,032,818 17 9	636,363,357 13 10	292,867,823 11 11	2,364,704 7 4	243,120,586

RELEVÉ GÉNÉRAL

u produit net, escompte à dix pour cent déduit, des Marchandises des Indes, de la Chine, & des isles de France & de Bourbon, provenant du commerce particulier, depuis la suspension du Privilège exclusif de la Compagnie des Indes de France, & dont la vente s'est faite publiquement au port de l'Orient, dans les années ci-après;

SAVOIR,

ANNÉES ES VENTES.	MARCHANDISES DES INDES.			MARCHANDISES DE LA CHINE.			MARCHANDISES DES ISLES DE FRANCE ET DE BOURBON.			TOTAL GÉNÉRAL DU PRODUIT NET.		
	liv.	fols.	den.	liv.	fols.	den.	liv.	fols.	den.	liv.	fols.	den.
71	3,256,620	2	5	5,173,712	13	4	1,906,171	8	11	10,336,504	4	8
72	9,180,129	17	3	4,699,843	2	7	1,468,173	16	10	15,348,146	16	8
73	8,711,734	9	11	5,822,047	18		650,128	15	6	15,183,911	3	5
74	8,475,691	14	4	8,575,808	7	5	563,904	14	3	17,615,404	16	
75	10,906,218	17	1	10,912,593	12		507,769	11	6	22,326,582		7
76	19,402,422	1	10	6,504,327	17	6	1,019,329	16	8	26,926,079	16	
77	16,616,961	14	6	10,110,327	4		782,475	14		27,509,764	12	6
78	9,561,869	19		4,300,303	5	6	164,021	14		14,026,194	18	6
TOTAL	86,111,648	16	4	56,098,963	15	4	7,061,975	11	8	149,272,588	3	4

RÉCAPITULATION.	liv.	fols.	den.	ANNÉE COMMUNE. liv.	fols	den.
Marchandises des Indes	86,111,648	16	4	10,763,956	2	
De la Chine	56,098,963	15	4	7,012,370	9	5
Des isles de France & de Bourbon	7,061,975	11	8	882,746	18	11
TOTAL	149,272,588	3	4	18,659,073	10	4

HISTOIRE

PHILOSOPHIQUE

ET

POLITIQUE

DES ETABLISSEMENS ET DU COMMERCE DES EUROPÉENS DANS LES DEUX INDES.

LIVRE CINQUIEME.

Commerce du Danemarck, d'Oſtende, de la Suède, de la Pruſſe, de l'Eſpagne, de la Ruſſie, aux Indes Orientales. Queſtions importantes ſur les liaiſons de l'Europe avec les Indes.

LES nations les plus puiſſantes, ainſi que les plus grands fleuves, n'ont rien été à leur origine. Il ſeroit difficile d'en citer une ſeule, depuis la création du monde, qui ſe ſoit étendue ou enrichie d'elle-même, pendant un long intervalle de tranquillité, par les ſeuls progrès de ſon induſtrie, par les ſeules reſſources de ſa population. La nature, qui fait les vautours & les colombes, prépare auſſi l'horde féroce qui doit s'élancer un jour ſur la ſociété paiſible qui s'eſt formée dans ſon voiſinage, ou qu'elle rencontrera dans ſes courſes vagabondes. La pureté du ſang entre les nations, s'il eſt permis de s'exprimer ainſi, de même que la pureté du ſang entre les familles, ne peut être que momentanée, à moins que quelques inſtitutions bizarres & religieuſes ne s'y oppoſent. Le mêlange eſt un effet néceſſaire d'une infinité de cauſes; & par-tout il réſulte du mêlange une race ou perfectionnée ou dégradée, ſelon que le caractère & les mœurs du conquérant ſe ſont prêtés au caractère & aux mœurs du peuple conquis, ou que le caractère & les mœurs du peuple conquis ont cédé au caractère & aux mœurs du conquérant. Entre les cauſes qui accélèrent la confuſion, celle qui ſe préſente comme la première & la principale, c'eſt l'émigration, plus ou moins promptement amenée par la ſtérilité du ſol & par l'ingratitude du ſéjour. Si l'aigle trouvoit une ſubſiſtance aiſée entre les rochers déſerts qui l'ont vu naître, jamais ſon vol rapide ne le porteroit, le bec entr'ouvert & les ſerres étendues, ſur les troupeaux innocens qui paiſſent au pied de ſa demeure eſcarpée. Mais que fait l'oiſeau guerrier & vorace, après s'être emparé de ſa proie? il regagne le ſommet de ſon roc, pour n'en deſcendre que quand il ſera de nouveau ſollicité par le beſoin. C'eſt auſſi de la même manière que le barbare en uſe avec ſon voiſin policé; & ce brigandage ſeroit éternel, ſi la nature avoit mis entre l'habitant d'une contrée & l'habitant d'une autre contrée, entre l'homme de la montagne & l'homme de la plaine ou des marais, la même barrière qui ſépare les différentes eſpèces d'animaux.

I. Anciennes révolutions du Danemarck.

C'eſt une opinion aſſez généralement reçue, que les Cimbres occupoient dans les tems les plus reculés, à l'extrémité de la Germanie, la Cherſonèſe Cimbrique, connue de nos jours ſous le nom de Holſtein, de Sleſwick, de Jutland; & que les Teutons habitoient les iſles voiſines. Que l'origine des deux peuples fût ou ne fût pas commune, ils ſortirent de leurs forêts ou de leurs marais enſemble & en corps de nation, pour aller chercher dans les Gaules du butin, de la gloire & un climat plus doux. Ils ſe diſpoſoient même à paſſer les Alpes; lorſque Rome jugea qu'il étoit tems d'oppofer des digues à un torrent qui entraînoit tout. Ces barbares triomphèrent de tous les généraux que leur oppofa cette fière république, jufqu'à l'époque mémorable où ils furent exterminés par Marius.

Leur pays prefqu'entiérement défert après cette terrible cataftrophe, fut de nouveau peuplé par des Scythes, qui, chaffés par Pompée du vafte efpace renfermé entre le pont Euxin & la mer Cafpienne, marchèrent vers le Nord & l'Occident de l'Europe, foumettant les nations qui fe trouvoient fur leur paffage. Ils mirent fous le joug la Ruffie, la Saxe, la Weftphalie, la Cherfonèfe Cimbrique & jufqu'à la Fionie, la Norwege & la Suède. On prétend qu'Odin, leur chef, ne parcourut tant de contrées, ne chercha à les affervir, qu'afin de foulever tous les efprits contre la puiffance formidable, odieufe & tyrannique des Romains. Ce levain, qu'en mourant il laiffa dans le Nord, y fermenta fi bien en fecret, que quelques fiècles après toutes les nations fondirent, d'un commun accord, fur cet empire ennemi de toute liberté, & eurent la confolation de le renverfer, après l'avoir affoibli par plufieurs fecouffes réitérées.

Le Danemarck & la Norwège fe trouvèrent fans habitans, après ces expéditions glorieufes. Ils fe rétablirent peu-à-peu dans le filence, & recommencèrent à faire parler d'eux vers le commencement du huitième fiècle. Ce ne fut plus la terre qui fervit de théâtre à leur valeur; l'Océan leur ouvrit une autre carrière. Entourés de deux mers, on les vit fe livrer entiérement à la piraterie, qui eft toujours la première école de la navigation pour des peuples fans police.

Ils s'effayèrent d'abord fur les états voifins, & s'emparèrent du petit nombre de bâtimens marchands qui parcouroient la Baltique. Ces premiers fuccès enhardirent leur inquiétude, & les mirent en état de former des entreprifes plus confidérables. Ils infeftèrent de leurs brigandages, les mers & les côtes d'Ecoffe, d'Irlande, d'Angleterre, de Flandres, de France, même de l'Efpagne, de l'Italie & de la Grèce. Souvent ils pénétrèrent dans l'intérieur de ces vaftes contrées, & ils s'élevèrent jufqu'à la conquête de la Normandie & de l'Angleterre. Malgré la confusion qui règne dans les annales de ces tems barbares, on parvient à démêler quelques-unes des causes de tant d'événemens étranges.

D'abord, les Danois & les Norwégiens avoient, pour la piraterie, un penchant violent qu'on a toujours remarqué dans les peuples qui habitent le voisinage de la mer, lorsqu'ils ne sont pas contenus par de bonnes mœurs & de bonnes loix. L'habitude dut les familiariser avec l'Océan, les aguerrir à ses fureurs. Sans agriculture, élevant peu de troupeaux, ne trouvant qu'une foible ressource à la chasse dans un pays couvert de neiges & de glaces, rien ne les attachoit à leur territoire. La facilité de construire des flottes, qui n'étoient que des radeaux grossiérement assemblés pour naviger le long des côtes, leur donnoit les moyens d'aller par-tout, de descendre, de piller & de se rembarquer. Le métier de pirate étoit pour eux ce qu'il avoit été pour les premiers héros de la Grèce, la carrière de la gloire & de la fortune, la profession de l'honneur, qui consistoit dans le mépris de tous les dangers. Ce préjugé leur inspiroit un courage invincible dans leurs expéditions, tantôt combinées entre différens chefs, & tantôt séparées en autant d'armemens que de nations. Ces irruptions subites, faites en cent endroits à la fois, ne laissoient aux habitans des côtes mal défendues, parce qu'elles étoient mal gouvernées, que la triste alternative d'être massacrés, ou de racheter leur vie en livrant tout ce qu'ils avoient.

Quoique ce caractère destructeur fût une suite de la vie sauvage que menoient les Danois & les Norwégiens, de l'éducation grossière & toute militaire qu'ils recevoient; il étoit plus particuliérement l'ouvrage de la religion d'Odin. Ce conquérant imposteur exalta, si l'on peut s'exprimer ainsi, par ses dogmes sanguinaires, la férocité naturelle de ces peuples. Il voulut que tout ce qui servoit à la guerre, les épées, les haches, les piques, fût déifié. On cimentoit les engagemens les plus sacrés par ces instrumens si chers. Une lance plantée au milieu de la campagne attiroit à la prière & aux sacrifices. Odin lui-même, mis par sa mort

mort au rang des immortels, fut la première divinité de ces affreuses contrées, où les rochers & les bois étoient teints & consacrés par le sang humain. Ses sectateurs croyoient l'honorer, en l'appellant le dieu des armées, le père du carnage, le dépopulateur, l'incendiaire. Les guerriers, qui alloient se battre, faisoient vœu de lui envoyer un certain nombre d'ames qu'ils lui consacroient. Ces ames étoient le droit d'Odin. La croyance universelle étoit, que ce Dieu se montroit dans les batailles, tantôt pour protéger ceux qui se défendoient avec courage, & tantôt pour frapper les heureuses victimes qu'il destinoit à périr. Elles le suivoient au séjour du ciel, qui n'étoit ouvert qu'aux guerriers. On couroit à la mort, au martyre, pour mériter cette récompense. Elle achevoit d'élever jusqu'à l'enthousiasme, jusqu'à une sainte ivresse du sang, le penchant de ces peuples pour la guerre.

Le christianisme renversa toutes les idées qui formoient la chaîne d'un pareil systême. Les missionnaires avoient besoin de rendre leurs prosélytes sédentaires, pour travailler utilement à leur instruction ; & ils réussirent à les dégoûter de la vie vagabonde, en leur suggérant d'autres moyens de subsister. Ils furent assez heureux pour leur faire aimer la culture & sur-tout la pêche. L'abondance du hareng, que la mer amenoit alors sur les côtes, y procuroit un moyen de subsistance très-facile. Le superflu de ce poisson fut bientôt échangé contre le sel nécessaire pour conserver le reste. Une même foi, de nouveaux rapports, des besoins mutuels, une grande sûreté, encouragèrent ces liaisons naissantes. La révolution fut si entière, que, depuis la conversion des Danois & des Norwégiens, on ne trouve pas dans l'histoire la moindre trace de leurs expéditions, de leurs brigandages.

Le nouvel esprit qui paroissoit animer la Norwège & le Danemarck, devoit étendre de jour en jour leur communication avec les autres peuples de l'Europe. Malheureusement, elle fut interceptée par l'ascendant que prenoient les villes anséatiques. Lors même que cette grande & singulière confédération fut déchue, Hambourg maintint la supériorité qu'il avoit acquise sur tous les sujets de la domination Danoise. Ils commençoient à rompre les liens qui les avoient asservis à cette espèce de monopole ; lorsqu'ils furent décidés à la navigation des Indes, par une circonstance assez particulière pour être remarquée.

II. Le Danemarck entreprend le commerce des Indes.

Un facteur Hollandois, nommé Boschower, chargé par sa nation de faire un traité de commerce avec le roi de Ceylan, se rendit si agréable à ce monarque, qu'il devint le chef de son conseil, son amiral, & fut nommé prince de Mingone. Boschower enivré de ces honneurs, se hâta d'aller en Europe, les étaler aux yeux de ses concitoyens. L'indifférence avec laquelle ces républicains reçurent l'esclave titré d'une cour Asiatique, l'offensa cruellement. Dans son dépit, il passa chez Christiern IV, roi de Danemarck, pour lui offrir ses services & le crédit qu'il avoit à Ceylan. Ses propositions furent acceptées. Il partit en 1618 avec six vaisseaux, dont trois appartenoient au gouvernement, & trois à la compagnie qui s'étoit formée pour entreprendre le commerce des Indes. La mort, qui le surprit dans la traversée, ruina les espérances qu'on avoit conçues. Les Danois furent mal reçus à Ceylan ; & Ové Giedde de Tommerup leur chef, ne vit d'autre ressource que de les conduire dans le Tanjaour, partie du continent le plus voisin de cette isle.

Le Tanjaour est un petit état qui n'a que cent milles dans sa plus grande longueur, & quatre-vingts milles dans sa plus grande largeur. C'est la province de cette côte la plus abondante en riz. Cette richesse naturelle, beaucoup de manufactures communes, une grande abondance de racines propres à la teinture, font monter ses revenus publics à près de 5,000,000 livres. Elle doit sa prospérité à l'avantage d'être arrosée par le Caveri, rivière qui prend sa source dans les Gathes. Ses eaux, après avoir parcouru un espace de plus de quatre cens milles, se divisent à l'entrée du Tanjaour en deux bras. Le plus oriental prend le nom de Colram. L'autre conserve le nom de Caveri, & se subdivise encore en quatre branches, qui coulent toutes dans le royaume, & le préservent de cette sécheresse horrible qui brûle, durant une grande partie de l'année, le reste du Coromandel.

Cette heureuſe ſituation fit deſirer aux Danois de former un établiſſement dans le Tanjaour. Leurs propoſitions furent accueillies favorablement. On leur accorda un territoire fertile & peuplé, ſur lequel ils bâtirent d'abord Trinquebar, & dans la ſuite la forterefſe de Dansbourg, ſuffiſante pour la défenſe de la rade & de la ville. De leur côté ils s'engagèrent à une redevance annuelle de deux mille pagodes, ou de 16,800 livres, qu'ils paient encore.

La circonſtance étoit favorable pour fonder un grand commerce. Les Portugais opprimés par un joug étranger, ne faiſoient que de foibles efforts pour la conſervation de leurs poſſeſſions. Les Eſpagnols n'envoyoient des vaiſſeaux qu'aux Moluques & aux Philippines. Les Hollandois ne travailloient qu'à ſe rendre maîtres des épiceries. Les Anglois ſe reſſentoient des troubles de leur patrie, même aux Indes. Toutes ces puiſſances voyoient avec chagrin un nouveau rival, mais aucune ne le traverſoit.

Il arriva de-là que les Danois, malgré la modicité de leur premier fonds, qui ne paſſoit pas 853,263 livres, firent des affaires aſſez conſidérables dans toutes les parties de l'Inde. Malheureuſement, la compagnie de Hollande prit une ſupériorité aſſez décidée, pour les exclure des marchés où ils avoient traité avec le plus d'avantage; & par un malheur plus grand encore, les diſſenſions qui bouleverſèrent le nord de l'Europe, ne permirent pas à la métropole de cette nouvelle colonie de s'occuper d'intérêts ſi éloignés. Les Danois de Trinquebar tombèrent inſenſiblement dans le mépris, & des naturels du pays, qui n'eſtiment les hommes qu'en proportion de leur richeſſe, & des nations rivales, dont ils ne purent ſoutenir la concurrence. Cet état d'impuiſſance les découragea. La compagnie remit ſon privilège, & céda ſes établiſſemens au gouvernement, pour le dédommager des ſommes qui lui étoient dues.

III. Variations qu'a éprouvée

Une nouvelle ſociété s'éleva en 1670 ſur les débris de l'ancienne. Chriſtiern V lui fit un préſent en navires ou autres effets, qui fut eſtimé 310,828 livres 10 ſols, & les intéreſſés fournirent

Aaaa 2

Le commercé des Danois aux Indes.

732,600 livres. Cette seconde entreprise, formée sans fonds suffisans, fut encore plus malheureuse que la première. Après un petit nombre d'expéditions, le comptoir de Trinquebar fut abandonné à lui-même. Il n'avoit, pour fournir à sa subsistance, à celle de sa foible garnison, que son petit territoire, & deux bâtimens qu'il frétoit aux négocians du pays. Ces ressources même lui manquèrent quelquefois ; & il se vit réduit, pour ne pas mourir de faim, à engager trois des quatre bastions qui formoient sa forteresse. A peine le mettoit-on en état d'expédier tous les trois ou quatre ans un vaisseau pour l'Europe, avec une cargaison médiocre.

La pitié paroissoit le seul sentiment qu'une situation si désespérée pût inspirer. Cependant la jalousie qui ne dort jamais, & l'avarice qui s'alarme de tout, suscitèrent aux Danois une guerre odieuse. Le raja de Tanjaour, qui leur avoit coupé plusieurs fois la communication avec son territoire, les attaqua en 1689 dans Trinquebar même, à l'instigation des Hollandois. Ce prince étoit sur le point de prendre la place après six mois de siège, lorsqu'elle fut secourue & délivrée par les Anglois. Cet événement n'eut ni ne pouvoit avoir des suites importantes. La compagnie Danoise continua à languir. Son dépérissement devenoit même tous les jours plus grand. Elle expira en 1730, mais après avoir manqué à ses engagemens.

De ses cendres naquit, deux ans après, une nouvelle société. Les faveurs qu'on lui prodigua pour la mettre en état de négocier avec économie, avec liberté, sont la preuve de l'importance que le gouvernement attachoit à ce commerce. Son privilège exclusif devoit durer quarante ans. Ce qui servoit à l'armement, à l'équipement de ses vaisseaux, étoit exempt de toute imposition. Les ouvriers du pays qu'elle employoit, ceux qu'elle faisoit venir des pays étrangers, n'étoient point assujettis aux réglemens des corps de métier, qui enchaînoient l'industrie en Danemarck, comme dans le reste de l'Europe. On la dispensoit de se servir de papier timbré dans ses affaires. Sa jurisdiction étoit entière sur ses employés ; & les sentences de ses directeurs n'étoient pas sujettes à révision, à moins qu'elles ne prononçâssent des peines capitales. Pour écarter jusqu'à l'ombre de la contrainte, le souverain sacrifia le droit qu'il pouvoit avoir de se mêler de l'administration, comme principal intéressé. Il renonça à toute influence dans le choix des officiers civils ou militaires, & ne se réserva que la confirmation du gouverneur de Trinquebar. Il s'engagea même à ratifier toutes les conventions politiques qu'on jugeroit à propos de faire avec les puissances de l'Asie.

Pour prix de tant de faveurs, le gouvernement n'exigea qu'un pour cent sur toutes les marchandises des Indes & de la Chine qui seroient exportées, & deux & demi pour cent sur celles qui se consommeroient dans le royaume.

L'octroi, dont on vient de voir les conditions, n'eut pas été plutôt accordé, qu'il fallut songer à trouver des intéressés. L'opération étoit délicate. Le commerce des Indes avoit été jusqu'alors si malheureux, que les riches citoyens devoient avoir une répugnance invincible à y engager leur fortune. Une idée nouvelle changea la disposition des esprits. On distingua deux espèces de fonds. Le premier, appellé *constant*, fut destiné à l'acquisition de tous les effets que l'ancienne compagnie avoit en Europe & en Asie. On donna le nom de *roulant* à l'autre; parce qu'il étoit réglé tous les ans sur le nombre & la cargaison des navires qui seroient expédiés. Chaque actionnaire avoit la liberté de s'intéresser ou de ne pas s'intéresser à ces armemens, qui étoient liquidés à la fin de chaque voyage. Par cet arrangement, la compagnie fut permanente par son fonds constant, & annuelle par le fonds roulant.

Il paroissoit difficile de régler les frais que devoit supporter chacun des deux intérêts. Tout s'arrangea plus aisément qu'on ne l'avoit espéré. Il fut arrêté que le fonds roulant ne feroit que les dépenses nécessaires pour l'achat, l'équipement, la cargaison des navires. Tout le reste devoit regarder le fonds constant, qui, pour se dédommager, préleveroit dix pour cent sur toutes les marchandises des Indes qui se vendroient en Europe, & de plus cinq pour cent sur tout ce qui partiroit de Trinquebar.

Le capital de la nouvelle compagnie fut de 3,240,000 livres; partagé en seize cens actions de 2025 liv. chacune.

Avec ces fonds, toujours en activité, les associés expédièrent, durant les quarante années de leur octroi, cent huit bâtimens. La charge de ces navires monta en argent à 87,333,637 liv. 10 s. & en marchandises à 10,580,094 livres ; ce qui faisoit en tout 97,913,731 liv. 10 s. Leurs retours furent vendus 188,939,673 liv. Le Danemarck n'en consomma que pour 35,450,262 livres. Il en fut donc exporté pour 153,489,411 livres. Qu'on fasse une nouvelle division, & il se trouvera que les ventes annuelles se sont élevées à la somme de 4,723,491 liv. 16 s. que le pays n'en a consommé tous les ans que pour 886,250 livres 10 s. & que les étrangers en ont enlevé pour 3,837,235 liv. 10 sols.

Les répartitions furent très-irrégulières, tout le tems que dura le privilège. Elles auroient été plus considérables, si une partie des bénéfices n'eût été mise réguliérement en augmentation de commerce. Par cette conduite sage & réfléchie, les heureux associés réussirent à tripler leurs capitaux. Ces fonds auroient encore grossi de 2,000,000 liv. si le ministère Danois n'eût engagé, en 1754, la direction à ériger une statue au roi Fréderic V.

Lorsque je pense à ces monumens publics, consacrés à un souverain de son vivant, je ne puis me distraire de son manque de pudeur. En les ordonnant lui-même, le prince semble dire à ses peuples: « Je suis un grand homme, je suis un grand roi. Je » ne saurois aller tous les jours me présenter à vos yeux, & » recevoir le témoignage éclatant de votre admiration & de » votre amour. Mais, voilà mon image. Entourez-la ; satisfaites- » vous. Quand je ne serai plus, vous conduirez votre enfant » aux pieds de ma statue, & vous lui direz. Tiens, mon fils, » regarde-le bien. C'est celui-là qui repoussa les ennemis de » l'état ; qui commanda ses armées en personne ; qui paya les » dettes de ses aïeux ; qui fertilisa nos champs ; qui protégea » nos agriculteurs ; qui ne gêna point nos consciences ; qui nous » permit d'être heureux, libres & riches ; & que son nom soit à » jamais béni ».

Quel insolent orgueil, si cela est? Quelle impudence si cela n'est pas? Mais combien il y auroit peu de ces monumens, si l'on n'en eût élevé qu'aux princes qui les méritoient? Si l'on abattoit tous les autres, combien en resteroit-il? Si la vérité avoit dicté les inscriptions dont ils sont environnés, qu'y liroit-on? « A » Néron, après avoir assassiné sa mère, tué sa femme, égorgé son » instituteur, & trempé ses mains dans le sang des citoyens les » plus dignes ». Vous frémissez d'horreur. Eh! viles nations, que ne m'est-il permis de substituer les véritables inscriptions à celles dont vous avez décoré les monumens de vos souverains. On n'y liroit pas les mêmes forfaits: mais on y en liroit d'autres; & vous frémiriez encore.

J'écrirois ici, comme autrefois sur la colonne de Pompée. A Pompée, après avoir massacré trois millions d'hommes. J'écrirois-là..... Lâches, craignez-vous donc que vos maîtres ne rougissent de leur méchanceté? Lorsque vous leur rendez de pareils hommages, comment peuvent-ils croire à votre malheur? Comment ne se prendront-ils pas pour les idoles de vos cœurs, lorsque vous applaudissez par vos acclamations à la bassesse des courtisans?

Mais les nations me répondent. « Ces monumens ne sont pas » notre ouvrage. Jamais nous n'aurions pensé à conférer les hon- » neurs du bronze à un tyran qui nous tenoit plongés dans la » misère, & à qui notre profond silence annonça tant de fois l'in- » dignation dont nous étions pénétrés, lorsqu'il traversoit en per- » sonne l'enceinte de notre ville. Nous! nous! nous aurions été » assez insensés pour aller déposer dans un moule le reste du » sang, dont il avoit épuisé nos veines. Vous ne le croyez pas ».

Souverains, si vous êtes bons, la statue que vous vous élevez à vous-même, vous est assurée. La nation, dont vous aurez fait la félicité, vous l'accordera, cent ans après votre mort, lorsque l'histoire vous aura jugé. Si vous êtes méchans & vicieux, vous n'éternisez que votre méchanceté & vos vices. Le monarque, qui aura quelque dignité, attendra. Celui qui auroit l'ame vraiment grande, dédaigneroit peut-être une sorte d'encens prodiguée, dans tous les siècles, au vice indistinctement & à la vertu. Au moment où l'on graveroit autour de sa statue : A TRÈS-GRAND, TRÈS-BON, TRÈS-PUISSANT, TRÈS-GLORIEUX, TRÈS-MAGNIFIQUE prince un tel, il se rappelleroit que les mêmes titres furent gravés sous un Tibère, un Domitien, un Caligula; & il s'écrieroit avec un digne Romain : « Epargnez-moi un hommage trop » suspect. Loin de moi des honneurs flétris. Mon temple est dans » vos cœurs. C'est-là que mon image est belle & qu'elle durera ».

En effet, quelle que soit la solidité que l'on donne aux monumens, un peu plutôt, un peu plus tard, le tems les frappe & les renverse. La pointe de sa faulx s'émousse, au contraire, sur la page de l'histoire. Elle ne peut rien, ni sur le cœur, ni sur la mémoire de l'homme. La vénération se transmet d'âge en âge; & les siècles qui se succèdent en sont les éternels échos. Flots orgueilleux de la Seine, soulevez-vous, si vous l'osez : vous emporterez, & nos ponts, & la statue de Henri : mais son nom restera. C'est devant la statue de ce bon roi, que le peuple attendri, que l'étranger s'arrête. Si l'on visite aussi les monumens qui vous sont consacrés, souverains, ne vous en imposez pas. Ce ne sont pas vos personnes qu'on vient honorer; c'est l'ouvrage de l'art qu'on vient admirer : encore regrette-t-on qu'un talent sublime, qui se devoit à la vertu, se soit bassement prostitué au crime. Aux pieds de votre statue, quelle est la pensée du citoyen & de l'étranger, lorsqu'il se voit entouré de malheureux, dont l'aspect lui montre la misère, & dont la voix plaintive sollicite un modique secours? N'est-ce pas comme s'ils disoient : VOIS ET SOULAGE LE MAL QUE CET HOMME DE BRONZE NOUS A FAIT. Elevez des statues aux grands hommes de votre nation, & l'on y cherchera la vôtre. Mais il n'y a qu'un homme & qu'une statue dans toutes les contrées soumises à la tyrannie. Là, le bronze parle, & le marbre dit : PEUPLES, APPRENEZ QUE JE SUIS TOUT, ET QUE VOUS N'ÊTES RIEN. Et qu'on me pardonne cet écart. L'écrivain seroit trop à plaindre, s'il ne se livroit pas quelquefois au sentiment qui l'oppresse.

IV. Etat actuel des Danois aux Indes.

Lorsque le privilège de la compagnie expira le 12 avril 1772, il lui fut accordé un nouvel octroi, mais pour vingt ans seulement.

lement. On mit même quelques restrictions aux faveurs dont elle avoit joui.

A l'exception du commerce de la Chine, qui reste toujours exclusif, les mers des Indes sont ouvertes à tous les citoyens & à l'étranger qui voudra s'intéresser dans leurs entreprises. Mais pour jouir de cette liberté, il faut n'employer que des navires construits dans quelqu'un des ports du royaume; embarquer dans chaque vaisseau pour 13,500 liv. au moins de marchandises de manufactures nationales; payer à la compagnie 67 liv. 10 f. par last, ou deux pour cent de la valeur de la cargaison au départ, & huit pour cent au retour. Les particuliers peuvent également négocier d'Inde en Inde, moyennant un droit d'entrée de quatre pour cent pour les productions d'Asie, & de deux pour cent pour celles d'Europe, dans tous les établissemens Danois. Si, comme on n'en sauroit douter, la cour de Copenhague n'a fait ces arrangemens que pour donner de la vie à ses comptoirs, l'expérience a dû la convaincre qu'elle a été trompée.

La compagnie étoit autrefois exempte des droits établis sur ce qui sert à la construction, à l'approvisionnement des vaisseaux. On l'a privée d'une franchise qui entraînoit trop d'inconvéniens. Elle reçoit, en dédommagement, 67 liv. 10 f. par last, & 13 liv. 10 f. pour chacune des personnes qui forment l'équipage de ses bâtimens. On l'oblige, d'un autre côté, à exporter sur chacun de ses navires, expédiés pour l'Inde, 13,500 liv. de marchandises fabriquées dans le royaume, & 18,000 liv. sur chacun des navires destinés pour la Chine.

Les droits anciennement différens, pour les productions de l'Asie qui se consommoient en Danemarck, ou qui passoient à l'étranger, sont actuellement les mêmes. Toutes, sans égard pour leur destination, doivent deux pour cent. Le gouvernement a voulu aussi rester l'arbitre des frais de douane que les soieries & les cafés, destinés pour l'état, seroient obligés de supporter. Cette réserve a pour but l'intérêt des isles de l'Amérique & des manufactures nationales.

Le roi a renoncé à l'usage où il étoit de placer tous les ans, dans le commerce de la compagnie, la somme d'environ 100,000 liv. dont il lui revenoit communément un profit de vingt pour cent. Pour le dédommager de ce sacrifice, il sera versé dans sa caisse particulière 22,500 liv. lorsque ce corps n'expédiera qu'un vaisseau; 36,000 liv. lorsqu'il en fera partir deux; & 45,000 liv. lorsqu'il y en aura trois ou un plus grand nombre.

Sous l'ancien régime, il suffisoit d'être propriétaire d'une action, pour avoir droit de suffrage dans les assemblées générales. Pour trois actions, on avoit deux voix; trois pour cinq, & ainsi dans la même proportion jusqu'à douze voix, nombre qu'on ne pouvoit jamais passer, quel que fût l'intérêt qu'on eût dans les fonds de la compagnie. Mais il étoit permis de voter pour les absens ou les étrangers, pourvu qu'on portât leur procuration. Il arrivoit de-là qu'un petit nombre de négocians domiciliés à Copenhague, se rendoient les maîtres de toutes les délibérations. On a remédié à ce désordre, en reduisant à trois le nombre des voix qu'on pourroit avoir, soit pour soi-même, soit par commission.

Telles sont les vues nouvelles qui distinguent le nouvel octroi de ceux qui l'avoient précédé. L'exemple du ministère a influé sur la conduite des intéressés, qui ont fait aussi quelques changemens remarquables dans leur administration.

La distinction du fonds constant & du fonds roulant réduisoit la compagnie à un état précaire, puisqu'on étoit libre de retirer, après chaque voyage, le dernier qui servoit de base aux opérations. Pour donner au corps une meilleure constitution, ces deux intérêts ont été confondus. Désormais, les actionnaires ne pourront, jusqu'à la fin de l'octroi, revendiquer aucune portion de leur capital. Ceux d'entre eux qui, pour quelque raison que ce puisse être, voudront diminuer leurs risques, seront réduits à vendre leurs actions, comme cela se pratique par-tout ailleurs.

A l'expiration du dernier octroi, la compagnie avoit un fonds de 11,906,059 livres, partagé en seize cens actions d'environ 7425 livres chacune. Le prix de l'action étoit évidemment trop fort dans une région où les fortunes sont si bornées. On a remédié à cet inconvénient, en divisant une action en trois ; de sorte qu'il y en a maintenant quatre mille huit cens dont le prix, pour plus de sûreté, n'a été porté sur les livres, qu'à 2250 livres. Ce changement en doit rendre l'achat & la vente plus faciles, en augmenter la circulation & la valeur.

Le projet d'élever les établissemens Danois, dans l'Inde, à plus de prospérité qu'ils n'en avoient eu, a occupé ensuite les esprits. Pour réussir, il a été réglé qu'on y laisseroit constamment 2,250,000 livres, en y comprenant leur valeur estimée 900,000 livres. Les bénéfices qu'on pourra faire avec ces fonds, pendant dix ans, resteront en augmentation de capital, sans qu'on puisse en faire des répartitions.

Jusqu'à ces derniers tems, les navires, expédiés d'Europe pour la Chine, portoient toujours les facteurs, chargés de former leur cargaison. On a judicieusement pensé que des agens, établis chez cette nation célèbre, en saisiroient mieux l'esprit, & feroient leurs ventes, leurs achats avec plus de facilité & de succès. Dans cette vue, quatre facteurs ont été fixés à Canton, pour y conduire les intérêts du corps qui les a choisis.

Les Danois avoient autrefois formé un petit établissement aux isles de Nicobar. Il ne coûtoit pas beaucoup, mais il ne rendoit rien. Son inutilité l'a fait sagement proscrire.

La compagnie avoit contracté l'habitude d'accorder, sur hypothèque, aux acheteurs un crédit de plusieurs années. Cette facilité l'obligeoit elle-même d'emprunter souvent des sommes considérables à Amsterdam ou à Copenhague. On s'est vivement élevé contre une pratique inconnue aux nations rivales. Il eût été peut-être dangereux d'y renoncer entiérement : mais on l'a renfermée dans des bornes assez étroites pour prévenir toute défiance.

A ces principes de commerce, fort supérieurs à ceux qui étoient suivis, la compagnie a ajouté les avantages d'une direction mieux ordonnée, plus éclairée & mieux surveillée.

Aussi, une confiance universelle a-t-elle été le fruit de ces sages combinaisons. Quoique le dividende n'ait été que de huit pour cent en 1773 & de dix pour cent en 1774 & en 1775, on a vu les actions s'élever à vingt-cinq & trente pour cent de bénéfice. Leur prix auroit vraisemblablement augmenté encore, si la paix intérieure de la société n'avoit été, depuis peu, si scandaleusement troublée.

L'ancienne compagnie bornoit presque ses opérations au commerce de la Chine. De tous ceux dont elle avoit le choix, c'étoit celui où il y avoit le moins de risques à courir, & plus de bénéfices à espérer. Sans abandonner cette source de richesses, on est entré dans quelques autres long-tems négligées.

Le Malabar, il est vrai, a peu fixé l'attention. Autrefois on ne tiroit annuellement des loges de Coleschey & de Calicut qu'une soixantaine de milliers de poivre. Ces achats n'ont guère augmenté : mais on a eu raison d'espérer que les affaires prendroient plus de consistance dans le Bengale.

A peine les Danois avoient paru aux Indes, qu'ils s'étoient placés à Chinchurat, sur les bords du Gange. Leurs malheurs les écartèrent de cette opulente région pendant plus d'un siècle. Ils s'y montrèrent de nouveau en 1755, & voulurent occuper Bankibasar, qui avoit appartenu à la compagnie d'Ostende. La jalousie du commerce, qui est devenue la passion dominante de notre siècle, traversa leurs vues, & ils se virent réduits à fonder Frédéric-Nagor, dans le voisinage. Ce comptoir coûta tous les ans 22,500 livres plus que son territoire & ses douanes ne rendirent. Cette dépense, quoique foible, étoit plus considérable que les opérations ne le comportoient. L'attention qu'on eut, après le renouvellement du privilève, d'envoyer de l'argent à cet établissement trop négligé, lui donna un commencement de vie ; mais il rentra bientôt dans le néant. Son malheur est venu d'avoir été mis dans une dépendance absolue de Trinquebar.

Cette première des colonies Danoises possède un excellent territoire qui, quoique de deux lieues de circonférence seulement, avoit autrefois une population de trente mille ames. Dix mille habitoient la ville même. On en voyoit un peu plus dans une grande aldée, remplie de manufactures grossières. Le reste travailloit utilement dans quelques autres lieux moins considérables,

Trois cens ouvriers, facteurs, marchands ou soldats : c'étoit tout ce qu'il y avoit d'Européens dans l'établissement. Son revenu étoit d'environ 100,000 livres, & ce revenu suffisoit à toutes ses dépenses.

Avec le tems, le désordre se mit dans la colonie. Elle rendit moins, & coûta le double. Les entrepreneurs s'éloignèrent, les fabriques languirent, les achats diminuèrent, & l'on n'obtint qu'un bénéfice très-borné sur ceux qu'on ordonnoit de loin en loin. Dans l'impuissance où l'on étoit de faire des avances aux atteliers, il fallut payer les marchandises vingt-cinq & trente pour cent plus cher, que si l'on se fût conformé aux usages reçus dans ces contrées.

Depuis 1772, Trinquebar a changé de face. Un peu de liberté, quelques fonds, une meilleure administration, une augmentation de territoire, d'autres causes encore ont amélioré son sort. Mais jamais sa destinée, jamais la destinée du corps qui lui donne des loix ne seront brillantes.

La position locale du Danemarck, le génie de ses peuples, son degré de puissance relative : tout l'éloigne d'un grand commerce aux Indes. Ses provinces sont-elles assez riches pour fournir les sommes nécessaires aux grandes spéculations, ou les étrangers livreront-ils leurs capitaux à une association soumise aux caprices, exposée aux vexations d'une autorité illimitée ? Il est dans la nature du gouvernement despotique de rompre les liens qui doivent unir les nations ; & quand il a brisé ce ressort, il ne peut plus le rétablir. C'est la confiance qui rapproche les hommes, qui unit les intérêts ; & le pouvoir arbitraire est incompatible avec la confiance, parce qu'il détruit toute sûreté.

Le projet formé en 1728 de transférer de Copenhague à Altena le siège du commerce avec l'Asie, pouvoit bien procurer quelques avantages : mais il ne levoit aucun des obstacles qu'on vient d'exposer. Ainsi, nous ne craindrons pas de dire que l'Angleterre & la Hollande firent un acte de tyrannie inutile, en s'opposant à cet arrangement domestique d'une puissance libre & indépendante.

Celui qui prend quelque intérêt au genre-humain ; celui qui ne porte pas au-dedans de lui-même l'ame étroite d'un moine, pour qui l'enceinte de sa prison claustrale est tout & le reste de l'univers n'est rien, peut-il concevoir quelque chose de plus absurde & de plus cruel que cette infâme jalousie des grandes puissances; que cet horrible abus de leurs forces, pour empêcher les états foibles d'améliorer leur condition? Le particulier qui se proposeroit au milieu de sa nation le rôle qu'elles font au milieu des autres nations, seroit le plus exécrable des malfaiteurs. Anglois, François, Hollandois, Espagnols, Allemands: voici le motif honnête pour lequel vous prenez les armes les uns contre les autres; pour lequel vous vous entr'égorgez: c'est pour savoir à qui d'entre vous restera le privilège exclusif de la tyrannie, & le monopole du bonheur. Je n'ignore pas que vous colorez ce projet atroce du prétexte de pourvoir à votre sécurité: mais comment peut-on vous en croire, lorsqu'on ne vous voit mettre aucun terme à votre ambition; & que plus vous êtes puissans, plus vous êtes impérieux? Vous n'exigez pas seulement tout ce qu'il est de votre intérêt particulier d'obtenir; votre orgueil va quelquefois jusqu'à demander ce qu'il seroit honteux d'accorder. Vous ne pensez pas qu'on n'avilit point un peuple sans de fâcheuses conséquences. Son honneur peut s'endormir pendant quelque tems: mais tôt ou tard, il se réveille & se venge; & comme de toutes les injures l'humiliation est la plus offensante, c'est aussi la plus vivement sentie & la plus cruellement vengée.

V. Etablissement d'une compagnie des Indes à Ostende.

LES lumières sur le commerce & sur l'administration, la saine philosophie, qui gagnoient insensiblement d'un bout de l'Europe à l'autre, avoient trouvé des barrières insurmontables dans quelques monarchies. Elles n'avoient pu pénétrer à la cour de Vienne qui ne s'occupoit que de projets de guerre & d'agrandissement par la voie des conquêtes. Les Anglois & les Hollandois attentifs à empêcher la France d'augmenter son commerce, ses colonies & sa marine, lui suscitoient des ennemis dans le continent, & prodiguoient à la maison d'Autriche des sommes immenses qu'elle employoit à combattre la France: mais à la paix, le luxe d'une couronne rendoit à l'autre plus de richesses qu'elle ne lui en avoit ôté par la guerre.

Des états, qui par leur étendue rendroient formidable la puiſſance Autrichienne, bornent ſes facultés par leur ſituation. La plus grande partie de ſes provinces eſt éloignée des mers. Le ſol de ſes poſſeſſions produit peu de vins, peu de fruits précieux aux autres nations. Il ne fournit ni les huiles, ni les ſoies, ni les belles laines qu'on recherche. Rien ne lui permettoit d'aſpirer à l'opulence, & elle ne ſavoit pas être économe. Avec le luxe & le faſte naturel aux grandes cours, elle n'encourageoit point l'induſtrie & les manufactures, qui pouvoient fournir à ce goût de dépenſe. Le mépris qu'elle a toujours eu pour les ſciences arrêtoit ſes progrès en tout. Les artiſtes reſtent toujours médiocres dans tous les pays où ils ne ſont pas éclairés par les ſavans. Les ſciences & les arts languiſſent enſemble, par-tout où n'eſt point établie la liberté de penſer. L'orgueil & l'intolérance de la maiſon d'Autriche, entretenoient dans ſes vaſtes domaines, la pauvreté, la ſuperſtition, un luxe barbare.

Les Pays-Bas même, autrefois ſi renommés pour leur activité & leur induſtrie, ne conſervoient rien de leur ancien éclat. Le voyageur, qui paſſoit à Anvers, regardoit avec étonnement les ruines d'une ville autrefois ſi floriſſante. Il en comparoit la bourſe avec les ſuperbes édifices du paganiſme après la deſtruction du culte des idoles. C'étoit la même ſolitude; c'étoit la même majeſté. On y voyoit les citoyens indigens & triſtes ſe promener, comme on vit ſous Conſtantin les prêtres déguenillés errer autour de leurs temples déſerts, ou accroupis aux pieds de ces autels où l'on immoloit des hécatombes, dire la bonne aventure pour une petite pièce de cuivre. Anvers, qui avoit été, durant deux ſiècles, le magaſin du Nord, ne voyoit pas un ſeul vaiſſeau dans ſon port. Bien loin de fournir aux nations leur habillement, Bruxelles & Louvain recevoient le leur des Anglois. La pêche ſi précieuſe du hareng, avoit paſſé de Bruges à la Hollande. Gand, Courtrai, quelques autres villes, voyoient diminuer tous les jours leurs manufactures de toile & de dentelles. Ces provinces, placées au milieu des trois peuples les plus éclairés, les plus commerçans de l'Europe, n'avoient pu, malgré leurs avantages naturels, ſoutenir cette concurrence. Après avoir lutté quelque tems contre l'oppreſſion, contre des entraves multipliées par l'ignorance, contre les privilèges qu'un voiſin avide arrachoit aux beſoins continuels du gouvernement, elles étoient tombées dans un dépériſſement extrême.

Le prince Eugène, auſſi grand homme d'état que grand homme de guerre, élevé au-deſſus de tous les préjugés, cherchoit depuis long-tems les moyens d'accroître les richeſſes d'une puiſſance dont il avoit ſi fort reculé les frontières; lorſqu'on lui propoſa d'établir à Oſtende une compagnie des Indes. Les vues de ceux qui avoient formé ce plan étoient étendues. Ils prétendoient que ſi cette entrepriſe pouvoit ſe ſoutenir, elle animeroit l'induſtrie de tous les états de la maiſon d'Autriche; donneroit à cette puiſſance une marine, dont une partie ſeroit dans les Pays-Bas, & l'autre à Fiume ou à Trieſte, la délivreroit de l'eſpèce de dépendance où elle étoit encore des ſubſides de l'Angleterre & de la Hollande; & la mettroit en état de ſe faire craindre ſur les côtes de Turquie, & juſque dans Conſtantinople.

L'habile miniſtre auquel s'adreſſoit ce diſcours, ſentit aiſément le prix des ouvertures qu'on lui faiſoit. Il ne voulut cependant rien précipiter. Pour accoutumer les eſprits de ſa cour, ceux de l'Europe entière à cette nouveauté, il voulut qu'en 1717 on fit partir avec ſes ſeuls paſſe-ports deux vaiſſeaux pour l'Inde. Le ſuccès de leur voyage multiplia les expéditions dans les années ſuivantes. Toutes les expériences furent heureuſes; & le conſeil de Vienne crut pouvoir, en 1722, fixer le ſort des intéreſſés, la plupart Flamands, par l'octroi le plus ample qui eût jamais été accordé. Seulement, il ſtipula qu'on lui paieroit, juſqu'à la fin de 1724, trois pour cent pour tout ce qui ſeroit exporté, pour tout ce qui ſeroit importé, & ſix pour cent dans la ſuite.

La rapacité des gouvernemens eſt inconcevable. Dans toute cette hiſtoire, on ne trouvera pas peut-être un ſeul exemple où l'impoſition n'ait été concomitante de l'entrepriſe; pas un ſouverain qui n'ait voulu s'aſſurer une partie de la moiſſon avant que

que la récolte fût faite, sans s'appercevoir que ces exactions prématurées étoient des moyens sûrs de la détruire. D'où naît cette espèce de vertige ? Est-ce de l'ignorance ? est-ce de l'indigence ? seroit-ce une séparation secrète de l'intérêt propre de l'administration de l'intérêt général de l'état ?

Quoi qu'il en soit, la nouvelle compagnie, qui avoit un fonds de six millions de florins ou de 10,800,000 livres, parut avec distinction dans tous les marchés des Indes. Elle forma deux établissemens, celui de Coblom, entre Madras & Sadraspatnan à la côte du Coromandel, & celui de Bankibasar dans le Gange. Elle projettoit même de se procurer un lieu de relâche, & ses regards s'étoient arrêtés sur Madagascar. Elle étoit assez heureuse pour pouvoir se reposer du soin de sa prospérité sur des agens, qui avoient eu assez de fermeté pour surmonter les obstacles que la jalousie leur avoit opposés, & assez de lumières pour se débarrasser des pièges qu'on leur avoit tendus. La richesse de ses retours, la réputation de ses actions qui gagnoient quinze pour cent, ajoutoient à sa confiance. On peut penser que les événemens ne l'auroient pas trahie, si les opérations qui en étoient la base, n'eussent été traversées par la politique. Pour bien développer les causes de cette discussion, il est nécessaire de reprendre les choses de plus haut.

VI. Raisons qui amenèrent la destruction de la compagnie d'Ostende.

Lorsqu'Isabelle eut fait découvrir l'Amérique, & fait pénétrer jusqu'aux Philippines, l'Europe étoit plongée dans une telle ignorance, qu'on jugea devoir interdire la navigation des deux Indes, à tous les sujets de l'Espagne qui n'étoient pas nés en Castille. La partie des Pays-Bas qui n'avoit pas recouvré la liberté, ayant été donnée en 1598 à l'infante Isabelle, qui épousoit l'archiduc Albert, on exigea des nouveaux souverains qu'ils renonçâssent formellement à ce commerce. La réunion de ces provinces, faite de nouveau en 1638 au corps de la monarchie, ne changea rien à cette odieuse stipulation. Les Flamands, blessés avec raison de se voir privés du droit que la nature donne à tous les peuples, de trafiquer par-tout où d'autres nations ne sont pas en possession légitime d'un commerce exclusif, firent éclater leurs plaintes. Elles furent appuyées par leur gouverneur, le cardinal infant, qui fit décider qu'on les autoriseroit à naviguer aux Indes Orientales. L'acte qui devoit constater cet arrangement n'étoit pas encore expédié, lorsque le Portugal brisa le joug sous lequel il gémissoit depuis si long-tems. La crainte d'augmenter le mécontentement des Portugais, que l'on espéroit de ramener, empêcha de leur donner un nouveau rival en Asie, & fit éloigner la conclusion de cette importante affaire. Elle n'étoit pas finie, lorsqu'il fut réglé, en 1648, à Munster, que les sujets du roi d'Espagne ne pourroient jamais étendre leur commerce dans les Indes, plus qu'il ne l'étoit à cette époque. Cet acte ne doit pas moins lier l'empereur qu'il ne lioit la cour de Madrid, puisqu'il ne possède les Pays-Bas qu'aux mêmes conditions, avec les mêmes obligations dont ils étoient chargés sous la domination Espagnole.

Ainsi raisonnèrent la Hollande & l'Angleterre, pour parvenir à obtenir la suppression de la nouvelle compagnie, dont le succès leur causoit les plus vives inquiétudes. Ces deux alliés, qui, par leurs forces maritimes, pouvoient anéantir Ostende & son commerce, voulurent ménager une puissance qu'ils avoient élevée eux-mêmes, & dont ils croyoient avoir besoin contre la maison de Bourbon. Ainsi, quoique déterminés à ne point laisser puiser la maison d'Autriche à la source de leurs richesses, ils se contentèrent de lui faire des représentations, sur la violation des engagemens les plus solemnels. Ils furent appuyés par la France, qui avoit le même intérêt, & qui de plus étoit garante du traité violé.

L'empereur ne se rendit pas à ces représentations. Il étoit soutenu dans son entreprise par l'opiniâtreté de son caractère, par les espérances ambitieuses qu'on lui avoit données, par les grands privilèges, les préférences utiles que l'Espagne accordoit à ses négocians. Cette couronne se flattoit alors d'obtenir pour Dom Carlos l'héritière de la maison d'Autriche, & ne croyoit pas pouvoir faire de trop grands sacrifices à cette alliance. La liaison des deux cours qu'on avoit cru irréconciliables, agita l'Europe.

Toutes les nations ſe crurent en péril. Il ſe fit des ligues, des traités ſans nombre, pour rompre une harmonie qui paroiſſoit plus dangereuſe qu'elle ne l'étoit. On n'y réuſſit malgré tant de mouvement, que lorſque le conſeil de Madrid, qui n'avoit plus de tréſors à verſer en Allemagne, ſe fut convaincu qu'il couroit après des chimères. La défection de ſon allié n'étonna pas l'Autriche. Elle parut décidée à ſoutenir toutes les prétentions qu'elle avoit formées, ſpécialement les intérêts de ſon commerce. Soit que cette fermeté en impoſât aux puiſſances maritimes; ſoit, comme il eſt plus vraiſemblable, qu'elles ne conſultâſſent que les principes d'une politique utile, elles ſe déterminèrent en 1727 à garantir la pragmatique ſanction. La cour de Vienne paya un ſi grand ſervice par le ſacrifice de la compagnie d'Oſtende.

Quoique les actes publics ne fiſſent mention que d'une ſuſpenſion de ſept ans, les aſſociés ſentirent bien que leur perte étoit décidée, & que cette ſtipulation n'étoit là que par ménagement pour la dignité impériale. Ils avoient trop bonne opinion de la cour de Londres & des états-généraux, pour penſer qu'on eût aſſuré l'indiviſibilité des poſſeſſions Autrichiennes pour un avantage qui n'auroit été que momentané. Cette perſuaſion les détermina à oublier Oſtende, & à porter ailleurs leurs capitaux. Ils firent ſucceſſivement des démarches pour s'établir à Hambourg, à Trieſte, en Toſcane. La nature, la force ou la politique ruinèrent leurs efforts. Les plus heureux d'entre eux furent ceux qui tournèrent leurs regards vers la Suède.

VII. Compagnie de Suède. Révolutions arrivées dans le gouvernement de cette nation.

L'ÉTUDE des nations eſt de toutes les études la plus intéreſſante. L'obſervateur ſe plaît à ſaiſir le trait particulier qui caractériſe chaque peuple & à le démêler de la foule des traits généraux qui l'accompagnent. Inutilement il a pris la teinte des événemens. Inutilement les cauſes phyſiques ou morales en ont changé les nuances. Un œil pénétrant le ſuit à travers ſes déguiſemens, & le fixe malgré ſes variations. Plus même le champ de l'obſervation eſt étendu, plus il préſente de ſiècles à meſurer, d'époques à parcourir; plus auſſi le problême eſt aiſé à déterminer.

Chaque ſiècle, chaque époque donne, s'il eſt permis de parler ainſi, ſon équation; & l'on ne peut les réſoudre toutes, ſans découvrir la vérité qui y étoit comme enveloppée.

Mais le deſir de connoître une nation doit augmenter à proportion du rôle qu'elle a joué ſur le théâtre de l'univers, de l'influence qu'elle a eue dans les majeſtueuſes ou terribles ſcènes qui ont agité le globe. Le principe & les effets de ce grand éclat attirent également les regards des gens éclairés, de la multitude; & il eſt très-rare qu'on ſe laſſe de s'en occuper. Les Suédois doivent-ils être mis au rang des peuples qui ont acquis un nom fameux? On en jugera.

La Suède étoit peu connue avant que ſes féroces habitans euſſent concouru avec les autres barbares du Nord au renverſement de l'empire Romain. Après avoir fait le bruit & les ravages d'un torrent, elle retomba dans l'obſcurité. Une contrée inculte & déſerte, ſans mœurs, ſans police, ſans gouvernement ne pouvoit guère fixer l'attention de l'Europe, alors peu éclairée, & qui ne faiſoit point d'efforts pour ſortir de ſon ignorance. Les brigandages & les aſſaſſinats étoient très-multipliés, s'il faut s'en rapporter à quelques vieilles chroniques d'une foi douteuſe. Un ſeul chef dominoit de tems en tems ſur le pays entier, d'autres fois il étoit partagé entre pluſieurs maîtres. Ces rivaux, avides de puiſſance, avoient recours aux moyens les plus honteux ou les plus violens pour ſe ſupplanter; & les révolutions étoient journalières. C'étoit ſur-tout entre les pères & les enfans que ces guerres étoient ſanglantes. Le chriſtianiſme, que reçut cette région à la fin du huitième ſiècle ou au commencement du neuvième, ne changea rien à la condition des peuples. Ce furent toujours les mêmes haînes, les mêmes combats, les mêmes calamités. On n'avoit que peu amélioré une ſi affreuſe deſtinée, lorſque des événemens malheureux firent paſſer la Suède ſous la domination Danoiſe ou dans une alliance qui tenoit de la ſervitude. Ces liens honteux furent briſés par Guſtave-Vaza, élu adminiſtrateur de l'état en 1521, & deux ans après ſon monarque.

L'empire étoit alors dans l'anarchie. Les prêtres exerçoient la principale autorité ; & le fisc ne recevoit annuellement que vingt-quatre mille marcs d'argent, quoique les dépenses publiques s'élevâssent à soixante mille. En concentrant dans ses mains des pouvoirs épars, en rendant la couronne héréditaire dans sa famille, en dépouillant le clergé d'une partie de ses usurpations, en substituant le luthéranisme au culte établi, en réglant sagement le genre & l'emploi des impositions, le nouveau roi se montra digne du rang où il étoit monté : mais, pour avoir voulu pousser trop loin les réformes, il précipita ses sujets dans des malheurs qu'on auroit pu, qu'on auroit dû prévoir.

La Suède, que la nature de ses productions, ses besoins & l'étendue de ses côtes appelloient à la navigation, l'avoit abandonnée, depuis qu'elle s'étoit dégoûtée de la piraterie. Lubeck étoit en possession d'enlever ses denrées, & de lui fournir toutes les marchandises étrangères qu'elle consommoit. On ne voyoit dans ses rades que les navires de cette république, ni dans ses villes d'autres magasins que ceux qu'elle y avoit formés.

Cette dépendance blessa l'ame fière de Gustave. Il voulut rompre les liens qui enchaînoient au-dehors l'industrie de ses sujets : mais il le voulut avec trop de précipitation. Avant d'avoir construit des vaisseaux, avant d'avoir formé des négocians, il ferma ses ports aux Lubeckois. Dès-lors il n'y eut presque plus de communication entre son peuple & les autres peuples. L'état entier tomba dans un engourdissement, dont on se feroit difficilement des idées justes. Quelques bâtimens Anglois, quelques bâtimens Hollandois qui se montroient de loin en loin, n'avoient que foiblement remédié au mal, lorsque Gustave-Adolphe monta sur le trône.

Les premières années de ce règne furent marquées par des changemens utiles. Les travaux champêtres furent ranimés. On exploita mieux les mines. Il se forma des compagnies pour la Perse & pour les Indes Occidentales. Les côtes de l'Amérique Septentrionale virent jetter les fondemens d'une colonie. Le pavillon Suédois se montra dans tous les parages de l'Europe.

Ce nouvel esprit ne dura qu'un moment. Les succès du grand

Gustave à la guerre tournèrent entiérement le génie de la nation du côté des armes. Tout s'enflamma du desir de s'illustrer sur les traces de ce héros & de ses élèves. L'espoir du butin se joignit à l'amour de la gloire. Chacun vouloit vaincre l'ennemi & s'enrichir de ses dépouilles. L'éducation nationale étoit toute militaire, & les foyers paroissoient convertis en camps. Des trophées innombrables ornoient les temples, les châteaux, les toits les plus simples. Une génération de soldats étoit remplacée par une génération semblable ou plus audacieuse. Cet enthousiasme avoit gagné les dernières classes, comme les classes plus élevées. Les travaux nobles, les travaux obscurs étoient également dédaignés; & un Suédois ne se croyoit né que pour vaincre & pour faire la destinée des empires. Cette fureur martiale avoit passé toutes les bornes sous Charles XII: mais elle s'éteignit après la mort tragique de cet homme extraordinaire.

Ce fut un autre peuple. L'épuisement de l'état; la perte des conquêtes anciennes; l'élévation de la Russie: tout dégoûtoit les plus confians d'une carrière qu'il n'étoit plus possible de suivre avec quelque espoir de succès, sans même achever la ruine d'un édifice ébranlé par des secousses violentes & réitérées. La paix étoit le vœu, & de ceux qui avoient vieilli sous des tentes, & de ceux auxquels leur âge n'avoit pas permis de porter les armes. Le cri de la nation entière étoit pour sa liberté, attaquée successivement avec précaution, détruite par Charles XI, & dont l'ombre même avoit été ravie par l'infortuné monarque qui venoit de descendre au tombeau sans postérité. Tous les ordres de l'état s'assemblèrent; &, sans abolir la royauté, ils rétablirent le gouvernement républicain, lui donnèrent même plus d'extension qu'il n'en avoit eu.

Aucune convulsion ne précéda, aucune discorde ne suivit cette grande révolution. Tous les changemens furent faits avec maturité. Les professions les plus nécessaires, ignorées ou avilies jusqu'alors, fixèrent les premiers regards. On ne tarda pas à connoître les arts de commodité ou d'agrément. La jeune noblesse alla se former dans tous les états de l'Europe qui offroient quelque genre d'instruction. Ceux des citoyens, qui s'étoient éloignés d'un pays, depuis long-tems ruiné & dévasté, y rapportèrent les talens qu'ils avoient acquis. L'ordre, l'économie politique, les différentes branches d'administration devinrent le sujet de tous les entretiens. Tout ce qui intéressoit la république fut mûrement discuté dans les assemblées générales, & librement approuvé, librement censuré par des écrits publics. Il parut sur les sciences exactes des ouvrages lumineux qui méritèrent d'être adoptés par les nations les plus éclairées. Une langue, jusqu'alors barbare, eut enfin des règles, & acquit, avec le tems, de la précision & de l'élégance. Les manières & les mœurs des peuples éprouvèrent des variations encore plus nécessaires & plus heureuses. La politesse, l'affabilité, l'esprit de communication remplacèrent cette humeur farouche & cette rudesse de caractère qu'avoit laissées la continuité des guerres. On appella des lumières de tous les côtés. Les étrangers qui apportoient quelques inventions, quelques connoissances utiles, étoient accueillis ; & ce fut dans ces heureuses circonstances, que les agens de la compagnie d'Ostende se présentèrent.

VIII. Les Suédois prennent part au commerce des Indes. De quelle manière ils le conduisent.

Un riche négociant de Stockholm, nommé Henri Koning, goûta leurs projets, & les fit approuver par la diète de 1731. On établit une compagnie des Indes, à laquelle on accorda le privilège exclusif de négocier au-delà du cap de Bonne-Espérance. Son octroi fut borné à quinze ans. On crut qu'il ne falloit pas lui donner plus de durée ; soit pour remédier de bonne heure aux imperfections qui se trouvent dans les nouvelles entreprises ; soit pour diminuer le chagrin d'un grand nombre de citoyens, qui s'élevoient avec chaleur contre un établissement que la nature & l'empire du climat sembloient repousser. Le desir de réunir, le plus qu'il seroit possible, les avantages d'un commerce libre & ceux d'une association privilégiée, firent régler que les fonds ne seroient pas limités, & que tout actionnaire pourroit retirer les siens à la fin de chaque voyage. Comme la plupart des intéressés étoient étrangers, Flamands principalement, il parut juste d'assurer un bénéfice à la nation, en faisant payer au gouvernement quinze cens dalers d'argent, ou 3390 livres par laſt que porteroit chaque bâtiment.

Cette condition n'empêcha pas la ſociété d'expédier, durant la durée de ſon octroi, vingt-cinq navires ; trois pour le Bengale & vingt-deux pour la Chine. Un de ces vaiſſeaux fit naufrage avec ſa cargaiſon entière, & trois périrent ſans chargement. Malgré ces malheurs, les intéreſſés retirèrent, outre leur capital, huit cens dix-ſept & demi pour cent, ce qui montoit, année commune, à cinquante-quatre & demi pour cent : bénéfice infiniment conſidérable, quoique, ſur ce produit, chacun des actionnaires dût faire & payer lui-même ſes aſſurances.

En 1746, la compagnie obtint un nouveau privilège pour vingt ans. Elle fit partir ſucceſſivement trois vaiſſeaux pour Surate, & trente-trois pour Canton, dont un fit naufrage avec tous ſes fonds, près du lieu de ſa deſtination. Le profit des intéreſſés fut de huit cens ſoixante-onze & un quart pour cent, ou de quarante-trois chaque année. Un événement remarquable diſtingua ce ſecond octroi du premier. Dès 1753, les aſſociés renoncèrent à la liberté dont ils avoient toujours joui, de retirer à volonté leurs capitaux, & ſe déterminèrent à former un corps permanent. L'état les fit conſentir à ce nouvel ordre de choſes, en ſe contentant d'un droit de vingt pour cent ſur toutes les marchandiſes qui ſe conſommeroient dans le royaume, au lieu de 75,000 liv. qu'il recevoit depuis ſept ans pour chaque voyage. Ce ſacrifice avoit pour but de mettre la compagnie Suédoiſe en état de ſoutenir la concurrence de la compagnie qui venoit de naître à Embden : mais les beſoins publics le firent rétracter en 1765. On pouſſa même l'infidélité juſqu'à exiger tous les arrérages.

Le monopole fut renouvellé, en 1766, pour vingt ans encore. Il prêta à la nation 1,250,000 livres ſans intérêt, & une ſomme double pour un intérêt de ſix pour cent. La ſociété qui faiſoit ces avances, devoit être ſucceſſivement rembourſée de la première, par la retenue des 93,750 livres qu'elle s'engageoit à payer pour chaque navire qui ſeroit expédié, & de la ſeconde à quatre époques convenues. Avant le premier janvier 1778, il étoit parti vingt & un vaiſſeaux, tous pour la Chine, dont quatre étoient encore attendus. Les dix-ſept arrivés, ſans avoir éprouvé d'événement fâcheux, avoient rapporté vingt-deux millions ſix cens livres peſant de thé, & quelques autres objets d'une importance beaucoup moindre. On ne peut pas dire préciſément quel bénéfice ont produit ces expéditions : mais on doit préſumer qu'il a été conſidérable, puiſque les actions ont gagné juſqu'à quarante-deux pour cent. Ce qui eſt généralement connu, c'eſt que le dividende fut de douze pour cent en 1770, qu'il a été de ſix toutes les autres années, & que la compagnie eſt chargée des aſſurances depuis 1753.

Ce corps a établi le ſiège de ſes affaires à Gothenbourg, dont la poſition offroit pour l'expédition des bâtimens, pour la vente des marchandiſes, des facilités que refuſoient les autres ports du royaume. Une préférence ſi utile a beaucoup augmenté le mouvement de cette rade & le travail de ſon territoire.

Dans l'origine de la compagnie, ſes fonds varioient d'un voyage à l'autre. Ils furent, dit-on, fixés à ſix millions en 1753, & à cinq ſeulement, à la derniere convention. Les gens les mieux inſtruits ſont réduits à de ſimples conjectures ſur ce point important. Jamais, il ne fut mis ſous les yeux du public. Comme les Suédois avoient d'abord beaucoup moins de part à ce capital, qu'ils n'en ont eu depuis, le gouvernement jugea convenable de l'envelopper d'un nuage épais. Pour y parvenir, il fut ſtatué que tout directeur qui révéleroit le nom des aſſociés ou les ſommes qu'ils auroient ſouſcrites, ſeroit ſuſpendu, dépoſé même, & qu'il perdroit, ſans retour, tout l'argent qu'il auroit mis dans cette entrepriſe. Cet eſprit de myſtère, inconcevable dans un pays libre, continua trente-cinq ans. Douze actionnaires devoient, il eſt vrai, recevoir tous les quatre ans les comptes des adminiſtrateurs : mais c'étoit l'adminiſtration qui nommoit ces cenſeurs. Depuis 1767, ce ſont les intéreſſés eux-mêmes qui choiſiſſent les commiſſaires, & qui écoutent leur rapport dans une aſſemblée générale. Ce nouvel arrangement aura ſans doute diminué la corruption. Le ſecret dans la politique, eſt comme le menſonge : il peut ſauver pour un moment les états, & doit les perdre avec le tems. L'un & l'autre ne ſont utiles qu'aux méchans.

Le produit des ventes n'a pas été toujours le même. On l'a vu plus ou moins conſidérable, ſelon le nombre & la grandeur des vaiſſeaux employés dans ce commerce, ſelon la cherté des marchandiſes au lieu de leur fabrication & leur rareté en Europe. Cependant, on peut aſſurer qu'il eſt rarement reſté au-deſſous de 2,000,000 liv. & ne s'eſt jamais élevé au-deſſus de cinq. Le thé a toujours formé plus des quatre cinquièmes de ces valeurs.

C'eſt avec des piaſtres, achetées à Cadix, que ces opérations ont été conduites. Le peu qu'on y a fait entrer d'ailleurs mérite à peine qu'on s'en ſouvienne.

Les conſommations de la Suède furent d'abord un peu plus conſidérables qu'elles ne l'ont été dans la ſuite, parce qu'originairement les productions de l'Aſie ne devoient rien au fiſc. La plupart furent depuis aſſujetties à une impoſition de vingt ou vingt-cinq pour cent, quelques-unes même, telles que les ſoieries, paſſagérement proſcrites. Ces droits ont réduit la conſommation annuelle du royaume à 300,000 livres. Tout le reſte eſt exporté, en payant à l'état un huitième pour cent du prix de ſa vente. La Suède, vu la foibleſſe de ſon numéraire & la médiocrité de ſes reſſources intrinſèques, ne peut ſe permettre un plus grand luxe. On en va voir la preuve.

IX. Situation actuelle de la Suède.

La Suède, en y comprenant la partie de la Finlande & de la Laponie qui ſont de ſon domaine, a une étendue prodigieuſe. Ses côtes, d'un accès aſſez généralement difficile, ſont embarraſſées d'une infinité de rochers & de beaucoup de petites iſles, où quelques hommes preſque ſauvages vivent de leur pêche. L'intérieur du pays eſt très-montueux. On y trouve cependant des plaines dont le ſol, quoique ſablonneux, quoique marécageux, quoique rempli de matières ferrugineuſes, n'eſt pas ſtérile, principalement dans les provinces les plus méridionales. Au Nord de l'empire, le beſoin a appris aux peuples qu'on pouvoit vivre d'un pain compoſé d'écorce de bouleau, de quelques racines & d'un peu de ſeigle. Pour ſe procurer une nourriture plus ſaine & plus agréable, ils ont tenté d'enſemencer des hauteurs, après en avoir abattu & brûlé les arbres. Les plus ſages d'entre eux ont renoncé à cet uſage, après avoir obſervé que le bois & le gazon ne croiſſoient plus ſur un terrein pierreux & maigre, épuiſé par deux ou trois récoltes aſſez abondantes. Des lacs, plus ou moins étendus, couvrent de très-grands eſpaces. On s'eſt habilement ſervi de ces amas inutiles d'eau, pour établir, avec le ſecours de pluſieurs rivières, de pluſieurs canaux, de pluſieurs écluſes, une navigation non interrompue, depuis Stockholm juſqu'à Gothenbourg. *

Cette eſquiſſe du phyſique de la Suède, porteroit à penſer que cette région ne fut jamais bien peuplée, quoiqu'on l'ait appellée quelquefois la fabrique du genre-humain. Il eſt vraiſemblable que les nombreuſes bandes qui en ſortoient, & qui, ſous le nom ſi redouté de Goths & de Vandales, ravagèrent, aſſervirent tant de contrées de l'Europe, n'étoient que des eſſaims de Scythes & de Sarmates, qui s'y rendoient par le Nord de l'Aſie, & qui ſe pouſſoient, ſe remplaçoient ſucceſſivement. Cependant ce ſeroit peut-être une erreur de croire que cette vaſte contrée ait toujours été auſſi déſerte que nous la voyons. Selon toutes les probabilités, elle avoit plus d'habitans, il y a trois ſiècles, quoique la religion catholique, qu'on y profeſſoit alors, autoriſât les cloîtres & preſcrivît au clergé le célibat. Le dénombrement de 1751 ne porta le nombre des ames qu'à deux millions deux cens vingt-neuf mille ſix cens ſoixante-un. Il étoit augmenté de trois cens quarante-trois mille en 1769. On penſe généralement que, depuis cette époque, la population, dont la treizième partie ſeulement habite les villes, ne s'eſt pas accrue, qu'elle a même rétrogradé ; & c'eſt la miſère, ce ſont les maladies épidémiques qu'il faut accuſer de ce malheur.

Le nombre des habitans ſeroit plus grand en Suède, ſi elle n'étoit continuellement abandonnée, & ſouvent ſans retour, par un grand nombre de ceux qui y ont pris naiſſance. On voit dans tous les pays des hommes qui, par curioſité, par inquiétude naturelle & sans objet déterminé, passent d'une contrée dans une autre : mais c'est une maladie qui attaque seulement quelques individus, & ne peut être regardée comme la cause générale d'une émigration constante. Il y a dans tous les hommes un penchant à aimer leur patrie, qui tient plus à des causes morales qu'à des principes physiques. Le goût naturel pour la société ; des liaisons de sang & d'amitié ; l'habitude du climat & du langage ; cette prévention qu'on contracte si aisément pour le lieu, les mœurs, le genre de vie auxquels on est accoutumé : tous ces liens attachent un être raisonnable à des contrées où il a reçu le jour & l'éducation. Il faut de puissans motifs pour lui faire rompre à la fois tant de nœuds, & préférer une autre terre où tout sera étranger & nouveau pour lui. En Suède, où toute la puissance étoit entre les mains des états composés des différens ordres du royaume, même celui des paysans, on devoit plus tenir à son pays. Cependant on en sortoit beaucoup ; & il ne falloit pas s'en étonner.

Les terres en culture étoient autrefois partagées en quatre-vingt mille cinquante-deux hemmans ou fermes, qu'il n'étoit pas permis de morceler. Par une erreur plus grossière encore, les loix avoient fixé le nombre des personnes qui pourroient habiter chacune de ces propriétés. Lorsqu'il étoit complet, un père de famille étoit obligé d'expulser lui-même de la maison ses enfans puînés, quelque besoin qu'il pût en avoir pour augmenter la masse de ses productions. On avoit espéré d'opérer par ce réglement le défrichement de terreins incultes & la formation de nouveaux hemmans. Il eût fallu prévoir que des hommes ainsi opprimés, n'auroient ni la volonté, ni les moyens de s'occuper d'établissemens, & que la plupart iroient chercher dans des contrées étrangères, une tranquillité dont leur patrie les privoit si injustement. Ce ne fut qu'en 1748 que le gouvernement ouvrit les yeux. A cette époque, on comprit enfin que le bien public vouloit que les laboureurs n'eussent que l'étendue du sol qu'ils pourroient exploiter convenablement ; & la diète les autorisa à diviser leur héritage en autant de portions qu'ils le voudroient.

Ce nouvel ordre de choſes a déja diminué les émigrations, & doit amener, avec le tems, l'amélioration de l'agriculture.

Elle étoit, dit-on, aſſez floriſſante, lorſque Guſtave-Vaza monta ſur le trône. Cette opinion manque viſiblement de vraiſemblance, puiſqu'avant cette époque, l'empire n'étoit ſorti des horreurs de l'anarchie, que pour paſſer ſous le joug d'une tyrannie étrangère. Au moins eſt-il certain que depuis, ce premier des arts a toujours été languiſſant. La nation s'eſt vue continuellement réduite à tirer de ſes voiſins une grande partie de ſes ſubſiſtances, & quelquefois pour ſix ou ſept millions de livres. Pluſieurs cauſes ont contribué à cette infortune. On pourroit placer parmi les plus conſidérables, la diſperſion d'un petit nombre d'hommes ſur un trop grand eſpace. L'éloignement où ils étoient les uns des autres, contraignoit chacun d'eux de pourvoir lui-même à la plupart de ſes beſoins, & les a tous empêchés de ſe livrer ſérieuſement à aucune profeſſion, pas même à l'exploitation des terres.

L'inſuffiſance des récoltes jettoit l'état dans des embarras continuels. Les arrangemens économiques, imaginés de loin en loin pour en ſortir, ne produiſoient pas l'effet deſiré. On eut enfin, en 1772, le courage de remonter à la principale cauſe du déſordre, & la diſtillation des grains fut prohibée. Malheureuſement les loix ſe trouvèrent impuiſſantes contre la paſſion qu'avoient les peuples pour cette eau-de-vie ; & il fallut en tempérer la ſévérité. La condeſcendance ne fut pas portée, à la vérité, juſqu'à autoriſer les citoyens à préparer eux-mêmes cette boiſſon, comme ils avoient été dans l'uſage de le faire : mais le gouvernement s'engagea à leur en fournir pour environ trois cens mille tonneaux de grain, au lieu d'un million de tonneaux qu'on y employoit auparavant.

Depuis cette époque, la Suède a tiré, des marchés étrangers, beaucoup moins de grains. Quelques-uns de ſes écrivains économiques ont même prétendu qu'elle pourroit ſe paſſer de ce ſecours, ſi la nation revenoit de ſon égarement. Cette opinion trouvera peu de partiſans. Il eſt prouvé, que ce ſoit le vice du sol, du climat ou de l'industrie, que la même quantité d'hommes, de jours de travail & de capitaux, ne donne dans cette région que le tiers des productions qu'on obtient dans des contrées plus fortunées.

Les mines doivent compenser ces désavantages de l'agriculture. La plupart appartenoient autrefois aux prêtres. Des mains du clergé, elles passèrent, en 1480, dans celles du gouvernement. Une révolution encore plus heureuse en a fait depuis l'apanage des particuliers.

Il n'y a que celle d'or, découverte en 1738, qui soit restée au fisc. Comme elle ne rend annuellement que sept ou huit cens ducats, & que ce produit est insuffisant pour les frais de son exploitation, aucun citoyen, aucun étranger n'a offert jusqu'ici de s'en charger.

La mine d'argent de Sala étoit connue dès le onzième siècle. Durant le cours du quatorzième, elle donna vingt-quatre mille marcs, & seulement vingt-un mille deux cens quatre-vingts marcs dans le quinzième. On la vit tomber de plus en plus jusqu'au commencement de celui où nous vivons. Actuellement, elle rend dix-sept à dix-huit cens marcs chaque année. C'est quinze ou seize fois plus que toutes les autres réunies.

L'alun, le soufre, le cobalt, le vitriol, sont plus abondans. Cependant ce n'est rien ou presque rien auprès du cuivre & surtout du fer. Depuis 1754 jusqu'en 1768, il fut exporté, chaque année, neuf cens quatre-vingt-quinze mille six cens sept quintaux de ce dernier métal. Alors, il commença à être moins recherché, parce que la Russie en offroit de la même qualité à vingt pour cent meilleur marché. Les Suédois se virent réduits à diminuer leur prix; & il faudra bien qu'ils le baissent encore pour ne pas perdre entiérement la branche la plus importante de leur commerce. Les plus intelligens d'entre eux ont pris le parti de travailler leur fer eux-mêmes, & de le convertir en acier, en fil d'archal, en clous, en canons, en ancres, en d'autres usages de nécessité première pour les autres peuples; & le gouvernement a sagement excité cette industrie par des gratifications. Ces faveurs ont été généralement approuvées. On s'eſt partagé ſur les graces accordées à d'autres manufactures.

Il n'y en avoit proprement aucune dans le royaume à l'époque mémorable qui lui rendit ſa liberté. Deux partis ne tardèrent pas à la diviſer. Une faction montra une paſſion démeſurée pour les fabriques ; & ſans diſtinguer celles qui pouvoient convenir à l'état de celles qui devoient lui nuire, il leur prodigua à toutes les encouragemens les plus exceſſifs. C'étoit un grand déſordre. On n'en ſortit que pour tomber dans un excès auſſi révoltant. La faction oppoſée ayant prévalu, elle montra autant d'éloignement pour les manufactures de néceſſité que pour celles qui étoient uniquement de luxe, & les priva les unes & les autres des privilèges & des récompenſes, dont on les avoit comme accablées. Elles n'avoient pris aucune conſiſtance, malgré les prodigalités du fiſc. Leur chûte totale ſuivit la ſuppreſſion de ces dons énormes. Les artiſtes étrangers, les nationaux même diſparurent. On vit s'évanouir le beau rêve d'une grande induſtrie ; & la nation ſe trouva preſqu'au même point où elle étoit avant 1720.

Les pêcheries n'ont pas eu la même deſtinée que les arts. La ſeule qui mérite d'être enviſagée ſous un point de vue politique, c'eſt celle du hareng. Elle ne remonte pas au-delà de 1740. Avant cette époque, ce poiſſon fuyoit les côtes de Suède. Alors il ſe jetta ſur celle de Gothenbourg, & ne s'en eſt pas retiré depuis. La nation en conſomme annuellement quarante mille barils, & l'on en exporte cent ſoixante mille, qui, à raiſon de 13 livres 15 ſols chacun, forment à l'état un revenu de 2,200,000 livres.

On ne jouiſſoit pas encore de cet avantage, lorſque le gouvernement décida que les navigateurs étrangers ne pourroient introduire dans ſes ports que les denrées de leur pays ; qu'ils ne pourroient pas même porter ces marchandiſes d'une rade du royaume à l'autre. Cette loi célèbre, connue ſous le nom de *placard des productions*, & qui eſt de 1724, reſſuſcita la navigation, anéantie depuis long-tems par les malheurs des guerres. Un pavillon inconnu par-tout, ſe montra ſur toutes les mers. Ceux qui l'arboroient ne tardèrent pas à acquérir de l'habileté & de l'expérience. Leurs progrès parurent même à des politiques éclairés devenir trop considérables pour un pays dépeuplé. Ils pensèrent qu'il falloit s'en tenir à l'exportation des productions de l'état, à l'importation de celles dont il avoit besoin, & abandonner le commerce purement de fret. Ce systême a été vivement combattu. D'habiles gens ont cru, que bien loin de gêner cette branche d'industrie, il convenoit de l'encourager, en abolissant tous les réglemens qui la contrarient. Le droit exclusif de passer le Sund, fut anciennement attribué à un petit nombre de villes désignées sous le nom de *Staple.* Tous les ports même situés au Nord de Stockholm & d'Abo, furent asservis à porter leurs denrées à l'un de ces entrepôts, & à s'y pourvoir des marchandises de la Baltique, qu'ils auroient pu se procurer, de la première main, à meilleur marché. Ces odieuses distinctions, imaginées dans des tems barbares & qui tendent à favoriser le monopole des marchands, existent encore. Les spéculateurs les plus sages, en matière d'administration, desirent qu'elles soient anéanties ; afin qu'une concurrence plus universelle produise une plus grande activité.

A juger du commerce de la Suède par le nombre des navires qu'il occupe, on le croiroit très-important. Cependant, si l'on veut considérer que cette région ne vend que du bray, du goudron, de la potasse, des planches, du poisson & des métaux grossiers, on apprendra sans étonnement que ses exportations annuelles ne passent pas 15,000,000 livres. Les retours seroient encore d'un quart plus foibles, s'il falloit s'en rapporter à l'autorité des douanes. Mais il est connu que si elles sont trompées de cinq pour cent sur ce qui sort, elles le sont de vingt-cinq pour cent sur ce qui entre. Dans cette supposition, il y auroit un équilibre presque parfait entre ce qui est vendu, ce qui est acheté; & le royaume ne gagneroit ni ne perdroit dans ses liaisons extérieures. Des personnes infiniment versées dans ces matières, prétendent même que la balance lui est défavorable & qu'il n'a rempli jusqu'ici le vuide que cette infériorité devoit mettre dans son numéraire, qu'avec le secours des subsides qui lui ont été

accordés

accordés par des puissances étrangères. C'est à la nation à redoubler ses efforts pour sortir d'un état si fâcheux. Voyons si ses troupes sont mieux ordonnées.

Avant-Gustave Vaza, tout Suédois étoit militaire. Au cri du besoin public, le laboureur quittoit sa charrue & prenoit un arc. La nation entière se trouvoit aguerrie par des troubles civils, qui malheureusement ne discontinuoient pas. L'état ne soudoyoit alors que cinq cens soldats. En 1542, ce foible corps fut porté à six mille hommes. Pour être déchargée de leur entretien, la nation desiroit qu'on leur assignât une portion des domaines de la couronne. Ce projet, long-tems contrarié par des intérêts particuliers, fut enfin exécuté. Charles XI reprit les terres royales que ses prédécesseurs, principalement la reine Christine, avoient prodiguées à leurs favoris, & il y plaça la partie la plus précieuse de l'armée.

Elle est actuellement composée d'un corps de douze mille vingt-huit hommes, toujours assemblé, indifféremment formé d'étrangers & regnicoles, ayant une solde régulière, & servant de garnison à toutes les forteresses du royaume.

Un autre corps plus distingué & regardé par les peuples comme le boulevard de l'empire, c'est celui qui est connu sous le nom de troupes nationales. Il est de trente-quatre mille deux cens soixante-six hommes qui ne s'assemblent que vingt & un jours chaque année. On ne leur donne point de paie : mais ils ont reçu du gouvernement, sous le nom de *Bostel*, des possessions qui doivent suffire à leur subsistance. Depuis le soldat jusqu'au général, tous ont une habitation, tous ont des champs qu'ils doivent cultiver. Les commodités du logement, l'étendue & la valeur du sol sont proportionnés au grade de milice.

Cette institution a reçu des éloges dans l'Europe entière. Ceux qui en ont vu les effets de plus près, l'ont moins approuvée. Ils ont observé que ces terres, qui passoient rapidement d'une main dans l'autre, étoient toujours dans le plus grand désordre : que le caractère agriculteur étoit diamétralement opposé au caractère militaire : que l'homme qui cultivoit la terre s'attachoit à la glèbe par les soins qu'il lui donnoit & s'en éloignoit avec désespoir, tandis que le soldat conduit par son état d'une province d'un royaume dans une autre province, d'un royaume au fond d'un royaume éloigné, devoit toujours être prêt à partir gaiement au premier coup du tambour, au premier son de la trompette : que les travaux de la campagne languissoient, lorsqu'ils n'étoient pas secondés par une nombreuse famille ; & qu'il falloit par conséquent que le laboureur se mariât, tandis que le séjour sous des tentes, l'habitation des camps, les hasards du métier de la guerre, demandoient un célibataire dont aucune liaison douce n'amollît le courage, & qui pût vivre par-tout sans aucune prédilection locale, & exposer à tout moment sa vie sans regret : que la perfection de la discipline militaire se perdoit sans des exercices continuels, tandis que les champs ne laissant de repos & ne souffrant d'intermission que dans la saison rigoureuse qui séparoit les armées & qui endurcissoit le sol, les mêmes mains étoient peu propres à manier l'épée & à pousser le soc de la charrue : que les deux états supposoient l'un & l'autre une grande expérience, & qu'en les réunissant dans une même personne, c'étoit un moyen sûr de n'avoir que de médiocres agriculteurs & de mauvais soldats : que ces terres qu'on leur distribuoit deviendroient héréditaires ou reviendroient à l'état ; qu'héréditaires, bientôt il n'en resteroit plus à d'autres propriétaires ; & que rendues à l'état, c'étoit d'un moment à l'autre précipiter dans la mendicité une multitude d'enfans de l'un & de l'autre sexe, & peupler un royaume au bout de cinq ou six campagnes de malheureux orphelins. En un mot, que la pratique des Bostels leur paroissoit si pernicieuse qu'ils ne balançoient pas à la placer au nombre des causes qui rendoient les disettes de grain si fréquentes en Suède.

Sa situation l'a déterminée à former deux corps très-différens de marine : l'un d'un grand nombre de galères & de quelques prames pour la défense de ses côtes remplies d'écueils : l'autre de vingt-quatre vaisseaux de ligne & de vingt-trois frégates pour des parages plus éloignés. Tous deux étoient dans un délabrement inexprimable, en 1772. Depuis cette époque, on s'est occupé de la réparation de ces bâtimens, la plupart construits de sapin, parçe que le pays n'a que peu de chêne, & qui tomboient presque tous de vétusté. Il se peut que la Suède ait un besoin absolu de toutes ses galères : mais pour ses vaisseaux, il faudra bien qu'elle se détermine à en diminuer le nombre. Ses facultés ne lui permettront jamais d'en armer même la moitié.

Le revenu public de cette puissance ne passe pas seize ou dix-sept millions de livres. Il est formé par un impôt sur les terres, par le produit des douanes, par des droits sur le cuivre, le fer & le papier timbré, par une capitation & un don gratuit, par quelques autres branches moins considérables. C'est bien peu pour les besoins du gouvernement. Encore faut-il trouver dans cette foible somme de quoi acquitter les dettes.

Elles montoient à 7,500,000 livres, lorsque Charles XI arriva au trône. Ce prince, économe de la manière dont il convient aux souverains de l'être, les paya. Il fit plus. Il rentra dans plusieurs des domaines conquis en Allemagne & qui avoient été engagés à des voisins puissans. Il retira les diamans de la couronne, sur lesquels on avoit emprunté en Hollande des sommes considérables. Il fortifia les places frontières. Il secourut ses alliés, & arma souvent des escadres pour maintenir sa supériorité dans la mer Baltique. Les événemens qui suivirent sa mort, replongèrent les finances dans le cahos d'où il les avoit tirées. Le désordre a été toujours en augmentant, malgré les subsides prodigués par la France & quelques autres secours moins considérables. En 1772, l'état devoit six cens trois tonnes d'or, ou 90,450,000 livres, qui, pour un intérêt de quatre & demi pour cent payoient aux nationaux ou aux étrangers, 4,070,250 livres. A cette époque, il n'y avoit pas plus de deux millions d'argent en circulation dans le royaume. Les affaires publiques & particulières se traitoient avec le papier d'une banque appartenant à l'état & garantie par les trois premiers ordres de la république. Cet établissement a eu des censeurs, il a eu des panégyrištes. A-t-il été utile, a-t-il été funeste à la nation? Le problême n'est pas résolu.

La pauvreté n'étoit pas toutefois la plus dangereuse maladie qui travaillât la Suède. De plus grandes calamités la bouleversoient L'esprit de discorde mettoit tout en fermentation. La haîne & la vengeance étoient les principaux ressorts des événemens. Chacun regardoit l'état comme la proie de son ambition ou de son avarice. Ce n'étoit plus pour le service public que les places avoient été créées : c'étoit pour l'avantage particulier de ceux qui y étoient montés. La vertu & les talens étoient plutôt un obstacle à la fortune qu'un moyen d'élévation. Les assemblées nationales ne présentoient que des scènes honteuses ou violentes. Le crime étoit impuni & se montroit avec audace. La cour, le sénat, tous les ordres de la république étoient remplis d'une défiance universelle. On cherchoit à se détruire réciproquement avec la plus opiniâtre fureur. Lorsque l'on manquoit de moyens prompts & voisins, on les alloit chercher au loin; & l'on ne rougissoit pas de conspirer avec des étrangers contre sa patrie.

Ces désordres avoient leur source dans la constitution arrêtée en 1720. A un despotisme révoltant, on avoit substitué une liberté mal combinée. Les pouvoirs, destinés à se balancer, à se contenir, n'étoient, ni clairement énoncés, ni sagement distribués. Aussi commencèrent-ils à se heurter six ans après leur formation. Rien n'en pouvoit empêcher le choc. Ce fut une lutte continuelle entre le chef de l'état qui tendoit sans cesse à acquérir de l'influence dans la confection des loix, & la nation jalouse d'en conserver toute l'exécution. Les différens ordres de la republique disputoient, avec le même acharnement, sur l'étendue de leurs prérogatives.

Ces combats où alternativement on triomphoit & l'on succomboit, jettèrent une grande instabilité dans les résolutions publiques. Ce qui avoit été arrêté dans une diète étoit prohibé dans la suivante, pour être rétabli de nouveau & de nouveau réformé. Dans le tumulte des passions, le bien général étoit oublié, méconnu ou trahi. Les sources de la félicité des citoyens tarissoient de plus en plus ; & toutes les branches d'administration portoient l'empreinte de l'ignorance, de l'intérêt ou de l'anarchie. Une corruption, la plus ignominieuse peut-être dont jamais aucune société ait été infectée, vint mettre le comble à tant d'infortunes.

Deux factions, dans lesquelles toutes les autres s'étoient fondues, divisoient l'état. Celle des *Chapeaux* sembloit occupée du projet de rendre à la Suède ses anciennes forces, en recouvrant les riches possessions que le malheur des guerres en avoit séparées. Elle s'étoit livrée à la France qui pouvoit avoir quelque intérêt à favoriser cette ambition. La faction des *Bonnets* étoit déclarée pour la tranquillité. Sa modération l'avoit rendue agréable à la Russie, qui ne vouloit point être traversée dans ses entreprises. Les deux cours, principalement celle de Versailles, avoient ouvert leurs trésors à ces vils factieux. Leurs chefs s'appliquoient à eux-mêmes la meilleure partie de ces profusions aveugles. Avec le reste, ils achetoient des voix. Elles étoient toujours à bas prix : mais aussi n'avoient-elles que rarement quelque consistance. Rien n'étoit plus commun que de voir un membre de la diète vendre son suffrage, après l'avoir vendu. Il n'étoit pas même extraordinaire qu'il se fît payer en même tems des deux côtés.

La malheureuse situation où se trouvoit réduit un état qui paroissoit libre, nourrissoit l'esprit de servitude qui avilit la plupart des contrées de l'Europe. Elles se vantoient de leurs fers, en voyant les maux que souffroit une nation qui avoit brisé ses chaînes. Personne ne vouloit voir que la Suède avoit passé d'un excès à un autre ; que pour éviter l'inconvénient des volontés arbitraires, on étoit tombé dans les désordres de l'anarchie. Les loix n'avoient pas su concilier les droits particuliers des individus avec les droits de la société, avec les prérogatives dont elle doit jouir pour la sûreté commune de tous ceux qui la composent.

Dans cette fatale crise, il convenoit à la Suède, de confier au fantôme de roi qu'elle avoit formé, un pouvoir suffisant pour sonder les plaies de l'état, & pour y appliquer les remèdes convenables. C'est le plus grand acte de souveraineté que puisse faire un peuple; & ce n'est pas perdre sa liberté que d'en remettre la direction à un dépositaire de confiance, en veillant à l'usage qu'il fera de ce pouvoir commis.

Cette résolution auroit comblé les Suédois de gloire, & fait leur bonheur. Elle auroit rempli les esprits de l'opinion de leurs lumières & de leur sagesse. En se refusant à un parti si nécessaire, ils ont réduit le chef de l'état à s'emparer de l'autorité. Il règne aux conditions qu'il a voulu prescrire; & il ne reste à ses sujets de droits, que ceux dont sa modération ne lui a pas permis de les dépouiller.

Nous ne sommes pas placés à la distance convenable, pour occuper nos lecteurs de cette révolution. C'est au tems à révéler ce qu'il importeroit à l'historien de savoir, pour en parler avec exactitude. Comment discerner ceux qui ont secondé les vues du souverain par des motifs généreux, de ceux qui s'y sont prêtés par des vues abjectes? Il les connoît lui: mais le cœur des rois est un sanctuaire impénétrable d'où l'estime & le mépris s'échappent rarement pendant leur vie, & dont la clef ne se perd que trop souvent à leur mort. D'ailleurs ne sont-ils pas exposés comme nous aux prestiges de la passion, & sont-ils des meilleurs dispensateurs de l'éloge & du blâme? Les jugemens de leurs sujets sont également suspects. Entre des voix confuses & contradictoires qui s'élèvent en même tems, qui démêlera le cri de la vérité du murmure sourd & secret de la calomnie, ou le murmure sourd & secret de la vérité du cri de la calomnie? Il faut attendre que l'intérêt & la flatterie aient cessé de s'expliquer, & la terreur d'imposer silence. C'est alors qu'il sera permis de prendre la plume, sans s'exposer au soupçon de capter bassement la bienveillance de l'homme puissant, ou de braver insolemment son autorité vengeresse. Si nous nous taisons, la postérité parlera. Il le sait. Heureux, s'il peut jouir d'avance de son approbation! Malheur à lui! malheur à ses peuples, s'il dédaignoit ce tribunal!

Passons maintenant aux liaisons formées aux Indes par le roi de Prusse.

X. Le roi de Prusse forme à Embden une compagnie pour les Indes. Caractère de ce prince. Sort de son établissement.

CE prince, dans l'âge des plaisirs, eut le courage de préférer à la mollé oisiveté des cours, l'avantage de s'instruire. Le commerce des premiers hommes du siècle, & ses réflexions, mûrissoient dans le secret son génie, naturellement actif, naturellement impatient de s'étendre. Ni la flatterie, ni la contradiction ne purent jamais le distraire de ses profondes méditations. Il forma de bonne heure le plan de sa vie & de son règne. On osa prédire à son avénement au trône, que ses ministres ne seroient que ses secrétaires; les administrateurs de ses finances, que ses commis; ses généraux, que ses aides-de-camp. Des circonstances heureuses le mirent à portée de développer aux yeux des nations des talens acquis dans la retraite. Saisissant avec une rapidité qui n'appartenoit qu'à lui le point décisif de ses intérêts, Frédéric attaqua une puissance qui avoit tenu ses ancêtres dans la servitude. Il gagna cinq batailles contre elle, lui enleva la meilleure de ses provinces, & fit la paix aussi à propos qu'il avoit fait la guerre.

En cessant de combattre, il ne cessa pas d'agir. On le vit aspirer à l'admiration des mêmes peuples, dont il avoit été la terreur. Il appella tous les arts à lui, & les associa à sa gloire. Il réforma les abus de la justice, & dicta lui-même des loix pleines de sagesse. Un ordre simple, invariable, s'établit dans toutes les parties de l'administration. Persuadé que l'autorité du souverain est un bien commun à tous les sujets, une protection dont ils doivent tous également jouir, il voulut que chacun d'eux eût la liberté de l'approcher & de lui écrire. Tous les instans de sa vie étoient consacrés au bien de ses peuples. Ses délassemens même leur étoient utiles. Ses ouvrages d'histoire, de morale, de polique étoient remplis de vérités pratiques. On vit régner jusque dans ses poésies des idées profondes, & propres à répandre la lumière. Il s'occupoit du soin d'enrichir ses états; lorsque des événemens heureux le mirent en possession de l'Oost-Frise en 1744.

Embden, capitale de cette petite province, passoit il y a deux siècles, pour un des meilleurs ports de l'Europe. Les Anglois, forcés de quitter Anvers, en firent le centre de leurs liaisons avec le continent. Les Hollandois, après avoir aspiré long-tems & inutilement à se l'approprier, en étoient devenus jaloux, jusqu'à travailler à le combler. Tout indiquoit que c'étoit un lieu propre à devenir l'entrepôt d'un grand commerce. L'éloignement où étoit ce foible pays de la masse des forces Prussiennes, pouvoit exposer à quelques inconvéniens : mais Frédéric espéra que la terreur de son nom contiendroit la jalousie des puissances maritimes. Dans cette persuasion, il voulut qu'en 1751, une compagnie pour les Indes Orientales, fût établie à Embden.

Le fons dde la nouvelle société, divisée en deux mille actions, étoit de 3,956,000 livres. Il fut principalement formé par les Anglois & les Hollandois, malgré la sévérité des loix portées par leurs gouvernemens pour l'empêcher. On étoit encouragé à ces spéculations par la liberté indéfinie dont on devoit jouir, en payant au souverain trois pour cent de toutes les ventes qui seroient faites. L'événement ne répondit pas aux espérances. Six vaisseaux, partis successivement pour la Chine, ne rendirent aux intéressés que leur capital, & un bénéfice de demi pour cent chaque année. Une autre compagnie qui se forma, peu de tems après, dans le même lieu pour le Bengale, fut encore plus malheureuse. Un procès, dont vraisemblablement on ne verra jamais la fin, est tout ce qui lui reste des deux seules expéditions qu'elle ait tentées. Les premières hostilités de 1756 suspendirent les opérations de l'un & l'autre corps; mais leur dissolution ne fut prononcée qu'en 1763.

C'est le seul échec qu'ait essuyé la grandeur du roi de Prusse. Nous n'ignorons pas qu'il est difficile d'apprécier ses contemporains : on les voit de trop près. Les princes sont sur-tout ceux qu'on peut le moins se flatter de bien connoître. La renommée en parle rarement sans passion. C'est le plus souvent d'après les bassesses de la flatterie, d'après les injustices de l'envie, qu'ils sont jugés. Le cri confus de tous les intérêts, de tous les sentimens

timens qui s'agitent & changent autour d'eux, trouble ou suspend le jugement des sages même.

Cependant, s'il étoit permis de prononcer, d'après une multitude de faits liés les uns aux autres, on diroit de Frédéric qu'il sut dissiper les complots de l'Europe conjurée contre lui; qu'il joignit à la grandeur & à la hardiesse des entreprises, un secret impénétrable dans les moyens; qu'il changea la manière de faire la guerre, qu'on croyoit, avant lui, portée à sa perfection; qu'il montra un courage d'esprit, dont l'histoire lui fournissoit peu de modèles; qu'il tira de ses fautes même plus d'avantages que les autres n'en savent tirer de leurs succès; qu'il fit taire d'étonnement, ou parler d'admiration toute la terre, & qu'il donna autant d'éclat à sa nation, que d'autres souverains en reçoivent des leurs.

Ce prince présente un front toujours menaçant. L'opinion qu'il a donnée de ses talens; le souvenir sans cesse présent de ses actions; un revenu annuel de 70,000,000 livres; un trésor de plus de deux cens; une armée de cent quatre-vingts mille hommes: tout assure sa tranquillité. Malheureusement, elle n'est pas utile à ses sujets comme elle le fut autrefois. Ce monarque continue à laisser les Juifs à la tête de ses monnoies, où ils ont introduit un très-grand désordre. Il n'a point secouru les plus riches négocians de ses provinces, que ses opérations avoient ruinés. Il a mis dans ses mains les manufactures les plus considérables de son pays. Ses états sont remplis de monopoles, destructeurs de toute industrie. Des peuples dont il fut l'idole, ont été livrés à l'avidité d'une foule de brigands étrangers. Cette conduite a inspiré une défiance si universelle, soit au-dedans, soit hors de la Prusse, qu'il n'y a point de hardiesse à assurer que les efforts qui se font pour ressusciter la compagnie d'Embden seront inutiles.

O Frédéric, Frédéric! tu reçus de la nature une imagination vive & hardie, une curiosité sans bornes, du goût pour le travail, des forces pour le supporter. L'étude du gouvernement, de la politique, de la législation, occupa ta jeunesse. L'humanité par-tout enchaînée, par-tout abattue, essuya ses larmes à la vue de tes premiers travaux, & sembla se consoler de ses malheurs, dans l'espérance de trouver en toi son vengeur. Elle augura & bénit d'avance tes succès. L'Europe te donna le nom de roi philosophe.

Lorsque tu parus sur le théâtre de la guerre, la célérité de tes marches, l'art de tes campemens, l'ordre de tes batailles étonnèrent toutes les nations. On ne cessoit d'exalter cette discipline inviolable de tes troupes, qui leur assuroit la victoire; cette subordination méchanique qui ne fait de plusieurs armées qu'un corps, dont tous les mouvemens dirigés par une impulsion unique, frappent à la fois au même but. Les plilosophes même, prévenus par l'espoir dont tu les avois remplis, énorgueillis de voir un ami des arts & des hommes parmi les rois, applaudissoient peut-être à tes succès sanglans. Tu fus regardé comme le modèle des rois guerriers.

Il existe un titre plus glorieux : c'est celui de roi citoyen. On ne l'accorde pas aux princes qui, confondant les erreurs & les vérités, la justice & les préjugés, les sources du bien & du mal, envisagent les principes de la morale comme des hypothèses de métaphysique, ne voient dans la raison qu'un orateur gagé par l'intérêt. O si l'amour de la gloire s'étoit éteint au fond de ton cœur! Si ton ame, épuisée par tes grandes actions, avoit perdu son ressort & son énergie! Si les foibles passions de la vieillesse vouloient te faire rentrer dans la foule des rois! Que deviendroit ta mémoire? Que deviendroient les éloges que toutes les bouches de la renommée, que la voix immortelle des lettres & des arts t'ont prodigués? Mais non: ton règne & ta vie ne seront pas un problême dans l'histoire. R'ouvre ton cœur aux sentimens nobles & vertueux qui firent tes premières délices. Occupe tes derniers jours du bonheur de tes peuples. Prépare la félicité des générations futures, par la félicité de la génération actuelle. La puissance de la Prusse appartient à ton génie. C'est toi qui l'as créée, c'est toi qui la soutiens. Il faut la rendre propre à l'état qui te doit sa gloire.

Que ces innombrables métaux enfouis dans tes coffres, en rentrant dans la circulation, rendent la vie au corps politique : que tes richeſſes perſonnelles, qu'un revers peut diſſiper, n'aient déſormais pour baſe que la richeſſe nationale, qui ne tarira jamais : que tes ſujets courbés ſous le joug intolérable d'une adminiſtration violente & arbitraire, retrouvent les tendreſſes d'un père, au lieu des vexations d'un oppreſſeur : que des droits exorbitans ſur les perſonnes & les conſommations, ceſſent d'étouffer également la culture & l'induſtrie : que les habitans de la campagne ſortis d'eſclavage, que ceux des villes véritablement libres, ſe multiplient au gré de leurs penchans & de leurs efforts. Ainſi tu parviendras à donner de la ſtabilité à l'empire que tes qualités brillantes ont illuſtré, ont étendu; tu ſeras placé dans la liſte reſpectable & peu nombreuſe des rois citoyens.

Oſe davantage : donne le repos à la terre. Que l'autorité de ta médiation, que le pouvoir de tes armes, force à la paix des nations inquiètes. L'univers eſt la patrie d'un grand homme; c'eſt le théâtre qui convient à tes talens : deviens le bienfaiteur de tous les peuples.

Tel étoit le diſcours que je t'adreſſois, au ſein du repos où tu te flattoit d'achever une carrière honorée : ſemblable, s'il eſt permis de le dire, à l'éternel vers lequel l'hymne s'élève de toutes les contrées de la terre, lorſqu'un grand événement te fit reprendre ton tonnerre. Une puiſſance qui ne conſulta jamais que ſon agrandiſſement ſur les motifs de faire la guerre ou la paix; ſans égard pour la conſtitution germanique, ni pour les traités qui la garantiſſent; ſans reſpect pour le droit des gens & des familles; au mépris des loix uſuelles & générales de l'hérédité : cette puiſſance forme des prétentions, raſſemble des armées, envahit dans ſa penſée la dépouille des princes trop foibles pour lui réſiſter, & menace la liberté de l'empire. Tu l'as prévenue. Le vieux lion a ſecoué ſa crinière. Il eſt ſorti de ſa demeure en rugiſſant; & ſon jeune rival en a frémi. Frédéric, juſqu'à ce moment, s'étoit montré fort. L'occaſion de ſe montrer juſte s'eſt préſentée, & il l'a ſaiſie. L'Europe a retenti des vœux qu'on faiſoit pour ſes efforts : c'eſt qu'il n'étoit alors, ni un conquérant ambitieux, ni un commerçant avide, ni un usurpateur politique. On l'avoit admiré, & il sera béni. J'avois gravé au pied de sa statue : LES PUISSANCES LES PLUS FORMIDABLES DE L'EUROPE SE RÉUNIRENT CONTRE LUI, ET DISPARURENT DEVANT LUI. J'en graverai une moins fastueuse, mais plus instructive & plus noble. PEUPLES, IL BRISA LES CHAINES QU'ON VOUS PRÉPAROIT. PRINCES DE L'EMPIRE GERMANIQUE, IL NE SERA PAS TOUJOURS. SONGEZ A VOUS.

XI. Etablissement des Espagnols aux Philippines. Description de ces isles.

RIEN n'est grand, rien ne prospère dans les monarchies, sans l'influence du maître qui les gouverne : mais il ne dépend pas uniquement d'un monarque de faire tout ce qui convient au bonheur de ses peuples. Il trouve quelquefois de puissans obstacles dans les opinions, dans le caractère, dans les dispositions de ses sujets. Ces opinions, ce caractère, ces dispositions peuvent sans doute être corrigés : mais la révolution se fait souvent longtems attendre ; & elle n'est pas encore arrivée pour les Philippines.

Les Philippines, anciennement connues sous le nom de Manilles, forment un Archipel immense à l'Est de l'Asie. Elles s'étendent depuis le sixième jusqu'au vingt-cinquième degré Nord, sur une largeur inégale de quarante à deux cens lieues. Dans leur nombre, qui est prodigieux, on en distingue treize ou quatorze plus considérables que les autres.

Ces isles offrent aux yeux attentifs un spectacle terrible & majestueux. Elles sont couvertes de basalte, de lave, de scories, de verre noir, de fer fondu, de pierres grises & friables remplies des débris du règne animal & végétal, de soufre tenu en fusion par l'action continuelle des feux souterreins, d'eaux brûlantes qui communiquent avec des flammes cachées. Tous ces grands accidens de la nature sont l'ouvrage des volcans éteints, des volcans qui brûlent encore, & de ceux qui se forment dans ces atteliers profonds, où des matières combustibles sont toujours en fermentation. Il n'y a point de hardiesse à conjecturer que ces contrées, qu'on peut compter entre les plus anciennes du globe, approchent plus près que les autres de leur destruction.

Les cendres dont ces fourneaux immenſes couvrent depuis des ſiècles, la ſurface d'un ſol profond; le remuement des campagnes, ſans ceſſe renouvellé par des tremblemens de terre; les chaleurs ordinaires à tous les pays ſitués ſous la Zone Torride; l'humidité que le voiſinage de l'Océan, les hautes montagnes, des forêts auſſi anciennes que le monde, entretiennent habituellement dans ces régions: telles ſont vraiſemblablement les cauſes de la fécondité preſque incroyable des Philippines. La plupart des oiſeaux, des quadrupèdes, des plantes, des fruits, des arbres qu'on voit dans le reſte de l'Aſie, ſe rétrouvent dans cet Archipel, & preſque tout y eſt de meilleure qualité. On y découvre même quelques végétaux qui ne ſont pas apperçus ailleurs. Si un naturaliſte intelligent parcouroit ces iſles avec la liberté & les ſecours convenables, il enrichiroit ſûrement les ſciences d'une multitude de connoiſſances curieuſes, utiles & intéreſſantes.

Malheureuſement, le climat n'eſt pas auſſi agréable aux Philippines que le ſol y eſt fertile. Si les vents de terre & de mer y entretiennent durant ſix mois une plus grande température que leur poſition ne le promettroit; pendant le reſte de l'année, les cieux ſont embrâſés des feux du tonnerre, les campagnes ſont inondées par des pluies continuelles. Cependant l'air n'eſt pas mal-ſain. A la vérité, le tempérament des étrangers eſt un peu affoibli par une tranſpiration trop abondante: mais les naturels du pays pouſſent très-loin la carrière de leur vie, ſans éprouver d'autres infirmités que celles auxquelles l'homme eſt aſſujetti par-tout.

Le centre de ces iſles montueuſes eſt occupé par des ſauvages, qui en paroiſſent les plus anciens habitans. Quelle que ſoit leur origine, ils ſont noirs, & ont la plupart les cheveux crêpus. Leur taille n'eſt pas élevée, mais ils ſont robuſtes & nerveux. Quelquefois une famille entière forme une petite ſociété; le plus ſouvent chaque individu vit ſeul avec ſa compagne. Jamais ils ne quittent leurs arcs & leurs flèches. Accoutumés au ſilence des forêts, le bruit paroît les alarmer. Leur vie eſt toute animale. Les fruits, les racines qu'ils trouvent dans les bois, ſont leur unique nourriture; & lorſqu'ils ont épuiſé un canton, ils en vont habiter un autre. Les efforts qu'on a faits pour les ſubjuguer, ont toujours été vains; parce qu'il n'y a rien de ſi difficile que de dompter des peuples errans dans des lieux inacceſſibles.

Les plaines, dont on les a chaſſés, ont été ſucceſſivement occupées par des colonies venues de Malaca, de Siam, de Macaſſar, de Sumatra, de Bornéo, des Moluques & d'Arabie. Les mœurs de ces colons étrangers, leurs idiômes, leur religion, leur gouvernement ne permettent pas de ſe méprendre ſur leur origine.

XII. Les Eſpagnols & les Portugais ſe diſputent la poſſeſſion des Philippines.

Magellan fut le premier Européen qui reconnut ces iſles. Mécontent du Portugal, ſa patrie, il étoit paſſé au ſervice de Charles-Quint; & par le détroit qui, depuis, porta ſon nom, il arriva en 1521 aux Manilles, d'où, après ſa mort, ſes lieutenans ſe rendirent aux Moluques, découvertes dix ou onze ans auparavant par les Portugais. Ce voyage auroit eu vraiſemblablement des ſuites remarquables, ſi elles n'avoient été arrêtées par la combinaiſon dont on va rendre compte.

Tandis qu'au quinzième ſiècle, les Portugais s'ouvroient la route des Indes Orientales, & ſe rendoient les maîtres des épiceries & des manufactures qui avoient toujours fait les délices des nations policées, les Eſpagnols s'aſſuroient, par la découverte de l'Amérique, plus de tréſors que l'imagination des hommes n'en avoit juſqu'alors deſiré. Quoique les deux nations ſuiviſſent leurs vues d'agrandiſſement dans des régions bien ſéparées, il parut poſſible qu'on ſe rencontrât. Leur antipathie auroit rendu cet événement dangereux. Pour le prévenir, le pape fixa, en 1493, les prétentions reſpectives, par une ſuite de ce pouvoir univerſel & ridicule que les pontifes de Rome s'étoient arrogé depuis pluſieurs ſiècles, & que l'ignorance, idolâtre de deux peuples également ſuperſtitieux, prolongeoit encore pour aſſocier le ciel à leur avarice. Il donna à l'Eſpagne tout le pays qu'on découvriroit à l'Oueſt du Méridien, pris à cent lieues des Açores, & au Portugal tout ce qu'il pourroit conquérir à l'Eſt de ce Méridien. L'année ſuivante, les puiſſances intéreſſées convinrent, d'elles-mêmes, à Tordéſillas, de placer la ligne de démarcation à trois cens ſoixante-dix lieues des Iſles du cap Verd. C'étoit aux yeux les plus clair-voyans une précaution ſuperflue. A cette époque, perſonne ne connoiſſoit aſſez la théorie de la terre, pour prévoir que les navigateurs d'une couronne, pouſſant leurs découvertes du côté de l'Oueſt, & les navigateurs de l'autre du côté de l'Eſt, arriveroienr tôt ou tard au même terme. L'expédition de Magellan démontra cette vérité.

La cour de Lisbonne ne diſſimula pas les inquiétudes que lui cauſoit cet événement. On la voyoit déterminée à tout haſarder plutôt qu'à ſouffrir qu'un rival, déja trop favoriſé par la fortune, vînt lui diſputer l'empire des mers d'Aſie. Toutefois, avant de ſe commettre avec le ſeul peuple dont les forces maritimes fuſſent alors redoutables, elle crut devoir tenter les voies de la conciliation. Ce moyen réuſſit plus facilement qu'il n'étoit naturel de l'eſpérer.

Charles-Quint, que des entrepriſes trop vaſtes & trop multipliées réduiſoient à des beſoins fréquens, abandonna irrévocablement, en 1529, pour 350,000 ducats ou pour 2,598,750 livres toutes les prétentions qu'il pouvoit avoir ſur les pays reconnus en ſon nom dans l'Océan Indien; il étendit même la ligne de la démarcation Portugaiſe juſqu'aux iſles des Larrons. C'eſt du moins ce que diſent les hiſtoriens Portugais. Car les écrivains Caſtillans veulent que leur monarque ſe ſoit réſervé la faculté de reprendre la diſcuſſion de ſes droits, & de les faire valoir ſi la déciſion lui étoit favorable: mais ſeulement après avoir rembourſé l'argent qu'il touchoit.

Le traité de Sarragoſſe eut le ſort ordinaire aux conventions politiques.

XIII. L'Eſpagne forme des établiſſemens aux Philippines. Raiſons qui en ont empêché le ſuccès.

Philippe II reprit, en 1564, le projet de ſoumettre les Manilles. L'Eſpagne étoit trop affoiblie par ſes conquêtes d'Amérique, pour imaginer de fonder à l'extrémité des Indes Orientales, un nouvel empire par la violence. Les voies douces de la perſuaſion entrèrent pour la première fois dans ſon plan d'agrandiſſement. Elle chargea quelques miſſionnaires de lui acquérir des ſujets, & ils ne trompèrent pas entiérement ſon attente.

Les hommes, autrefois idolâtres ou Mahométans, que la religion chrétienne soumit à l'Espagne, sur les côtes, n'étoient pas tout-à-fait sauvages, comme ceux de l'intérieur des terres. Ils avoient des chefs, des loix, des maisons, quelques arts imparfaits. Plusieurs connoissoient un peu de culture. La propriété des champs qu'ils avoient semés leur fut assurée; & le bonheur dont ils jouissoient fit desirer des possessions à d'autres. Les moines, chargés d'en faire la distribution, réservèrent pour eux les portions les plus étendues, les mieux situées, les plus fertiles de ce sol immense; & le gouvernement leur en fit une cession formelle.

On se promettoit beaucoup de ces arrangemens, tout imparfaits qu'ils étoient. Plusieurs causes se sont réunies pour en empêcher le succès.

D'abord, la plupart des missionnaires élevés dans l'ignorance & l'oisiveté des cloîtres, n'ont pas, comme il le falloit, excité au travail les Indiens qu'ils avoient sous leur direction. On peut même dire qu'ils les en ont détournés, pour les occuper sans cesse de cérémonies, d'assemblées, de solemnités religeuses. Un systême aussi contraire à tout culte raisonnable qu'à la saine politique, a laissé dans le néant les terres distribuées aux peuples assujettis. Celles même de leurs aveugles conducteurs ont été peu & mal cultivées, peut-être parce que le gouvernement fait distribuer tous les ans à ces religieux 525,000 livres.

La conduite des Espagnols a toujours encouragé cette inaction funeste. Le penchant à loisiveté, que ces hommes orgueilleux avoient apporté de leur patrie, fut encore fortifié par la permission que leur accorda la cour d'envoyer tous les ans en Amérique un vaisseau chargé des productions, des manufactures de l'Asie. Les trésors que rapportoit cet immense bâtiment, leur fit envisager comme honteuses & intolérables, même les occupations les plus honnêtes & les moins pénibles. Jamais leur mollesse ne connut d'autres ressources, pour vivre dans les délices. Aussi, dès que les malheurs de la guerre suspendoient pour un an ou deux l'expédition du galion, ces conquérans tomboient-ils la plupart dans

dans une misère affreuse. Ils devenoient mendians, voleurs ou assassins. Les troupes partageoient ces forfaits; & les tribunaux étoient impuissans contre tant de crimes.

Les Chinois s'offroient naturellement pour donner aux arts & à la culture l'activité, que l'indolence des Indiens & la fierté des Espagnols leur refusoient. Les navigateurs de cette nation célèbre alloient, de tems immémorial, chercher aux Manilles les productions naturelles à ces isles. Ils continuèrent à les fréquenter après qu'elles eurent subi un joug étranger. Leur nombre s'accrut encore, lorsque les richesses du Mexique & du Pérou, qui y circuloient, donnèrent lieu à des spéculations plus vastes. Sur leurs navires, arrivèrent bientôt un grand nombre douvriers, un plus grand de cultivateurs, trop multipliés dans cet empire florissant. Ces hommes laborieux, économes & intelligens, vouloient défricher les campagnes, établir des manufactures, créer tous les genres d'industrie, pourvu qu'on leur donnât la propriété de quelques parties d'un immense terrein qui n'avoit point de maître, pourvu que les tributs qu'on exigeroit d'eux fussent modérés. C'étoit un moyen infaillible d'établir à l'extrémité de l'Asie, sans perte d'hommes, sans sacrifice d'argent, une colonie florissante. Le malheur des Philippines a voulu qu'on n'ait pas assez senti cette vérité; & cependant le peu de bien qui s'est fait dans les isles, a été principalement l'ouvrage des Chinois.

XIV. Etat actuel des Philippines.

L'Espagne a soumis à sa domination, dans cet Archipel, quelques parties de neuf grandes isles. Celle de Luçon, qui est la plus considérable, a cent vingt-cinq lieues de long, sur trente & quarante de large. Les usurpateurs y abordent par une grande baie circulaire, formée par deux caps, à deux lieues de distance l'un de l'autre. Dans ce court espace se trouve la petite isle de Marivelles. Elle laisse deux passages. Celui de l'Est est le plus étroit & le plus sûr.

Au Sud-Est de la baie est Cavite. Ce port, défendu par un petit fort & une garnison de trois cens hommes, a la forme d'un fer à cheval. Douze vaisseaux y sont en sûreté sur un fonds de

arrivent avant le départ du ga
vendus ou ne le feroient qu'à
réduits à les oublier dans leu
principalement avec de la co
Nouveau-Monde. Il y entre
des cauris qui n'ont point de c
usage universel sur les bords d

XV. A quels dangers sont exposées les Philippines.

Un établissement, qui n'a
aisément renversé. Aussi ne cr
lippines échapperont un peu
sesseurs. Il suffira d'un petit n
la force de l'évidence à ces c

Des navigateurs éclairés n
Espagnoles, qui, dans ces co
été languissantes, le sont deve
1768 que les Jésuites en ont
domaine de ces missionnaires
où ils l'avoient porté; les ter
les seules qui fussent passable
quelques arts utiles, sont re
avoit tirées. Il est même arriv
resseux de la colonie, ont eu
fondée qui poursuivoit leurs

Une plus grande calamité f
vante. Tous les Chinois, san
cette proscription forma une
guérira jamais. Ces hommes,
rice, arrivoient tous les ans
trente petits bâtimens & y e
le prix qu'eux seuls y pouvoi
assez grand nombre de leurs
y donnoient habituellement l'
Plusieurs même parcouroient
avances bien ménagées, leur
la faculté de rendre leur situ

vase. C'est-là qu'on construit les bâtimens nécessaires pour le service de la colonie.

Dans la même baie, à trois lieues de Cavite & près de l'embouchure d'un fleuve navigable, s'élève la fameuse ville de Manille. L'Egaspe, qui l'enleva aux Indiens en 1571, la jugea propre à devenir le centre de l'état qu'on vouloit fonder, & y fixa le gouvernement & le commerce. Gomez Perez de Las Marignas l'entoura de murs en 1590, & y bâtit la citadelle de Saint-Jacques. Elle s'est depuis agrandie & embellie. La rivière qui la traverse descend d'un lac qui a vingt lieues de tour. Il est formé par quarante ruisseaux, sur chacun desquels est établie une peuplade d'Indiens cultivateurs. C'est de-là que la capitale de l'empire reçoit ses subsistances. Son malheur est d'être située entre deux volcans qui se communiquent, & dont les foyers, toujours en action, semblent préparer sa ruine.

Dans tout l'Archipel on ne compte, suivant le dénombrement de 1752, qu'un million trois cens cinquante mille Indiens, qui aient subi le joug Espagnol. La plupart sont chrétiens, & tous, depuis seize jusqu'à cinquante ans, paient une capitation de quatre réaux ou de deux livres quatorze sols. On les a partagés en vingt-deux provinces, dont la seule isle de Luçon en contient douze, quoiqu'elle ne soit pas entiérement assujettie.

La colonie a pour chef un gouverneur, dont l'autorité subordonnée au vice-roi du Mexique, doit durer huit ans. Il a le commandement des armes. Il préside à tous les tribunaux. Il dispose de tous les emplois civils & militaires. Il peut distribuer des terres, les ériger même en fiefs. Cette puissance qui n'est un peu balancée que par l'influence du clergé, s'est trouvée si dangereuse, que pour en arrêter l'excès, on a imaginé plusieurs expédiens. Le plus utile a été celui qui règle qu'on poursuivra la mémoire d'un gouverneur mort dans l'exercice de sa place, & que celui qui y survivra, ne partira qu'après que son administration aura été recherchée. Tout particulier peut porter ses plaintes. S'il a éprouvé quelque injustice, il doit être dédommagé aux dépens du prévaricateur, qui de plus est condamné à une ces moyens de prospérité aient été anéantis par l'impossibilité où se trouvoient peut-être les Espagnols de contenir un peuple si enclin aux soulèvemens.

Antérieurement à ces événemens destructeurs, les peuples montroient un éloignement marqué pour leurs tyrans. L'oppression les avoit souvent fait sortir des bornes de l'obéissance; & sans l'intervention de leurs pasteurs, les efforts impuissans d'une milice dégénérée ne les auroient pas remis dans les fers. Depuis que l'expulsion des missionnaires, qui avoient le plus d'empire sur les esprits, a privé le gouvernement Espagnol de sa plus grande force, les Indiens moins contenus doivent avoir la volonté de recouvrer leur indépendance, & peut-être assez d'énergie pour rentrer dans leurs premiers droits.

A ces dangers, qu'on peut appeller domestiques, se joignent des périls étrangers plus à craindre encore. Des barbares, sortis des isles Malaises, fondent habituellement sur les côtes des Philippines, y portent la destruction, & en arrachent des milliers de chrétiens qu'ils réduisent en servitude. Cette piraterie est rarement punie; parce que les Espagnols partagés en quatre factions, connues sous le nom de Castillans, de Galiciens, de Montagnards & de Biscayens, uniquement occupés de la haîne qui les tourmente, voient d'un œil indifférent tout ce qui est étranger à leurs divisions. Un si mauvais esprit a toujours de plus en plus enhardi les Malais. Dèja, ils ont chassé l'ennemi commun de plusieurs isles. Tous les jours, ils le resserrent davantage; & bientôt ils se verront maîtres de sa possession, s'ils ne sont prévenus par quelque nation Européenne plus puissante ou plus active que celles qu'ils combattent.

En 1762, les Anglois s'emparèrent des Philippines avec une facilité qu'ils n'avoient pas espérée. Si les traités leur arrachèrent leur proie, ce fut sans étouffer peut-être l'ambition de la ressaisir, lorsque l'occasion s'en présenteroit. D'autres peuples peuvent également aspirer à cette conquête, pour en faire le centre de leur empire dans les mers & sur le continent des Indes.

Les Espagnols seront donc probablement chassés des Philippines. Il y a des politiques qui pensent que ce ne seroit pas un mal, & cette opinion est fort ancienne. A peine les Philippines eurent-elles ouvert leur communication avec l'Amérique, qu'on parla de les abandonner, comme nuisibles aux intérêts de la métropole. Philippe II & ses successeurs ont constamment rejetté cette proposition, qui a été renouvellée à plusieurs reprises. La ville de Séville, en 1731, & celle de Cadix, en 1733, ont eu des idées plus raisonnables. Toutes deux ont imaginé, ce qu'il est bien étonnant qu'on n'eût pas vu plutôt, qu'il seroit utile à l'Espagne de prendre part directement au commerce de l'Asie, & que les possessions qu'elle a dans cette partie du monde, seroient le centre des opérations qu'elle y voudroit faire. Inutilement leur a-t-on opposé que l'Inde fournissant des étoffes de soie, des toiles de coton supérieures à celles de l'Europe pour le fini, pour les couleurs, sur-tout pour le bas prix, les manufactures nationales n'en pourroient soutenir la concurrence, & seroient infailliblement ruinées. Cette objection qui peut être de quelque poids chez certains peuples, leur a paru tout-à-fait frivole, dans la position où étoit leur patrie.

XVI. Ce que les Philippines pourroient devenir.

En effet, les Espagnols s'habillent, se meublent d'étoffes, de toiles étrangères. Ces besoins continuels augmentent nécessairement l'industrie, les richesses, la population, les forces de leurs voisins. Ceux-ci abusent de ces avantages, pour tenir dans la dépendance la nation qui les leur procure. Ne se conduiroit-elle pas avec plus de sagesse & de dignité, si elle adoptoit les manufactures des Indes? Outre l'économie & l'agrément qu'elle y trouveroit, elle parviendroit à diminuer une prépondérance, dont elle sera tôt ou tard la victime.

Les inconvéniens presqu'inséparables des nouvelles entreprises, sont levés d'avance. Les isles que l'Espagne possède, sont situées entre le Japon, la Chine, la Cochinchine, Siam, Bornéo, Celèbes, les Moluques, & à portée d'entrer en liaison avec ces différens états. Leur éloignement du Malabar, du Coromandel & du Bengale ne les empêcheroit pas de protéger efficacement les comptoirs qu'on croiroit avantageux de former sur ces côtes induſtrieuſes. Elles ſeroient d'ailleurs garanties par de vaſtes mers des ravages qui déſolent ſi ſouvent le continent, & facilement préſervées de la tentation délicate de prendre part à ſes diviſions.

Cette diſtance n'empêcheroit pas que la ſubſiſtance de l'archipel ne fût aſſurée. Il n'y a pas dans l'Aſie de contrée plus abondante en fruits, en ſagou, en cocotiers, en plantes nourriſſantes de toutes les eſpèces.

Le riz, que dans la plus grande partie des Indes, il faut, à force de bras, arroſer deux fois par jour juſqu'à ce que le grain en ſoit bien formé, eſt d'une culture plus facile aux Philippines. Semé ſur le bord des rivières ou dans des plaines qu'on couvre d'eau lorſqu'on le veut, il donne par an deux récoltes abondantes, ſans qu'on ſoit obligé de s'en occuper, juſqu'à ce que le moment de le cueillir ſoit arrivé.

Tous les grains de l'Europe réuſſiſſent dans ces iſles. Elles en fourniroient aux navigateurs, quelque multipliés qu'ils fuſſent, ſi la négligence & la tyrannie du gouvernement n'avoient condamné la plupart des terres à une honteuſe ſtérilité.

Le nombre des troupeaux eſt un ſujet d'étonnement pour tous les voyageurs. Chaque communauté religieuſe a des prairies de vingt-cinq à trente lieues, couvertes de quarante, de cinquante mille bœufs. Quoiqu'ils ne ſoient pas gardés, ils franchiſſent rarement les rivières & les montagnes qui ſervent de limites à ces poſſeſſions. Ceux qui s'égarent, ſont facilement reconnus, à la marque des différens ordres imprimée avec un fer chaud, & l'on ne manque jamais de les reſtituer à leurs légitimes maîtres. Depuis l'invaſion des Anglois & les ravages qui en furent la ſuite, les bêtes à cornes ſont moins communes: mais elles ſont toujours très-multipliées.

Avant 1744, les Philippines ne voyoient croître dans leur ſein fécond aucun de nos légumes. A cette époque, Mahé de Villebague y en porta des graines. Toutes ces plantes utiles avoient proſpéré, lorſqu'après huit mois le cultivateur, que les intérêts de ſon commerce appelloient ailleurs, légua ſon jardin à un autre François fixé dans ces isles. Les Espagnols, qui n'avoient pu voir sans jalousie qu'un étranger leur montrât la route où ils auroient dû entrer depuis deux siècles, s'élevèrent avec tant de violence contre l'héritier de ses soins, que, pour rétablir le calme, le ministère public se crut obligé de faire arracher ces racines salutaires.. Heureusement les Chinois, occupés sans relâche de ce qui peut contribuer à leur fortune, les avoient conservées à l'écart. Peu-à-peu on s'est familiarisé avec une innovation si avantageuse ; & c'est aujourd'hui une des meilleures ressources de la colonie.

Tel est donc un des effets de la haîne nationale. On aime mieux se priver d'un bien que de le devoir à des étrangers : mais particuliérement aux François, plus haïs que tous les autres, malgré la liaison des deux gouvernemens. D'où naît cette antipathie ?

Voyagez beaucoup, & vous ne trouverez pas de peuple aussi doux, aussi affable, aussi franc, aussi poli, aussi spirituel, aussi galant que le François. Il l'est quelquefois trop : mais ce défaut est-il donc si grand ? Il s'affecte avec vivacité & promptitude, & quelquefois pour des choses très-frivoles, tandis que des objets importans, ou le touchent peu ou n'excitent que sa plaisanterie. Le ridicule est son arme favorite & la plus redoutable pour les autres & pour lui-même. Il passe rapidement du plaisir à la peine & de la peine au plaisir. Le même bonheur le fatigue. Il n'éprouve guère de sensations profondes. Il s'engoue, mais il n'est ni fantasque, ni intolérant, ni enthousiaste. Il se soucie fort peu de la religion. Il respecte le sacerdoce, sans l'estimer, ni le révérer. Il ne se mêle jamais d'affaires d'état que pour chansonner ou dire son épigramme, sur les ministres. Cette légéreté est la source d'une espèce d'égalité dont il n'existe aucune trace ailleurs. Elle met de tems en tems l'homme du commun qui a de l'esprit au niveau du grand seigneur. C'est en quelque sorte, un peuple de femmes : car c'est parmi les femmes qu'on découvre, qu'on entend, qu'on apperçoit à côté de l'inconséquence, de la folie & du caprice, un mouvement, un mot, une action forte

&

& ſublime. Il a le tact exquis, le goût très-fin; ce qui tient au ſentiment de l'honneur dont la nuance ſe répand ſur toutes les conditions & ſur tous les objets. Il eſt brave. Il eſt plutôt indiſcret que confiant & plus libertin que voluptueux. La ſociabilité qui le raſſemble en cercles nombreux & qui le promène en un jour en vingt cercles différens, uſe tout pour lui en un clin d'œil, ouvrages, nouvelles, modes, vices, vertus. Chaque ſemaine a ſon héros, en bien comme en mal. C'eſt la contrée où il eſt le plus facile de faire parler de ſoi, & le plus difficile d'en faire parler long-tems. Il aime les talens en tout genre; & c'eſt moins par les récompenſes du gouvernement que par la conſidération populaire, qu'ils ſe ſoutiennent dans ſon pays. Il honore le génie. Il ſe familiariſe trop aiſément, ce qui n'eſt pas ſans inconvénient pour lui-même & pour ceux qui veulent ſe faire reſpecter. Le François eſt avec vous ce que vous deſirez qu'il ſoit, mais il faut ſe tenir avec lui ſur ſes gardes. Il perfectionne tout ce que les autres inventent. Tels ſont les traits dont il porte l'empreinte plus ou moins marquée dans les contrées qu'il viſite plutôt pour ſatisfaire ſa curioſité que pour ajouter à ſon inſtruction. Auſſi n'en rapporte-t-il que des prétentions. Il eſt plus fait pour l'amuſement que pour l'amitié. Il a des connoiſſances ſans nombre, & ſouvent il meurt ſeul. C'eſt l'être de la terre qui a le plus de jouiſſances & le moins de regrets. Comme il ne s'attache à rien fortement, il a bien-tôt oublié ce qu'il a perdu. Il poſſède ſupérieurement l'art de remplacer, & il eſt ſecondé dans cet art par tout ce qui l'environne. Si vous en exceptez cette prédilection offenſante qu'il a pour ſa nation & qu'il n'eſt pas en lui de diſſimuler, il me ſemble que le jeune François, gai, léger, plaiſant & frivole, eſt l'homme aimable de ſa nation; & que le François, mûr, inſtruit & ſage, qui a conſervé les agrémens de ſa jeuneſſe, eſt l'homme aimable & eſtimable de tous les pays.

Cependant, la plupart des peuples ont de l'éloignement pour le François: mais il eſt inſupportable aux Eſpagnols, à ceux principalement qui ne ſont pas ſortis des bornes de leur domination, par des vertus, des vices, un caractère, des manières qui contrastent parfaitement avec leurs vertus, avec leurs vices, avec leur caractère, avec leurs manières. Cette aversion paroit même avoir plus d'énergie depuis le commencement du siècle. On seroit porté à soupçonner que la France est regardée par la nation à laquelle elle a donné un roi, avec ce dédain qu'a pour la famille de sa femme un homme de qualité qui s'est mésallié. S'il en est ainsi, le préjugé ne sera détruit que lorsque les Bourbons auront été naturalisés en Espagne par une longue suite de règnes florissans.

Revenons aux Philippines.

Indépendamment de ce qui sert à la nourriture des naturels du pays & des conquérans, ces isles offrent un grand nombre d'objets propres au commerce d'Inde en Inde : le tabac, le riz, le rottin, la cire, les huiles, les cauris, l'ébène, le poisson séché, les résines, les bois de sapan : mais plus particuliérement ces nids d'oiseau, ces nerfs de cerf desséchés, ces biches de mer que tous les peuples de l'Asie, sur-tout les Chinois, recherchent si avidement.

Jusqu'ici, l'on n'a cultivé le sucre que pour la consommation de la colonie. La crainte de le voir un peu renchérir en a fait défendre l'exportation sous des peines graves. Cet aveuglement ne sauroit durer. Bientôt il sera permis de fournir à la plus grande partie de l'Asie une production, à laquelle le sol des Philippines est très-favorable. On y joindra le fer.

Il est abondant & d'une qualité supérieure dans tout l'Archipel. Cependant, on n'en avoit jamais ouvert aucune mine, lorsque, vers l'an 1768, Simon de Auda s'avisa heureusement d'établir des forges. Le succès en eût été plus assuré, si ce gouverneur actif eût commencé moins d'ouvrages à la fois ; s'il eût laissé mûrir un peu plus ses projets ; s'il eût employé, pour faire réussir ses entreprises, des moyens plus conformes à l'humanité & à la justice.

L'excellent cuivre répandu dans plusieurs des Philippines ne mérite pas moins l'attention du gouvernement. Ce métal sert, dans les Indes, aux vases du culte public, à des ustensiles d'un usage journalier, à des monnoies qu'il faut renouveller sans cesse, parce que le peuple ne montre pas moins d'empressement à les enterrer qu'en ont les hommes riches pour enfouir des trésors plus précieux. Les Hollandois tirent du Japon de quoi fournir à tous ces besoins. Ils perdront nécessairement cette branche de leur commerce, si l'Espagnol, sorti de sa léthargie, ose entreprendre de lutter contre eux.

Les Philippines ont sur les autres colonies Européennes l'avantage de posséder de l'or. Les Indiens en trouvent quelques parties dans le sable ou dans la vase des rivières qui le charient. Ce qu'ils en amassent peut monter à cinq ou six cens mille livres par an. Ils le livrent en secret aux navigateurs étrangers qui de leur côté leur fournissent quelques marchandises. Autrefois, on l'envoyoit en Amérique, puisque Cawendish en trouva pour 658,800 livres sur le galion qui voguoit vers le Mexique. Si l'Espagne, abjurant ses anciennes maximes, encourageoit ce genre de travail, en laissant à ceux qui s'y consacreroient l'usage entiérement libre des richesses qu'il leur procuroit, ne se ménageroit-elle pas un moyen de plus, pour commercer, avec utilité dans les mers des Indes ?

Elle ne feroit pas réduite à desirer que les navigateurs étrangers vinssent chercher ses productions. Comme les Philippines fournissent en abondance les matériaux d'une marine bien ordonnée, ses sujets pourroient fréquenter tous les marchés, & ajouter le bénéfice du fret à ses autres avantages.

Cette activité prépareroit les liaisons de la colonie avec sa métropole. Dans le cahos où sont plongées les Philippines, il n'est pas aisé de voir ce qu'elles pourroient fournir un jour à l'Espagne. Actuellement, elles lui offrent de l'alun, des peaux de buffle, de la casse, des bois de teinture, du salpêtre, de l'écaille de tortue, de la nacre de perle que le Chinois a achetée jusqu'ici pour la revendre dans Canton aux Européens le triple de ce qu'elle lui coûtoit ; du cacao qui, quoique venu du Mexique, n'a pas dégénéré ; de l'indigo, que la nature brute produit libéralement. Un homme éclairé voulut essayer en 1750 de donner à cette riche plante tout ce qu'elle pouvoit recevoir de perfection par la culture. On s'éleva généralement & avec fureur contre cette nouveauté. Il fallut que le marquis d'Obando, alors gouverneur, prît ce citoyen sous sa sauve-garde, & lui assignât un terrein fermé où il pût continuer avec sûreté ses opérations. Les expériences furent toutes très-heureuses ; & depuis cette époque, l'on s'occupe, mais avec trop peu de vivacité, d'une teinture si précieuse.

Si une inertie particulière à l'Espagne n'avoit arrêté ses progrès en tout, il y a deux siècles qu'elle auroit naturalisé sur son territoire, si voisin des Moluques, les épiceries. Peut-être l'auroit-on vue partager avec les Hollandois cette source de richesses. Ce seroit une nouvelle faute que de différer plus long-tems une expérience dont le plus grand inconvénient est d'être inutile.

Cette couronne pourroit être excitée par l'excellente qualité du coton qu'on cultive dans les Philippines, à y élever, avec le secours des habitans du continent, de belles & nombreuses manufactures. En attendant le succès toujours lent des nouvelles entreprises, même le mieux combinées, l'Espagnol acheteroit dans les marchés étrangers les soieries, les toiles, les autres productions de l'Asie convenables pour sa patrie, & il les obtiendroit à meilleur marché que ses concurrens. C'est avec l'argent tiré d'Amérique que tous les peuples de l'Europe négocient aux Indes. Avant que ce précieux métal soit arrivé à sa destination, il a dû payer des droits considérables, faire des détours prodigieux, courir de grands risques. En l'envoyant directement du Nouveau-Monde aux Philippines, les Espagnols gagneront sur l'imposition, sur le tems, sur les assurances; de sorte qu'en donnant, en apparence, la même somme que les nations rivales, ils paieront réellement moins cher qu'elles.

Si le plan, tout simple, qu'on s'est permis de tracer s'exécutoit jamais, les Espagnols fixés en Asie sortiroient nécessairement & pour toujours de l'indolente dissolution où ils croupissent depuis deux siècles. Les peuples assujettis béniroient un gouvernement devenu juste ; & ceux qui combattent encore pour leur indépendance, se rangeroient en foule sous des loix sages. Les peuples voisins, que l'orgueil & l'injustice ont repoussés des ports que leurs pères avoient fréquentés, tourneroient leurs voiles vers des rades où se réuniroient l'industrie & la concorde. Les marchands Européens, qui gémissent dans les liens du monopole sur les mers des Indes, porteroient leur activité, leurs lumières & leurs capitaux dans un asyle heureux & libre. La colonie, dont les revenus montent à 2,728,000 liv. cesseroit de coûter annuellement à l'Espagne 527,500 livres, & deviendroit un des plus beaux établissemens du monde.

Cette révolution ne sauroit être l'ouvrage d'une compagnie exclusive. Depuis plus de deux siècles que les Européens fréquentent les mers d'Asie, ils n'ont jamais été animés d'un esprit vraiment louable. En vain la société, la morale, la politique ont fait des progrès parmi nous : ces pays éloignés n'ont vu que notre avidité, notre inquiétude, notre tyrannie. Le mal que nous avons fait aux autres parties du monde, a été quelquefois compensé par les lumières que nous y avons portées, par de sages institutions que nous y avons établies. Les Indes ont continué à gémir dans leurs ténèbres & sous leur despotisme, sans aucun effort de notre part pour les délivrer de ces fléaux terribles. Si les différens gouvernemens avoient eux-mêmes dirigé les démarches de leurs négocians libres, il est vraisemblable que l'amour de la gloire se seroit joint à la passion des richesses, & que plus d'un peuple auroit tenté des choses capables de l'illustrer. Des vues si nobles & si pures ne pouvoient entrer dans l'esprit d'aucune compagnie de négocians. Resserrées dans les bornes étroites d'un gain présent, elles n'ont jamais pensé au bonheur des nations avec qui elles faisoient le commerce, & on ne leur a pas fait un crime d'une conduite à laquelle on s'attendoit.

Combien il seroit honorable pour l'Espagne de se montrer sensible aux intérêts du genre-humain & de s'en occuper ! Elle commence à secouer le joug des préjugés qui l'ont tenue dans l'enfance, malgré ses forces naturelles. Ses sujets n'ont pas encore l'ame avilie & corrompue par la contagion des richesses ; dont leur indolence même & la cupidité de leur gouvernement, les ont heureusement sauvés. Cette nation doit aimer le bien ; elle le peut connoître, elle le feroit, sans doute, elle en a tous les moyens dans les possessions que ses conquêtes lui ont données sur les plus riches pays de la terre. Ses vaisseaux, destinés à porter la félicité dans les contrées les plus reculées de l'Asie, partiroient de ses différens ports & se réuniroient aux Canaries, ou continueroient séparément leur chemin, suivant les circonstances. Ils pourroient revenir de l'Inde par le cap de Bonne-Espérance, mais ils s'y rendroient par la mer du Sud, où la vente de leur cargaison augmenteroit de beaucoup leurs capitaux. Cet avantage leur assureroit la supériorité sur leurs concurrens, qui en général naviguent à faux fret & ne portent guère que de l'argent. La rivière de la Plata leur fourniroit des rafraîchissemens, s'il en étoit besoin. Ceux qui pourroient attendre ne relâcheroient qu'au Chily ou même seulement à Juan Fernandez.

Cette isle délicieuse, qui doit son nom à un Espagnol auquel on l'avoit cédée, & qui s'en dégoûta après y avoir fait un assez long séjour, se trouve à cent dix lieues de la terre ferme du Chily. Sa plus grande longueur n'est que d'environ cinq lieues, & elle n'a pas tout-à-fait deux lieues de largeur. Dans un espace si borné & un terrein très-inégal, on trouve un beau ciel, un air pur, des eaux excellentes, tous les végétaux spécifiques contre le scorbut. L'expérience a prouvé que les grains, les fruits, les légumes, les quadrupèdes de l'Europe & de l'Amérique y réussissoient admirablement. Les côtes sont fort poissonneuses. Tant d'avantages sont couronnés par un bon port. Les vaisseaux y sont à l'abri de tous les vents, excepté de celui du Nord ; mais il n'est jamais assez violent, pour leur faire courir le moindre danger.

Ces commodités ont invité tous les corsaires, qui vouloient infester les côtes du Pérou, par leurs pirateries, à relâcher à Juan Fernandez. Anson, qui portoit dans la mer du Sud des projets plus vastes, y trouva un asyle également commode & sûr. Les Espagnols convaincus enfin, que leur attention à détruire les bestiaux qu'ils y avoient jettés, n'étoit pas une précaution suffisante pour en écarter leurs ennemis, prirent, en 1750, le parti de la peupler. Malheureusement on plaça la nouvelle colonie dans un terrein trop bas; & des cent soixante-onze personnes de tout âge & de tout sexe qui la formoient, trente-cinq furent englouties, six ans après, par les vagues de l'Océan irrité qui avoit franchi ses bornes. Ceux qui avoient échappé aux flots furent placés sur une hauteur qui domine le port, & pour leur sûreté on éleva une petite fortification défendue par une garnison de soixante-six hommes. Il s'agissoit de pourvoir à leurs besoins. Tous les bâtimens employés au commerce du Pérou avec le Chily se virent d'abord contraints de relâcher à Juan Fernandez. Cette tyrannie ne pouvoit pas durer; & le gouvernement se détermina à y envoyer lui-même deux navires chaque année. Ce poste deviendra un entrepôt important, si la cour de Madrid ouvre enfin les yeux à la lumière.

De plus grands détails seroient superflus. On ne peut s'empêcher de voir combien les idées que nous ne faisons qu'indiquer seroient avantageuses au commerce, à la navigation, à la grandeur de l'Espagne. Il n'est pas possible que les liaisons que la Russie entretient par terre avec la Chine, s'élèvent jamais à la même importance.

XVII. Notions générales sur la Tartarie.

ENTRE ces deux empires, dont la grandeur impose à l'imagination, est un espace immense, connu dans les premiers tems, sous le nom de Scythie, & depuis, sous celui de Tartarie. Prise dans toute son étendue, cette région est bornée, à l'Occident, par la mer Caspienne & la Perse; au Sud, par la Perse, l'Indostan, les royaumes d'Aracan & d'Ava, la Chine & la Corée; à l'Est, par la mer Orientale; au Nord, par la mer Glaciale. Une partie de ces vastes déserts, est soumise à l'empire des Chinois; une autre reçoit ses loix des Russes; la troisième est indépendante, sous le nom de Kharisme, de grande & de petite Bucharie.

Les habitans de ces célèbres contrées, vécurent toujours de chaſſe, de pêche, du lait de leurs troupeaux ; & avec un égal éloignement pour le ſéjour des villes, pour la vie ſédentaire, & pour la culture. Leur origine, qui s'eſt perdue dans leurs déſerts & dans leurs courſes vagabondes, n'eſt pas plus ancienne que leurs uſages. Ils ont continué à être ce que leurs pères avoient été; & en remontant de génération en génération, on trouve que rien ne reſſemble tant aux hommes des premiers âges que les Tartares du nôtre.

Ces peuples adoptèrent, la plupart, de bonne-heure la doctrine du grand Lama, qui réſide à Putola, ville ſituée dans un pays qui appartient en partie à la Tartarie, & en partie à l'Inde. Cette grande contrée, où les montagnes ſont entaſſées les unes ſur les autres, eſt appellée Boutan, par les habitans de l'Indoſtan ; Tangut, par les Tartares; Tſanli, par les Chinois ; Laſſa, par les Indiens au-delà du Gange; & Thibet, par les Européens.

Des monumens au-deſſus de tout ſoupçon, font remonter cette religion au-delà de trois mille ans. Rien n'eſt plus reſpectable qu'un culte qui eut toujours pour baſe l'exiſtence du premier être & la morale la plus pure.

On penſe généralement que les ſectateurs de ce pontife le croient immortel : que pour entretenir cette erreur, la divinité ne ſe montre jamais qu'à un petit nombre de confidens: que lorſqu'elle s'offre aux adorations du peuple, c'eſt toujours dans une eſpèce de tabernacle, dont la clarté douteuſe montre plutôt l'ombre de ce dieu vivant que ſes traits : que quand il meurt, on lui ſubſtitue un autre prêtre de la même taille, & autant qu'il eſt poſſible de la même figure : &, qu'avec le ſecours de ces précautions, l'illuſion ſe perpétue, même dans les lieux ou ſe joue cette comédie ; à plus forte raiſon dans l'eſprit des croyans éloignés de la ſcène.

C'eſt un préjugé qu'un philoſophe lumineux & profond vient de diſſiper. A la vérité, les grands Lamas ſe montrent rarement, afin d'entretenir la vénération qu'ils ſont parvenus à inſpirer pour leur perſonne & pour leurs myſtères : mais ils admettent à leur

audience

audience les ambaſſadeurs, ils reçoivent les ſouverains qui viennent les viſiter. S'il eſt difficile de jouir de leur vue, hors des occaſions importantes & des plus grandes ſolemnités, on peut toujours enviſager leurs portraits continuellement ſuſpendus au-deſſus des portes du temple de Putola.

Ce qui a donné un cours ſi univerſel à la fable de l'immortalité des Lamas, c'eſt que la foi du pays ordonne de croire, que l'eſprit ſaint qui a animé un de ces pontifes, paſſe d'abord après ſa mort dans le corps de celui qui eſt légitimement élu pour le remplacer. Cette tranſmigration du ſouffle divin, s'allie très-bien avec la métempſycoſe, dont le ſyſtême eſt établi de tems immémorial dans ces contrées.

La religion Lamique fit de bonne heure des progrès conſidérables. On l'adopta dans une portion du globe fort étendue. Elle domine dans tout le Thibet, dans toute la Mongalie. Les deux Bucharies, & pluſieurs provinces de la Tartarie, lui ſont preſque totalement ſoumiſes. Elle a des ſectateurs dans le royaume de Cachemire, aux Indes & à la Chine.

C'eſt de tous les cultes, le ſeul qui puiſſe ſe glorifier d'une antiquité très-reculée, ſans mêlange d'aucun autre dogme. La religion des Chinois a été plus d'une fois altérée par l'arrivée des divinités étrangères & des ſuperſtitions qu'on a fait goûter aux dernières claſſes du peuple. Les Juifs ont vu finir leur hiérarchie & démolir leur temple. Alexandre & Mahomet éteignirent, autant qu'il étoit en eux, le feu ſacré des Guèbres. Tamerlan & les Mogols ont affoibli dans l'Inde le culte du dieu Brama. Mais ni le tems, ni la fortune, ni les hommes, n'ont pu ébranler le pouvoir théocratique du grand Lama.

C'eſt un effet réſervé aux progrès de l'eſprit humain. Eclairez le Tartare ; & bientôt il examinera ſon ſymbole, il diſputera, il s'égorgera : mais la ſuperſtition ne ſortira qu'à demi-étouffée des flots de ſang qu'elle aura verſés. Pour ne pas tout perdre, le prêtre ſe détachera des points de ſon ſyſtême évidemment incompatibles avec le ſens commun, & il défendra le reſte contre les attaques des incrédules. Cependant, la révolution ſe fera plus lentement que dans les empires qui n'ont pas une hiérarchie ecclésiastique bien ordonnée, & où un chef suprême n'est pas chargé de maintenir les dogmes dans leur état primitif. Les Lamas avouent eux-mêmes qu'ils ne sont pas des dieux : mais ils prétendent représenter la divinité, & avoir reçu du ciel le pouvoir de décider en dernier ressort, de tout ce qui intéresse le culte public. Leur théocratie s'étend bien aussi entiérement sur le temporel que sur le spirituel : mais les soins profanes ne leur paroissent pas mériter de les occuper ; ils abandonnent toujours l'administration de l'état à des délégués qu'ils ont jugés dignes de leur confiance. Cet usage a fait sortir successivement de leur vaste domination plusieurs provinces. Elles sont devenues la proie de ceux qui les gouvernoient. Le grand Lama, autrefois maître absolu de tout le Thibet, n'en possède aujourd'hui que la moindre partie.

Les opinions religieuses des Tartares, n'ont, dans aucun tems, énervé leur valeur. Endurcis par les frimats du Nord, par les fatigues d'une vie errante ; sans cesse sous les armes, sans cesse dans les combats, ces peuples n'ont jamais discontinué d'être belliqueux. Une inquiétude ardente & sauvage les a toujours dégoûtés de leurs déserts pauvres & incultes. L'ambition a continuellement tourné leurs regards avides vers les contrées de l'Asie renommées pour leur opulence. Des nations amollies par les arts & par le climat n'ont pu soutenir les attaques de ces hommes agrestes & féroces. L'habitude de faire la guerre sans solde & sans magasins a poussé leur passion pour le pillage au-delà de tous les excès. Hors d'état d'affermir leurs conquêtes par des loix justes & une police exacte, ils ont par-tout fondé leur puissance sur la terreur & la destruction.

C'est pour arrêter les irruptions que ces brigands faisoient à la Chine, que fut élevée, environ trois siècles avant l'ère chrétienne, cette fameuse muraille, qui s'étend depuis le fleuve Jaune jusqu'à la mer de Kamschatka, qui est terrassée par-tout & flanquée par intervalles de grosses tours, suivant l'ancienne méthode de fortifier les places. Un pareil monument prouve qu'il y avoit alors dans l'empire, une prodigieuse population : mais il doit auſſi faire préſumer qu'on y manquoit d'énergie & de ſcience militaire. Si les Chinois avoient eu du courage, ils auroient eux-mêmes attaqué des hordes errantes, ou les auroient contenues par des armées bien diſciplinées ; s'ils avoient ſu la guerre, ils auroient compris que des lignes de cinq cens lieues ne pouvoient pas être gardées par-tout, & qu'il ſuffiſoit qu'elles fuſſent perçées à un ſeul endroit, pour que le reſte des fortifications devînt inutile.

Auſſi, les incurſions des Tartares continuèrent-elles juſqu'au treizième ſiècle. A cette époque, l'empire fut conquis par ces barbares, que commandoit Gengiskan. Ce ſceptre étranger ne fut briſé, que lorſqu'au bout de quatre-vingt-neuf ans, il ſe trouva dans les mains d'un prince indolent, livré aux femmes, eſclave de ſes miniſtres.

Les Tartares, chaſſés de leur conquête, n'établirent point dans leur pays les loix & la police de la Chine. En repaſſant la grande muraille ils retombèrent dans la barbarie, & vécurent dans leurs déſerts, auſſi groſſiers qu'ils en étoient ſortis. Cependant, joints au petit nombre de ceux qui avoient continué leur vie errante, ils formèrent pluſieurs hordes qui ſe peuplèrent dans le ſilence, & qui, avec le tems, ſe fondirent dans celle des Mantchoux. Leur réunion leur inſpira le projet d'envahir de nouveau la Chine, qui étoit en proie à toutes les horreurs des diſſenſions domeſtiques.

Les mécontens étoient alors ſi multipliés, qu'ils formoient juſqu'à huit corps d'armée, ſous autant de chefs. Dans cette confuſion, les Tartares, qui, depuis long-tems, ravageoient les provinces ſeptentrionales de l'empire, s'emparèrent de la capitale en 1644, & bientôt après de l'état entier.

Cette invaſion ſembla moins ſubjuguer la Chine, que l'augmenter d'une portion conſidérable de la Tartarie. Bientôt après, elle s'agrandit encore par la ſoumiſſion des Tartares Mogols, célèbres pour avoir fondé la plupart des trônes de l'Aſie, celui de l'Indoſtan en particulier. Une révolution ſi extraordinaire étoit à peine finie, que l'empire vit s'élever un nouvel ennemi, qui pouvoit devenir dangereux.

XVIII.
Démêlés des Ruſſes & des Chinois dans la Tartarie.

Les Ruſſes, qui, vers la fin du ſeizième ſiècle, avoient conquis les plaines incultes de la Sibérie, étoient arrivés de déſert en déſert juſqu'au fleuve Amur qui les conduiſoit à la mer Orientale, & juſqu'à la Selenga, qui les approchoit de la Chine, dont ils avoient entendu vanter les richeſſes.

Les Chinois comprirent que les courſes des Ruſſes pourroient avec le tems troubler leur tranquillité ; & ils conſtruiſirent quelques forts, pour arrêter un voiſin, dont l'ambition devenoit ſuſpecte. Alors commencèrent entre les deux nations des diſputes vives, touchant les frontières. Leurs chaſſeurs ſe chargeoient ſouvent ; & l'on ſe croyoit tous les jours à la veille d'une guerre ouverte. Heureuſement, les plénipotentiaires des deux cours parvinrent à ſe concilier en 1689. Les limites des deux puiſſances furent poſées à la rivière Kerbechi, près de l'endroit même où l'on négocioit, à trois cens lieues de la grande muraille. C'eſt le premier traité qu'euſſent fait les Chinois, depuis la fondation de leur empire. Cette pacification offrit une autre nouveauté. On accorda aux Ruſſes la liberté d'envoyer tous les ans une caravane à Pékin, dont les étrangers avoient été conſtamment éloignés, avec des précautions tout-à-fait myſtérieuſes. Il fut aiſé de voir que les Tartares, qui s'étoient pliés aux mœurs & au gouvernement de la Chine, s'écartoient de ſes maximes politiques.

XIX.
La Ruſſie obtient la liberté d'envoyer des caravanes à la Chine, & s'ouvre d'autres voies pour le commerce des Indes.

Cette condeſcendance n'inſpira pas de la modération aux Ruſſes. Ils continuèrent leurs uſurpations, & bâtirent, trente lieues audelà des limites convenues, une ville qu'on nomma Albaſink ou Jaſca. Les Chinois s'étant plaints inutilement de cette infidélité, prirent en 1715, le parti de ſe faire juſtice. Les guerres où le Czar étoit engagé dans la Baltique, ne lui permettant pas d'envoyer des troupes à l'extrémité de la Tartarie, la place fut emportée après trois ans de ſiège.

La cour de Pétersbourg fut aſſez éclairée, pour ne ſe pas livrer à un reſſentiment inutile. Elle fit partir, en 1719, pour Pékin, un miniſtre chargé de reſſuſciter le commerce anéanti par les derniers troubles. La négociation réuſſit : mais la caravane de 1721, ne s'étant pas conduite avec plus de réſerve que celles qui l'avoient précédée, il fut arrêté que dans la suite les deux nations ne traiteroient ensemble que sur la frontière.

Avant ce nouvel arrangement, il partoit tous les ans de Pétersbourg, une caravane qui, après avoir traversé des déserts immenses, étoit reçue sur la frontière de la Chine par quelques centaines de soldats qui l'escortoient jusqu'à la capitale de l'empire. Là, tous ceux qui la composoient étoient renfermés dans un caravenserail, où ils étoient obligés d'attendre que les marchands Chinois vinssent leur offrir le rebut de leurs magasins. Leur traite ainsi consommée, ils reprenoient la route de leur patrie, & se retrouvoient à Pétersbourg, trois ans après en être partis.

Dans le cours ordinaire des choses, les mauvaises marchandises qu'apportoit la caravane, n'auroient eu que peu de valeur: mais comme ce commerce étoit pour le compte de la cour, & que la vente s'en faisoit toujours sous les yeux du souverain, les plus vils objets acquéroient du prix. Etre admis à cette espèce de foire, étoit une grace que le despote n'accordoit guère qu'aux gens en faveur. Tous vouloient se montrer dignes de cette distinction. On y réussissoit en poussant follement les enchères, & en faisant placer ainsi son nom sur la liste des acheteurs. Malgré cette honteuse émulation, les objets offerts étoient si peu importans, que leur produit, la consommation de la cour prélevée, ne s'élevoit jamais à cent mille écus.

Depuis la cessation des caravanes, on a établi à Kiatcha deux grands magasins, l'un Russe & l'autre Chinois, où sont déposées toutes les choses qu'on se propose d'échanger. Des commissaires des deux nations président à ce commerce, où il entre rarement des métaux. Si les Russes, qui n'en donnent jamais, sont réduits quelquefois à recevoir de l'or, ils sont obligés de le livrer à la couronne à des conditions qui la dédommagent des droits qu'elle auroit perçus sur les marchandises.

La plus considérable de celles que les Chinois apportent dans cet entrepôt, c'est le thé verd. Il est infiniment supérieur à celui que l'Europe reçoit à travers des mers immenses. Aussi les Russes sont-ils forcés de le payer jusqu'à vingt francs la livre, quoiqu'ils le revendent rarement plus de quinze ou ſeize. Pour ſe dédommager de cette perte, ils ne manquent jamais de hauſſer le prix de leurs pelleteries : mais cette ruſe eſt moins à leur avantage qu'au profit du gouvernement qui perçoit une impoſition de vingt-cinq pour cent, ſur tout ce qui ſe vend, ſur tout ce qui s'achète. La douane de Kiatcha produit quelquefois à l'état juſqu'à deux millions de livres. Alors, le commerce de la Ruſſie avec la Chine doit s'élever à ſix millions.

Il n'étoit pas ſi conſidérable, lorſque Pierre I eſſaya d'établir, par la Tartarie indépendante, une communication entre la Sibérie & l'Inde. Ce grand prince, toujours occupé de projets, vouloit former cette liaiſon par le Sirth, qui arroſe le Turkeſtan; & il envoya en 1719 deux mille cinq cens hommes, pour s'emparer de l'embouchure de cette rivière.

Elle n'exiſtoit plus. Ses eaux avoient été détournées & conduites par différens canaux dans le lac Arall. C'étoit l'ouvrage des Tartares Usbecks, qui avoient pris ombrage des obſervations répétées qu'ils avoient vu faire. Un incident ſi ſingulier détermina les Ruſſes à reprendre la route d'Aſtracan, d'où ils étoient partis. On avoit perdu cet objet de vue, lorſque, vers l'an 1738, les habitans des deux Bucharies, connus ſous le nom de Bucharſis, ſouhaitèrent eux-mêmes de négocier avec la Ruſſie. Pour encourager ce deſir inattendu, le fiſc ſe relâcha d'une partie des droits énormes qu'il exige généralement. Orenbourg devint le théâtre de ce nouveau commerce. Les Tartares y portent de leur propre territoire ces belles touloupes de petits agneaux, dont on éventre les mères, pour avoir des peaux moirées, blanches & fines. Ils y portent différentes marchandiſes qu'ils ont tirées de l'Indoſtan, & en particulier une aſſez grande quantité de diamans bruts. Ils y portent environ quatre cens quintaux d'excellente rhubarbe. Chaque quintal coûte 500 livres, & le collège du commerce le vend à-peu-près le double.

Il faut ſe former une idée moins avantageuſe des liaiſons de la Ruſſie avec les Indes, par la mer Caſpienne. Ce fut pourtant, dans les ſiècles les plus reculés, la voie par où l'Europe & l'Aſie communiquoient enſemble. Les régions voiſines de ce lac immenſe, aujourd'hui très-pauvres, très-dépeuplées, très-barbares, offrent à des yeux ſavans des traces d'une ancienne ſplendeur, qu'il n'eſt pas poſſible de conteſter. On y découvre encore tous les jours des monnoies frappées au coin des premiers califes. Ces monumens & d'autres auſſi authentiques, donnent de la vraiſemblance au naufrage de quelques Indiens ſur les côtes de l'Elbe du tems d'Auguſte, qu'on a toujours regardé comme fabuleux, malgré l'autorité des écrivains contemporains qui le rapportoient. On n'a jamais compris comment des habitans de l'Inde auroient pu naviguer ſur les mers germaniques. Mais étoit-il plus étrange de voir un Indien trafiquer dans les pays ſeptentrionaux, que de voir un Romain paſſer dans l'Inde par l'Arabie ? Les Indiens alloient en Perſe, s'embarquoient ſur la mer d'Hircanie, remontoient le Volga, pénétroient dans la grande Permie par le Kama, & de-là pouvoient aller s'embarquer ſur la mer du Nord ou ſur la Baltique.

Il y eut, & dans tous les tems il y aura des hommes entreprenans. L'homme porte en lui-même une énergie naturelle qui le tourmente ; & que le goût, le caprice ou l'ennui tournent vers les tentatives les plus ſingulières. Il eſt curieux ; il deſire de voir & de s'inſtruire. La ſoif des connoiſſances eſt moins générale, mais elle eſt plus impérieuſe que celle de l'or. On va recueillir au loin de quoi dire & de quoi faire parler de ſoi dans ſon pays. Ce que le deſir de la gloire produit dans l'un ; l'impatience de la miſère le fait dans un autre. On imagine la fortune plus facile dans les contrées éloignées que proche de ſoi. On marche beaucoup, pour trouver ſans fatigue ce qu'on n'obtiendroit que d'un travail aſſidu. On voyage par pareſſe. On cherche des ignorans & des dupes. Il eſt des êtres malheureux qui ſe promettent de tromper le deſtin en fuyant devant lui. Il y en a d'intrépides qui courent après les dangers. Quelques-uns ſans courage & ſans vertus ne peuvent ſupporter une pauvreté qui les rabaiſſe dans la ſociété au-deſſous de leur condition ou de leur naiſſance. Les ruines amenées ſubitement, ou par le jeu, ou par la diſſipation, ou par des entrepriſes mal calculées en réduiſent d'autres à une indigence à laquelle ils ſont étrangers & qu'ils vont cacher au pole ou ſous la ligne. A ces cauſes ajoutez toutes celles des émigrations conſtantes, les vexations des mauvais gouvernemens, l'intolérance religieuſe, & la fréquence des peines infamantes qui pouſſent le coupable d'une région où il ſeroit obligé de marcher la tête baiſſée, dans une région où il puiſſe effrontément ſe donner pour un homme de bien, & regarder ſes ſemblables en face.

Les Anglois n'eurent pas plutôt découvert Archangel au milieu du ſeizième ſiècle, & lié un commerce avec la Ruſſie, qu'ils formèrent le projet de s'ouvrir, à la faveur du Volga & de la mer Caſpienne, une route en Perſe beaucoup plus facile & plus courte que celle des Portugais, obligés de faire le tour de l'Afrique & d'une partie de l'Aſie, pour ſe rendre dans le golfe Perſique. Ils y étoient d'autant plus encouragés, que la partie ſeptentrionale de la Perſe, que baigne la mer Caſpienne, a des productions bien plus riches que la méridionale. Les ſoies de Schirvan, du Manzeradan, & plus particuliérement celles du Ghilan, ſont les meilleures de l'Orient, & pouvoient ſervir à élever d'excellentes manufactures. Mais le commerce des Anglois n'étoit pas encore aſſez formé, pour ſurmonter les obſtacles que devoit trouver une entrepriſe ſi vaſte & ſi compliquée.

Ces difficultés n'effrayèrent pas quelques années après un duc de Holſtein, qui avoit établi dans ſes états des fabriques de ſoie. Il vouloit en tirer les matières premières de la Perſe, où il envoya des ambaſſadeurs, dont il n'eſt reſté que la relation de leur voyage.

Lorſque la France ſe fut apperçue de l'influence du commerce dans la balance de la politique, elle eut envie de faire arriver dans ſes ports les ſoies de la Perſe par la Ruſſie. La funeſte paſſion des conquêtes fit oublier ce projet comme tant d'autres, imaginés par quelques hommes éclairés, pour la proſpérité de ce grand empire.

Il n'étoit pas poſſible que Pierre I, guidé par ſon génie, par

par ſon expérience, & par les étrangers qui le ſervoient de leurs lumières, ne ſentît, à la fin, que c'étoit à ſes peuples qu'il appartenoit de s'enrichir par l'extraction des productions de la Perſe, & de proche en proche de celles des Indes. Auſſi ce grand prince n'eut-il pas plutôt vu commencer les troubles qui ont bouleverſé l'empire des Sophis, qu'il s'empara, en 1722, des fertiles contrées qui bordent la mer Caſpienne. La chaleur du climat, l'humidité du ſol, la malignité de l'air, firent périr les troupes chargées de conſerver ſes conquêtes. Cependant la Ruſſie ne ſe détermina à abandonner les provinces uſurpées, que, lorſqu'en 1736, elle vit Koulikan victorieux des Turcs, en état de les lui arracher.

La cour de Pétersbourg avoit perdu de vue le commerce de cette région, lorſqu'un Anglois, nommé Elton, forma, en 1741, le projet de le donner à ſa nation. Cet homme entreprenant ſervoit en Ruſſie. Il conçut le deſſein de faire paſſer par le Volga & par la mer Caſpienne des draps de ſon pays, dans la Perſe, dans le nord de l'Indoſtan, & dans une grande partie de la Tartarie. Par une ſuite de ſes opérations, il devoit recevoir en échange de l'or, & les marchandiſes que les Arméniens, maîtres du commerce intérieur de l'Aſie, faiſoient payer un prix exceſſif. Ce plan fut adopté avec chaleur par la compagnie Angloiſe de Moſcovie, & le miniſtère Ruſſe le favoriſa.

Mais à peine l'aventurier Anglois avoit-il ouvert la carrière, que Koulikan, auquel il falloit des inſtrumens hardis & actifs pour ſeconder ſon ambition, réuſſit à l'attacher à ſon ſervice, & à acquérir par ſon moyen l'empire de la mer Caſpienne. La cour de Pétersbourg, aigrie par cette trahiſon, révoqua, en 1746, tous les privilèges qu'elle avoit accordés : mais c'étoit un foible remède à un ſi grand mal. La mort violente du tyran de la Perſe, étoit bien plus propre à raſſurer les eſprits.

Cette grande révolution, qui replongeoit plus que jamais les états du Sophi dans l'anarchie, fit repaſſer dans les mains des Ruſſes le ſceptre de la mer Caſpienne. C'étoit un préliminaire néceſſaire pour ouvrir le commerce avec la Perſe & avec les

Indes; mais il ne suffisoit pas pour le faire réussir. Les Arméniens opposoient au succès une barrière presque insurmontable. Une nation active, accoutumée aux usages de l'Orient, en possession de gros capitaux, vivant avec une économie extrême, ayant des liaisons toutes formées de tems immémorial, descendant aux moindres détails, s'élevant aux plus vastes spéculations : une telle nation ne pouvoit pas être aisément supplantée. La cour de Russie ne l'espéra pas. Aussi chercha-t-elle à grossir le nombre de ces habiles négocians, très-anciennement établis à Astracan. Le succès n'a pas couronné ses vues. On travaille à surmonter les obstacles qui l'ont empêché; & il faut beaucoup attendre du nouvel esprit qui paroît animer toute la Russie.

XX. Etendue, gouvernement, population, revenus de la Russie.

Cet empire qui, comme tous les autres, a eu de foibles commencemens, est devenu, avec le tems, le plus vaste de l'univers. Son étendue, d'Orient en Occident, est de deux mille deux cens lieues, & d'environ huit cens du Sud au Nord.

A l'exception des provinces conquises au commencement du siècle sur les bords de la mer Baltique, qui ont conservé tous les droits dont elles jouissoient; de l'Ukraine, qui a été maintenue dans quelques-uns des siens; de ces hordes errantes qu'il n'étoit pas possible d'assujettir à une police régulière : toutes les autres parties de l'empire sont asservies à la même forme de gouvernement.

Sous ses loix arbitraires, vit dans l'ignorance un clergé autrefois redoutable, mais devenu docile depuis qu'on l'a dépouillé des possessions que la superstition lui avoit prodiguées & du million d'esclaves qui les exploitoit.

Vient ensuite un corps de noblesse qui tient dans ses mains la plupart des terres, & dans sa dépendance tous les malheureux qui les arrosent de leurs sueurs.

Après eux, marche la classe des hommes libres. Elle est si obscure, que l'Europe en a long-tems ignoré l'existence. On sait aujourd'hui qu'elle est composée de quelques étrangers, la plupart Allemands, que l'inquiétude a déterminés ou le besoin réduits à chercher une nouvelle patrie; de plusieurs nationaux heureux ou intelligens, dont on a successivement brisé les chaînes, & qui exercent dans les villes les arts & le commerce; d'un petit nombre de cultivateurs, qui ont la disposition absolue des foibles héritages que leur ont transmis leurs pères. La propriété de ces laboureurs, devient peu-à-peu la proie de quelque homme riche qui, par des avances intéressées, a favorisé leur paresse ou leurs profusions.

Enfin la dernière classe de l'état, si l'on peut lui donner ce nom, ce sont les esclaves. Au commencement du seizième siècle, on n'en voyoit que peu, tous pris à la guerre. Les seigneurs possédoient alors des fiefs, & le peuple cultivoit des terres qui lui appartenoient. Un nouvel ordre de choses s'établit, après la conquête de Cazan & d'Astracan. Ces belles & fertiles provinces attiroient si puissamment les paysans Russes, que, pour arrêter une émigration qui devenoit générale, on publia en 1556, la loi rigoureuse qui les attachoit tous à la glèbe. A cette funeste époque, ils cessèrent d'avoir la propriété de leurs biens & de leur personne. Le joug s'est appesanti depuis, & l'espèce humaine a été de plus en plus dégradée.

C'est sans doute la raison qui a retardé ou anéanti la population dans toute l'étendue de l'empire. En 1755, il n'avoit que huit millions neuf cens soixante-cinq mille trois cens seize mâles. En supposant le nombre des femmes égal à celui des hommes, c'étoit dix-sept millions neuf cens trente mille six cens trente-deux ames. On ajoutoit à ce nombre les douze cens mille habitans des provinces arrachées à la Suède, au commencement du siècle; & il se trouvoit que la Russie avoit alors sous sa domination dix-neuf millions cent trente mille six cens trente-deux sujets; sans compter le clergé, la noblesse & l'armée. Si les guerres contre la Prusse, contre la Pologne, contre la Turquie; si les maladies épidémiques; si les rébellions ont occasionné depuis une diminution sensible dans la population ancienne: les grandes acquisitions faites récemment dans la Lithuanie doivent avoir rempli le vuide formé par ces fléaux terribles.

Dans les états où les hommes ne sont pas multipliés, le revenu public ne ſauroit être conſidérable. En argent, il n'étoit preſque rien, lorſque Pierre I arriva au trône. Ce prince le fit monter à trente-cinq millions. Anne le porta à ſoixante, & Eliſabeth à cent vingt. Il fut pouſſé plus loin durant la guerre contre les Turcs, mais pour redevenir, à la paix, ce qu'il avoit été avant les troubles. A cette époque, le fiſc devoit aux Génois & aux Hollandois d'aſſez grandes ſommes qui depuis ont été acquittées. Il devoit à la nation près de deux cens millions en billets de banque, pour leſquels il avoit hypothéqué une aſſez grande quantité de cuivre diſtribuée dans les différentes caiſſes de l'empire.

C'eſt une opinion généralement reçue que les peuples ſuccombent ſous le poids des taxes. Après même que le fardeau aura été beaucoup allégé, il le faudra alléger encore, ſi les arts ne ſe multiplient pas, ſi l'agriculture, en particulier, ne prend pas des accroiſſemens remarquables.

On feroit des efforts inutiles pour l'encourager dans les contrées les plus ſeptentrionales. Rien ne peut proſpérer dans ces climats glacés. Ce ſera toujours avec des oiſeaux, avec des poiſſons, avec des bêtes fauves que ſe nourriront, que s'habilleront, que paieront leur tribut, les habitans diſperſés de loin en loin, dans ce climat dur & ſauvage.

A meſure qu'on s'éloigne du Nord, la nature devient moins avare en hommes & en productions. Dans la plupart des provinces, il ne manque au laboureur que des outils moins imparfaits, de meilleures méthodes, & de plus grands moyens d'exploitation. Le progrès des lumières doit faire eſpérer que ces vices ſeront enfin corrigés. On portera une attention particulière ſur l'Ukraine, l'une des plus fertiles contrées du monde connu. La Ruſſie en tire la plupart de ſes conſommations, la plupart des objets de ſon commerce ; & elle n'en obtient pas la vingtième partie de ce qu'on pourroit lui demander.

On réuſſira d'autant plus facilement à exciter les travaux champêtres, que les Ruſſes n'aiment pas le ſéjour des villes, qu'ils ont ſous la main le fer, ce grand & ineſtimable mobile de l'agriculture. La nature l'a prodigué à la plupart des contrées de l'empire, & l'a donné à la Sibérie aussi parfait qu'à la Suède même. A l'extraction du fer, on ajoutera celle de ces précieux métaux, qui ont enflammé la cupidité de toutes les nations & de tous les siècles. Les mines d'argent, près d'Argun, sont connues très-anciennement; & l'on a découvert depuis peu des mines d'argent & d'or dans le pays des Baskirs. Il est des peuples auxquels il conviendroit de condamner à l'oubli ces sources de richesse. Il n'en est pas ainsi de la Russie, où toutes les provinces intérieures sont dans un tel état de pauvreté, qu'on y connoît à peine ces signes de convention qui représentent toutes choses dans le commerce.

XXI. Commerce général de la Russie.

Celui que les Russes ont ouvert avec la Chine, avec la Perse, avec la Pologne, a principalement pour base les fourrures d'hermine, de zibeline, de loup blanc, de renard noir que fournit la Sibérie. Quoique le caprice des consommateurs ait porté la valeur de ces précieuses pelleteries au-delà de ce qu'on pouvoit espérer, le prix en augmente encore. On devroit étendre les liaisons à de nouveaux objets.

Les échanges de l'empire avec les états du Grand-Seigneur étoient comptés pour rien ou pour peu de chose. Ils ne tarderont pas à devenir considérables, si l'on fait profiter du droit acquis, par les derniers traités, de passer de la mer Noire dans la mer Méditerranée, & de la mer Méditerranée dans la mer Noire. Ce privilège qu'aucune nation n'avoit encore obtenu, qu'aucune nation n'a pu obtenir depuis, doit donner au commerce & à la navigation des Russes une extension, dont il seroit téméraire de fixer le terme.

Cependant, ce seroit toujours sur les côtes de la mer Baltique que se feroient les plus grands enlèvemens des productions du pays, puisqu'il est prouvé qu'il sort habituellement un neuvième de plus en marchandises, par le seul port de Pétersbourg, que par les autres quarante-deux douanes de l'empire. En 1773, les exportations de la Russie, en comptant le droit de vingt-cinq pour cent que prend le souverain, s'élevèrent à 106,401,735 livres. Les importations, y compris le même droit, ne passèrent pas

66,544,005 livres. Par conséquent, la balance apparente fut de 39,557,830 livres. Nous avons dit la balance apparente. Il est connu, de tous ceux à qui ces matières sont familières, que les objets qui entrent dans le pays étant généralement d'un moindre volume que ce qui en sort, ils sont une occasion plus ordinaire de fraude.

Il n'est point d'état aussi heureusement situé que la Russie pour étendre son commerce. Presque toutes les rivières y sont navigables. Pierre I voulut que l'art secondât la nature, & que divers canaux joignissent ces fleuves les uns aux autres. Les plus importans sont achevés. Il en est qui n'ont pas encore atteint leur perfection; quelques-uns même, dont on n'a fait que donner le plan. Tel est le grand projet de réunir la mer Caspienne au Pont-Euxin, en creusant un canal du Tanaïs au Volga.

Malheureusement, ces moyens, qui rendent si facile la circulation des denrées dans tout l'empire, & qui ouvrent une communication aisée avec toutes les parties du globe, sont devenus inutiles par des obstacles multipliés. Le gouvernement a levé une partie des gênes qu'opposoient des institutions vicieuses. Les entraves qui tiennent aux mœurs feront plus de résistance.

Pierre I voulut que les serfs, qui auroient en leur possession 2500 livres, eussent le droit de rompre leurs fers; à condition qu'eux & leurs descendans paieroient annuellement aux héritiers de leur ancien maître, ce qu'il exigeoit d'eux avant leur liberté. Ces nouveaux bourgeois, sans éducation & sans principes, devinrent la plupart marchands, portèrent dans leur nouvel état les vices qu'ils avoient contractés dans la servitude, & les transmirent à leur postérité. La génération actuelle se sent encore de son origine.

Les loix ne permettent pas aux négocians étrangers d'acheter les productions de l'empire ailleurs que dans les ports; & par la nature du gouvernement, les nationaux n'ont pas ou ne peuvent pas paroître avoir des capitaux assez considérables pour y former de grands magasins. C'est donc une nécessité qu'on charge des achats quelque agent Russe qui, à l'époque du traité, exige toujours la moitié du prix convenu ; le reste devant être payé à la livraison des marchandises. Elles sont rarement ce qu'elles devroient être ; & cependant le commettant se dispense rarement de les recevoir, ou parce qu'il a des ordres à remplir, ou parce qu'il craint, avec raison, de perdre toutes ses avances.

L'étranger a-t-il des objets à vendre ? Il ne trouve des acheteurs qu'en leur accordant un an ou dix-huit mois de crédit. Au terme du paiement, ils demandent ordinairement un nouveau délai. Leur est-il refusé ? on les condamne à un intérêt de dix-huit pour cent. Plus la dette s'accroît, plus la volonté ou la possibilité d'y satisfaire s'éloignent. L'atrocité même des réglemens imaginés pour empêcher ou pour punir les banqueroutes, est favorable aux débiteurs insolvables ou de mauvaise foi. Il est rare que la pitié des juges ou la corruption des courtisans ne les garantissent des peines décernées par la loi contre eux. Des protections puissantes assouviront bien, s'il le faut, les vengeances d'un créancier trompé : mais après ces arrêts, achetés à très-haut prix, il n'en sera que plus sûrement déchu de l'espoir de rien sauver de ce qui lui étoit dû.

Ces infidélités, ces déprédations n'ont pas empêché que le commerce de l'empire ne fît d'assez grands progrès. Ils auroient été plus rapides, plus considérables, si les avantages physiques & naturels n'eussent été opiniâtrément combattus par des causes morales ou politiques ; si un ministère séduit ou corrompu n'eût arrêté la concurrence, en favorisant l'Angleterre au préjudice des autres nations. Un meilleur esprit, dans cette partie intéressante d'administration, contribueroit beaucoup à la félicité publique. Voyons l'influence que peut y avoir l'armée.

XXII. Forces militaires de la Russie.

A l'élévation de Pierre I au trône, l'état militaire de la Russie se réduisoit à quarante mille strelits indisciplinés & féroces, qui n'avoient de courage que contre les peuples qu'ils opprimoient, contre le souverain qu'ils déposoient ou qu'ils massacroient au gré de leur caprice. Ce grand prince cassa cette milice séditieuse, & parvint à former un état de guerre, modelé sur celui du reste de l'Europe. Depuis la mort du réformateur de l'empire, les troupes ont été encore perfectionnées & sur-tout multipliées. On les a vues s'élever successivement jusqu'à trois cens soixante-quinze mille quatre cens cinquante-sept hommes.

Malgré la valeur, le nombre, la discipline de ses troupes, la Russie est de toutes les puissances celle qui doit le plus ménager son sang. Le desir d'accroître un territoire, déja trop étendu, ne doit pas l'entraîner loin de ses frontières, & la déterminer à des hostilités. Jamais elle ne parviendra à former un état contigu & serré, à devenir un peuple éclairé & florissant, à moins qu'elle n'abdique la manie si dangereuse des conquêtes, pour se livrer uniquement aux arts de la paix. Aucun de ses voisins ne peut la forcer à s'écarter de cet heureux systême.

Du côté du Nord, l'empire est mieux gardé par la mer Glaciale, qu'il ne le seroit par des escadres ou des forteresses.

Un bataillon & quelques pièces de campagne disperseroient toutes les hordes de Tartares qui pourroient remuer vers l'Orient.

Quand la Perse sortiroit de ses ruines, ses efforts iroient se perdre dans la mer Caspienne, ou dans l'immense désert qui la sépare de la Russie.

Au Midi, les séditions, l'ignorance & l'indiscipline, tous les genres de corruption qui dégradent un peuple, ébranloient depuis un siècle l'empire Ottoman. La Russie a surpris les Turcs dans cet état de dégradation, & les a affoiblis encore. Elle a rompu les liens qui attachoient les Tartares à cette domination; & en se faisant céder quelques forts, quelques rades dans la Crimée, s'est assurée à elle-même la faculté de mouvoir, au gré de sa politique, cette cavalerie infatigable, destructive & féroce.

Que peut craindre, à l'Occident, la Russie des Polonois qui n'ont jamais eu, ni places, ni troupes, ni revenu, ni gouvernement, & qui ont été dépouillés depuis peu de la moitié de leur territoire?

La Suède perdit, au commencement du siècle, celles de ses conquêtes qui lui donnoient des forces & de la richesse. Ce que sa nouvelle constitution pourra lui rendre d'énergie, n'en fera jamais une puissance redoutable. Loin d'être en état de s'agrandir

aux

aux dépens des Ruſſes, elle aura toujours à craindre de ſe voir dépouiller par eux de ce qui lui reſte de la Finlande.

Il ſeroit poſſible que la faute qu'a faite la cour de Pétersbourg, en rapprochant le territoire Pruſſien de ſes poſſeſſions, occaſionnât un jour des hoſtilités. Des circonſtances favorables détermineront peut-être ce nouveau voiſin à faire valoir les prétentions des chevaliers Teutons ſur la Livonie; & alors le ſang des Ruſſes & des Pruſſiens teindroit les eaux de la Baltique, & ſe mêleroit ſous les murs de Riga. Cependant l'ambition du Brandebourg ſera habituellement trop contrariée du côté de l'Allemagne, pour qu'elle puiſſe beaucoup alarmer le Nord.

On voit, par ces obſervations, que l'empire pourroit beaucoup diminuer ſes forces de terre, ſi leur deſtination unique étoit de garantir ſes provinces de l'invaſion : mais comme leur principal emploi eſt de retenir ſous le joug des peuples toujours mécontens d'un gouvernement oppreſſeur, il n'eſt pas aiſé de déterminer à quel point elles devroient être réduites. La marine doit être enviſagée ſous un autre point de vue.

Les foibles relations de la Ruſſie avec le reſte de l'Europe s'entretenoient uniquement par terre, lorſque les Anglois, cherchant un paſſage par les mers du Nord pour arriver aux Indes Orientales, découvrirent le port d'Archangel. Ayant remonté la Duina, ils arrivèrent à Moſcou, & y jettèrent les fondemens d'un nouveau commerce.

Il ne s'étoit pas ouvert d'autre porte de communication pour la Ruſſie, quand Pierre I entreprit d'attirer, dans la mer Baltique, les navigateurs qui fréquentoient la mer Blanche, & de procurer aux productions de ſon empire un débouché plus étendu, plus avantageux. Son eſprit de création le porta bientôt plus loin; & il eut l'ambition de devenir une puiſſance maritime.

Cependant ſes premiers ſoins ſe bornèrent à faire conſtruire des bâtimens propres à la defenſe de ſes côtes, à l'attaque des côtes voiſines. Ce ſont des galères de différentes grandeurs, dont quelques-unes ſont dipoſées pour la cavalerie, & un plus grand nombre pour l'infanterie. Comme ce ſont des ſoldats, tous inſtruits à manier la rame, qui forment eux-mêmes les équipages, il n'y a ni retardement, ni dépenſe à craindre. On jette l'ancre toutes les nuits, & le débarquement ſe fait où l'on eſt le moins attendu.

La deſcente exécutée, les troupes tirent les galères à terre, & en forment un camp retranché. Une partie de l'armée eſt chargée de ſa garde ; le reſte ſe répand dans le pays qu'il faut mettre à contribution. L'expédition faite, on ſe rembarque pour recommencer ailleurs le ravage & la deſtruction. Combien d'expériences ont démontré l'efficacité de ces armemens !

Cet heureux eſſai enhardit le réformateur de la Ruſſie à vouloir de grands vaiſſeaux : & ce fut à Cronſtadt, qui ſert de port à Pétersbourg, qu'il plaça ſes flottes.

La mer n'eſt pas aſſez large devant le baſſin du port. Les bâtimens qui veulent y entrer, ſont violemment pouſſés par l'impétuoſité de la Neva, ſur les côtes dangereuſes de la Finlande. On y arrive par un canal ſi rempli d'écueils, qu'il faut un tems fait exprès pour les éviter. Les navires s'y pourriſſent vîte. L'expédition des eſcadres eſt retardée plus long-tems qu'ailleurs par les glaces. On ne peut ſortir que par un vent d'Eſt, & les vents d'Oueſt règnent la plus grande partie de l'été dans ces parages. Un dernier inconvénient, c'eſt qu'on ait été réduit à placer les chantiers à Pétersbourg, d'où les vaiſſeaux n'arrivent à Cronſtadt, qu'après avoir paſſé, avec de grands dangers, un bas-fond qui ſe trouve au milieu du fleuve.

Si Pierre I n'avoit eu cette prédilection aveugle que les grands hommes ont, comme les hommes ordinaires, pour les lieux qu'ils ont créés, on lui eût fait aiſément comprendre que Cronſtadt & Pétersbourg n'avoient pas été formés pour être l'entrepôt de ſes forces navales, & que l'art n'y pouvoit pas forcer la nature. Il auroit donné la préférence à Revel, qui ſe refuſoit beaucoup moins à cette importante deſtination. Peut-être même des réflexions plus profondes l'auroient-elles convaincu qu'il n'étoit pas encore tems d'aſpirer à ce genre de puiſſance.

Il est démontré par la raison & par l'expérience, qu'une marine militaire doit avoir pour base une marine marchande. La Russie est de toutes les nations de l'Europe, celle que l'abondance de ses munitions navales, que le volume & la quantité de ses productions appelleroient à une navigation plus vive & plus étendue. Cet empire n'avoit pas pourtant un seul bâtiment à l'époque où l'on voulut lui donner des flottes. Un instituteur qui auroit connu la marche naturelle des choses, auroit donc tourné ses premiers regards vers une navigation commerçante. Cet ordre politique fut interverti ; & les successeurs de Pierre I ne se sont jamais écartés de ce mauvais système. Nul d'entre eux n'a pensé à surmonter les obstacles que des institutions vicieuses opposoient à des expéditions mercantilles, qui auroient formé de bons équipages. Tous se sont bornés à maintenir, à multiplier des escadres, qui ne peuvent avoir, ni instruction, ni expérience. Au tems où nous écrivons, cette marine, inutilement ruineuse, est formée sur la Baltique par trente vaisseaux de ligne & vingt-une frégates ; dans les mers d'Azoph, par onze bâtimens de guerre tirant à peine onze pieds d'eau ; & aux embouchures du Danube, par sept à huit grandes barques armées d'assez gros canons. Il conviendroit de réformer la plus grande partie de ces forces, jusqu'à ce qu'on eût préparé les moyens de les rendre utiles.

XXIII. Obstacles qui s'opposent à la prospérité de la Russie. Moyens qu'on pourroit employer pour les surmonter.

Les changemens que nous nous sommes permis d'indiquer, sont indispensables pour rendre la Russie florissante, mais ne sauroient suffire. Pour donner à cette prospérité quelque consistance, il faudroit donner de la stabilité à l'ordre de la succession. La couronne de cet empire fut long-tems héréditaire. Pierre I la rendit patrimoniale. Elle est devenue comme élective à la dernière révolution. Cependant, toute nation veut savoir à quel titre on lui commande ; & le titre qui la frappe le plus est celui de la naissance. Otez aux regards de la multitude ce signe visible, & vous remplirez les états de révoltes & de dissensions.

Mais il ne suffit pas d'offrir aux peuples un souverain qu'ils ne puiſſent pas méconnoître. Il faut que ce ſouverain les rende heureux ; ce qui eſt impoſſible en Ruſſie, à moins qu'on n'y change la forme du gouvernement.

L'eſclavage, quelque ſens qu'on veuille donner à cette expreſſion, eſt l'état dans lequel eſt tombée toute la nation. Parmi les ſujets, qu'on regarde comme libres dans cet empire, il n'en eſt aucun qui ait la ſûreté morale de ſa perſonne, la propriété conſtante de ſes biens, une liberté qu'il ne puiſſe perdre que dans des cas prévus & déterminés par la loi.

Sous un tel gouvernement, il ne ſauroit exiſter de lien entre les membres & leur chef. S'il eſt toujours redoutable pour eux, toujours ils ſont redoutables pour lui. La force publique, dont il abuſe pour les écraſer, n'eſt que le produit des forces particulières de ceux qu'il opprime. Le déſeſpoir ou un ſentiment plus noble peuvent, à chaque inſtant, les tourner contre lui.

Le reſpect qu'on doit à la mémoire de Pierre I, ne doit pas empêcher de dire qu'il ne lui fut pas donné de voir l'enſemble d'un état bien conſtitué. Il étoit né avec du génie. On lui inſpira l'amour de la gloire. Cette paſſion le rendit actif, patient, appliqué, infatigable, capable de vaincre les difficultés que la nature, l'ignorance, l'habitude, oppoſoient à ſes entrepriſes. Avec ces vertus & les étrangers qu'il appella à lui, il réuſſit à créer une armée, une flotte, un port. Il fit pluſieurs réglemens néceſſaires pour le ſuccès de ſes hardis projets : mais quoique la renommée lui ait prodigué de toutes parts le ſublime titre de légiſlateur, à peine publia-t-il deux ou trois loix, qui même portoient l'empreinte d'un caractère féroce. On ne le vit pas s'élever juſqu'à combiner la félicité de ſes peuples avec ſa grandeur perſonnelle. Après ſes magnifiques établiſſemens, la nation continua à languir dans la pauvreté, dans la ſervitude & dans l'oppreſſion. Il ne voulut rien relâcher de ſon deſpotiſme; il l'aggrava peut-être, & laiſſa à ſes ſucceſſeurs cette idée atroce & deſtructive, que les ſujets ne ſont rien & que le ſouverain eſt tout.

Depuis ſa mort, ce mauvais eſprit s'eſt perpétué. On n'a pas voulu voir que la liberté eſt le premier droit de tous les hommes ; que le ſoin de la diriger vers le bien commun, doit être le but de toute ſociété raiſonnablement ordonnée ; & que le crime de la force eſt d'avoir privé la plus grande partie du globe de cet avantage naturel.

Ainſi l'a penſé Catherine II. A peine cette célèbre princeſſe avoit pris les rênes du gouvernement, qu'il ſe répandit de tous côtés qu'elle vouloit régner ſur des hommes libres. Au moment où ſes intentions commençoient à tranſpirer, plus de cent mille ſerfs ſe diſposèrent à la révolte contre leurs maîtres. Pluſieurs des ſeigneurs, qui habitoient leurs terres, furent maſſacrés. Cette agitation, dont les ſuites pouvoient bouleverſer l'état, fit comprendre qu'il falloit apprivoiſer les ours avant de briſer leurs chaînes, & que de bonnes loix & des lumières devoient précéder la liberté.

Auſſi-tôt eſt conçu un projet de légiſlation ; & l'on veut que ce code ſoit approuvé par les peuples eux-mêmes, pour qu'ils le reſpectent & le chériſſent comme leur ouvrage. *Mes enfans*, dit la ſouveraine aux députés de ſes vaſtes états : *Mes enfans, peſez avec moi l'intérêt de la nation ; formons enſemble un corps de loix qui établiſſe ſolidement la félicité publique.*

Catherine penſa enſuite à former des hommes ; & ce fut un mot hardi & d'une vérité frappante, adreſſé à Pierre I, qui dirigea ſon plan. Ce prince ſe promettoit le plus grand ſuccès du retour des jeunes gens qu'il avoit envoyés puiſer des lumières dans les contrées les plus éclairées de l'Europe. Son bouffon, qui l'écoutoit, plia, le plus fortement qu'il put, une feuille de papier, la lui préſenta, & le défia d'effacer ce pli. Mais s'il n'étoit pas poſſible d'amender le Ruſſe barbare : comment eſpérer d'amender le Ruſſe corrompu ? S'il n'étoit pas poſſible de donner des mœurs à un peuple qui n'en avoit point : comment eſpérer d'en donner à un peuple qui n'en a que de mauvaiſes ? Ces conſidérations déterminèrent Catherine à abandonner à elle-même la génération actuelle, pour ne s'occuper que des races futures.

Par ses soins se sont élevées des écoles, où la jeune noblesse des deux sexes, est instruite dans les sciences utiles, dans les arts agréables. Les sages, qui ont vu de près ces institutions, y ont blâmé trop de frivolité ou trop de faste : mais la réflexion & l'expérience corrigeront, un peu plutôt, un peu plus tard, ce qu'elles peuvent avoir de défectueux.

D'autres établissemens, peut-être encore plus nécessaires, ont été formés en faveur du peuple. C'est-là que de jeunes garçons, que de jeunes filles reçoivent séparément, pendant quinze ans, tous les genres d'instruction convenables aux emplois & aux métiers qu'ils doivent exercer. Lorsque les vertus sociales auront jetté de profondes racines dans leur cœur ; lorsqu'on y aura gravé que l'honneur est la plus noble récompense d'une ame honnête, que la honte en est le plus redoutable châtiment, ces élèves, nés dans l'esclavage, n'auront plus de maître & seront citoyens dans toute l'étendue du terme. Les bons principes, dont on les aura nourris, se répandront, avec le tems, du centre de l'empire aux provinces les plus reculées ; & avec les mœurs, qui en découlent nécessairement, s'étendra une liberté bien ordonnée, d'où doit résulter le bonheur de la nation, sous le joug facile des loix.

Pour accélérer les progrès, toujours trop lents, d'une sage législation, d'une bonne éducation, il faudroit peut-être choisir la province la plus féconde de l'empire, y bâtir des maisons, les pourvoir de toutes les choses nécessaires à l'agriculture, attacher à chacune une portion de terre. Il faudroit appeller des hommes libres des contrées policées, leur céder en toute propriété l'asyle qu'on leur auroit préparé, leur assurer une subsistance pour trois ans, les faire gouverner par un chef qui n'eût aucun domaine dans la contrée. Il faudroit accorder la tolérance à toutes les religions, & par conséquent permettre des cultes particuliers & domestiques, & n'en point permettre de public.

C'est de-là que le levain de la liberté s'étendroit dans tout l'empire : les pays voisins verroient le bonheur de ces colons, & ils voudroient être heureux comme eux. Jetté chez des sauvages, je ne leur dirois pas, conſtruiſez une cabane qui vous aſſure une retraite contre l'inclémence des ſaiſons; ils ſe moqueroient de moi : mais je la bâtirois. Le tems rigoureux arriveroit, je jouirois de ma prévoyance; le ſauvage le verroit, & l'année ſuivante il m'imiteroit. Je ne dirois pas à un peuple eſclave, ſois libre; mais je lui mettrois devant les yeux les avantages de la liberté, & il la deſireroit.

Je me garderois bien de charger mes transfuges des premières dépenſes que j'aurois faites pour eux. Je me garderois bien davantage de rejetter ſur les ſurvivans, la dette prétendue de ceux qui mourroient ſans l'avoir acquittée. Cette politique ſeroit auſſi fauſſe qu'inhumaine. L'homme de vingt, de vingt-cinq, de trente ans, qui vous porte en don ſa perſonne, ſes forces, ſes talens, ſa vie, ne vous gratifie-t-il pas aſſez? Faut-il qu'il vous paie la rente du don qu'il vous fait? Lorſqu'il ſera opulent, alors vous le traiterez comme votre ſujet : encore attendrez-vous la troiſième ou quatrième génération, ſi vous voulez que votre projet proſpère, & amener vos peuples à une condition dont ils auront eu le tems de connoître les avantages.

Ce plan eſt, à peu de choſe près, celui qu'adopta Catherine, à ſon avénement au trône. Quarante mille Allemands, ſéduits par les avantages immenſes qu'on leur offroit, prirent en 1764 & en 1765 la route de la Ruſſie, où ils ne trouvèrent que l'eſclavage, la miſère, la mort; & où le peu qui a échappé à ces calamités languit dans l'attente d'une fin prochaine. Le bien qu'on ſe propoſoit a été beaucoup retardé par ce crime de l'humanité, par ce crime de la politique : mais il y faut encore tendre par tous les moyens poſſibles.

Dans ce nouvel ordre de perſonnes & de choſes, où les intérêts du monarque ne ſeront plus que ceux de ſes ſujets, il faudra, pour donner des forces à la Ruſſie, tempérer l'éclat de ſa gloire; ſacrifier l'influence qu'elle a priſe dans les affaires générales de l'Europe; réduire Pétersbourg, devenu mal-à-propos une capitale, à n'être qu'un entrepôt de commerce; tranſporter le gouvernement dans l'intérieur de l'empire. C'eſt de ce centre de la domination, qu'un ſouverain ſage, jugeant avec connoiſſance des beſoins & des reſſources, pourra travailler efficacement à lier entre elles les parties trop détachées de ce grand état. De l'anéantiſſement de tous les genres d'eſclavage, il ſortira un tiers état, ſans lequel il n'y eut jamais chez aucun peuple, ni arts, ni mœurs, ni lumières.

Juſqu'à cette époque, la cour de Ruſſie fera des efforts inutiles pour éclairer les peuples, en appellant des hommes célèbres de toutes les contrées. Ces plantes exotiques périront dans le pays, comme les plantes étrangères périſſent dans nos ſerres. Inutilement on formera des écoles & des académies à Pétersbourg; inutilement on enverra à Paris & à Rome des élèves ſous les meilleurs maîtres. Ces jeunes gens, au retour de leur voyage, ſeront forcés d'abandonner leur talent, pour ſe jetter dans des conditions ſubalternes qui les nourriſſent. En tout, il faut commencer par le commencement; & le commencement eſt de mettre en vigueur les arts méchaniques & les claſſes baſſes. Sachez cultiver la terre, travailler des peaux, fabriquer des laines, & vous verrez s'élever rapidement des familles riches. De leur ſein ſortiront des enfans, qui, dégoûtés de la profeſſion pénible de leurs pères, ſe mettront à penſer, à diſcourir, à arranger des ſyllabes, à imiter la nature; & alors vous aurez des poëtes, des philoſophes, des orateurs, des ſtatuaires & des peintres. Leurs productions deviendront néceſſaires aux hommes opulens, & ils les acheteront. Tant qu'on eſt dans le beſoin, on travaille; on ne ceſſe de travailler que quand le beſoin ceſſe. Alors naît la pareſſe; avec la pareſſe, l'ennui: & par-tout les beaux arts ſont les enfans du génie, de la pareſſe & de l'ennui.

Etudiez les progrès de la ſociété, & vous verrez des agriculteurs dépouillés par des brigands; ces agriculteurs oppoſer à ces brigands une portion d'entre eux, & voilà des ſoldats. Tandis que les uns récoltent, & que les autres font ſentinelle, une poignée d'autres citoyens dit au laboureur & au ſoldat, vous faites un métier pénible & laborieux. Si vous vouliez, vous ſoldats, nous défendre, vous laboureurs, nous nourrir, nous vous déroberions

une

une partie de votre fatigue par nos danses & nos chansons. Voilà le troubadour & l'homme de lettres. Avec le tems, cet homme de lettres s'est ligué, tantôt avec le chef, contre les peuples, & il a chanté la tyrannie; tantôt avec le peuple, contre le tyran, & il a chanté la liberté. Dans l'un & l'autre cas, il est devenu un citoyen important.

Suivez la marche constante de la nature; aussi-bien chercheriez-vous inutilement à vous en écarter. Vous verrez vos efforts & vos dépenses s'épuiser sans fruit; vous verrez tout périr autour de vous; vous vous retrouverez presque au même point de barbarie dont vous avez voulu vous tirer, & vous y resterez jusqu'à ce que les circonstances fassent sortir de votre propre sol une police indigène, dont les lumières étrangères peuvent tout au plus accélérer les progrès. N'en espérez pas davantage, & cultivez votre sol.

Un autre avantage que vous y trouverez, c'est que les sciences & les arts nés sur votre sol, s'avanceront peu-à-peu à leur perfection, & que vous serez des originaux; au lieu que si vous empruntez des modèles étrangers, vous ignorerez la raison de leur perfection, & vous vous condamnerez à n'être jamais que de foibles copies.

Le tableau qu'on s'est permis de tracer de la Russie, pourra paroître un hors-d'œuvre: mais peut-être le moment étoit-il favorable pour apprécier une puissance qui, depuis quelques années, joue un rôle si fier & si éclatant. Il faut parler maintenant des liaisons que les autres nations de l'Europe ont formées avec la Chine.

XXIV. Commerce de la Chine avec les régions voisines.

LA Chine est le pays de la terre où il y a le moins de gens oisifs. Dans une région trop peuplée, malgré l'abondance de ses productions, l'attente de la disette qui s'avance, remplit tous les citoyens d'activité, de mouvement & d'inquiétude. Ils doivent être intéressés, bas, faux & trompeurs.

Cet esprit d'avidité réduisit les Chinois à renoncer dans leur commerce intérieur aux monnoies d'or & d'argent qui étoient d'un usage général. Le nombre des faux monnoyeurs, qui augmentoit chaque jour, ne permettoit pas une autre conduite : on ne fabriqua plus que des espèces de cuivre.

Le cuivre étant devenu rare, par des événemens dont l'histoire ne rend pas compte, on lui associa les coquillages, si connus sous le nom de cauris. Le gouvernement s'étant apperçu que le peuple se dégoûtoit d'un objet si fragile, ordonna que les ustensiles de cuivre répandus dans tout l'empire, fussent livrés aux hôtels des monnoies. Ce mauvais expédient n'ayant pas fourni des ressources proportionnées aux besoins publics, on fit raser environ quatre cens temples de Foé, dont les idoles furent fondues. Dans la suite, la cour paya les magistrats & l'armée, partie en cuivre & partie en papier. Les esprits se révoltèrent contre une innovation si dangereuse, & il fallut y renoncer. Depuis cette époque qui remonte à trois siècles, la monnoie de cuivre est la seule monnoie légale.

Malgré le caractère intéressé des Chinois, leurs liaisons extérieures furent long-tems très-peu de chose. L'éloignement où cette nation vivoit des autres peuples, venoit du mépris qu'elle avoit pour eux. Cependant on desira, plus qu'on n'avoit fait, de fréquenter les ports voisins ; & le gouvernement Tartare, moins zélé pour le maintien des mœurs, que l'ancien gouvernement, favorisa ce moyen d'accroître les richesses de la nation. Les expéditions qui, jusqu'alors, n'avoient été permises que par la tolérance intéressée des commandans des provinces maritimes, se firent ouvertement. Un peuple dont la sagesse étoit célèbre, ne pouvoit manquer d'être accueilli favorablement. Il profita de la haute opinion qu'on avoit de lui pour établir le goût des marchandises qu'il pouvoit fournir ; & son activité embrassa le continent comme les mers.

Aujourd'hui la Chine trafique avec la Corée, qu'on croit avoir été originairement peuplée par les Tartares, qui a été sûrement plusieurs fois conquise par eux, & qu'on a vue, tantôt esclave, tantôt indépendante des Chinois dont elle est actuellement tributaire. Ils y portent du thé, de la porcelaine, des étoffes de soie,

& prennent en échange des toiles de chanvre & de coton, & du ginſeng médiocre.

Les Tartares, qu'on peut regarder comme étrangers, achètent des Chinois des étoffes de laine, du riz, du thé, du tabac, qu'ils paient avec des moutons, des bœufs, des fourrures & ſur-tout du ginſeng. Cette plante croît ſur les confins de la Tartarie, près de la grande muraille. On la retrouve auſſi dans le Canada. Sa racine eſt un navet, tantôt ſimple, tantôt diviſé en deux. Alors, elle a quelque reſſemblance avec les parties inféreures de l'homme, d'où lui viennent les noms de ginſeng à la Chine, & de garent-oguen chez les Iroquois.

La tige, qui ſe renouvelle tous les ans, laiſſe, en tombant, une impreſſion ſur le collet de la racine, de ſorte qu'on connoît l'âge de la plante par le nombre des impreſſions, & ſon âge en augmente le prix. Cette tige baſſe, ſimple, garnie ſeulement de deux ou trois feuilles diviſées en cinq folioles, ſe termine en une petite ombelle de fleurs. Les fleurs ſont compoſées de cinq pétales & autant d'étamines portées ſur un piſtil, qui, recouvert de ſon calice, devient un petit fruit charnu, rempli de deux ou trois petites ſemences. Il avorte dans quelques fleurs.

La racine du ginſeng a pluſieurs vertus, dont les plus reconnues ſont de fortifier l'eſtomac & de purifier le ſang. On lui donne de la tranſparence par un procédé à-peu-près pareil à celui que les Orientaux emploient pour le ſalep. Ce ginſeng préparé eſt ſi précieux aux yeux des Chinois, qu'ils ne le trouvent jamais trop cher.

Le gouvernement fait cueillir tous les ans cette plante par dix mille ſoldats Tartares, dont chacun doit rendre gratuitement deux onces du meilleur ginſeng. On leur donne pour le reſte un poids égal en argent. Cette récolte eſt interdite aux particuliers. Une défenſe ſi odieuſe ne les empêche pas d'en chercher. Sans cette contravention à une loi injuſte, ils ſeroient hors d'état de payer les marchandiſes qu'ils tirent de l'empire, & réduits par conſéquent à s'en paſſer.

On a déja fait connoître le commerce des Chinois avec les

Ruſſes. Il deviendra conſidérable, ſi les deux gouvernemens ceſſent d'opprimer un jour leurs négocians.

Celui que l'empire a ouvert avec les habitans de la petite Bucharie ſe réduit à leur donner du thé, du tabac, des draps en échange des grains d'or qu'ils trouvent dans leurs torrens ou dans leurs rivières. Ces liaiſons, actuellement languiſſantes, ne prendront un grand accroiſſement que lorſqu'on aura inſtruit ces barbares dans l'art d'exploiter les mines, dont leurs montagnes ſont remplies.

La Chine eſt ſéparée des états du Mogol & des autres contrées de l'Inde par des ſables mouvans ou par des rochers entaſſés qui rendent impraticable toute communication avec ces régions ſi riches. Auſſi n'ajoutent-elles rien au foible commerce que cette nation fait annuellement par terre. Celui que la mer lui ouvre eſt plus conſidérable.

L'empire ne confie guère à l'Océan que du thé, des ſoieries & des porcelaines. Au Japon, ces objets ſont payés avec de l'or & du cuivre; aux Philippines, avec des piaſtres; à Batavia, avec des épiceries; à Siam, avec des bois de teinture & des vernis; au Tonquin, avec des ſoies groſſières; à la Cochinchine, avec de l'or & du ſucre. Les retours ne paſſent pas trente-cinq ou quarante millions, quoique les Chinois doublent leurs capitaux dans ce commerce. Dans la plupart des marchés qu'ils fréquentent, ils ont pour agens ou pour aſſociés les deſcendans de ceux de leurs concitoyens qui ſe refuſèrent au joug des Tartares.

Ces liaiſons, qui d'un côté ſe terminent au Japon & de l'autre aux détroits de Malaca & de la Sonde, auroient acquis vraiſemblablement plus d'extenſion, ſi les conſtructeurs Chinois, moins aſſervis aux anciens uſages, avoient daigné s'inſtruire à l'école des navigateurs Européens.

On imagineroit ſans peine que ce dédain d'un peuple pour les connoiſſances d'un autre peuple eſt un des principaux caractères de la barbarie, ou peut-être même de l'état ſauvage. Cependant, il eſt auſſi le vice d'une nation policée. Un ſot orgueil lui perſuade qu'elle ſait tout, ou que la choſe qu'elle ignore ne vaut pas la peine d'être apprise. Elle ne fait aucun progrès dans les sciences ; & ses arts persistent dans une médiocrité dont ils ne se tireront que par un hasard que le tems peut amener ou ne pas amener. Il en est alors d'une contrée comme d'un cloître ; & c'est une image très-juste de la Chine que la lumière environne, sans pouvoir y percer : comme s'il n'y avoit aucun moyen d'en bannir l'ignorance, sans y laisser entrer la corruption. Où en seroient les nations de l'Europe, si infectées d'une vanité masquée de quelque préjugé, elles ne s'étoient éclairées réciproquement ? Celle-ci doit à celle-là le germe de la liberté ; l'une & l'autre à une troisième, les vrais principes du commerce ; & cette espèce d'échange est bien d'une autre importance pour leur bonheur que celui de leurs denrées.

XXV. Commerce des Européens avec la Chine.

Les premiers Européens, que leur inquiétude poussa vers les côtes de la Chine, furent admis indistinctement dans toutes les rades de l'empire. Leur extrême familiarité avec les femmes ; leurs violences avec les hommes ; des actes répétés de hauteur & d'indiscrétion, les firent concentrer depuis à Canton, le port le plus méridional de ces côtes étendues.

Leurs navires remontèrent d'abord jusqu'aux murs de cette cité célèbre, située à quinze lieues de l'embouchure du Tygre. Peu-à-peu, le port se combla, au point de n'offrir que douze à treize pieds d'eau. Alors nos bâtimens, qui de jour en jour avoient acquis plus de grandeur, furent forcés de s'arrêter à Hoang-pou, à trois milles de la place. C'est une assez bonne rade, formée par deux petites isles. Des circonstances particulières firent accorder, en 1745, aux François la liberté d'établir leurs magasin dans celle de Wampou, qui est salubre & peuplée ; mais les nations rivales sont toujours réduites à faire leurs opérations dans l'autre absolument déserte, & singuliérement mal-saine après que le riz y a été coupé.

Pendant les cinq ou six mois que les équipages des navires Européens se morfondent ou périssent à Hoang-pou, les agens du commerce font leurs ventes & leurs achats à Canton. Lorsque ces étrangers commencèrent à fréquenter ce grand marché, on les fit jouir de toute la liberté que comportoit le maintien des loix. Bientôt ils se lassèrent de la circonspection nécessaire dans un gouvernement rempli de formalités. En punition de leurs imprudences, tout accès direct chez le dépositaire de l'autorité publique leur fut fermé, & ils furent tous réunis dans un seul quartier. Le magistrat ne permit une autre demeure qu'à ceux dont un hôte accrédité garantissoit les mœurs & la conduite. Ces liens furent encore resserrés en 1760. La cour avertie par les Anglois des vexations criantes de ses délégués, fit partir de Pékin des commissaires qui se laissèrent séduire par les accusés. Sur le rapport de ces hommes corrompus, tous les Européens furent confinés dans un petit nombre de maisons, d'où ils ne pouvoient traiter qu'avec une compagnie armée d'un privilège exclusif. Ce monopole a depuis un peu diminué; mais les autres gênes sont toujours les mêmes.

Ces humiliations ne nous ont pas dégoûtés de nos liaisons avec la Chine. Nous continuons d'y aller chercher du thé, des porcelaines, des soies, des soieries, du vernis, du papier, de la rhubarbe & quelques autres objets moins importans.

XXVI. Quelles sont les connoissances qu'on a sur le thé que les Européens achètent à la Chine.

Le thé est un arbrisseau d'une forme agreste, haut de cinq ou six pieds, commun à la Chine & au Japon. Il se plaît dans les lieux escarpés. On le trouve plus souvent sur le penchant des colines & le long des rivières. Les Chinois en sèment des champs entiers; les Japonois se contentent d'en garnir les lisières de leurs campagnes. Il ne parvient qu'au bout de sept ans à sa plus grande hauteur. On coupe alors la tige, pour obtenir de nouveaux rejettons, dont chacun donne à-peu-près autant de feuilles qu'un arbrisseau entier.

Ces feuilles, la seule partie que l'on estime dans le thé, sont alternes, ovales, aiguës, lisses, dentelées dans leur contour & d'un verd foncé. Les plus jeunes sont tendres & minces. Elles deviennent plus fermes & plus épaisses en vieillissant. A leur base, se trouvent des fleurs isolées, qui ont un calice à cinq ou six divisions, autant de pétales blancs, souvent réunis par le bas, un grand nombre d'étamines placées autour d'un pistil. Celui-ci ſe change en une capſule ligneuſe, arrondie, à trois côtes & trois loges remplies chacune d'une ſémence ſphérique ou de pluſieurs ſemences anguleuſes.

Outre ce thé, connu ſous le nom de thé bouy, on peut diſtinguer deux autres eſpèces bien caractériſées. L'une eſt le thé verd, dont la fleur eſt compoſée de neuf pétales; l'autre le thé rouge, qui a une grande fleur à ſix pétales rouges, & garnie dans ſon centre d'une houppe d'étamines réunies à leur baſe. On ignore s'il exiſte un plus grand nombre d'eſpèces. Des trois, dont il a été fait mention, la première eſt la plus commune. On cultive le thé bouy dans la plupart des provinces de la Chine : mais il n'a pas le même degré de bonté par-tout, quoique par-tout on ait l'attention de le placer au Midi & dans les vallées. Celui qui croît ſur un ſol pierreux eſt fort ſupérieur à celui qui ſort des terres légères, & plus ſupérieur encore à celui qu'on trouve ſur les terres jaunes. De-là les variétés que l'on qualifie improprement du nom d'eſpèces.

La différence des terreins n'eſt pas la ſeule cauſe de la perfection plus ou moins grande du thé. Les ſaiſons où la feuille eſt ramaſſée, y influent encore davantage.

La première récolte ſe fait ſur la fin de février. Les feuilles, alors petites, tendres & délicates, forment ce qu'on appelle le *ficki-tsjaa* ou thé impérial, parce qu'il ſert principalement à l'uſage de la cour & des gens en place. Les feuilles de la ſeconde récolte qui eſt au commencement d'avril, ſont plus grandes & plus développées, mais de moindre qualité que les premières. Elles donnent le *toots-jaa* ou le thé Chinois que les marchands diſtinguent en pluſieurs ſortes. Enfin, les feuilles cueillies au mois de juin & parvenues à leur entière croiſſance donnent le *bants-jaa*, ou le thé groſſier, réſervé pour le peuple.

Un troiſième moyen de multiplier les variétés du thé conſiſte dans la différente manière de le préparer. Les Japonois, au rapport de Kœmpfer, ont des bâtimens particuliers qui contiennent une ſuite de petits fourneaux couverts chacun d'une platine de fer ou de cuivre. Lorſqu'elle eſt échauffée, on la charge de feuilles qui auparavant, ont été plongées dans l'eau chaude ou exposées à sa vapeur. On les remue avec vivacité jusqu'à ce qu'elles aient acquis un degré de chaleur suffisant. On les verse ensuite sur des nattes & on les roule entre les mains. Ces procédés répétés deux ou trois fois, absorbent toute l'humidité. Au bout de deux ou trois mois, ils sont réitérés, sur-tout pour le thé impérial, qui devant être employé en poudre, demande une dessication plus complette. Ce thé précieux se conserve dans des vases de porcelaine; celui de moindre qualité dans des pots de terre; le plus grossier dans des corbeilles de paille. La préparation de ce dernier n'exige pas tant de précautions. On le dessèche, à moins de frais, à l'air libre. Outre ces thés, il en est d'autres que l'on apporte en gâteaux, en boules, en petits paquets liés avec de la soie. On en fait aussi des extraits.

La pratique des Chinois sur la culture, la récolte & la préparation du thé est moins connue: mais il ne paroît pas qu'elle s'éloigne de celle des Japonois. On a prétendu qu'ils ajoutoient à leur thé quelque teinture végétale. On a encore attribué, mais sans raison, sa couleur verte à un mêlange de couperose ou à l'action de la platine de cuivre sur laquelle la feuille a été desséchée.

Le thé est la boisson ordinaire des Chinois. Ce ne fut pas un vain caprice qui en introduisit l'usage. Dans presque tout leur empire, les eaux sont mal-saines & de mauvais goût. De tous les moyens qu'on imagina pour les améliorer, il n'y eut que le thé qui eut un succès entier. L'expérience lui fit attribuer d'autres vertus. On se persuada que c'étoit un excellent dissolvant, qui purifioit le sang, qui fortifioit la tête & l'estomac, qui facilitoit la digestion & la transpiration.

La haute opinion que les premiers Européens qui pénétrèrent à la Chine se formèrent du peuple qui l'habite, leur fit adopter l'idée, peut-être exagérée, qu'il avoit du thé. Ils nous communiquèrent leur enthousiasme, & cet enthousiasme a été toujours en augmentant dans le nord de l'Europe & de l'Amérique, dans les contrées où l'air est grossier & chargé de vapeurs.

Quelle

Quelle que ſoit en général la force des préjugés, on ne peut guère douter que le thé ne produiſe quelques heureux effets chez les nations qui en ont le plus univerſellement adopté l'uſage. Ce bien ne doit pas être pourtant ce qu'il eſt à la Chine même. On ſait que les Chinois gardent pour eux le thé le mieux choiſi & le mieux ſoigné. On ſait qu'ils mêlent ſouvent au thé qui ſort de l'empire d'autres feuilles, qui, quoique reſſemblantes pour la forme, peuvent avoir des propriétés différentes. On ſait que la grande exportation qui ſe fait du thé, les a rendus moins difficiles ſur le choix du terrein, & moins exacts pour les préparations. Notre manière de le prendre, ſe joint à ces négligences, à ces infidélités.

Nous le buvons trop chaud & trop fort. Nous y mêlons toujours beaucoup de ſucre, ſouvent des odeurs, & quelquefois des liqueurs nuiſibles. Indépendamment de ces conſidérations, le long trajet qu'il fait par mer ſuffiroit pour lui faire perdre la plus grande partie de ſes ſels bienfaiſans.

On ne pourra juger définitivement du thé, que lorſqu'il aura été naturaliſé dans nos climats. On commençoit à déſeſpérer du ſuccès, quoique les expériences n'euſſent été tentées qu'avec des graines qui étant d'une nature très-huileuſe ſont ſujettes à rancir. M. Linné, le plus célèbre botaniſte de l'Europe, reçut enfin cet arbriſſeau germant, & il parvint à le conſerver hors des ſerres, en Suède même. Quelques pieds ont été depuis portés dans la Grande-Bretagne, où ils vivent, fleuriſſent & ſe multiplient en plein air. La France s'en eſt auſſi procuré; & ils réuſſiroient vraiſemblablement dans les provinces méridionales de ce royaume. Ce ſera un très-grand avantage de cultiver nous-mêmes une plante qui ne peut que difficilement autant perdre à changer de ſol qu'à moiſir dans la longue traverſée qu'elle eſt obligée de faire. Il n'y a pas long-tems que nous étions tout auſſi éloignés du ſecret de faire de la porcelaine.

XXVII. Origine, na ture & proprié tés de la porce

Il exiſtoit il y a quelques années dans le cabinet du comte de Caylus, deux ou trois petits fragmens d'un vaſe cru Égyptien, qui, dans des eſſais faits avec beaucoup de ſoins & d'intelligence, laine que les Européens achètent à la Chine.

se trouvèrent être de porcelaine non couverte. Si ce savant ne s'est pas mépris ou n'a pas été trompé, ce bel art étoit déja connu dans les beaux tems de l'ancienne Égypte. Mais il faudroit des monumens plus authentiques qu'un fait isolé, pour en faire refuser l'invention à la Chine, où l'origine s'en perd dans la nuit des tems.

Sans entrer dans le systême de ceux qui veulent donner à l'Égypte une antériorité de fondation, de loix, de sciences & d'arts de toute espèce, que la Chine a peut-être autant de droit de revendiquer en sa faveur; qui sait si ces deux empires, également anciens, n'ont pas reçu toutes leurs institutions sociales d'un peuple formé dans le vaste espace de terre qui les sépare? Si les habitans sauvages des grandes montagnes de l'Asie, après avoir erré durant plusieurs siècles dans le continent, qui fait le centre de notre hémisphère, ne se sont pas dispersés insensiblement vers les côtes des mers qui l'environnent, & formés en corps de nations séparées à la Chine, dans l'Inde, dans la Perse, en Égypte? Si les déluges successifs, qui ont pu désoler cette partie de la terre, n'ont pas emprisonné les hommes dans ces régions, coupées par des montagnes & des déserts? Ces conjectures sont d'autant moins étrangères à l'histoire du commerce, que celle-ci doit, tôt ou tard, donner les plus grandes lumières sur l'histoire générale du genre-humain, de ses peuplades, de ses opinions, & de ses inventions de toute espèce.

Celle de la porcelaine est, sinon une des plus merveilleuses, du moins l'une des plus agréables qui soient sorties des mains de l'homme. C'est la propreté du luxe, qui vaut mieux que sa richesse.

La porcelaine est une espèce de poterie, ou plutôt c'est la plus parfaite de toutes les poteries. Elle est plus ou moins blanche, plus ou moins solide, plus ou moins transparente. La transparence ne lui est pas même tellement essentielle, qu'il n'y en ait beaucoup & de fort belle sans cette propriété.

La porcelaine est couverte ordinairement d'un vernis blanc ou d'un vernis coloré. Ce vernis n'est autre chose qu'une couche de verre fondu & glacé, qui ne doit jamais avoir qu'une demi-transparence. On donne le nom de couverte à cette couche, qui constitue proprement la porcelaine. Celle qui n'a pas reçu cette espèce de vernis, se nomme biscuit de porcelaine. Celle-ci a bien le mérite intrinsèque de l'autre : mais elle n'en a ni la propreté, ni l'éclat, ni la beauté.

Le mot de poterie convient à la définition de la porcelaine, parce que, comme toutes les autres poteries plus communes, sa matière est prise immédiatement dans les substances de la terre même, sans autre altération de l'art qu'une simple division de leurs parties. Il ne doit entrer aucune substance métallique ni saline dans sa composition, pas même dans sa couverte, qui doit se faire avec des matières aussi simples, ou peu s'en faut.

La meilleure porcelaine & communément la plus solide, sera celle qui sera faite avec le moins de matières différentes ; c'est-à-dire, avec une pierre vitrifiable, & une belle argile blanche & pure. C'est de cette dernière terre que dépend la solidité & la consistance de la porcelaine & de toute la poterie en général.

Les connoisseurs divisent en six classes la porcelaine qui nous vient d'Asie : la porcelaine truitée, le blanc ancien, la porcelaine du Japon, celle de la Chine, le Japon Chiné & la porcelaine de l'Inde. Toutes ces dénominations tiennent plutôt au coup-d'œil qu'à un caractère bien décidé.

La porcelaine truitée, qu'on appelle ainsi sans doute parce qu'elle a de la ressemblance avec les écailles de la truite, paroît être la plus ancienne, & celle qui tient de plus près à l'enfance de l'art. Elle a deux imperfections. La pâte en est toujours fort grise, & la couverte en est gercée en mille manières. Cette gerçure n'est pas seulement dans la couverte, elle prend aussi sur le biscuit. De-là vient que cette porcelaine n'est presque point transparente, qu'elle n'est point sonore, qu'elle est très-fragile, & qu'elle tient au feu plus facilement qu'une autre. Pour cacher la difformité de ces gerçures, on l'a barriolée de couleurs différentes. Cette bigarrure a fait son mérite & sa réputation. La facilité avec laquelle M. le comte de Lauraguais l'a imitée, a convaincu les gens attentifs que cette espèce de porcelaine n'est qu'une porcelaine manquée.

Le blanc ancien est certainement d'une grande beauté ; soit

qu'on s'en tienne à l'éclat de sa couverte ; soit qu'on en examine le biscuit. Cette porcelaine est précieuse, assez rare & de peu d'usage. Sa pâte paroît très-courte, & on n'en a pu faire que de petits vases, ou des figures, & des magots dont la forme se prête à son défaut. On la vend dans le commerce comme porcelaine du Japon, quoiqu'il paroisse certain qu'il s'en fait de très-belle de la même espèce à la Chine. Il y en a de deux teintes différentes, l'une qui a le blanc de la crême précisément, l'autre qui joint à sa blancheur un léger coup-d'œil bleuâtre qui semble annoncer plus de transparence. En effet la couverte semble être un peu plus fondue dans celle-ci. On a cherché à imiter cette porcelaine à Saint-Cloud, & il en est sorti des pièces qui paroissoient fort belles. Ceux qui les ont examinées de plus près, ont trouvé que c'étoit des frittes, que c'étoit du plomb, & qu'elles ne pouvoient pas soutenir le parallèle.

Il est plus difficile qu'on ne pense de bien distinguer ce qu'on appelle porcelaine du Japon, de ce que la Chine fournit de plus beau en ce genre. Un fin connoisseur que nous avons consulté, prétend qu'en général ce qu'on appelle véritablement Japon, a une couverture plus blanche & moins bleuâtre que la porcelaine de la Chine, que les ornemens y sont mis avec moins de profusion, que le bleu y est plus éclatant, que les dessins & les fleurs y sont moins baroques, mieux copiés de la nature. Son témoignage paroît confirmé par les écrivains, qui disent que les Chinois qui trafiquent au Japon, en rapportent quelques pièces de porcelaine qui ont plus d'éclat & moins de solidité que les leurs, & qu'ils s'en servent pour la décoration de leurs appartemens, mais jamais pour l'usage, parce qu'elles soutiennent difficilement le feu. Il croit de la Chine tout ce qui est couvert d'un vernis coloré, soit en verd céladon, soit en couleur bleuâtre, soit en violet pourpre. Tout ce que nous avons ici du Japon, nous est venu, ou nous vient, par la voie des Hollandois, les seuls Européens à qui l'entrée de cet empire ne soit pas interdite. Il est possible qu'ils l'aient choisi dans les porcelaines que les Chinois y apportent annuellement, qu'ils l'aient acheté à Canton même. Dans l'un &

l'autre cas, la distinction entre la porcelaine du Japon & celle de la Chine, seroit fausse au fond, & n'auroit d'autre base que le préjugé. Il résulte cependant de cette opinion, que tout ce qui porte parmi nous le titre de porcelaine du Japon, est toujours de très-belle porcelaine.

Il y a moins à douter sur ce qu'on appelle porcelaine de la Chine. La couverte est plus bleuâtre, elle est plus chargée de couleurs, & les dessins en sont plus bizarres que dans celle qu'on nomme du Japon. La pâte elle-même est communément plus blanche, plus liée, plus grasse; son grain plus fin, plus serré, & on lui donne moins d'épaisseur. Parmi les diverses porcelaines qui se fabriquent à la Chine, il y en a une qui est fort ancienne. Elle est peinte en gros bleu, en beau rouge & en verd de cuivre. Elle est fort grossière, fort massive, & d'un poids fort considérable. Il s'en trouve de cette espèce qui est truitée. Le grain en est souvent sec & gris. Celle qui n'est pas truitée est sonore; mais l'une & l'autre ont très-peu de transparence. Elle se vend sous le nom d'ancien Chine, & les pièces les plus belles sont censées venir du Japon. C'étoit originairement une belle poterie plutôt qu'une porcelaine véritable. Le tems & l'expérience l'ont perfectionnée. Elle a acquis plus de transparence, & les couleurs appliquées avec plus de soin, ont eu plus déclat. Cette porcelaine diffère essentiellement des autres; en ce qu'elle est faite d'une pâte courte, qu'elle est très-dure & très-solide. Les pièces de cette porcelaine ont toujours en-dessous trois ou quatre traces de supports, qui ont été mis pour l'empêcher de fléchir dans la cuisson. Avec ce secours on est parvenu à fabriquer des pièces d'une hauteur, d'un diamètre considérables. Les porcelaines qui ne sont pas de cette espèce & qu'on appelle Chine moderne, ont la pâte plus longue, le grain plus fin, & la couverte plus glacée, plus blanche, plus belle. Elles ont rarement des supports, & leur transparence n'a rien de vitreux. Tout ce qui est fabriqué de cette pâte est tourné facilement, ensorte que la main de l'ouvrier paroît avoir glissé dessus, ainsi que sur une excellente argile. Les porcelaines de cette espèce varient à l'infini pour la forme, pour les couleurs, pour la main d'œuvre & pour le prix.

Une cinquième eſpèce de porcelaine eſt celle à qui nous donnons le nom de Japon chiné, parce qu'elle réunit aux ornemens de la porcelaine qu'on croit du Japon, ceux qui ſont plus dans le goût de la Chine. Parmi cette eſpèce de porcelaine, il s'en trouve une, enrichie d'un très-beau bleu avec des cartouches blancs. Cette couverte a cela de particulier, qu'elle eſt d'un véritable émail blanc, tandis que les autres couvertes ont une demi-tranſparence : car les couvertures de la Chine ne ſont jamais tout-à-fait tranſparentes.

Les couleurs s'appliquent en général de la même manière ſur toutes les porcelaines de la Chine, ſur celles même qu'on a faites à ſon imitation. La première, la plus ſolide de ces couleurs, eſt le bleu qu'on retire du ſaffre qui n'eſt autre choſe que la chaux de cobalt. Cette couleur s'applique ordinairement à crud ſur tous les vaſes, avant de leur donner la couverte & de les mettre au four; enſorte que la couverte qu'on met enſuite par-deſſus lui ſert de fondant. Toutes les autres couleurs, & même le bleu qui entre dans la compoſition de la palette, s'appliquent ſur la couverte, & ont beſoin d'être unies préalablement avec une matière ſaline ou une chaux de plomb qui favoriſe leur ingrez dans la couverte. Une manière particulière & aſſez familière aux Chinois de peindre la porcelaine, c'eſt de colorer la couverte toute entière. Pour lors la couleur ne s'applique ni deſſus, ni deſſous la couverte, mais on la mêle & on l'incorpore dans la couverte elle-même. Il ſe fait des choſes de fantaiſie très-extraordinaires en ce genre. De quelque manière que les couleurs ſoient appliquées, elles ſe tirent communément du cobalt, de l'or, du fer, des terres martiales & du cuivre. Celle de cuivre eſt très-délicate & demande de grandes précautions.

Toutes les porcelaines dont nous avons parlé ſe font à King-to-ching, bourgade immenſe de la province de Kianſi. Elles y occupent cinq cens fours & un million d'hommes. On a eſſayé à Pékin, & dans d'autres lieux de l'empire, de les imiter; & les expériences ont été malheureuſes par-tout, malgré la précaution qu'on avoit priſe de n'y employer que les mêmes ouvriers, les mêmes matières. Auſſi a-t-on univerſellement renoncé à cette branche d'induſtrie, excepté au voiſinage de Cantōn où on fabrique la porcelaine connue parmi nous ſous le nom de porcelaine des Indes. La pâte en eſt longue & facile; mais en général les couleurs, le bleu ſur-tout & le rouge de mars, y ſont très-inférieurs à ce qui vient du Japon & de l'intérieur de la Chine. Toutes les couleurs, excepté le bleu, y relèvent en boſſe, & ſont communément mal appliquées. On ne voit du pourpre que ſur cette porcelaine, ce qui a fait follement imaginer qu'on le peignoit en Hollande. La plupart des taſſes, des aſſiettes, des autres vaſes que portent nos négocians, ſortent de cette manufacture, moins eſtimée à la Chine que ne le ſont dans nos contrées celles de fayence.

Nous avons cherché à naturaliſer parmi nous l'art de la porcelaine. La Saxe s'en eſt occupée plus heureuſement que les autres états. Sa porcelaine eſt de la vraie porcelaine, & vraiſemblablement compoſée de matières fort ſimples, quoique dépendantes ſûrement d'une combinaiſon plus recherchée que celle de l'Aſie. Cette combinaiſon particulière, & la rareté des matériaux qui entrent dans ſa compoſition, doivent cauſer la cherté de cette porcelaine. Comme il ne ſort de cette manufacture qu'une ſeule & même eſpèce de pâte, on a penſé, avec aſſez de vraiſemblance, que les Saxons ne poſſèdent que leur ſecret, & n'ont point du tout l'art de la porcelaine. On eſt confirmé dans ce ſoupçon par la grande reſſemblance qu'il y a entre la mie & le grain de la porcelaine de Saxe, & celles de quelques autres porcelaines d'Allemagne, qui paroiſſent faites par une combinaiſon à-peu-près ſemblable.

Quoi qu'il en ſoit de cette conjecture, on peut aſſurer qu'il n'y a point de porcelaine dont la couverte ſoit plus agréable à la vue, plus égale, plus unie, plus ſolide & plus fixe. Elle réſiſte à un très-grand feu, beaucoup plus long-tems que différentes couvertes des porcelaines de la Chine. Ses couleurs jouent agréablement & ont un ton très-mâle. On n'en connoît point d'auſſi bien aſſorties à la couverte. Elles ne ſont ni trop, ni trop peu ondues. Elles ont du brillant, ſans être noyées & glacées, comme la plupart de celles de Sèvre.

Ce mot nous avertit qu'il faut parler des porcelaines de France. On ſait qu'elles ne ſont faites, ainſi que celles d'Angleterre, qu'avec des frittes, c'eſt-à-dire, avec des pierres infuſibles par elles-mêmes, auxquelles on fait prendre un commencement de fuſion, en y joignant une quantité de ſel plus ou moins conſidérable. Auſſi ſont-elles plus vitreuſes, plus fuſibles, moins ſolides & plus caſſantes que toutes les autres. Celle de Sèvre qui eſt ſans comparaiſon la plus mauvaiſe de toutes, & dont la couverte a toujours un coup-d'œil jaunâtre ſale, qui décèle le plomb dont elle eſt chargée, n'a que le mérite que peuvent lui donner des deſſinateurs, des peintres du premier ordre. Ces grands maîtres ont mis tant d'art à quelques-unes de ces pièces, qu'elles ſeront précieuſes pour la poſtérité: mais en elle-même, elle ne ſera jamais qu'un objet de goût, de luxe & de dépenſe. Les ſupports ſeront une des principales cauſes de ſa cherté.

Toute porcelaine, au moment qu'elle reçoit ſon dernier coup de feu, ſe trouve dans un état de fuſion commencée : elle a pour lors, de la molleſſe, & pourroit être maniée comme le fer lorſqu'il eſt embrâſé. On n'en connoît point qui ne ſouffre, qui ne ſe tourmente lorſqu'elle eſt dans cet état. Si les pièces qui ſont tournées ont plus dépaiſſeur & de ſaillie d'un côté que de l'autre, auſſi-tôt le fort emporte le foible; elles fléchiſſent de ce côté, & la pièce eſt perdue. On pare à cet inconvénient par des morceaux de porcelaine, faits de la même pâte, de différentes formes, qu'on applique au-deſſous ou contre les parties qui ſont plus de ſaillie & courent plus de riſques de fléchir que les autres. Comme toute porcelaine prend une retraite au feu à meſure qu'elle cuit, il faut non-ſeulement que la matière dont on fait les ſupports puiſſe ſe retraire auſſi; mais encore que ſa retraite ne ſoit, ni plus, ni moins grande que celle de la pièce qu'elle eſt deſtinée à ſoutenir. Les différentes pâtes ayant des retraites différentes, il s'enſuit que le ſupport doit être de la même pâte que la porcelaine.

Plus

Plus une porcelaine eſt tendre au feu, & ſuſceptible de vitrification, plus elle a beſoin de ſupport. C'eſt par cet inconvénient que péche eſſentiellement la porcelaine de Sèvre, dont la pâte eſt d'ailleurs fort chère, & qui en conſomme ſouvent plus en ſupport, qu'il n'en entre dans la pièce de porcelaine même. La néceſſité de ce moyen diſpendieux, entraîne encore un autre inconvénient. La couverte ne peut cuire en même tems que la porcelaine, qui eſt obligée par-là, d'aller deux fois au feu. La porcelaine de la Chine & celles qui lui reſſemblent étant faites d'une pâte plus ſolide, moins ſuſceptible de vitrification, ont rarement beſoin d'être ſoutenues, & ſe cuiſent avec la couverture. Elles conſomment donc beaucoup moins de pâte, ſouffrent moins de perte, demandent moins de tems, de ſoins & de feu.

Quelques écrivains ont cru bien établir la prééminence de la porcelaine d'Aſie ſur les nôtres, en diſant que ces dernières réſiſtent moins au feu que celle qui leur a ſervi de modèle, que toutes celles d'Europe fondent dans celle de Saxe, & que celle de Saxe finit par fondre dans celle des Indes. Rien n'eſt plus faux que cette aſſertion, priſe dans toute ſon étendue. Il y a peu de porcelaines de la Chine qui réſiſtent autant au feu que celle de Saxe. Elles ſe déforment même & ſe bouillonnent au feu qui cuit celle de M. de Lauraguais. Mais cela doit être compté pour rien ou pour fort peu de choſe. La porcelaine n'eſt pas faite pour retourner dans les fours dont elle eſt ſortie. Elle n'eſt pas deſtinée à eſſuyer un feu de réverbère.

C'eſt par la ſolidité que les porcelaines de la Chine l'emportent véritablement ſur celles d'Europe; c'eſt par la propriété qu'elles ont d'être échauffées plus promptement & avec moins de riſque, de ſouffrir ſans danger l'impreſſion ſubite des liqueurs froides ou bouillantes; c'eſt par la facilité qu'elles offrent de les cuire & de les travailler : avantage incomparable qui fait qu'on en fabrique, ſans peine, des pièces de toute grandeur, qu'on la cuit avec moins de riſque, qu'elle eſt à meilleur marché, d'un uſage univerſel, & qu'elle peut être par conſéquent l'objet d'un commerce plus étendu.

Un autre avantage bien rare de la porcelaine des Indes, c'eſt que ſa pâte eſt admirable pour faire des creuſets & mille autres uſtenſiles de ce genre, qui ſont d'une utilité journalière dans les arts. Non-ſeulement ces vaſes réſiſtent plus long-tems au feu : mais ce qui eſt bien plus précieux, ils ne communiquent rien aux verres & aux matières qu'on y fait fondre. Leur matière eſt ſi pure, ſi blanche, ſi compacte & ſi dure, qu'elle n'entre en fuſion que difficilement & ne porte point de couleur.

La France touche au moment de jouir de toutes ces commodités. Il eſt certain que M. le comte de Lauraguais, qui a cherché long-tems le ſecret de la porcelaine de la Chine, eſt parvenu à en faire qui lui reſſemble. Ses matériaux ont le même caractère ; & s'ils ne ſont pas exactement de la même eſpèce, ils ſont au moins des eſpèces du même genre. Comme les Chinois, il peut faire ſa pâte longue ou courte, & employer à ſon choix ſon procédé, ou un procédé différent. Sa porcelaine ne le cède en rien à celle des Chinois pour la facilité à ſe tourner, à ſe modeler, & lui eſt ſupérieure par la ſolidité de ſa couverte, peut-être auſſi par ſon aptitude à recevoir les couleurs. S'il parvient à lui donner la même fineſſe, la même blancheur du grain, nous nous paſſerons aiſément de la porcelaine de la Chine.

Tandis que des obſtacles, qui ne nous ſont pas connus, réduiſoient la découverte de M. de Lauraguais à de ſimples eſſais, la manufacture de Sèvre abandonnoit peu-à-peu ſa pâte de fritte, pour lui en ſubſtituer une autre faite avec une terre d'une extrême blancheur, trouvée dans le Limouſin. La nouvelle eſt beaucoup plus ſolide que l'ancienne, la mie en eſt plus belle, le grain plus agréable, la tranſparence moins vitreuſe. On lui applique une couverte d'une plus grande beauté. En changeant ainſi ſa compoſition, cette manufacture s'eſt rapprochée de la nature de la vraie porcelaine, & a ſimplifié ſes procédés.

Cependant, comme la terre dont on ſe ſert à Sèvre eſt fort courte, & que la partie argileuſe qui peut ſeule donner du liant, de la facilité pour le travail, de la ſolidité dans la cuiſſon, entre peu dans la compoſition de cette terre, les ouvrages qui ſortiront de cette manufacture seront toujours nécessairement très-chers. Il n'en seroit pas ainsi de la pâte de M. le comte de Lauraguais, à la vérité moins blanche, mais qui est sous la main de l'artiste comme de la cire qui se prête à tout ce qu'on lui demande.

La terre du Limousin a subjugué tous les esprits par son éclat. Aussi-tôt Paris & son territoire se sont remplis de fours à porcelaine. Tous ont tiré de cette province leurs matériaux, qui se sont trouvés de la même nature : mais plus ou moins blancs, plus ou moins fusibles, selon la partie de la couche très-étendue où on les a pris.

Lorsque M. Turgot étoit Intendant de Limoges, il y forma une manufacture de porcelaine sur des principes très-bien combinés. Si cet établissement, qui est sur les lieux mêmes, & qui a sur tous les autres le choix des matières, le bon marché de la main-d'œuvre, est conduit avec zèle & intelligence, il doit finir toute concurrence. On ne verra plus subsister que Sèvre, que la beauté de ses formes, que le bon goût de ses ornemens mettront toujours hors de toute comparaison. Mais en voilà assez & trop peut-être sur le sujet qui vient de nous occuper. Il est tems de parler de la soie de la Chine.

XXVIII. Les Européens achètent de la soie à la Chine. En quoi elle diffère de la nôtre.

Les annales de la Chine attribuent la découverte de la soie à l'une des femmes de l'empereur Hoangti. Ces princesses se firent depuis une agréable occupation de nourrir des vers, d'en tirer la soie & de la mettre en œuvre. On prétend même qu'il y avoit dans l'intérieur du palais, un terrein destiné à la culture des mûriers. L'impératrice, accompagnée des dames les plus distinguées de sa cour, se rendoit en cérémonie dans le verger, & y cueilloit elle-même les feuilles de quelques branches qu'on abaissoit à sa portée. Une politique si sage, encouragea tellement cette branche d'industrie, que bientôt la nation qui n'étoit couverte que de peaux, se trouva habillée de soie. En peu de tems, l'abondance fut suivie de la perfection. On dut ce dernier avantage aux écrits de plusieurs hommes éclairés, de quelques ministres même, qui n'avoient pas dédaigné de porter leurs observations sur cet art nouveau. La Chine entière s'instruisit dans leur théorie de tout ce qui pouvoit y avoir rapport.

L'art d'élever les vers qui produisent la soie, de filer cette production, d'en fabriquer des étoffes, passa de la Chine aux Indes & en Perse, où il ne fit pas des progrès rapides. S'il en eût été autrement, Rome n'eût pas donné jusqu'à la fin du troisième siècle une livre d'or, pour une livre de soie. La Grèce ayant adopté cette industrie dans le huitième siècle, les soieries se répandirent un peu plus, sans devenir communes. Ce fut long-tems un objet de magnificence, réservé aux places les plus éminentes & aux plus grandes solemnités. Roger, roi de Sicile, appella enfin d'Athènes des ouvriers en soie; & bientôt la culture des mûriers s'étendit de cette isle au continent voisin. D'autres contrées de l'Europe voulurent jouir d'un avantage qui donnoit des richesses à l'Italie, & elles y parvinrent après quelques efforts inutiles. Cependant la nature du climat, & peut-être d'autres causes, n'ont pas permis d'avoir par-tout le même succès.

Les soies de Naples, de Sicile, de Reggio, sont toutes communes, soit en organsin, soit en trame. On les emploie pourtant utilement; elles sont même nécessaires pour les étoffes brochées, pour les broderies, pour tous les ouvrages où l'on a besoin de soie forte.

Les autres soies d'Italie, celles de Novi, de Venise, de Toscane, de Milan, du Montferrat, de Bergame & du Piémont, sont employées en organsin pour chaîne, quoiqu'elles n'aient pas toutes la même beauté, la même bonté. Les soies de Bologne eurent long-tems la préférence sur toutes les autres. Depuis que celles du Piémont ont été perfectionnées, elles tiennent le premier rang pour l'égalité, la finesse, la légéreté. Celles de Bergame sont celles qui en approchent le plus.

Quoique les soies que fournit l'Espagne soient en général fort belles, celles de Valence ont une grande supériorité. Les unes & les autres sont propres à tout. Leur seul défaut est d'être un peu trop chargées d'huile, ce qui leur fait beaucoup de tort à la teinture.

Les soies de France, supérieures à la plupart des soies de l'Europe, ne cèdent qu'à celles de Piémont & de Bergame pour la légéreté. Elles ont d'ailleurs plus de brillant en teint que celles du Piémont, plus d'égalité & de nerf que celles de Bergame.

La diverſité des ſoies que recueille l'Europe, ne l'a pas miſe en état de ſe paſſer de celle de la Chine. Quoique en général ſa qualité ſoit peſante & ſon brin inégal, elle ſera toujours recherchée pour ſa blancheur. On croit communément qu'elle tient cet avantage de la nature. Ne ſeroit-il pas plus naturel de penſer, que, lors de la filature, les Chinois jettent dans la baſſine quelque ingrédient qui a la vertu de chaſſer toutes les parties hétérogènes, du moins les plus groſſières? Le peu de déchet de cette ſoie, en comparaiſon de toutes les autres, lorſqu'on la fait cuire pour la teinture, paroît donner un grand poids à cette conjecture.

Quoi qu'il en ſoit de cette idée, la blancheur de la ſoie de la Chine, à laquelle nulle autre ne peut être comparée, la rend ſeule propre à la fabrique des blondes & des gazes. Les efforts qu'on a faits pour lui ſubſtituer les nôtres dans les manufactures de blondes, ont toujours été vains, ſoit qu'on ait employé des ſoies apprêtées ou non apprêtées. On a été un peu moins malheureux à l'égard des gazes. Les ſoies les plus blanches de France & d'Italie l'ont remplacée avec une apparence de ſuccès; mais le blanc & l'apprêt n'ont jamais été ſi parfaits.

Dans le dernier ſiècle, les Européens tiroient de la Chine fort peu de ſoie. La nôtre étoit ſuffiſante pour les gazes noires ou de couleur, & pour les marlis qui étoient alors d'uſage. Le goût qu'on a pris depuis quarante ans, & plus généralement depuis vingt-cinq, pour les gazes blanches & pour les blondes, a étendu peu-à-peu la conſommation de cette production Orientale. Elle s'eſt élevée dans les tems modernes à quatre-vingt milliers par an, dont la France a toujours employé près des trois quarts. Cette importation a ſi fort augmenté, qu'en 1766, les Anglois ſeuls en tirèrent cent quatre milliers. Comme les gazes & les blondes ne pouvoient pas la conſommer, les manufacturiers en employèrent une partie dans leurs fabriques de moires & de bas. Ces bas ont, ſur les autres, l'avantage d'une blancheur éclatante & inaltérable, mais ils ſont infiniment moins fins.

Indépendamment de cette ſoie d'une blancheur unique, qui ſe recueille principalement dans la province de Tche-Kiang, & que nous connoiſſons en Europe ſous le nom de ſoie de Nankin, lieu où on la fabrique plus particuliérement; la Chine produit des ſoies communes que nous appellons ſoies de Canton. Comme elles ne ſont propres qu'à quelques trames, & qu'elles ſont auſſi chères que celles d'Europe qui ſervent aux mêmes uſages, on en tire très-peu. Ce que les Anglois & les Hollandois en exportent, ne paſſe pas cinq ou ſix milliers. Les étoffes forment un plus grand objet.

Les Chinois ne ſont pas moins habiles à mettre les ſoies en œuvre qu'à les recueillir. Cet éloge ne doit pas s'étendre à celles de leurs étoffes où il entre de l'or & de l'argent. Leurs manufacturiers n'ont jamais ſu paſſer ces métaux par la filière; & leur induſtrie s'eſt toujours bornée à rouler leurs ſoies dans des papiers dorés, ou à appliquer les étoffes ſur les papiers mêmes. Les deux méthodes ſont également vicieuſes.

Quoique les hommes ſoient plus frappés en général du nouveau que de l'excellent, ces étoffes, malgré leur brillant, ne nous ont jamais tentés. Nous n'avons été guère moins rebutés de la défectuoſité de leur deſſin. On n'y voit que des figures eſtropiées & des grouppes ſans intention. Perſonne n'y a reconnu le moindre talent pour diſtribuer les jours & les ombres, ni cette grace, cette facilité qui ſe font remarquer dans les ouvrages de nos bons artiſtes. Il y a dans toutes leurs productions quelque choſe de roide & de meſquin, qui déplaît aux gens d'un goût un peu délicat. Tout y porte le caractère particulier de leur génie, qui manque de feu & d'élévation.

Ce qui nous fait ſupporter ces énormes défauts dans ceux de leurs ouvrages qui repréſentent des fleurs, des oiſeaux, des arbres, c'eſt qu'aucun de ces objets n'eſt en relief. Les figures ſont peintes ſur les étoffes même, avec des couleurs preſque ineffaçables. Cependant l'illuſion eſt ſi entière, qu'on croiroit tous ces objets brochés ou brodés.

Les étoffes unies de la Chine n'ont pas beſoin d'indulgence. Elles ſont parfaites, ainſi que leurs couleurs, le verd & le rouge en particulier. Le blanc du damas a un agrément infini. Les Chinois n'emploient à cet ouvrage que des ſoies de Tche-Kiang. Ils font, comme nous, débouillir la chaîne à fonds, mais ils ne cuiſent la trame qu'à demi. Cette méthode conſerve à l'étoffe un peu de corps & de fermeté. Les blancs en ſont roux, ſans être jaunâtres, & délicieux à la vue, ſans avoir ce grand éclat qui la fatigue. Elle ne ſe repoſe pas moins agréablement ſur les vernis chinois.

XXIX. Les Européens achètent des vernis & du papier à la Chine. Digreſſion ſur les arts de cet empire.

Le vernis eſt une réſine particulière, qui découle d'un arbre nommé au Japon, *ſitz-dſiu* & *tſi-chu* à la Chine. Il eſt peu rameux & de la hauteur du ſaule. Son écorce eſt blanchâtre & raboteuſe, ſon bois caſſant & rempli de moëlle. Ses feuilles, diſpoſées alternativement ſur l'extrémité des rameaux, reſſemblent à celles d'un frêne, & laiſſent échapper de leur aiſſelle des grappes de fleurs, qui ſont mâles ſur un individu & femelles ſur un autre. Les premières ont un calice à cinq diviſions, cinq pétales & autant d'étamines. On trouve dans les ſecondes, au lieu d'étamines, un piſtil couronné de trois ſtyles, qui devient un petit fruit jaunâtre, gros comme un pois, légérement comprimé ſur les côtés & rempli d'un noyau oſſeux. Cet arbre vient fort bien de graine, mais on préfère de le multiplier de marcotte. Pour cet effet, on choiſit en automne les branches dont on veut faire de nouveaux plants. On entoure leur baſe d'une boule de terre détrempée, contenue avec de la filaſſe, juſqu'au tems des gelées, & entretenue fraîche par des arroſemens. Au printems, lorſque la branche a pouſſé des racines dans cette terre, on la ſcie au-deſſous de la boule & on la tranſplante.

Cet arbre ne croît que dans quelques provinces tempérées de la Chine & du Japon. On le retrouve auſſi dans les régions de l'Amérique, ſituées ſous la même latitude, telles que la Louyſiane & la Caroline. Il proſpère dans tous les terreins & à toutes les expoſitions : mais ſon produit n'eſt pas égal par-tout en qualité & en quantité. Sa culture exige peu de ſoin. Il ſuffit de remuer un peu la terre au pied des arbres, & d'y raſſembler des feuilles mortes qui ſervent de fumier. Le tronc de ceux qui croiſſent ſans culture, dans les montagnes, a quelquefois un pied de diamètre. Il eſt beaucoup moindre dans les arbres cultivés qui ne durent pas plus de dix ans. Il faut attribuer cette différence aux incifions qu'on fait à leur écorce pour en tirer le vernis. Cette liqueur laiteufe, contenue dans toutes les parties de l'arbre, découle par les entailles, fous la forme d'une poix liquide. Expofée à l'air, elle prend une couleur rouffeâtre, qui fe change bientôt en un noir brillant. Des coquilles, placées à chaque fente reçoivent la liqueur. Elle eft verfée enfuite dans des bambous, & portée de-là chez les marchands qui la mettent dans de plus grands vafes. Le vernis frais exhale une vapeur dangereufe, qui fait naître des humeurs inflammatoires fur la peau de ceux qui la refpirent. On fe garantit de fa malignité, en détournant la tête, lorfqu'on le recueille ou qu'on le tranfvafe. Quelques voyageurs ajoutent que les ouvriers fe frottent les mains & le vifage avec de l'huile avant & après le travail, qu'ils couvrent avec foin toutes les autres parties de leur corps.

La récolte du vernis fe fait en été, & fe répète jufqu'à trois fois dans la même faifon, fur le même arbre : mais le premier qui découle eft le meilleur. Lorfque l'arbre paroît épuifé, on coupe fon tronc, & la racine pouffe de nouveaux rejettons, propres à donner du vernis au bout de trois ans.

Le vernis le plus eftimé fe tire du Japon. Il n'a pas befoin de beaucoup de préparation. On fe contente de le paffer à travers un linge, pour en féparer les parties étrangères. On en fait encore évaporer au foleil l'eau furabondante, & on ajoute au vernis du fiel de porc, pour lui donner du corps.

Il ne faut pas confondre avec ce vernis, un vernis très-inférieur qu'on y mêle en fraude. Celui-ci, connu fous le nom de vernis de Siam, découle de l'arbre qui donne l'anacarde. Il n'eft employé qu'à enduire les uftenfiles les plus communs. On le recueille à Siam, à Camboge & au Tonquin, où les Chinois l'achètent, parce que celui qu'ils tirent du tfi-chu ne fuffit pas à leur confommation.

Le vrai vernis dont on diftingue à la Chine trois qualités différentes, s'emploie de deux manières. Dans la première, l'on frotte le bois d'une huile particulière aux Chinois; & dès qu'elle eft fèche

l'on

l'on applique le vernis. Sa transparence est telle que les veines du bois paroissent peintes, si l'on n'en met que deux ou trois couches. Il n'y a qu'à les multiplier pour donner au vernis l'éclat du miroir.

L'autre manière est plus compliquée. Avec le secours d'un mastic, on colle sur le bois une espèce de carton. Ce fonds uni & solide reçoit successivement plusieurs couches de vernis. Il ne doit être ni trop épais, ni trop liquide ; & c'est à saisir ce juste milieu que consiste principalement le mérite de l'artiste.

De quelque manière que le vernis soit employé, il rend le bois comme incorruptible. Les vers ne s'y établissent que difficilement, & l'humidité n'y pénètre presque jamais. Il ne faut qu'un peu d'attention pour empêcher que l'odeur même ne s'y attache.

L'agrément du vernis répond à sa solidité. Il se prête à l'or, à l'argent, à toutes les couleurs. On y peint des hommes, des campagnes, des palais, des chasses, des combats. Il ne laisseroit rien à desirer, si de mauvais dessins Chinois ne le déparoient généralement.

Malgré ce vice, les ouvrages de vernis exigent des soins extrêmement suivis. On leur donne au moins neuf ou dix couches, qui ne sauroient être trop légères. Il faut laisser entre elles un intervalle suffisant, pour qu'elles puissent bien sécher. L'espace doit être encore plus considérable entre la dernière couche, & le moment où l'on commence à polir, à peindre & à dorer. Pour tous ces travaux, un été suffit à peine à Nankin, dont les atteliers fournissent la cour & les principales villes de l'empire. A Canton on va plus vîte. Comme les Européens demandent beaucoup d'ouvrages; qu'ils les veulent assortis à leurs idées, & qu'ils ne donnent que peu de tems pour les exécuter : tout se fait avec précipitation. L'artiste, forcé de renoncer au bon, borne son ambition à produire des effets qui puissent arrêter agréablement la vue. Le papier n'a jamais les mêmes imperfections.

Originairement, les Chinois écrivoient avec un poinçon de fer sur des tablettes de bois, qui, réunies, formoient des volumes. Dans la suite ils tracèrent leurs caractères sur des pièces de soie ou de toile, auxquelles on donnoit la longueur & la largeur dont on avoit besoin. Enfin le secret du papier fut trouvé il y a seize siècles.

Le papier de la Chine est de deux sortes. Celui dont on se sert pour l'écriture & pour l'impression, est fabriqué avec des chiffons de coton & de chanvre, par des procédés assez semblables à ceux qui sont en usage dans les manufactures de l'Europe. Il est comparable &, à quelques égards, supérieur à celui dont nous nous servons. Sa finesse & sa transparence ont fait imaginer qu'il étoit composé de soie. Mais ceux qui ont donné cours à cette opinion ignoroient que la soie, quoique réduite en très-petites molécules, ne se mêle pas à l'eau, & ne peut jamais devenir une étoffe solide sur les formes.

Dans le papier de la seconde espèce sont employées les écorces intérieures du mûrier, de l'orme, du cotonier, & sur-tout du bambou. Après avoir été pourries dans des eaux bourbeuses avec de la chaux, ces matières sont hachées, blanchies à la rosée & au soleil, triturées dans des pilons & réduites dans des chaudières en une pâte fluide. Cette pâte étendue sur des formes faites avec de petites baguettes de rottin passées à la filière, donne ces feuilles de papier qui ont quelquefois douze pieds de long, quatre de large, & qui servent généralement de tapisserie aux maisons Chinoises. Quelquefois elles sont destinées pour l'écriture ou pour l'impression : mais il faut alors les faire passer à une dissolution d'alun ; & encore après cette préparation ne peut-on écrire ou imprimer que sur l'une des deux faces.

Quoique ce papier se coupe, qu'il prenne l'humidité & que les vers l'attaquent, il est devenu un objet de commerce. L'Europe a emprunté de l'Asie l'idée d'en meubler des cabinets, d'en composer des paravents. Les figures tracées sur ces papiers offrent des graces dans les attitudes & dans les ajustemens : mais quoiqu'on y voie des têtes dont le trait a quelque chose d'agréable, cependant elles ne sont point correctement dessinées. Les yeux, dans une tête de face, sont fréquemment présentés sous l'aspect qu'ils auroient dans des têtes de profil ; & les mains sont toujours pitoyablement rendues. De plus, on n'y voit point d'ombres, & les objets ſont comme éclairés de tous les côtés. Ils ne portent pas même d'ombre ſur le terrein, & ſont en quelque ſorte diaphanes. Auſſi peut-on dire que les Chinois n'ont point du tout l'art de la peinture: car il n'y a point de peinture où il n'y a ni arrondiſſement, ni demi-teintes, ni ombres, ni reflets. Ce ſont tout au plus de légères enluminures.

On ne doit rien conclure des eſtampes gravées à Paris pour l'empereur de la Chine. Les deſſins étoient faits par des miſſionnaires qui avoient appris le deſſin en Europe, au moyen de quoi ils ſe ſont trouvés, en général, conformes aux principes d'effet que nous tirons de l'inſpection réfléchie de la nature. Cependant, pour ſe conformer ſans doute à l'uſage de l'empire, il s'en eſt trouvé un où les figures ne portoient point d'ombre ſur le terrein, ce qui mettoit les figures comme en l'air.

On peut auſſi attribuer aux connoiſſances priſes en Europe, la perſpective qu'on voit dans ces deſſins. Quoiqu'elle ne ſoit pas exacte ni d'un bon choix, puiſque tous les aſpects y ſont préſentés comme à vue d'oiſeau, néanmoins ces eſtampes ſont, à cet égard, fort au-deſſus des deſſins vraiment Chinois. Dans ceux-ci, on apperçoit, à la vérité, quelque idée de la diminution perſpective & du fuyant des objets: mais on n'y voit rien qui faſſe préſumer qu'ils aient quelque connoiſſance de la perſpective démontrée géométriquement.

Ces connoiſſances théoriqnes étant moins néceſſaires dans la ſculpture, leurs progrès y ont été plus loin. On trouve dans beaucoup de leurs figures, à tête mobile, des détails de nature vraie & exécutés avec beaucoup de ſoin, mais cependant ſans goût dans le travail & ſervilement rendus, comme parmi nous, à la renaiſſance des arts. Ces artiſtes ne ſavent point voir la nature par ſes beautés. Cela vient, vraiſemblablement, de ce qu'ils n'étudient point le nud, & de ce qu'arrivés au point où ſont reſtés leurs prédéceſſeurs, ils n'en cherchent pas davantage.

Cependant, il eſt poſſible que cette façon bornée d'étudier ait produit un bien chez eux, relativement à leur porcelaine. Elle peut avoir contribué à conſerver à leurs vaſes les formes les plus ſimples & les premières trouvées. Ce ſont en effet les plus analogues à ce genre de ſculpture. Elles ſont les plus convenables à la néceſſité de ſupporter un feu violent ſans ſe déformer. Leurs formes, le plus ſouvent droites ou avec des ſinuoſités très-coulantes, paroiſſent plus propres à ſoutenir l'effet de la cuiſſon. Notre ſurabondance de génie & le deſir de produire toujours du nouveau, nous engagent à tenter toutes ſortes de courbes, & ſouvent des choſes en l'air qui ont de la peine à réuſſir, & qui, rendues irrégulières par l'action du feu, produiſent beaucoup de défectuoſités & font perdre beaucoup de pièces. A quoi l'on peut ajouter que les premiers qui donnèrent des formes de vaſe dans nos manufactures, étoient trop accoutumés à travailler pour l'orfévrerie qui permet de tout haſarder. Il faut eſpérer que le tems, l'expérience & le défaut de ſuccès, dans beaucoup de tentatives, ramèneront, dans cet art, la ſimplicité qui lui convient.

Depuis qu'on a imaginé de peindre du papier en Angleterre & en France, celui de la Chine eſt moins recherché. Nos efforts pour nous paſſer de ſa rhubarbe pourroient bien être auſſi heureux.

XXX. La Chine fournit aux Européens de la rhubarbe & quelques autres marchandiſes.

La rhubarbe eſt une racine qui a la propriété de purger doucement, de fortifier l'eſtomac, de faciliter la digeſtion, & de tuer les vers des enfans. Elle eſt tubéreuſe, un peu ſangeuſe, brune au-dehors, jaune dans l'intérieur & marquée de veines rougeâtres. Sa ſaveur eſt amère & aſtringente, ſon odeur âcre & aromatique. On préfère celle qui eſt compacte, odorante & qui teint la ſalive en jaune. Les morceaux cariés, trop légers & d'une odeur foible ſont rejettés.

On n'a pas eu juſqu'ici de notion bien aſſurée ſur la plante qui donne ce remède. Elle n'a été obſervée, ſur les lieux, par aucun naturaliſte. La rhubarbe de Moſcovie, dont les feuilles ſont ondulées, a paſſé, quelque tems, pour être la vraie rhubarbe : mais ſa racine trop compacte & moins purgative paroît décider contre elle. Une autre eſpèce, qui eſt le *rheum palmatum* des botaniſtes, & dont M. de Juſſieu a reçu depuis peu des graines, par la Ruſſie, ſembleroit être la plante cherchée. Sa racine a la même texture, les mêmes ſignes diſtinctifs, les mêmes propriétés que celle de nos pharmacies. Elle eſt oblongue, tubéreuſe, & pouſſe pluſieurs feuilles, grandes, palmées, à lobes aigus, du milieu deſquelles s'élève, à la hauteur de ſix pieds, un pédicule de fleurs blanches aſſez petites, dont chacune eſt compoſée d'un calice coloré à ſix diviſions de neuf étamines & d'un piſtil ſurmonté de trois ſtyles qui devient, en mûriſſant, une ſemence triangulaire.

On ignore le lieu précis dont cette eſpèce eſt originaire : mais il eſt bien connu que la vraie rhubarbe croît ſans culture, entre le trentième & le trente-neuvième degré de latitude boréale. Les provinces de Chenſi & de Setſchuen, au nord-oueſt de la Chine, la petite Bucharie & le royaume de Tangut, occupent une grande partie de ce vaſte eſpace.

La racine de rhubarbe eſt tirée de la terre ſur la fin de l'hiver, avant le développement des feuilles. On la coupe en morceaux, qui ſont placés ſur de longues tables & remués pluſieurs fois par jour, juſqu'à ce que le ſuc qu'ils contiennent ſoit épaiſſi & concret. Sans cette précaution, la partie la plus active ſe diſſiperoit, & il en réſulteroit une diminution dans leur poids & dans leur vertu. On les enfile enſuite, dans de petites cordes, pour les deſſécher, ſoit à l'air libre, dans un lieu ombragé, ſoit au cou des beſtiaux, comme pluſieurs voyageurs l'aſſurent. Ces racines ſont enſuite enveloppées de coton & envoyées à leurs différentes deſtinations.

Ce ſont les Tartares Calmouks & les habitans de la grande Bucharie qui portent la rhubarbe à Orembourg. Le gouvernement Ruſſe l'y fait acheter. Les bonnes racines ſont ſéparées des mauvaiſes avec attention. On brûle ce qui ne mérite pas d'être conſervé ; & l'on fait éprouver une nouvelle deſſication au reſte. La partie qui n'eſt pas conſommée dans l'intérieur de l'empire, eſt livrée à des négocians Anglois, à un prix convenu & qui ne varie point. C'eſt la meilleure de toutes les rhubarbes.

Après celle-là, vient celle que les peuples de la grande Bucharie portent en Perſe, & qui après avoir traverſé par terre une partie de l'Aſie, arrive ſur les bords de la Méditerranée, où elle eſt achetée par les Vénitiens. Avant d'être revendue, cette rhubarbe reçoit à-peu-près les mêmes ſoins que celle qui a paſſé par les mains des Ruſſes.

Ce qui vient de rhubarbe par ces deux voies ne ſuffiſant pas à nos beſoins, l'on a été réduit à employer celle que nos navigateurs nous portent de la Chine. Elle eſt très-inférieure aux autres ; ſoit qu'elle n'ait été deſſéchée qu'au four, comme on le conjecture parce qu'elle n'eſt pas percée ; ſoit que le voiſinage des autres marchandiſes lui ait communiqué un goût particulier ; ſoit enfin qu'un long ſéjour ſur l'océan l'ait dénaturée.

L'Europe a deſiré de s'approprier cette plante ſalutaire. Le pied qu'on en voit au jardin royal de Paris a déja fourni des graines & des rejettons qui ont proſpéré, en pleine terre, dans pluſieurs provinces du royaume. La ſociété formée à Londres pour l'encouragement des arts & du commerce, diſtribua en 1774 des médailles à deux cultivateurs Anglois qui avoient recueilli de la rhubarbe d'une qualité ſupérieure. Ces premiers eſſais dûrent avoir des ſuites favorables.

Outre les objets dont on a parlé, les Européens achètent à la Chine de l'encre, du camphre, du borax, du rottin, de la gomme-lacque, & ils y achetoient autrefois de l'or.

En Europe un marc d'or vaut à-peu-près quatorze marcs & demi d'argent. S'il exiſtoit un pays où il en valût vingt, nos négocians y en porteroient, pour l'échanger contre de l'argent. Ils nous rapporteroient cet argent, pour l'échanger contre de l'or, auquel ils donneroient la même deſtination. Cette activité continueroit juſqu'à ce que la valeur relative des deux métaux ſe trouvât à-peu-près la même dans les deux contrées. Le même intérêt fit envoyer long-tems à la Chine de l'argent pour le troquer contre de l'or. On gagnoit à cette mutation quarante-cinq pour cent. Les compagnies excluſives ne firent jamais ce commerce, parce qu'un pareil bénéfice, quelque conſidérable qu'il paroiſſe, auroit été fort inférieur à celui qu'elles faiſoient ſur les marchandiſes. Leurs agens, qui n'avoient pas la liberté du choix, ſe livrèrent à ces ſpéculations pour leur propre compte. Ils pouſſèrent cette branche d'induſtrie avec tant de vivacité, que bientôt ils ne trouvèrent pas un avantage suffisant à la continuer. L'or est plus ou moins cher à Canton, suivant la saison où on l'achète. On l'a à bien meilleur marché depuis le commencement de février jusqu'à la fin de mai, que durant le reste de l'année où la rade est remplie de vaisseaux étrangers. Cependant dans les tems les plus favorables il n'y a que dix-huit pour cent à gagner, gain insuffisant pour tenter personne. Les employés de la compagnie de France sont les seuls qui n'aient pas souffert de la cessation de ce commerce, qui leur fut toujours défendu. Les directeurs se réservoient exclusivement cette source de fortune. Plusieurs y puisoient; mais Castanier seul se conduisoit en grand négociant. Il expédioit des marchandises pour le Mexique. Les piastres qui provenoient de leur vente, étoient portées à Acapulco, d'où elles passoient aux Philippines, & de-là à la Chine où on les convertissoit en or. Cet habile homme, par une circulation si lumineuse, ouvroit une carrière dans laquelle il est bien étonnant que personne n'ait marché après lui.

XXXI. Quels sont les peuples de l'Europe qui ont formé des liaisons avec la Chine. A quelle somme s'élèvent leurs achats.

Toutes les nations Européennes qui passent le cap de Bonne-Espérance, vont à la Chine. Les Portugais y abordèrent les premiers. On leur céda, avec un espace d'environ trois milles de circonférence, Macao, ville bâtie dans un terrein stérile & inégal, sur la pointe d'une petite isle située à l'embouchure de la rivière de Canton. Ils obtinrent la disposition de la rade trop resserrée, mais sûre & commode, en s'assujettissant à payer à l'empire tous les droits d'entrée; & ils achetèrent la liberté d'élever des fortifications, en s'engageant à un tribut annuel de 37,500 livres. Tout le tems que la cour de Lisbonne donna des loix aux mers des Indes, cette place fut un entrepôt important. Sa prospérité diminua dans les mêmes proportions que la puissance qui en disposoit. Insensiblement elle s'est anéantie. A peine se souviendroit-on de ce lieu, autrefois renommé, si, pendant une partie de l'année, il ne servoit d'asyle aux facteurs Européens qui, après le départ de leurs navires, sont obligés de quitter Canton, où ils ne peuvent rentrer qu'à leur arrivée. Cependant ces foibles restes d'une colonie autrefois si florissante jouirent d'une espèce d'indépendance jusqu'en 1744.

A cette époque, l'assassinat d'un Chinois détermina le vice-roi de la province à demander à sa cour un magistrat pour instruire les barbares de Macao : ce furent les propres termes de la requête. On envoya un mandarin qui prit possession de la place au nom de son maître. Il dédaigna d'habiter parmi des étrangers, pour lesquels on a un si grand mépris, & il fixa sa demeure à une lieue de la ville.

Les Hollandois furent encore plus maltraités il y a près d'un siècle. Ces républicains, qui, malgré l'ascendant qu'ils avoient pris dans les mers d'Asie, s'étoient vus exclus de la Chine par les intrigues des Portugais, parvinrent à s'en ouvrir enfin les ports. Mécontens de l'existence précaire qu'ils y avoient, ils tentèrent d'élever un fort auprès de Hoang-pou, sous prétexte d'y bâtir un magasin. Leur projet étoit, dit-on, de se rendre maîtres du cours du Tigre, & de faire également la loi aux Chinois & aux étrangers qui voudroient négocier à Canton. On démêla leurs vues, plutôt qu'il ne convenoit à leurs intérêts. Ils furent massacrés, & leur nation n'osa de long-tems se montrer sur les côtes de l'empire. Elle y reparut vers l'an 1730. Les premiers vaisseaux qui y abordèrent, étoient partis de Java. Ils portoient différentes productions de l'Inde en général, de leurs colonies en particulier, & les échangeoient contre celles du pays. Ceux qui les conduisoient, uniquement occupés du soin de plaire au conseil de Batavia, de qui ils recevoient immédiatement leurs ordres, & dont ils attendoient leur avancement, ne songeoient qu'à se défaire avantageusement des marchandises qui leur étoient confiées, sans s'attacher à la qualité de celles qu'ils recevoient. La compagnie ne tarda pas à s'appercevoir que de cette manière, elle ne soutiendroit jamais dans ses ventes la concurrence des nations rivales. Cette considération la détermina à faire partir directement d'Europe, des navires avec de l'argent. Ils touchent à Batavia, où ils se chargent des denrées du pays propres pour la Chine, & reviennent directement dans nos parages, avec des cargaisons beaucoup mieux composées qu'elles n'étoient autrefois, mais non pas aussi-bien que celles des Anglois.

De

De tous les peuples qui ont formé des liaisons avec les Chinois, cette nation est celle qui en a eu de plus suivies. Elle avoit une loge dans l'isle de Chusan, du tems que les affaires se traitoient principalement à Emouy. Lorsqu'elles eurent été concentrées dans Canton, son activité fut toujours la même. L'obligation imposée à sa compagnie d'exporter des étoffes de laine, détermina ce corps à y entretenir assez constamment des facteurs chargés de les vendre. Cette pratique jointe au goût qu'on prit dans les possessions Britanniques pour le thé, fit tomber dans ses mains au commencement du siècle presque tout le commerce de la Chine avec l'Europe. Les droits énormes que mit le parlement sur cette consommation étrangère, ouvrirent les yeux des autres nations, de la France en particulier.

Cette monarchie avoit formé en 1660 une compagnie particulière pour ces parages. Un riche négociant de Rouen, nommé Fermanel, étoit à la tête de l'entreprise. Elle fut commencée avec des fonds insuffisans, & eut une issue malheureuse. L'éloignement qu'on avoit naturellement pour un empire, qui ne voyoit dans les étrangers que des hommes propres à corrompre ses mœurs, à entreprendre sur sa liberté, fut considérablement augmenté par les pertes qu'on avoit faites. Inutilement les dispositions de ce peuple changèrent vers l'an 1685, & avec elles la manière dont nous étions traités. Les François ne fréquentèrent que rarement ses ports. La nouvelle société qu'on forma en 1698, ne mit pas plus d'activité dans ses expéditions que la première. Ce commerce n'a pris de la consistance que lorsqu'il a été réuni à celui des Indes, & dans la même proportion.

Les Danois & les Suédois ont commencé à fréquenter les ports de la Chine à-peu-près dans le même tems, & s'y sont gouvernés suivant les mêmes principes. Il est vraisemblable que celle d'Embden les auroit adoptés, si elle eût eu le tems de prendre quelque consistance.

Les achats que les Européens font annuellement à la Chine, peuvent s'apprécier par ceux de 1766, qui s'élevèrent à 26,754,494 livres. Cette somme, dont le thé seul absorba plus des quatre cinquièmes, fut payée en piastres ou en marchandises, apportées par vingt-trois vaisseaux. La Suède fournit, 1,935,168 livres en argent; & en étain, en plomb, en autres marchandises, 427,500 liv. Le Danemarck, 2,161,630 liv. & en fer, plomb, & pierres à fusil, 231,000 livres. La France, 4,000,000 livres en argent, & 400,000 livres en draperies. La Hollande, 2,735,400 livres en argent, 44,600 livres en lainages, & 4,000,150 livres en productions de ses colonies. La Grande-Bretagne, 5,443,566 livres en argent, 2,000,475 liv. en étoffes de laine, & 3,375,000 livres en plusieurs objets tirés de diverses parties de l'Inde. Toutes ces sommes réunies formèrent un total de 26,754,494 livres. Nous ne faisons pas entrer dans ce calcul dix millions en argent que les Anglois portèrent de plus que nous n'avons dit; parce qu'ils étoient destinés à payer les dettes que cette nation avoit contractées, ou à former un fonds d'avance pour négocier dans l'intervalle des voyages.

XXXII. Que deviendra le commerce de l'Europe avec la Chine ?

Il n'est pas aisé de prévoir ce que deviendra ce commerce. Quelque passion qu'ait la Chine pour l'argent, elle paroît plus portée à fermer ses ports aux Européens, que disposée à leur faciliter les moyens d'étendre leurs opérations. A mesure que l'esprit Tartare s'est affoibli, que les conquérans se sont nourris des maximes du peuple vaincu, ils ont adopté ses idées, son aversion, son mépris en particulier pour les étrangers. Ces dispositions se sont manifestées par des gênes humiliantes, qui ont successivement remplacé les égards qu'on avoit pour eux. De cette situation équivoque à une expulsion entière, il n'y a pas bien loin. Elle pourroit être d'autant plus prochaine, qu'il y a une nation active, qui s'occupe peut-être en secret des moyens de l'effectuer.

Les Hollandois voient, comme tout le monde, que l'Europe a pris un goût vif pour plusieurs productions Chinoises. Ils doivent penser, que l'impossibilité de les tirer directement du lieu de leur origine, n'en anéantiroit pas la consommation. Si nous étions tous exclus de l'empire, ses sujets exporteroient eux-mêmes leurs marchandises. Comme l'imperfection de leur marine ne leur permet pas de pouſſer loin leur navigation, ils ne pourroient les dépoſer qu'à Batavia ou à Malaca. Dès-lors la nation à laquelle ces colonies appartiennent, verroit tomber ce commerce entier dans ſes mains. Il eſt horrible de ſoupçonner ces républicains d'une politique ſi baſſe; mais perſonne n'ignore que de moindres intérêts les ont déterminés à des actions plus odieuſes.

Si les ports de la Chine étoient une fois fermés, il eſt vraiſemblable qu'ils le ſeroient pour toujours. L'obſtination de cette nation, ne lui permettroit jamais de revenir ſur ſes pas, & nous ne voyons point que la force pût l'y contraindre. Quels moyens pourroit-on employer contre un état dont la nature nous a ſéparés par un eſpace de huit mille lieues? Il n'eſt point de gouvernement aſſez dépourvu de lumières, pour imaginer que des équipages fatigués oſâſſent tenter des conquêtes dans un pays défendu par un peuple innombrable, quelque lâche qu'on ſuppoſe une nation avec laquelle les Européens ne ſe ſont pas encore meſurés. Les coups qu'on lui porteroit ſe réduiroient à intercepter ſa navigation dont elle s'occupe peu, & qui n'intéreſſe ni ſes commodités ni ſa ſubſiſtance.

Cette vengeance inutile n'auroit même qu'un tems fort borné. Les vaiſſeaux deſtinés à cette croiſière de piraterie, ſeroient écartés de ces parages une partie de l'année par les mouſſons, & l'autre partie par les tempêtes nommées typhons, qui ſont particulières aux mers de la Chine.

Après avoir développé la manière dont les nations de l'Europe ont conduit juſqu'à préſent le commerce des Indes, il convient d'examiner trois queſtions qui ſemblent naître du fond du ſujet, & qui ont partagé juſqu'ici les eſprits. Doit-on continuer ce commerce? Les grands établiſſemens ſont-ils néceſſaires pour le faire avec ſuccès? Faut-il le laiſſer dans les mains des compagnies excluſives? Nous porterons dans cette diſcuſſion l'impartialité d'un homme, qui n'a dans cette cauſe d'autre intérêt que celui du genre-humain.

L'ignorance ou la mauvaiſe foi corrompent tous les récits. La politique ne juge que d'après ſes vues; le commerce que d'après ses intérêts. Il n'y a que le philosophe qui sache douter ; qui se taise, quand il manque de lumières ; & qui dise la vérité, quand il se détermine à parler. En effet, quelle récompense, assez importante à ses yeux, pourroit le déterminer à tromper les hommes & à renoncer à son caractère ? La fortune ? il est assez riche, s'il a de quoi satisfaire à ses besoins singuliérement bornés. L'ambition ? s'il a le bonheur d'être sage, on peut lui porter envie ; mais il n'y a rien sous le ciel qu'il puisse envier. Les dignités ? on ne les lui offrira pas, il le sait ; & on les lui offriroit, qu'il ne les accepteroit pas sans la certitude de faire le bien. La flatterie ? il ignore l'art de flatter, & il en dédaigne les méprisables avantages. La réputation ? en peut-il obtenir autrement que par la franchise ? La crainte ? il ne craint rien, pas même de mourir. S'il est jetté dans le fond d'un cachot, il sait bien que ce ne sera pas la première fois que des tyrans ou des fanatiques y ont conduit la vertu, & qu'elle n'en est sortie que pour aller sur un échafaud. C'est lui qui échappe à la main du destin qui ne sait par où le prendre, parce qu'il a brisé, comme dit le Stoïcien, les anses par lesquelles le fort saisit le foible, pour en disposer à son gré.

XXXIII. L'Europe doit-elle continuer son commerce avec les Indes?

Ceux qui voudront considérer l'Europe comme ne formant qu'un seul corps, dont les membres sont unis entre eux par un intérêt commun, ou du moins semblable, ne mettront pas en problême si ses liaisons avec l'Asie lui sont avantageuses. Le commerce des Indes augmente évidemment la masse de nos jouissances. Il nous donne des boissons saines & délicieuses, des commodités plus recherchées, des ameublemens plus gais, quelques nouveaux plaisirs, une existence plus agréable. Des attraits si puissans ont également agi sur les peuples qui, par leur position, leur activité, le bonheur de leurs découvertes, la hardiesse de leurs entreprises, pouvoient aller puiser ces délices à leur source ; & sur les nations qui n'ont pu se les procurer que par le canal intermédiaire des états maritimes, dont la navigation faisoit refluer dans tout notre continent la surabondance de ces voluptés. La passion des Européens pour ce luxe étranger a été si vive, que, ni les plus fortes impositions, ni les prohibitions, & les peines les plus sévères, n'ont pu l'arrêter. Après avoir lutté vainement contre un penchant qui s'irritoit par les obſtacles, tous les gouvernemens ont été forcés de céder au torrent, quoique des préjugés univerſels, cimentés par le tems & l'habitude leur fiſſent regarder cette complaiſance comme nuiſible à la ſtabilité du bonheur général des nations.

Il étoit tems que cette tyrannie finît. Doutera-t-on que ce ſoit un bien d'ajouter aux jouiſſances propres d'un climat, celles qu'on peut tirer des climats étrangers ? La ſociété univerſelle exiſte pour l'intérêt commun & par l'intérêt réciproque de tous les hommes qui la compoſent. De leur communication il doit réſulter une augmentation de félicité. Le commerce eſt l'exercice de cette précieuſe liberté, à laquelle la nature a appellé tous les hommes, a attaché leur bonheur & même leurs vertus. Diſons plus; nous ne les voyons libres que dans le commerce; ils ne le deviennent que par les loix qui favoriſent réellement le commerce : & ce qu'il y a d'heureux en cela, c'eſt qu'en même tems qu'il eſt le produit de la liberté, il ſert à la maintenir.

On a mal vu l'homme, quand on a imaginé que pour le rendre heureux, il falloit l'accoutumer aux privations. Il eſt vrai que l'habitude des privations diminue la ſomme de nos malheurs : mais en retranchant encore plus ſur nos plaiſirs que ſur nos peines, elle conduit l'homme à l'inſenſibilité plutôt qu'au bonheur. S'il a reçu de la nature un cœur qui demande à ſentir; ſi ſon imagination le promène ſans ceſſe malgré lui ſur des projets ou des fantômes de félicité qui le flattent, laiſſez à ſon ame inquiète un vaſte champ de jouiſſance à parcourir. Que notre intelligence nous apprenne à voir dans les biens dont nous jouiſſons, des motifs de ne pas regretter ceux auxquels nous ne pouvons atteindre : c'eſt-là le fruit de la ſageſſe. Mais exiger que la raiſon nous perſuade de rejetter ce que nous pourrions ajouter à ce que nous poſſédons, c'eſt contredire la nature, c'eſt anéantir peut-être les premiers principes de la ſociabilité, c'eſt transformer l'univers en un vaſte monaſtère, & les hommes en autant d'oiſeux & triſtes anachorètes. Suppoſons ce projet rempli; & jettant un coup-d'œil ſur le globe, demandons-nous à nous-mêmes, si nous l'aimerions mieux tel que nous le verrions que tel qu'il étoit.

Comment réduire l'homme à se contenter de ce peu que les moralistes prescrivent à ses besoins? Comment fixer les limites du nécessaire, qui varie avec sa situation, ses connoissances & ses desirs? A peine eut-il simplifié par son industrie les moyens de se procurer la subsistance, qu'il employa le tems qu'il venoit de gagner, à étendre les bornes de ses facultés & le domaine de ses jouissances. De-là naquirent tous les besoins factices. La découverte d'un nouveau genre de sensations excita le desir de les conserver, & la curiosité d'en imaginer d'une autre espèce. La perfection d'un art introduisit la connoissance de plusieurs. Le succès d'une guerre occasionnée par la faim ou par la vengeance, donna la tentation des conquêtes. Les hasards de la navigation jettèrent les hommes dans la nécessité de se détruire ou de se lier. Il en fut des traités de commerce entre les nations séparées par la mer, comme des pactes de société entre les hommes semés & rapprochés par la nature sur une même terre. Tous ces rapports commencèrent par des combats, & finirent par des associations. La guerre & la navigation ont mêlé les sociétés & les peuplades. Dès-lors, les hommes se sont trouvés liés par la dépendance ou la communication. L'alliage des nations fondues ensemble dans l'incendie des guerres, s'épure & se polit par le commerce. Dans sa destination, le commerce veut que toutes les nations se regardent comme une société unique, dont tous les membres ont également droit de participer aux biens de tous les autres. Dans son objet & ses moyens, le commerce suppose le desir & la liberté concertée entre tous les peuples, de faire tous les échanges qui peuvent convenir à leur satisfaction mutuelle. Desir de jouir, liberté de jouir; il n'y a que ces deux ressorts d'activité, que ces deux principes de sociabilité, parmi les hommes.

Que peuvent opposer à ces raisons d'une communication libre & universelle, ceux qui blâment le commerce de l'Europe avec les Indes? Qu'il entraîne une perte considérable d'hommes; qu'il arrête le progrès de notre induſtrie; qu'il diminue la maſſe de notre argent? Il eſt aiſé de détruire ces objections.

Tant que les hommes jouiront du droit de ſe choiſir une profeſſion, d'employer à leur gré leurs facultés, ne ſoyons pas inquiets de leur deſtinée. Comme dans l'état de liberté chaque choſe a le prix qui lui convient, ils ne braveront aucun danger qu'autant qu'ils en ſeront payés. Dans des ſociétés bien ordonnées, chaque individu doit être le maître de faire ce qui convient le mieux à ſon goût, à ſes intérêts, tant qu'il ne bleſſe en rien la propriété, la liberté des autres. Une loi qui interdiroit tous les travaux où les hommes peuvent courir le riſque de leur vie, condamneroit une grande partie du genre-humain à mourir de faim, & priveroit la ſociété d'une foule d'avantages. On n'a pas beſoin de paſſer la ligne pour faire un métier dangereux; & ſans ſortir de l'Europe, on trouveroit des profeſſions beaucoup plus deſtructives de l'eſpèce humaine que la navigation des Indes. Si les périls des voyages maritimes moiſſonnent quelques hommes, donnons à la culture de nos terres toute la protection qu'elle mérite, & notre population ſera ſi nombreuſe, que l'état pourra moins regretter les victimes volontaires que la mer engloutit. On peut ajouter que la plupart de ceux qui périſſent dans ces voyages de long cours, ſont enlevés par des cauſes accidentelles, qu'il ſeroit facile de prévenir par un régime de vie plus ſain, & par une conduite plus réglée. Mais quand on ajoute aux vices de ſon climat & de ſes mœurs, les vices corrupteurs des climats où l'on aborde; comment réſiſter à ce double principe de deſtruction?

En ſuppoſant même que le commerce des Indes dût coûter à l'Europe autant d'hommes que l'on prétend qu'il en abſorbe ou qu'il en fait périr, eſt-il bien certain que cette perte n'eſt pas réparée & compenſée par les travaux dont il eſt la ſource, & qui nourriſſent, qui multiplient la population? Les hommes diſperſés ſur les vaiſſeaux qui voguent vers ces parages, n'occuperoient-ils pas ſur la terre une place qu'ils laiſſent à remplir par des hommes à naître? Qu'on jette un regard attentif ſur le grand nombre d'habitans qui couvrent le territoire resserré des peuples navigateurs, & l'on sera convaincu que ce n'est pas la navigation d'Asie, ni même la navigation en général, qui diminue la population des Européens, mais qu'elle seule balance peut-être toutes les causes de dépérissement & de décadence de l'espèce humaine. Rassurons encore ceux qui craignent que le commerce des Indes ne diminue les occupations & les profits de notre industrie.

Quand il seroit vrai que cette communication auroit arrêté quelques-uns de nos travaux, à combien d'autres n'a-t-elle pas donné naissance ? La navigation lui doit une grande extension. Nos colonies en ont reçu la culture du sucre, du café & de l'indigo. Plusieurs de nos manufactures sont alimentées par ses soies & par ses cotons. Si la Saxe & d'autres contrées de l'Europe font de belles porcelaines ; si Valence fabrique des Pékins supérieurs à ceux de la Chine même ; si la Suisse imite les mousselines & les toiles brodées de Bengale ; si l'Angleterre & la France impriment supérieurement des toiles ; si tant d'étoffes inconnues autrefois dans nos climats occupent aujourd'hui nos meilleurs artistes, n'est-ce pas de l'Inde que nous tenons tous ces avantages ?

Allons plus loin, & supposons que nous ne devons aucun encouragement, aucune connoissance à l'Asie, la consommation que nous faisons de ses marchandises n'en doit pas nuire davantage à notre industrie. Car avec quoi les payons-nous ? N'est-ce pas avec le prix de nos ouvrages portés en Amérique ? Je vends à un Espagnol pour cent francs de toile, & j'envoye cet argent aux Indes. Un autre envoie aux Indes la même quantité de toile en nature. Lui & moi en rapportons du thé. Est-ce qu'au fond notre opération n'est pas la même ? Est-ce que nous n'avons pas également converti en thé une valeur de cent francs en toile ? Nous ne différons, qu'en ce que l'un fait ce changement par deux procédés, & que l'autre le fait par le moyen d'un seul. Supposez que les Espagnols au lieu d'argent me donnent d'autres marchandises dont l'Inde soit curieuse : est-ce que j'aurai diminué les travaux de la nation quand j'aurai porté ces marchandises aux Indes ? N'est-ce pas la même chose que si j'y avois porté nos productions en nature ? Je pars

d'Europe

d'Europe avec des marchandises de manufactures nationales. Je les vais changer dans la mer du Sud contre des piastres. Je porte ces piastres aux Indes. J'en rapporte des choses utiles ou agréables. Ai-je rétréci l'industrie de l'état ? Non, j'ai étendu la consommation de ses produits, & j'ai multiplié ses jouissances. Ce qui trompe les gens prévenus contre le commerce des Indes, c'est que les piastres arrivent en Europe avant d'être transportées en Asie. En dernière analyse, que l'argent soit ou ne soit pas employé comme gage intermédiaire, j'ai échangé directement ou indirectement avec l'Asie, des choses usuelles contre des choses usuelles, mon industrie contre son industrie, mes productions contre ses productions.

Mais, s'écrient quelques esprits chagrins, l'Inde a englouti dans tous les tems les trésors de l'univers. Depuis que le hasard a donné aux hommes la connoissance de la métallurgie, disent ces censeurs, on n'a cessé de cultiver cet art. L'avarice, pâle, inquiète, n'a pas quitté ces rochers stériles, où la nature avoit enfoui sagement de perfides trésors. Arrachés des abymes de la terre, ils ont toujours continué de se répandre sur sa surface, d'où, malgré l'extrême opulence des Romains, de quelques autres peuples, on les a vu disparoître en Europe, en Afrique, dans une partie de l'Asie même. Les Indes les ont absorbés. L'argent prend encore aujourd'hui la même route. Il coule sans interruption de l'Occident au fond de l'Orient, & s'y fixe sans que rien puisse jamais le faire rétrograder. C'est donc pour les Indes que les mines du Pérou sont ouvertes ; c'est donc pour les Indiens que les Européens se sont souillés de tant de crimes en Amérique. Tandis que les Espagnols épuisent le sang de leurs esclaves dans le Mexique, pour arracher l'argent des entrailles de la terre, les Banians se fatiguent encore davantage pour l'y faire rentrer. Si jamais les richesses du Potosi tarissent ou s'arrêtent, notre avidité sans doute ira les déterrer sur les côtes du Malabar, où nous les avons portées. Après avoir épuisé l'Inde de perles & d'aromates, nous irons peut-être les armes à la main y ravir le prix de ce luxe. Ainsi nos cruautés & nos caprices entraîneront l'or & l'argent dans de nouveaux climats, où l'avarice & la superstition les enfouiront encore.

Ces plaintes ne sont pas sans fondement. Depuis que les autres parties du monde ont ouvert leur communication avec l'Inde, elles ont toujours échangé des métaux contre des arts & des denrées. La nature a prodigué aux Indiens le peu dont ils ont besoin ; le climat leur interdit notre luxe, & la religion leur donne de l'éloignement pour les choses qui nous servent de nourriture. Comme leurs usages, leurs mœurs, leur gouvernement sont restés les mêmes au milieu des révolutions qui ont bouleversé leur pays, il n'est pas permis d'espérer qu'ils puissent jamais changer. L'Inde a été, l'Inde sera ce qu'elle est. Tout le tems qu'on y fera le commerce, on y portera de l'argent, on en rapportera des marchandises. Mais avant de se récrier contre l'abus de ce commerce, il faut en suivre la marche, en voir le résultat.

D'abord il est constant que notre or ne passe pas aux Indes. Ce qu'elles en produisent est augmenté continuellement de celui du Monomotapa, qui y arrive par la côte orientale de l'Afrique & par la mer Rouge ; de celui des Turcs, qui y entre par l'Arabie & par Bassora ; de celui de Perse, qui prend la double route de l'Océan & du Continent. Jamais celui que nous tirons des colonies Espagnoles & Portugaises ne grossit cette masse énorme. En général, nous sommes si éloignés d'envoyer de l'or dans les mers d'Asie, que pendant long-tems nous avons porté de l'argent à la Chine, pour l'y échanger contre de l'or.

L'argent même que l'Inde reçoit de nous ne forme pas une aussi grosse somme qu'on seroit tenté de le croire, en voyant la quantité immense de marchandises que nous en tirons. Leur vente annuelle s'élève depuis quelque tems à cent soixante millions. En supposant qu'elles n'ont coûté que la moitié de ce qu'elles ont produit, il devroit être passé dans l'Inde pour leur achat quatre-vingts millions, sans compter ce que nous aurions dû y envoyer pour nos établissemens. On ne craindra pas d'assurer, que depuis quelque tems toutes les nations réunies de l'Europe n'y portent pas annuellement au-delà de vingt-quatre millions. Huit millions fortent de France, fix millions de Hollande, trois millions d'Angleterre, trois millions de Danemarck, deux millions de la Suède & deux millions du Portugal. Il faut donner de la vraifemblance à ce calcul.

Quoiqu'en général, les Indes n'aient nul befoin, ni de nos denrées, ni de nos manufactures, elles ne laiffent pas de recevoir de nous, en fer, en plomb, en cuivre, en étoffes de laine, en quelques autres articles moins confidérables, pour la valeur du cinquième au moins de ce qu'elles nous fourniffent.

Ce moyen de payer eft groffi par les reffources que les Européens trouvent dans leurs poffeffions d'Afie. Les plus confidérables, de beaucoup, font celles que les ifles à épiceries fourniffent aux Hollandois & le Bengale aux Anglois.

Les fortunes que les marchands libres & les agens des compagnies font aux Indes, diminuent encore l'exportation de nos métaux. Ces hommes actifs verfent leurs capitaux dans les caiffes de leur nation, dans les caiffes des nations étrangères, pour en être payés en Europe, où ils reviennent tous un peu plutôt, un peu plus tard. Ainfi, une partie du commerce fe fait aux Indes, avec l'argent gagné dans le pays même.

Il arrive encore des événemens, qui mettent dans nos mains les tréfors de l'Orient. Qui peut douter qu'en renverfant des trônes dans le Décan & dans le Bengale, & en difpofant à leur gré de ces grandes places, les François & les Anglois n'aient mis dans leurs mains les richeffes accumulées dans ces contrées opulentes depuis tant de fiècles? Il eft vifible que ces fommes réunies à d'autres moins confidérables, que les Européens ont acquifes par la fupériorité de leur intelligence & de leur courage, ont dû retenir parmi nous beaucoup d'argent, qui, fans ces révolutions, auroit pris la route de l'Afie.

Cette riche partie du monde, nous a même reftitué une partie des tréfors que nous y avions verfés. Perfonne n'ignore l'expédition de Koulikan dans l'Inde : mais tout le monde ne fait pas que ce terrible vainqueur arracha à la molleffe, à la lâcheté des Mogols, pour plus de deux milliars en espèces, ou en effets précieux. Le palais seul de l'empereur, en renfermoit d'inestimables & sans nombre. La salle du trône étoit revêtue de lames d'or. Des diamans en ornoient le plafond. Douze colonnes d'or massif, garnies de perles & de pierres précieuses, formoient trois côtés du trône, dont le dais sur-tout étoit digne d'attention. Il représentoit la figure d'un paon, qui, étendant sa queue & ses aîles, couvroit le monarque de son ombre. Les diamans, les rubis, les émeraudes, toutes les pierreries dont ce prodige de l'art étoit composé, représentoient au naturel les couleurs de cet oiseau brillant. Sans doute qu'une partie de ces richesses est rentrée dans l'Inde. Les guerres cruelles, qui, depuis ce tems-là, ont désolé la Perse, auront fait enterrer bien des trésors venus de la conquête du Mogol. Mais il n'est pas possible que différentes branches de commerce n'en aient fait couler quelques parties en Europe, par des canaux trop connus pour en parler ici.

Admettons, si l'on veut, qu'il n'en ait rien reflué parmi nous; la cause de ceux qui condamnent le commerce des Indes, parce qu'il se fait avec des métaux, n'en sera pas meilleure. Il est aisé de le prouver. L'argent ne croît pas dans nos champs; c'est une production de l'Amérique, qui nous est transmise en échange de nos productions. Si l'Europe ne le versoit pas en Asie, bientôt l'Amérique seroit dans l'impossibilité de le verser en Europe. Sa surabondance dans notre continent, lui feroit tellement perdre de sa valeur, que les nations qui nous l'apportent ne pourroient plus en tirer de leurs colonies. Une fois que l'aune de toile, qui vaut présentement vingt sols, sera montée à une pistole, les Espagnols ne pourront plus l'acheter pour la porter dans le pays où croît l'argent. Ce métal leur coûte à exploiter. Dès que la dépense de cette exploitation sera décuplée, sans que l'argent ait augmenté de prix, cette exploitation, plus onéreuse que profitable à ses entrepreneurs, sera nécessairement abandonnée. Il ne viendra plus de métaux du Nouveau-Monde, dans l'ancien. L'Amérique cessera d'exploiter ses meilleures mines; comme par degrés, elle s'est vue forcée d'abandonner les moins abondantes. Cet événement seroit même déja arrivé, si elle n'avoit trouvé un débouché d'environ trois milliars en Asie, par la route du cap de Bonne-Espérance ou par celle des Philippines. Ainsi ce versement de métaux dans l'Inde, que tant de gens aveuglés par leurs préjugés, ont regardé jusqu'ici comme si ruineux, a été également utile, & à l'Espagne dont il a soutenu l'unique manufacture, & aux autres peuples, qui, sans cela, n'auroient pu continuer à vendre, ni leurs productions, ni leur industrie. Le commerce des Indes ainsi justifié, il convient d'examiner s'il a été conduit dans les principes d'une politique judicieuse.

XXXIV. L'Europe a-t-elle besoin de grands établissemens dans les Indes pour y faire le commerce ?

Tous les peuples de l'Europe, qui ont doublé le cap Bonne-Espérance, ont cherché à fonder de grands empires en Asie. Les Portugais, qui ont montré la route de ces riches contrées, donnèrent, les premiers, l'exemple d'une ambition sans bornes. Peu contens de s'être rendus les maîtres des isles, dont les productions étoient précieuses, d'avoir élevé des forteresses par-tout où il en falloit, pour mettre dans leur dépendance la navigation de l'Orient; ils voulurent donner des loix au Malabar, qui, partagé en plusieurs petites souverainetés jalouses ou ennemies les unes des autres, fut forcé de subir le joug.

Les Espagnols ne montrèrent pas d'abord plus de modération. Avant même d'avoir achevé la conquête des Philippines, qui devoient former le centre de leur puissance, ils firent des efforts pour étendre plus loin leur domination. Si depuis ils n'ont pas assujetti le reste de cet immense archipel, s'ils n'ont pas rempli de leurs fureurs tous les lieux voisins; il faut chercher la cause de leur inaction dans les trésors de l'Amérique, qui, sans assouvir leurs desirs, ont fixé leurs vues.

Les Hollandois enlevèrent aux Portugais les meilleurs postes qu'ils avoient dans le continent, & les chassèrent de toutes les isles où croissent les épiceries. Ils n'ont réussi à conserver ces possessions, de même que celles qu'ils y ont ajoutées, qu'en établissant un gouvernement moins vicieux que celui du peuple sur les ruines duquel ils s'élevoient.

Les pas incertains & lents des François, ne leur ont pas permis pendant long-tems de former de grands projets ou de les ſuivre. Dès qu'ils ſe ſont trouvés en force, ils ont profité du renverſement de l'autorité Mogole, pour uſurper l'empire du Coromandel. On leur a vu conquérir, ou ſe faire céder par des négociations artificieuſes, un terrein plus étendu qu'aucune puiſſance Européenne n'en avoit jamais poſſédé dans l'Indoſtan.

Les Anglois, plus ſages, n'ont travaillé à s'agrandir, qu'après avoir dépouillé les François, & lorſqu'aucune nation rivale ne pouvoit les traverſer. La certitude de n'avoir enfin que les naturels du pays à combattre, les a déterminés à porter leurs armes dans le Bengale. C'étoit la contrée de l'Inde qui devoit leur fournir le plus de marchandiſes propres pour les marchés d'Aſie & d'Europe, celle qui devoit le plus conſommer de leurs manufactures, celle enfin, qu'à la faveur d'un grand fleuve, leur pavillon pouvoit le plus aiſément tenir dans leur dépendance. Ils ont vaincu, & ils ſe flattent de jouir long-tems du fruit de leurs victoires.

Leurs ſuccès, ceux des François, ont confondu toutes les nations. On comprend ſans peine comment des iſles abandonnées à elles-mêmes, ſans aucune liaiſon avec leurs voiſins, ſans avoir ni l'art, ni les moyens de ſe défendre, ont pu être ſubjuguées. Mais des victoires remportées de nos jours, dans le continent, par cinq ou ſix cens Européens, ſur des armées innombrables de Gentils & de Mahométans, inſtruits la plupart dans les arts de la guerre, cauſent un étonnement dont on ne revient pas. Les eſprits devroient être cependant préparés de loin à ces étranges ſcènes.

A peine les Portugais parurent dans l'Orient, qu'un petit nombre de vaiſſeaux & de ſoldats y bouleverſèrent les royaumes. Il ne fallut que l'établiſſement de quelques comptoirs, la conſtruction de quelques forts, pour abattre les puiſſances de l'Inde. Lorſqu'elles ceſſèrent d'être opprimées par les premiers conquérans, elles le furent par ceux qui les chaſſoient & les remplaçoient. L'hiſtoire de ces délicieuſes contrées, ceſſa d'être l'hiſtoire des naturels du pays, & ne fut plus que celle de leurs tyrans.

Mais qu'étoit-ce donc que ces hommes ſinguliers, qui ne s'inſtruisoient jamais à l'école du malheur & de l'expérience ; qui se livroient eux-mêmes, sans défense, à leur ennemi commun; qui n'apprenoient pas de leurs défaites continuelles, à repousser quelques aventuriers que la mer avoit comme vomis sur leurs côtes ? Ces hommes toujours dupes & toujours victimes, étoient-ils de la même espèce que ceux qui les attaquoient ? Pour résoudre ce problême, il suffira de remonter aux causes de la lâcheté des Indiens; & nous commencerons par le despotisme qui les écrase.

Il n'est point de nation, qui, en se poliçant, ne perde de sa vertu, de son courage, de son amour pour l'indépendance ; & il est tout simple que les peuples du midi de l'Asie, s'étant les premiers assemblés en société, aient été les premiers exposés au despotisme. Telle a été, depuis l'origine du monde, la marche de toutes les associations. Une autre vérité également prouvée par l'histoire, c'est que toute puissance arbitraire se précipite vers sa destruction, & que des révolutions plus ou moins rapides, ramènent par-tout un peu plutôt, un peu plus tard le règne de la liberté. On ne connoît guère que l'Indostan, où les habitans ayant une fois perdu leurs droits, ne soient jamais parvenus à les recouvrer. Les tyrans sont cent fois tombés, mais la tyrannie s'est toujours maintenue.

A l'esclavage politique, s'est joint l'esclavage civil. L'Indien n'est pas le maître de sa vie : on n'y connoît point de loi qui la protège contre les caprices du despote, ni même contre les fureurs de ses délégués. Il n'est pas le maître de son esprit : l'étude de toutes les sciences intéressantes pour l'humanité lui est interdite ; & toutes celles qui sont reçues concourent à son abrutissement. Il n'est pas le maître du champ qu'il cultive : les terres & leurs productions appartiennent au souverain ; & c'est beaucoup pour le laboureur, s'il peut se promettre de son travail une nourriture suffisante pour lui & pour sa famille. Il n'est pas le maître de son industrie : tout artiste qui a eu le malheur de montrer un peu de talent, court risque d'être destiné au service du chef de l'empire, de ses lieutenans, ou de quelque homme riche, qui aura acheté le droit de l'occuper à sa fantaisie. Il n'est pas le maître de ses richeſſes : pour ſe ſouſtraire aux vexations, il dépoſe ſon or dans le ſein de la terre, & l'y laiſſe enſeveli même à ſa mort, avec la folle perſuaſion qu'il lui ſervira dans une autre vie. Peut-on douter qu'une autorité abſolue, arbitraire, tyrannique, qui enveloppe, pour ainſi dire, l'Indien de tous les côtés, ne briſe tous les reſſorts de ſon ame, & ne le rende incapable des ſacrifices qu'exige le courage ?

Le climat de l'Indoſtan s'oppoſe auſſi à de généreux efforts. La molleſſe qu'il inſpire, met un obſtacle invincible aux révolutions grandes & hardies, ſi ordinaires dans les régions du Nord. Le corps & l'eſprit également affoiblis, n'ont que les vices & les vertus de l'eſclavage. A la ſeconde, au plus tard à la troiſième génération, les Tartares, les Turcs, les Perſans, les Européens même, prennent la nonchalance Indienne. Sans doute que des inſtitutions religieuſes ou morales pourroient vaincre les influences phyſiques. Mais les ſuperſtitions du pays n'ont jamais connu ce but élevé. Jamais elles n'ont promis de récompenſes dans une autre vie, au citoyen généreux qui mourroit pour la défenſe ou la gloire de la patrie. En conſeillant, en ordonnant même quelquefois le ſuicide, par l'appât ſéduiſant des délices futures, elles ont ſévérement défendu l'effuſion du ſang.

C'étoit une ſuite néceſſaire du ſyſtême de la métempſycoſe. Ce dogme doit inſpirer à ſes ſectateurs une charité habituelle & univerſelle. La crainte de nuire à leur prochain, c'eſt-à-dire à tous les animaux, à tous les hommes, les occupe continuellement. Le moyen qu'on ſoit ſoldat, quand on peut ſe dire : peut-être que l'éléphant, le cheval que je vais abattre, renferme l'ame de mon père ; peut-être l'ennemi que je vais percer, fut autrefois le chef de ma race ? Ainſi aux Indes, la religion fortifie la lâcheté, née du deſpotiſme & du climat. Les mœurs y ajoutent plus encore.

Dans toutes les régions, le plaiſir de l'amour eſt le premier des plaiſirs ; mais le deſir n'en eſt pas auſſi ardent dans une zone que dans une autre. Tandis que les peuples du Septentrion uſent ſi modérément de ce délicieux préſent de la nature, ceux du Midi s'y livrent avec une fureur qui briſe tous les reſſorts. La politique a quelquefois tourné ce penchant à l'avantage de la ſociété : mais les légiſlateurs de l'Inde paroiſſent n'avoir eu en vue que d'augmenter les funeſtes influences d'un climat brûlant. Les Mogols, derniers conquérans de ces contrées, ont été plus loin. L'amour n'eſt, pour eux, qu'une débauche honteuſe & deſtructive, conſacrée par la religion, par les loix, par le gouvernement. La conduite militaire des peuples de l'Indoſtan, ſoit Gentils, ſoit Mahométans, eſt digne de pareilles mœurs. On entrera dans quelques détails ; & on les puiſera dans les écrits d'un officier Anglois, que ſes faits de guerre ont rendu célèbre dans ces contrées éloignées.

D'abord les ſoldats compoſent la moindre partie des camps Indiens. Chaque cavalier eſt ſuivi de ſa femme, de ſes enfans, & de deux domeſtiques, dont l'un doit panſer le cheval & l'autre aller au fourrage. Le cortège des officiers & des généraux, eſt proportionné à leur vanité, à leur fortune & à leur grade. Le ſouverain lui-même plus occupé, lorſqu'il ſe met en campagne, de l'étalage de ſa magnificence que des beſoins de la guerre, traîne à ſa ſuite, ſon ſerrail, ſes éléphans, ſa cour, la plupart des ſujets de ſa capitale. La néceſſité de pourvoir aux beſoins, aux caprices, au luxe de cette bizarre multitude, forme naturellement au milieu de l'armée une eſpèce de ville, remplie de magaſins & d'inutilités. Les mouvemens d'un monſtre ſi peſant & ſi mal conſtitué, ſont néceſſairement fort lents. Il règne une grande confuſion dans ſes marches, dans ſes opérations. Quelque ſobres que ſoient les Indiens & même les Mogols, les vivres doivent leur manquer ſouvent ; & la famine entraîne après elle des maux contagieux, une affreuſe mortalité.

Cependant, elle n'emporte preſque jamais que des recrues. Quoiqu'en général, les habitans de l'Indoſtan affectent une grande paſſion pour la gloire militaire, ils font le métier de la guerre le moins qu'ils peuvent. Ceux qui ont eu aſſez de ſuccès dans les combats pour obtenir des titres honorables, ſont diſpenſés, pendant quelque tems, du ſervice; & il eſt rare qu'ils ne profitent pas de ce privilège. La retraite de ces vétérans, réduit les armées à n'être qu'un vil assemblage de soldats levés à la hâte, dans les différentes provinces de l'empire & qui ne connoissent nulle discipline.

La manière de vivre des troupes est digne d'une constitution si vicieuse. Elles mangent le soir une quantité prodigieuse de riz, & prennent après leur souper des drogues qui les plongent dans un sommeil profond. Malgré cette mauvaise habitude, l'on ne voit point de garde autour du camp, destinée à prévenir les surprises; & rien ne peut déterminer le soldat à se lever matin pour l'exécution des entreprises qui exigeroient le plus de célérité.

Les oiseaux de proie, dont on a toujours un grand nombre, règlent les opérations. Les trouve-t-on pesans, engourdis? c'est un mauvais augure qui empêche de livrer bataille. Sont-ils furieux & emportés? on marche au combat, quelques raisons qu'il y ait pour l'éviter ou le différer. Cette superstition, ainsi que l'observation des jours heureux ou malheureux, décident du sort des projets les mieux concertés.

On ne connoît point d'ordre dans les marches. Chaque soldat va selon son caprice, & se contente de suivre le gros du corps auquel il est attaché. Souvent on lui voit sur la tête ses subsistances, & les ustensiles nécessaires pour les préparer; tandis que ses armes sont portées par sa femme, communément suivie de plusieurs enfans. Si un fantassin a des parens ou des affaires dans l'armée ennemie, il y passe sans inquiétude, & rejoint ensuite ses drapeaux, sans trouver la moindre opposition à son retour.

L'action n'est pas mieux dirigée que ses préparatifs. La cavalerie qui fait toute la force des armées Indiennes, où l'on a un mépris décidé pour l'infanterie, charge assez bien à l'arme blanche, mais ne soutient jamais le feu du canon ou de la mousqueterie. Elle craint de perdre ses chevaux, la plupart Arabes, Persans ou Tartares, qui font toute sa fortune. Ceux qui composent ce corps, également respecté & bien payé, ont tant d'attachement pour leurs chevaux, qu'ils en portent quelquefois le deuil.

Autant les Indiens redoutent l'artillerie ennemie, autant ils ont confiance en la leur, quoiqu'ils ignorent également, & la manière de la traîner, & celle de s'en ſervir. Leurs canons, qui ont tous des noms pompeux & qui ſont la plupart d'une grandeur gigantefque, ſont plutôt un obſtacle au ſuccès qu'un inſtrument de victoire.

Ceux qui ont l'ambition de ſe diſtinguer, s'enivrent d'opium, auquel ils attribuent la vertu d'échauffer le ſang, & de porter l'ame aux actions héroïques. Dans cette ivreſſe paſſagère, ils reſſemblent bien plus, par leur habillement & par leur fureur impuiſſante, à des femmes fanatiques, qu'à des hommes déterminés.

Le prince qui commande ces troupes mépriſables, monte toujours ſur un éléphant richement caparaçonné, où il eſt à la fois, & le général & l'étendard de l'armée entière qui a les yeux ſur lui. Prend-il la fuite? eſt-il tué? la machine ſe détruit. Tous les corps ſe diſperſent, ou ſe rangent ſous les enſeignes de l'ennemi.

Ce tableau que nous aurions pu étendre, ſans le charger, rend croyables nos ſuccès dans l'Indoſtan. Beaucoup d'Européens même. jugeant de ce qu'on pourroit dans l'intérieur du pays, par ce qui a été opéré ſur les côtes, penſent que la conquête entière de ces contrées, pourroit s'entreprendre ſans témérité. Cette extrême confiance leur eſt venue de ce que dans des poſitions où aucun ennemi ne pouvoit les harceler ſur leurs derrières, ni intercepter les ſecours qui leur arrivoient; ils ont vaincu des tiſſerands & des marchands timides, des armées ſans courage & ſans diſcipline, des princes foibles, jaloux les uns des autres, toujours en guerre avec leurs voiſins ou avec leurs ſujets. Ils ne veulent pas voir, que s'ils s'enfonçoient dans les profondeurs de l'Inde, ils auroient tous péri avant d'être arrivés au milieu de leur carrière. La chaleur exceſſive du climat, les fatigues continuelles, des maladies ſans nombre, le défaut de ſubſiſtances, cent autres cauſes d'une mort inévitable, réduiroient les conquérans à rien, quand même les troupes qui les harceleroient ne leur feroient courir de dangers d'aucune eſpèce.

Suppoſons cependant, ſi l'on veut, que dix mille ſoldats Européens ont parcouru, ont ravagé l'Inde d'un bout à l'autre: qu'en réſultera-t-il? Ces forces ſuffiront-elles pour aſſurer la conquête, pour contenir chaque peuple, chaque province, chaque canton; & si elles ne suffisent pas, qu'on nous dise de quelle augmentation de troupes on aura besoin?

Qu'on admette la domination solidement établie, la situation du conquérant ne sera pas beaucoup meilleure. Les revenus de l'Indostan seront absorbés dans l'Indostan même. Il ne restera à la puissance de l'Europe qui aura conçu ce projet d'usurpation, qu'un grand vuide dans sa population, & la honte d'avoir embrassé des chimères.

La question que nous venons d'agiter est devenue assez inutile, depuis que les Européens ont travaillé eux-mêmes à rendre leurs succès dans l'Indostan plus difficiles. En associant à leurs jalousies mutuelles les naturels du pays, ils les ont formés à la tactique, à la discipline, aux armes. Cette faute politique a ouvert les yeux aux souverains de ces contrées. L'ambition d'avoir des troupes aguerries les a saisis. Leur cavalerie a mis plus d'ordre dans ses mouvemens; & leur infanterie, jusqu'alors si méprisée, a pris la consistance de nos bataillons. Une artillerie nombreuse & bien servie, a défendu leur camp, a protégé leurs attaques. Les armées mieux composées & plus réguliérement payées, ont été en état de tenir plus long-tems la campagne.

Ce changement que des intérêts momentanés avoient empêché, peut-être, de prévoir, pourra devenir avec le tems assez considérable pour mettre des obstacles insurmontables à la passion qu'ont les Européens de s'étendre dans l'Indostan, pour les dépouiller même des conquêtes qu'ils y ont faites. Sera-ce un bien? Sera-ce un mal? C'est ce que nous allons discuter.

Lorsque les Européens voulurent commencer à négocier dans cette opulente région, ils la trouvèrent partagée en un grand nombre de petits états, dont les uns étoient gouvernés par des princes du pays, & les autres par des rois Patanes. Les haînes qui les divisoient leur mettoient presque continuellement les armes à la main. Indépendamment de ces guerres de province à province, il y en avoit une perpétuelle entre chaque souverain & ses sujets. Elle étoit entretenue par des régisseurs ou fermiers, qui pour se rendre agréables à la cour ; faisoient toujours outrer la mesure des impôts. Ces barbares ajoutoient à ce fardeau le poids plus accablant encore des vexations. Leurs rapines n'étoient qu'un moyen de plus pour conserver leurs places dans un pays où celui qui donne davantage a toujours raison.

Cette anarchie, ces violences, nous persuadèrent, que pour établir un commerce sûr & permanent, il falloit le mettre sous la protection des armes; & nous bâtîmes des comptoirs fortifiés. Dans la suite, la jalousie, qui divise les nations Européennes aux Indes comme ailleurs, les précipita dans des dépenses plus considérables. Chacun de ces peuples étrangers se crut obligé, pour n'être pas la victime de ses rivaux, d'augmenter ses forces.

Cependant notre domination ne s'étendoit pas au-delà de nos forteresses. Les marchandises y arrivoient des terres assez paisiblement, ou avec des difficultés qui n'étoient pas insurmontables. Après même que les conquêtes de Koulikan eurent plongé dans la confusion le nord de l'indostan, la tranquillité continua sur la côte du Coromandel. Mais la mort de Nizam El-moulouk, souba du Décan, y alluma un incendie qui fume encore.

La disposition de cette immense dépouille, appartenoit naturellement à la cour de Delhy. Sa foiblesse enhardit les enfans de Nizam à se disputer l'héritage de leur père. Pour se supplanter ils eurent recours tour-à-tour aux armes, aux trahisons, au poison, aux assassinats. La plupart des aventuriers qu'ils associèrent à leurs haînes & à leurs crimes, périrent au milieu de ces horreurs. Les seuls Marattes qui formoient une nation, qui épousoient tantôt un parti, tantôt un autre, & qui avoient souvent des troupes dans tous, paroissoient devoir profiter de cette anarchie, & marcher à la souveraineté du Décan. Les Européens ont prétendu avoir un grand intérêt à traverser ce dessein profond, mais secret; & voici pourquoi.

Les Marattes, ont-ils dit, sont voleurs par les loix de leur éducation, par les principes de leur politique. Ils ne respectent point le droit des gens; ils n'ont aucune connoissance du droit naturel, ou du droit civil; ils portent par-tout avec eux la désolation. Le ſeul bruit de leur approche fait un déſert des contrées les plus habitées. On ne voit que confuſion dans tous les pays qu'ils ont ſubjugués, & les manufactures y ſont anéanties.

Cette opinion fit penſer aux nations Européennes, prépondérantes à la côte du Coromandel, que de tels voiſins y ruineroient entiérement le commerce, & qu'il ne ſeroit plus poſſible de remettre des fonds aux courtiers, pour tirer des marchandiſes de l'intérieur des terres, ſans que ces fonds fuſſent enlevés par ces brigands. Le deſir de prévenir un malheur, qui devoit ruiner leur fortune, & leur faire perdre le fruit des établiſſemens qu'elles avoient formés, ſuggéra à leurs agens l'idée d'un nouveau ſyſtême.

Dans la ſituation actuelle de l'Indoſtan, publièrent-ils, il eſt impoſſible d'y entretenir des liaiſons utiles ſans la protection d'un état de guerre. La dépenſe, dans un ſi grand éloignement de la métropole, ne peut être ſoutenue par les ſeuls bénéfices du commerce, quelque conſidérables qu'on les ſuppoſe. C'eſt donc une néceſſité de ſe procurer des poſſeſſions ſuffiſantes pour fournir à ces frais énormes; & par conſéquent des poſſeſſions qui ne ſoient pas médiocres.

Cet argument, imaginé vraiſemblablement pour maſquer une grande avidité ou une ambition ſans bornes, mais que la paſſion trop commune des conquêtes a fait trouver d'un ſi grand poids, pourroit bien n'être qu'un ſophiſme. Il ſe préſente pour le combattre, une foule de raiſons phyſiques, morales & politiques. Nous ne nous arrêterons qu'à une, & ce ſera un fait. Depuis les Portugais, qui, les premiers, ont porté dans l'Inde des vues d'agrandiſſement, juſqu'aux Anglois qui terminent la liſte fatale des uſurpateurs, il n'y a pas une ſeule acquiſition ni grande, ni petite, qui, à l'exception du Bengale & des lieux où croiſſent les épiceries, ait pu à la longue payer les dépenſes qu'a entrainées ſa conquête, qu'a exigées ſa conſervation. Plus les poſſeſſions ont été vaſtes, plus elles ont été onéreuſes à la puiſſance ambitieuſe, qui, par quelque voie que ce pût être, avoit réuſſi à les obtenir.

Il en ſera toujours ainſi. Toute nation qui aura acquis un grand territoire, voudra le conſerver. Elle ne verra ſa ſûreté que dans des places fortifiées, & l'on en élèvera ſans nombre. Cet appareil de guerre éloignera le cultivateur & l'artiſte, également alarmés pour leur tranquillité. L'eſprit des princes voiſins ſe remplira de ſoupçons, & ils craindront, avec raiſon, de ſe voir la proie d'un marchand devenu conquérant. Dès-lors, ils méditeront la ruine d'un oppreſſeur, qu'ils n'avoient reçu dans leurs ports, que dans la vue d'augmenter leurs tréſors & leur puiſſance. Si les circonſtances les réduiſent à des traités, ils ne les ſigneront qu'en jurant, dans leur cœur, la perte de celui avec lequel ils feront alliance. Le menſonge ſera la baſe de tous leurs accords. Plus long-tems ils auront été réduits à feindre, & plus ils auront eu de loiſir pour aiguiſer le poignard deſtiné à frapper leur ennemi.

La crainte bien fondée de ces perfidies, déterminera les uſurpateurs à ſe tenir toujours en force. Auront-ils pour défenſeurs des Européens? Quelle conſommation d'hommes pour la métropole! Quelle dépenſe pour les aſſembler, pour leur faire paſſer les mers, pour les entretenir, pour les recruter! Si, par principes d'économie, l'on ſe borne aux troupes Indiennes; que pourra-t-on ſe promettre d'un amas confus de gens ſans aveu, dont les expéditions dégénèrent toujours en brigandages, & finiſſent habituellemment par une fuite honteuſe & précipitée? Leur reſſort moral & phyſique eſt relâché au point, que la défenſe de leurs dieux & de leurs foyers, n'a jamais inſpiré aux plus hardis d'entre eux, que quelques mouvemens paſſagers d'une intrépidité bouillante. Des intérêts étrangers & ruineux pour leur patrie, élèveront-ils leur ame avilie & corrompue? Ne doit-on pas plutôt préſumer qu'ils feront toujours dans la diſpoſition prochaine de trahir une cauſe odieuſe, qui ne leur offrira aucun avantage permanent & ſenſible?

A ces inconvéniens, ſe joindra un eſprit de concuſſion & de rapine, qui, même dans les tems les plus calmes de la paix, ne différera que peu des ravages de la guerre. Les agens, chargés de ces intérêts éloignés, voudront accumuler rapidement des richesses. Les gains lents & méthodiques du commerce, ne leur paroîtront pas dignes de leur attention, & ils précipiteront des révolutions qui mettront à leurs pieds des lacs de roupies. Leur audace aura fait des maux sans nombre ; avant que l'autorité, éloignée de six mille lieues, se soit occupée des soins de la réprimer. Les réformateurs seront impuissans contre des millions, ou ils arriveront trop tard pour prévenir le renversement d'un édifice qui n'aura jamais eu de base bien solide.

Ce résultat nous dispensera d'examiner la nature des engagemens politiques que les Européens ont contractés avec les puissances de l'Inde. Si ces grandes acquisitions sont nuisibles, les traités faits pour se les procurer, ne sauroient être raisonnables. Il faudra que nos marchands, s'ils sont sages, renoncent en même-tems, & à la fureur des conquêtes, & à l'espoir flatteur de tenir dans leurs mains la balance de l'Asie.

La cour de Delhy achèvera de succomber sous le faix de ces divisions intestines, ou la fortune suscitera un prince capable de la relever. Le gouvernement restera féodal, ou redeviendra despotique. L'empire sera partagé en plusieurs états indépendans, ou n'obéira qu'à un seul maître. Ce seront les Marattes ou les Mogols, qui donneront des loix. Ces révolutions ne doivent pas occuper les Européens. L'Indostan, quelle que soit sa destinée, fabriquera des toiles. Nos marchands les achèteront, ils nous les vendront : voilà tout.

Inutilement on objecteroit, que l'esprit, qui, de tout tems, a régné dans ces contrées, nous a forcés de sortir des règles ordinaires du commerce; que nous sommes armés sur les côtes ; que cette position nous mêle, malgré nous, dans les affaires de nos voisins ; que chercher à nous trop isoler, c'est tout perdre. Ces craintes paroîtront un fantôme aux gens raisonnables, qui savent que la guerre, en ces régions éloignées, ne peut qu'être encore plus funeste aux Européens qu'aux habitans ; & qu'elle nous mettra dans la nécessité de tout envahir, ce qu'on ne peut se pro-

mettre ;

mettre; ou d'être à jamais chassés d'un pays où il est avantageux de conserver des relations.

L'amour de l'ordre donnera même plus d'extension à ces vues pacifiques. Loin de regarder les grandes possessions comme nécessaires, on ne désespérera pas de pouvoir se passer un jour de postes fortifiés. Les Indiens sont naturellement doux & humains, malgré le caractère atroce du despotisme qui les écrase. Les peuples anciens, qui trafiquoient avec eux, se louèrent toujours de leur candeur, de leur bonne-foi. Cette partie de la terre est actuellement dans une position orageuse pour elle & pour nous. Notre ambition y a semé par-tout la discorde ; & notre cupidité y a inspiré de la haîne, de la crainte, du mépris pour notre continent. Conquérans, usurpateurs, oppresseurs aussi prodigues de sang qu'avides de richesses : voilà ce que nous avons paru dans l'Orient. Nos exemples y ont multiplié les vices nationaux, & nous y avons enseigné à se défier des nôtres.

Si nous avions porté chez les Indiens des procédés établis sur la bonne-foi ; si nous leur avions fait connoître que l'utilité réciproque est la base du commerce ; si nous avions encouragé leur culture & leur industrie, par des échanges également avantageux pour eux & pour nous : insensiblement, on se seroit concilié l'esprit de ces peuples. L'heureuse habitude de traiter sûrement avec nous, auroit fait tomber leurs préjugés & changé peut-être leur gouvernement. Nous en serions venus au point de vivre au milieu d'eux, de former autour de nous des nations stables & solidement policées, dont les forces auroient protégé nos établissemens par une réciprocité d'intérêt. Chacun de nos comptoirs fût devenu pour chaque peuple de l'Europe une nouvelle patrie, où nous aurions trouvé une sûreté entière. Notre situation dans l'inde, est une suite de nos dereglemens, des systêmes homicides que nous y avons portés. Les Indiens pensent ne nous rien devoir, parce que toutes nos actions leur ont prouvé que nous ne nous croyions tenus à rien envers eux.

Cet état violent déplaît à la plupart des peuples de l'Asie, & ils font des vœux ardens pour une heureuse révolution. Le déſordre de nos affaires doit nous avoir mis dans les mêmes diſpoſitions. Pour qu'il résultât un rapprochement ſolide de cette unité d'intérêt à la paix & à la bonne intelligence, il ſuffiroit peut-être que les nations Européennes qui trafiquent aux Indes, convinſſent entre elles, pour ces mers éloignées, d'une neutralité que les orages, ſi fréquens dans leur continent, ne duſſent jamais altérer. Si elles pouvoient ſe regarder comme membres d'une même république, elles ſeroient diſpenſées d'entretenir des forces, qui les rendent odieuſes & qui les ruinent. En attendant un changement que l'eſprit de diſcorde, qui nous agite, ne permet pas d'eſpérer ſi-tôt, convient-il à l'Europe de continuer le commerce des Indes, par des compagnies excluſives, ou de le rendre libre? C'eſt la dernière queſtion qui nous reſte à examiner.

XXXV. L'Europe doit-elle rendre libre le commerce des Indes, ou l'exploiter par des compagnies excluſives?

Si nous voulions la décider par des généralités, elle ne ſeroit pas difficile à réſoudre. Demandez ſi dans un état qui admet une branche de commerce, tous les citoyens ont droit d'y prendre part; la réponſe eſt ſi ſimple, qu'elle n'eſt pas même ſuſceptible de diſcuſſion. Il ſeroit affreux que des ſujets, qui partagent également le fardeau des chaînes ſociales & des dépenſes publiques, ne participâſſent pas également aux avantages du pacte qui les réunit; qu'ils euſſent à gémir, & de porter le joug de leurs inſtitutions, & d'avoir été trompés en s'y ſoumettant.

D'un autre côté, les notions politiques ſe concilient parfaitement avec ces idées de juſtice. Tout le monde ſait que c'eſt la liberté qui eſt l'ame du commerce, & qu'elle eſt ſeule capable de le porter à ſon dernier terme. Tout le monde convient que c'eſt la concurrence qui développe l'induſtrie, & qui lui donne tout le reſſort dont elle eſt ſuſceptible. Cependant depuis plus d'un ſiècle, les faits n'ont ceſſé d'être en contradiction avec ces principes.

Tous les peuples de l'Europe qui font le commerce des Indes, le font par des compagnies excluſives, & il faut convenir que des faits de cette eſpèce ſont impoſans, parce qu'il eſt bien difficile de croire, que de grandes nations, chez qui les lumières en tout genre ont fait tant de progrès, ſe ſoient conſtamment trompées pendant plus de cent années ſur un objet ſi important, ſans que l'expérience & la discussion aient pu les éclairer. Il faut donc, ou que les défenseurs de la liberté aient donné trop d'étendue à leurs principes, ou que les défenseurs du privilège exclusif aient porté trop loin la nécessité de l'exception. Peut-être aussi en embrassant des opinions extrêmes, a-t-on passé le but de part & d'autre, & s'est-on également éloigné de la vérité.

Depuis qu'on agite cette question fameuse, on a toujours cru qu'elle étoit parfaitement simple ; on a toujours supposé qu'une compagnie des Indes étoit essentiellement exclusive, & que son existence tenoit à celle de son privilège. De-là les défenseurs de la liberté ont dit : les privilèges exclusifs sont odieux, donc il ne faut point de compagnie. Leurs adversaires au contraire ont répondu : la nature des choses exige une compagnie, donc il faut un privilège exclusif. Mais si nous parvenons à faire voir que les raisons qui s'élèvent contre les privilèges ne prouvent rien contre les compagnies, & que les circonstances qui peuvent rendre une compagnie des Indes nécessaire, ne font rien en faveur de son privilège ; si nous prouvons que la nature des choses exige à la vérité une association puissante, une compagnie pour le commerce des Indes, mais que le privilège exclusif tient à des causes particulières, ensorte que cette compagnie peut exister sans être privilégiée, nous aurons trouvé la source de l'erreur commune & la solution de la difficulté.

Qu'est-ce qui constitue la nature des choses en matière de commerce? Ce sont les climats, les productions, la distance des lieux, la forme du gouvernement, le génie & les mœurs des peuples qui y sont soumis. Dans le commerce des Indes, il faut aller à six mille lieues de l'Europe chercher les marchandises que fournissent ces contrées : il faut y arriver dans une saison déterminée, & attendre qu'une autre saison ramene les vents nécessaires pour le retour. Il résulte de-là, que les voyages consomment environ deux années, & que les armateurs ne peuvent espérer de revoir leurs fonds qu'au bout de ces deux années. Première circonstance essentielle.

La nature d'un gouvernement, sous lequel il n'y a ni sûreté ni propriété, ne permet point aux gens du pays d'avoir des marchés publics, ou de former des magasins particuliers. Qu'on se représente des hommes accablés & corrompus par le despotisme, des ouvriers hors d'état de rien entreprendre par eux-mêmes; & d'un autre côté, la nature plus féconde encore que l'autorité n'est avide, fournissant à des peuples paresseux une subsistance qui suffit à leurs besoins, à leurs desirs: & l'on sera étonné qu'il y ait la moindre industrie dans l'Inde. Aussi pouvons-nous assurer qu'il ne s'y fabriqueroit presque rien, si l'on n'alloit exciter les tisserands l'argent à la main, & si l'on n'avoit la précaution de commander un an d'avance les marchandises dont on a besoin. On paie un tiers du prix, au moment où on les commande; un second tiers, lorsque l'ouvrage est à moitié fait; & le dernier tiers enfin, à l'instant de la livraison. Il résulte de cet arrangement, une différence fort considérable sur le prix & sur la qualité; mais il résulte aussi la nécessité d'avoir ses fonds dehors une année de plus, c'est-à-dire, trois années au lieu de deux: nécessité effrayante pour des particuliers, sur-tout en considérant la grandeur des fonds qu'exigent ces entreprises.

En effet, les frais de navigation & les risques étant immenses, il faut nécessairement pour les courir, rapporter des cargaisons complettes, c'est-à-dire, des cargaisons d'un million ou quinze cens mille livres, prix d'achat dans l'Inde. Or, quels sont les négocians ou les capitalistes même, en état de faire des avances de cette nature, pour n'en recevoir le remboursement qu'au bout de trois années? Il y en a sans doute très-peu en Europe; & parmi ceux qui en auroient la puissance, il n'y en a presque aucun qui en eût la volonté. Consultez le cœur humain. Ce sont des gens qui ont des fortunes médiocres qui courent volontiers de grands risques, pour faire de grands profits. Mais lorsqu'une fois la fortune d'un homme est parvenue à un certain degré, il veut jouir, & jouir avec sûreté. Ce n'est pas que les richesses éteignent la soif des richesses, au contraire, elles l'allument souvent: mais elles fournissent en même tems mille moyens de la satisfaire, sans peine & sans danger. Ainsi, d'abord sous ce point de vue, commence à naître la néceſſité de former des aſſociations, où un grand nombre de gens n'héſiteront point de s'intéreſſer, parce que chacun d'eux en particulier ne riſquera qu'une petite partie de ſa fortune, & meſurera l'eſpérance des profits ſur la réunion des moyens que peut employer la ſociété entière. Cette néceſſité deviendra plus ſenſible encore, ſi l'on conſidère de près la manière dont ſe font les achats dans l'Inde & les précautions de détail qu'exige cette opération.

Pour contracter une cargaiſon d'avance, il faut plus de cinquante agens différens répandus à trois cens, à quatre cens, à cinq cens lieues les uns des autres. Il faut, quand l'ouvrage eſt fini, le vérifier, l'auner, ſans quoi les marchandiſes ſeroient bientôt défectueuſes par la mauvaiſe-foi des ouvriers, également corrompus par leur gouvernement, & par l'influence des crimes en tout genre, dont l'Europe depuis trois ſiècles leur a donné l'exemple.

Après tous ces détails, il faut encore d'autres opérations qui ne ſont pas moins néceſſaires. Il faut des blanchiſſeurs, des batteurs de toile, des emballeurs, des blanchiſſeries même qui renferment des étangs dont les eaux ſoient choiſies. Il ſeroit bien difficile, ſans doute, à des particuliers, de ſaiſir & d'embraſſer cet enſemble de précautions; mais en ſuppoſant que leur induſtrie leur en fournît la poſſibilité, ce ne pourroit jamais être qu'autant que chacun d'eux feroit un commerce ſuivi, & des expéditions toujours ſucceſſives. Car tous les moyens que nous venons d'indiquer ne ſe créent pas d'un jour à l'autre, & ne peuvent ſe maintenir que par des relations continuelles. Il faudroit donc que chaque particulier fût en état, pendant trois années de ſuite, d'expédier ſucceſſivement un vaiſſeau chaque année, c'eſt-à-dire, de debourſer 4,000,000 de livres. On ſent bien que cela eſt impoſſible, & qu'il n'y a qu'une ſociété qui puiſſe former une pareille entrepriſe.

Mais il s'établira peut-être dans l'Inde des maiſons de commerce, qui feront toutes ces opérations de détail, & qui tiendront des cargaiſons toutes prêtes pour les vaiſſeaux qu'on expédiera d'Europe.

Cet établiſſement de maiſons de commerce à ſix mille lieues

de la métropole, avec des fonds immenses pour faire les avances nécessaires aux tisserands, nous paroît une chimère démentie par la raison & par l'expérience. Peut-on croire de bonne-foi que des négocians qui ont une fortune faite en Europe, iront la porter en Asie, pour y former des magasins de mousselines, dans l'espérance de voir arriver des vaisseaux qui n'arriveront peut-être pas, ou qui n'arriveront qu'en très-petit nombre & avec des fonds insuffisans? Ne voit-on pas, au contraire, que l'esprit de retour s'empare de tous les Européens qui ont fait une petite fortune dans ces climats; & qu'au lieu de chercher à l'accroître par les moyens faciles que leur offrent le commerce particulier de l'Inde & le service des compagnies, ils se pressent d'en venir jouir tranquillement dans leur patrie.

Vous faut-il de nouvelles preuves & de nouveaux exemples? Voyez ce qui se passe en Amérique.

Si l'on pouvoit supposer que le commerce & l'espoir des profits qu'il donne, fussent capables d'attirer les Européens riches hors de chez eux, ce seroit sans doute pour aller se fixer dans cette partie du monde bien moins éloignée que l'Asie, & gouvernée par les loix, par les mœurs de l'Europe. Il semble qu'il seroit tout simple de voir des négocians acheter d'avance le sucre des colons, pour le livrer aux vaisseaux d'Europe à l'instant de leur arrivée, en recevant d'eux en échange des denrées qu'ils revendroient à ces mêmes colons lorsqu'ils en auroient besoin. C'est cependant tout le contraire qui arrive. Les négocians établis en Amérique ne sont que de simples commissionnaires, des facteurs, qui facilitent aux colons & aux Européens l'échange réciproque de leurs denrées, mais qui sont si peu en état de faire activement le commerce par eux-mêmes, que lorsqu'un vaisseau n'a pu trouver le débit de sa cargaison, elle reste en dépôt pour le compte de l'armateur, chez le commissionnaire auquel elle avoit été adressée. D'après cela, on doit conclure que ce qui ne se fait pas en Amérique se feroit encore moins en Asie, où il faudroit de plus grands moyens, & où il y auroit de plus grandes difficultés à vaincre. Nous ajouterons que l'établissement supposé des maiſons de commerce dans l'Inde, ne détruiroit point la néceſſité de former en Europe des ſociétés, parce qu'il n'en faudroit pas moins débourſer pour chaque armement douze ou quinze cens mille livres de fonds, qui ne pourroient jamais rentrer que la troiſième année au plutôt.

Cette néceſſité une fois prouvée dans tous les cas, il en réſulte que le commerce de l'Inde eſt dans un ordre particulier, puiſqu'il n'y a point, ou preſque point de négocians qui puiſſent l'entreprendre & le ſuivre par eux-mêmes, avec leur propre fonds, & ſans le ſecours d'un grand nombre d'aſſociés. Il nous reſte à prouver que ces ſociétés démontrées néceſſaires, ſeroient portées par leur intérêt propre & par la nature des choſes, à ſe réunir en une ſeule & même compagnie.

Deux raiſons principales viennent à l'appui de cette propoſition : le danger de la concurrence dans les achats & dans les ventes, & la néceſſité des aſſortimens.

La concurrence des vendeurs & des acheteurs réduit les marchandiſes à leur juſte valeur. Lorſque la concurrence des vendeurs eſt plus grande que celle des acheteurs, le prix des marchandiſes tombe au-deſſous de leur valeur ; comme il eſt plus conſidérable, lorſque le nombre des acheteurs ſurpaſſe celui des vendeurs. Appliquons ces notions au commerce de l'Inde.

Lorſque vous ſuppoſez que ce commerce s'étendra en proportion du nombre d'armemens particuliers qu'on y deſtinera, vous ne voyez pas que cette multiplicité n'augmentera que la concurrence des acheteurs, tandis qu'il n'eſt pas en votre pouvoir d'augmenter celle des vendeurs. C'eſt comme ſi vous conſeilliez à des négocians d'aller en troupe mettre l'enchère à des effets, pour les avoir à meilleur marché.

Les Indiens ne font preſque aucune conſommation des productions de notre ſol & de notre induſtrie. Ils ont peu de beſoins, peu d'ambition, peu d'activité. Ils ſe paſſeroient facilement de l'or & de l'argent de l'Amérique, qui loin de leur procurer des jouiſſances, n'eſt qu'un aliment de plus à la tyrannie ſous laquelle ils gémiſſent. Ainſi comme la valeur de tous les objets d'échange n'a d'autre mesure que le besoin & la fantaisie des échangeurs, il est évident que dans l'Inde nos marchandises valent très-peu, tandis que celles que nous y achetons valent beaucoup. Tant que je ne verrai pas des vaisseaux Indiens venir chercher dans nos ports nos étoffes & nos métaux, je dirai que ce peuple n'a pas besoin de nous, & qu'il nous fera nécessairement la loi dans tous les marchés que nous ferons avec lui. De-là il suit que plus il y aura de marchands Européens occupés de ce commerce, plus la valeur des productions de l'Inde augmentera, plus celles des nôtres diminuera; & qu'enfin ce ne sera qu'avec des exportations immenses que nous nous procurerons les marchandises qui nous viennent de l'Asie. Mais si, par une suite de cet ordre de choses, chacune des sociétés particulières est obligée d'exporter plus d'argent, sans rapporter plus de marchandises, il en résultera pour elles une perte certaine; & la concurrence qui aura entamé leur ruine en Asie, les poursuivra encore en Europe pour la consommer; parce que le nombre des vendeurs étant alors plus considérable, tandis que celui des acheteurs est toujours le même, les sociétés seront obligées de vendre à meilleur marché, après avoir été forcées d'acheter plus cher.

L'article des assortimens n'est pas moins important. On entend par assortiment la combinaison de toutes les espèces de marchandises que fournissent les différentes parties de l'Inde, combinaison proportionnée à l'abondance ou à la disette connue de chaque espèce de marchandise en Europe. C'est de-là principalement que dépendent tous les succès & tous les profits du commerce. Mais rien ne seroit plus difficile dans l'exécution pour des sociétés particulières. En effet, comment voudroit-on que ces petites sociétés isolées, sans communication, sans liaison entre elles, intéressées au contraire à se dérober la connoissance de leurs opérations, remplissent cet objet essentiel? Comment voudroit-on qu'elles dirigeâssent cette multitude d'agens & de moyens, dont on vient de montrer la nécessité? Il est clair que les subrécargues ou les commissionnaires incapables de vues générales, demanderoient tous en même tems la même espèce de marchandises,

diſes, parce qu'ils croiroient qu'il y auroit plus à gagner. Ils en feroient par conſéquent monter le prix dans l'Inde, ils le feroient baiſſer en Europe, & cauſeroient tout à la fois un dommage inévitable à leurs commettans & à l'état.

Toutes ces conſidérations n'échapperoient certainement point aux armateurs & aux capitaliſtes, qu'on ſolliciteroit d'entrer dans ces ſociétés. La crainte de ſe trouver en concurrence avec d'autres ſociétés, ſoit dans les achats, ſoit dans les ventes, ſoit dans la compoſition des aſſortimens, ralentiroit leur activité. Bientôt le nombre des ſociétés diminueroit; & le commerce, au lieu de s'étendre, ſe renfermeroit tous les jours dans un cercle plus étroit, & finiroit peut-être par s'anéantir.

Ces ſociétés particulières ſeroient donc intéreſſées, comme nous l'avons dit, à ſe réunir; parce qu'alors tous leurs agens, ſoit à la côte de Coromandel, ſoit à la côte du Malabar, ſoit dans le Bengale, liés & dirigés par un ſyſtême ſuivi, travailleroient de concert dans les différens comptoirs, à aſſortir les cargaiſons qui devroient être expédiées du comptoir principal: tandis que par des rapports & une relation intimes, toutes ces cargaiſons formées ſur un plan uniforme, concourroient à produire un aſſortiment complet, meſuré ſur les ordres & les inſtructions qui auroient été envoyés d'Europe.

Mais on eſpéreroit vainement qu'une pareille réunion pût s'opérer ſans le concours du gouvernement. Il y a des cas où les hommes ont beſoin d'être excités; & c'eſt principalement, comme dans celui-ci, lorſqu'ils ont à craindre qu'on ne leur refuſe une protection qui leur eſt néceſſaire, ou qu'on n'accorde à d'autres des faveurs qui pourroient leur nuire. Le gouvernement de ſon côté ne ſeroit pas moins intéreſſé à favoriſer cette aſſociation, puiſqu'il eſt conſtant que c'eſt le moyen le plus ſûr, & peut-être l'unique, de ſe procurer au meilleur marché poſſible les marchandiſes de l'Inde, néceſſaires à la conſommation intérieure de l'état, & à l'exportation qui s'en fait au-dehors. Cette vérité deviendra plus ſenſible par un exemple très-ſimple.

Suppofons un négociant qui expédie un vaiffeau aux Indes avec des fonds confidérables. Ira-t-il charger plufieurs commiffionnaires dans le même lieu d'acheter les marchandifes dont il a befoin? Non, fans doute; parce qu'il fentira qu'en exécutant fort fecretement fes ordres chacun de leur côté, ils fe nuiroient les uns aux autres, & feroient monter néceffairement le prix des marchandifes demandées; enforte qu'il en auroit une moindre quantité avec la même fomme d'argent, que s'il n'eût employé qu'un feul commiffionnaire. L'application n'eft pas difficile à faire: c'eft l'état qui eft le négociant, & c'eft la compagnie qui eft le commiffionnaire.

Nous avons prouvé jufqu'à préfent que dans le commerce des Indes, la nature des chofes exigeoit que les citoyens d'un état fuffent réunis en compagnie, & pour leur intérêt propre, & pour celui de l'état même : mais nous n'avons encore rien trouvé d'où l'on pût induire que cette compagnie dût être exclufive. Nous croyons appercevoir, au contraire, que l'exclufif dont les compagnies Européennes ont toujours été armées, tient à des caufes particulières qui ne font point de l'effence de ce commerce.

Lorfque les différentes nations de l'Europe imaginèrent fucceffivement qu'il étoit de leur intérêt de prendre part au commerce des Indes, que les particuliers ne faifoient pas, quoiqu'il leur fût ouvert depuis long-tems, il fallut bien former des compagnies, & leur donner des encouragemens proprortionnés à la difficulté de l'entreprife. On leur avança des fonds; on les décora de tous les attributs de la puiffance fouveraine; on leur permit d'envoyer des ambaffadeurs; on leur donna le droit de faire la paix & la guerre, & malheureufement pour elles & pour l'humanité, elles n'ont que trop ufé de ce droit funefte. On fentit en même tems qu'il étoit néceffaire de leur affurer les moyens de s'indemnifer des dépenfes d'établiffement, qui devoient être très-confidérables. De-là les privilèges exclufifs, dont la durée fut d'abord fixée à un certain nombre d'années, & qui fe ſont enſuite perpétués par des circonſtances que nous allons développer.

Les prérogatives brillantes que l'on avoit acccordées aux compagnies, étoient, à le bien prendre, autant de charges impoſées au commerce. Le droit d'avoir des fortereſſes, emportoit la néceſſité de les conſtruire & de les défendre. Le droit d'avoir des troupes, emportoit l'obligation de les recruter & de les payer. Il en étoit de même de la permiſſion d'envoyer des ambaſſadeurs, & de faire des traités avec les princes du pays. Tout cela entraînoit après ſoi des dépenſes de pure repréſentation, bien propres à arrêter les progrès du commerce, & à faire tourner la tête aux gens que les compagnies envoyoient aux Indes pour y être leurs facteurs, & qui en arrivant ſe croyoient des ſouverains, & agiſſoient en conſéquence.

Cependant les gouvernemens trouvoient fort commode d'avoir en Aſie des eſpèces de colonies, qui, en apparence, ne leur coûtoient rien; & comme en laiſſant toutes les dépenſes à la charge des compagnies, il étoit juſte de leur aſſurer tous les profits, les privilèges ont été maintenus. Mais ſi au lieu de s'arrêter à cette prétendue économie du moment, on eût porté ſes regards vers l'avenir, & qu'on eût lié tous les événemens que la révolution d'un certain nombre d'années amène naturellement dans ſon cours, on auroit vu que les dépenſes de ſouveraineté, dont il eſt impoſſible de déterminer la meſure, parce qu'elles ſont ſubordonnées à une infinité de circonſtances politiques, abſorberoient plutôt ou plus tard, & les bénéfices & les capitaux du commerce : qu'il faudroit alors que le tréſor public s'épuiſât pour venir au ſecours de la compagnie privilégiée, & que ces faveurs tardives, qui n'apporteroient de remède qu'au mal déja fait, ſans en détruire la cauſe, laiſſeroient à perpétuité les compagnies de commerce dans la médiocrité & dans la langueur.

Mais pourquoi les gouvernemens ne reviendroient-ils pas enfin de cette erreur? Pourquoi ne reprendroient-ils pas une charge qui leur appartient, & dont le poids, après avoir accablé les compagnies, finit toujours par retomber tout entier sur eux? Alors la nécessité de l'exclusif s'évanouiroit. Les compagnies existantes, que des relations anciennes & un crédit établi rendent précieuses, seroient soigneusement conservées. L'apparence du monopole s'éloigneroit d'elles à jamais, & la liberté leur offriroit peut-être des objets nouveaux, que les charges attachées au privilège ne leur auroient pas permis d'embrasser. D'un autre côté, le champ du commerce ouvert à tous les citoyens, se fertiliseroit sous leurs mains. On les verroit tenter de nouvelles découvertes, former des entreprises nouvelles. Le commerce d'Inde en Inde, sûr de trouver un débouché en Europe, s'étendroit encore & prendroit plus d'activité. Les compagnies attentives à toutes ces opérations, mesureroient leurs envois & leurs retours sur les progrès du commerce particulier; & cette concurrence, dont personne ne seroit la victime, tourneroit au profit des différens états.

Ce système nous semble propre à concilier tous les intérêts, tous les principes. Il ne nous paroît susceptible d'aucune objection raisonnable, soit de la part des défenseurs du privilège exclusif, soit de la part des défenseurs de la liberté.

Les premiers diroient-ils que les compagnies sans privilège exclusif n'auroient qu'une existence précaire, & seroient bientôt ruinées par les particuliers?

Vous étiez donc de mauvaise foi, leur répondrois-je, lorsque vous souteniez que le commerce particulier ne pouvoit pas réussir? Car s'il parvient à ruiner celui des compagnies, comme vous le prétendez aujourd'hui, ce ne peut être qu'en s'emparant malgré elles, par la supériorité de ses moyens & par l'ascendant de la liberté, de toutes les branches dont elles sont en possession. D'ailleurs, qu'est-ce qui constitue réellement vos compagnies? Ce sont leurs fonds, leurs vaisseaux, leurs comptoirs; & non pas leur privilège exclusif. Qu'est-ce qui les a toujours ruinées? Ce sont les dépenses excessives, les abus de tout genre, les entreprises folles, en un mot, la mauvaise administration, bien plus destructive que la concurrence. Mais si la distribution de leurs moyens & de leurs forces est faite avec sagesse & économie; si l'esprit de propriété dirige leurs opérations, je ne vois point d'obstacle qu'elles ne puissent vaincre, point de succès qu'elles ne puissent espérer.

Ces succès feroient-ils ombrage aux défenseurs de la liberté? Diroient-ils à leur tour que ces compagnies riches & puissantes épouvanteroient les particuliers, & détruiroient en partie cette liberté générale & absolue, si nécessaire au commerce.

Cette objection ne nous surprendroit pas de leur part; car ce sont presque toujours des mots qui conduisent les hommes, & qui dirigent leurs démarches & leurs opinions. Je n'excepte pas de cette erreur le plus grand nombre des écrivains économiques. Liberté de commerce, liberté civile. Nous adorons avec eux ces deux divinités tutélaires du genre-humain. Mais sans nous laisser séduire par des mots, nous nous attachons à l'idée qu'ils représentent. Que demandez-vous, dirois-je à ces respectables enthousiastes de la liberté? Que les loix abolissent jusqu'au nom de ces anciennes compagnies, afin que chaque citoyen puisse se livrer sans crainte à ce commerce, & qu'ils aient tous également les mêmes moyens de se procurer des jouissances, les mêmes ressources pour parvenir à la fortune? Mais si de pareilles loix, avec tout cet appareil de liberté, ne sont dans le fait que des loix très-exclusives, leur langage trompeur vous les fera-t-il adopter? Lorsque l'état permet à tous ses membres de faire des entreprises qui demandent de grandes avances, & dont par conséquent les moyens sont entre les mains d'un très-petit nombre de citoyens, je demande ce que la multitude gagne à cet arrangement. Il semble qu'on veuille se jouer de sa crédulité, en lui permettant de faire des choses qu'il lui est impossible de faire. Anéantissez les compagnies en totalité, le commerce de l'Inde ne se fera point, ou ne se fera que par un petit nombre de négocians accrédités.

Je vais plus loin ; & en faisant abstraction des privilèges exclusifs, je poserai en fait que les compagnies des Indes, par la manière dont elles sont constituées, ont associé à leur commerce une infinité de gens, qui sans cela n'y auroient jamais eu de part. Voyez le nombre des actionnaires de tout état, de tout âge, qui participent aux bénéfices de ce commerce ; & vous conviendrez qu'il eût été bien plus resserré dans la supposition contraire ; que l'existence des compagnies n'a fait que l'étendre, en paroissant le borner ; & que la modicité du prix des actions doit rendre très-précieuse au peuple la conservation d'un établissement qui lui ouvre une carrière que la liberté lui auroit fermée.

Dans la vérité, nous croyons que les compagnies & les particuliers réussiroient également, sans que les succès des uns pussent nuire aux succès des autres, ou leur donner de la jalousie. Les compagnies continueroient à exploiter des objets qui, exigeant par leur nature & leur étendue de grands moyens & de l'unité, ne peuvent être embrassés que par une association puissante. Les particuliers au contraire s'adonneroient à des objets, qui sont à peine apperçus par une grande compagnie, & qui, avec le secours de l'économie, & par la réunion d'un grand nombre de petits moyens, deviendroient pour eux une source de richesses.

C'est aux hommes d'état, appellés par leurs talens au maniment des affaires publiques, à prononcer sur les idées d'un citoyen obscur que son inexpérience peut avoir égaré. La politique ne sauroit s'appliquer assez tôt, ni trop profondément, à régler un commerce qui intéresse si essentiellement le sort des nations, & qui vraisemblablement, l'intéressera toujours.

Pour que les liaisons de l'Europe avec les Indes discontinuassent, il faudroit que le luxe, qui a fait dans nos régions des progrès si rapides, jetté de si profondes racines, fût également proscrit dans tous les états. Il faudroit que la mollesse ne nous surchargeât plus de mille besoins factices, inconnus à nos ancêtres. Il faudroit que la rivalité du commerce cessât d'agiter, de divifer les nations avides de richeffes. Il faudroit des révolutions dans les mœurs, dans les ufages, dans les opinions qui n'arriveront jamais. Il faudroit rentrer dans les bornes d'une nature fimple, dont nous paroiffons fortis pour toujours.

Telles font les dernières réflexions que nous dicteront les relations de l'Europe avec l'Afie. Il eft tems de s'occuper de l'Amérique.

Fin du cinquième Livre & du Tome premier.

TABLE ALPHABÉTIQUE
DES MATIÈRES
CONTENUES DANS CE PREMIER VOLUME.

A

Acunha (Triſtan d'), capitaine Portugais envoyé par ſa cour, pour ſe rendre maître du commerce des Indes, en s'emparant de la navigation de la mer Rouge. 79.

Adultère, comment puni chez les Indiens. 46.

Affranchiſſement des eſclaves chez les Indiens; cérémonies qu'on y obſerve. 44.

Aghuans, peuples du Kandahar, qui réduiſirent à rien les affaires des ſouverains efféminés de la Perſe. Leur manière de vivre 306.

Aignadel (Victoire d'). Louis XII, qui avoit le plus grand intérêt à la conſervation de Veniſe, la mit par cette victoire, ſur le penchant de ſa ruine. 77.

Albuquerque (Alphonſe), nommé par la cour de Portugal pour ſucceſſeur à Alvarès Cabral, ſous le titre de vice-roi des Indes. Il s'établit à Goa. 69. Il eſt forcé faute de vivres de ſe retirer : mais quelques mois après, il le reprend & s'y fortifie. 70, 71. Pour ruiner le commerce de Veniſe aux Indes, il eſſaie de détruire Suez. 79. Il n'y réuſſit pas, & imagine d'autres moyens. 80. Après avoir pris des meſures pour qu'aucun vaiſſeau ne pût paſſer de la mer d'Arabie dans celle des Indes, il cherche à s'emparer du golfe Perſique, 83. A ſon arrivée dans les Indes, il pille les villes dépendantes d'Ormuz & force la capitale à ſe rendre tributaire du Portugal. 84. Il eſt trahi par les ſiens; & obligé de remettre cette conquête au tems, où nommé par ſa cour vice-roi des Indes, il auroit des forces ſuffiſantes. Le ſouverain de la Perſe lui ayant demandé un tribut, il lui fit apporter des boulets & des ſabres, & lui dit que *telle étoit la monnoie du roi de Portugal*. 85. Il tourne ſes vues vers l'iſle de Ceylan. *ibid.* Il n'y fait point d'établiſſement; mais il ſe détermine à la conquête de Malaca. 88. Il profite du mauvais traitement que les Malais avoient fait à pluſieurs des ſiens, pour donner à la conquête de Malaca un air de juſtice. 90. Il meurt à Goa en 1515, ſans biens & diſgracié d'Emmanuel à qui on l'avoit rendu ſuſpect, après avoir réprimé la licence des Portugais, & laiſſé une grande idée de ſes vertus dans l'eſprit des Indiens. 96.

Alexandrie. Pour établir une communication entre ce port & celui de Bérénice, Ptolomée, lieutenant d'Alexandre, qui après ſa mort s'appropria l'Egypte, fit creuſer un canal partant d'un des bras du Nil & qui ſe jettoit dans le golfe Arabique. 71.

Algèbre, due aux Arabes. 10.

Allemagne fut long-tems agité par les querelles des empereurs & des papes, & ne recouvra ſa tranquillité qu'au quinzième ſiècle. Son état politique. Etat du clergé. Les gentilshommes voloient ſur les grands chemins. 18.

Almeyda, prédéceſſeur d'Albuquerque dans la conquête des Indes. 88.

Aloës, plante médicinale, dont le meilleur croît à Socotora, ville des Indes, au pouvoir des Portugais. Deſcription de cette plante & du ſuc qu'on en tire. 78.

Alphonſe, roi de Portugal, reçoit le

ſceptre dans la tenue des états-généraux. 97.

Alvarès Cabral, capitaine de la flotte envoyée à Calicut par le Portugal. Succès de son voyage. 68.

Amboine, l'une des Moluques, que les Hollandois ont consacrée à la culture du girofle. 172.

Amida, médiateur entre Dieu & les hommes, ſelon la doctrine des Budſoïdes, ſecte du Japon. Ils reconnoiſſent auſſi des divinités médiatrices entre cet Amida & les hommes. 133.

Ampt-Geld, nom d'un impôt que les intéreſſés de la compagnie des Indes Hollandoiſes doivent pour chaque action. 254.

Andréale (Simon d'), chef d'une eſcadre Portugaiſe, arrive à la Chine, & gâte par ſa conduite effrénée, tout ce que Thomas Perez, ambaſſadeur à Pekin, avoit fait d'avantageux pour les Portugais. 128.

Anges. Leur création d'après le *Shaſter*: leur emploi auprès de l'éternel. Les Indiens en connoiſſent comme nous de bons & de mauvais. 57.

Angleterre, avoit au quinzième ſiècle des barons inſolens, des évêques deſpotes, & un peuple las de leur joug. 17. Etat de ſon commerce & de ſes manufactures dans ce tems; de ſa police, de ſes loix, & des beaux arts. 18. Voyez *Britanniques* (Iſles). Le gouvernement féodal y met tout dans la confuſion. 263. Guerres occaſionnées par les prétentions de ſes ſouverains à la couronne de France. Les Juifs & les Lombards en font tout le commerce. Taux de l'intérêt de l'argent. Objets de commerce. Contradictions des loix entr'elles. Henri VIII permet aux roturiers d'acheter des terres. Il y avoit dans ce tems une compagnie de négocians à Londres. 264. Le commerce y eſt gêné par des loix abſurdes. Le change y eſt proſcrit. L'exportation de l'argent y eſt défendue; la ſortie des chevaux prohibée. 265. Corporations de marchands établies dans les villes. Malgré ces mauvaiſes loix, Henri VII eſt reconnu pour avoir favoriſé le commerce. Entraves miſes aux talens des artiſtes. 266. Les cruautés du duc d'Albe en Flandres & les perſécutions contre les réformés en France, firent paſſer en Angleterre tous les genres d'induſtrie. De-là l'art de conſtruire des navires qu'ils achetoient auparavant. De-là leur commerce aux Indes. 267. Naiſſance de la compagnie des Indes Angloiſe en 1600. *Ibid.* La guerre de 1744 avec les François eſt funeſte à la France pour le commerce des Indes. 287.

Anglois, s'uniſſent à la Perſe contre les Portugais, & leur prennent l'iſle d'Ormuz. Ils s'établiſſent de concert à Bender-Abaſſi. Commerce de cet endroit. 277. Cromwel déclare la guerre à la Hollande. Le commerce Anglois aux Indes n'étoit plus rien à cette époque. 279. Il ſe relève. 280. Animoſité des particuliers contre les aſſociés de la compagnie, pour raiſon du commerce des Indes. Les Hollandois profitent de ces diſſenſions. L'Angleterre arme puiſſamment. Charles II ſe laiſſe ſéduire à prix d'argent par la Hollande; l'expédition n'a pas lieu. 281. Infidélités commiſes par la compagnie aux Indes. Aurengzeb en fait une punition ſévère. 282.

Anjinga, comptoir Anglois dans le royaume de Travancor, patrie d'Eliza Draper. 318.

Anjouan, l'une des iſles de Comore. Beauté de ſon climat. Religion du pays. Mœurs des habitans. 368. Aventure qui donna lieu à un Arabe, dont la famille y règne encore, de monter ſur le trône. 369.

Anvers, ville autrefois floriſſante, & déchue de ſon ancienne ſplendeur. 567.

Arabes, fondent dans le ſixième ſiècle, le plus grand commerce qu'on eût vu depuis Athènes & Carthage. On leur doit l'algèbre, la chymie, des lumières en aſtronomie, des machines, de nouveaux remèdes; & ſurtout d'avoir cultivé avec ſuccès la poéſie. 10. Caractère des différentes branches qui habitent les trois Arabies. 292 & *ſuiv.* Beauté de leur langue. Douceur de leur poéſie. 295.

Arabie, l'une des plus grandes péninſules du monde connu. Sa deſcription géographique. Sa diviſion. Deſcription de chacune des trois Arabies. 288. Religion des anciens Arabes. Leur peu de goût pour les arts. 289. Ils portent le commerce au plus haut degré. Ils reprennent leurs anciennes mœurs à la chûte du gouvernement des Califes. Peinture du caractère, du tempérament & des mœurs des Arabes. 290. Leur jalouſie envers leurs femmes. Précautions qu'ils prennent pour s'aſſurer de leur fidélité & de la ſageſſe des filles. 291. Population de ce pays. Son gouvernement. Vie errante que mènent ſes habitans. Les caravanes achètent d'eux la ſûreté de leur voyage. 292. Manière dont ils dreſſent leurs chameaux au brigandage. 293. Commerce de l'Arabie. 295.

Araüjo, ami d'Albuquerque, eſt fait priſonnier à la première deſcente des Portugais à Malaca. Trait de généroſité de ſa part. 90.

Archangel. Les Anglois font au ſeizième ſiècle, la découverte du port d'Archangel. Projets de commerce que cette découverte fait éclorre. 624.

Architecture, née dans les forêts des Druides, de l'imitation des arbres. 8.

Armes à feu, étoient connues dans l'Indoſtan au tems où on y parloit le ſamskret. 41.

Arts, ſont très-peu de choſe dans l'Inde. 62.

Aſtrolabe. Henri, fils de Jean premier, roi de Portugal, a part à ſon invention. 22.

Ataïde, général envoyé par Sébaſtien, roi de Portugal, pour affermir les poſſeſſions des Portugais dans l'Inde. 143.

Athènes. Uſage qu'elle fit de ſes premiers vaiſſeaux. Inconvéniens qui en réſultèrent. 5.

Atlantide (Iſle). Diſcuſſion de la queſtion, s'il y a jamais eu une iſle de ce nom. 22. 23.

Atlantide (mer), a été long-tems crue impraticable. 22.

Atollons, nom de chacune des treize provinces qui partagent les Maldives. 315.

Aurengzeb, prince Mogol. Irrité de l'infidélité de la compagnie des Indes Angloiſe, il en tire une vengeance éclatante. 282. Les Anglois viennent dans une poſture humiliante implorer ſa clémence : il leur fait grace. 283. Il fait un traité avec les Marattes. 502.

Autriche. Ce royaume eſt peu fait par ſa poſition, & par la nature de ſes productions, pour faire le commerce des Indes. 567.

B

BAHAREM, iſle du golfe Perſique, dans laquelle la compagnie des Indes Angloiſe auroit pu ſe fixer avantageuſement. 313. Cette iſle eſt célèbre par la pêche des perles. Nature de ces perles. Produit de cette pêche. 316.

Balambangan, iſle ſituée à la pointe ſeptentrionale de Borneo. Les Anglois s'y établiſſent en 1772, dans le deſſein d'en faire le marché le plus conſidérable de l'Aſie. Ce comptoir eſt attaqué, pris & détruit. Les Anglois ignorent encore à qui ils doivent cette perte. 349.

Balaſſor, les Hollandois s'y établiſſent en 1603. 361.

Balliaderes, nom que les Européens ont donné d'après les Portugais, à des danſeuſes de Surate. 428. Ces femmes étoient des courtiſanes attachées au ſervice des autels, & qui vivoient dans des ſéminaires de volupté conſacrés aux plaiſirs des Brames. 429. Détails ſur leurs chants & leurs danſes voluptueuſes : ſur leur parure. 430. Manière ingénieuſe dont, ſans nuire à la volupté, elles conſervent la fraîcheur de leur gorge. 431.

Bandel, place des Indes, près d'Ougly, où les Portugais avoient fixé leur commerce. 362.

Banda, l'une des Moluques, où les Hollandois ont concentré la culture du muſcadier. 174. Cette iſle eſt d'ailleurs comme toutes les Moluques, d'une ſtérilité affreuſe. 176,

Barcalon, nom Siamois de la charge de principal ministre, qui répond à nos anciens maires du palais. 436.

Barokia, grande ville de l'empire Mogol, sur laquelle la compagnie des Indes Angloise porte ses vues en 1771, & dont elle s'empare d'assaut. Action héroïque de la mère du Nabab. 330, 331.

Barons; avant Louis XI, ils employoient leurs revenus à soudoyer des gentilshommes désœuvrés pour se défendre contre les souverains & contre les loix. 17.

Bassora, grande ville bâtie par les Arabes, au-dessous de la jonction du Tigre & de l'Euphrate. 307. Son port est devenu un entrepôt célèbre entre les mains des Turcs, qui s'opposoient d'abord à ce que des étrangers y demeurassent. Il y arrive par an, environ pour douze millions de marchandises par le golfe Persique. 308. Quotité pour laquelle les Anglois, les François, les Hollandois, &c. y entrent. Divers objets de commerce qui y sont apportés. 309. Trois canaux procurent le débouché des marchandises qu'on y apporte. 309, 310. Entraves mises au commerce de cette ville. *Ibid.* Les Anglois obtiennent du gouverneur Turc la confiscation des marchandises & des richesses des Hollandois dans cette ville. Le facteur Hollandois se retire à l'isle de Karek, qui en peu de tems éclipse Bassora; mais après sa retraite, cette dernière reprend sa supériorité. 311.

Bataves, état de ce gouvernement, lorsque César passa les Alpes. 152. Distinctions qu'il leur accorde. 153.

Batavia. Cette ville a été bâtie sur les ruines de l'ancienne Jacatra. 221. Influence du climat de cette ville sur la santé & sur les mœurs des habitans. *Ibid.* Cette ville, bâtie dans un endroit marécageux, est très-malsaine. Précautions imaginées contre les mauvaises exhalaisons. La population malgré tout cela y est immense. D'où les esclaves qui y sont ont été tirés. 222. Les loix pénales y sont atroces. 223. Les Chinois y étoient en très-grand nombre depuis long-tems. On en fit un grand massacre en 1740. Sensualité de la vie qu'on y mène. *Ibid.* Comme les eaux y sont mal-saines, on en fait venir de Selse en Allemagne. Luxe qui règne parmi les femmes. 224. La rade de cette contrée est la plus considérable de l'Inde. 225. Objets du commerce de Batavia. 226. Impositions mises sur les marchandises qui y entrent & qui en sortent. 228. Son climat meurtrier fait périr une grande partie des soldats qu'on y envoie, le reste languit dans les hôpitaux. 251.

Batavie, fondée dans le cinquième siècle par les Gaulois, faisoit partie du brillant royaume que ces conquérans arrachèrent à l'empire Romain. 153. Elle est le partage d'un des petits-fils de Charlemagne. Les Normands lui donnent le nom de Hollande. 154. La Hollande se choisit un chef au dixième siècle, à la fin de la branche Carlovingienne. *Ibid.*

Batta, nom d'une nation située au nord-ouest de Borneo. Ils mangent les criminels convaincus de trahison ou d'adultère. 186.

Battes, peuples de la Hesse, vont s'établir sur le Wal & sur le Rhin, & prennent le nom de Bataves. 152. Nature de leur gouvernement. *Ibid.*

Bedas, nom des livres saints commis à la garde, & qui font l'objet des études des Bramines dans l'Inde. M. Hastings vient de nous en procurer une traduction en Anglois, faite par M. Haleg. 36.

Bedas, peuples de la partie septentrionale de l'isle de Ceylan. Leurs mœurs. Jalousie qu'ils ont pour leurs femmes. 86.

Bengale. Description géographique de cette vaste contrée de l'Asie. Révolutions qu'elle a essuyées. 350. Egbar, grand-père d'Aurengzeb, en fit la conquête en 1595, & depuis ce tems elle a été sous l'empire du Mogol. 351. Forme du gouvernement qui y est en vigueur. *Ibid.* C'est la province la plus peuplée & la plus riche de l'empire Mogol. Objets de commerce de cette contrée. 354. L'oppression où sont les naturels du pays, les force de confier la part qu'ils prennent dans le commerce du Bengale à des Européens. 360. Dangers du golfe de Bengale pour la navigation. 363. Objets de commerce qu'on en exporte pour l'Europe. 364. Les fabriques de toiles de coton y sont multipliées. Daca en est le marché général. 365. Produit du commerce du Bengale. Révolutions qu'il a essuyées. 366. Evènement qui arme les naturels du pays contre les Anglois. Ces étrangers sont mis aux fers à Calcutta. 373. L'amiral Watson remporte sur le prince Mogol une victoire complette en 1756, & dispose de la soubabie en faveur de Jaffer-Alikan, chef de la conspiration, qui décida la victoire. 374. Les Anglois profitent des circonstances du détrônement du Mogol, pour faire payer par la cession de tout le Bengale, les secours qu'il imploroit auprès d'eux. Ils lui manquent de parole. 376. La conquête de cette contrée a changé l'objet de la compagnie des Indes. Mesures prises par cette compagnie pour s'y maintenir. 377. Revenus du Bengale en 1773. 378. Il seroit prudent d'y établir la même forme d'administration qui a lieu à la côte de Coromandel. Les vexations de toute espèce font employées dans le Bengale. 380. Causes qui y avoient porté l'industrie, l'agriculture & la population à un si haut degré. 381. On y fait deux récoltes. 384. La disette de 1779 y occasionne des malheurs affreux. 385. Les Indiens qui manquoient seuls de tout, & mourant de faim par milliers, ne conçoivent pas même l'idée d'une révolte. Comparaison de ce caractère d'inertie avec celui des Européens. 386. Le gouvernement Anglois a abandonné pour neuf millions à la compagnie, la destinée des pays soumis à sa domination aux Indes. En 1773, le parlement ordonne que les détails d'une administration très-corrompue seront mis sous ses yeux. 389. Situation actuelle des François dans cette contrée. 525.

Bisnapore, petit district du Bengale, qui y a conservé son indépendance. Simplicité des mœurs qui y règnent. 351. Sagesse des loix du pays. Affabilité pour les voyageurs. 352. Doutes sur l'existence de ce pays. 353.

Bombay, isle de la mer des Indes, fut long-tems un objet d'horreur. Les Anglois rendent la salubrité à l'air de cette isle. Sa population : ses productions. 333. Revenu des dépendances de Bombay en 1773. 334.

Bonheur. Réflexion sur l'idée de bonheur, antérieure à toute religion. 297.

Bonne-Espérance, (le cap de) nommé d'abord cap des tempêtes; mais Jean II, roi de Portugal, prévoyant qu'il serviroit de passage aux Indes, lui donna le nom qu'il porte aujourd'hui. 27, 28. Sa description géographique. Climat du pays. 207. Description du jardin que la compagnie des Indes Hollandoises y a. Ce pays est surtout fertile en vignes. 208. Commerce qu'on y fait en troupeaux. 209. Le sucre ni le café n'ont jamais pu s'y naturaliser. *Ibid.* Plaintes des colons contre le monopole qui y règne. Mœurs simples des habitans. 210. L'amour y est la peinture de la candeur des premiers âges. 210, 211. Nombre d'habitans de toutes les nations dont cette colonie est peuplée. 211. Nombre des esclaves. Douceur du traitement que leurs maîtres leur font éprouver. *Ibid.*

Borax. Production de la province de Patna au Bengale. 364.

Borneo, isle d'Asie où les Hollandois ont formé un établissement. 184. Terreur qu'inspirèrent au prince de cette isle, les figures représentées sur des tapisseries dont les Portugais lui firent présent. *Ibid.* Les Hollandois y font le commerce exclusif du poivre. *Ibid.* Sa description géographique. Son climat. Sa religion. Absurdité du systême des habitans sur la formation du globe terrestre. 185.

Boschower, Hollandois de nation, s'étant attiré l'amitié du roi de Ceylan, va dans sa patrie étaler les avantages du commerce des Indes; & y ayant été mal reçu, il propose à Christiern IV, roi de Danemarck, d'établir une compagnie des Indes, & en est accueilli ; mais Boschower étant mort en chemin, ses compagnons sont mal reçus à Ceylan, & forcés de relâcher à Tanjaour. 554.

Bostel, nom Suédois de possessions accordées aux troupes nationales de Suède, pour leur tenir lieu de paie. 585.

Bourbon, (isle de) découverte par les Portugais, & nommée par eux Mascarenhas. Ses commencemens. La culture du café y réussit parfaitement. 478. Etat actuel de cette isle. Sa description. Son climat. 502. Productions de l'isle. 533.

Bourdonnais, (la) gouverneur de l'isle de France. Actions de valeur qui signalent sa jeunesse. Sa conduite à l'isle de France. 479. On le rend suspect. 480. Il donne au ministère d'excellens conseils, suivis d'abord, puis rejettés. 481. Quoiqu'inférieur en forces, il attaque & bat les Anglois. Il repasse en Europe & est mis aux fers. 483.

Brachmanes. C'est d'eux que descendent les bramines chez les Indiens. Leurs dogmes. 50, 51.

Brama. Exposé du contenu dans le code de la religion de Brama. 37 & *suiv*. Sa religion divisée en quatre-vingt-trois sectes, qui ne connoissent pas l'esprit d'intolérance. 63.

Bramines, prêtres de l'Inde, ne communiquent leur religion à personne. Anecdote à ce sujet. 35.

Britanniques, (isles) incertitude de l'époque où elles furent peuplées. Ce qu'on sait de leur commerce dans les tems reculés. 261. Réflexions philosophiques sur les mœurs des insulaires en général. 262. Peu de progrès de leur industrie. *Ibid*. Ils sont en proie aux incursions de tous les peuples septentrionaux de l'Europe. 263. Guillaume le conquérant subjugue l'Angleterre dans le onzième siècle. *Ibid*.

Buddou, dieu du second ordre chez les Chingulais de l'isle de Ceylan. 87.

Budsoïsme : rigorisme de cette secte du Japon. 133.

Budsoïstes, ancienne secte du Japon, dont Buds fut le fondateur. Ils professent à-peu-près les dogmes du Sintos. 233.

Bussy, (M. de) commandant François dans l'Inde, conduit Salabetzingue à Aurengabad, sa capitale. 503.

C

Café, cette denrée est originaire de la Haute-Ethiopie où elle a été connue de tems immémorial. On croit qu'un nommé Chadely, Mollach de profession (c'est le nom d'un prêtre), en fit usage le premier. Eloge des vertus du café. 296. C'est à Betel-fagui qu'est établi le grand marché de celui de l'Arabie. Quantité de cette denrée dont on fait l'exportation. 298.

Cafés. Origine des maisons publiques de ce nom, établies dans les pays Mahométans. Ils devinrent en Perse des lieux infâmes, puis par les soins de la cour, ils redeviennent un asyle honnête pour les oisifs. 296. Contrariétés qu'ont éprouvées à Constantinople les cafés. On y intéressa la religion. Moyen employé par un grand visir pour juger lequel étoit plus dangereux d'un café ou d'une taverne. 297. Ce fut un nommé Edouard qui à son retour du levant en ouvrit le premier un à Londres. 298.

Cafier. Où croît l'arbre de ce nom. 298.

Caffa. Les Génois s'étant emparés du commerce maritime des Grecs, dans le huitième siècle, firent de Caffa une ville florissante. 11.

Calcutta. Etablissement des Anglois au Bengale, sur la rivière d'Ougly. 361. Population de cet endroit. 362.

Calicut. C'est presque le seul trône de l'Inde occupé par un souverain de la première des Castes. 321. Vices du gouvernement de ce royaume. 322.

Camphre. Production de l'Isle de Sumatra. Nature de cette huile. Description de l'arbre qui la donne. 186. Le camphre de cette isle est le meilleur. 187.

Canara. Contrée limitrophe du Malabar, autrefois très-florissante, maintenant déchue par les tributs que le souverain est obligé de payer aux Marattes. Elle fournit les courtisanes les plus voluptueuses, & les plus belles danseuses de l'Indostan. 327.

Canelle (fausse), ou *Cassia lignea*, écorce d'une espèce de laurier qui se trouve à Timor, à Java, & à Mindanao. La meilleure croît au Malabar. Comment on la distingue de la véritable canelle. 325.

Cardamome, plante commune dans plusieurs contrées des Indes. Il y en a de différentes espèces. 324.

Carthage conserve sa liberté malgré ses richesses. Sans les Romains elle n'eût peut-être été que commerçante. Cause de sa chûte, 4, 5.

Caspienne (mer), la seule des mers d'Asie, qui soit restée dans son sein. Raisons qu'en ont données quelques physiciens, réfutées. 29.

Cassimbazar, province du Bengale, où est le marché de toute la soie de la contrée. 365.

Castes, sont chez les Indiens des espèces de tribus ou familles dont il n'est pas permis de sortir pour entrer dans une autre. 50. Les dernières d'entr'elles n'ont pas même la faculté de se trouver dans les temples avec les autres. 55. Nourriture assignée à chacune, par Brama. 59. Il y a dans l'Inde des souverains originaires de Castes si obscures, que leurs domestiques se croiroient déshonorés de manger avec eux. 321.

Castro, général Portugais, jette du secours dans Diu, attaquée par le roi de Cambaie. 140. Il est vainqueur. Retourné à Goa, il donne à son armée les honneurs du triomphe à la manière des anciens. Mot de la reine de Portugal à cette occasion. 141.

Cauris, coquilles blanches & luisantes qui servent de monnoie dans le Bengale. La pêche s'en fait par les femmes. 316.

Célèbes, isle d'Asie, près des Moluques, où les Hollandois se sont établis. 179. Caractère des habitans: leur éducation. 180. Leur religion. 181. Commerce qu'y font les Chinois. 183. Combien cette colonie coûte par an à la Hollande. 184.

Cerné (Isle), ainsi nommée par les Portugais qui la découvrirent. Les Hollandois la nommèrent Isle-Maurice, & les François qui y abordèrent en 1720, lui donnèrent le nom d'isle de France. 478.

Ceylan, sa description géographique. 85. Son ancienne législation. 86. Etat où les Portugais la trouvèrent. Son gouvernement. *Ibid.*

Chaliats, nom qu'on donne, à la côte de Coromandel, aux Mahométans Arabes qui y exercent plusieurs emplois. 66.

Chameaux. Manière dont les Arabes les dressent pour exercer le brigandage sur les routes. 293.

Chandernagor, comptoir des François au Bengale sur les bords du Gange. 362.

Change, déclaré usuraire par le clergé dans le huitième siècle. Mais il étoit trop utile pour être aboli. Effets qu'il produisit. 13.

Charles-quint, abandonne au Portugal, moyennant une somme, toutes ses prétentions sur les pays découverts en son nom sur l'océan Indien. Les écrivains Castillans disent qu'il se réserva la faculté de faire valoir ses droits. 599.

Chatigan, port du golfe du Bengale, où les Portugais qui abordèrent les premiers dans cette contrée, s'établirent. 361. Description géographique de cette place possédée par les Anglois. Fertilité de son terroir. 526. Combien il seroit avantageux aux François d'échanger Chandernagor pour Chatigan. Raisons qui détermineroient l'Angleterre. 527.

Cheringham, isle dans les Indes. Fameuse pagode qu'on y voit. 497.

Chetz, famille puissante d'Indiens, sur le Gange. Ils sont les banquiers de la cour du Souba du Bengale. 360. Influence qu'ils ont dans le gouvernement. 361.

Chevalerie, c'est du tems que Henri, duc de Bourgogne, alla combattre les infidèles sous le célèbre Cid, qu'elle reparut sur les bords du Tage. 96. C'étoit un mêlange d'héroïsme, de galanterie & de dévotion. 97.

Child (Josias), directeur de la compagnie des Indes Angloise, commet une infidélité dont la compagnie est punie par Aurengzeb. 282.

Chinchura, comptoir des Hollandois, plus connu sous le nom d'Ougly, dans le Bengale. 362.

Chine. Tout le bien qu'en avoit dit le Vénitien Marc-Paul avoit passé pour fabuleux. 99. Comparaison de ce qu'en ont dit ses panégyristes & ses détracteurs. *Ibid. & suiv.* Sa description géographique. Son antiquité. 100. Fertilité de son territoire. 101. Productions différentes selon les terreins. 102. Des canaux multipliés sortant des fleuves, y augmentent la fertilité. 102. Réponse des détracteurs de la Chine à cette assertion. 116. Caractère de la nation. 103. L'agriculture y est, de tems immémorial, en honneur. 103. Réponse. 116. Les laboureurs y sont en grande vénération. 103. L'empereur y laboure tous les ans avec de grandes solemnités une portion de terre. 104. Les révolutions & les révoltes en cas de disette y sont fréquentes. Raisons qui peuvent les autoriser. 106, 107. Réponse. 116. Population de ce pays. 106. Tout magistrat qui déplaît est déposé, fût-il innocent. 107. Le prince y est adoré. *Ibid.* Les souverains y sont plus sages & plus éclairés par la nécessité où ils sont d'être justes. 107. Réponse. 120. Les Chinois ne sont attachés aux loix, qu'autant qu'elles font leur bonheur. 107. Réponse à cette assertion. 119. Si le prince s'y livroit à la tyrannie il s'exposeroit à tomber du trône. 107. Réponse. 119. Ce n'est pas comme législateur, c'est comme père que le prince y est obéi, respecté. 107, 108. Réponse à cette assertion. 118. Le gouvernement est revenu au gouvernement patriarchal qui est celui de la nature. 108. Réponse des détracteurs. 120. Pouvoir des pères & mères sur leurs enfans. 108. Dans quel ordre sont pris les ministres, magistrats, gouverneurs de provinces. 109. Comment se règle la succession au trône. *Ibid.* La superstition n'y a aucun pouvoir. 110. La religion y a été fondée par Confucius. 110. Les mandarins ne tenant point à des familles riches & puissantes, n'y reçoivent d'appui que du trône. *Ibid.* Réponse à cette opinion. 121. Les Chinois n'ont point de mot pour exprimer *Dieu*. 111. L'empereur est seul pontife de la nation. *Ibid.* Mœurs des Chinois. *Ibid. & suiv.* Ils ont un très-long code de politesse. 112. Réponse à cet usage. 122. Les peines y sont douces. 112. Quelle est l'éducation qu'on y donne aux enfans, selon les panégyristes de la Chine. 111. Quelle elle est selon ses détracteurs. 122. Les mœurs y sont prescrites par les loix. 111. Assertion contraire. 112. Il y a des tribunaux érigés pour punir les fautes contre les manières. 112. Réponse. 122. L'humanité va chez les Chinois au point où la vertu semble n'exiger que de la justice. 112. Anecdote qui contredit cette assertion. 123. L'humanité y est très-grande. L'esprit patriotique y est extrême. 112. Les connoissances fondées sur les théories un peu compliquées n'y ont pas fait beaucoup de progrès. 113. Raisons qui s'y opposent. 114. Réponse à cette assertion. 117. La guerre n'y est point une science perfectionnée. Pourquoi. 114. Analyse du sentiment des détracteurs de cet empire. 115. & suiv. Lorsque les Tartares la conquirent, ils en adoptèrent les loix, d'où l'on conclut qu'elles doivent être bien sages. 115. Réponse à cette objection. *Ibid.* C'est, de toute la terre, la contrée la plus peuplée & la plus corrompue. 117. C'est pour arrêter les incursions des Tartares, que fut construite, à la Chine, la fameuse muraille qui s'étend depuis le fleuve Jaune, jusqu'à la mer de Kamschatka. 618. Gengiskan en fait la conquête au treizième siècle. Il en est chassé. Elle est soumise de nouveau en 1644. Les Russes donnent de l'inquiétude aux Chinois, mais en 1689 on en règle les frontières. Les Russes s'étant s'étant étendus au-delà, sont chassés en 1715. 620. Manière dont se fait le commerce entre la Russie & la Chine. 621. Activité de l'industrie dans cet empire. 641. Peu de communication qu'ils ont eue avec les autres peuples. Leur commerce actuel. 642. Séparation de ce royaume de celui du Mogol, & d'autres contrées. 644. Causes qui ont fait interdire la communication de ce pays avec les autres peuples. 645. Objets que l'Europe tire de la Chine. 646. Raisons pour lesquelles les étoffes nuancées de ce pays n'ont pas été adoptées en Europe. Beauté des étoffes unies. 662. Quoique le dessin & la peinture y soient encore dans l'enfance, la sculpture y a fait des progrès. 667. Les Portugais sont les premiers qui y aient abordé. 671. Ils en sont chassés. Les Hollandois s'y introduisent. Ayant voulu s'y fortifier, ils sont massacrés, & n'y reparoissent que vers 1730. Manière dont ils en font le commerce. 672. Les Anglois y vont en concurrence. Les François essaient d'y pénétrer; & deux fois malheureux, ce n'est que par la réunion de la compagnie de la Chine à celle des Indes, qu'ils ont quelque succès. 673. Tableau du commerce qu'y faisoient les Européens en 1766. 673. Incertitude de la destinée de ce commerce. 674. Examen de trois questions relatives au commerce des Indes. Doit-on le continuer: exige-t-il de grands établissemens: doit-il être exclusif. Discussion de chacune. 675. & *suiv.*

Chingulais, peuples de la partie méridionale de l'isle de Ceylan: leur religion. 86, 87.

Choulias, nom de marchands Mahométans qui, dans la partie occidentale de la côte de Coromandel, font un peu de commerce. 341.

Chymie connue chez les Indous au tems où on y parloit le samskret. 41.

Cid (le), général célèbre de Castille, sous lequel Henri de Bourgogne, avec plusieurs chevaliers François, alla faire la guerre aux Maures. 96.

Cimbres, peuples dont les habitans du Holstein, de Slefwich & du Jutland tirent leur origine. 550. Les Teutons s'unissent à eux & remportent plusieurs victoires sur les Romains. Marius les extermine. 551.

Circoncision. Conjectures sur ce qui a pu y donner lieu. 203.

Civilis, chef des anciens Bataves qui bravèrent la puissance Romaine. 152.

Clergé. Charles Martel, maire du palais, pour secourir le royaume de France contre les Sarrazins, s'empare des biens des ecclésiastiques. Les bénéfices furent sécularisés. Une cure étoit apportée en dot par une fille en se mariant. Les premiers rois de la troisième race rendirent à l'église tous ces biens. 455.

Cochin, royaume des Indes dont les Portugais s'emparent, & dont ils sont chassés par les Hollandois. Dans l'un de ses fauxbourgs est une colonie de Juifs qui prétendent s'y être établis depuis la captivité de Babylone, & qui, à la vérité, y sont établis très-anciennement. La ville est sur une rivière très-navigable. 321.

Cochinchine. Par quel évènement cette partie des Indes a été formée en royaume. 443. Caractère des habitans. 444. Les mœurs s'y sont corrompues & le despotisme s'y est introduit. 445. Objets du commerce qui s'y fait. 446.

Cocotier, arbre commun dans toutes les régions de l'Inde. Sa description. 92. Son fruit. 93.

Cojé-Sophar, ministre du roi de Cambaye, attaque les Portugais dans l'Isle de Diu. 140.

Commerçans, classe d'hommes utiles. Ils ne furent jamais honorés chez les Romains. 11.

Commerce. Ses effets sur les sociétés. 3 & *suiv*. Les Romains n'aimoient ni n'estimoient les commerçans. 400. S. Louis est le premier qui sentit qu'il influe sur le système du gouvernement. Il permit l'exportation. 404.

Comores (Isles de). Quatre isles de ce nom situées dans le canal Mozambique, entre la côte de Zanguebar & Madagascar. Beauté du climat d'Anjouan l'une d'elles. 368.

Compagnie des Indes Hollandoises. Il

s'en forme plusieurs d'après les instructions de Corneille Houtman, mécontent des Portugais. 158. Ils vont à Java, & en rapportent des épiceries. 159. Ces différentes compagnies s'étant nui les unes aux autres, les Etats-Généraux les réunissent en une seule en 1602. 160. Son état actuel au Japon. 168. Ses agens y font le commerce par le moyen de courtisannes qu'on leur donne pendant leur séjour. 169. Ce que coûte à la compagnie le gouvernement des Moluques. 172. Elle a concentré à Amboine la culture du giroflier. *Ibid.* Etat des girofliers que la compagnie a fait planter à Amboine. 174. Elle s'empare des établissemens Portugais à Ceylan. 192. Elle tire du Malabar, chaque année, deux millions pesant de poivre. 201. Elle dépensa en 20 ans quarante-six millions pour fonder la colonie du cap de Bonne-Espérance. 207. Quand elle s'y établit, elle donna à chacun des premiers colons, un terrein d'une lieue en quarré : on a chargé depuis ces concessions d'impôts à chaque mutation. 209. Le caractère des Hottentots n'est pas tel que l'avarice des Hollandois le desiroit. Un autre attrait les y retient. 212. Conseils d'administration à la compagnie Hollandoise, relativement au monopole. 213. La compagnie jette les yeux sur Java. *Ibid.* Conduite qu'elle y tient. 215. De quelle manière elle se met en possession de Bantam. 217. Produit qu'elle en retire en poivre. *Ibid.* Elle soumet, sans aucune peine, Cheribon. Produit qui lui en revient. 217, 218. Elle s'empare aussi de Mataram. Traitement qu'elle fait au souverain devenu esclave de la compagnie. Avantages qu'elle en tire. 218, 219. Vexations qu'elle exerce sur tous les peuples de Java. *Ibid.* De quelle manière les généraux Jmhoff & Mossel ont cherché à y augmenter l'industrie. 220. Le conseil de la compagnie réside à Batavia. De quelle manière les places en sont données, & les affaires s'y traitent. 228. Il y a aussi en Hollande un conseil des Indes. Comment il est composé. Comment s'y règlent les affaires. 231. Causes de la prospérité de la compagnie Hollandoise. *Ibid.* Objets les plus considérables de son commerce. 233. La révocation de l'édit de Nantes est utile aux Hollandois. 234. Chûte de la compagnie; ses causes. Tableau des premiers fonds de cette compagnie. Leur produit année commune. Formation des actions. *Ibid.* Révolutions qu'elles éprouvent. 235. Etat du capital de la compagnie en 1751. *Ibid.* Doutes qui peuvent naître de l'ignorance où sont les intéressés de l'état des affaires. 236. Causes de la décadence de la compagnie. 237. Troubles qui s'élèvent dans toutes leurs possessions. *Ibid.* Malversations. 238. Dissensions parmi les administrateurs. 240. Les Etats-généraux ne remplissent aucun des devoirs dont ils s'étoient chargés. 241. Le gouvernement de la compagnie est trop compliqué. *Ibid.* Remèdes à y apporter. 242. Les établissemens Hollandois sont trop multipliés dans l'Inde. *Ibid.* Il faut abandonner aux particuliers le commerce d'Inde en Inde. 244. L'idée reçue que les épiceries naissent dans quelque endroit inconnu, & qui est tombée dans l'oubli, peut renaître & donner lieu à des découvertes capables de faire tomber le commerce de la compagnie. Fait qui a donné lieu à ce soupçon. 245. Les Hollandois qui possédoient seuls des muscadiers & des girofliers aux Moluques, sont menacés, depuis que les François en ont transplanté dans leurs colonies, de perdre entiérement cette branche de commerce. 246. La manière dont la compagnie compose sa marine peut la faire tomber. 247. Défauts de la formation de ses troupes de terre. *Ibid.* Manière vicieuse dont elle se procure des matelots. 248. Dangers qui la menacent. 249. Possibilité pour la France de conquérir les Moluques. Moyens à y employer. Manière de s'y entretenir. 250. Moyens que l'Angleterre pourroit employer pour le même objet. 252. Avantages que la république tire de la compagnie.

Impositions établies sur les actions. 253. Les dettes publiques ont affoibli la république. Moyens de la relever. Causes de son ancienne splendeur. 255. Celles de sa décadence. 256. Motifs que les Hollandois ont de se relever. 257. Le patriotisme est anéanti en Hollande. *Ibid.*

Compagnie des Indes Angloises. Son origine en 1600. 267. Teneur du privilège. Discours d'Elizabeth à ce sujet. 268. Manière dont Lancaster, qui conduisit la première flotte, fut accueilli à Achem. 269. Il envoie chercher de la muscade & du girofle aux Moluques, 269. & du poivre à Java & à Sumatra, & revient en Europe. Ce succès détermine à faire des établissemens aux Indes. Difficultés que la compagnie y rencontra. 270. Jacques I ne lui est pas favorable. Elle partage le commerce des Indes avec les Hollandois. 271. Les Hollandois la rendent odieuse aux Indiens. 271. Après bien des combats, les Anglois font en 1619 un traité avec les Hollandois. 272. Teneur du traité. 273. Surprise que causa en Hollande ce traité. Ils sont chassés d'Amboine. Manière dont les Hollandois y réussissent. 273. Ils sont plus heureux au Coromandel & au Malabar. 274. Ils remportent des victoires sur les Portugais, qui avoient profité des démêlés des deux nations pour se renforcer dans l'Inde. 275. La compagnie abuse du crédit qu'elle avoit aux Indes, pour emprunter des sommes qu'elle ne veut pas rendre. Aurengzeb en tire vengeance. 282. Dommages que cette affaire cause à la compagnie. 283. Pertes qu'elle essuya à la chûte de Jacques II. 283. Elle se trouve à la paix qui suivit cet événement, à deux doigts de sa perte. 284. Débats élevés en Angleterre au sujet de ses privilèges. 285. Il s'en forme une seconde. Divisions qui s'élèvent entre elles. Elles se réunissent en 1702. La nouvelle compagnie prend de l'accroissement. 286. A la paix de 1763, elle avoit ruiné le commerce des François dans l'Inde. 287. Elle se voit attaquée en 1767, dans le pays du Carnate à la côte de Coromandel, par Ayder-Alikan, avec lequel elle est obligée de traiter au bout de deux ans d'une guerre ruineuse. 347. Elle abandonne aux particuliers le commerce d'Inde en Inde. 369. Ce commerce s'accroît de jour en jour. Entraves qu'on y a mises. 370. Capitaux que la compagnie a mis dans le sien. Le thé devient un très-grand objet de ce commerce. 371. La conquête du Bengale a changé l'objet de cette compagnie. 377. Vexations de toute espèce qu'elle exerce sur tous les genres d'industrie. Elle a défendu le commerce intérieur à tout autre qu'à des Anglois. Elle y a altéré les monnoies. 383 *& suiv.* Pour y prévenir une banqueroute inévitable, le gouvernement permet à la compagnie de faire un fort emprunt. Autres moyens pris par le parlement pour arrêter les déprédations. 391. Mesures prises par la compagnie elle-même. 392. Le parlement établit pour le Bengale un conseil suprême. Magistrats nommés pour y administrer la justice. 394. Balance des revenus de la compagnie au 31 janvier 1774. 395. Son privilège doit expirer en 1780. Doutes sur son renouvellement. 396. Réflexions sur l'oppression où les Indiens sont réduits. 397.

Compagnie des Indes Françoises. En 1601, une société formée en Bretagne expédia deux navires pour les Indes. Leur navigation fut malheureuse, ils ne revinrent qu'au bout de dix ans. 406. Nouvelles tentatives en 1616 & 1619. Leur succès ne fut pas assez fort pour engager à y retourner. *Ibid.* Reginon engage, en 1635, plusieurs négocians de Dieppe à un nouveau voyage. Ils n'en rapportent qu'une haute idée de Madagascar. *Ibid.* Il se forme une compagnie en 1642. Les cruautés de ses agens lui attirent la haine des Indiens. Le maréchal de la Meilleraie essaie de relever pour son compte cet établissement. Il n'a que de foibles succès. Colbert forme la même entreprise en 1664. Raiſons politiques qui s'y oppoſoient. 407. Articles du privilège qui fut accordé. 408 & *ſuiv.* La conduite des agens de la compagnie fait échouer l'établiſſement de Madagaſcar. 417. On remet cette colonie au gouvernement en 1670. Le gouvernement fait de nouvelles tentatives, & ſur-tout en 1770 & 1773. Comme elles étoient mal conçues, elles n'ont pas réuſſi. Motifs qui devroient engager la France à s'en occuper ſérieuſement. 418. Lorſqu'en 1670 on abandonna Madagaſcar, la compagnie établit divers comptoirs dans les Indes. Elle projetta de s'établir à Surate. 419. Caron, qui avoit ſervi les Hollandois, & qui avoit été maltraité par l'empereur du Japon, s'attache à la compagnie Françoiſe, & projette de s'établir à Ceylan. 434. Ce projet ne réuſſit pas. On ſe tourne vers Saint-Thomé. 435. Avantages que la France auroit tiré d'un établiſſement à Siam. 441. Les miſſionnaires ne s'y occupent que de converſions. 442. La compagnie jette les yeux ſur le Tonquin. *Ibid.* Ses tentatives ne ſont pas heureuſes. 443. Raiſons qui auroient dû déterminer à s'établir à la Cochinchine. *Ibid.* Elle ſe contente de ſe fortifier à Pondichéri. Une guerre ſanglante vient la troubler. 448. Elle perd Pondichéri : mais les Hollandois le rendent à la paix de Riſwick. Martin, nommé directeur de la compagnie, fait par ſes talens & ſes vertus, faire fleurir cette colonie. 449. Les actionnaires de la compagnie manquent à leurs engagemens. 450. Pluſieurs comptoirs des Indes ſont abandonnés. On abandonne aux particuliers le commerce des Indes, avec de légers profits pour la compagnie. Cette liberté eſt enſuite ôtée. *Ibid.* Les actionnaires ſont obligés en 1684, de donner un ſupplément d'actions. Pluſieurs s'y refuſent. *Ibid.* Nouvelles demandes aux actionnaires. Elles révoltent les eſprits. On a recours aux emprunts. Des cauſes étrangères augmentent ſes pertes. 452. Les marchandiſes des Indes ſont chargées de droits. La compagnie demande en 1714, un renouvellement de ſon privilège. Une nouvelle révolution vient traverſer ce nouvel arrangement. 454. Evénemens qui amènent le ſyſtême de Law. *Ibid.* & *ſuiv.* Les privilèges de la compagnie ſont fondus dans celle d'occident qui venoit d'être établie. 466. A la chûte du ſyſtême, on lui abandonne le monopole du tabac, & la permiſſion de convertir ſes actions en tontines. 475. Vices de ſon adminiſtration. Orri la relève. 476. Dumas eſt envoyé gouverneur de Pondichéri. Conduite louable qu'il y tient. 477. La Bourdonais à l'Iſle de France. 478. Et Dupleix à Chandernagor. 480. Le commerce de la compagnie étoit languiſſant en cet endroit. *Ibid.* Ses directeurs ſont bleſſés de l'armement qu'on avoit confié à la Bourdonais ſans leur participation. 482. La compagnie réduite aux derniers malheurs dans l'Orient, eſt déchirée de diviſions inteſtines en Europe. 509. Les moyens imaginés pour régler ces affaires, donnent naiſſance à de nouveaux abus. 510. Remontrances faites au gouvernement par les actionnaires en 1764. *Ibid.* On lui rend la liberté. Réglemens ſages. 511. Vices cachés qui, malgré ces réglemens, ont miné la compagnie. 512. On augmente chaque action de 400 livres. Variations dans le dividende des actions, depuis 1722, juſqu'en 1764. 513. La compagnie obtient un édit qui met à couvert le reſte du bien des actionnaires. Etat des rentes qu'elle avoit à payer. Somme qu'elle avoit prêtée au gouvernement du tems de Law. 514. Manière dont le gouvernement ſe liquide envers elle. 515. Tableau de ſes revenus & charges depuis 1674, juſqu'en 1769. 515 & *ſuiv.* Son privilège eſt ſuſpendu en 1769. Conditions appoſées à la liberté du commerce des Indes. 519. Elle cède au roi tous ſes effets. Enumération des objets de cette ceſſion. 520. Sommes données pour leur prix. Cette affaire eſt terminée par un arrêt du conſeil de 1770. 521. La compagnie ne peut être regardée comme détruite. 522.

Compagnie des Indes Danoises. Il s'en élève une nouvelle, en 1670, sur les débris de l'ancienne. 555. Les fonds sur lesquels elle s'établit, n'étant pas suffisans, elle est bientôt ruinée. En 1732, il s'en forme une autre. Privilèges & exemptions qui lui furent accordés. 556. Manière dont ces fonds sont divisés. 557. Balance de ces fonds & du produit. 558. Le privilège étant expiré en 1772, il fut renouvellé pour vingt ans. 560. Il n'y a que le commerce de la Chine qui soit exclusif. Conditions mises à la liberté accordée pour le reste des Indes. 561. Manière dont on votoit autrefois dans les affaires de la compagnie. Changemens apportés à l'abus qui en résultoit. La première distinction des fonds est changée. Succès actuel de la compagnie. 563. Le plus considérable de ses établissemens est Trinquebar, qui, depuis 1772, est redevenu florissant. 565.

Compagnie des Indes d'Ostende, est établie par le prince Eugène en 1722. 568. Elle paroît avec distinction dans les marchés des Indes. Elle porte ses vues sur Madagascar. Evénemens qui s'opposent à ses projets. 569.

Compagnie des Indes de Suède, établie en 1731. Conditions du privilège. 575. Il est renouvellé en 1746. Infidélité commise à son égard par le gouvernement. Nouveau privilège en 1766. Nombre des vaisseaux expédiés depuis, jusqu'au 1er. Janvier 1778. 576. Le siège des affaires est établi à Gothenbourg. Mystère dont l'administration s'est enveloppée. Remèdes qu'on y a apportés. 577. Produit des ventes. 578.

Compagnie des Indes de Prusse, établie en 1751, à Embden. Le fonds en est formé par les Anglois & les Hollandois. Elle n'a aucun succès, non plus qu'une seconde établie peu de tems après. La dissolution en est prononcée en 1763. 592.

Confucius, auteur de la religion dominante du Tonquin. 442.

Conquêtes. Réflexions philosophiques sur la fureur de conquérir. 565.

Constantin. Deux loix de ce prince contribuent à la décadence de l'empire. 7.

Constantinople, après la ruine de Palmyre, devient le marché général des productions de l'Inde. 75.

Contributions. Les rois de France furent tentés plusieurs fois d'en ordonner eux-mêmes; mais les révoltes des peuples les obligèrent d'assembler pour cela les états-généraux. 458.

Corneille Houtman, Hollandois de nation, apprend à sa patrie la route des Indes, & la manière dont s'y faisoit le commerce. On lui donne quatre vaisseaux pour les conduire par le cap de Bonne-Espérance. 158.

Coromandel. Productions de cette côte. 88. Température de cette contrée. 335. Les gouverneurs de différentes parties du royaume de Bisnagar, se rendent indépendans. Le goût de l'Europe pour les manufactures de Coromandel, détermine à s'y établir, malgré les obstacles qui s'y opposoient. 336. Objets du commerce qu'on y fait actuellement. 337. Raisons qui s'opposent à ce qu'on réussisse en Europe à imiter les toiles peintes de ce pays. Manière dont s'en fait le commerce. 338, 339. Le commerce extérieur de cette côte n'est point entre les mains des naturels du pays. Ce sont les Européens qui le font presque en entier. Quantité de toiles qu'on exporte du Coromandel, & destination de chaque partie. 341. Objets qu'on donne en échange. L'Angleterre y a formé plusieurs établissemens. Entr'autres celui de Divicoté, 342. Situation actuelle des François à cette côte. 528.

Corps de Marchands & de métiers protégés à la fin du dix-huitième siècle par quelques princes qui trouvèrent moyen de les opposer aux entreprises des barons, 14.

Cothoal, nom qui désigne dans le mogol, l'officier chargé des fonctions de notaire. 491.
Créances. Comment on les contracte dans l'Indostan. 340.
Crid, nom d'un poignard dont les Malais sont toujours armés. 90.
Croisades, opèrent l'affranchissement du joug féodal. 81.
Cucurma ou *terra merita*, nom que les médecins donnent au saffran d'Inde. Description de cette plante. 323.

D

Dagobert ranime le commerce au septième siècle. Eloge de ce prince. 402.
Danemarck. Evénement qui donna lieu à ce royaume de faire le commerce des Indes. 554. Sa position locale, le génie de ses peuples & son degré de puissance relative, lui interdisent l'espoir d'un grand commerce aux Indes. 565.
Danois. Leur pays ayant été ruiné par Marius, fut peuplé par des Scythes. Ils soumettent la Russie, la Saxe, la Westphalie & la Cherchonèse-Cimbrique, ayant Odin à leur tête; 551. & font la conquête de la Normandie & de l'Angleterre. 552. Ils forment un établissement à Tanjaour, & profitent des troubles qui agitoient les Espagnols, les Portugais, les Hollandois & les Anglois pour y établir leur commerce. 555. Bientôt les Hollandois prirent sur eux une supériorité décidée. La compagnie Danoise remet son privilège au gouvernement. *Ibid.*
Débiteur insolvable chez les Indiens, peut être forcé par son créancier de travailler chez lui à son profit. 43.
Dépenses de la cour du tems de Charles VI, ne passoient pas 94,000 liv. 450.
Diu, place située dans une petite isle sur les côtes du Guzurate, regardée comme la clef des Indes dont les Portugais s'étoient emparés. Cojé-Sophar les y attaque. 140.
Divicoté, nom d'une possession Angloise à la côte de Coromandel, dont le colonel Lawrence s'empara en 1749. Elle passe, en 1758, sous la domination Françoise, & retourne aux Anglois. 342.
Dumas, envoyé en qualité de gouverneur à Pondichéri, y tient une conduite louable. 477.
Dupleix, après avoir mis le commerce sur le meilleur pied à Chandernagor, est envoyé à Pondichéri. 481. Il force les Anglois à en lever le siège. 484. Il conçoit le projet de faire un établissement dans l'Indostan. Moyens qu'il emploie pour faire réussir son projet. 495, 496. Il est revêtu dans l'Inde de la qualité de nabab. 499.

E

Edit de Nantes. Sa révocation est utile aux Hollandois. 234.
Egypte. Comment se fit son commerce depuis qu'elle fut enlevée à l'empire d'Orient. 74, 75. Commerce de l'intérieur de l'Egypte permis aux Anglois, moyennant certains droits. 304.
Emmanuel, roi de Portugal, envoie Vasco de Gama en 1497, avec quatre vaisseaux pour pénétrer aux Indes. 28.
Esclavage. Le président de Montesquieu prétend qu'il doit son abolition à la religion chrétienne; cette assertion réfutée. 14. Dans l'Allemagne catholique, les possessions ecclésiastiques ont des serfs, comme autrefois en France. 15.
Espagne, acquiert de la vigueur & de la confiance par la nécessité de défendre sa liberté. 16.
Etats généraux. Sans eux, il n'y a point proprement de nation. 97.
Eugène (le prince), goûte le projet qu'on lui propose d'établir une compagnie des Indes à Ostende. Il s'y en forme une en 1722. 568.

F

Fanatisme, ses funestes effets. 307.

Femmes, ne mangent jamais avec les hommes, dans l'Indostan, excepté celles des ouvriers qui creusent des puits & des étangs, & des voituriers. 53. Dans toutes les religions elles ont influé sur le culte. 131.

Féodalité. Les seigneurs, chargés de l'administration des provinces de France s'en rendent les maîtres. La confusion suit la confirmation qui fut faite de leurs usurpations à l'époque où le sceptre passa de la branche de Charlemagne à celle des Capets. 403.

Ferdinand d'Andréade, chef de l'Escadre envoyée en 1518 par la cour de Lisbonne, en Chine. 99.

Feu grégeois. Les Grecs dans le 8e siècle n'opposèrent à l'activité des Sarrasins que le feu grégeois. 11.

Finances. Etat désespérant où elles se trouvèrent à la mort de Louis XIV. On propose au régent une banqueroute générale. 461, 462. Il s'y refuse & établit en 1715 un bureau de révision. On établit en 1716 une chambre de justice pour poursuivre les auteurs de la misère publique. Horreur qu'inspira ce tribunal. 463.

Financiers, connus anciennement sous le nom de Lombards, sont des Italiens qu'on fit venir en France, à cause de leurs talens à pressurer les peuples. 458. On leur fait regorger les biens immenses qu'ils avoient usurpés. 459.

Foires. Charlemagne en établit plusieurs, dont la principale étoit à Aix-la-chapelle. 10. Les commerçans, en allant aux foires, menoient avec eux des bateleurs, musiciens & farceurs. 12. Des marchands de tous pays, accourent aux foires nouvellement établies au septième siècle. 402.

Formose. Situation de cette isle. Révolution que la conquête de la Chine par les Tartares y opère. 164.

Forrest, navigateur Anglois, parti en 1774 de Balambangan, découvre à Manaswary, près de la Nouvelle-Guinée, un muscadier, & il en transplante en 1776 cent pieds dans une des Isles Angloises. 245.

France, son état politique avant Louis XI. 17. Etat de confusion où elle tombe lorsque le sceptre passa de la branche de Charlemagne à celle des Capets. 403. Ses côtes septentrionales étoient jusqu'à Saint Louis, partagées entre les comtes de Flandres, les ducs de Bourgogne, de Normandie & de Bretagne. Le reste étoit soumis aux Anglois. Les côtes méridionales appartenoient aux comtes de Toulouse, aux rois de Majorque, d'Aragon & de Castille. 404. Catherine de Médicis y amène tous les arts de luxe. Les manufactures se perfectionnent. 405. L'industrie y est anéantie depuis Henri II, jusqu'à Henri IV, où elle reparoît avec éclat sous le ministère de Sully. Elle manque de s'anéantir sous ceux de Richelieu & de Mazarin. 406. Sa position actuelle au-dehors. 470. Son état au-dedans. 471. Conseils sur les moyens à employer pour en augmenter la splendeur. 473.

François. Qualités bonnes & mauvaises de ce peuple. 607. Aversion que les Espagnols ont pour lui. 610.

Francs. Leur invasion dans les Gaules donne naissance à mille vexations sur le commerce. L'industrie se réfugie dans les cloîtres. 401.

Frédéric, roi de Prusse : éloge de ce prince. 591. 593. Il prend possession de l'Oost-Frise en 1744. 592. Il établit à Embden une compagnie des Indes. *Ibid.*

Frédéric Nagor. Etablissement formé par les Danois, en 1756, au Bengale. 362.

G

Galilée traduit à l'inquisition & mis en prison à Rome, pour avoir soutenu que la terre tournoit & non le soleil. 21.

Gama, capitaine Portugais, se fait conduire à Calicut, où il alloit conclure un traité avec le Zamorin, lorsque les Musulmans établis dans l'Inde vinrent à bout de le rendre suspect. 67. Il trouve moyen de se rembarquer pour Lisbonne où l'on apprend ses découvertes avec transport. 68.

Gaules. Leur état depuis qu'elles furent arrachées à la domination romaine, jusqu'à Charlemagne. 153. 154.

Gaulois. Peu de communication que ces anciens peuples avoient entre eux. En quoi consistoit leur commerce. 400.

Gedda, port situé vers le milieu du golfe Arabique. Nature du gouvernement partagé entre le chérif de la Mecque & le grand-seigneur. 302.

Génie. Réflexions sur l'influence du climat sur les productions du génie. 289.

Génois, chassés par Mahomet II de Caffa, où ils faisoient la plus grande partie du commerce d'Asie. 76.

Gingembre, plante des Indes, qui ressemble assez au cardamome. Le meilleur croît au Malabar. 324.

Ginseng, plante originaire de Tartarie, dont les Chinois font une grande consommation. Ses vertus. Loix du gouvernement Tartare sur sa culture & sa récolte. 643.

Girofle, découvert aux Moluques par les Chinois quand ils y abordèrent, & que les anciens n'avoient pas connu. 95.

Giroflier. Les Hollandois achètent des rois de Ternate & de Tidor le droit d'y arracher le muscadier & le Giroflier, pour en concentrer la culture à Amboine. 172. Description de cet arbre. *Ibid.* Description du giroflier sauvage. 175. Les François ont réussi en 1771 & 1772 à tirer des Moluques où on les cultivoit exclusivement, des girofliers & des muscadiers. 246.

Goa, ville des Indes, où Albuquerque établit la domination Portugaise. Sa description géographique. 69, 70. Albuquerque manquant de vivres dans Goa, refuse ceux que son ennemi lui offroit & est obligé de se retirer. *Ibid.* Peu de mois après, il fond sur Goa, l'emporte d'emblée, s'y fortifie & y forme la métropole des établissemens Portugais dans l'Inde. *Ibid.* & 71. Cette place, devenue par le commerce le centre des richesses de l'Inde, n'est presque plus rien. 327.

Golfe persique. Sa description géographique. Nourriture des habitans. Leurs mœurs. La seule ville considérable est celle de Mascate. 311, 312.

Goudelour, possession Angloise à la côte de Coromandel, qu'ils ont achetée d'un prince Indien. Ils bâtissent à quelque distance le fort Saint-David. 342, 343.

Gouvernemens. Réflexions philosophiques sur leur nature & sur les vices qui en opèrent la ruine. 146.

Grèce, dut la prospérité de son commerce à sa position physique. Les Grecs tirent leur origine de la Phénicie ou de l'Egypte. 5. C'est par les Grecs que le commerce s'introduisit en Sicile. Les Romains en sont jaloux. *Ibid.* Dès que le commerce des Grecs eut cessé dans la Méditerranée, il n'y en eut plus dans le monde connu. 6.

Grecs. Comparaison du commerce des Grecs avec celui d'Europe. 6. Subjugués par les Turcs dans le quinzième siècle, ils se réfugient en Italie & y portent le goût des beaux-arts. 19.

Guelphes & Gibelins, deux factions qui désolèrent long-tems l'Italie; calmées enfin dans le huitième siècle. 15.

Guillaume le conquérant subjugue l'Angleterre dans le onzième siècle. 263.

Guzurate. Description de cette presqu'isle des Indes. 419. Révolutions arrivées au septième siècle dans cette contrée. Les peuples de cette presqu'isle connus sous le nom de Parsis, suivent la religion de Zoroastre. 420. Parvenue à un haut degré d'accroissement, elle se trouve en butte aux Portugais, & à l'empire Mogol. Le souverain préfère l'alliance des Portugais, contre Akebar, prince Mogol. 421.

421. Ils sont défaits, & réunis à l'empire Mogol, qui y procure les plus grands avantages. Surate devient l'entrepôt de toutes les richesses du pays. 422.

H

Hambroeck, ministre Hollandois pris par les Tartares dans l'isle de Formose, & qui renouvelle la générosité de Regulus. 165.

Harem, nom donné à Surate aux serrails des Mogols, impénétrables aux hommes. 427.

Hélène, (Sainte-) isle située au milieu de l'océan atlantique, où les Anglois ont formé un lieu de relâche. 366. Objets de culture qui y ont réussi. 367.

Henri, fils de Jean I, roi de Portugal, prend des mesures sages pour pénétrer sur les côtes occidentales de l'Afrique, qu'on avoit cru long-tems inhabitées. 22. Il établit un observatoire à Sagres, ville des Algarves. Il a part à l'invention de l'astrolabe, & sent l'utilité de la boussole qu'on n'avoit pas encore appliquée à la navigation. 22.

Histoire. Avantages de l'étude de l'histoire des nations. 571.

Hollande. Voyez dans ses commencemens *Bataves* & *Batavie*. Les comtes de Hollande acquirent au dixième siècle les mêmes droits que les grands vassaux d'Allemagne. 154. La Hollande passe à la maison de Bourgogne. 155. La ligne masculine de cette maison s'étant éteinte, la Hollande passe en 1477 dans la maison d'Autriche. *Ibid.* La république de Hollande est formée de sept provinces au nord du Brabant & de la Flandre. 156.

Hollandois, ont dans l'Inde des guerres sanglantes contre les Portugais qui sont enfin vaincus. 161, 162. Ils sont invités en 1624 à s'aller établir à Formose. 164. Ils jugent plus avantageux de s'établir dans une petite isle voisine. *Ibid.* Cette colonie dut sa prospérité à une révolution occasionnée par la conquête de la Chine par les Tartares. *Ibid.* Ils sont attaqués dans l'isle Formose par les Chinois, & obligés de se retirer à Batavia. 165. Ils sont depuis 1641 relégués au Japon, dans l'isle de Decima, dans le port de Nangazaki. 168. Ils cherchent à s'approprier le commerce des Moluques. Ils ont des guerres à soutenir avec les Portugais & les Espagnols, mais vers l'an 1621 ils restent les maîtres. 171. Ils forcent les rois de Ternate & de Tidor à consentir pour une certaine somme, qu'on en arrache les muscadiers & les girofliers. 172. Ils s'établissent à Sumatra. 185. Ils font le commerce à Siam. 190. Ils se rendent maîtres de Malaca. 191. Les naturels de Ceylan les reçoivent dans l'espérance d'être soulagés du joug des Portugais. 192. Ils forment au cap de Bonne-Espérance un établissement pour servir de relâche à leurs vaisseaux allant aux Indes. 201.

Holstein, partie de l'ancienne Chersonèse Cimbrique. 550.

Hottentots, habitans du cap de Bonne-Espérance dans le tems où les Hollandois y formèrent un établissement. 201. Leurs mœurs. 202. Conformation des femmes. *Ibid.* Celle des hommes. 203. Comparaison des mœurs sauvages à celle des peuples policés. 204. Les Hordes de ces Africains qui étoient dans les possessions Hollandoises au cap de Bonne-Espérance, périrent toutes en 1713. 211. Quelques tribus plus puissantes ont quitté les tombeaux de leurs pères, & fui loin de leurs oppresseurs. 212.

I

Impots, sont très-modiques à la Chine. Il n'y en a que deux: la capitation, & le dixième, vingtième ou trentième sur les productions. 105. Manière dont on les lève. Peine contre ceux qui ne les paient pas. *Ibid.* Destination des impôts. 106.

Indes. Quel étoit anciennement le commerce des Indes avec l'Egypte. 73.

Le premier voyage que les François aient fait aux Indes, est celui de quelques marchands de Rouen en 1503. Une tempête affreuse qu'ils éprouvèrent au cap de Bonne-Espérance dégoûta ceux qui auroient voulu y aller. 406. L'éclat que le commerce des Indes avoit procuré aux états voisins, n'avoit pas fait songer à le faire, jusqu'à Mazarin. 406. Guerre entre les Anglois & les François vers 1754 sous les noms du nabab de Carnate & de son rival Mamet-Alikan. 502. Les deux compagnies se rapprochent par ordre des ministres de chaque cour. Mais elles se brouillent plus fort que jamais. 503. Fautes commises dans l'Inde par le ministère de France, opposé au vœu de la compagnie. 504. On rappelle Dupleix, le seul peut-être qui pouvoit s'y soutenir, & on y envoie Lally. 505. Source des malheurs que la France a éprouvés aux Indes. Vices dans l'administration des chefs. 507, 508. Principes qui doivent régler la conduite des François pour rendre florissant leur commerce des Indes. 544. Réflexions philosophiques sur la fureur des conquêtes. 545. *& suiv.*

Indiens, signes auxquels on reconnoît les anciens habitans de l'Inde. 34. On y reconnoît, au-travers de superstitions absurdes, les traces d'une saine philosophie. 35. Analyse de leur code civil. 41 *& suiv.* Leur caractère. 61. Comment sont composées leurs armées. 689. Police qui s'y observe. 690.

Indostan, une des plus riches parties de l'Asie. Sa description géographique. 28, 29. Sa description physique. 31 *& suiv.* C'est le séjour le plus anciennement peuplé. On y trouve l'origine de toutes nos sciences. 33. C'est encore, malgré les productions de tant de siècles, la terre la plus fertile du monde. Religion, gouvernement, jurisprudence, mœurs & usages de l'Indostan. 34 *& suiv.* Par qui il est gouverné à l'arrivée des Portugais. 66. Cette riche contrée fut suivant la fable, l'objet de l'avidité des premiers conquérans du monde. Beauté de ce pays. Mœurs des habitans. Alexandre en fait la conquête. 484. L'Indien Sandrocotus chasse les Macédoniens après la mort d'Alexandre. Gengiskan y porte ses armes. Les Patanes y règnent ensuite. 485. Tamerlan soumet les parties septentrionales. Babar, l'un de ses descendans, y rentre par les conseils d'un gouverneur d'une des provinces du roi détrôné. 487.

Indulgences, espèce d'expiation des crimes passés & à venir, vendues à Rome sous plusieurs papes. 21.

Intérêts, les Indiens en distinguent de trois sortes : l'un qui est péché : un autre qui n'est ni péché ni vertu, & le troisième qui est vertu. Définition de chacun. 340.

Intolérance, en matiére de religion, née au sein du christianisme. 21.

Isabelle. Lorsque l'infante Isabelle épousa l'archiduc Albert, on les fit renoncer au commerce des Indes. Les Pays-Bas ayant été réunis à la Castille en 1638, les Flamands portèrent des plaintes qui furent accueillies ; mais des événemens imprévus empêchèrent qu'on ne leur donnât satisfaction. Suites de cette affaire. 569, 570.

Isle de correction. C'est ainsi qu'on a nommé l'isle de Rosingin, où l'on envoie les jeunes gens dont les familles veulent se débarrasser. 176.

Isle de France, sa description d'après l'abbé de la Caille. Conjectures sur le meilleur parti qu'on en peut tirer. Fautes commises par le gouvernement à ce sujet. 534. Elle passe en 1764 sous la domination immédiate du gouvernement. 535. La population s'y est accrue depuis ce moment. Espèce de culture qui y a réussi. 536. On y plante des girofliers & des muscadiers en 1770. Peu de succès qu'ils ont eu jusqu'à présent. Le bled y réussiroit mieux. Il faudroit y multiplier les troupeaux. 537. Avantages de sa situation pour préparer la ruine des propriétés Angloises d'Asie.

Peu de soin que le gouvernement prend de cette isle. 538. Vues politiques sur la conservation & la défense de cette isle. 540. Cette isle & Pondicheri sont essentielles à la défense l'une de l'autre. 542.

Italiens, s'emparent de la navigation de transport que les Grecs avoient depuis très-long-tems. 76. Lorsque Philippe le Hardi eut encouragé le commerce, les Italiens remplissent la France d'épiceries, de parfums, de soieries & d'étoffes de l'Orient. 405.

J

JAPON découvert par hasard par les Portugais en 1542. Ancienneté de cet empire. Les souverains, nommés Daïris, étoient anciennement aussi pontifes. Depuis ils retinrent le pouvoir sacerdotal & partagèrent la royauté en plusieurs gouvernemens. Les gouverneurs deviennent enfin indépendans. 130. Quelle est l'éducation qu'on y donne aux enfans. 134. Description géographique de ce pays. 135. Etat d'oppression où le réduit la tyrannie de Taycomosa. Le christianisme y est apporté par les Portugais. 167. Ce tyran persécute les chrétiens. *Ibid.*

Java. Les Malais possèdent cette isle depuis très-long-tems. Culte qui y régnoit à l'arrivée des Hollandois. 213. Son gouvernement à cette époque. Mœurs des habitans. Les Anglois y faisoient le commerce. Mais ils furent bientôt supplantés. 214. Comment les Portugais s'y étoient conduits. Conduite qu'y tiennent les Hollandois. 215. Usage singulier des nouvelles épouses envers leurs maris. 272.

Jogueys, nom qu'on donne dans l'Inde aux moines; les homme des différentes castes y sont admis. 56. Les personnes les plus distinguées ont pour eux la plus grande vénération. Les femmes même viennent quelquefois chercher auprès d'eux la fin à leur stérilité. *Ibid.* Lorsqu'ils cèdent à l'importunité de quelque femme distinguée, ils vont la voir, & avertissent le mari, en laissant leurs sandales à la porte, de ne pas entrer. 57.

Joncs, si répandus en Europe, nous viennent de l'isle de Borneo. 185.

Juan Fernandez, nom d'une isle des Indes à quelque distance du Chily, appartenant aux Espagnols. 610.

Jugemens de Dieu par l'eau & par le feu; il en est parlé dans le samskret. 41.

Juifs, s'emparèrent vers le huitième siècle des détails du commerce & prêtoient de l'argent à intérêt. La théologie scholastique s'éleva contre cet usage. 12. De-là les excès auxquels les Juifs se livrèrent en fait d'usure. Invention des lettres-de-change due aux Juifs. 13. Ils sont dispersés à la prise de Jérusalem. Une partie passe dans les Gaules. Traitemens qu'on leur fait subir. 456.

K

KAIRE, écorce du cocotier dont on fait des cables qui servent à la navigation dans l'Inde Il n'est nulle part aussi bon qu'aux Maldives. 316.

Koning, négociant de Stockolm, fait approuver par la diète de Suède l'établissement d'une compagnie des Indes en 1731. 575.

L

LALLY, envoyé en qualité de général de la guerre des Indes. Caractère indomptable de cet homme. Sa présence porte la haîne & le découragement. 505. Fautes de ce général qui entraînent la perte de Pondicheri. Il est l'objet de l'indignation publique. Il est arrêté & condamné à perdre la tête. Examen de ce jugement. 506.

Lama. Progrès qu'a faits cette religion des Tartares. Comparaison de ce culte avec quelques autres. 617.

Law, Ecossois de nation. Son caractère. Il établit une banque dont le fonds étoit de 6 millions. Développement de son systême. Avantages qui en résultèrent d'abord. 464. Il établit en 1717 la compagnie d'Occident pour le commerce exclusif de la Louysiane & des castors du Canada. 465. La quantité d'actions qu'il créa établit une disproportion énorme entre le papier & l'argent. Reflexions sur les vices de cette création. 467. Pour étayer l'édifice, on porte l'argent à 82 liv. 10 sols le marc. Tout tombe dans la confusion. Law disparoît. 468.

Lemaire (Isaac), fait en 1615 la découverte d'un détroit situé entre le cap de Horn & l'Isle des Etats de la compagnie de Hollande, qui depuis a porté son nom. 216.

Lettrés (Mandarins), corps d'hommes sages & éclairés, livrés à l'étude de l'administration publique. 109. C'est parmi eux que l'empereur choisit les ministres, magistrats & gouverneurs de province. 109, 113.

Litterature, état de la littérature au huitième siècle. 9.

Louis XIV. Caractère de ce prince. 448.

Louis XV. Etat des revenus publics à sa mort. 469.

Louis XVI. Eloge de ce jeune prince. Conseils & moyens d'économie. 469. *& suiv.*

Loix, devroient astreindre les souverains autant que les sujets; comme anciennement à Ceylan. 86.

Lombards, nom sous lequel les Italiens furent connus au huitieme siècle, & firent tout le commerce du midi. 13.

Lopès Carasco, capitaine Portugais qui se bat vaillamment avec un seul vaisseau contre la flotte du roi d'Achem. Belle reponse de son fils quand on lui apprit que son père venoit d'être tué. 145.

Lopès-Soarez, successeur d'Albuquerque dans la vice-royauté des Indes. 98. Il pense à s'ouvrir la route de la Chine. *Ibid.*

Luçon, l'une des Philippines, sa description géographique. 601. C'est là qu'est la ville de Manille. 602.

M

Macis, enveloppe de la muscade. 174.

Madagascar. Description de cette isle. Nature des productions qui y viennent. L'origine des Madecasses mêlée de fables. 410. Les indigènes sont distingués par diverses formes exterieures. A l'ouest sont les Quimolles. 411. Ce pays est divisé en plusieurs peuplades. 412. Dispositions heureuses où étoient les Madecasses pour que la France y pût former un établissement avantageux. 414, 415. Il n'y a point de port dans cette isle. La conduite des agens de la compagnie ne tire aucun parti du concours de toutes les circonstances qui en annonçoient le succès. 417. La compagnie remit au gouvernement cette colonie en 1670. Les François qui y étoient restés sont massacrés deux ans après. Les tentatives que la France a faites pour s'y établir ont été infructueuses, parce qu'elles étoient mal combinées. Avantages que procureroit cet établissement. 418.

Madecasses, nom des habitans de Madagascar. Ils admettent le dogme des deux principes. 412. Ils font mourir les enfans nés sous des auspices peu favorables. Mépris qu'ils ont de la mort. Mœurs des Madecasses. Leur industrie. 413. Leurs livres d'histoire, de médecine & d'astrologie sont entre les mains des *Ombis*, gens qui se disent sorciers. Caractère de ces peuples. 414.

Madère, que quelques savans ont voulu regarder comme un foible débris de l'Atlantide, fut découverte en 1419 par des pilotes formés par les soins de Henri, roi de Portugal. 22. Voyez *Atlantide*. Opinion sur l'état où les Portugais trouvèrent cette isle. Sa description. Sa population en 1768. Son commerce. Il paroît qu'il y a eu anciennement dans cette isle des volcans. 25. Les vignes sont toute la ressource de cette isle. *Ibid.* Comment s'en partage le produit. En quoi y consiste le revenu public. Gouvernement de la colonie. 26.

Madras, ville des Indes, à la côte de Coromande, bâtie, il y a plus d'un siècle, par Guillaume Langhorne. 345.

Division de cette ville. Sa population. Son commerce. 346.

Magellan, Portugais qui, mécontent de l'Espagne, passe au service de Charles-Quint, & arrive aux isles Manilles par le détroit qui porte son nom. 598.

Magistrature, relevée en France par Louis XI. 17.

Mahométans. Lorsque les Portugais abordèrent dans l'Inde, ils y trouvèrent des Mahométans dont quelques-uns étoient venus des bords de l'Afrique. 69. Comment les autres s'y sont maintenus & agrandis. 66.

Maîtresse. Réflexions sur les maîtresses des princes. 144.

Malabar. On entend sous ce nom, tout l'espace compris depuis l'Indus jusqu'au cap Comorin. On y comprend les Maldives. 315. Etats dont cette contrée est formée. En quoi consistent ses productions. 323. Situation actuelle des François a cette côte. 523.

Malaca. Sa description géographique. 88. Malgré l'état d'oppression où ses habitans étoient réduits, il étoit devenu le plus considérable marché de l'Inde. 89. Après une première descente malheureuse, les Portugais s'en emparent sous la conduite d'Albuquerque en 1511. 90. Les Hollandois s'en emparent sur les Portugais. Etat de cette presqu'isle. 191.

Maldives, sont une longue chaîne d'isles, partagées en treize provinces nommées Atolons. Les naturels du pays font monter le nombre de ces isles à douze mille. Par qui cet archipel a été vraisemblablement peuplé originairement. 315. Par qui elles sont gouvernées. Elles ne produisent que des cocotiers. 316.

Malais, peuples habitans de la partie méridionale de Sumatra. Leur législation. Leurs mœurs. 185. Leur vie privée. 186.

Manille, l'une des Philippines. Sa description géographique. 602.

Mapoulès, nom qu'on donne au Malabar, à des Mahométans Arabes, qui s'y sont indroduits, & y exercent plusieurs professions. 66.

Marattes, anciens pirates du nord de Goa, attaqués en vain par le Mogol. Les Anglois & les Portugais s'unissent inutilement contre eux. Les Hollandois ne sont pas plus heureux. Leur état actuel à la côte de Malabar. 328, 329. Ces pirates qui avoient toujours été fort unis entre eux, se divisent en 1773. 331. Et essuient différentes pertes. 332.

Marine. Motifs qui la firent rétablir en Europe. 10.

Mascate, ville la plus considérable du golfe Persique dont Albuquerque s'empare en 1507. Consommation du pays. Les nations commerçantes commencent à la préférer à Bassora. 313.

Mazulipatnam, possession Angloise à la côte de Coromandel. Les François s'en étoient emparés en 1750, mais elle retourne aux Anglois neuf ans après. 343.

Meconium, ou pavot commun. Manière dont on le prépare. 358.

Mecque, cette ville fut toujours chere aux Arabes. Ils pensoient qu'elle avoit été la demeure d'Abraham. Mahomet tire parti de cette croyance. Moyens dont il se sert pour rendre florissante cette capitale de son empire. 304.

Mer caspienne, les régions voisines de ce lac immense n'offrent plus que des traces de son ancienne splendeur. 623. Le czar Pierre I, s'empare de toutes les contrées qui bordent cette mer. Thamas-Koulikan l'en dépossède, mais après sa mort, la Russie les reprend de nouveau. 625.

Métempsycose. Effets singuliers de cette opinion reçue chez les Indiens. 45. Article de la mythologie Indienne qui a donné lieu à cette croyance. Détails sur ce sujet. 57, 58.

Missionnaires, mal-adresse avec laquelle ils ont rempli leurs fonctions chez les Indiens. Avidité dont ils se rendent coupables. 600. Effets qui en résultent. 601.

Mogol. Etat de foiblesse où il étoit réduit quand il fut attaqué par Thamas Koulikan 494.

Mogols. Despotisme de leur gouvernement. 491. & *suiv.*

Moines. Abus qui résultent des revenus qu'ils se sont procurés par des voies iniques. 402.

Moka, ville de l'Arabie heureuse, où se porte par mer une partie du café de l'Arabie. Autres objets de commerce de cette ville. 298, 299. Les affaires qui se traitent à Moka, ne sont point entre les mains des naturels du pays. Ce sont des banians de Surate qui y font le commerce. 300.

Moluques. Description géographique & physique de ces isles. 91, 92. Elles sont d'une stérilité affreuse. La moëlle de sagou y sert de pain. 176. On les appelle les *mines d'or* de la compagnie des Indes Hollandoises. *Ibid.* Les tremblemens de terre y sont fréquens. Il faut attendre la mousson favorable pour y entrer. *Ibid.* Nature des fêtes qu'on y célèbre. 178. Par quels moyens il seroit facile à la France de les enlever aux Hollandois, & de s'y conserver. 249, 250. Moyens à employer par les Anglois pour le même objet. 252.

Monnoies. On ignore quelle est la nation qui se permit de percevoir un droit sur les monnoies. L'altération des espèces fut un des moyens qu'on employa long-tems pour soutenir la couronne de France. 457.

Morts. L'usage d'enterrer les vivans avec les morts fort ancien dans l'Inde. 59.

Muhammet, roi de Delhy, se soumet volontairement à Thamas Koulikan. 494. Inconvéniens qui en résultèrent. *Ibid. & suiv.*

Musc. Production particulière au Thibet. Il se trouve dans une vessie, qui vient sous le ventre d'une espèce de chevreuil. 354.

Muscade, découverte aux Moluques par les Chinois, quand ils y abordèrent, & que les anciens n'avoient pas connue. 95.

Muscadier, les Hollandois en ont concentré la culture à Banda, l'une des Moluques. Description de l'arbre & du fruit. 174, 175. Les François ont réussi en 1771 & 1772, à tirer des muscadiers & des girofliers, des isles Moluques où on les cultivoit exclusivement. 246.

N

Nababs, magistrats chargés de la perception des revenus, dans le Mogol. 381.

Naïrs, nom des hommes de guerre au Malabar. 51.

Nautes, nom qu'on donna chez les Gaulois aux compagnies qui faisoient le commerce sur les rivières. 401.

Nismes. Philippe-le-Hardi y attire une partie du commerce fixé à Montpellier qui appartenoit au roi d'Aragon. 404.

Noblesse, auparavant indisciplinée, fut soumise aux loix par Louis XI. 17.

Noblesse, n'est pas héréditaire à la Chine, mais une récompense personnelle. 104.

Nord. État politique où il étoit au quinzième siècle, & jusqu'à Frédéric & Gustave Vasa. 19.

Normands, peuple pauvre, sans discipline & poussé aux combats par la misère & la superstition. Charlemagne veut leur faire quitter leur religion & plante la croix sur des monceaux de morts. 9, 10. La situation florissante de la France au septième siècle, offre à ces barbares un nouvel attrait à la piraterie. Ils se livrent à toutes sortes de brigandages. 403.

Nouveau-monde. Révolutions que cette découverte a opérées dans le systême civil & politique des peuples, & de l'Europe en particulier. 1. & *suiv.*

O

Odin, chef des Scythes, qui soumirent le nord de l'Europe & renversèrent la puissance Romaine. 551. Pour exalter la fureur des peuples qu'il conduisoit, il déifie tout ce qui servoit à la guerre. 552. Après sa mort, il fut la première divinité de ces peuples. Le christianisme change leurs mœurs. Ils se livrent à la pêche du hareng. Leur communication avec les autres peuples de l'Europe est inter-

ceptée par l'ascendant des villes Anséatiques. 553.

Opium, produit du pavot blanc des jardins dans l'Inde. Description de la plante, & de la manière dont on en tire le suc. 358. Usage considérable qu'on en fait dans les pays situés à l'est de l'Inde. 359. Réflexions sur l'avidité des Hollandois, qui continuent le commerce de l'opium, malgré ses funestes effets. *Ibid.*

Orixa, contrée des Indes, qui avant 1736, faisoit partie du Bengale, dont on soupçonne que la compagnie des Indes Angloises s'occupe de faire l'acquisition. 345.

Orri, intendant des finances, met son frère Fulvy à la tête de la compagnie des Indes. 476.

P

PAGODES, temples des Indiens. Leur structure. Exercices religieux qu'on y pratique. 62.

Paix. C'est toujours un mauvais expédient que d'acheter la paix. 411.

Paleagars, magistrats de l'empire Mogol, chargés de la perception des revenus. 381.

Palmyre, placée dans un des plus heureux cantons de l'Arabie, & demeurant neutre entre l'empire des Romains & celui des Parthes, devient l'entrepôt de tout le commerce de l'Inde. Aurelien la ruine de fond en comble : & quoiqu'il ait depuis permis de la rétablir, elle n'a jamais été qu'un lieu obscur. 75.

Palybotra, la plus célèbre ville de l'Inde par ses richesses, du tems de Ptolomée roi d'Egypte. 72. Cette ville n'existe plus. Diodore de Sicile en attribue la fondation à Hercule. 350.

Papes. Pour entretenir l'idée de suprématie temporelle qu'ils avoient empruntée de l'ignorance & de la superstition, le pape donne à l'Espagne tout le pays qu'on découvriroit à l'Ouest du méridien, & au Portugal tout ce qu'il découvriroit à l'Est. On établit la ligne de démarcation aux isles du cap Verd. 598.

Papier de la Chine. Moyen dont les Chinois se servoient pour écrire, avant l'invention du papier. 665. Cette invention a seize cent ans d'antiquité. Fabrication du papier. Il n'y entre pas de soie comme on l'a cru. Autre espèce de papier pour teintures. Matières qui entrent dans sa fabrication. Défauts dans le dessin. Eclat des couleurs. 666.

Parias, nom qu'on donne, à la côte de Coromandel, aux gens occupés aux plus vils emplois. Dureté de leur condition. 53.

Patanes, hommes féroces sortis des montagnes du Kandahar, qui se répandent dans l'Indostan, & y forment plusieurs royaumes. 485. Chassés par les Mogols de plusieurs trônes de l'Indostan, ils se réfugient au pied du mont Imaüs. 500.

Parsis, peuple du Guzurate, presqu'isle des Indes, qui suit la religion de Zoroastre. 420. Ses mœurs. Ses usages. 425.

Patrie. Réflexions sur l'amour que tous les hommes ont pour elle. 580.

Péages & autres droits semblables, doivent leur établissement aux vexations des nobles sur les commerçans au huitième siècle. 12.

Pêche. La pêche & la chasse, & tout ce qui ne sauroit être partagé, comme les fleuves, les canaux, &c. sont communs à la Chine. 105.

Pégu, province du Bengale, dépendant d'Ava, fertile en pierres précieuses. 357.

Peines. Réflexions sur les peines capitales & sur l'emprisonnement. 300.

Perse, ancienne forme de son gouvernement : raisons qui concoururent à son asservissement. 275. Objets de son commerce. 278.

Perses (toiles) se font toujours fabriquées à la côte de Coromandel. Raison qui les a fait nommer *perses*. 278.

Pétrarque, poëte célèbre, obtint de la cour de Rome, qui dans ce tems protégeoit les belles-lettres, les honneurs du triomphe. 21.

Phéniciens, (les) durent leur renom-

mée & leur splendeur au commerce. 3, 4. Description géographique de la Phénicie. Origine de son commerce. *Ibid.* Etat de sa marine. *Ibid.*

Philippe II, roi d'Espagne, reprend en 1564 le projet de soumettre les Manilles. 599.

Philippines, nom moderne d'un archipel immense, à l'est de l'Asie, composé d'isles nommées anciennement Manilles. Leur description. 596. Leur fécondité. Le climat n'en est pas agréable. Les naturels du pays sont noirs. 597. Magellan est le premier qui les ait reconnues. 598. Etat où elles sont actuellement. 601. Leur population. Leur gouvernement. 602. Abus qui s'y sont introduits. Leur commerce. 603. Causes de leur chûte prochaine. 604. Les Anglois s'en emparent en 1762, & les rendent par un traité. 605. Raisons déterminantes pour les Espagnols de les abandonner. 606. Productions de ces isles. Le fer & le cuivre y sont d'une qualité supérieure. 610. Branches d'industrie auxquelles leurs habitans pourroient se livrer. 611. L'indolence des Espagnols s'y oppose. 612. Conseils à la nation Espagnole sur ses intérêts. 613.

Philosophes. C'est à eux & aux sages de la terre à éclairer leurs concitoyens. 64, 65.

Poivre, l'exportation en étoit autrefois entre les mains des seuls Portugais. Les Hollandois, les Anglois & les François se la partagent aujourd'hui. Elle monte au Malabar à dix millions pesant, à 10 s. la livre. 326.

Poivrier, arbrisseau des Indes. Sa description. Le fruit est par petites grappes semblables à celles du groseiller. 325. Il se plaît dans les isles de Java, de Sumatra & de Ceylan, mais plus particuliérement sur la côte de Malabar. Sa culture. 326.

Polygamie, est permise par toutes les religions de l'Asie; la polyandrie tolérée par quelques-unes, comme dans les royaumes de Boutan & du Thibet. 45.

Pondichery. Les Hollandois en font le siège en 1693, & s'en emparent sur les François. Ils sont obligés de le rendre à la paix de Riswick. 449. Description de cette ville. Sa population. 529. Les Anglois s'en rendent maîtres en 1761, & la détruisent de fond en comble. La France la rétablit à la paix. Sa population & son état actuels. Vices dans les travaux de la nouvelle construction. 531. Les plans de M. Desclaisons ne sont pas adoptés, & la ville tombe chaque jour en ruine. 532.

Porcelaine. Antiquité prétendue de cette composition. 649. Matières qui y entrent. Elle a été très-bien imitée en France par M. le comte de Lauraguais. 631. Différence entre celle de la Chine & du Japon. 652. Par quels procédés on y applique les couleurs. 654. Différentes porcelaines faites en Europe. 655. Défauts de celles de France. Celle de Sevres est la plus mauvaise de toutes. Détails sur sa fabrication. 656. Avantages de celle des Indes sur celles d'Europe. 657. Eloge des découvertes de M. de Lauraguais. La porcelaine de Sevre perfectionnée. 658. M. Turgot intendant de Limoges, forme dans ce pays, une manufacture de porcelaine qui mérite d'être encouragée. 659.

Ports de mer. Après la conquête de la Gaule par les Romains, on vit se former des ports de mer à Arles, à Narbonne, à Bordeaux & en d'autres endroits. 400. Jusqu'à S. Louis, les rois en avoient eu peu sur l'Océan, & aucun sur la Méditerranée. 404.

Portugais. Caractère de ce peuple. Son état politique dans le quinzième siècle. 16, 17. Pour s'opposer au tort que l'union de Venise avec l'Egypte pouvoit leur faire dans le commerce des Indes, ils projettent de s'emparer de la navigation de la mer Rouge; & se rendent maîtres de Socotora. 78. Le succès de cette entreprise ne fut pas fort heureux. 79. Leurs tentatives sur l'Inde, arrêtent l'esclavage

sous lequel auroit été asservie l'Europe par les Turcs, devenus vainqueurs de l'Egypte. 81, 82. Ils sont mal reçus à Malaca, & obligés de se retirer au Malabar. Ils y retournent sous la conduite d'Albuquerque, & en font la conquête. 90. Ils abordent aux Moluques, s'emparent de leurs productions les plus précieuses, le girofle & la muscade, & comptent ces isles au nombre des provinces de Lisbonne. 95. A l'instant où Thomas Perès leur ambassadeur concluoit un traité avec les Chinois, ils sont chassés par la conduite effrénée qu'y tient Simon d'Andréade, capitaine Portugais. 129. Quelques années après, le commerce leur est permis à Sanciam. *Ibid.* L'empereur pour reconnoître un service qu'ils venoient de lui rendre, leur donne l'isle de Macao, où ils bâtissent une ville. *Ibid.* Un vaisseau Portugais est jetté par la tempête, en 1542, sur les côtes du Japon, jusques-là inconnu pour eux. 130. Ancienneté de cette monarchie. *Ibid.* Les souverains y sont nommés Daïris. *Ibid.* Raisons qui firent accueillir les Portugais au Japon. Commerce qu'ils y établirent. 135. Domination qu'ils exercent sur toutes les mers des Indes, pour le commerce. 135, 136. Excès auxquels ils se livrent dans l'Inde. 137. La corruption se glisse parmi eux. 138. Ils sont déchus de leur ancien courage, & livrés aux plus honteux excès, sont détestés par-tout, & voient se former une confédération pour les chasser de l'Orient. 142, 143. Etat de leurs possessions dans l'Inde à la mort du roi Sébastien. 146. La dépravation se glisse parmi eux. 147. Causes qui occasionnèrent leur ruine dans les Indes. 147, 148. Etat actuel de leurs possessions. 149. Balance de leur commerce. *Ibid.* Ils sont chassés du Japon en 1638. 168.

Pouliats, nom qu'on donne au Malabar à l'espèce d'ouvriers occupés aux plus vils emplois. Dureté de leur condition. 53, 54.

Poulichis, sorte de gens à la côte du Malabar, qui sont en horreur à tout le monde. Manière dont ils pourvoient à leur subsistance. 54.

Principes (Dogme des deux). Peut-être est-ce dans l'Inde, où les saisons des tempêtes & des beaux jours ne sont séparées que par une chaîne de montagnes, qu'est né ce dogme. 32.

Pundits, ou brames jurisconsultes de l'Indostan. 40.

Q

QUIMOSSES, peuple de l'ouest de Madagascar, qui n'a jamais plus de quatre pieds quatre pouces de hauteur, & souvent moins. Manière dont ils se défendent contre ceux qui leur font la guerre. 411.

R

RAJEPUTES, descendans des Indiens vaincus par Alexandre. 500.

Raphaël, fameux peintre, par une suite de la protection que les papes accordoient alors aux beaux-arts, alloit être cardinal quand il mourut. 21.

Régent de France. Eloge des qualités de ce prince. Ses foiblesses. 466, 467.

Religieuses. Il y a eu chez tous les peuples, des femmes semblables à nos religieuses. 132.

Religion, prière adressée à Dieu par un prince de Célèbes, embarrassé entre la religion Chrétienne & la Mahométane qu'on lui proposoit d'embrasser, pour qu'il lui plût l'éclairer dans son choix. 182. Les Mahométans plus actifs le déterminent pour leur croyance. *Ibid.*

Revenu public, somme à laquelle il étoit porté sous Louis XII, & à la mort de François premier. 459. Les finances tombent dans le plus grand désordre jusqu'à Sully. *Ibid.* Il les relève. 459. Nouvelles déprédations après sa retraite. Etat des revenus publics en 1673. Colbert les relève. Ils retombent dans le cahos. 460. Discrédit universel sous Louis XIV. 461. A la mort de Louis XV. 469.

Révision (Buréau de), établi, en 1716, pour pourſuivre les auteurs de la miſere publique. Horreur qu'inſpire ce tribunal. 463.

Révoltes. Réflexions ſur l'eſprit qui y porte. 297, 298.

Rhubarbe, production de la Chine. Eloge des vertus médicinales de cette racine. 668. Préparation qu'on lui donne. Il y en a de pluſieurs eſpèces. 669. On l'a naturaliſée à Paris & à Londres. 670.

Romain (Empire). Sa décadence attribuée à deux loix de Conſtantin. Démonſtration de cette aſſertion. 7, 8.

Romains, raiſons pour leſquelles la raiſon & l'induſtrie n'ont pas éprouvé chez eux le même avancement que chez les Grecs. 6.

Rome prétendit dans le huitième ſiècle ôter & donner les couronnes. 9. Cette cour, qui avoit ſi long-tems tiré parti de l'ignorance, protégea vers le quinzième ſiècle les belles-lettres & les beaux-arts. Bientôt elle proſcrivit les ſpectacles: mais comme ſes cenſures ne furent pas reſpectées, elle les permit. La muſique fut introduite dans l'égliſe; on y repréſenta même des farces. 20. Elle protégea dans le quinzième ſiècle les belles-lettres, mais elle fut oppoſée aux ſciences exactes. On couronna les poëtes; on perſécuta les philoſophes. 21. Voyez *Pétrarque*, *Raphaël*, *Galilée*.

Ruſſie, foibles commencemens de cet empire, devenu depuis le plus vaſte de l'univers. Etat du clergé; de la nobleſſe; des hommes libres; 626. & des eſclaves. Sa population en 1755. 627. Montant du revenu public, à pluſieurs époques. Bornes que la nature a miſes à l'agriculture. 628. Commerce de la Ruſſie. Somme à laquelle montoient, en 1773, ſes exportations. 629. Sa poſition favorable au commerce. Légiſlation de Pierre premier qui lui eſt favorable. 630. Forces militaires de la Ruſſie. 631. C'eſt de toutes les nations de l'Europe, celle qui peut aſpirer à élever [illegible] ſe. Vices de la na[illegible] Ruſſie actuelle. 635. Objets qui ont échappé aux vues de Pierre premier. 636. Catherine II répare les fautes de ſon prédéceſſeur. Sageſſe de ſa légiſlation. 637. Meſures qu'elle prend pour l'inſtruction publique. 638. Succès de cet établiſſement. 639.

S

SAGOU, eſpèce de palmier particulier aux iſles Moluques. Deſcription de cet arbre. 94.

Saint-Thomé, ville des Indes, au pouvoir du roi de Golconde, dont les François s'emparent en 1672. Mais les Hollandois s'étant unis avec les Anglois, ils furent forcés de la rendre deux ans après. 436.

Salpêtre, production de Patna, province du Bengale. Manière dont on le travaille. 364.

Salſete, iſle de la mer des Indes, remplie de figures & d'inſcriptions qui ont donné lieu à beaucoup de fables. 332.

Samskret, langue des Brames de l'Indoſtan. Détails ſur la grammaire & ſur la poéſie de cette langue. 40, 41.

Sandal, arbre fort commun au Malabar. Sa deſcription. 323.

Schah-Abbas, ſurnommé *le Grand*, ſophi de Perſe. Ses conquêtes. 275. Il protege les arts. 276. Rebuté des vexations des Portugais, il s'unit aux Anglois contre eux. 277.

Seicks, peuples du nord de l'Indoſtan. 500.

Semaine. Les ſept jours de la ſemaine portoient déjà le nom des ſept planètes dans le tems où on parloit dans l'Indoſtan le ſamskret. 41.

Sermens. Réflexions philoſophiques ſur l'abus des ſermens. 230.

Siam. Les Hollandois s'y établiſſent, mais la dureté de leur conduite y a ruiné leurs affaires. 190. Deſcription géographique de ce royaume. Sa fertilité. 437. Deſpotiſme du gouvernement. Diviſion des Siamois en trois claſſes. Emplois aſſignés à chacune.

438. Réflexions sur les honneurs rendus aux éléphans du roi de Siam. 439. Les Siamois déteſtent leur pays. *Ibid.* La conduite des miſſionnaires y fait déteſter les François. 440. Un miniſtre du roi de Siam, dans le deſſein de détrôner ſon maître, projette de s'aſſocier les François, & envoie au roi de France une magnifique ambaſſade. Louis XIV y envoie auſſi des ambaſſadeurs. 437.

Sintos, l'une des ſectes du Japon : c'eſt la religion du pays & la plus ancienne. Détails ſur cette religion. 131.

Soie d'Asham. Cette ſoie n'exige aucun ſoin. Les vers y naiſſent, travaillent, meurent & ſe renouvellent en pleine campagne. 356.

Soie. C'eſt à l'une des femmes de l'empereur Hoangti que les annales de la Chine en attribuent l'invention. 659. Hiſtoire de la culture de la ſoie & de ſon introduction en Europe. 660. Analyſe des ſoies d'Europe. *Ibid.* Qualités ſupérieures de celles de la Chine. 661.

Sommonacodom, légiſlateur des Siamois dont ils racontent des merveilles. 440.

Soubabie, eſpèce de vice-royauté de pluſieurs provinces de l'Indoſtan. 496.

Soubas, eſpèce de miniſtres de l'empire du Mogol, chargés de l'adminiſtration des revenus. 381.

Souza (Thomas de), capitaine Portugais. Action de généroſité de ſa part. 145.

Spilbergen, le premier des navigateurs Hollandois qui aborde à Ceylan. 192.

Statues. Réflexions ſur les ſtatues que les peuples ont de tout tems prodiguées indifféremment aux bons & aux méchans princes. 558 *& ſuiv.*

Suède. Les peuples de ce pays étoient peu connus avant qu'ils euſſent concouru avec les autres barbares du nord au renverſement de l'empire Romain. La ſervitude où elle gémiſſoit eſt anéantie en 1521 par Guſtave Vaſa. 572. Etat où la trouva ce prince. Foibleſſe de ſon commerce. Le nouveau ſouverain l'encourage & monte une marine. 573. Degré d'élévation où parvient la nation ſous Charles XII. Elle décheoit à ſa mort. Le gouvernement républicain eſt rétabli. 574. Les arts & les ſciences y fleuriſſent. Henri Koning fait approuver par la diète de 1731 l'établiſſement d'une compagnie des Indes. 575. Deſcription géographique de ce royaume. 578. Conjectures ſur le titre de fabrique du genre-humain qu'on lui a donné. Dénombrement des habitans en 1551. 579. Etat où elle ſe trouvoit lorſque Guſtave Vaza monta ſur le trône. 581. Productions du pays. Le fer y eſt très-abondant. 582. Abondance de la pêche du hareng. Loi ſur la navigation connue ſous le nom de *placard des productions.* 583. Entraves miſes au commerce, qui ſubſiſtent encore. Balance du commerce de cette nation. 584. Etat militaire de la Suède. 585. Vices attachés à la coutume de donner des terres aux troupes à titre de paie. 586. Montant du revenu public & des dettes nationales. 587. Vices de conſtitution. 588. Ce royaume eſt diviſé par deux factions ; celle des *chapeaux* & celle *des bonnets.* 589.

Suez, ville qu'on croit bâtie ſur les ruines de l'ancienne Arſinoé, eſt à l'extrémité de la mer Rouge. Commerce qui s'y fait. 303.

Sully. Eloge de l'adminiſtration de ce miniſtre. 459.

Sumatra, l'une des trois grandes iſles de la Sonde. Deſcription géographique de cette iſle. Religion des habitans. Leurs loix. Leurs mœurs. 185. Les Hollandois s'y établiſſent & y forment ſix comptoirs. 188. Les Anglois y forment en 1688 un établiſſement. Ils y élèvent le fort Marlborough, qui leur eſt enlevé par les François en 1759. Mais ils le recouvrent bientôt. 348.

Superſtition, quoique tolérée à la Chine, n'y a aucun pouvoir. 110. Son influence ſur l'opinion publique. 321.

Surate, ville du Guzurate. Son état au treizième ſiècle. Degré de ſplendeur auquel elle parvient. Forces de ſa

marine. Franchise des commerçans. 422. Mœurs des habitans. Education des enfans. 424. Les plus riches des Mogols viennent à Surate jouir des agrémens du luxe le plus efféminé. 426. Amusemens des femmes. 428. Elle décheoit de sa splendeur en 1664. Sévagi la saccage & emporte 25 à 30 millions. 431. Son état actuel. Objets de son commerce. 432. Echange qu'elle reçoit. 434.

Systême. Développement des opérations proposées par Law, pour liquider les dettes de l'état. 464 & *suiv.*

T

Tabac. Epoque de son introduction en Europe. Produit des premiers baux. 515. Augmentation des suivans. 516.

Tachard, jésuite, envoyé à Siam, à la tête des ambassadeurs, par Louis XIV. 437.

Talapoins, moines de Siam, qui prêchent au peuple les dogmes de Sommonacodom. 440.

Tanjaour, petit état de la côte de Coromandel, où abordèrent les Danois. Fertilité de cet endroit. 554.

Taprobrane, nom sous lequel les anciens connoissoient l'isle de Ceylan. 72, 85.

Tartarie, connue anciennement sous le nom de Scythie. Sa position géographique. 615. On y suit la doctrine du grand Lama. Ancienneté de cette religion. Artifices par lesquels on entretient la superstition chez ces peuples. 616.

Tasse, poëte célèbre, reçoit de la cour de Rome, l'honneur d'être conduit triomphant au capitole. 21.

Taycosama, de soldat, devenu roi, change le gouvernement du Japon, y établit le despotisme des loix. 166.

Testamens ne sont point admis chez les Indiens ; les degrés d'affinité fixent les droits des parens. 44.

Teutons, habitans des isles voisines de la Chersonèse cimbrique, aujourd'hui les Danois. 550.

Thamas Koulikan, porte ses sujets du golfe Persique sur la mer Caspienne, & ceux de la mer Caspienne sur le golfe Persique. Objet de cette transmigration. 313.

Thé. Production des Indes, que les lords Arlington & Offori apportèrent de Hollande en Angleterre en 1666. Il ne fut d'un usage commun que vers 1715. Il fut apporté de la Chine par les Anglois, les Hollandois, les Suédois & les Danois. La guerre de l'Angleterre avec l'Amérique a diminué ses importations de thé. Elle a été dédommagée par sa conquête récente du Bengale. 372.

Thé. Description de l'arbrisseau dont les feuilles sont si fort en usage. 646. On en distingue de plusieurs sortes. Manière dont on en prépare les feuilles. 647. Raisons qui ont fait adopter aux Chinois la boisson faite avec le thé. Cet usage passe en Europe & en Amérique. 648. On est venu à bout de naturaliser l'arbrisseau en Europe. 649.

Thé impérial, nommé en langue chinoise ficki-tsjaa. 647.

Théologie, c'est dans le septième siècle que les fondemens de cette science sont jettés. 9.

Tiers-état, ayant acquis par l'état florissant où il poussa le commerce, de la considération vers la fin du huitième siècle, contribua à abaisser la puissance féodale & fut admis aux assemblées nationales. 14.

Timor, l'une des Moluques, où les Hollandois s'établissent. Les Portugais y sont en grand nombre. 178.

Thomas Perès, ambassadeur de Portugal à la Chine en 1518. 99, 128.

Tonquin, royaume des Indes, dans lequel les François cherchent à s'introduire. La religion dominante est celle de Confucius. Caractère des naturels du pays. Nature de son gouvernement. 442.

Travancor : coutume barbare des peuples de ce pays, abolie par Lopès-Suarez, vice-roi des Indes. 98. Ce royaume est aussi peu opulent que les Maldives. Un roi qui monta sur le trône en 1730, lui donna une

splendeur qu'il n'avoit jamais eue. Les Danois & les Anglois y ont des établissemens. 317, 318.

Turcs. Etat de ce peuple au quinzième siècle. Ils renversent l'empire des Grecs qui ne s'occupoient que de superstitions. 19.

Tyr, ou Sydon, mère de Carthage. Son opulence lui forge des fers. Carthage est libre malgré ses richesses. 4.

Tyrannie. Réflexions philosophiques sur cet abus du pouvoir. 373.

U

USURIERS. Réflexions sur les moyens dont on se sert pour les anéantir. 265.

V

VAN-NECK, chargé, en 1598, d'aller avec huit vaisseaux, faire un établissement à Java. 159.

Van-Riebeck propose, en 1650, aux Hollandois de former un établissement au cap de Bonne-Espérance. 201.

Vasco de Gama, amiral Portugais, envoyé par Emmanuel, parcourt la côte orientale de l'Afrique, & aborde dans l'Indostan après une navigation de treize mois. 28.

Vassaux (Grands), abaissés par Louis XI, en France, au quinzième siècle. 17.

Vedam, livre reconnu par tous les peuples, depuis l'Indus jusqu'au Gange, pour contenir les principes de leur religion. 48.

Venise, état florissant de sa marine, de son commerce, de ses finances & de ses arts depuis le huitième siècle. L'orfévrerie y étoit portée à un degré supérieur. 15.

Vénitiens se r'ouvrent la route d'Egypte, & obtiennent à force d'argent, des Mammelus, que leur pays devienne l'entrepôt des Indes. 76, 77.

Vérité. On ôtoit anciennement la noblesse à celui qui déguisoit la vérité au roi. Est-ce parce que les sujets n'ont plus osé la leur dire, ou qu'ils n'ont plus voulu l'entendre que cet usage a cessé? 97.

Vernis, résine qui découle d'un arbre de la Chine & du Japon. Description de l'arbre. 663. Manière de recueillir le vernis. Procédés nécessaires pour l'employer. 664.

Virginité, est chez les Indiens essentielle à la validité du mariage. 49. Les religieuses au Japon ne font point vœu de virginité : elles sont au contraire des prêtresses de l'amour. Sagesse de cette institution. 132, 133.

Visa. A la chûte du systême, on fit sous le nom de *visa*, un examen de tous les contrats, actions, billets de banque, &c. 468.

Voyages. Réflexions philosophiques sur le goût des voyages. 623.

W

WARWICK, amiral Hollandois, regardé par cette nation comme le fondateur de son commerce dans les Indes. 160.

Z

ZEMINDARS, magistrats chargés de la perception des revenus de l'empire Mogol. 381.

Fin de la Table des matières du premier Volume.

ERRATA

DU TOME PREMIER.

PAge 4, ligne 32, celle du Nouveau-Monde, *lisez*, celles du Nouveau-Monde.

Page 8, ligne derniere, ni beaucoup de connoissance, *lisez*, ni beaucoup de connoissances.

Page 11, ligne 22, ils avoient traités, *lisez*, ils avoient traité.

Page 19, ligne 6, verset de l'Alcoran, *lisez*, verset a l'Alcoran.

Page 113, ligne 21, secte des lettres, *lisez*, secte des lettrés.

Page 132, ligne 29, outra la raison, *lisez*, outrage la raison.

Page 164, ligne 7, par une politique humaine, *lisez*, par une politique inhumaine.

Page 236, ligne 26, que leurs commettans, *lisez*, que leurs commis.

Page 333, ligne 8, de leurs colonies, *lisez*, de leur colonie.

Page 368, ligne 3, rafraichissement, *lisez*, rafraichissemens.

Page 437, ligne 5, parce que en s'élevant, *lisez*, parce qu'en s'élevant.

Page 534, ligne 13, de montagne, *lisez*, de montagnes.

Page 596, ligne 16, anciennement connu, *lisez*, anciennement connues.

Page 615, ligne 10, sur une auteur, *lisez*, sur une hauteur.

Page 631, ligne 21, mmerce, *lisez*, commerce.

Page 670, ligne 16, durent avoir, *lisez*, doivent avoir.

www.ingramcontent.com/pod-product-compliance
Lightning Source LLC
Chambersburg PA
CBHW060901300426
44112CB00011B/1287

* 9 7 8 2 0 1 2 6 7 2 2 5 3 *